Deutsches Lebensmittelbuch
Leitsätze 2016

Deutsches Lebensmittelbuch

Leitsätze 2016

Erarbeitet und beschlossen von der Deutschen Lebensmittelbuchkommission beim Bundesministerium für Ernährung und Landwirtschaft

5. Auflage

BEHR'S...VERLAG

Bibliographische Information Der Deutschen Bibliothek
Die Deutsche Bibliothek verzeichnet diese Publikation in der Deutschen Nationalbibliografie; detaillierte bibliografische Daten sind im Internet über http://dnb.ddb.de abrufbar.

ISBN 978-3-95468-391-8

Tel. 0049 / 40 / 22 70 08-0 • Fax 0049 / 40 / 220 10 91
E-Mail: info@behrs.de • homepage: http://www.behrs.de
5. Auflage 2016

Inhaltliche Betreuung der Texte: Dr. Birgit Rehlender

Satz: Die Top Partner, 85235 Unterumbach

Inhaltsverzeichnis

Vorwort zur fünften Auflage

Schon wieder ein neues Buch? Ja, schon wieder eine neue Auflage, in der der Behr's Verlag Änderungen von Leitsätzen des Deutschen Lebensmittelbuches veröffentlicht. Auch wenn es diesmal nicht mehrere Leitsätze sind, die geändert wurden, macht eine Neuauflage Sinn – die Aktualisierung betrifft schließlich die Leitsätze für Fleisch und Fleischerzeugnisse! Sie zählen zu den umfangreichsten Leitsätzen, die das Deutsche Lebensmittelbuch (DLMB) zu bieten hat. Mehr noch: Das Interesse an tierischen Lebensmitteln und damit an diesen Leitsätzen ist besonders groß, weil Fragen rund um die Fleisch- und Wurstherstellung sowie zur Produktqualität nicht nur die Verbraucher beschäftigen. Weniger emotional, dafür mehr aus fachlicher und produktionsrelevanter Perspektive blicken Hersteller und Händler, Überwacher und die nationalen Gerichte auf die Fleischleitsätze.

Bereits 2015 wurde ein Teil der Leitsätze für Fleisch und Fleischerzeugnisse geändert. Doch nun sind sie komplett aktuell – zumindest für den Moment, denn auch im Fleischbereich können sich Verbrauchererwartung genauso wie die Herstellungspraxis jederzeit ändern. Das bedeutet, dass man nie wirklich fertig ist. Trotzdem, jetzt können wir erst einmal zufrieden sein.

Was wurde geändert?

Seit Inkrafttreten der Lebensmittelinformationsverordnung (LMIV) Ende 2014 sind nationale Rechtsvorschriften nicht mehr oder nicht mehr in vollem Umfang gültig. Das gilt auch für die Fleischverordnung. Die in ihr enthaltenen Beschreibungen zur Herstellung und Zusammensetzung von Fleischerzeugnissen flossen daher in die Fleischleitsätze ein, denn deren Inhalt ist nach wie vor von Bedeutung.

Änderungen gab es auch bei den Geflügelfleischerzeugnissen. Verbraucher und Verbraucherinnen entscheiden heute bewusst, zu welchem Fleisch von welchem Tier sie greifen. Sie wollen wissen, ob Fleisch anderer Tierarten mitverwendet wurde, wenn es ein Geflügelfleischerzeugnis ist. Gut, dass sich hier nicht nur die Verbrauchererwartung gewandelt hat, sondern auch die Herstellungspraxis. Die Leitsätze wurden diesbezüglich angepasst.

Wer Delikatess-Fleischerzeugnisse herstellt, kann nun leichter erkennen, worauf es ankommt. Es wurde unter anderem klargestellt, dass die Mitverwendung von Rework (Wurststücke, die bei der Produktion anfallen und die so nicht zu vermarkten sind) für Produkte mit hervorhebenden Hinweisen nicht üblich ist. Die einzige Ausnahme davon bilden Brühwürste: Für sie ist es aus Gründen der Ressourcenschonung fortan auch noch marktüblich, bis zu 3 % Rework zu verarbeiten, sofern bestimmte Bedingungen erfüllt werden. Diese werden konkret benannt.

Konsumentinnen und Konsumenten, die Kochschinken bevorzugen, der während des gesamten Herstellungsprozesses im natürlichen Zusammenhang verblieben ist, können diesen nun an der Kennzeichnung erkennen und ihn von zusammengefügtem Schinken unterscheiden.

Außerdem wurde die Differenzierung zwischen Rind- und Kalbfleisch nachgebessert und die Verkehrsauffassung für Hackfleisch aus Rind- und Schweinefleisch konkretisiert.

Wie alle Leitsätze des Deutschen Lebensmittelbuches sollen auch die Fleischleitsätze alle am Markt Beteiligten vor Irreführung und Täuschung schützen, den lauteren Wettbewerb stärken und Rechtssicherheit geben.

Das sind hoch gesteckte Ziele für Instrumente, die keinen gesetzlichen Charakter haben. Warum funktioniert es trotzdem? Die Leitsätze des Deutschen Lebensmittelbuches gelten als Sachverständigengutachten von besonderer Qualität. Die paritätisch aus Verbraucherschaft, Lebensmittelüberwachung, Wissenschaft und Wirtschaft zusammengesetzte Kommission ermittelt und beschreibt für die in den 21 Leitsätzen aufgeführten Lebensmittel die allgemeine Verkehrsauffassung. Dafür wird die berechtigte Verbrauchererwartung in Bezug auf Beschaffenheit, Herstellung und sonstige Merkmale, die für die Kaufentscheidung eines Lebensmittels von Bedeutung sind, ermittelt. Deckt sich die berechtigte Verbrauchererwartung mit dem redlichen Herstellungs- und Handelsbrauch, kann davon ausgegangen werden, dass der Schutz vor Täuschung und Irreführung gewährleistet ist. Dabei muss immer wieder betont werden: Die Leitsätze des Deutschen Lebensmittelbuches sind nicht rechtsverbindlich, sie sind eine Auslegungshilfe, die der richterlichen Überprüfung durchaus unterworfen werden kann.

Sind Leitsätze in Zeiten globaler Warenströme nicht überholt und baut man durch sie nicht sogar Handelshemmnisse auf, wird häufig gefragt. Nein, denn so viel die Europäische Union inzwischen auch im Lebensmittelbereich regelt, es gibt nur für wenige Produkte eine einheitliche Verkehrsauffassung. Daher ist es umso wichtiger, dass die nationalen Verkehrsauffassungen – wie etwa durch die Deutsche Lebensmittelbuch-Kommission – ermittelt werden. Denn wie sonst sollte das Prinzip der gegenseitigen Anerkennung funktionieren? Was nämlich der nationalen Verkehrsauffassung in einem Mitgliedsstaat der Europäischen Union entspricht, ist grundsätzlich auch in einem anderen Land verkehrsfähig. Das gilt für nach Deutschland importierte Lebensmittel ebenso wie für aus Deutschland in andere Staaten exportierte Erzeugnisse.

Von der Bedeutung des Deutschen Lebensmittelbuches überzeugt ist inzwischen auch das Bundesministerium für Ernährung und Landwirtschaft (BMEL). Es hat mit Hilfe einer in Auftrag gegebenen Evaluierungsstudie prüfen lassen, welche Handlungsoptionen es für die Kommission gibt. Von Abschaffen bis Aufwerten war alles möglich. Geprägt wurde die Entscheidung durch die Festlegung im Koalitionsvertrag, sich stärker am Verbraucherwunsch hinsichtlich „Wahrheit und Klarheit" zu orientieren und diesem Anspruch gerecht zu werden. Nun sind die Würfel gefallen. Das Ministerium hat sich klar und eindeutig für die Beibehaltung der Deutschen Lebensmittelbuch-Kommission (DLMBK) entschieden. Die grundsätzliche Struktur der künftigen Kommission ist festgelegt: „Es bleibt bei einer paritätisch aus den vier Kreisen Wissenschaft, Lebensmittelüberwachung, Verbraucherschaft und Lebensmittelwirtschaft zusammengesetzten DLMBK, die beim Bundesministerium für Ernährung und Landwirtschaft – BMEL gebildet wird und Leitsätze unabhängig von Weisungen beschließt." schreibt das Ministerium von Bundesminister Schmidt auf seiner Homepage. Besondere Ansprüche an die zu reformierende Kommission sind in Richtung Effizienz, Akzeptanz, Transparenz und Kommunikation formuliert.

Mit den festgelegten Eckpunkten der Reform läuft das BMEL bei den Kommissionsmitgliedern offene Türen ein. Wir freuen uns, dass die Aktualität der Leitsätze erhöht, die Organisation effizienter gestaltet und das Sekretariat gestärkt werden soll. Kein Kommissionsmitglied dürfte etwas dagegen haben, wenn Verbraucherinnen und Verbraucher und alle anderen Marktbeteiligten mehr über die ehrenamtliche Tätigkeit der DLMBK erfahren, die Ergebnisse besser verstehen und nachvollziehen können. Das ist nun so geplant.

Auch ein transparentes Berufungsverfahren und ein effektives Abstimmungsprozedere werden hoffentlich dazu beitragen, dass niemand mehr den Vorwurf erhebt, die Lebensmittelbuch-Kommission sei ein „Geheimbund". Je mehr wir über die Leitsätze kommunizieren, desto mehr Menschen werden sie verstehen. Die Kommission ermittelt die Verkehrsauffassung und beschreibt, was üblich ist, wie etwas redlich hergestellt und gehandelt wird. Wir erlauben nichts! Und wir verbieten nichts! Dass wir im Einzelfall auch prägend in den Markt eingreifen dürfen, ist richtig und notwendig, damit sich keine Verkehrsauffassung herausbildet, die in eine falsche Richtung geht. Vielleicht haben wir dieses Instrument in der Vergangenheit noch zu selten genutzt. Hätten wir mehr Mut, Durchsetzungskraft und Weitsicht bewiesen, wären wohl manche Enttäuschungen über einzelne Produkte ausgeblieben. Ich bin es zumindest leid, immer wieder die Kalbsleberwurst auf's Brot geschmiert zu bekommen.

Wer mehr über die Leitsätze erfahren möchte, möge bitte ein paar Seiten weiterblättern. Dort findet er die vom Präsidium der Deutschen Lebensmittelbuch-Kommission aktualisierten „Hinweise für die Anwendung der Leitsätze des Deutschen Lebensmittelbuches".

Diese im Februar 2016 veröffentlichten Hinweise werden sicher nicht die einzigen Änderungen bleiben, die in diesem Jahr auf die DLMBK zukommen. Ohne Veränderungen gibt es schließlich keine Reform. Die bis Ende Juni 2016 noch in der Kommission verbliebenen Mitglieder haben ihre Bereitschaft, den Reformprozess zu unterstützen, nicht nur angekündigt, sondern durch zahlreiche Gespräche und

Diskussionen auch unter Beweis gestellt. Möge mit dem Ende der jetzigen Berufungsperiode der Neustart für eine effektiv arbeitende, engagiert agierende und Kompromissbereitschaft zeigende Lebensmittelbuch-Kommission eingeläutet werden. Ich bin sicher, dass das nicht nur mein Wunsch als Verbrauchervertreterin ist!

Die Vorsitzende der Deutschen Lebensmittelbuch-Kommission

Dr. Birgit Rehlender

Vorwort zur vierten Auflage

Endlich! Nach langer Pause ist es geschafft und wieder einmal konnten Änderungen von Leitsätzen des Deutschen Lebensmittelbuches auf den Weg gebracht werden. Viel zu lang war die Phase, in der es keine Veröffentlichung von Leitsatzänderungen oder -neufassungen gab. Zum einen nährt diese zeitliche Lücke die Vorwürfe der Kommissionskritiker. Zum anderen entspricht dieser berechtigte Kritikpunkt auch der Auffassung der Mitglieder der Lebensmittelbuch-Kommission selbst.

Umso mehr darf es alle am Lebensmittelverkehr Beteiligten freuen, dass die von der 32-köpfigen Lebensmittelbuch-Kommission in mehreren Plenarsitzungen beschlossenen, längst überfälligen Anpassungen an den geänderten Handelsbrauch und an die gewandelte Verbrauchererwartung nun zur Verfügung stehen und sich in der Ausgabe „Leitsätze 2015“ des Behr's Verlages niederschlagen.

Neben dem Leitsatz des Fachausschusses „Fleisch und Fleischerzeugnisse“ wurden inzwischen alle Leitsätze des Fachausschusses „Getränke“ geändert. Im Detail sind es die

- Leitsätze für Fleisch und Fleischerzeugnisse
- Leitsätze für Fruchtsäfte
- Leitsätze für Erfrischungsgetränke
- Leitsätze für weinähnliche und schaumweinähnliche Getränke
- Leitsätze für Tee, teeähnliche Erzeugnisse, deren Extrakte und Zubereitungen.

Auch diese aktuellen Leitsätze sorgen hinsichtlich der beschriebenen Produkte wieder einmal für eine bessere Verständlichkeit und für mehr Klarheit. Das gilt in Bezug auf ihre Herstellung und Beschaffenheitsmerkmale ebenso wie für ihre Bezeichnung und Aufmachung. Der Nutzen ist für alle am Markt beteiligten Kreise offensichtlich:

Die Hersteller der Erzeugnisse haben weniger Beanstandungen zu befürchten, wenn sie diese leitsatzkonform produzieren. Die amtliche Überwachung kann sich an den objektivierten Sachverständigengutachten, die die Leitsätze darstellen, orientieren. Doch Vorsicht: Ein nicht den Leitsätzen entsprechend produziertes oder aufgemachtes Produkt ist noch lange nicht zu beanstanden! Jede Bewertung muss von den Experten sachkundig und mit Augenmaß vorgenommen werden. Das ist für die Kommissionsmitglieder zwar eine Selbstverständlichkeit, doch die Anwender seien sicherheitshalber immer wieder daran erinnert.

Auch die wissenschaftliche Meinung spiegelt sich in jeder Leitsatzänderung wider, sei es bei der Interpretation der Gesetzgebung für neue Produkte oder bei der Umsetzung europäischer Vorschriften in nationales Recht. Hier ein aktuelles Beispiel, über dessen Bedeutung man sich im Klaren sein muss: Hieß es im Lebensmittel- und Futtermittelgesetzbuch (LFGB) noch „Verkehrsbezeichnung“, wird heute in der Lebensmittel-Informationsverordnung (LMIV) der EU von „Bezeichnung des Lebensmittels“ gesprochen. Gemeint ist zweifelsfrei dasselbe, denn selbst in der die gemeinsame Marktorganisation für landwirtschaftliche Erzeugnisse regelnden EU-Verordnung werden beide Begriffe gleichgestellt.

Das ist insbesondere für die Verbraucher gut zu wissen, denn die in den Leitsätzen des Deutschen Lebensmittelbuches niedergeschriebenen Verkehrsbezeichnungen – es sind inzwischen mehr als 2.200 – können wesentlich dazu beitragen, sich im Dschungel der Produktvielfalt zurechtzufinden. Unter derselben Bezeichnung werden dem Konsumenten vergleichbare Lebensmittel angeboten. Er kann seine Kaufentscheidung auf andere für ihn wichtige Kriterien konzentrieren, etwa auf den Preis, seine persönliche Geschmacksvorliebe oder auf den Wunsch nach regionalen Spezialitäten.

Um regionale Spezialitäten geht es auch in den geänderten Leitsätzen für Fleisch und Fleischerzeugnisse. Diese Produkte zu erhalten, Wissen über ihre Herstellung, Zusammensetzung und Kennzeichnung zu vermitteln, ist auch Aufgabe des Deutschen Lebensmittelbuches. Nirgendwo sonst gibt es so viele, im Detail beschriebene Produkte mit ihren Verkehrsbezeichnungen wie in den Leitsätzen. Allein wer in die Leitsätze für Fleisch und Fleischerzeugnisse schaut, wird staunen. Deshalb gilt es auch, die letzte Wurstspezialität zu bewahren – sowohl innerhalb unseres Landes, als auch über die Grenzen hinaus. Viele Konsumenten schätzen die Qualitäten und möchten sie auch künftig auf den Teller legen können. Besondere Rezepturen und Herstellungsweisen gehören schließlich zu unserer Kultur.

Kennen und lieben Sie „Halberstädter Würstchen“, „Hofer Rindfleischwurst“, „Thüringer Fleischrotwurst“ und „Schwarzwälder Schinken“? Das sind die Fleischerzeugnisse, deren Herstellung und Beschaffenheit nun nicht mehr in den Leitsätzen beschrieben sind. Weil diese deutschen Fleischerzeugnisse inzwischen Einzug in das europäische Verzeichnis der geschützten geographischen Angaben gehalten haben, findet sich in den Fleischleitsätzen nur noch ein Hinweis auf die EU-Liste.

Neu hinzugekommen ist dagegen eine erweiterte Definition von Formfleisch. Waren es früher hauptsächlich Kochpökelwaren, die aus kleineren Fleischstücken im Wesentlichen durch mechanische Vorbehandlung und den Kochprozess zusammengefügt wurden, so lassen sich heute auch Rohpökelwaren durch den Einsatz von Enzymen, Salzen und anderen möglichen Bindungssystemen aus kleineren Einheiten zusammenfügen. Damit Verbraucher derart hergestellte Formfleischerzeugnisse nicht mit Produkten aus gewachsenem Fleisch verwechseln, werden sie nun üblicherweise zum Beispiel als „Formfleisch-Rohschinken, aus Fleischstücken zusammengefügt“ bezeichnet. Mit dieser Anpassung wurde in den Leitsätzen sowohl den geänderten technologischen Praktiken als auch den Vorgaben der LMIV Rechnung getragen. Verbrauchertäuschung kann dadurch vermieden werden. Auch die Verkehrsbezeichnung für „Schinken“ wurde konkretisiert: Imitate tragen diese Bezeichnung nicht.

Für Klarheit sorgt die neu aufgenommene Definition für Cheeseburger. Dabei handelt es sich um einen Hamburger mit Käse- oder Schmelzkäseauflage. Sein Fleischanteil besteht aus gehacktem Rindfleisch. Schweinehackfleisch und stärkehaltige Bindemittel sind tabu.

Die Getränkeleitsätze entsprechen nun dem geltenden europäischen Aromenrecht. Zusätzlich wurden sie an die geänderten Verbrauchererwartungen angepasst: Immer wieder nehmen nämlich Verbraucher Anstoß an Fruchtabbildungen auf Getränken, weil deren Geschmack nicht bzw. nicht überwiegend von Früchten oder Fruchtbestandteilen herrührt, sondern auf den Zusatz von Aromen unterschiedlicher Art zurückzuführen ist. Dies betrifft in besonderer Weise Erfrischungsgetränke, Tee, teeähnliche Erzeugnisse, deren Extrakte und Zubereitungen, aber auch wein- und schaumweinähnliche Getränke. Hier wurden Bezeichnungs- und Aufmachungshinweise für die einzelnen Produktgruppen gegeben, um die tatsächliche Beschaffenheit leichter zu erkennen. Während „aromatisierter Tee“ längst eine übliche Verkehrsbezeichnung darstellte, geben bei Limonaden nun ebenfalls Bezeichnungen wie „Limonade mit Apfelgeschmack“ oder „Limonade mit Apfel-Aroma“ einen Hinweis auf die Aromatisierung.

Ist mit diesen Leitsatzänderungen jedes Missverständnis ausgeräumt und der Verbrauchertäuschung ein Riegel vorgeschoben? Sicher nicht, denn so unterschiedlich die Verbraucher sind, so verschieden sind ihre Erwartungen, ihr Wissen, ihre persönliche Erfahrung und ihr Vertrauen in die Produkte. Es ist und bleibt in der Verantwortung jedes einzelnen Inverkehrbringers, durch eine gute Herstellungs- und Kennzeichnungspraxis, misstrauische Konsumenten von der Sicherheit und Qualität der Lebensmittel zu überzeugen. Wenn Hersteller und Händler die Wahrnehmung der Kunden ernst nehmen und die Lieferketten durch eindeutige Herkunftsangaben transparent machen, wächst das Vertrauen in unsere Lebensmittel. Die Leitsätze des Deutschen Lebensmittelbuches leisten ihren Beitrag dazu. Sie informieren über viele Produkte und vermehren das Wissen derjenigen, die bereit sind, sie zu lesen.

Das Ziel, die Leitsätze aktuell zu halten und verständliche Formulierungen zu wählen, ist für die ehrenamtlichen Kommissionsmitglieder selbstverständlich. Schön, dass auch die Politik sich nun klar zum Deutschen Lebensmittelbuch und der Lebensmittelbuch-Kommission bekannt hat. Das Bundesministerium für Ernährung und Landwirtschaft (BMEL) selbst hatte die kürzlich veröffentlichte Evaluierungsstudie in Auftrag gegeben. Welche Schritte nun einzuleiten sind, um möglichst schnell zu neuen Leitsatz-Veröffentlichungen zu gelangen, bleibt abzuwarten. Die Forderung im Koalitionsvertrag, die Leitsätze stärker am Anspruch der Verbraucher nach Wahrheit und Klarheit auszurichten, mag gut gemeinte Absichten verfolgen.

Bei aller Stärkung der Verbraucherinteressen kann aber sicher nicht gemeint sein, dass künftig die verkehrsübliche Bezeichnung eines Lebensmittels durch Verbraucherfragen bestimmt werden soll. Zu den nachvollziehbaren Wissensdefiziten in warenkundlichen und lebensmittelrechtlichen Bereichen kämen dann nämlich noch eigene ideologische Anschauungen der Verbraucherschaft hinzu. Von den bewährten objektivierten Sachverständigengutachten würde man sich dann wohl verabschieden müssen. Die weit verbreitete Akzeptanz der Leitsätze ist auch nur zu halten, wenn die paritätische Zusammensetzung der Kommission nicht geopfert wird.

Statt vermeintlicher Verbraucherschützer, braucht die Kommission engagierte, fachlich qualifizierte Mitstreiter. Gut, dass auch der Vorwurf, die DLMBK sei verfassungswidrig, nur eine Einzelmeinung war und widerlegt werden konnte. Es hätte auch sehr verwundert, wenn ihr nach mehr als 50 Jahren die Legitimation ihres gesetzlichen Auftrages abgesprochen worden wäre.

Freuen wir uns also auf die nächsten Leitsatzaktualisierungen – Neues im Bereich Fleisch und Fleischerzeugnisse ist bereits in Arbeit.

Die Vorsitzende der Deutschen Lebensmittelbuch-Kommission

Dr. Birgit Rehlender

Einleitung

Mit den „Leitsätzen des Deutschen Lebensmittelbuches“ (im Folgenden nur noch kurz „Leitsätze“ genannt) sollen allen am Verkehr mit Lebensmitteln Beteiligten, insbesondere den Herstellern und den amtlichen Kontrolleuren, aber auch den Verbrauchern aussagekräftige Beschreibungen von Lebensmitteln zur Verfügung gestellt werden. Vergleichbare Sammlungen von Standards gibt es in Österreich („Codex Alimentarius Austriacus“) und der Schweiz („Schweizerisches Lebensmittelbuch“), aber auch in Frankreich und Ungarn sowie im Vereinigten Königreich. Sie beschreiben die nationalen Verkehrsauffassungen, die sich mit der jeweiligen Bezeichnung der verschiedenen auf dem Lebensmittelmarkt gehandelten Produkte verbindet.

Die rechtlichen Bestimmungen zur Erarbeitung von Leitsätzen wurden in Deutschland schon 1974 mit der Verabschiedung des Lebensmittel- und Bedarfsgegenständegesetzes (LMBG) geschaffen. Darin waren in den §§ 33 und 34 die Grundlagen für das „Deutsche Lebensmittelbuch“ (DLMB) als eine Sammlung von Leitsätzen sowie die „Deutsche Lebensmittelbuch-Kommission“ (DLMBK) als Organ zur Erarbeitung der Leitsätze gelegt. Das LMBG wurde im Jahr 2005 durch das Lebensmittel- und Futtermittelgesetzbuch (LFGB) abgelöst, wobei die ehemaligen §§ 33 und 34 unverändert übernommen wurden und jetzt als §§ 15 und 16 im LFGB zu finden sind:

§ 15
Deutsches Lebensmittelbuch

(1) Das Deutsche Lebensmittelbuch ist eine Sammlung von Leitsätzen, in denen Herstellung, Beschaffenheit oder sonstige Merkmale von Lebensmitteln, die für die Verkehrsfähigkeit der Lebensmittel von Bedeutung sind, beschrieben werden.

(2) Die Leitsätze werden von der Deutschen Lebensmittelbuch-Kommission unter Berücksichtigung des von der Bundesregierung anerkannten internationalen Lebensmittelstandards beschlossen.

(3) Die Leitsätze werden vom Bundesministerium im Einvernehmen mit dem Bundesministerium für Wirtschaft und Technologie veröffentlicht. Die Veröffentlichung von Leitsätzen kann aus rechtlichen oder fachlichen Gründen abgelehnt oder rückgängig gemacht werden.

§ 16
Deutsche Lebensmittelbuch-Kommission

(1) Die Deutsche Lebensmittelbuch-Kommission wird beim Bundesministerium gebildet.

(2) Das Bundesministerium beruft im Einvernehmen mit dem Bundesministerium für Wirtschaft und Technologie die Mitglieder der Kommission aus den Kreisen der Wissenschaft, der Lebensmittelüberwachung, der Verbraucherschaft und der Lebensmittelwirtschaft in zahlenmäßig gleichem Verhältnis. Das Bundesministerium bestellt den Vorsitzenden der Kommission und seine Stellvertreter und erlässt nach Anhörung der Kommission eine Geschäftsordnung.

(3) Die Kommission soll über die Leitsätze grundsätzlich einstimmig beschließen. Beschlüsse, denen nicht mehr als drei Viertel der Mitglieder der Kommission zugestimmt haben, sind unwirksam. Das Nähere regelt die Geschäftsordnung.

Leitsätze entstehen demnach durch einen – vorzugsweise einstimmigen – Beschluss der DLMBK. Zuvor waren sie in einem für das jeweilige Lebensmittelgebiet zuständigen Fachausschuss formuliert worden, wobei dort zu den Sitzungen regelmäßig besonders sachkundige Personen eingeladen werden und sich an den Diskussionen beteiligen. Die Arbeitsweise der Organe der DLMBK sowie die Regeln für ihre Abstimmungen sind ausführlich durch die nachfolgend abgedruckte Geschäftsordnung vorgegeben (s. Seite 15). Mit ihr wird auch das Präsidium der DLMBK eingerichtet, welches das Arbeitsprogramm der Ausschüsse beschließt und Fragen von grundsätzlicher Bedeutung behandelt. Für eine erfolgreiche Tätigkeit in den Organen der DLMBK ist eine partnerschaftliche und vertrauensvolle Zusammenarbeit der Mitglieder trotz der vorhandenen Interessensunterschiede unerlässlich. Sie hat bis heute aber auch immer praktisch ausnahmslos stattgefunden.

Zwar werden die Leitsätze auf der Grundlage einer gesetzlichen Ermächtigung erlassen, dennoch sind sie keine verbindlich zu befolgenden Rechtsvorschriften. Ihr Charakter ist vielmehr der eines Sachverständigengutachtens, allerdings aufgrund der Zustimmung aller beteiligten Kreise auf einem sehr hohen Niveau. Leitsätze sind eine wertvolle Auslegungshilfe in den Fällen von Rechtsstreitigkeiten über die Verkehrsauffassung, die zu einem jeweils bestimmten Produkt besteht.

Denn mit dem ehemaligen § 17 Abs. 1 Nr. 2 Buchst. b des alten LMBG wurde 1974 der Begriff der Verkehrsauffassung als objektives Tatbestandsmerkmal in das Recht eingeführt. Der Wortlaut der Bestimmung ist unverändert in den § 11 Abs. 1 Nr. 2 Buchst. b des neuen LFGB übernommen worden. Danach ist es verboten, dass

... Lebensmittel unter irreführender Bezeichnung, Angabe oder Aufmachung gewerbsmäßig in den Verkehr gebracht werden oder für Lebensmittel allgemein oder im Einzelfall mit irreführenden Darstellungen oder sonstigen Aussagen geworben wird. Eine Irreführung liegt hierbei insbesondere dann vor, wenn ... Lebensmittel, die hinsichtlich ihrer Beschaffenheit von der Ver-

kehrsauffassung abweichen und dadurch in ihrem Wert, insbesondere in ihrem Nähr- oder Genusswert oder in ihrer Brauchbarkeit nicht unerheblich gemindert sind, ... ohne ausreichende Kenntlichmachung gewerbsmäßig in den Verkehr gebracht werden.

Durch diese Rechtsnorm kommt einer korrekten Ermittlung der objektiven Verkehrsauffassung, die übrigens nicht mit der nur auf empirischem Weg näherungsweise festzustellenden „Verbrauchererwartung" verwechselt werden darf, eine besondere Bedeutung zu. Diese Ermittlung gehört ebenso wie die Messung von Inhaltsstoffgehalten oder die sensorische Beschreibung zu den Aufgaben der zuständigen Sachverständigen. Ihre Ergebnisse sind nicht unmittelbar bindend, sondern unterliegen grundsätzlich noch einer richterlichen Überprüfung. Denn wie bei allen anderen Feststellungen können Sachverständige in seltenen Einzelfällen einmal Fehler machen.

In der Vergangenheit wurde allerdings nicht selten übersehen, dass nach dem Gesetzeswortlaut Lebensmittel, welche die Anforderungen an die zu einer Verkehrsbezeichnung gehörige Beschaffenheit nicht erfüllten, bei ausreichender Kenntlichmachung dieser Abweichung durchaus noch verkauft werden durften. Entgegen dieser Bestimmung beurteilten zahlreiche Sachverständige derartige Produkte grundsätzlich als „mit irreführender Verkehrsbezeichnung" versehen, was ein unmittelbares Verkehrsverbot nach sich ziehen musste. Daher sah sich das Präsidium der DLMBK veranlasst, durch klärende „Hinweise für die Anwendung des Deutschen Lebensmittelbuches" (s. Seite 13) darauf hinzuweisen, dass Leitsätze eben nicht unmittelbar rechtsverbindlich sind.

Aufgrund der nicht nur in Einzelfällen überzogenen Anwendungspraxis der Leitsätze hatte es zahlreiche Beschwerden der Lebensmittelwirtschaft darüber gegeben, die zum Teil auch bei der Kommission in Brüssel eingingen. Diese stufte die Leitsätze dann erst einmal als Rechtsvorschriften ein, die der Notifizierungspflicht gemäß der damaligen Richtlinie 83/189/EWG unterliegen sollten. Allerdings wurde das von der Europäischen Kommission dann im Jahr 1994 in dieser Sache eröffnete Vertragsverletzungsverfahren nach verschiedenen Erörterungen zwischen Bonn und Brüssel sowie der Abgabe einer schriftlichen Stellungnahme durch die Bundesregierung nicht mehr von der Kommission weiter verfolgt. Sie akzeptierte damit letztendlich die Leitsätze als nicht notifizierungspflichtige nationale Standards ohne unmittelbare Rechtsverbindlichkeit.

Immer wieder wurden die Leitsätze von einzelnen Stimmen besonders aus der Lebensmittelwirtschaft als marktfern und zudem innovationshemmend kritisiert. Häufig wird hier zur Begründung das Urteil des Niedersächsischen Oberverwaltungsgerichtes vom 19.01.1993 (Az. 10 L 136/89) zitiert, das eine Beschreibung von tiefgefrorenen Hacksteaks als unzutreffend verwarf. Allerdings ist dieses Urteil bisher der einzige Fall, in dem ein Leitsatz in einem Punkt keinen Bestand hatte.

Dem stehen viele tausend Fälle gegenüber, in denen sich die Gerichte der dargestellten Verkehrsauffassung anschlossen. Dies zeigt, dass die Erfüllung der in den Leitsätzen beschriebenen Anforderungen an die Beschaffenheit eines Lebensmittels dessen unbehelligte Vermarktung gewährleistet. Wer diesen „sicheren Hafen“ verlässt, sollte gegen einen möglicherweise „starken Gegenwind“ entsprechende Vorsichtsmaßnahmen treffen. Gemeint ist damit die ausreichende Kenntlichmachung der Abweichung. Da aber kein Verkehrsverbot besteht, sind die Leitsätze also keinesfalls innovationshemmend.

Ebenso trifft die oft geäußerte Meinung nicht zu, in dem heutigen Binnenmarkt mit seinem „Prinzip der gegenseitigen Anerkennung“ wäre für Leitsätze kein Platz mehr, da doch jedes rechtmäßig in der Europäischen Union hergestellte Lebensmittel verkehrsfähig sein muss. Hier wird übersehen, dass es keine „Europäische Verkehrsauffassung“ gibt, eine solche wurde auch nie von der Kommission oder dem Europäischen Gerichtshof (EuGH) reklamiert. Die Leitsätze beschreiben die deutsche Verkehrsauffassung, welche auch weiterhin in Deutschland Bestand hat. Für davon abweichende Produkte gilt kein Verkehrsverbot (mehr), aber die Abweichung muss ausreichend kenntlich gemacht werden. Nichts anderes wurde auch schon vom EuGH in seinem richtungweisenden Urteil „Cassis de Dijon“ vom 20.02.1979 (Rs 120/78) dargestellt.

Die Leitsätze erfüllen also weiterhin die wichtige Funktion, durch eine in umfassendem Konsens erstellte Beschreibung der Verkehrsauffassung zu zahlreichen Lebensmitteln Streitfälle darüber in den meisten Fällen schon im Vorfeld zu befrieden. Da die in den Leitsätzen beschriebenen Anforderungen fast immer über den rechtlich geforderten Mindeststandards liegen, lässt sich damit sogar eine besondere Qualität belegen. Eine Werbeaussage wie etwa „Deutsche Lebensmittelbuch-Qualität“ findet man aber heute noch nicht auf den Etiketten, obwohl sie aus den zuvor genannten Gründen längst keine – unzulässige – Werbung mit Selbstverständlichkeiten mehr darstellen würde. Sie stünde jedem europäischen Hersteller offen, der die Leitsätze befolgt, und ist damit gemeinschaftsrechtlich zulässig. Wenn diese Chance eines Gütesiegels zukünftig einmal genutzt wird, könnten die Leitsätze sogar noch weitaus größere Bedeutung erhalten.

Hinweise für die Anwendung der Leitsätze des Deutschen Lebensmittelbuches

herausgegeben vom Präsidium der Deutschen Lebensmittelbuch-Kommission

Oberste Maxime im Lebensmittelverkehr ist der gesundheitliche Verbraucherschutz und der Schutz vor Täuschung.

Der Schutz vor Täuschung ist gewährleistet, wenn ein Lebensmittel in Zusammensetzung und Kennzeichnung der Verkehrsauffassung, also der redlichen Herstellungspraxis und der berechtigten Verbrauchererwartung, entspricht.

Werden Lebensmittel in den Verkehr gebracht, ist es von großer Bedeutung, die maßgebliche Verkehrsauffassung zu ermitteln und die richtige Bezeichnung des Lebensmittels[1] zu finden, die von den Verbrauchern und den übrigen am Lebensmittelverkehr beteiligten Kreisen für das jeweilige Produkt akzeptiert wird.

In der Europäischen Union gibt es nur in Ausnahmefällen eine einheitliche Verkehrsauffassung. Es gilt vielmehr der Grundsatz der gegenseitigen Anerkennung der jeweils bestehenden nationalen Verkehrsauffassungen. In Deutschland wird die Verkehrsauffassung für viele Lebensmittel in den Leitsätzen des Deutschen Lebensmittelbuches beschrieben.

Die Leitsätze sind deshalb für Hersteller, Handel, Importeur, Verbraucher, Überwachung und Gerichte eine wichtige Orientierungshilfe. Bei ihrer Anwendung sind die folgenden Hinweise zu beachten.

1. Die Leitsätze des Deutschen Lebensmittelbuches sind keine Rechtsnormen und damit nicht rechtsverbindlich. Auch kommt ihnen nicht der Charakter von Verwaltungsrichtlinien zu. In Beurteilungen und Stellungnahmen sind die Leitsätze deshalb als Auslegungshilfe, nicht aber als Rechtsgrundlage zitierbar. Sie schränken auch keinesfalls die Zulässigkeit dessen ein, was nach nationalem oder Gemeinschaftsrecht erlaubt ist.

2. Leitsätze haben den Charakter objektivierter Sachverständigengutachten. Sie beschreiben die allgemeine Verkehrsauffassung über die Zusammensetzung und die sonstige Beschaffenheit der erfassten Produkte und bringen die hiernach zutreffende verkehrsübliche Bezeichnung des Lebensmittels im Sinne der Lebensmittel-Informationsverordnung (LMIV) zum Ausdruck. Sie sind darüber

1 In den Leitsätzen des Deutschen Lebensmittelbuches wurde bisher der Begriff „Verkehrsbezeichnung" verwendet, wie er in der Lebensmittel-Kennzeichnungsverordnung (LMKV) und in der dieser zugrunde liegenden Richtlinie 2000/13/EG vorgegeben war. In der LMIV wird nun der Begriff „Bezeichnung des Lebensmittels" verwendet. Diese Terminologie wird künftig sukzessive bei der Überarbeitung der Leitsätze übernommen.

hinaus vorrangige Auslegungshilfe für die Beantwortung der Frage, ob eine Irreführung im Sinne der Vorschriften des Lebensmittelrechts vorliegt.

3. Ergibt die Prüfung eines Lebensmittels eine Abweichung von der Beschreibung in den Leitsätzen, so können die Vorgaben des Artikels 17 Absatz 1 LMIV dennoch durch eine ausreichende Ergänzung der Bezeichnung des Lebensmittels erfüllt werden. Weiterhin kann bei Berücksichtigung der übrigen vorgeschriebenen und korrekt angegebenen Informationen, zum Beispiel der Angaben im Zutatenverzeichnis, in vielen Fällen eine Irreführung verneint werden. Auch bei lose abgegebenen Lebensmitteln ist zu prüfen, ob bei (freiwilliger) Angabe einer Bezeichnung des Lebensmittels, die von den Leitsätzen abweicht, eine Irreführung nach Berücksichtigung zusätzlicher, geeigneter Informationen verneint werden kann.

4. Bestehen jedoch Zweifel, ob bereits ein im Wesen anderes Lebensmittel (Aliud) vorliegt und damit die verwendete Bezeichnung des Lebensmittels nicht mehr zutreffend ist, hat die/der Sachverständige bei der Interpretation der Leitsätze die herkömmlichen Regeln der Normauslegung entsprechend anzuwenden. Von einem Aliud ist beispielsweise dann regelmäßig auszugehen, wenn in dem entsprechenden Leitsatz für ein Lebensmittel mit der festgestellten Beschaffenheit eine andere verkehrsübliche Bezeichnung aufgeführt ist. Die ursprünglich gewählte Bezeichnung wird dann regelmäßig nicht den Vorgaben des Artikels 17 Absatz 1 LMIV entsprechen und ggf. als irreführend im Sinne von Artikel 7 Absatz 1 LMIV zu beurteilen sein.

5. Für ein Lebensmittel in einer Verpackung, das mit einer bestimmten Bezeichnung in einem anderen Mitgliedstaat der Europäischen Union oder einem anderen Vertragsstaat des Abkommens über den Europäischen Wirtschaftsraum rechtmäßig in Verkehr ist, dem betreffenden Leitsatz aber nicht entspricht, regelt Artikel 17 Absatz 2 LMIV, dass dieses Lebensmittel grundsätzlich auch im Inland unter dieser Bezeichnung in den Verkehr gebracht werden darf. Diese Bezeichnung ist durch weitere beschreibende Informationen zu ergänzen, wenn anderenfalls, insbesondere unter Berücksichtigung der sonstigen in der Verordnung vorgeschriebenen Angaben, der Verbraucher nicht in der Lage wäre, die Art des Lebensmittels zu erkennen und es von verwechselbaren Erzeugnissen zu unterscheiden.

6. Die Leitsätze werden regelmäßig durch die Kommission überprüft und ggf. geändert. Darüber hinaus können Erkenntnisse, dass sich die Verkehrsauffassung geändert hat, zur Überprüfung des entsprechenden Leitsatzes auf dem üblichen Weg an das Sekretariat der Lebensmittelbuch-Kommission herangetragen werden.

Quelle: http://www.bmel.de/DE/Ernaehrung/Kennzeichnung/Lebensmittelbuch/HinweiseLeitsaetzeLebensmittelbuch.html (Stand 29.01.2016)

Geschäftsordnung

Geschäftsordnung
der Deutschen Lebensmittelbuch-Kommission
Vom 25. Mai 2009

Auf Grund des § 16 Abs. 2 Satz 2 des Lebensmittel- und Futtermittelgesetzbuches in der Fassung der Bekanntmachung vom 26. April 2006 (BGBl. I S. 945) erlässt das Bundesministerium für Ernährung, Landwirtschaft und Verbraucherschutz nach Anhörung der Deutschen Lebensmittelbuch-Kommission (Kommission) folgende Geschäftsordnung[2]:

1. Abschnitt: Gremien und Sekretariat

§ 1 Kommission

(1) Die Mitglieder der Kommission werden nach Maßgabe des § 16 Abs. 2 Satz 1 des Lebensmittel- und Futtermittelgesetzbuches (LFGB) vom Bundesministerium für Ernährung, Landwirtschaft und Verbraucherschutz, im Folgenden Bundesministerium genannt, für einen Zeitraum von fünf Jahren berufen. Die zu berufenden Personen gehören einem der in § 16 Abs. 2 Satz 1 LFGB genannten Kreise an und sollen zum Zeitpunkt der Berufung im aktiven Dienst stehen. Nachfolger für vorzeitig ausscheidende Mitglieder werden nur für den Rest des jeweiligen Berufungszeitraumes berufen. Erneute Berufungen sind zulässig.

(2) Die Mitglieder der Kommission sind zu unparteiischer und gewissenhafter Erfüllung ihrer Aufgaben verpflichtet. Ihr Amt ist ein persönliches Ehrenamt, das keine Vertretung zulässt. Das Bundesministerium kann ein Mitglied der Kommission abberufen, wenn es nicht mehr Vertreter des Kreises im Sinne von § 16 Abs. 2 Satz 1 LFGB ist, für den es berufen worden ist.

(3) Die Mitglieder der Kommission dürfen zur Erfüllung ihrer Aufgaben Auskünfte einholen. Über die Beratungen der Kommission und ihrer Fachausschüsse haben sie Verschwiegenheit nach Maßgabe der in Anhang 1 aufgeführten Verpflichtung zu bewahren, es sei denn, das Bundesministerium hebt die Verschwiegenheitspflicht auf. Ein Leitsatzentwurf, soweit er zur Beratung in Fachkreisen dient, unterliegt nicht der Verschwiegenheitspflicht.

2 Aus Gründen der sprachlichen Klarheit wird nur die männliche Form verwendet. Frauen sind in gleicher Weise angesprochen.

§ 2 Präsidium

(1) Der Vorsitzende der Kommission und seine Stellvertreter (§ 16 Abs. 2 Satz 2 LFGB) werden durch das Bundesministerium aus der Mitte der Kommission bestellt. Sie bilden das Präsidium, in dem alle vier Kreise in zahlenmäßig gleichem Verhältnis vertreten sind.

(2) Das Präsidium führt die Geschäfte der Kommission nach Maßgabe dieser Geschäftsordnung. Es beschließt über die Befassung der Kommission mit der Erarbeitung und/oder Änderung von Leitsätzen und mit Anträgen nach § 7 Abs. 1. Es beschließt insbesondere den Arbeitsplan der Kommission und bereitet die Sitzungen der Kommission vor.

§ 3 Fachausschüsse

(1) Nach Abstimmung zwischen dem Bundesministerium und dem Präsidium setzt die Kommission bis zu sieben Fachausschüsse für bestimmte Sachgebiete ein. Das zu bearbeitende Sachgebiet ist genau festzulegen. Ein Fachausschuss soll höchstens 16 Mitglieder haben. Die Fachausschüsse erarbeiten Empfehlungen für die Kommission.

(2) Das Präsidium wählt die Vorsitzenden der Fachausschüsse und jeweils einen Stellvertreter.

(3) Jedes Kommissionsmitglied soll in mindestens zwei Fachausschüssen Mitglied sein. Einem Fachausschuss sollen Mitglieder der Kommission aus den in § 16 Abs. 2 LFGB genannten Kreisen in zahlenmäßig gleichem Verhältnis angehören, wobei jeder der genannten Kreise mit mindestens zwei Mitgliedern in einem Fachausschuss vertreten sein muss. Nach Aufforderung des Sekretariates meldet jedes Kommissionsmitglied innerhalb von vier Wochen dem Sekretariat, in welchen Fachausschüssen es mitzuarbeiten beabsichtigt. Die Kommission entscheidet auf der Grundlage eines Vorschlages des Sekretariates über die Besetzung der Fachausschüsse.

§ 4 Sekretariat

Zur Durchführung der Aufgaben der Kommission, des Präsidiums und der Fachausschüsse unterhält das Bundesministerium ein Sekretariat. Der Schriftverkehr wird über das Sekretariat geführt.

2. Abschnitt: Sitzungen

§ 5 Ladung und Sitzungsverlauf

(1) Zu einer Sitzung der Kommission, des Präsidiums oder eines Fachausschusses wird vom Sekretariat in Abstimmung mit dem jeweiligen Vorsitzenden eingeladen. Die Kommission, das Präsidium oder ein Fachausschuss ist zu einer Sitzung einzuladen, wenn die Mehrheit der jeweiligen Mitglieder dies beantragt. Das Bundesministerium kann jederzeit zu einer Sitzung einladen.

(2) Die Einladung muss eine Tagesordnung enthalten. Eine Ladungsfrist von drei Wochen soll nicht unterschritten werden.

(3) Die Sitzung wird vom Vorsitzenden geleitet. Sie ist nicht öffentlich.

(4) Das jeweilige Gremium entscheidet im Einvernehmen mit dem Bundesministerium, ob und inwieweit die Öffentlichkeit über den Verlauf und das Ergebnis der Sitzung unterrichtet wird. Dabei ist der Schutz von personenbezogenen Daten sowie von Berufs- und Geschäftsgeheimnissen zu gewährleisten.

(5) An einer Sitzung können Vertreter und Beauftragte des Bundesministeriums, seiner nachgeordneten Einrichtungen und des Bundesministeriums für Wirtschaft und Technologie teilnehmen. Sie sind auf ihr Verlangen jederzeit zu hören.

(6) Über die Sitzung ist ein Ergebnisprotokoll anzufertigen, das die Beschlüsse der Sitzung und die Teilnehmerliste enthält. Persönliche Erklärungen oder Stellungnahmen, deren Aufnahme in das Protokoll gewünscht wird, sind vom Sitzungsteilnehmer schriftlich vorzulegen und werden in das Protokoll aufgenommen. Das Ergebnisprotokoll ist vom Vorsitzenden und vom Schriftführer zu unterschreiben und allen Mitgliedern der Kommission zu übersenden.

(7) Die Schriftführung obliegt dem Sekretariat oder im Falle seiner Verhinderung einem vom Vorsitzenden benannten Schriftführer.

(8) Die Mitglieder der Kommission sind berechtigt, auch an der Sitzung eines Fachausschusses teilzunehmen, dem sie nicht als Mitglied angehören. Sie haben dann nur beratende Stimme.

§ 6 Sachkenner

(1) An der Sitzung eines Fachausschusses können Sachkenner teilnehmen, die den Fachausschuss sachverständig beraten. Einen Antrag auf Hinzuziehung von Sachkennern kann jedes Mitglied des Fachausschusses beim Sekretariat stellen. Ein Sachkenner nimmt auf Einladung des Bundesministeriums im Einvernehmen mit dem Fachausschussvorsitzenden teil.

(2) Ein Sachkenner ist nicht Mitglied eines Fachausschusses. Er nimmt in dem Umfang an der Sitzung des Fachausschusses teil, in dem dies der Beratungsgegenstand erfordert. In Gegenwart eines Sachkenners darf kein Beschluss über eine Empfehlung gefasst werden.

(3) Ein Sachkenner darf zur Erfüllung seiner Aufgaben Auskünfte einholen. Über die Beratungen des Fachausschusses hat er Verschwiegenheit nach Maßgabe der in Anhang 2 aufgeführten Verpflichtung zu bewahren. Ein Leitsatzentwurf, soweit er zur Beratung in Fachkreisen dient, unterliegt nicht der Verschwiegenheitspflicht.

3. Abschnitt: Erarbeitung und Änderung von Leitsätzen

§ 7 Anträge und erste Beratung

(1) Die Erarbeitung oder Änderung eines Leitsatzes kann auch von den in § 16 Abs. 2 LFGB genannten Kreisen schriftlich beim Sekretariat beantragt werden. Der Antrag muss einen Formulierungsvorschlag und eine Begründung enthalten (s. Muster in Anhang 3).

(2) Beschließt das Präsidium, die Kommission mit der Erarbeitung oder Änderung eines Leitsatzes zu befassen, leitet das Sekretariat den Auftrag dem Vorsitzenden des zuständigen Fachausschusses zu.

(3) Der Vorsitzende dieses Fachausschusses entscheidet in Abstimmung mit dem Vorsitzenden der Kommission und dem Sekretariat darüber, ob der Auftrag in einer Sitzung des Fachausschusses oder im schriftlichen Verfahren behandelt wird.

(4) Bei schriftlicher Abstimmung versendet das Sekretariat den Entwurf einer Empfehlung an die Mitglieder des Fachausschusses mit der Bitte um Zustimmung gemäß § 11 Abs. 2 binnen drei Wochen.

(5) Kann eine Zustimmung zu einer Empfehlung nicht im schriftlichen Verfahren erreicht werden, oder hat man sich für eine Sitzung des Fachausschusses nach Abs. 3 entschieden, ist der Auftrag für die nächste Sitzung des Fachausschusses vorzusehen.

§ 8 Beteiligung der betroffenen Kreise

Nach Beschluss des Fachausschusses bringt das Sekretariat die Empfehlung des Fachausschusses den betroffenen Kreisen der Wissenschaft, der Lebensmittelüberwachung, der Verbraucherschaft, der Lebensmittelwirtschaft sowie dem Bundesministerium der Justiz und dem Bundesministerium für Wirtschaft und Technologie mit der Aufforderung zur Kenntnis, dem Sekretariat etwaige Einwendungen innerhalb von vier Wochen mitzuteilen.

§ 9 Weiteres Beratungsverfahren

(1) Nach Ablauf dieser Frist übersendet das Sekretariat die eingegangenen Einwendungen dem Vorsitzenden und den Mitgliedern des Fachausschusses. Der Fachausschuss beschließt unverzüglich in einer Sitzung oder im schriftlichen Verfahren über die Einwendungen. Eine nochmalige Bekanntgabe findet nicht statt.

(2) Das Sekretariat übersendet die Empfehlung des Fachausschusses dem Vorsitzenden der Kommission.

(3) Der Vorsitzende der Kommission entscheidet in Abstimmung mit dem Sekretariat darüber, ob die Empfehlung in einer Sitzung der Kommission oder im schriftlichen Verfahren behandelt wird.

4. Abschnitt: Abstimmungen

§ 10 Allgemeine Bestimmungen

(1) Die Beschlüsse der Kommission, des Präsidiums und eines Fachausschusses werden auf Antrag in namentlicher Abstimmung gefasst.

(2) Vor jeder Abstimmung hat der Vorsitzende die Beschlussfähigkeit festzustellen. Die Kommission und das Präsidium sind beschlussfähig, wenn mehr als die Hälfte der Mitglieder bei der Abstimmung anwesend sind. Ein Fachausschuss ist beschlussfähig, wenn mehr als die Hälfte der Mitglieder bei der Abstimmung anwesend sind und jede der in § 16 Abs. 2 LFGB genannten Gruppen vertreten ist.

(3) Bei schriftlicher Abstimmung gilt Abs. 2 Satz 3 entsprechend.

(4) Vor der Abstimmung im Fachausschuss oder in der Kommission kann ein Vertreter des Bundesministeriums mit Blick auf § 15 Abs. 3 Satz 2 LFGB eine Stellungnahme abgeben.

§ 11 Fachausschussabstimmungen

(1) Einer Empfehlung des Fachausschusses müssen mindestens drei Viertel aller anwesenden Mitglieder des Fachausschusses zustimmen. Wird die Mehrheit nach Satz 1 nicht erreicht, stimmen jedoch alle anwesenden Mitglieder aus drei der in § 16 Abs. 2 LFGB genannten Gruppen dafür, ist die Empfehlung der Kommission zur Beratung und Beschlussfassung vorzulegen.

(2) Bei schriftlicher Abstimmung bedarf ein Beschluss der Zustimmung von mindestens drei Vierteln der abstimmenden Mitglieder des Fachausschusses. Wird die Mehrheit nach Satz 1 nicht erreicht, stimmen jedoch alle abstimmenden Mitglieder aus drei der in § 16 Abs. 2 LFGB genannten Gruppen dafür, ist die Emp-

fehlung der Kommission zur Beratung und Beschlussfassung vorzulegen. Verspätet abgegebene Stimmen gelten als nicht abgegeben.

(3) Sonstige Beschlüsse fasst der Fachausschuss mit einfacher Mehrheit der sich an der Abstimmung beteiligenden Mitglieder.

§ 12 Kommissionsabstimmungen

(1) Die Kommission soll einen Leitsatz oder die Änderung eines Leitsatzes grundsätzlich einstimmig beschließen. Enthaltungen zählen nicht.

(2) Bei einer Abstimmung in der Kommission kann sich ein abwesendes Mitglied von einem anderen Mitglied seiner Gruppe vertreten lassen, wenn es eine entsprechende schriftliche Vollmacht gegenüber dem Sekretariat erteilt.

(3) Wenn ein Leitsatz oder eine Änderung mit den Stimmen der anwesenden und der vertretenen Mitglieder einstimmig beschlossen wird, aber damit die Mehrheit von mehr als drei Vierteln aller Mitglieder der Kommission nicht erreicht wird, fordert das Sekretariat die Mitglieder, die weder anwesend noch vertreten waren, dazu auf, binnen zwei Wochen mitzuteilen, ob sie dem gefassten Beschluss zustimmen. Geht innerhalb dieser Frist die erforderliche Zahl von Zustimmungen, aber keine Gegenstimme ein, wird der Beschluss wirksam. Verspätete und nicht abgegebene Stellungnahmen gelten als Enthaltungen.

(4) Wird Einstimmigkeit nicht erreicht, so ist die Kommission erneut zu einer zweiten Beratung der strittigen Frage einzuberufen.

(5) Ein Mitglied der Kommission, das gegen die Empfehlung des Fachausschusses gestimmt hat, ist verpflichtet, innerhalb von zwei Wochen nach Abgabe der Stimme seine Bedenken schriftlich dem Sekretariat vorzulegen und einen Vorschlag zu machen, wie eine Einigung erzielt werden kann. Das Sekretariat übersendet allen Mitgliedern der Kommission eine Abschrift dieses Schreibens.

(6) Bei der zweiten Beratung der Kommission genügt die Zustimmung von mehr als drei Vierteln aller Mitglieder. Wenn diese Mehrheit mit den Stimmen der anwesenden und vertretenen Mitglieder nicht erreicht wird, fordert das Sekretariat die Mitglieder, die weder anwesend noch vertreten waren, dazu auf, binnen zwei Wochen mitzuteilen, ob sie dem gefassten Beschluss zustimmen. Geht innerhalb dieser Frist die erforderliche Zahl von Zustimmungen ein, wird der Beschluss wirksam.

(7) Wird bei der zweiten Beratung die nach Absatz 6 erforderliche Mehrheit nicht erreicht, so gilt der entsprechende Antrag als abgelehnt.

(8) Ein Beschluss der Kommission über die Empfehlung eines Fachausschusses kann auf Vorschlag dieses Fachausschusses auch im schriftlichen Verfahren gefasst werden. Das Sekretariat fordert die Mitglieder der Kommission bei schriftli-

cher Abstimmung auf, innerhalb einer Frist, die vier Wochen nicht unterschreiten darf, der Empfehlung zuzustimmen. Geht innerhalb der Frist die Zustimmung von mehr als drei Vierteln aller Mitglieder der Kommission, aber keine Gegenstimme ein, wird der Beschluss wirksam. Verspätet oder nicht abgegebene Stimmen gelten als Enthaltungen. Geht eine Gegenstimme ein, wird die Empfehlung der Kommission zur mündlichen Beratung überwiesen.

(9) Sonstige Beschlüsse fasst die Kommission mit einfacher Mehrheit der sich an der Abstimmung beteiligenden Mitglieder.

5. Abschnitt: Schlussbestimmungen

§ 13 Veröffentlichung eines Leitsatzes

(1) Der von der Kommission beschlossene Leitsatz oder die Änderung eines Leitsatzes wird vom Bundesministerium nach Überprüfung der Vereinbarkeit mit dem geltenden Recht nach § 15 Abs. 3 LFGB veröffentlicht. Stehen der Veröffentlichung rechtliche oder fachliche Bedenken entgegen, so leitet das Bundesministerium den Leitsatz oder die Änderung dem Vorsitzenden der Kommission unter Angabe der Gründe zur erneuten Beratung zu.

(2) Die Kommission ist berechtigt, dem Bundesministerium Vorschläge zur Änderung von gesetzlichen Vorschriften zu machen.

§ 14 Inkrafttreten, Außerkrafttreten

Diese Geschäftsordnung tritt am 15. Juni 2009 in Kraft, gleichzeitig tritt die Geschäftsordnung der Deutschen Lebensmittelbuch-Kommission in der Fassung der Bekanntmachung vom 25. Juni 2001 (BAnz. Nr. 1229 S. 13625, berichtigt BAnz. Nr. 131 S. 14743) außer Kraft.

Bonn, den 25.05.2009

311-20303/0001

Bundesministerium für Ernährung, Landwirtschaft und Verbraucherschutz

Im Auftrag

Kühnle

Anhang 1

Verpflichtungserklärung für Mitglieder

„Ich verpflichte mich zu gewissenhafter und unparteiischer Erfüllung der Aufgaben der Deutschen Lebensmittelbuch-Kommission sowie zur Verschwiegenheit über die Beratungen der Kommission und ihrer Fachausschüsse und aller sonstiger Tatsachen, die mir aufgrund meiner Mitgliedschaft in der Kommission bekannt werden. Ich bin darüber unterrichtet, dass die Pflicht zur Verschwiegenheit nicht gilt für Tatsachen, die offenkundig sind oder ihrer Bedeutung nach einer Geheimhaltung nicht bedürfen."

Anhang 2

Verpflichtungserklärung für Sachkenner

„Ich verpflichte mich zu gewissenhafter und unparteiischer Erfüllung der Aufgaben als Sachkenner der Deutschen Lebensmittelbuch-Kommission sowie zur Verschwiegenheit über die Beratungen der Fachausschüsse der Kommission und alle sonstigen Tatsachen, die mir aufgrund meiner Berufung als Sachkenner der Kommission bekannt werden. Ich bin darüber unterrichtet, dass die Pflicht zur Verschwiegenheit nicht gilt für Tatsachen, die offenkundig sind oder ihrer Bedeutung nach einer Geheimhaltung nicht bedürfen."

Anhang 3

Muster für einen Antrag nach § 6 Abs. 1

Deutsche Lebensmittelbuch-Kommission

Antrag auf Erstellung/Änderung eines Leitsatzes

Antragsteller:

Antrag:

Formulierungsvorschlag/Änderungsvorschlag:

Begründung/Erläuterung:

Sekretariat der Deutschen Lebensmittelbuch-Kommission

beim Bundesministerium für Ernährung und Landwirtschaft
– Dienstsitz Berlin –
11055 Berlin
E-Mail: DLMBK@bmel.bund.de

Mitglieder der Kommission im Berufungszeitraum 2009–2015

Stand: 05.04.2016 (*P* = Mitglieder des Präsidiums)

Vorsitzende

- Dr. Birgit Rehlender

Gruppe Verbraucherschaft

- Christa Bergmann
- Waltraud Fesser
- Jutta Jaksche *(P)*
- Hartmut König
- Isabelle Mühleisen
- Dr. Birgit Rehlender *(P)*
- N.N.
- N.N.

Gruppe Lebensmittelüberwachung

- Thomas Böhm
- Dr. Detlef Horn
- Heinz Joh
- Dr. Martin Lohneis
- Dr. Axel Preuß *(P)*
- Dr. Karin Schindler *(P)*
- Dr. Wolfgang Schmid
- Christiane Zoost

Gruppe Wirtschaft

- Gabriele Beutner *(P)*
- Karin Hillgärtner
- Jörg Jacob
- Dr. Wolfgang Lutz
- Petra Nüssle
- Dr. Sieglinde Stähle
- Michael Welsch *(P)*
- N.N.

Gruppe Wissenschaft

- Prof. Dr. Gerhard Jahreis
- Prof. Dr. Günter Klein
- Prof. Dr. Lothar W. Kroh
- Prof. Dr. Stefan Leible *(P)*
- Prof. Dr. Wolfgang Schwack
- Prof. Dr. Olaf Sosnitza *(P)*
- N.N.
- N.N.

Fachausschüsse

Fachausschuss 1: Fleisch und Fleischerzeugnisse
Zugehörige Leitsätze: für Fleisch und Fleischerzeugnisse
Vorsitz: Dr. Detlef Horn

Fachausschuss 2: Fische und Fischerzeugnisse
Zugehörige Leitsätze: für Fische, Krebs- und Weichtiere und Erzeugnisse daraus
Vorsitz: Jörg Jacob

Fachausschuss 3: Fette/Öle, Feinkostsalate, Gewürze
Zugehörige Leitsätze: für Speisefette und Speiseöle / für Feinkostsalate / für Gewürze und andere würzende Zutaten
Vorsitz: Dr. Karin Schindler

Fachausschuss 4: Getreideerzeugnisse, Kartoffelerzeugnisse, Ölsamenerzeugnisse
Zugehörige Leitsätze: für Brot und Kleingebäck / für Feine Backwaren / für Teigwaren / für Kartoffelerzeugnisse / für Ölsamen und daraus hergestellte Massen und Süßwaren
Vorsitz: Dr. Axel Preuß

Fachausschuss 5: Obst, Gemüse, Pilze
Zugehörige Leitsätze: für Obsterzeugnisse / für Gemüseerzeugnisse / für Gemüsesaft und Gemüsenektar / für Pilze und Pilzerzeugnisse
Vorsitz: Dr. Birgit Rehlender

Fachausschuss 6: Getränke
Zugehörige Leitsätze: für Fruchtsäfte / für Erfrischungsgetränke / für weinähnliche und schaumweinähnliche Getränke / für Tee, teeähnliche Erzeugnisse, deren Extrakte und Zubereitungen
Vorsitz: N.N.

Fachausschuss 7: Speiseeis, Honig, Puddinge/Desserts
Zugehörige Leitsätze: für Speiseeis und Speiseeishalberzeugnisse / für Honig / für Puddinge, andere süße Desserts und verwandte Erzeugnisse
Vorsitz: Dr. Birgit Rehlender

Leitsätze für Brot und Kleingebäck

Die Leitsätze gelten für Brot und Kleingebäck, für die zu ihrer Herstellung bestimmten vorgebackenen Erzeugnisse oder Teige sowie für die zur Abgabe an den Endverbraucher bestimmten Backmischungen.

I. Allgemeine Beurteilungsmerkmale

1. Begriffsbestimmungen

1.1 Brot

Brot wird ganz oder teilweise aus Getreide und/oder Getreideerzeugnissen, meist nach Zugabe von Flüssigkeit, sowie von anderen Lebensmitteln (z. B. Leguminosen-, Kartoffelerzeugnisse) in der Regel durch Kneten, Formen, Lockern, Backen oder Heißextrudieren des Brotteiges hergestellt.

Brot enthält weniger als 10 Gewichtsteile Fett und/oder Zuckerarten auf 90 Gewichtsteile Getreide und/oder Getreideerzeugnisse.

1.2 Kleingebäck

Kleingebäck entspricht den Anforderungen an Brot, sofern nicht in Abschnitt III (Besondere Beurteilungsmerkmale für Kleingebäck) etwas anderes beschrieben ist.

Das Gewicht des Einzelstücks liegt nicht über 250 g.

1.3 Vorgebackene Erzeugnisse

Vorgebackene Erzeugnisse entsprechen in ihrer Zusammensetzung Brot oder Kleingebäck, für deren Herstellung sie bestimmt sind.

1.4 Teige

Teige entsprechen in ihrer Zusammensetzung Brot oder Kleingebäck, für deren Herstellung sie bestimmt sind.

1.5 Backmischungen

Backmischungen zur Abgabe an den Endverbraucher enthalten außer Wasser und Hefe alle Zutaten in den Anteilen, wie sie zur Herstellung des beschriebenen Brotes oder Kleingebäcks erforderlich sind.

1.6 Backmittel

Backmittel sind Mischungen von Lebensmitteln einschließlich Zusatzstoffen, die dazu bestimmt sind, die Herstellung von Backwaren zu erleichtern oder zu vereinfachen, die wechselnden Verarbeitungseigenschaften der

Rohstoffe auszugleichen und die Qualität der Backwaren zu beeinflussen. Sie werden meist in einer Menge von weniger als 10 Prozent (auf Mehl berechnet) bei der Teigherstellung zugegeben.

1.7 Getreide

Getreide sind die Brotgetreidearten Weizen und Roggen (auch Dinkel) sowie die anderen Getreidearten Buchweizen, Gerste, Hafer, Hirse, Mais, Reis und Triticale.

1.8 Getreideerzeugnisse

Getreideerzeugnisse sind sämtliche Erzeugnisse aus gereinigtem Getreide, welches weiter bearbeitet wurde (z. B. durch Zerkleinern, Quetschen, Fraktionieren, Erhitzen), z. B. Mehl, Backschrot, Vollkornmehl, Vollkornschrot, Grieß und Dunst, Keime, Flocken und Speisekleie.

Getreide-Vollkornerzeugnisse wie Vollkornmehl und Vollkornschrot enthalten die gesamten Bestandteile der gereinigten Körner einschließlich des Keimlings. Die Körner können jedoch von der äußeren Fruchtschale befreit sein.

Werden Keime, Speisekleie, Kleber und Stärke zugesetzt, bleiben diese bei der Berechnung der Getreideerzeugnisse unberücksichtigt.

1.9 Fette

Fette im Sinne dieser Leitsätze sind Butter, Milchfetterzeugnisse[1)], Margarine- und Mischfetterzeugnisse[2)], Speisefette und Speiseöle sowie deren Zubereitungen. Soweit Fette gegenseitig ersetzt werden können, gelten für die in diesen Leitsätzen angegebenen Mindestzusätze an Fetten unter Berücksichtigung der unterschiedlichen Wassergehalte der verschiedenen Fettarten rechnerisch folgende Verhältnisse:

10 kg Butter entsprechen 8,2 kg Butterreinfett oder 8,2 kg Butterfett fraktioniert oder 8,6 kg Butterfett.

10 kg Butter entsprechen 10,25 kg Margarine.

10 kg Margarine entsprechen 8 kg praktisch wasserfreier Fette.

1.10 Zuckerarten

Zuckerarten im Sinne dieser Leitsätze sind alle verkehrsüblichen Zuckerarten.

1.11 Sauerteig

Sauerteig ist ein Teig, dessen Mikroorganismen (z. B. Milchsäurebakterien, Hefen) aus Sauerteig oder Sauerteigstartern sich in aktivem Zustand befinden oder reaktivierbar sind. Sie sind nach Zugabe von Getreideerzeugnissen und Wasser zur fortlaufenden Säurebildung befähigt.

Teile eines Sauerteiges werden als Anstellgut für neue Sauerteige verwendet. Die Lebenstätigkeit der Mikroorganismen wird erst durch Backen oder Heißextrudieren beendet. Die Säurezunahme des Sauerteigs beruht ausschließlich auf dessen Gärungen. Den Säuregehalt (Säuregrad) beeinflussende Zutaten, ausgenommen Sauerteigbrot, werden nicht verwendet.

1.12 Mengenangaben

Die in den Leitsätzen angegebenen Mengen sind Gewichtsangaben in Teilen oder Prozenten, soweit keine davon abweichenden Angaben gemacht werden. Sie beziehen sich, sofern es nicht ausdrücklich anders vermerkt ist, auf die Gesamtmenge des verwendeten Getreides und/oder der Getreideerzeugnisse.

2. Mitverwendung von Brot

Die Verwendung von verkehrsfähigem hygienisch einwandfreiem Brot bei der Brotherstellung ist üblich, bei Brot mit überwiegendem Weizenanteil bis zu 6 Prozent, bei überwiegendem Roggenanteil bis zu 20 Prozent, jeweils berechnet als Frischbrot. Das mitverwendete Brot ist im Enderzeugnis mit bloßem Auge nicht erkennbar.

3. Mindestanteile wertbestimmender Zutaten

Bei Zutaten, die in der Bezeichnung oder Aufmachung von Brot und Kleingebäck zum Ausdruck kommen, werden – vorbehaltlich der Besonderen Beurteilungsmerkmale nach Abschnitt II – folgende Mindestmengen verwendet oder eingehalten:

3.1 Sauerteig

Sauerteigbrot wird so hergestellt, dass die gesamte zugesetzte Säuremenge aus Sauerteig stammt. Auf Nummer 1.11 wird verwiesen.

Hinweise auf die Mitverwendung von Sauerteig sind nur üblich, wenn die zugesetzte Säuremenge zu mehr als zwei Dritteln aus Sauerteig stammt.

Bei Bauern-/Landbrot mit einem Roggenanteil über 20 Prozent stammt die zugesetzte Säuremenge zu mindestens zwei Dritteln aus Sauerteig.

3.2 Butter

Auf 100 kg Getreideerzeugnisse werden mindestens 5 kg Butter oder entsprechende Mengen Milchfetterzeugnisse zugegeben. Andere Fette – außer als Trennfette – werden nicht verwendet; die Verwendung von Emulgatoren wird davon nicht berührt.

3.3 Milch

Auf 100 kg Getreideerzeugnisse werden mindestens 50 l standardisierte Vollmilch[3] oder entsprechende Mengen Kondensmilch – und/oder entsprechende Mengen Trockenmilcherzeugnisse – auch ergänzt durch Butterfett – zugegeben.

3.4 Milcheiweiß

Auf 100 kg Getreideerzeugnisse werden mindestens 2 kg Milcheiweiß zugegeben.

3.5 Buttermilch, Joghurt, Kefir, Molke

Auf 100 kg Getreideerzeugnisse werden mindestens 15 l Buttermilch, Joghurt, Kefir, Molke oder eine entsprechende Menge Trockenerzeugnisse zugegeben.

3.6 Quark

Auf 100 kg Getreideerzeugnisse werden mindestens 10 kg Speisequark (Frischkäse) oder eine entsprechende Menge Trockenerzeugnisse zugegeben.

3.7 Weizenkeime

Auf 100 kg Getreideerzeugnisse werden mindestens 10 kg Weizenkeime mit einem Mindestfettgehalt von 8 Prozent in der Trockenmasse zugegeben.

3.8 Leinsamen, Sesam, Sonnenblumenkerne, Nüsse, Mohn und andere Ölsamen.

Auf 100 kg Getreideerzeugnisse werden mindestens 8 kg nicht entfetteter Ölsamen zugegeben. Bei Mohnbrot, Mohnkleingebäck, Sesamkleingebäck sowie Sonnenblumenkernkleingebäck genügt eine deutlich sichtbare Krustenauflage.

3.9 Rosinen/Sultaninen, Korinthen

Auf 100 kg Getreideerzeugnisse werden mindestens 15 kg luftgetrockneter Rosinen/Sultaninen und/oder Korinthen zugegeben.

3.10 Speisekleien und Ballaststoffkonzentrate

Auf 100 kg Getreideerzeugnisse werden mindestens 10 kg Weizenspeisekleie mit mindestens 50 Prozent Gesamtballaststoffen in der Trockenmasse zugegeben. Die Dosierungen anderer Speisekleien und/oder Ballaststoffkonzentrate richtet sich nach ihrem jeweiligen Gesamtballaststoffgehalt im

Verhältnis zur Weizenspeisekleie. Der Stärkegehalt der Weizenspeisekleie überschreitet nicht 15 Prozent in der Trockenmasse.

3.11 Wird in Verbindung mit der Verkehrsbezeichnung auf Schrotanteile durch Zusätze wie „mit Schrotanteil" hingewiesen, so werden bei der Herstellung mindestens 10 Prozent Getreideschrot, bezogen auf Gesamtgetreideerzeugnisse, verwendet.

3.12 Wird in der Bezeichnung oder Aufmachung auf andere Zutaten hingewiesen, werden diese in solchen Mengen verwendet, dass die durch sie bezweckten besonderen Eigenschaften bei den typischen Erzeugnismerkmalen sensorischer Art deutlich oder bei solchen ernährungsphysiologischer Art wertbestimmend in Erscheinung treten.

II. Besondere Beurteilungsmerkmale für Brot

Wird Brot mit den nachfolgenden Verkehrsbezeichnungen in den Verkehr gebracht, entspricht es den jeweiligen Beurteilungsmerkmalen. Verkehrsbezeichnungen sind kursiv gedruckt.

1. *Weizenbrot* oder *Weißbrot*

   Weizenbrot oder Weißbrot wird aus mindestens 90 Prozent Weizenmehl hergestellt.

2. *Weizenmischbrot*

   Weizenmischbrot wird aus mehr als 50, jedoch weniger als 90 Prozent Weizenmehl hergestellt.

3. *Roggenbrot*

   Roggenbrot wird aus mindestens 90 Prozent Roggenmehl hergestellt.

4. *Roggenmischbrot*

   Roggenmischbrot wird aus mehr als 50, jedoch weniger als 90 Prozent Roggenmehl hergestellt.

5. *Weizenvollkornbrot*

   Weizenvollkornbrot wird aus mindestens 90 Prozent Weizenvollkornerzeugnissen hergestellt.

6. *Roggenvollkornbrot*

   Roggenvollkornbrot wird aus mindestens 90 Prozent Roggenvollkornerzeugnissen hergestellt. Die zugesetzte Säuremenge stammt zu mindestens zwei Dritteln aus Sauerteig.

7. *Vollkornbrot*

Vollkornbrot wird aus mindestens 90 Prozent Roggen- und Weizenvollkornerzeugnissen in beliebigem Verhältnis zueinander hergestellt. Die zugesetzte Säuremenge stammt zu mindestens zwei Dritteln aus Sauerteig.

Ein *Weizenroggenvollkornbrot* wird aus mehr als 50 Prozent Weizenvollkornerzeugnissen hergestellt.

Ein *Roggenweizenvollkornbrot* wird aus mehr als 50 Prozent Roggenvollkornerzeugnissen hergestellt.

8. *Hafervollkornbrot* oder Vollkornbrote mit anderen Getreidearten

Hafervollkornbrot wird aus mindestens 20 Prozent Hafervollkornerzeugnissen, insgesamt aus mindestens 90 Prozent Vollkornerzeugnissen, hergestellt. Entsprechendes gilt für Vollkornbrote mit Bezeichnungen von anderen Getreidearten (z. B. *Gerstenvollkornbrot*).

Die zugesetzte Säuremenge stammt zu mindestens zwei Dritteln aus Sauerteig.

9. *Weizenschrotbrot*

Weizenschrotbrot wird aus mindestens 90 Prozent Weizenbackschrot hergestellt.

10. *Roggenschrotbrot*

Roggenschrotbrot wird aus mindestens 90 Prozent Roggenbackschrot hergestellt.

11. *Schrotbrot*

Schrotbrot wird aus mindestens 90 Prozent Roggen- und Weizenbackschrot in beliebigem Verhältnis zueinander hergestellt.

Weizenroggenschrotbrot wird aus mehr als 50 Prozent Weizenbackschrot hergestellt.

Roggenweizenschrotbrot wird aus mehr als 50 Prozent Roggenbackschrot hergestellt.

12. *Pumpernickel*

Pumpernickel wird aus mindestens 90 Prozent Roggenbackschrot und/ oder Roggenvollkornschrot mit Backzeiten von mindestens 16 Stunden hergestellt. Wird Pumpernickel aus Vollkornschrot hergestellt, so stammt die zugesetzte Säuremenge zu mindestens zwei Dritteln aus Sauerteig.

13. *Toastbrote*

Insbesondere werden hergestellt:

- Toastbrot aus mindestens 90 Prozent Weizenmehl
- *Weizenvollkorntoastbrot* aus mindestens 90 Prozent Weizenvollkornerzeugnissen. Wird Säure zugesetzt, so stammt sie zu mindestens zwei Dritteln aus Sauerteig
- *Weizenmischtoastbrot* aus mehr als 50 Prozent, jedoch weniger als 90 Prozent Weizenmehl
- *Roggenmischtoastbrot* aus mehr als 50 Prozent, jedoch weniger als 90 Prozent Roggenmehl
- *Vollkorntoastbrot* aus mindestens 90 Prozent Weizen/Roggenvollkornerzeugnissen in beliebigem Verhältnis zueinander. Wird Säure zugesetzt, so stammt sie zu mindestens zwei Dritteln aus Sauerteig.

14. *Knäckebrot*

Knäckebrot wird als Trockenflachbrot – unter Verwendung von Vollkornschrot, Vollkornmehl oder Mehl aus Roggen, Weizen, anderen Getreidearten oder Mischungen derselben, sowie anderer Lebensmittel – mit Hefelockerung oder Sauerteiggärung oder Lufteinschlag auf physikalische Weise oder mit sonstigen Lockerungsverfahren hergestellt.

Knäckebrot wird nicht durch Heißextrusion hergestellt.

Der Feuchtigkeitsgehalt des Fertigerzeugnisses beträgt höchstens 10 Prozent.

Andere Trockenflachbrote können durch Heißextrusion hergestellt werden. Sie entsprechen im übrigen den Anforderungen an Knäckebrot.

15. *Mehrkornbrot, Dreikornbrot, Vierkornbrot* usw.

Mehrkornbrote werden aus mindestens einer Brotgetreideart sowie aus mindestens einer anderen Getreideart, insgesamt aus drei oder entsprechend mehr verschiedenen Getreidearten, hergestellt. Jede Getreideart ist mindestens mit 5 Prozent enthalten.

16. *Haferbrot, Reisbrot, Maisbrot, Hirsebrot, Buchweizenbrot, Gerstenbrot*

Der Anteil der namengebenden anderen Getreidearten in diesen Brotsorten beträgt mindestens 20 Prozent.

17. *Dinkelbrot, Triticalebrot*

    Dinkelbrot, Triticalebrot werden aus mindestens 90 Prozent Dinkel- bzw. Triticaleerzeugnissen hergestellt.

Weitere Angaben für Brot

Brote mit weiteren Angaben entsprechen den Anforderungen der vorhergehenden Abschnitte. Die weitere Angabe ersetzt nicht die Verkehrsbezeichnung.

18. Steinofenbrot

    Steinofenbrot wird freigeschoben oder angeschoben und nur auf Backgutträgern gebacken, die aus Natur- und/oder Kunststein, Schamott oder sonstigen geeigneten nichtmetallischen Materialien bestehen.

19. Holzofenbrot

    Holzofenbrot wird freigeschoben oder angeschoben und in direkt befeuerten Öfen hergestellt, deren Backräume aus steinernem oder steinartigem Material bestehen. Das Heizmaterial befindet sich dabei im Backraum. Es wird nur naturbelassenes Holz als Heizmaterial verwendet.

20. Gersterbrot, Gerstelbrot

    Bei diesem Brot werden die Teigstücke im offenen Feuer geflammt (gegerstert); es weist hierdurch eine charakteristische Sprenkelung auf.

21. Schinkenbrot

    Schinkenbrot ist Roggenvollkornbrot oder Roggenschrotbrot, in halbrunder Form freigeschoben, angeschoben oder im Kasten gebacken. Es weist einen herzhaft-aromatischen Geschmack auf. Ein Zusatz von Schinken ist nicht üblich. Schinken wird nur in wenigen Gegenden und nur bei Mehlbroten zugesetzt.

III. Besondere Beurteilungsmerkmale für Kleingebäck

Wird Kleingebäck mit den folgenden Verkehrsbezeichnungen in den Verkehr gebracht, entspricht es den jeweiligen Beurteilungsmerkmalen. Verkehrsbezeichnungen sind kursiv gedruckt.

1. *Weizenbrötchen*

   Weizenbrötchen werden aus mindestens 90 Prozent Weizenmehl hergestellt.

2. *Weizenmischbrötchen*

   Weizenmischbrötchen werden aus mehr als 50, jedoch weniger als 90 Prozent Weizenmehl hergestellt.

3. *Roggenbrötchen*

   Roggenbrötchen werden aus mindestens 50 Prozent Roggenmehl hergestellt.

4. *Weizenvollkornbrötchen*

   Weizenvollkornbrötchen werden aus mindestens 90 Prozent Weizenvollkornerzeugnissen hergestellt.

5. *Vollkornbrötchen*

   Vollkornbrötchen werden aus mindestens 90 Prozent Roggen- und Weizenvollkornerzeugnissen in beliebigem Verhältnis zueinander hergestellt.

   Weizenroggenvollkornbrötchen werden aus mehr als 50 Prozent Weizenvollkornerzeugnissen hergestellt.

6. *Weizenschrotbrötchen*

   Weizenschrotbrötchen werden aus mindestens 90 Prozent Weizenbackschrot hergestellt.

7. *Schrotbrötchen*

   Schrotbrötchen werden aus mindestens 90 Prozent Roggen- und Weizenbackschrot in beliebigem Verhältnis zueinander hergestellt.

   Weizenroggenschrotbrötchen werden aus mehr als 50 Prozent Weizenbackschrot hergestellt.

8. *Toastbrötchen*

   Toastbrötchen werden aus mindestens 90 Prozent Weizenmehl hergestellt.

   Weizenvollkorntoastbrötchen werden aus mindestens 90 Prozent Weizenvollkornerzeugnissen hergestellt.

   Weizenmischtoastbrötchen werden aus mehr als 50 Prozent, jedoch weniger als 90 Prozent Weizenmehl hergestellt.

   Vollkorntoastbrötchen werden aus mindestens 90 Prozent Weizen-/Roggenvollkornerzeugnissen in beliebigem Verhältnis zueinander hergestellt.

9. *Mehrkornbrötchen, Dreikornbrötchen, Vierkornbrötchen* usw.

Mehrkornbrötchen, Dreikornbrötchen, Vierkornbrötchen usw. werden aus mindestens einer Brotgetreideart sowie aus mindestens einer anderen Getreideart, insgesamt aus drei oder entsprechend mehr verschiedenen Getreidearten hergestellt. Jede Getreideart ist mindestens mit 5 Prozent enthalten.

Mehrkorntoastbrötchen werden entsprechend hergestellt.

10. *Haferbrötchen, Reisbrötchen, Maisbrötchen, Hirsebrötchen, Buchweizenbrötchen, Gerstenbrötchen*

Bei Haferbrötchen, Reisbrötchen, Maisbrötchen, Hirsebrötchen, Buchweizenbrötchen, Gerstenbrötchen beträgt der Anteil der namengebenden anderen Getreideart mindestens 20 Prozent.

11. *Dinkelbrötchen, Triticalebrötchen*

Dinkelbrötchen, Triticalebrötchen werden aus mindestens 90 Prozent Dinkel- bzw. Triticaleerzeugnissen hergestellt.

12. *Laugengebäck* wie *Laugenbrezeln, Laugenbrötchen, Laugenstangen*

Laugengebäck wie Laugenbrezeln, Laugenbrötchen, Laugenstangen wird aus mehr als 50 Prozent Weizenerzeugnissen hergestellt; die Außenseite des geformten Teiges wird vor dem Backen mit wässriger Natronlauge[4)] behandelt. Ein Zusatz von Zucker ist nicht üblich.

Kleingebäck mit Verkehrsbezeichnungen, die auf wertbestimmende Zutaten hinweisen, enthält diese in den unter Abschnitt I Nr. 3 aufgeführten Mindestanteilen. Übliche Verkehrsbezeichnungen sind:

Milchbrötchen

Buttermilchbrötchen, Joghurtbrötchen, Kefirbrötchen, Molkebrötchen

Quarkbrötchen

Weizenkeimbrötchen

Leinsamenbrötchen, Sesambrötchen, Sonnenblumenkernbrötchen

Nussbrötchen, Mohnbrötchen

Rosinen-/Sultaninenbrötchen, Korinthenbrötchen

Kleiebrötchen.

[1] Anlage 1, Gruppe XVII der Verordnung über Milcherzeugnisse vom 15. Juli 1970 (BGBl. I S. 1150) in der jeweils geltenden Fassung.

[2] § 2 des Milch- und Margarinegesetzes vom 25. Juli 1990 (BGBl. I S. 1471) in Verbindung mit §§ 1 und 3 der Margarine- und Mischfettverordnung vom 31. August 1990 (BGBl. I S. 1989), in den jeweils geltenden Fassungen.

[3] Artikel 3 Abs. 1 Buchstabe b der Verordnung (EWG) Nr. 1411/71 des Rates zur Festlegung ergänzender Vorschriften für die gemeinsame Marktorganisation für Milch und Milcherzeugnisse hinsichtlich Konsummilch vom 29. Juni 1971 (ABl. EG Nr. 148 S. 4), in Verbindung mit § 2 Nr. 4 der Milchverordnung vom 23. Juni 1989 (BGBl. I S. 1140), in den jeweils geltenden Fassungen.

[4] Anlage 4, Teil A der Verordnung zur Neuregelung lebensmittelrechtlicher Vorschriften über Zusatzstoffe vom 29. Januar 1998 (BGBl. I S. 230) in der jeweils geltenden Fassung.

Leitsätze für Erfrischungsgetränke

I. Allgemeine Beurteilungsmerkmale

A. Begriffsbestimmungen

1. Erfrischungsgetränke im Sinne dieser Leitsätze sind Getränke, die

- Trinkwasser[1)], natürliches Mineralwasser[2)], Quellwasser[2)], und/oder Tafelwasser[2)],
- geschmackgebende Zutaten,

enthalten,

mit oder ohne Zusatz von

- Kohlensäure,
- Mineralstoffen,
- Vitaminen,
- Zuckerarten[3)],
- aus Früchten hergestellten zuckerhaltigen Konzentraten, ganz oder teilweise entsäuert, entbittert, entmineralisiert und/oder entfärbt,
- Aromen[4)],
- Zusatzstoffen[5)] oder
- gegebenenfalls weiteren Zutaten, mit Ausnahme von Alkohol oder alkoholischen Getränken.

2. Zu den Erfrischungsgetränken gehören

a) Fruchtsaftgetränke,

b) Fruchtschorlen,

c) Limonaden,

d) Brausen,

für die diese Leitsätze besondere Beurteilungsmerkmale enthalten.

B. Beschaffenheitsmerkmale

1. Erfrischungsgetränke enthalten höchstens 2 g/l Alkohol, der aus den Fruchtbestandteilen und/oder den Aromen stammt.

2. Die Angabe „ohne Konservierungsstoffe“ ist nur dann üblich, wenn auch keine Stoffe verwendet worden sind, die nur vorübergehend konservierend wirken (z. B. Dimethyldicarbonat).

3. Eine Trübung stammt bei Fruchtsaftgetränken, Fruchtschorlen und Limonaden nur aus den verwendeten Fruchtbestandteilen (Fruchtsaft, Fruchtsaftkonzentrat, Fruchtmark, Fruchtmarkkonzentrat, eine Mischung dieser Erzeugnisse) oder aus Schalenölen. Bei Erfrischungsgetränken auf Zitrusfruchtbasis stammt sie auch aus Zubereitungen der nicht konservierten Flavedoschicht von Zitrusfrüchten, anteilig auch mit wässrigen Extrakten aus dem essbaren Anteil der Pressrückstände, bei chininhaltigen Erfrischungsgetränken auf Zitrusfruchtbasis auch aus Zubereitungen der gesamten Schale.

C. Bezeichnung und Aufmachung

1. Die Verkehrsbezeichnung ist die in diesen Leitsätzen durch Kursivdruck hervorgehobene Bezeichnung.

2. Werden Erfrischungsgetränke am Quellort unter ausschließlicher Verwendung von natürlichem Mineralwasser oder von Quellwasser hergestellt und abgefüllt, wird gegebenenfalls darauf in Verbindung mit der Verkehrsbezeichnung hingewiesen.

3. Wenn bei Erfrischungsgetränken auf die Mitverwendung von Fruchtsaft und/oder Fruchtmark hingewiesen wird, so wird der Gehalt an Fruchtsaft und/oder Fruchtbestandteilen angegeben.

4. Naturgetreue Abbildungen von Früchten werden nur dann verwendet, wenn der jeweilige Fruchtsaft und/oder das jeweilige Fruchtmark enthalten sind. Dies gilt entsprechend für sonstige Pflanzenteile. Wird durch die Aufmachung oder die bildliche Darstellung eine Zutat hervorgehoben, so ist diese in Charakter gebender Menge enthalten oder sensorisch deutlich wahrnehmbar.

   Werden Zutaten bildlich dargestellt, steht dies nicht im Widerspruch zur Zusammensetzung oder zur sensorischen Beschaffenheit des Erzeugnisses.

   Werden zur Beschreibung der Geschmacksrichtung bildliche Darstellungen verwendet, aber ausschließlich Aromen eingesetzt, dann wird dies in Verbindung mit der Abbildung durch eine deutlich erkennbare Angabe wie „mit ...-Geschmack“ oder „mit ...-Aroma“ kenntlich gemacht. Bei einem Fruchtgehalt bis zu 3 % und gleichzeitiger Verwendung von Aromen wird der Fruchtanteil deutlich erkennbar in Verbindung mit der Abbildung im Hauptsichtfeld angegeben, oder es erfolgt an entsprechender Stelle eine deutlich erkennbare Angabe wie „mit ....-Geschmack" oder „mit .... -Aroma".

5. Abschnitt I Teil C Nummer 4 gilt nicht für klare, farblose Zitruslimonaden. Bei ihnen sind naturgetreue Abbildungen als Geschmackshinweis nicht unüblich.

6. Für einen aus mehreren Zutaten zusammengesetzten Grundstoff zur Herstellung eines Erfrischungsgetränkes ist im Zutatenverzeichnis die Verkehrsbezeichnung *Grundstoff* üblich.

II. Besondere Beurteilungsmerkmale

A. Fruchtsaftgetränke

1. Fruchtsaftgetränke enthalten

   a) Fruchtsaft, Fruchtsaftkonzentrat, Fruchtmark, Fruchtmarkkonzentrat oder Mischungen daraus[6)], jeweils auch haltbar gemacht,

   b) Trinkwasser, natürliches Mineralwasser, Quellwasser und/oder Tafelwasser.

2. Der Fruchtgehalt beträgt in einem Fruchtsaftgetränk aus

– Kernobst oder Trauben oder Mischungen daraus	mindestens 30 Gewichtsprozent
– Zitrusfrüchten oder Mischungen aus Zitrusfrüchten	mindestens 6 Gewichtsprozent
– anderen Früchten oder Mischungen daraus	mindestens 10 Gewichtsprozent

   Der Fruchtgehalt stammt aus der angegebenen Frucht. Das Fruchtsaftgetränk weist den Geschmack der angegebenen Frucht auf. Zur Geschmacksabrundung können jedoch geringe Anteile artverwandter Fruchtsäfte sowie Zitronensaft zugesetzt werden; sie werden auf den Mindest-Fruchtgehalt angerechnet.

   Fruchtsaftgetränke aus Zitrusfrüchten enthalten im Fruchtanteil mehr als 50 Gewichtsprozent Fruchtsaft oder Fruchtmark aus der namengebenden Frucht.

3. Werden Mischungen aus mehreren Fruchtarten verwendet, so entspricht die Menge der verwendeten Fruchtart anteilmäßig den Mindestgehalt gemäß Nummer 2 Satz 1. Ein bestimmtes Mischungsverhältnis ist nicht üblich.

4. Fruchtsaftgetränke enthalten natürliches Fruchtaroma oder natürliches Fruchtaroma mit anderen natürlichen Aromen[4)].

5. Die Verkehrsbezeichnung ist Fruchtsaftgetränk. Sie wird auch durch die Bezeichnung der geschmackgebenden Frucht oder Früchte ergänzt (z. B. *Apfel-Fruchtsaftgetränk, Fruchtsaftgetränk, Apfel*).

B. Fruchtschorlen

1. Fruchtschorlen enthalten

   a) Fruchtsaft, Fruchtsaftkonzentrat, Fruchtmark, konzentriertes Fruchtmark oder Mischungen daraus[6)], jeweils auch haltbar gemacht,

   b) Trinkwasser, natürliches Mineralvasser, Quellwasser und/oder Tafelwasser,

   c) Kohlensäure.

2. Der Fruchtgehalt von Fruchtschorlen entspricht den in der Fruchtsaft- und Erfrischungsgetränkeverordnung[7)] genannten Mindestgehalten; dies gilt auch für Mischungen.

3. Die Verkehrsbezeichnung einer Fruchtschorle wird durch die geschmackgebende Frucht oder die geschmackgebenden Früchte bestimmt, z. B. *Apfelschorle, Apfel-Schorle, Apfelsaftschorle, Apfelsaft-Schorle.*

4. Besteht eine Fruchtschorle aus mehr als zwei Fruchtarten, so wird sie auch als *Mehrfruchtschorle* bezeichnet.

   Wird auf eine bestimmte Geschmacksrichtung hingewiesen, werden alle verwendeten Fruchtarten angegeben.

5. Fruchtschorlen werden auch mit natürlichen Aromen aromatisiert.

6. Fruchtschorlen aus Früchten mit saurem, zum unmittelbaren Genuss nicht geeigneten Saft[7)] werden auch mit Zuckerarten gesüßt.

7. Ein Zusatz von anderen als bei Fruchtsäften zugelassenen Zusatzstoffen ist nicht üblich. Die Verwendung von Dimethyldicarbonat (DMDC) ist bei Polyethylenterephthalat-Verpackungen (PET-Verpackungen) zur Zeit noch aus technologischen Gründen üblich.

C. Limonaden

1. Limonaden enthalten

   a) Aromaextrakte und/oder natürliche Aromastoffe sowie in der Regel Zitronensäure,

b) Trinkwasser, natürliches Mineralwasser, Quellwasser und/oder Tafelwasser.

Sie weisen einen Gesamtzuckergehalt von mindestens 7 Gewichtsprozent auf, der bei brennwertverminderten Limonaden teilweise oder ganz durch Süßstoffe ersetzt ist.

2. Bei Limonaden werden auch folgende Zutaten verwendet:

a) Fruchtsaft, Fruchtsaftkonzentrat, Fruchtmark, Fruchtmarkkonzentrat oder Mischungen daraus[6)], jeweils auch haltbar gemacht. Limonaden mit Fruchtgehalt enthalten mindestens die Hälfte der bei Fruchtsaftgetränken üblichen Fruchtgehalte,

b) Zuckerkulör bei koffeinhaltigen Limonaden, bei diesen in der Geschmacksrichtung entsprechenden koffeinfreien Limonaden, bei Limonaden mit Apfelgeschmack mit oder ohne Fruchtanteil und bei klaren Kräuterlimonaden,

c) Molkenerzeugnisse,

d) Beta-Carotin sowie Riboflavin und färbende Lebensmittel, außer bei klaren Limonaden mit Zitrus-Aroma,

3. Die Verkehrsbezeichnung ist *Limonade*. Sie wird auch durch die Bezeichnung der geschmackgebenden Frucht oder Früchte ergänzt (z. B. *Apfel-Limonade*). Als Hinweis auf den Geschmack werden auch Bezeichnungen wie *Limonade mit Apfel-Geschmack, Limonade mit Apfel-Aroma* verwendet. Bei Limonaden mit Pflanzenauszügen (z. B. Gewürze, Kräuter, Süßholz) wird auch eine Bezeichnung wie *Limonade mit ...-Auszug* verwendet;

4. Bei Limonaden ohne Kohlensäurezusatz wird die Verkehrsbezeichnung durch eine entsprechende Angabe ergänzt.

D. Brausen

1. Brausen sind kohlensäurehaltige Erfrischungsgetränke, die im Unterschied zu Fruchtsaftgetränken, Fruchtschorlen und Limonaden

- Aromen[4)],
- und/oder Farbstoffe[5)]

enthalten.

2. Die Verkehrsbezeichnung ist Brause. Sie wird auch durch Angaben wie mit *Waldmeister-Geschmack, mit Waldmeister-Aroma, Waldmeister-Brause* ergänzt.

[1] Trinkwasserverordnung vom 21. Mai 2001 (BGBl. I S. 959) in der jeweils geltenden Fassung.

[2] Mineral- und Tafelwasser-Verordnung vom 1. August 1984 (BGBl. I S. 1036) in der jeweils geltenden Fassung.

[3] Zuckerartenverordnung vom 23. Oktober 2003 (BGBl. I S. 2098) in der jeweils geltenden Fassung.

[4] Aromenverordnung in der Fassung der Bekanntmachung vom 2. Mai 2006 (BGBl. I S. 1127) in der jeweils geltenden Fassung, Verordnung (EG) Nr. 1334/2008 des Europäischen Parlaments und des Rates vom 16. Dezember 2008 über Aromen und bestimmte Lebensmittelzutaten mit Aromaeigenschaften zur Verwendung in und auf Lebensmitteln sowie zur Änderung der Verordnungen (EWG) Nr. 1601/91 des Rates, der Verordnung (EG) Nr. 2232/96 und (EG) Nr. 110/2008 und der Richtlinie 2000/13/EG (ABl. L 354 vom 31.12.2008, S. 34, ABl. L 105 vom 27.4.2010, S. 115) in der jeweils geltenden Fassung, soweit nach Artikel 30 anwendbar.

[5] Soweit durch die Zusatzstoff-Zulassungsverordnung vom 29. Januar 1998 (BGBl. I S. 230, 231) in der jeweils geltenden Fassung zugelassen; vom Zeitpunkt der Geltung des Anhangs II der Verordnung (EG) Nr. 1333/2008 des Europäischen Parlaments und des Rates vom 16. Dezember 2008 über Lebensmittelzusatzstoffe (ABl. L 354 vom 31.12.2008, S. 16) in der jeweils geltenden Fassung, soweit hiernach zugelassen.

[6] Anlage 1 und Anlage 2 Nummer 2 und 3 der Verordnung über Fruchtsaft, einige ähnliche Erzeugnisse, Fruchtnektar und koffeinhaltige Erfrischungsgetränke vom 24. Mai 2004 (BGBl. I S. 1016) in der jeweils geltenden Fassung.

[7] Anlage 5 der Verordnung über Fruchtsaft, einige ähnliche Erzeugnisse, Fruchtnektar und koffeinhaltige Erfrischungsgetränke vom 24. Mai 2004 (BGBl. I S. 1016) in der jeweils geltenden Fassung.

Leitsätze für Feine Backwaren

Der Begriff „Feine Backwaren" schließt die Gebäckkategorie Dauerbackwaren ein.

I. Allgemeine Beurteilungsmerkmale

1. Begriffsbestimmungen

Feine Backwaren werden aus Teigen oder Massen durch Backen, Rösten, Trocknen, Kochextrusion oder andere Verfahren hergestellt. Die Teige oder Massen werden unter Verwendung von Getreide und/oder Getreideerzeugnissen, Stärken, Fetten, Zuckerarten bereitet. Feine Backwaren unterscheiden sich von Brot und Kleingebäck dadurch, dass ihr Gehalt an Fett und/ oder Zuckerarten mehr als 10 Teile auf 90 Teile Getreide und/oder Getreideerzeugnisse und/oder Stärken beträgt. Soweit in den Besonderen Beurteilungsmerkmalen aufgeführt, können bestimmten Erzeugnissen auch geringere Anteile an Fetten und/oder Zuckerarten zugesetzt werden.

Dauerbackwaren sind Feine Backwaren, deren Genießbarkeit durch eine längere, sachgemäße Lagerung nicht beeinträchtigt wird.

Die in den Leitsätzen angegebenen Mengen sind Gewichtsangaben, in Teilen oder Prozenten, soweit keine davon abweichenden Angaben gemacht werden. Diese Werte sind Mindestmengen.

2. Getreide im Sinne dieser Leitsätze sind die Brotgetreidearten Weizen, Roggen, Dinkel und Triticale und die Nicht-Brotgetreidearten Buchweizen, Gerste, Hafer, Hirse, Mais und Reis.

3. Getreideerzeugnisse im Sinne dieser Leitsätze sind sämtliche Erzeugnisse aus gereinigtem Getreide, welches weiter bearbeitet wurde (z. B. durch Zerkleinern, Quetschen, Fraktionieren, Erhitzen): z. B. Mehl, Backschrot, Vollkornmehl, Vollkornschrot, Grieß und Dunst, Keime, Flocken und Speisekleie.

4. Fette

Fette im Sinne dieser Leitsätze sind Butter, Milchfetterzeugnisse[1)], Margarine- und Mischfetterzeugnisse[2)], Speisefette und Speiseöle sowie deren Zubereitungen. Soweit Fette gegenseitig ersetzt werden können, gelten für die in diesen Leitsätzen angegebenen Mindestzusätze an Fetten unter Berücksichtigung der unterschiedlichen Wassergehalte der verschiedenen Fettarten rechnerisch folgende Verhältnisse:

10 kg Butter entsprechen 8,2 kg Butterreinfett, 8,2 kg Butterfett fraktioniert, 8,6 kg Butterfett, 10,25 kg Margarine oder 8,2 kg anderer wasserfreier Fette.

5. Zuckerarten

Zuckerarten im Sinne dieser Leitsätze sind alle verkehrsüblichen Zuckerarten.

6. Vollei

Vollei im Sinne dieser Leitsätze ist die aus dem Inhalt frisch aufgeschlagener Hühnereier mittleren Gewichts gewonnene Eimasse oder handelsüblich pasteurisiertes Vollei mit einem Trockenmassegehalt von mindestens 23 Prozent.

Bei Verwendung von Eiern anderer Gewichtsklassen wird ein etwaiger Mangel an Eigelb ausgeglichen.

7. Füllungen

a) Fruchtfüllungen enthalten einen wesentlichen Anteil an Früchten und/oder Fruchterzeugnissen einschließlich Fruchtmark (auch in eingedickter oder getrockneter Form). Sie werden auch unter Mitverwendung von Aromen mit natürlichen und/oder naturidentischen Aromastoffen[3)] hergestellt. Aromen mit künstlichen Aromastoffen werden nicht verwendet.

b) Fruchtkremfüllungen enthalten die unter Nummer 7 Buchstabe a aufgeführten Zutaten und/oder Aromen. Bei Verwendung von Aromen mit künstlichen Aromastoffen[3)] wird durch bildliche Darstellungen nicht auf Früchte hingewiesen.

   Einer Abbildung von Früchten steht die Verwendung von Vanillin oder Ethylvanillin nicht entgegen, wenn dem Erzeugnis dadurch nicht der diesen Aromastoffen eigene Geruch oder Geschmack verliehen wird.

c) Fetthaltige Füllungen enthalten als Grundstoffe die unter Nummer 4 genannten Fette. Milchkrems, die als Füllungen für Waffeln, Kekse und vergleichbare Erzeugnisse bestimmt sind, enthalten mindestens 2,5 Prozent und Sahnekrems mindestens 4,0 Prozent Milchfett mit den entsprechenden Mengen fettfreier Milchtrockenmasse.

d) Canache: Sahnekrem aus zwei Teilen dunkler Schokoladeüberzugmasse und einem Teil Schlagsahne. Als geschmackgebende Stoffe werden z. B. Mokka, Rum, Weinbrand, Kirschwasser oder Vanille verwendet.

e) Eierkrem enthält mindestens 15 Prozent Vollei oder die entsprechenden Mengen an Eiprodukten.

f) Schokoladenkrem enthält mindestens 5 Prozent Schokolade im Sinne der Kakaoverordnung; weiße Schokolade wird nicht verwendet.

g) Kakaokrem enthält mindestens 2,5 Prozent stark entöltes Kakaopulver im Sinne der Kakaoverordnung.

h) Weinkrem enthält mindestens 50 Prozent der verwendeten Flüssigkeit als Wein. Weinkrems aus Weintrockenerzeugnissen weisen einen deutlich wahrnehmbaren Weingeschmack auf.

i) Nuss- und Mandelfüllungen enthalten insgesamt mindestens 15 Prozent Haselnuss-, Walnusskerne oder Mandeln, den namengebenden Ölsamen in überwiegenden Anteilen. Nuss- und/oder Marzipanrohmassen werden – entsprechend ihren Gewichtsanteilen an Ölsamen – auch verarbeitet, dagegen keine Persipanrohmasse oder Rohmasse aus anderen Ölsamen.

k) Marzipanfüllungen: Marzipanfüllmasse (wird mitgebacken) und Marzipanfüllkrem (wird nicht mitgebacken) enthalten, auch als Auflage, mindestens 20 Prozent Marzipanrohmasse oder entsprechende Mengen Marzipan, dagegen keine anderen Ölsamen oder Rohmassen aus anderen Ölsamen.

l) Persipanfüllungen: Persipanfüllmasse (wird mitgebacken) und Persipanfüllkrem (wird nicht mitgebacken) enthalten, auch als Auflage, mindestens 15 Prozent Persipanrohmasse oder entsprechende Mengen Persipan, dagegen keine anderen Ölsamen oder Rohmassen aus anderen Ölsamen (siehe auch Nr. 9).

m) Nugatfüllungen: Nugatfüllmasse (wird mitgebacken) und Nugatfüllkrem (wird nicht mitgebacken) enthalten, auch als Auflage, mindestens 10 Prozent Nugatmasse oder entsprechende Mengen Nugat (siehe auch Nr. 11 g).

n) Mohnfüllungen enthalten mindestens 20 Prozent Mohnsamen mit handelsüblichem Feuchtigkeitsgehalt.

o) Füllungen aus anderen Ölsamen enthalten mindestens 20 Prozent dieser Ölsamen, auch in Mischung. Rohmassen können entsprechend ihren Gewichtsanteilen an Ölsamen verarbeitet werden.

p) Schaummassen werden unter Verwendung eiweißhaltiger Schaumbildner wie Eiklar, Milch- oder Sojaeiweiß hergestellt.

8. Kakaohaltige Fettglasur

Die Verwendung von mit Kakaoerzeugnissen verwechselbaren Fettglasuren, auch in stückiger Form, wird ausreichend kenntlich gemacht[4], z. B.

„mit kakaohaltiger Fettglasur“. Fettglasuren werden bei Feinen Backwaren von besonderer Qualität, z. B. Oblatenlebkuchen, Printen, Spitzkuchen, Schlotfeger, Zimtsterne, oder bei Hinweisen hierauf nicht verwendet; dies gilt auch, soweit die Verkehrsbezeichnung nicht Schokolade erwarten lässt (siehe auch Nr. 11 f).

9. Persipan

Eine Verwendung von Persipan wird kenntlich gemacht[5)], wenn nach der Verkehrsauffassung die Verwendung von Persipan nicht üblich ist.

10. Citronat, Orangeat

Citronat und Orangeat sind kandierte Früchte im Sinne dieser Leitsätze.

11. Bezeichnungen, Angaben, Aufmachung

Bei Zutaten, die in der Bezeichnung oder Aufmachung von Feinen Backwaren zum Ausdruck kommen, werden – vorbehaltlich der Besonderen Beurteilungsmerkmale nach Abschnitt II und III – folgende Mindestmengen verwendet oder Mindestanforderungen eingehalten:

a) Butter

Auf 100 kg Getreide, Getreideerzeugnisse und/oder Stärken werden mindestens 10 kg Butter oder entsprechende Mengen Milchfetterzeugnisse zugesetzt. Andere Fette – außer als Trennfette – werden nicht verwendet; die Verwendung von Emulgatoren wird davon nicht berührt.

b) Milch

Zum Anteigen dienen auf 100 kg Getreide, Getreideerzeugnisse und/ oder Stärken bei Hefeteigen mindestens 40 l, bei Nichthefeteigen mindestens 20 l standardisierte Vollmilch[6)] oder entsprechende Mengen Kondensmilch- oder Trockenmilcherzeugnisse.

c) Sahne, Rahm

Zum Anteigen dienen auf 100 kg Getreide, Getreideerzeugnisse und/ oder Stärken mindestens 20 l Sahne (Rahm; mindestens 10 Prozent Milchfett) oder entsprechende Mengen eines konzentrierten Sahneerzeugnisses.

d) Eier

Auf 100 kg Getreide, Getreideerzeugnisse und/oder Stärken werden mindestens 18 kg Vollei und/oder eine entsprechende Menge an Vollei- und/ oder Eigelbprodukten verwendet.

e) Quark

Bei Teigen werden auf 100 kg Getreideerzeugnisse und/oder Stärken mindestens 10 kg Speisequark (Frischkäse) oder eine entsprechende Menge Trockenerzeugnisse verwendet.

Quarkkuchenmassen in der Art von Sand- oder Rührkuchen enthalten mindestens 15 kg Speisequark (Frischkäse) oder eine entsprechende Menge Trockenerzeugnisse in 100 kg Masse.

f) Schokolade

Die Verwendung des Wortes „Schokolade“, auch in abgekürzter Form, in zusammengesetzten Bezeichnungen setzt eine Mitverarbeitung von Kakaoerzeugnissen und/oder Kakao in Teigen, Massen, im Überzug oder in der Füllung voraus; sie sind im fertigen Erzeugnis geschmacklich deutlich wahrnehmbar. Besteht der Anteil nur im Überzug oder in der Füllung so werden hierfür nur Schokoladearten[4)] verwendet.

g) Mandeln, Nüsse, Marzipan, Persipan, Nugat (sowie Hinweise auf andere Ölsamen und daraus hergestellte Massen)

Die genannten Zutaten entsprechen den Leitsätzen für Ölsamen und daraus hergestellte Massen und Süßwaren; sie sind im fertigen Erzeugnis geschmacklich deutlich wahrnehmbar.

Die Verwendung von Ölsamen, deren Ölgehalt in der Trockenmasse 35 Prozent unterschreitet und die Verwendung teilweise entölter Samen ist nicht üblich.

Unter „Nüssen“ werden nur Haselnuss- und Walnusskerne verstanden.

Erzeugnisse, die nach Mandeln, Haselnuss- oder Walnusskernen benannt sind, enthalten als Ölsamenanteil nur diese Samenarten und überwiegend die namengebende Samenart, soweit in diesen Leitsätzen nichts anderes gesagt wird.

Bei Hinweisen auf „Marzipan“ oder „Nugat“ sind als Füllung ausschließlich die entsprechenden Rohmassen oder angewirkten Massen enthalten.

h) Honig

Mindestens 50 Prozent der enthaltenen Zuckerarten stammen aus dem zugesetzten Honig; der andere Teil kann auch aus Invertzuckerkrem[7)] stammen.

i) Vanille

Als „Vanille..." bezeichnete Feine Backwaren enthalten als Aromastoffe nur Vanille und/oder Vanillearoma mit natürlichen Aromastoffen[3)]; sie weisen einen deutlich wahrnehmbaren Geschmack und Geruch nach Vanille auf.

k) Pfeffer

Bei Braunen Lebkuchen weist der Wortbestandteil „Pfeffer..." nur auf eine kräftige Würzung hin.

l) Vollkorn

Der Getreide- und Stärkeanteil besteht zu mindestens 90 Prozent aus vollem Korn oder aus Vollkornerzeugnissen.

m) Mehrkorn

Diese Erzeugnisse werden mit mindestens drei Getreidearten hergestellt. Ihr Anteil beträgt jeweils mindestens 5 Prozent der Gesamtgetreideerzeugnisse.

n) Bestimmte Getreidearten

Wird auf bestimmte Getreidearten hingewiesen, so beträgt der Anteil daran, bezogen auf Gesamtgetreideerzeugnisse, für Weizen mindestens 90 Prozent, für Roggen mindestens 50 Prozent und, getreideart- und erzeugnisabhängig, für alle anderen je mindestens 20 Prozent.

Hafer-Dauerbackwaren enthalten üblicherweise ebensoviel Hafermahlerzeugnisse wie andere Getreidemahlerzeugnisse, keinesfalls aber weniger als 25 Prozent, bezogen auf den Getreideanteil. Unterschreitet der Zusatz an Hafermahlerzeugnissen 50 Prozent, bezogen auf den Getreideanteil, so wird sein Prozent-Anteil angegeben.

Wird in der Bezeichnung oder Aufmachung auf andere Zutaten hingewiesen, werden diese in solchen Mengen verwendet, dass die durch sie bezweckten besonderen Eigenschaften bei den typischen Erzeugnismerkmalen sensorischer Art deutlich oder bei solchen ernährungsphysiologischer Art wertbestimmend in Erscheinung treten.

Ausgenommen hiervon sind Bezeichnungen, die lediglich auf einen Gebrauchszweck hindeuten, wie „Teegebäck", „Eiswaffeln".

12. Die als Verkehrsbezeichnung anzusehenden Bezeichnungen sind im Folgenden kursiv gedruckt.

Geographische Bezeichnungen sind i. d. R. echte Herkunftsangaben. In manchen Fällen können sie, auch soweit sie in den Leitsätzen ausdrücklich genannt werden, aber auch nur Hinweise auf eine bestimmte Zusammensetzung und Herstellungsweise sein. In Verbindung mit den Worten „Original" oder „Echt" weisen geographische Bezeichnungen in jedem Fall auf die Herkunft hin.

II. Besondere Beurteilungsmerkmale

1. *Baumkuchen, Baumkuchenspitzen, Baumkuchentorte*

Die Massen enthalten auf 100 kg Getreideerzeugnisse und/oder Stärken mindestens 100 kg Butter oder die entsprechende Menge Butterreinfett und/oder Butterfett und mindestens 200 kg Vollei oder entsprechende Mengen Volleierzeugnisse. Es werden auch Mandeln, Marzipanrohmasse, Nüsse und/oder Nugat zugesetzt.

Backpulver wird nicht verwendet.

Sie werden in dünnen Schichten gebacken. Der Überzug besteht aus Schokoladeüberzugsmasse oder Zuckerglasur. Mit Schokoladearten verwechselbare Überzüge werden nicht verwendet.

2. *Backwaren aus Wiener Masse*

Wiener Masse wird unter Verwendung von Getreideerzeugnissen und/oder Stärken sowie Zuckerarten, Fett und Vollei oder entsprechenden Volleierzeugnissen hergestellt. Auf 100 kg Getreideerzeugnisse und/oder Stärken werden mindestens 66,7 Prozent Vollei oder entsprechende Mengen Volleierzeugnisse und mindestens 6 kg Butter oder entsprechende Mengen Milchfetterzeugnisse oder Margarine oder praktisch wasserfreier Fette verwendet.

3. *Sandkuchen*

Sandkuchen werden aus Sandmassen unter Verwendung von Getreideerzeugnissen und/oder Stärken, Butter, Margarine und/oder anderen Fetten, Vollei und Zucker hergestellt.

In 100 kg Sandmasse sind mindestens 20 kg Butter oder die entsprechende Menge Milchfetterzeugnisse oder Margarine oder praktisch wasserfreier Fette sowie 20 kg Vollei oder die entsprechende Menge eines Volleierzeugnisses enthalten.

4. *Marmorkuchen*

Marmorkuchen werden aus heller und zu mindestens 33,3 Prozent aus dunkler Sand- oder Rührmasse hergestellt. Die dunkle Masse enthält mindestens 3 Prozent Kakao oder stark entölten Kakao.

5. *Königskuchen*

Königskuchen wird aus Sandmasse hergestellt, die in 100 kg Masse mindestens 20 kg Vollei oder entsprechende Mengen Volleierzeugnisse sowie mindestens 20 kg Butter oder entsprechende Mengen Milchfetterzeugnisse oder Margarine oder praktisch wasserfreier Fette enthält.

Je 100 kg Masse werden mindestens 20 kg Rosinen, Sultaninen oder Korinthen und auch Citronat und Orangeat zugesetzt. Geleefrüchte werden nicht verwendet.

6. *Königskuchen rheinischer Art*

Königskuchen rheinischer Art wird in einer mit Blätterteig ausgelegten Form gebacken. Der Blätterteigboden in der Form wird mit Konfitüre bestrichen. Die nach dem Zusatz des im Mehl gehackten Fettes eingefüllte Königskuchenmasse (vgl. Nr. 5) wird vor dem Backen mit einem Blätterteiggitter überdeckt. Eine Mitverwendung von kandierten Kirschen ist üblich.

7. *Englischer Kuchen*

Englischer Kuchen wird aus einer Sandmasse (vgl. Nr. 3) hergestellt, der auf 100 kg Masse mindestens 30 kg Rosinen/Sultaninen, Korinthen und kandierte Früchte zugesetzt werden. Neben kandierten Kirschen wird mindestens noch eine weitere Art kandierter Früchte verwendet. Geleefrüchte werden nicht verwendet.

8. *Blätterteiggebäck*

Blätterteiggebäcke sind Gebäcke mit blättriger Struktur, ohne Verwendung von Triebmitteln hergestellt. Bei ihrer Herstellung werden mindestens 62 kg Butter oder die entsprechende Menge Milchfetterzeugnisse oder Margarine oder praktisch wasserfreier Fette, bezogen auf 100 kg Getreideerzeugnisse, verwendet.

9. *Stollen*[*)]

Stollen enthalten mindestens 30 kg Butter oder die entsprechende Menge Milchfetterzeugnisse oder Margarine oder praktisch wasserfreier Fette so-

[*)] In einigen Gebieten Süddeutschlands werden herkömmlich auch Erzeugnisse unter der Bezeichnung Stollen (z. B. *Kaffeestollen*) in den Verkehr gebracht, die nur 45 kg Trockenfrüchte, auch Citronat und Orangenat, auf 100 kg Getreideerzeugnisse und/oder Stärken enthalten.

wie 60 kg Trockenfrüchte – ausschließlich Rosinen, Sultaninen oder Korinthen –, auch Citronat und Orangeat, bezogen auf 100 kg Getreideerzeugnisse und/oder Stärken, sofern sich aus den nachfolgenden Anforderungen nichts anderes ergibt. Eine Verwendung von Erdnüssen und anderen Leguminosen-Samen ist nicht üblich.

a) *Mandelstollen*

Mandelstollen enthalten mindestens 20 kg Mandeln auf 100 kg Getreideerzeugnisse und/oder Stärken. Trockenfrüchte, auch Citronat und Orangeat, können zugesetzt werden.

Eine Zugabe von Persipan ist nicht üblich.

b) *Marzipan-/Persipanstollen*

Wird auf die Verwendung von Marzipan oder Persipan hingewiesen, so beträgt der üblicherweise zu einer Füllung verarbeitete Marzipanrohmasse- bzw. Persipanrohmasseanteil mindestens 5 Prozent des Stollenteiggewichtes. Zur Kenntlichmachung von Persipan siehe Nr. 19.

c) *Mohnstollen*

Mohnstollen enthalten mindestens 20 kg Mohn mit handelsüblichem Feuchtigkeitsgehalt auf 100 kg Getreideerzeugnisse und/oder Stärken. Üblicherweise wird der Mohn zu einer Füllung verarbeitet. Trockenfrüchte, auch Citronat und Orangeat, können zugegeben werden.

d) *Nussstollen*

Nussstollen enthalten mindestens 20 kg Nusskerne, auch zerkleinert, auf 100 kg Getreideerzeugnisse und/oder Stärken, die üblicherweise zu einer Füllung verarbeitet werden.

e) *Butterstollen*

Butterstollen enthalten mindestens 40 kg Butter oder die entsprechende Menge Butterreinfett und/oder Butterfett sowie mindestens 70 kg Trockenfrüchte, auch Citronat und Orangeat, auf 100 kg Getreideerzeugnisse und/oder Stärken. Bis 10 kg Trockenfrüchte können durch Mandeln und/oder eine entsprechende Menge Marzipanrohmasse ersetzt werden.

Eine Zugabe von Persipan ist nicht üblich.

f) *Quarkstollen*

Quarkstollen enthalten mindestens 40 kg Speisequark (Frischkäse) oder die entsprechende Menge Quarktrockenprodukte und mindestens 20 kg

Butter oder die entsprechende Menge Milchfetterzeugnisse oder Margarine oder entsprechende Mengen praktisch wasserfreier Fette auf 100 kg Getreideerzeugnisse und/oder Stärken. Trockenfrüchte, auch Citronat und Orangeat, können zugesetzt werden.

10. *Bienenstich*

Bienenstich ist ein gefüllter oder ungefüllter Hefekuchen. Er ist zu mindestens 20 Prozent des Teiggewichtes mit einem Belag versehen, der Ölsamen, gebunden in einer karamellartigen Masse aus Zuckerarten, Fett und ggf. Milch, enthält. Der Anteil der Ölsamen in der Masse des Belages beträgt mindestens 30 Prozent. Die Verarbeitung von anderen Ölsamen, außer Walnüssen, Haselnüssen und Mandeln, wird kenntlich gemacht.

Mandel-Bienenstich enthält als Ölsamen nur Mandeln.

11. *Butterkuchen*

Butterkuchen ist ein Hefekuchen, der im Teig und in der Auflage als Fett nur Butter enthält. Der Butteranteil (Teig einschließlich Auflage) beträgt mindestens 30 kg oder entsprechende Mengen Butterreinfett und/oder Butterfett, bezogen auf 100 kg Getreideerzeugnisse und/oder Stärken.

12. *Butterstreuselkuchen*

Butterstreuselkuchen ist ein Hefekuchen mit einem Streuselbelag. Der Teig und die Streusel enthalten als Fett nur Butter. Der Butteranteil (Teig einschließlich Streusel) beträgt mindestens 30 kg oder entsprechende Mengen Butterreinfett und/oder Butterfett, bezogen auf 100 kg Getreideerzeugnisse und/oder Stärken.

13. *Plunder*

Plundergebäck wird aus einem gezogenen Hefeteig hergestellt, bei dem mindestens 30 kg Butter oder die entsprechende Menge Milchfetterzeugnisse oder Margarine oder praktisch wasserfreier Fette, bezogen auf 100 kg Getreideerzeugnisse und/oder Stärken, verwendet werden.

14. *Dänischer Plunder (Kopenhagener)*

Dänisches Plundergebäck wird aus einem gezogenen Hefeteig hergestellt, bei dem mindestens 60 kg Butter oder die entsprechende Menge Milchfetterzeugnisse oder Margarine oder praktisch wasserfreie Fette, bezogen auf 100 kg Getreideerzeugnisse und/oder Stärken, verwendet werden.

15. *Früchtebrot*

Früchtebrot enthält auf 100 kg Getreideerzeugnisse und/oder Stärken mindestens 100 kg Trockenfrüchte (z. B. Birnen, Äpfel, Feigen, Sultaninen) einschließlich kandierte Früchte, auch Mandeln oder Nüsse. Bei Früchtebrot, das nach einer Fruchtart benannt ist, z. B. *Birnenbrot*, genügt die Verwendung dieser Art.

16. *Käsekuchen, Käsetorte*

Käsekuchen oder auch Käsetorten können in offener, gedeckter oder gefüllter Form hergestellt werden. Auf 100 kg Teig werden mindestens 150 kg Käsemasse verwendet. Zur Herstellung der Käsemasse werden mindestens 30 Prozent Speisequark (Frischkäse) oder die entsprechende Menge Quarktrockenprodukte verwendet.

17. *Sahnetorte, Sahnekremtorte*

Sahnefüllungen und -garnierungen für Sahnetorten

Die bei der Herstellung von Sahne- und Fruchtsahnetorten verwendeten Sahnefüllungen und/oder -garnierungen enthalten mindestens 60 Prozent Schlagsahne.

Füllungen oder Garnierungen mit einem geringeren Anteil an Schlagsahne werden als *Sahnekrem (Sahnekremtorte)* bezeichnet; ihr Gehalt an Schlagsahne beträgt mindestens 20 Prozent. Als eventuell zugesetztes Fett wird nur Milchfett verwendet.

Bei *Quark-Sahnetorte (Käse-Sahnetorte), Frischkäse-Sahnetorte, Buttermilch-Sahnetorte, Kefir-Sahnetorte, Joghurt-* oder *Wein-Sahnetorte* beträgt der Schlagsahneanteil in der Füllung und/oder Garnierung mindestens 20 Prozent.

18. *Kremtorten*

Butterkrem, Fettkrem für Butterkrem- und Kremtorten

Butterkrem enthält mindestens 20 Prozent Butter oder entsprechende Mengen Butterreinfett und/oder Butterfett, anderes Fett wird nicht verwendet.

Fettkrem enthält mindestens 20,5 Prozent Margarine oder entsprechende Mengen praktisch wasserfreien Fettes.

19. *Frankfurter Kranz*

Frankfurter Kranz ist eine kranzförmige Torte aus Sand-, Wiener- oder Biskuitmasse. Sie ist in Lagen quergeschnitten, mit Butterkrem gefüllt und damit auf den Ober- und Seitenflächen bestrichen, außerdem mit Mandel- oder Nusskrokant bestreut.

20. *Schwarzwälder Kirschtorte*

Schwarzwälder Kirschtorten sind Kirschwasser-Sahnetorten oder Kirschwasser-Butterkremtorten, auch deren Kombination. Als Füllung dienen Butterkrem und/oder Sahne, teilweise Canache sowie Kirschen, auch als Stücke in gebundener Zubereitung. Der zugesetzte Anteil an Kirschwasser ist geschmacklich deutlich wahrnehmbar.

Für die Krume werden dunkle und/oder helle Wiener- oder Biskuitböden verwendet. Die Masse für die dunklen Böden enthält mindestens 3 Prozent Kakaopulver oder stark entölten Kakao. Für den Unterboden wird auch Mürbeteig verwendet.

Die Torte wird mit Butterkrem oder Sahne eingestrichen, mit Schokoladenspänen garniert.

21. *Sachertorte*

Sachertorte ist eine Schokoladentorte aus Sachermasse, gefüllt mit einer Fruchtfüllung mit einem mindestens 45 Prozent betragenden Aprikosenanteil, überzogen mit Kuvertüre oder Kakao-Zuckerglasur, zuweilen auch unterlegt mit dieser Fruchtfüllung.

Unter „Sachermasse“ wird eine schwere Schokoladenmasse verstanden, die auf 100 kg Weizenmehl, dessen teilweiser Ersatz durch Stärke möglich ist, mindestens 100 kg Schokolade und/oder eine entsprechende Menge Kakao, mindestens 100 kg Butter oder entsprechende Mengen Butterreinfett und/oder Butterfett sowie mindestens 200 kg Vollei enthält.

Mit Schokoladearten verwechselbare Überzüge werden nicht verwendet.

III. Besondere Beurteilungsmerkmale für Dauerbackwaren

1. Kekse und Kräcker

a) Kekse

Kekse (Keks) sind aus kleinen oder mäßig großen Stücken bestehende, nicht süße oder mehr oder minder süße Gebäcke aus meist fetthaltigem Teig, der ausgewalzt, ausgeformt, gespritzt („Dressiergebäck“) oder geschnitten („Schnittgebäck“) wird.

Mürbekeks enthält mindestens 16,5 kg praktisch wasserfreie Fette oder eine entsprechende Menge anderer Fette auf 100 kg Getreideerzeugnisse und/oder Stärken.

Albertkeks enthält mindestens 9,9 kg praktisch wasserfreie Fette oder eine entsprechende Menge anderer Fette auf 100 kg Getreideerzeugnisse und/oder Stärken.

Butterkeks enthält mindestens 10 kg Butter oder entsprechende Mengen Butterreinfett oder Butterfett auf 100 kg Getreideerzeugnisse und/oder Stärken.

Spekulatius ist eine gewürzte oder nicht gewürzte Gebildbackware.

b) Kräcker

Kräcker sind ein flaches, kleinstückiges oder mäßig großes, fetthaltiges, infolge von Walz- und Falzvorgängen meist blättriges Gebäck, das zuweilen gesalzen oder mit Salz bestreut wird.

2. Laugendauergebäcke

Laugendauergebäcke sind knusprige Backwaren mit einem Feuchtigkeitsgehalt bis zu 12 Prozent. Die Außenseite des geformten Teiges wird vor dem Backen mit wässriger Natronlauge[8)] behandelt. Dies verleiht den Gebäcken ihre charakteristischen Eigenschaften wie Beschaffenheit der Außenschicht (Farbe, Konsistenz oder Kruste) und Geschmack. Die Gebäcke besitzen meist Brezel- oder Stangenform. Sie können mit Salz und/oder Gewürzen und/oder Ölsamen bestreut sein.

3. Lebkuchen

a) Begriffsbestimmungen

Lebkuchen sind süße gewürzte Erzeugnisse mit oder ohne Oblatenunterlage, die aus Massen oder Teigen gebacken werden.

aa) Massen im Sinne von a) werden aus Getreideerzeugnissen und/oder Stärken und anderen Zutaten (vgl. Buchst. b) in unterschiedlichen Mengen durch Schlagen, Rühren, Mischen und/oder „Rösten" hergestellt. Die anderen Zutaten überwiegen insgesamt gegenüber Getreideerzeugnissen oder Stärken. Die Massen, chemisch und/oder physikalisch gelockert, sind schaumartig oder weich bis dickflüssig.

bb) Teige im Sinne von a) werden aus Getreideerzeugnissen und/oder Stärken sowie anderen Zutaten durch Mischen und Kneten hergestellt. Die Teige, biologisch, chemisch und/oder physikalisch gelockert, sind elastisch bis plastisch formbar.

Lebkuchen kommen in vielen Formen vor. Sie können überzogen, belegt, bestreut, verziert, glasiert oder gefüllt sein.

b) Zutaten

Lebkuchen enthalten:

aa) – Getreideerzeugnisse und/oder Stärken,

– Zuckerarten und/oder Honig, Invertzuckerkrem[7)]

– Gewürze und/oder Aromen, die ausschließlich natürliche Aromastoffe enthalten. Vanillin kann zur Geschmacksabrundung verwendet werden.

Rübensirup – außer bei Gewürzprinten (vgl. Nummer 3 c bb) – und Melassen werden nicht verwendet.

bb) Als weitere Zutaten werden je nach Art der Lebkuchen verwendet:

Mandeln, Haselnüsse, Walnüsse und andere Ölsamen im Sinne der Leitsätze für Ölsamen und daraus hergestellte Massen und Süßwaren und deren Rohmassen, ausgenommen Erdnusskerne sowie Erzeugnisse aus Erdnüssen und Kokosnüssen. Außerdem Hühnerei-, Milch-erzeugnisse, Zubereitungen aus Früchten oder Fruchterzeugnissen, Malzextrakt.

cc) Zum Überziehen und/oder Glasieren dienen Schokoladearten und Zuckerglasuren (als Eiweiß- oder Wasserglasuren). Zum Verzieren oder Belegen werden ganze oder zerkleinerte Ölsamen (Abschnitt bb) oder verarbeitete Obsterzeugnisse sowie Zuckerarten und Zuckerwaren verwendet. Bei Verwendung von naturidentischen Aromastoffen in Zuckerglasuren und Zuckerwaren wird auf natürliche Rohstoffe und traditionelle Herstellung nicht hingewiesen.

dd) Speisefette und Speiseöle werden nicht verwendet; bei Braunen Lebkuchen ist die Verarbeitung geringer Mengen möglich.

c) Lebkuchenarten

aa) Auf Oblaten gebackene Lebkuchen

Auf Oblaten gebackene Lebkuchen sind Lebkuchen aus Massen, die auf Oblaten aufgetragen (gestrichen oder dressiert) und nach leichter Oberflächentrocknung gebacken werden.

Mit Schokoladearten verwechselbare Überzüge werden nicht verwendet.

– *Oblaten-Lebkuchen*

Sie enthalten in der Masse mindestens 7 Prozent Ölsamen, von denen mindestens die Hälfte aus Mandeln und/oder Haselnuss-

und/oder Walnusskernen besteht. Ölsamen, die der Verzierung dienen, werden dem Ölsamenanteil der Masse nach Satz 1 nicht zugerechnet.

- *Feine Oblaten-Lebkuchen*

  Feine Oblaten-Lebkuchen enthalten in der Masse mindestens 12,5 Prozent Mandeln und/oder Haselnuss- und/oder Walnusskerne. Es können auch Mischungen mit anderen Ölsamen verarbeitet werden. Der Ölsamenanteil beträgt dann mindestens 14 Prozent; ein Anteil von 7 Prozent Mandeln und/oder Haselnuss- und/oder Walnusskernen wird nicht unterschritten.

- *Haselnuss-Lebkuchen, Walnuss-Lebkuchen, Nuss-Lebkuchen*

  Diese Bezeichnungen erfordern einen Gehalt von mindestens 20 Prozent Haselnuss- und/oder Walnusskernen und/oder Mandeln in der Masse. Dabei überwiegt der namengebende Nusskernanteil. Andere Ölsamen werden nicht verwendet.

  Die Masse enthält höchstens 10 Prozent Getreideerzeugnisse oder 7,5 Prozent Stärken oder eine entsprechende Mischung.

- *Feinste Oblaten-Lebkuchen*

  Feinste Oblaten-Lebkuchen werden unter der Verkehrsbezeichnung *Elisenlebkuchen* oder anderen auf höchste Qualität hinweisenden Bezeichnungen wie *Oblaten-Lebkuchen extra fein, Oblaten-Lebkuchen Spitzenqualität, Oblaten-Lebkuchen edel,* in den Verkehr gebracht. Die Masse enthält mindestens 25 Prozent Mandeln und/oder Haselnuss- und/oder Walnusskerne. Andere Ölsamen werden nicht verwendet.

  Die Masse enthält höchstens 10 Prozent Getreideerzeugnisse oder 7,5 Prozent Stärken oder eine entsprechende Mischung.

- *Mandel-Lebkuchen, Marzipan-Lebkuchen, Makronen-Lebkuchen*

  Diese Bezeichnungen erfordern eine Zusammensetzung wie bei „Feinste Oblaten-Lebkuchen“ (Buchstabe c aa, 4. Spiegelstrich), wobei der Mandelanteil gegenüber dem Nusskernanteil überwiegt.

- *Weiße Lebkuchen*

  Weiße Lebkuchen enthalten in der Masse mindestens 15 Prozent Vollei und/oder eine entsprechende Menge Eiprodukte oder Milcheiweißerzeugnisse und nicht mehr als 40 Prozent Getreideerzeugnisse und/oder Stärken. Die Verwendung von Ölsamen ist möglich.

Weiße Lebkuchen werden nur in rechteckiger Form hergestellt und sind weder glasiert, überzogen noch gefüllt.

Zum Verzieren (Belegen) werden Mandeln und/oder Zitronat und/oder Orangeat verwendet.

bb) *Braune Lebkuchen*

Braune Lebkuchen werden aus Teig ausgeformt, ausgestochen oder geschnitten und nicht auf Oblatenunterlage gebacken. Sie enthalten auf 100 kg Getreideerzeugnisse und/oder Stärken mindestens 50 kg Zuckerarten. Sie werden ohne oder mit Ölsamen hergestellt.

Braune Lebkuchen ohne qualitätshervorhebende oder ohne auf Ölsamen hindeutende Hinweise können bis zu 3 kg zugesetztes Fett (Nummer 3b dd) enthalten, bezogen auf 100 kg Getreideerzeugnisse und/oder Stärken.

– *Feine Braune Lebkuchen*

Feine Braune Lebkuchen enthalten mindestens 10 Prozent Mandeln und/oder Haselnuss- und/oder Walnusskerne und/oder andere Ölsamen im Teig und/oder als Auflage.

Sie können bis zu 1,5 kg zugesetztes Fett enthalten, bezogen auf 100 kg Getreideerzeugnisse und/oder Stärken. Hiervon unberührt bleiben sonstige Anforderungen bei einzelnen Lebkuchenarten.

– *Feinste Braune Lebkuchen*

Feinste Braune Lebkuchen oder Braune Lebkuchen mit qualitätshervorhebenden Bezeichnungen wie *Braune Lebkuchen extra fein, Braune Lebkuchen Spitzenqualität, Braune Lebkuchen edel,* enthalten im Teig und/oder als Auflage mindestens 20 Prozent Mandeln und/oder Haselnuss- und/oder Walnusskerne, jedoch keine anderen Ölsamen und kein zugesetztes Fett.

Hiervon unberührt bleiben sonstige Anforderungen bei einzelnen Lebkuchenarten.

– *Braune Mandel-Lebkuchen, Braune Nuss-Lebkuchen*

So bezeichnete Braune Lebkuchen erfüllen die Anforderungen für Feinste Braune Lebkuchen. Es überwiegt jeweils der namengebende Ölsamenanteil.

– *Honig-Lebkuchen, Honigkuchen*

Honig-Lebkuchen, auch Honigkuchen genannt, sind Braune Lebkuchen, bei denen mindestens die Hälfte des Gehaltes an Zuckerarten aus Honig stammt. Der andere Teil kann auch aus Invertzuckerkrem[7] stammen.

- *Dominosteine*

  Dominosteine sind etwa bissengroße Würfel aus einer oder mehreren Schichten Braunen Lebkuchens und einer Lage oder mehreren Lagen von Zubereitungen, z. B. aus Fruchtmark, Marzipan oder Persipan, nicht aber aus Fondantmasse oder -krem; sie sind mit Schokoladearten überzogen.

  Feine Dominosteine oder *Dessert-Dominosteine* enthalten außer einer oder mehreren Schichten Braunen Lebkuchens (Nummer 3 c bb) mindestens eine Lage aus Zubereitungen aus Früchten oder Fruchterzeugnissen und mindestens eine Lage aus Marzipan oder Persipan.

  Bei *Feinste Dominosteine* bestehen die Lagen ausschließlich aus Zubereitungen aus Früchten oder Fruchterzeugnissen und Marzipan im Sinne der Leitsätze für Ölsamen und daraus hergestellte Massen und Süßwaren.

- *Printen*

  Printen sind knusprig-harte oder auch saftig-weiche Braune Lebkuchen. Es sind meist rechteckige Stücke, jedoch sind auch platten- oder gebildartige Formen üblich. Kennzeichnend sind die sensorisch deutlich wahrnehmbare Mitverwendung ungelöst gebliebener brauner Kandiszuckerkrümel und eine typische Würzung.

  Auf 100 kg Getreideerzeugnisse enthalten sie mindestens 80 kg Zuckerarten, berechnet als Trockenmasse. Rohzucker wird nicht verwendet. Bei *Gewürzprinten* wird zuweilen ein Teil des Zuckers durch Rübensirup ersetzt.

  Bei Printen werden als Ölsamen im Teig und/oder als Auflage in Überzügen nur Mandeln und/oder Haselnuss- und/oder Walnusskerne verwendet.

  Bei Verarbeitung von Ölsamen werden diese vorwiegend als Auflage in ganzer oder zerkleinerter Form, eingebettet in Überzügen, verwendet. Insbesondere Figurenprinten werden auch mit ganzen oder halben Ölsamen dekoriert.

  Mit Schokoladearten verwechselbare Überzüge werden nicht verwendet.

Feine Printen haben einen vollständigen und gut deckenden Überzug ausschließlich aus Schokoladearten. Der Anteil des Überzugs beträgt mindestens 25 Prozent, bezogen auf das Gesamtgewicht des fertigen Gebäckstückes.

Feinste Printen haben darüber hinaus einen Ölsamenanteil von mindestens 15 Prozent, bezogen auf den Gebäckkörper, eingearbeitet und/oder als Auflage. Mit einer Marzipan- oder Nugatschnitte belegte „feinste" Printen weisen üblicherweise keinen vollständig deckenden Überzug aus Schokoladearten auf.

- *Spitzkuchen*

  Spitzkuchen sind etwa bissengroße, mit Schokoladearten überzogene, gefüllte oder ungefüllte Stücke aus Braunen Lebkuchen mit meist dreieckiger oder viereckiger Grundfläche.

  Mit Schokoladearten verwechselbare Überzüge werden nicht verwendet.

  Feine Spitzkuchen enthalten zerkleinerte Früchte oder Zubereitungen aus Früchten oder Fruchterzeugnissen im Teig oder als Füllung. Sie sind vollständig mit Schokoladearten überzogen.

  Feinste Spitzkuchen haben darüber hinaus eine gut deckende Auflage aus zerkleinerten Mandeln und/oder Haselnuss- und/ oder Walnusskernen. Die Auflage ist in Schokoladearten eingebettet und damit vollständig überzogen.

- *Lebkuchen-Herzen, Lebkuchen-Brezeln, Lebkuchen-Sterne*

  Diese und andere figürliche Formen Brauner Lebkuchen – auch als Bunte Mischung – sind Braune Lebkuchen (Nummer 3 c bb, 1.–4. Spiegelstrich) und entsprechen den an die einzelnen Lebkuchenarten gestellten Anforderungen, wenn sie so bezeichnet werden.

- Traditionelle Lebkuchenarten, wie *Pfeffernüsse, Pflastersteine, Magenbrot* oder *Alpenbrot*

  Dicke oder hohe Lebkuchen (Frühstückslebkuchen z. B. holländischer und Braunschweiger Art) entsprechen den Anforderungen für Braune Lebkuchen.

4. *Backoblaten*

Backoblaten, auch *Oblaten* genannt, sind dünne, blattartige, meist weiß aussehende Erzeugnisse, die aus einer flüssigen Masse aus Weizenmehl und/oder Stärken und Wasser zwischen erhitzten Flächen gebacken werden.

5. Waffeldauergebäck

Waffelblätter werden aus einer meist flüssigen, dünnen Masse zwischen erhitzten Flächen gebacken. Abhängig von der Zusammensetzung des Teiges können die Waffelblätter in heißem Zustand biegsam sein. Für die Weiterverarbeitung werden sie meist geschnitten oder ausgestanzt. Hinsichtlich ihrer Gestalt unterscheidet man zwischen Flach- und Formwaffeln, auch in Gebildform. Sie gelangen ungefüllt oder gefüllt in den Verkehr.

a) *Ungefüllte Waffeln* sind teils zum unmittelbaren Genuss, teils zum späteren Füllen, z. B. mit Speiseeis, bestimmt.

b) Bei *gefüllten Waffeln* wird die Füllung, die in manchen Fällen nur eine dünne Schicht bildet, zwischen Waffelblätter eingebracht oder in Hohlwaffeln eingefüllt.

Für besondere Arten gefüllter Waffeln ist auch die Verkehrsbezeichnung *Oblaten,* jedoch nur in Verbindung mit einer Ortsangabe, üblich.

6. *Zwieback*

Zwieback ist ein durch zweimaliges Erhitzen meist unter Verwendung von Hefe hergestelltes knuspriges Gebäck.

Nährzwieback enthält auf 100 kg Getreidemehl 10 kg Butter und 10 kg Vollei oder die entsprechende Menge Eigelb und als Anteigflüssigkeit nur Vollmilch[6)]. Anstelle von Vollmilch können Milcherzeugnisse mit entsprechenden Mengen Milchtrockenmasse, die der Zusammensetzung der Vollmilchtrockenmasse entspricht, verwendet werden.

7. Dauerbackwaren besonderer Art

a) *Russisch-Brot, Patience-Gebäck*

Russisch-Brot, Patience-Gebäck ist ein zu Buchstaben, Zahlen oder ähnlichen Gebilden geformtes, knuspriges Gebäck. Es wird aus einer schaumigen, dickflüssigen Masse mit Eiweiß und Zuckerarten ohne Zusatz von Fett hergestellt. Ein Zusatz von Getreide, Getreideerzeugnissen und/oder Stärke ist üblich.

b) *Baiser*

Baiser wird aus Saccharose und/oder anderen Zuckerarten und mindestens 20 Prozent Hühnereiklar durch Trocknen hergestellt.

8. *Biskuit*

Biskuit wird unter Verwendung von Getreideerzeugnissen und/oder Stärken, Zuckerarten und Vollei oder entsprechenden Volleiprodukten hergestellt. Der Volleianteil beträgt mindestens 66,7 Prozent des Gewichts an Getreideerzeugnissen und/oder Stärken. Eiaustauschstoffe werden nicht verwendet. Der Masse wird kein Fett zugesetzt.

Eibiskuit und andere hervorhebende Qualitätsbezeichnungen erfordern den doppelten Eigehalt, bezogen auf den Anteil an Getreideerzeugnissen und/oder Stärken.

Mit Schokoladearten verwechselbare Überzüge werden bei Feinen Backwaren, die mit der Bezeichnung „Biskuit" in den Verkehr gebracht werden, nicht verwendet.

9. Makronengebäcke

Makronengebäcke werden aus zerkleinerten Mandeln oder anderen eiweißreichen Ölsamen (ausgenommen Erdnusskerne) oder den entsprechenden Rohmassen sowie aus Zucker und Eiklar (bisweilen außerdem Eigelb) hergestellt. Ein Zusatz von Getreideerzeugnissen und/oder Stärken ist außer bei Kokosmakronen nicht üblich. Nur Mandel- und Marzipanmakronen tragen auch die alleinige Bezeichnung *Makronen,* alle anderen Makronengebäcke werden entsprechend der Art der verwendeten Ölsamen oder Rohmassen bezeichnet.

a) Zur Herstellung von *Mandelmakronen* und *Marzipanmakronen* werden zerkleinerte süße Mandeln, Marzipanrohmasse oder Makronenmasse verwendet.

b) Zur Herstellung von *Nussmakronen, Haselnussmakronen* bzw. *Walnussmakronen* werden zerkleinerte Haselnuss- oder Walnusskerne oder Nussmakronenmasse verwendet.

c) Zur Herstellung von *Persipanmakronen* werden geschälte Aprikosenkerne[9], geschälte Pfirsichkerne[9] geschälte entbitterte bittere Mandeln[9] – jeweils zerkleinert –, Persipanrohmasse, Persipan und/oder Persipanmakronenmasse verwendet.

d) Zur Herstellung von *Kokosmakronen* werden Kokosraspel verwendet. Ein Zusatz von Mehlen und/oder Stärken beträgt höchstens 3 Prozent der Masse.

Mit Schokoladearten verwechselbare Überzüge werden für Erzeugnisse nach a) und b) nicht verwendet.

10. *Florentiner*

Florentiner sind ein knuspriges, flaches Mandel- oder Nussgebäck mit meist braunem Rand und hellerem Innern; es können auch Früchte oder Fruchtbestandteile oder Honig zugesetzt werden. Bei der Herstellung werden außer feingehackten oder gehobelten Mandeln und/oder Nusskernen, Zuckerarten, Fetten, auch Milch (auch als Milchpulver oder in Form von anderen Milcherzeugnissen) verwendet. Der Mehlanteil beträgt nicht mehr als 5 Prozent, bezogen auf Masse außer der Schokoladeüberzugsmasse. Zum Überziehen dienen nur Schokoladearten. Mit Schokoladearten verwechselbare Überzüge werden nicht verwendet.

11. *Nussknacker*

Nussknacker sind ein flaches Nussgebäck mit ganzen oder auch sehr grob gehackten Nusskernen mit meist braunem Rand und hellerem Innern, die auch auf Mürbeteigböden mit Rand gebacken werden. Bei der Herstellung werden außer Nusskernen Zuckerarten, Fette, auch Milch (auch als Milchpulver oder in Form von anderen Milcherzeugnissen) verwendet. Der Mehlanteil beträgt nicht mehr als 5 Prozent, bezogen auf Masse außer der Schokoladeüberzugsmasse. Zum Überziehen dienen nur Schokoladearten. Mit Schokoladearten verwechselbare Überzüge werden nicht verwendet.

[1] Anlage 1, Gruppe XVII der Verordnung über Milcherzeugnisse vom 15. Juli 1970 (BGBl. I S. 1150) in der jeweils geltenden Fassung.

[2] § 2 des Milch- und Margarinegesetzes vom 25. Juli 1990 (BGBl. I S. 1471) in Verbindung mit § 1 der Margarine- und Mischfettverordnung vom 31. August 1990 (BGBl. I S. 1989) in den jeweils geltenden Fassungen.

[3] § 1 der Aromenverordnung in der Fassung der Bekanntmachung vom 2. Mai 2006 (BGBl. I S. 1127) in der jeweils geltenden Fassung.

[4] § 1 der Kakaoverordnung vom 15. Dezember 2003 (BGBl. I S. 2738) in der jeweils geltenden Fassung.

[5] Auf § 11 Absatz 2 Nummer 2 Buchstabe a des Lebensmittel- und Futtermittelgesetzbuches in der Fassung der Bekanntmachung vom 24. Juli 2009 (BGBl. I S. 2205) in der jeweils geltenden Fassung wird hingewiesen.

[6] Artikel 3 Abs. 1 Buchstabe b der Verordnung (EG) Nr. 2597/97 des Rates zur Festlegung ergänzender Vorschriften für die gemeinsame Marktorganisation für Milch und Milcherzeugnisse hinsichtlich Konsummilch vom 18. Dezember 1997 (ABl. EG Nr. L 351 S. 13) in Verbindung mit § 2 Nr. 5 der Milchverordnung in der Fassung der Bekanntmachung vom 20. Juli 2000 (BGBl. I S. 1178) in den jeweils geltenden Fassungen.

[7] früher „Kunsthonig".

[8] Anlage 4 Teil A der Zusatzstoff-Zulassungsverordnung vom 29. Januar 1998 (BGBl. I S. 230, 231) in der jeweils geltenden Fassung.

[9] Auf die Leitsätze für Ölsamen und daraus hergestellte Massen und Süßwaren vom 27. Januar 1965 (Beilage zum BAnz. Nr. 101 vom 2. Juni 1965) in der jeweils geltenden Fassung wird hingewiesen.

Leitsätze für Feinkostsalate

I. Allgemeine Beurteilungsmerkmale

A. Begriffsbestimmungen

1. Feinkostsalate sind verzehrfertige Erzeugnisse aus Zutaten tierischer und/ oder pflanzlicher Herkunft in einer geschmacklich hierauf abgestimmten Soße.

   Bei fettreduzierten Erzeugnissen ist die Verwendung anderer Soßen als Mayonnaise oder Salatmayonnaise üblich.

2. Rezeptur, Art und Beschaffenheit der Zutaten und Art der Herstellung prägen den Charakter von Feinkostsalaten.

3. Werden die in Abschnitt II genannten Verkehrsbezeichnungen verwendet, so werden bei der Herstellung die in diesem Abschnitt aufgeführten Mindest- oder Höchstmengen bzw. - anforderungen eingehalten.

4. Prozentangaben beziehen sich auf das Gewicht zum Zeitpunkt des Zusammenfügens der Zutaten.[1)]

B. Beschaffenheitsmerkmale

Zutaten sind insbesondere:

1. Fleisch von Schlachttieren, Wild, Geflügel[2)], hitzegegart, auch gepökelt, und Erzeugnisse daraus

2. Fische, Krebs- und Weichtiere und Erzeugnisse daraus[3)]

3. Gemüse, Kartoffeln, Pilze, Obst, Käse, Eier, Teigwaren, Reis sowie andere stückige Zutaten

4. Soßen wie Mayonnaise[4)] und/oder Salatmayonnaise, andere mehr oder minder emulgierte Zubereitungen, wahlweise aus Speiseöl[5)], Essig[6)], Sahne, Joghurt, Crème fraîche, verkehrsüblichen Zuckerarten, anderen geschmackgebenden oder den Genusswert erhöhenden Zutaten

5. Gewürze[7)], andere würzende Zutaten, Aromen[8)]

   Andere Zutaten entsprechen den betreffenden Leitsätzen, ansonsten der allgemeinen Verkehrsauffassung.

   Wird in der Verkehrsbezeichnung auf eine Zutat besonders hingewiesen, so ist diese in charaktergebender Menge enthalten.

C. Bezeichnung

Die unter Abschnitt II kursiv gedruckten Verkehrsbezeichnungen sind für die dort beschriebenen Feinkostsalate üblich. Bei anderen Feinkostsalaten sind auch Phantasiebezeichnungen sowie geographische Angaben üblich.

II. Besondere Beurteilungsmerkmale

A. Salate mit Fleisch und/oder Fleischerzeugnissen

Als Salate mit Fleisch und/oder Fleischerzeugnissen gemäß Abschnitt I B Nr. 1 werden gegebenenfalls unter Verwendung von Zutaten gemäß Abschnitt I B und der im Folgenden jeweils aufgeführten charaktergebenden Zutaten insbesondere hergestellt:

1. *Fleischsalat*
   Ausgangsmaterial:
   Fleisch und/oder Fleischsalatgrundlage[9] und/oder Brühwurst[10] mindestens 25 Prozent
   Mayonnaise und/oder Salatmayonnaise
   Gurken als einziges Gemüse und würzende Zutaten höchstens 25 Prozent

2. *Delikatess-Fleischsalat, Feiner Fleischsalat* oder Erzeugnisse mit einer gleichsinnig hervorhebenden Verkehrsbezeichnung
   Ausgangsmaterial:
   Fleisch und/oder Fleischsalatgrundlage[9] und/oder Brühwurst[10] mindestens 33 1/3 Prozent
   Mayonnaise und/oder Salatmayonnaise[11]
   Gurken als einziges Gemüse und würzende Zutaten höchstens 16 2/3 Prozent

3. *Italienischer Salat*
   Italienischer Salat (regionale Spezialität) ist ein Fleischsalat, bei dem ein Teil der Gurken durch andere Gemüsearten und/oder andere Zutaten ersetzt wird.

4. *Rindfleischsalat*
   Ausgangsmaterial:
   gekochtes oder anderweitig gegartes, geschnittenes Rindfleisch[12] mindestens 20 Prozent
   andere Zutaten wie Zwiebeln, Paprika, Erbsen sowie würzende Zutaten

5. *Ochsenmaulsalat*
   Ausgangsmaterial:
   gepökeltes und gekochtes geschnittenes Rindermaul
   mindestens 50 Prozent
   Speiseöl und/oder Essig
   Zwiebeln und andere würzende Zutaten

6. *Wurstsalat*
   Ausgangsmaterial:
   geschnittene Wurst, auch in Vermischung verschiedener Wurstsorten untereinander
   Gurken und/oder Zwiebeln sowie andere würzende Zutaten

   Bei der Zubereitung mit Speiseöl und/oder Essig beträgt der Anteil der Wurst mindestens 50 Prozent.

   Bei der Zubereitung mit Mayonnaise, Salatmayonnaise oder einer anderen würzenden Soße beträgt der Anteil der Wurst mindestens 25 Prozent, der Gurken und anderen würzenden Zutaten höchstens 25 Prozent.

7. *Geflügelsalat*
   Ausgangsmaterial:
   gekochtes oder anderweitig gegartes Geflügelfleisch[2) 12)], gegebenenfalls mit anteiligen Hautteilen,
   mindestens 25 Prozent
   andere Zutaten wie Eier, Pilze, Obst, Gemüse sowie würzende Zutaten

8. *Delikatess-Geflügelsalat, Feiner Geflügelsalat* oder Erzeugnisse mit einer gleichsinnig hervorhebenden Verkehrsbezeichnung
   Ausgangsmaterial:
   gekochtes oder anderweitig gegartes Geflügelfleisch[2) 12)], gegebenenfalls mit anteiligen Hautteilen,
   mindestens 30 Prozent
   andere Zutaten wie Eier, Pilze, Obst, Gemüse sowie würzende Zutaten

B. Salate mit Fleisch von Fischen, Krebs- und/oder Weichtieren

Als Salate mit Fleisch von Fischen, Krebs- und/oder Weichtieren gemäß Abschnitt I B Nr. 2 werden unter Verwendung von Zutaten gemäß Abschnitt I B und der im Folgenden jeweils aufgeführten charaktergebenden Zutaten insbesondere hergestellt:

1. *Fischsalat* wie *Thunfischsalat, Lachssalat, Makrelensalat* außer *Heringssalat* und *Matjessalat*
   Ausgangsmaterial:
   Fleisch von Fischen (hitzebehandelt, mariniert oder anderweitig garge-

macht), entgrätet,
mindestens 20 Prozent
andere Zutaten wie Obst, Gemüse, Eier sowie würzende Zutaten

2. *Heringssalat*
   Ausgangsmaterial:
   geschnittene, entgrätete, gesalzene und/oder marinierte Heringe
   mindestens 20 Prozent
   andere Zutaten wie Gurken, rote und/oder weiße Bete, Kartoffeln, Tomaten, Paprikaschoten, Zwiebeln, Sellerie, Äpfel, Nüsse, Kapern, ggf. auch Rindfleisch[12)] oder Fleischsalatgrundlage[9)]

3. *Delikatess-Heringssalat, Feiner Heringssalat* oder Erzeugnisse mit einer gleichsinnig hervorhebenden Verkehrsbezeichnung
   Ausgangsmaterial:
   enthäutete, entgrätete, gesalzene und/oder marinierte Heringe
   mindestens 25 Prozent
   andere Zutaten wie Gurken, rote und/oder weiße Bete, Kartoffeln, Tomaten, Paprikaschoten, Zwiebeln, Sellerie, Äpfel, Nüsse, Kapern, ggf. auch Rindfleisch[12)] oder Fleischsalatgrundlage[9)]

4. *Matjessalat*
   Ausgangsmaterial:
   enthäutete, geschnittene, matjesartig gesalzene Heringsfilets und/ oder Matjesfilets nordischer Art und/oder Matjesfilets
   mindestens 50 Prozent
   Speiseöl und/oder Essig
   andere Zutaten wie Gurken, Zwiebeln, Sellerie, Tomaten, Paprika, Obst

   Besondere Merkmale:
   Auf die verwendete Fischrohware wird in Verbindung mit der Verkehrsbezeichnung hingewiesen, z. B. *Matjessalat, aus matjesartig gesalzenen Heringsfilets.*

5. *Krabbensalat*
   Ausgangsmaterial:
   Fleisch entschalter, gekochter, auch tiefgefrorener Garnelen (Krabben, Shrimps)
   mindestens 40 Prozent
   Mayonnaise und/oder Salatmayonnaise
   andere würzende Zutaten

   Besondere Merkmale:
   Nordseekrabbensalat wird nur aus Nordseekrabben (Crangon crangon) hergestellt.

6. Salate mit Fleisch von Krebs- und/oder Weichtieren – mit Ausnahme von *Krabbensalat* – die als „...-*Salat*“ unter Voranstellung der Verkehrsbezeichnung der verwendeten Tierart bezeichnet werden
   Ausgangsmaterial:
      Fleisch von Krebs- und/oder Weichtieren
      mindestens 20 Prozent
      andere Zutaten wie Obst, Gemüse, Eier sowie würzende Zutaten

C. Gemüse-, Pilz-, Obst-, Käse-, Eier- und andere Feinkostsalate

Bei Salaten auf der Grundlage von Gemüse, Kartoffeln, Pilzen, Obst, Käse, Eiern, Teigwaren, Reis beträgt der Anteil fester Bestandteile mindestens 40 Prozent. Wird in der Verkehrsbezeichnung in Verbindung mit dem Wort „*salat*“ auf eine Zutat oder mehrere Zutaten besonders hingewiesen, so ist die Zutat oder sind die Zutaten insgesamt zu mindestens 20 Prozent enthalten.

1) Einzelne Rohwaren erleiden herstellungsbedingt sowie durch Stoffaustausch Verluste an Gewicht und werden in der Struktur verändert.

2) Abschnitt I Nrn. 1.131 und 1.132 der Leitsätze für Fleisch und Fleischerzeugnisse vom 27./28. November 1974 (BAnz. Nr. 134a vom 25. Juli 1975, GMBl. Nr. 23 S. 489 vom 25. Juli 1975), zuletzt geändert am 27. Mai 1998 (BAnz. Nr. 183a vom 30. September 1998, GMBl. Nr. 30 S. 581 vom 30. September 1998), in der jeweils geltenden Fassung.

3) Leitsätze für Fische-, Krebs- und Weichtiere und Erzeugnisse daraus vom 10./11. März 1966 (Beilage zum BAnz. Nr. 163 vom 1. September 1966, GMBl. Nr. 25 S. 404 vom 31. August 1966), zuletzt geändert am 19. Oktober 1993 (BAnz. Nr. 91 S. 5126 vom 17. Mai 1994, GMBl. Nr. 18 S. 493 vom 22. Juni 1994), Berichtigung vom 10. Juni 1994 (BAnz. Nr. 114 S. 6494 vom 22. Juni 1994) bzw. vom 2. August 1994 (GMBl. Nr. 29 S. 877 vom 25. August 1994), in der jeweils geltenden Fassung.

4) Codex Alimentarius, CODEX STAN 168-1989, Volume 11-1994, European Regional Standard für Mayonnaise.

5) Leitsätze für Speisefette und Speiseöle vom 17. April 1997 (BAnz. Nr. 239 a vom 20. Dezember 1997, GMBl. Nr. 45 S. 864 vom 19. Dezember 1997) in der jeweils geltenden Fassung.

6) Verordnung über den Verkehr mit Essig und Essigessenz vom 25. April 1972 (BGBl. I S. 732) in der jeweils geltenden Fassung.

7) Leitsätze für Gewürze und andere würzende Zutaten vom 27. Mai 1998 (BAnz. Nr. 183a vom 30. September 1998, GMBl. Nr. 30 S. 577 vom 30. September 1998) in der jeweils geltenden Fassung.

8) Aromenverordnung vom 22. Dezember 1981 (BGBl. I S. 1625, 1677) in der jeweils geltenden Fassung.

9) Abschnitt II Nr. 2.222.5 der Leitsätze für Fleisch und Fleischerzeugnisse.

10) Abschnitt I Nr. 2.22 der Leitsätze für Fleisch und Fleischerzeugnisse.

11) Bei der industriellen Herstellung von Delikatess-Fleischsalat ist die Verwendung einer Salatmayonnaise mit mindestens 65 Prozent Fettgehalt üblich.

12) Die Verwendung von Formfleisch nach Abschnitt I Nr. 2.19 der Leitsätze für Fleisch und Fleischerzeugnisse ist üblich.

Leitsätze für Fische, Krebs- und Weichtiere und Erzeugnisse daraus*)

I. Allgemeine Beurteilungsmerkmale

A. Begriffsbestimmungen für Fische und Fischerzeugnisse

1. Süßwasserfische sind zum Verzehr bestimmte Fische aus Binnengewässern, wie Seen, Teichen, Flüssen und Bächen. Als Süßwasserfische gelten ebenfalls solche Fische, die sich zeitweilig auch im Meer aufhalten, wie Lachs, Forelle, Aal (Flussaal), Maifisch, Finte, Maräne, Schnäpel, Flussneunauge, Stint, Stör.
2. Seefische sind alle anderen zum Verzehr bestimmten Fische.
3. Frischfische sind Fische, die nach dem Fang unbehandelt bleiben oder nur gereinigt, ausgenommen, zerteilt oder so gekühlt werden, dass das Fischgewebe nicht gefriert.
4. Fischteile

   a) Seiten sind in der Längsrichtung zerteilte, von der Rückengräte befreite Fischhälften ohne Kopf mit Haut in einem Stück wie gewachsen, auch mit Kiemenknochen/-knorpel und Schwanzknochen/-knorpel.

   b) Fischfilet ist zusammenhängendes Fischfleisch wie gewachsen, das nach Entfernung der Bauchlappen parallel zur Rückengräte vom Rumpf abgetrennt, enthäutet und soweit wie technisch möglich entgrätet ist. Größere Filets werden gegebenenfalls geteilt in Portionen, Tafeln oder Schnitten, auch aus in Blöcken tiefgefrorenen Fischfilets; bei Thunfisch-Dauerkonserven auch verpackungsgerecht geteilt als *„-Filet, geschnitten“* (im internationalen Handel – solid pack). Filets von größeren Süßwasserfischen wie Viktoriaseebarsch und Pangasius gelangen auch mit Bauchlappen, Filets von Heringen, Sprotten, Makrelen, Forellen und anderen Fischen vergleichbarer Größe gelangen auch an den Rückenteilen zusammenhängend und/oder mit Haut und Bauchlappen, jedoch ohne Bauchhaut, Schollenfilets auch mit weißer Haut in den Verkehr.

   c) Koteletts, Karbonaden sind vertikal zur Wirbelsäule in gleichmäßig dicke Scheiben geschnittene Fischstücke. Derart aus Großfischen (z. B. Haie, Thune, Schwertfisch, weißer Heilbutt) oder Lachsarten zugeschnittene Fischscheiben werden auch als „...-Steak“ bezeich-

*) Die Leitsätze für tiefgefrorene Fische, Krebs- und Weichtiere und Erzeugnisse daraus wurden integriert.

net. Sofern nicht ausdrücklich darauf hingewiesen wird, sind sie, ausgenommen Steaks von Lachsarten, von anhaftenden Haut- und Knorpel-/Knochenteilen befreit.

d) Stücke, Stückchen, Stremel, Streifen sind Teile von entgräteten oder nicht entgräteten ausgenommenen Fischen ohne Kopf und Schwanzflosse; bei Thunfisch-Dauerkonserven auch unregelmäßig geformte Teile von Filets, die beim verpackungsgerechten Schneiden anfallen und stückig zerteilt (im internationalen Handel: chunks) sind; bei Salaten auch als Würfel geschnitten.

e) Happen, Häppchen, Bissen sind mundgerechte Teile von Filets oder von entgräteten ausgenommenen Fischen ohne Kopf und Schwanzflosse.

f) Röllchen sind zylinderförmig bis rundlich geformte Erzeugnisse aus ganzen oder aus grobstückig zerteilten Filets, deren Einzelgewicht in der Regel 25 g nicht überschreitet.

g) Scheiben sind in gleichmäßiger Stärke dünn (scheibenförmig) zerteilte Filets ohne Haut.

h) Schnitzel (Flocken, im internationalen Handel: flakes) sind kleinstückig zerteiltes Fischfleisch zur Herstellung von Lachsschnitzeln in Öl, Seelachsschnitzeln Lachsersatz[1)] in Öl und Thunfisch-Dauerkonserven.

i) Zerkleinertes Fischfleisch (im internationalen Handel: minced fish flesh) ist Hack, Farce, Mus ohne Haut und Gräten, jedoch mit histologisch nachweisbarer Faserstruktur.

j) Surimi ist zerkleinertes, mit Wasser gewaschenes Fischmuskelfleisch ohne Faserstruktur[2)].

5. Fischerzeugnisse sind Lebensmittel aus Fischen oder Fischteilen, die durch geeignete Verfahren auch unter Verwendung von Zutaten gar gemacht, zum Verzehr zubereitet oder durch Trocknen haltbar gemacht sind.

6. Prozentangaben beziehen sich auf das Gewicht.

B. Begriffsbestimmungen für Krebstiere und Krebstiererzeugnisse

1. Krebstiere sind zum Verzehr bestimmte Tiere der Klasse der Crustacea (Krebse).

2. Teile von Krebstieren, gekocht oder ungekocht, sind Scheren mit Fleisch, Schwänze mit Fleisch und Fleisch von Scheren, Schwänzen oder anderen Körperteilen.
3. Entschalt sind Krebstiere und Krebstierteile, wenn deren Panzer oder Schale entfernt sind.
4. Erzeugnisse aus Krebstieren oder Krebstierteilen sind durch geeignete Verfahren haltbar gemacht oder, auch unter Verwendung von Zutaten, zum Verzehr vor- oder zubereitet.
5. Prozentangaben beziehen sich auf das Gewicht.

C. Begriffsbestimmungen für Weichtiere und Weichtiererzeugnisse

1. Weichtiere sind zum Verzehr bestimmte Mollusken, wie Muscheln, Schnecken, Tintenfische.
2. Ganze Weichtiere sind gekocht oder ungekocht.
3. Entschalt sind Weichtiere und Weichtierteile, wenn deren Schalen oder Gehäuse entfernt sind.
4. Teile von Weichtieren, gekocht oder ungekocht:
   a) Muschelfleisch ist der essbare, von den Schalen befreite Weichkörper oder Teile davon.
   b) Schalen sind die Weichteile von Muscheln umhüllenden Schalenklappen.
   c) Schneckenfleisch ist der essbare, vom Gehäuse befreite Weichkörper oder Teile davon.
   d) Schneckenfuß ist der muskulöse, der Fortbewegung dienende Teil des Schneckenkörpers.
   e) Schneckenhaus ist das den Schneckenkörper umgebende Gehäuse.
   f) Tintenfischfleisch:
      aa) Tuben sind die röhrenförmige spitz zulaufende Körpermuskulatur vom Tintenfisch (Kalmare), ohne Kopf, ohne Haut, ohne Flügel und ohne Stützgerüst, frei von Innereien.
      bb) Zylinder sind Tuben nach Abschneiden der Spitzen.
      cc) Ringe sind Querschnitte der Tuben/Zylinder.
      dd) Flügel sind flache seitliche Anhänge der Tuben.

ee) Filet ist die Rumpfmuskulatur des Tintenfisches (Sepia) ohne Haut.

ff) Arme, Tentakel sind die Fang- und Greifarme der Tintenfische; die Saugnäpfe sind in der Regel nicht entfernt.

gg) Streifen und Stücke sind möglichst gleichmäßig zerteilte Tuben, Zylinder, Filets und/oder Arme/Tentakel von Tintenfischen.

5. Erzeugnisse aus Weichtieren oder Weichtierteilen sind durch geeignete Verfahren haltbar gemacht oder, auch unter Verwendung von Zutaten, zum Verzehr vor- oder zubereitet.

6. Prozentangaben beziehen sich auf das Gewicht.

D. Herstellung und Beschaffenheit

1. Zur Behandlung von Fischen werden verwendet:

a) als Wasser ausschließlich Trinkwasser oder Meerwasser, das bakteriologisch dem Trinkwasser entspricht und frei ist von gesundheitlich bedenklichen Verunreinigungen;

b) als Eis ausschließlich Eis aus Wasser nach Buchstabe a) ohne weitere Zusätze;

c) als Salz ausschließlich Speisesalz;

d) als Essig ausschließlich Gärungsessig oder mit Trinkwasser verdünnte Essigsäure oder Essigessenz.

2. Zur Herstellung gewässerter Stockfische werden Calciumhydroxid und Natriumcarbonat verwendet[3)].

3. Als Zutaten sind insbesondere üblich:

a) Aufgüsse: Zubereitungen aus unterschiedlichen Mengen Trinkwasser und wahlweise Essig, Säuerungsmitteln[3)], Salzen und anderen würzenden Stoffen,

b) Soßen (Saucen, Tunken): mehr oder minder gebundene Zubereitungen aus den unter Buchstabe a) genannten Zutaten, Fett, anderen den Genusswert erhöhenden Bestandteilen und ggf. Bindemitteln. Bei Erzeugnissen, die durch Erhitzen haltbar gemacht sind, enthält die Soße mindestens 10 Prozent Fett.

c) Cremes: Soßen mit mindestens 20 Prozent Fett.

d) Tomatensoßen und -cremes enthalten mindestens 20 Prozent Tomatenmark mit einem Gehalt von 36 Prozent kochsalzfreier Trockenmasse.

e) Sahnesoßen und -cremes (Rahmsoßen, -cremes) enthalten mindestens 2 Prozent Milchfett. Wird das Wort *„Sahne"* in der Verkehrsbezeichnung vorangestellt (z. B. *„Sahne-Hering ..."*), sind in der Soße mindestens 4 Prozent Milchfett enthalten. Der Milchfettanteil stammt aus der Verwendung von Sahne (Rahm).

f) Buttersoßen und -cremes enthalten mindestens 5 Prozent Butterfett.

g) Weinsoßen und -cremes enthalten mindestens 20 Prozent Wein.

h) Soßen und Cremes mit Mayonnaise oder mit mayonnaiseähnlichen Erzeugnissen enthalten mindestens 50 Prozent dieser Erzeugnisse.

i) Öle entsprechen den Leitsätzen für Speisefette und Speiseöle[4)].

j) Andere Lebensmittel, die beigegeben werden, entsprechen den betreffenden Leitsätzen, ansonsten der allgemeinen Verkehrsauffassung.

E. Bezeichnung und Aufmachung

1. Die Verkehrsbezeichnung ist die in diesen Leitsätzen durch Kursivdruck hervorgehobene Bezeichnung. Die eingeklammerten Angaben sind Bestandteile der Verkehrsbezeichnung.

2. Fische werden nach ihrer Art bezeichnet. Soweit sie in dem Verzeichnis der Handelsbezeichnungen für Erzeugnisse der Fischerei und der Aquakultur[14)] aufgeführt sind, werden die dort angegebenen Bezeichnungen als Verkehrsbezeichnungen verwendet.

3. Bei zerlegten Fischen wird zusätzlich die Art der Fischteile (z. B. Seiten, Filets) angegeben. In zusammengesetzten Bezeichnungen steht der Name des Fisches vor der Art des Fischteiles (z. B. *Heringsfilet* und nicht „Filethering"). Die Angabe „Fischfilet" wird als nicht ausreichend angesehen. Bei Steaks wird in unmittelbarem Zusammenhang mit der Verkehrsbezeichnung auf vorhandene Haut- und Knochen-/Knorpelteile hingewiesen. Sind Röllchen aus grobstückig zerteilten Filets zusammengesetzt, so wird in unmittelbarem Zusammenhang mit der Verkehrsbezeichnung darauf hingewiesen, z. B. „geformt", „zerkleinert und geformt".

   Abweichend hiervon werden Teile von Frischfischen auch wie folgt bezeichnet:
   das Rückenstück des Dornhais als *Seeaal (Dornhai)*, Stücke vom Heringshai als *Kalbfisch (Heringshai)*, Stücke vom Grauhai und ähnlichen

Arten als *Speckfisch (Grauhai)* und Filet des schwarzen Heilbutts als *Filet vom schwarzen Heilbutt.*

4. Fischerzeugnisse werden nach ihrer Art und Herstellung bezeichnet. Wird wörtlich oder durch bildliche Darstellung auf Zutaten hervorhebend hingewiesen (z. B. „Heringsfilet in Sahnesoße" oder „Sahne-Heringsfilet" aber nicht „Sahnefilet"), so sind die angegebenen oder dargestellten Zutaten in deutlich geschmackprägender Menge vorhanden.

5. Bei abgepackten Fischen und Fischerzeugnissen wird das Vorhandensein ganzer Fische oder von Fischfilets nur insoweit erwartet, als es die Form und die Abmessungen der Verpackung zulassen. Bei Thunfisch-Dauerkonserven wird das durch die Angabe *„-Filets, geschnitten"* (im internationalen Handel: solid pack) kenntlich gemacht, bei auf Dosenformat automatisch abgefüllten Filets von Heringen und von Fischen vergleichbarer Größe wird das technisch unvermeidbare Vorkommen von Filetstücken auf der Packung entsprechend angegeben.

6. Krebstiere werden nach ihrer Art bezeichnet. Soweit sie in dem Verzeichnis der Handelsbezeichnungen für Erzeugnisse der Fischerei und der Aquakultur[14)] aufgeführt sind, werden die dort angegebenen Bezeichnungen als Verkehrsbezeichnungen verwendet.

7. Weichtiere werden nach ihrer Art bezeichnet. Soweit sie in dem Verzeichnis der Handelsbezeichnungen für Erzeugnisse der Fischerei und der Aquakultur[14)] aufgeführt sind, werden die dort angegebenen Bezeichnungen als Verkehrsbezeichnungen verwendet. Verkehrsbezeichnungen für Lungenschnecken sind in der Anlage zu Abschnitt IV aufgeführt.
   Werden Achatschnecken in Weinbergschneckenhäusern oder deren Nachbildungen in den Verkehr gebracht, wird dies ausreichend kenntlich gemacht.

8. Krebs- und Weichtiererzeugnisse werden nach ihrer Art und Herstellung bezeichnet.

9. Erzeugnisse mit hervorhebenden Hinweisen, wie Delikateß-, Feinkost-, extra-, fein oder dergleichen, oder in besonders hervorhebender Aufmachung unterscheiden sich von den unter der betreffenden Verkehrsbezeichnung sonst üblichen Erzeugnissen durch eine besonders sorgfältige Materialauswahl und Herrichtung, durch ansprechende Beschaffenheit sowie durch besonders gute sensorische Qualität.

II. Besondere Beurteilungsmerkmale für Fischerzeugnisse

A. Tiefgefrorene Fische

1. Begriffsbestimmungen

Tiefgefrorene Fische sind Süßwasserfische, Seefische und Fischteile, die tiefgefroren[5] sind. Sie können zusätzlich auch mit Wassereis glasiert sein[6].

2. Herstellung

a) Als tiefgefrorene Fische und Fischteile vorwiegend für die unmittelbare Verwendung werden insbesondere hergestellt:

- aa) ganze Fische, auch ausgenommen, mit oder ohne Kopf;
- bb) Fischfilets, große Filets auch portionsgerecht geteilt;
- cc) Karbonaden, Koteletts;
- dd) Steaks;
- ee) Stücke, mit oder ohne Gräten.

b) Als tiefgefrorene Fische und Fischteile in Form von Blöcken für die Weiterverarbeitung[7] werden insbesondere hergestellt:

- aa) Fischfilets (mit Stehgräten), auch in Streifen geschnitten;
- bb) praktisch grätenfreie Fischfilets, bei denen die längs der Seitenlinie in das Fleisch hineinragenden Stehgräten (pin bones), die beim Filetieren der Fische (Entgräten) technisch unvermeidbar im Filet verbleiben, durch einen besonderen Schnitt (z. B. V-Schnitt) zusätzlich entfernt sind, auch in Streifen geschnitten;
- cc) praktisch grätenfreie Fischfilets, auch in Streifen geschnitten, mit bis zu 25 Prozent zerkleinertem Fischfleisch, das bei deren Herstellung unter Anwendung sachgerechter Verfahrenstechnik[8] angefallen ist;
- dd) anderes zusammenhängendes Fischfleisch, auch Mischungen von Filets/Filetteilen mit bis zu 50 Prozent zerkleinertem Fischfleisch;
- ee) zerkleinertes Fischfleisch[8, 9].

c) Als tiefgefrorene Fische und Fischteile werden aus tiefgefrorenen Blöcken von Fischfilets (mit Stehgräten) oder praktisch grätenfreien Fischfilets, beide auch in Streifen geschnitten, insbesondere hergestellt: ...-Portionen, ...-Tafeln, ...-Schnitten verschiedener Größe und Form, deren Einzelgewicht 50 g nicht unterschreitet.

3. Bezeichnung

a) Allgemeine Angaben in Verbindung mit der Verkehrsbezeichnung sind

aa) „tiefgefroren";

bb) gegebenenfalls „glasiert", „mit Wassereisglasur" oder gleichsinnig;

cc) gegebenenfalls „praktisch grätenfrei".

b) Tiefgefrorene Fische und Fischteile werden insbesondere bezeichnet:

aa) tiefgefrorene Fische nach ihrer Art gemäß den angegebenen Bezeichnungen im Verzeichnis der Handelsbezeichnungen für Erzeugnisse der Fischerei und der Aquakultur[14)], gegebenenfalls mit zusätzlichen Angaben wie „ausgenommen", „ohne Kopf", „ohne Schwanz", „ohne Haut";

bb) bei zerlegten Fischen zusätzlich mit der Art der Fischteile nach Abschnitt I A Nr. 4;

cc) bei aus tiefgefrorenen Blöcken geschnittenen Portionen *...-Portionen, ...-Tafeln, ...-Schnitten* oder gleichsinnig. Bei Hinweis auf Filet wird die Zerteilung durch die Angabe *...filet, aus Blöcken geschnitten* oder gleichsinnig kenntlich gemacht. *Portionsfilet, aus Blöcken geschnitten, in Filetform gefertigt*

dd) Bei Portionen, die aus tiefgefrorenen Blöcken mit Anteilen von zerkleinertem Fischfleisch geschnitten sind, wird die Angabe „.. filet" nicht verwendet.

4. Gewichte

Das Abtropfgewicht von glasierten Fischen oder Fischteilen beträgt mindestens 80 Prozent der Nennfüllmenge, ausgenommen Erzeugnisse im Eisblock.

5. Beschaffenheitsmerkmale

a) Bei Fischen oder Fischteilen für die unmittelbare Verwendung besteht der Inhalt einer Fertigpackung, soweit nichts anderes vermerkt, aus Fischen möglichst gleicher Größe.

b) „Praktisch grätenfrei" sind Fischfilets und Teile von Fischfilets, die höchstens zwei Gräten (Fehlergräten) je kg Filet enthalten.

Behr's Verlag, Hamburg

Als Fehlergräten zählen alle Gräten und Grätenteile länger als 10 mm und mit über 1 mm Durchmesser; die knorpelige Grätenbasis bleibt bis zu einem Durchmesser von 2 mm oder, sofern sie sich mechanisch leicht abstreifen lässt, unberücksichtigt[10].

c) „Enthäutet“, „ohne Haut“ sind Teile von Fischen, deren Haut einschließlich der Schuppen bis auf die – vielfach silbrige – innerste Schicht der Lederhaut entfernt ist.

d) Aus Blöcken geschnittene Fischportionen sind in tiefgefrorenem Zustand glatt/-eben; sie sind weitgehend frei von Eis- und Luftlunkern, Blut- und Druckstellen und sonstigen Verfärbungen.

e) Farbe, Struktur, Geruch und Geschmack der Fische sind nach sachgerechter Zubereitung für die betreffende Tierart charakteristisch; die Konsistenz ist saftig und fest.

B. Tiefgefrorene Fischerzeugnisse

1. Begriffsbestimmung

Tiefgefrorene Fischerzeugnisse sind

a) Erzeugnisse, die überwiegend aus frischen oder tiefgefrorenen Fischen oder Fischteilen hergestellt sind und in der Regel einer weiteren Zubereitung bedürfen, insbesondere auch aus tiefgefrorenen Blöcken geschnittene oder geformte Fischportionen, mit Panade oder Backteig, auch mit Soßen, Gewürzen und/oder anderen Lebensmitteln, die tiefgefroren[5] sind;

b) fertige Erzeugnisse aus Fischen oder Fischteilen, die zusätzlich tiefgefroren[5] sind. Wenn die Verarbeitung von den sonst üblichen Verfahren abweicht, wird dies besonders beschrieben.

2. Herstellung

Als tiefgefrorene Fischerzeugnisse werden insbesondere hergestellt: Fische und Fischteile (Fischfilets, Karbonaden, Koteletts, Steaks, Stücke) sowie Portionen, die aus Blöcken von Fischfilets (mit Stehgräten) oder praktisch grätenfreien Fischfilets (beide auch in Streifen geschnitten) geschnitten oder geformt sind

- paniert
- paniert und vorgebraten
- in Backteig
- mit Beigaben anderer Lebensmittel wie Soßen, Gewürzen, Gemüse.

a) Fischstäbchen: panierte Fischportionen länglicher Form, in der Regel vorgebraten, aus Blöcken von praktisch grätenfreien Fischfilets (auch in Streifen geschnitten und/oder mit bis zu 25 Prozent zerkleinertem Fischfleisch), bei denen das Gewicht des einzelnen panierten Fischstäbchens in der Regel 30 g beträgt. Nicht grätenfreie Fischstäbchen aus Blöcken von Fischfilets (auch geschnitten) mit Stehgräten enthalten kein zerkleinertes Fischfleisch.

b) Fischfrikadellen, Fischburger und andere geformte Erzeugnisse aus Fischfleisch aus Blöcken von praktisch grätenfreien Fischfilets, von anderem zusammenhängendem Fischfleisch und von zerkleinertem Fischfleisch, auch mit Zusatz von Bindemitteln sowie würzenden Zutaten, auch mit Beigaben anderer Lebensmittel, in der Regel paniert oder in Backteig; sie unterscheiden sich in Form und Aufmachung deutlich von Fischstäbchen.

c) Fischerzeugnisse, die verarbeitet, insbesondere geräuchert, gesalzen, mariniert, gebraten, gekocht und zusätzlich tiefgefroren sind.

3. Bezeichnung

a) Allgemeine Angaben in Verbindung mit der Verkehrsbezeichnung sind

aa) „tiefgefroren";

bb) gegebenenfalls „glasiert", „mit Wassereisglasur" oder gleichsinnig;

cc) gegebenenfalls „praktisch grätenfrei";

dd) bei Fischstäbchen gegebenenfalls „nicht grätenfrei".

b) Tiefgefrorene Fischerzeugnisse in Panade oder Backteig oder mit sonstigen Zutaten erhalten, sofern zutreffend, folgende Angaben:

aa) „paniert", „paniert und vorgebraten", ausgenommen Fischstäbchen;

bb) „in Backteig" oder gleichsinnig;

cc) Hinweis auf sonstige Beigaben wie Soßen, Gewürze, Gemüse;

dd) *Fischstäbchen*, gegebenenfalls „nicht vorgebraten". Fischstäbchen aus Blöcken von Fischfilets mit Anteilen an zerkleinertem Fischfleisch enthalten in der Bezeichnung keinen Hinweis auf „... filet".

ee) Erzeugnisse aus zerkleinertem Fischfleisch, sofern sie sich in der Form und Beschaffenheit von Fischfrikadellen, Fischburgern, Fischklößen und anderen Erzeugnissen im Sinne von Abschnitt 2 Buchstabe b) unterscheiden, zusätzlich mit der Angabe „aus zerkleinertem Fischfleisch“ oder gleichsinnig.

4. Gewichte

a) Fischerzeugnisse in Panade

aa) Bei Fischfilets für die unmittelbare Verwendung, bei aus Blöcken geschnittenen Fischfiletportionen und bei Fischstäbchen beträgt der eingewogene Fischanteil mindestens 65 Prozent der Nennfüllmenge.

bb) Bei kleinen Fischfilets (z. B. Schollen) mit unregelmäßiger Oberfläche, die nicht aus dem Block geschnitten sind, kann die aufgenommene Panademenge und damit auch der Fischanteil variieren. Der Fischanteil beträgt mindestens 50 Prozent der Nennfüllmenge.

b) Bei Fischerzeugnissen in Backteig bestimmen der Erzeugnistyp und die Art des Backteiges die Gewichtsverhältnisse. Das Gewicht des eingewogenen Fischfleisches beträgt mindestens 50 Prozent der Nennfüllmenge, bei unregelmäßig geformten kleinmaßigen Erzeugnissen jedoch mindestens 40 Prozent.

c) Bei Fischerzeugnissen mit aus Blöcken geschnittenen Fischfiletportionen mit Beigaben anderer Lebensmittel (z. B. Kochfisch in Soße, Schlemmerfilets, panierte Fischfiletportionen mit Einlagen) bestimmen der Erzeugnistyp, die Größe der Portion und die Art der Beigaben den Anteil der eingewogenen Fischportionen. Er beträgt jedoch mindestens 50 Prozent der Nennfüllmenge.

d) Bei Fischerzeugnissen aus zerkleinertem Fischfleisch beträgt der Fischanteil mindestens 50 Prozent.

5. Beschaffenheitsmerkmale

a) „Praktisch grätenfrei“ sind Fischfilets, Teile von Fischfilets und Fischstäbchen, die höchstens zwei Gräten (Fehlergräten) je kg Filet enthalten.
Als Fehlergräten zählen alle Gräten und Grätenteile länger 10 mm und mit über 1 mm Durchmesser; die knorpelige Grätenbasis bleibt bis zu einem Durchmesser von 2 mm oder, sofern sie sich mechanisch leicht abstreifen lässt, unberücksichtigt[10].

b) Zerkleinertes Fischfleisch enthält keine Fremdgewebe wie Eingeweide, Kiemen.

c) Fischerzeugnisse in Panade oder in Backteig, auch mit Beigaben anderer Lebensmittel:

aa) Die aus Blöcken geschnittenen Portionen sind unbeschädigt und in der Form weitgehend einheitlich.

bb) Die Panade bzw. der Backteig umschließen die Portion möglichst vollständig und gleichmäßig, sind in der Farbe möglichst einheitlich und zeigen möglichst keine Risse oder sonstigen Beschädigungen. Sie weisen nach sachgerechter Zubereitung praktisch keine übermäßigen Verfärbungen und Risse auf, bei Panade auch keine Ablösungen und Blasen.

C. Getrocknete Fische

1. Begriffsbestimmung

Getrocknete Fische sind Fische, die in freier Luft oder in Anlagen getrocknet und dadurch haltbar gemacht worden sind.

2. Herstellung und Bezeichnung

Als getrocknete Fische werden insbesondere hergestellt:

a) *Stockfisch*
aus geköpftem, ausgenommenem und nicht gesalzenem Kabeljau, Schellfisch, Seelachs, Lengfisch oder Lumb (Brosme). Die Fische sind ungespalten oder in ihrer ganzen Länge so gespalten, dass die Hälften nur noch am Schwanz miteinander verbunden bleiben. Die alleinigen Bezeichnungen „Titling" für ungespaltenen Stockfisch und „Rotscheer" für gespaltenen Stockfisch sind bei Abgabe an den Verbraucher nicht üblich.

Gewässerter Stockfisch
ist Stockfisch, der durch Behandlung mit Trinkwasser unter Zusatz von Soda (Natriumkarbonat) und gelöschtem Kalk (Calciumhydroxid) und anschließendem nochmaligen Wässern für die Abgabe an den Verbraucher vorbereitet wird.

b) *Klippfisch*
aus geköpftem, ausgenommenem Kabeljau, Schellfisch, Seelachs, Lengfisch oder Lumb (Brosme), der in der ganzen Länge von der Bauchseite her so aufgeschnitten ist, dass die Hälften nur noch am Rücken miteinander verbunden bleiben, wobei die Rückengräte bis auf Teile im Schwanzende entfernt ist, gegebenenfalls auch aus Sei-

ten der genannten Fische. Klippfisch ist nass oder trocken gesalzen und nach Erlangen der Salzgare durch Trocknen haltbar gemacht.

3. Beschaffenheitsmerkmale

Die fertigen Erzeugnisse sind praktisch frei von Verunreinigungen. Sie weisen keine Blut- oder andere Flecken auf.

a) Stockfisch

- Struktur: trocken und hart, insbesondere keine weichen Stellen in der Bauchhöhle und an der Rückengräte
- Wassergehalt: nicht mehr als 18 Prozent

Gewässerter Stockfisch

- Aussehen: Enthäutete Stücke von 4 bis 5 cm Stärke, die in ihrer Größe denjenigen von Stücken Frischfisch gleicher Art entsprechen
- Struktur: fest, nicht weich und schmierig, fast geruchlos
- Farbe des Fleisches: hell, jedoch nicht rötlich
- pH-Wert des Presswassers geringer als 11,0.

b) Klippfisch

- Struktur: fest, ohne weiche Stellen
- Farbe des Fleisches: einheitlich hellgelb oder weißlich, keine roten Stellen
- Wassergehalt:
bis zu 42 Prozent: Handelsbezeichnung „1/1 trocken",
bis zu 48 Prozent: Handelsbezeichnung „3/4 trocken".

D. Räucherfische

1. Begriffsbestimmungen

Räucherfische sind Erzeugnisse aus verschieden vorbereiteten Frischfischen, tiefgefrorenen Fischen oder Fischteilen, gesalzenen oder zur Geschmacksgebung vorgesalzenen Fischen oder Fischteilen, die durch Behandeln mit frisch entwickeltem Rauch hergestellt werden[3)].

2. Herstellung und Bezeichnung

Heißgeräucherte Fische werden mit frisch entwickeltem Rauch und einer Wärmeeinwirkung von über 60 °C im Kern hergestellt.

Kaltgeräucherte Fische werden mit frisch entwickeltem Rauch bei einer Wärmeeinwirkung von unter 30 °C hergestellt.

a) Durch Heißräucherung werden insbesondere hergestellt:

aa) aus Heringen:
Bückling, örtlich auch *Bücking* genannt: aus nicht ausgenommenem oder aus ausgenommenem Hering mit Kopf;
Bücklingsfilet, geräuchertes Heringsfilet: aus Heringsfilet;
Fleckhering: aus auseinandergeklapptem, „gefleckten"[11] Hering mit Kopf;
Kipper auf nordische Art: aus auseinandergeklapptem, „gefleckten"[11] Hering ohne Kopf mit oder ohne Mittelgräte;
Räucherrollmops: aus gerolltem Heringsfilet mit pflanzlichen Beigaben, die 20 Prozent des Rollmopsgewichts nicht übersteigen;

bb) aus Sprotten:
Geräucherte Sprotten, Räuchersprotten, Sprotten: aus nicht ausgenommenen Sprotten mit Kopf;

cc) aus Makrelen:
geräucherte Makrele, Räuchermakrele: aus ausgenommener Makrele mit Kopf;
Fleckmakrele: aus auseinandergeklappter, „gefleckter"[11] Makrele mit Kopf;

dd) aus Aalen:
Räucheraal: aus ausgenommenem Aal mit Kopf;

ee) aus Forellen:
Geräucherte Forelle, Räucher-Forelle, *Räucherlachsforelle:* aus ausgenommener Forelle mit Kopf;
geräuchertes Forellenfilet;

ff) aus Lachsarten oder Lachsforellen:
Stremellachs, Stremellachsforelle, *Räucherlachsforelle:* aus Stücken oder Streifen von Lachsarten oder Lachsforellen;

gg) aus Dornhai;
Seeaal (Dornhai): aus Rückenstücken von enthäutetem Dornhai;
Schillerlocken: aus enthäuteten, in Streifen geschnittenen Bauchlappen vom Dornhai;

hh) aus Heringshai:
Kalbfisch (Heringshai): aus (meist scheibenförmigen) Stücken vom Heringshai;

ii) aus Grauhai und ähnlichen Arten:
Speckfisch (Grauhai): aus knorpelfreien Stücken vom Grauhai und ähnlichen Arten

kk) aus Stör:
Geräucherter Stör: aus Stücken oder Streifen vom Stör;

ll) aus dem noch in der unverletzten Hülle befindlichen Rogen von Seelachs und Kabeljau einschließlich Dorsch: *Geräucherter Rogen;*

mm) aus anderen ganzen oder geteilten Fischen:
Räucher ... oder *Geräucherter ...* oder *... geräuchert* in Verbindung mit der Verkehrsbezeichnung der Fischart.

In der Verkehrsbezeichnung des Fisches wird die Bezeichnung der Fischteile entsprechend Abschnitt I A Nummer 4 angegeben, z. B. Filet, Stück, Stremel, gegebenenfalls auch die weitergehende Zubereitung (z. B. *Geräuchertes Pfeffer-Makrelenfilet*).

b) Durch Kalträucherung werden insbesondere hergestellt:

aa) aus Heringen
Geräucherter Salzhering: aus gekehltem oder ungekehltem, nicht ausgenommenem oder aus ausgenommenem Salzhering mit oder ohne Kopf;
Lachshering: auch aus vorgesalzenem Hering mit einem Fettgehalt im essbaren Teil von mindestens 12 Prozent;
Bratbückling: aus nicht ausgenommenem oder aus ausgenommenem Hering mit Kopf; Bratbücklinge sind noch nicht genussfertig, sondern werden vor dem Verzehr gebraten oder anderweitig unter Erhitzung zubereitet;
Kipper aus auseinandergeklapptem „geflecktem“[11] Hering ohne Kopf, mit oder ohne Mittelgräte. Kipper sind noch nicht genussfertig, sondern werden vor dem Verzehr gebraten oder anderweitig unter Erhitzung zubereitet;
wird zur Erzielung eines gleichmäßigen Farbtons Zuckerkulör zugesetzt, so wird dies kenntlich gemacht;

bb) aus Makrelen:
Geräucherte Salzmakrele: aus ausgenommener gesalzener Makrele;
Lachsmakrele: auch aus vorgesalzener Makrele mit einem Fettgehalt im essbarenTeil von mindestens 15 Prozent;

cc) aus Lachsarten:
Räucherlachs, geräucherter Lachs: aus Seiten oder Stücken von vorgesalzenen oder von gesalzenen Lachsarten;

dd) aus anderen ganzen oder geteilten, gesalzenen Fischen:
Kaltrauch ... oder *Kaltgeräucherter* ... oder ... *kaltgeräuchert* in Verbindung mit der Verkehrsbezeichnung der Fischart.

In der Verkehrsbezeichnung des Fisches wird die Bezeichnung der Fischteile entsprechend Abschnitt I A Nr. 4 angegeben, z. B. Seite, Filet, Stück, Scheiben, Schnitzel.

3. Beschaffenheitsmerkmale

a) Heißgeräucherte Fischerzeugnisse

- Aussehen: je nach Fischart möglichst gleichmäßig goldgelbe bis braune Farbe der Oberfläche; bei Räucheraal möglichst gleichmäßige dunkelbraune bis schwarze Farbe, an der Bauchseite heller; Haut möglichst unbeschädigt, durchscheinend oder seidig schimmernd, glänzend
- Farbe des Fleisches: je nach Fischart, möglichst hell; Thunfisch: rötlich bis dunkelrot; Lachs und Lachsforelle: hellzartrosa, orange bis rot
- Struktur: je nach Fischart, fest
- Geruch, Geschmack: je nach Fischart spezifisch aromatisch, saftig, milde, nach Rauch.

b) Kaltgeräucherte Fischerzeugnisse:

- Aussehen: je nach Fischart möglichst gleichmäßig gelbe bis braune Farbe der Oberfläche; Haut möglichst unbeschädigt
- Farbe: Fischfleisch je nach Fischart hell bis bräunlich; Lachs und Lachsforelle: hell-zartrosa, orange bis rot
- Struktur: je nach Fischart, fest; bei Lachs und Lachsforelle zart, schnittfähig
- Geruch, Geschmack: je nach Fischart spezifisch, nach Rauch, leicht bis deutlich salzig; Lachs und Lachsforelle: mild bis leicht salzig.

E. Gesalzene Fische

1. Begriffsbestimmung

Gesalzene Fische und Fischteile gem. a) und b) sind Erzeugnisse, die durch Salzen von Frischfischen, tiefgefrorenen Fischen und Fischteilen gar und/oder zeitlich begrenzt haltbar gemacht worden sind.

a) Hartgesalzen sind Fische und Fischteile mit einem Salzgehalt von mehr als 20 g in 100 g Fischgewebewasser.

b) Mildgesalzen sind Fische und Fischteile mit einem Salzgehalt von mindestens 6 g, jedoch höchstens 20 g in 100 g Fischgewebewasser.

Vorgesalzen sind Fische und Fischteile mit einem Salzgehalt von weniger als 6 g in 100 g Fischgewebewasser.

2. Herstellung und Bezeichnung

Als gesalzene Fische werden insbesondere hergestellt:

a) aus Heringen:
Salzheringe, die gekehlt oder ungekehlt und unterschiedlich stark gesalzen sind. Sie werden auch ohne Kopf hergestellt und entsprechend bezeichnet. Gekehlt sind Heringe, die unterhalb des Kopfes eingeschnitten und deren Kiemen und Innereien teilweise entfernt sind. Seegekehlt sind Heringe, die zum Entbluten an Bord gekehlt sind.
Es werden unterschieden:
Matjeshering: aus frischen oder tiefgefrorenen (see- oder landgekehlten) Heringen, ohne äußerlich erkennbaren Ansatz von Milch oder Rogen, deren Fettgehalt im essbaren Teil mindestens 12 Prozent beträgt. Der Hering ist mildgesalzen und durch körpereigene Enzyme gereift.
Fetthering: aus frischem fettem Hering, ohne äußerlich erkennbaren Ansatz von Milch oder Rogen; der Hering ist seegekehlt oder an Land zum Entbluten gekehlt und hartgesalzen.
Milder Vollhering: aus frischem fettem Hering, der äußerlich erkennbar Milch oder Rogen enthält; der Hering ist seegekehlt oder an Land zum Entbluten gekehlt und mildgesalzen.
Vollhering: aus Hering, der äußerlich erkennbar Milch oder Rogen enthält; der Hering ist ungekehlt oder gekehlt und hartgesalzen.
Yhlenhering: aus abgelaichtem Hering; der Hering ist ungekehlt oder gekehlt und hartgesalzen.
Wrackhering: ist ein beschädigter Salzhering.

b) aus Sardellen:
Sardellen, Salzsardellen: aus Sardellen, die durch Einlegen in körniges Salz hartgesalzen und enzymatisch gereift sind.

c) aus sonstigen Fischen:
Salzfisch: aus geköpftem, ausgenommenem Kabeljau, Lengfisch, Lumb (Brosme), Seelachs, Pollack oder anderen Gadidenarten, der entweder in seiner ganzen Länge so gespalten ist, dass die Hälften nur noch am Schwanz miteinander verbunden bleiben (gespalten) oder der in der ganzen Länge von der Bauchseite her so aufgeschnitten ist, dass die Hälften nur noch am Rücken miteinander verbunden bleiben und dabei die Rückengräte bis auf Teile im Schwanzende entfernt ist (geklippt); der Salzfisch ist hartgesalzen (Wassergehalt unter 54 Prozent).
Salzfischfilet: aus Filet von Salzfisch mit oder ohne Haut, bei besonderer Schnittführung auch mit Kiemenknochen.
Gesalzenes Fischfilet: in Verbindung mit der handelsüblichen Bezeichnung der Fischart; aus Filet von Frischfisch, hartgesalzen, mit oder ohne Haut.
Gesalzene Lachsseiten, gesalzene Lachsforellenseiten: aus ausgenommenen in der Längsrichtung zerteilten, von der Rückengräte befreiten, hart gesalzenen oder mildgesalzenen Lachsarten oder Lachsforellen, mit oder ohne Kiemenknochen.

3. Beschaffenheitsmerkmale

a) Heringe (ausgenommen Wrackheringe):

- Aussehen: unbeschädigt, höchstens leichte Hautabschürfungen, vereinzelte Druckstellen können vorhanden sein
- Struktur: je nach Fettgehalt zart, mittelfest bis fest im Fleisch
  Matjes: besonders zart im Fleisch durch den Fettgehalt und enzymatische Reifung
- Geruch, Geschmack: arteigen, nicht süßlich oder tranig
  Matjes: rein und aromatisch
- Farbe des Fleisches: arteigen, höchstens vereinzelt Druckstellen; leichte Verfärbungen können vorhanden sein, jedoch keine Gelbfärbung
  Matjes: hellfleischig, frei von geronnenem Blut
  Fetthering und Milder Vollhering: hellfleischig, frei von geronnenem Blut.

b) Sardellen:

- Struktur: fest und zart
- Geruch, Geschmack: arteigen, würzig
- Farbe des Fleisches: rötlich bis bräunlich, vereinzelt auftretende dunkelrote Streifen an der Mittelgräte können vorhanden sein.

c) Sonstige Fische:

- Farbe des Fleisches: je nach Fischart arteigen, gleichmäßig hell, leichte Verfärbungen können vorhanden sein; bei Lachs und Lachsforelle hell-zartrosa, orange bis rot
- Struktur: fest – elastisch
- Geruch und Geschmack: arteigen.

F. Erzeugnisse aus gesalzenen Fischen

1. Herstellung und Bezeichnung

Als Erzeugnisse aus gesalzenen Fischen werden insbesondere hergestellt, auch unter Verwendung von Konservierungsstoffen[3)]:

a) aus in Abschnitt II E 2a aufgeführten Salzheringen:
Entgräteter ... Hering:
in Verbindung mit der Verkehrsbezeichnung nach Abschnitt II E 2a aus Salzhering, entgrätet, ohne Kopf, mit Schwanz, auch in Salzlake. Bei Vollhering auch mit Zugabe von bis zu 20 Prozent Heringsmilch oder -rogen. Auf die Zugabe wird in Verbindung mit der Verkehrsbezeichnung hingewiesen;
Entgräteter und Enthäuteter ... Hering oder *Entgräteter ... Hering ohne Haut:* in Verbindung mit der Bezeichnung nach Abschnitt II E 2a aus Salzhering, entgrätet und enthäutet, ohne Kopf, mit Schwanz, auch in Salzlake;
Filet aus ... Hering (z. B. Matjeshering) oder *... Heringsfilet:*
in Verbindung mit der Verkehrsbezeichnung nach Abschnitt II E 2a aus enthäutetem oder nicht enthäutetem Filet von Salzheringen, auch in Aufguss oder in Öl.

b) aus Salzsardellen:
Sardellenfilet:
aus nicht enthäutetem, weitgehend entschupptem Filet von Salzsardellen, eingelegt in Salz, Aufguss oder Öl;

Sardellenringe:
aus gerollten Sardellenfilets, auch mit eingerollter Kaper, Olive, Paprika, Tomate u. dgl., eingelegt in Aufguss oder Öl;
Sardellenpaste:
aus Salzsardellen, zu einer streichfähigen Masse fein zerkleinert; mit oder ohne Zusatz von Fett; auch mit einem Zusatz von weniger als 0,5 Prozent Bindemitteln, Salzgehalt der Paste weniger als 20 Prozent;
Anchovispaste:
aus Salzsardellen, auch aus Kräutersprotten ohne Kopf und Schwanz, zu einer streichfähigen Masse fein zerkleinert; mit oder ohne Zusatz von Fett; mit würzenden Stoffen, unter Zusatz von Zucker, auch rötlich gefärbt[3]; Salzgehalt der Paste weniger als 20 Prozent;
Sardellenbutter, gesalzen:
ausschließlich aus zerkleinerten Salzsardellen – in geschmacklich hervortretender Menge – und Butter;

c) aus gesalzenem Lachs:
Lachsscheiben in Öl oder *Lachs in Scheiben in Öl:*
auch in Verbindung mit den Worten *„Räucher..."* oder *„... Geräuchert"*: aus Räucherlachs oder aus gesalzenen, kalt geräucherten Lachsseiten, in Scheiben geschnitten, in Öl;
Lachsschnitzel in Öl oder *Lachs in Schnitzeln in Öl:*
auch in Verbindung mit den Worten *„Räucher ..."* oder *„... Geräuchert"*: aus Räucherlachs oder aus gesalzenen, kalt geräucherten Lachsseiten, in grätenfreie Schnitzel zerkleinert, in Öl;
Lachspaste:
aus Räucherlachs oder aus gesalzenen, kalt geräucherten Lachsseiten oder aus Lachsschnitzeln, zu einer streichfähigen Masse fein zerkleinert; mit oder ohne Zusatz von Fett, würzenden Stoffen, auch mit einem Zusatz von weniger als 5 Prozent Bindemitteln aus Eiweiß, Stärkearten, Gelatine, Mono- und Diglyceriden und Gelierstoffen[3]; der Salzgehalt der Lachspaste beträgt weniger als 15 Prozent;

d) aus Salzfisch:
Seelachsscheiben Lachsersatz [1] *in Öl* oder
Seelachs in Scheiben Lachsersatz [1] *in Öl:*
aus Salzfisch in Scheiben geschnitten, lachsähnlich gefärbt[3], kaltgeräuchert, in Öl;
Seelachsschnitzel Lachsersatz [1] *in Öl* oder

Seelachs in Schnitzeln Lachsersatz [1] *in Öl:*
aus Salzfisch in grätenfreie Schnitzel zerkleinert, lachsähnlich gefärbt[3],
kaltgeräuchert, in Öl;
Seelachspaste Lachsersatz [1]
aus Seelachsschnitzeln zu einer streichfähigen Masse zerkleinert, mit Zusatz von Fett, würzenden Stoffen, auch mit einem Zusatz von weniger als 5 Prozent Bindemitteln aus Eiweiß, Stärkearten, Gelatine, Mono- und Diglyceriden und Gelierstoffen[3]; der Salzgehalt der Seelachspaste beträgt weniger als 10 Prozent;

e) aus Rogen von frischen und gesalzenen Fischen:

aa) aus verschiedenen Störarten:
Echter Kaviar, Kaviar
aus Rogen verschiedener Störarten
Malossol Salzgehalt weniger als 6 Prozent
Beluga – Korngröße 1–2 mm[*]
(Glasware üblicherweise mit blauem Deckel)
Osietra – Korngröße um 1 mm[*]
(Glasware üblicherweise mit gelbem Deckel)
Sevruga – Korngröße unter 1 mm[*]
(Glasware üblicherweise mit rotem oder orangefarbigem Deckel)
Presskaviar:
aus allen Sorten

bb) aus Lachsfischen:
Lachskaviar, Ketakaviar:
aus Lachsarten
Forellenkaviar:
aus Forellenarten
Salzgehalt weniger als 8,5 Prozent

cc) aus Rogen anderer Fische:
„Deutscher Kaviar“ aus ... Rogen:
in Verbindung mit der Verkehrsbezeichnung der Fischart.
Ausländische Erzeugnisse dieser Art werden unter Angabe der Rogenart in Verbindung mit dem Namen Kaviar, z. B. *Seehasenkaviar*, bezeichnet.
Auch unter Zufügung von Zutaten zum Binden und Würzen, auch kaviarähnlich gefärbt[3].
Salzgehalt weniger als 8,5 Prozent.

---

*) Größenangaben werden derzeit überprüft.

2. Beschaffenheitsmerkmale

a) Erzeugnisse aus Salzheringen:

- Aussehen: hellfleischig, im Bereich der Rückengräte auch hellrostfarben
- Struktur: je nach Fettgehalt zart, mittelfest bis fest im Fleisch
  Matjeserzeugnisse: besonders zart im Fleisch
- Geruch, Geschmack: arteigen, nicht süßlich oder tranig
  Matjeserzeugnisse: rein und aromatisch

b) Erzeugnisse aus Salzsardellen: (ausgenommen Pasten)

- Aussehen: rötlich bis bräunlich
- Struktur: fest und zart
- Geruch, Geschmack: arteigen würzig, rein, nicht vertrant

c) Erzeugnisse aus gesalzenem Lachs: (ausgenommen Pasten)

- Aussehen: hellrosa bis rot
- Struktur: je nach Fettgehalt zart bis mittelfest
- Geruch, Geschmack: arteigen, aromatisch, nach Rauch

d) Erzeugnisse aus Salzfisch (Lachsersatz): (ausgenommen Pasten)

- Aussehen: hellrot bis rot, lachsähnlich
- Struktur: fest
- Geruch, Geschmack: angenehm würzig, nach Rauch
- Der Wasssergehalt im Fischanteil des Erzeugnisses beträgt höchstens 72 Prozent

e) Erzeugnisse aus Rogen

- Aussehen:
  Kaviar: meist grau oder braun bis schwarz, aber auch andersfarbig
  Presskaviar: meist schwarz
  Lachskaviar: gelblich – orangerot bis rot
  Forellenkaviar: bernsteingelb bis orangerot
  Deutscher Kaviar und vergleichbare Erzeugnisse: meist schwarz gefärbt[3)]

- Struktur:
  zartschalig, nicht zäh
  Kaviar: körnig, weich, geschmeidig
  Presskaviar: pastenartig
  Lachskaviar: großkörnig
  Forellenkaviar: mittel- bis großkörnig
  Deutscher Kaviar (...-Kaviar): körnig
- Geruch, Geschmack:
  Kaviar: arteigen, angenehm
  Presskaviar: arteigen, kräftig
  Lachs- und Forellenkaviar: arteigen, würzig
  Deutscher Kaviar (...-Kaviar): würzig.

G. Anchosen

1. Begriffsbestimmung

Anchosen sind Erzeugnisse aus frischen oder tiefgefrorenen Sprotten, Heringen oder anderen Fischen, die unter Verwendung von Zucker, auch Erzeugnissen der Stärkeverzuckerung, und mit Kochsalz, auch mit Gewürzen, auch mit Salpeter biologisch gereift, auch sonst auf verschiedene Weise schmackhaft, z. B. süß-sauer, zubereitet sind.
Sie sind mit Aufgüssen, Soßen (Saucen, Tunken), Cremes oder Öl, auch mit pflanzlichen Zutaten, versehen, auch unter Verwendung von Konservierungsstoffen[3)] und Glucono-delta-lacton[3)].

2. Herstellung und Bezeichnung

Als Anchosen werden insbesondere hergestellt:

a) aus Sprotten, die mit Gewürzen gereift sind:
Anchovis (Kräutersprotten):
unausgenommene oder ausgenommene Sprotten mit oder ohne Kopf, mit oder ohne Schwanz;
Anchovis (Kräutersprotten) süß-sauer:
unausgenommene oder ausgenommene Sprotten mit oder ohne Kopf, mit oder ohne Schwanz, süß-sauer zubereitet;
Appetitsild:
ausgenommene, der Länge nach parallel zur Rückengräte geteilte, enthäutete und, soweit wie technisch möglich, entgrätete Anchovis (Kräutersprotten);

b) aus Hering, dessen Fettgehalt im verzehrbaren Anteil mindestens 12 Prozent beträgt:

aa) aus mit Gewürzen gereiftem Hering:
Kräuterhering, Gewürzhering:
unausgenommener oder ausgenommener Hering mit oder ohne Kopf;
Kräuterheringsfilet, Gewürzheringsfilet:
ausgenommener, der Länge nach parallel zur Rückengräte geteilter, enthäuteter und, soweit wie technisch möglich, entgräteter Kräuterhering ohne Schwanz;
Kräuterheringsfilet, Gewürzheringsfilet, süß-sauer:
ausgenommener, der Länge nach parallel zur Rückengräte geteilter, enthäuteter und, soweit wie technisch möglich, entgräteter Kräuterhering ohne Schwanz, süß-sauer zubereitet;
Gabelbissen, Kräuterbissen, Kräuterhappen:
enthäutetes, in Happen zerteiltes Kräuterheringsfilet;
Gabelbissen, Kräuterbissen, Kräuterhappen, süß-sauer:
enthäutetes, in Happen zerteiltes Kräuterheringsfilet, süß-sauer zubereitet;

bb) aus mit oder ohne Gewürzen gereiftem Heringsfilet:
Matjesfilet ...
in Verbindung mit einem zusätzlichen Hinweis auf die Reifung, z. B. *nach schwedischer Art, auf nordische Art*, oder einem gleichsinnigen Hinweis:
ausgenommener, der Länge nach parallel zur Rückengräte geteilter, enthäuteter und, soweit wie technisch möglich, entgräteter fetter Hering ohne Schwanz.

c) aus Heringsfilets mit einem Fettgehalt im verzehrbaren Anteil von mindestens 10 Prozent, die nach einem besonderen Verfahren unter Zusatz von Säuerungsmitteln und anderen Zutaten hergestellt sind:
Heringsfilet, matjesartig gesalzen, Heringsfilet, nach Matjesart gesalzen.

d) aus anderen Fischen, die anchosenartig hergestellt sind: aus Fischen, die mit Salz, Zucker und Kräutern gereift sind:
Graved ... (z. B. *Graved Lachs, Graved Makrele* oder gleichsinnig bezeichnet).

3. Beschaffenheitsmerkmale

Die Erzeugnisse stehen auch nach dem Einlegen in die Packungen oder Behältnisse mit den Laken, den Aufgüssen, den Soßen (Saucen, Tunken), Cremes oder dem Öl in Wechselwirkung, die eine fortschreitende Reifung bewirken kann.

- Farbe des Fleisches: rötlich;
  süß-saure oder matjesartige Zubereitungen auch heller;
- Struktur: besonders zart;
  süß-saure und matjesartige Zubereitungen können etwas fester sein;
- Geruch, Geschmack: gekräuterte und süß-saure Zubereitungen: angenehm und produkttypisch gewürzt;
  Matjesfilet ...: aromatisch, mild;
  Heringsfilet, matjesartig gesalzen: mild, matjesähnlich;
  Filets anderer Fische, anchosenartig gesalzen: mild, anchosenähnlich;
- Salzgehalt: weniger als 20 Prozent im Fischgewebewasser (weniger als 14 Prozent im Fischfleisch).

H. Marinaden

1. Begriffsbestimmungen

Marinaden sind Erzeugnisse aus Frischfischen, tiefgefrorenen Fischen oder Fischteilen, oder gesalzenen Fischen oder Fischteilen, die ohne Wärmeeinwirkung durch Behandlung mit Essig, Säuerungsmitteln und Salz auch unter Zufügung sonstiger Zutaten zum Würzen gar gemacht sind. Sie sind mit oder ohne pflanzliche Beigaben in Aufgüssen, Soßen (Saucen, Tunken), Cremes, Mayonnaise, mayonnaiseähnlichen Zubereitungen oder Öl eingelegt, auch unter Verwendung zugelassener Konservierungsstoffe[3)].

2. Herstellung und Bezeichnung

Als Marinaden werden insbesondere hergestellt:

a) Aus Heringen:
Gesäuertes Heringsfleisch, Saure Heringslappen: aus ausgenommenen, entgräteten, nicht vollständig hergerichteten Heringen ohne Kopf, nur in saurer Lake;
Saure Heringe: aus ausgenommenen, nicht entgräteten Heringen mit Kopf;
Marinierte Heringe: aus ausgenommenen, nicht entgräteten Heringen ohne Kopf;
Delikatessheringe: aus ausgenommenen, nicht entgräteten kleineren zarten Heringen ohne Kopf;
Kronsild: aus kleinen ausgenommenen, nicht entgräteten Heringen ohne Kopf;
Bismarckheringe: aus ausgenommenen, entgräteten Heringen ohne Kopf, mit oder ohne Schwanzflosse;

Marinierte Heringsfilets: aus Filets von Heringen mit oder ohne Haut; *Marinierte Heringshappen:* aus Happen von marinierten Heringsfilets mit oder ohne Haut;
Rollmops: aus ausgenommenem, entgrätetem Hering ohne Kopf und Schwanzflosse, mit darin eingerollten Gewürzen und sonstigen pflanzlichen Beigaben. Die Füllung übersteigt nicht 20 Prozent des Rollmopsgewichtes. Die zum Durchspießen verwendeten Stäbchen bestehen aus gesundem, sauberem Holz oder aus Kunststoff;
Gabelrollmops: kleiner mundgerechter Rollmops mit oder ohne Haut, hergestellt aus einer Heringshälfte oder einem Heringsstreifen oder einem Filet eines Kleinherings;
Eingelegte Heringe: aus ausgenommenen, auch entgräteten Heringen ohne Kopf in Heringsmilch-Soße oder anderen Soßen oder Aufgüssen;
Heringsstip: aus mindestens 50 Prozent gesäuertem oder gesalzenem, filetiertem, mundgerecht zerteiltem Heringsfleisch und bis zu 10 Prozent Zwiebeln, Gurken und/oder Sellerie wahlweise zur Würzung und Garnierung, im Übrigen aus Mayonnaise oder mayonnaiseähnlichen Zubereitungen, der bis zu 3 Prozent Heringsmilch in fein zerriebener Form beigefügt sein können;
andere Zubereitungen
aus mindestens 35 Prozent gesäuertem oder gesalzenem Heringsfilet, auch mundgerecht zerteilt, mit einem Anteil anderer wertbestimmen der stückiger Beilagen wie Gurken, Zwiebeln, Äpfeln, Nüsse; bei Hinweis auf Sahne in der Verkehrsbezeichnung siehe Abschnitt I D 3 e);

b) aus anderen ganzen oder geteilten Fischen:
Marinierter ... oder *... mariniert* in Verbindung mit der Verkehrsbezeichnung des Fisches.
In der Verkehrsbezeichnung des Fisches wird die Bezeichnung der Fischteile entsprechend Abschnitt I A 4 angegeben, z. B. Filet, Happen, Bissen, bei eingelegten Erzeugnissen wird die Art der Zutaten entsprechend Abschnitt I D 3 angegeben, z. B. *... in Weinaufguss, ... in Mayonnaise*.

3. Fischgewicht

Das Gewicht des bei a) aus dem Fertigerzeugnis abgetropften[6], bei b) und c) eingewogenen Fisches oder Fischerzeugnisses beträgt, bezogen auf die Nennfüllmenge:

a) bei Marinaden in Aufgüssen mindestens 50 Prozent

b) bei Marinaden in Soßen, Mayonnaisen und mayonnaiseähnlichen Zubereitungen mindestens 50 Prozent

c) bei Zubereitungen mit einem Anteil an stückigen Beilagen anderer Lebensmittel mindestens 35 Prozent, es übersteigt den Gesamtgehalt aller anderen stückigen Beilagen.

4. Beschaffenheitsmerkmale

- Farbe des Fleisches: hell
- Struktur: saftig, fest im Fleisch, nicht zäh
- Geruch, Geschmack: frisch, angenehm würzig
- pH-Wert: kleiner als 4,8.

I. Brat- und Backfischwaren

1. Begriffsbestimmungen

Bratfischwaren sind Erzeugnisse aus verschieden vorbereiteten Frischfischen, tiefgefrorenen Fischen oder Fischteilen, die mit oder ohne Panierung durch Braten, Backen, Rösten oder Grillen gar gemacht sind. Sie werden auch mit oder ohne pflanzliche Beigaben in Essigaufguss, Soßen (Saucen, Tunken) oder Öl eingelegt, auch unter Verwendung von Konservierungsstoffen[3].

2. Herstellung und Bezeichnung

a) Braten und Backen sind Verfahren, bei denen unter Anwendung von hohen Temperaturen eine Wärmeübertragung durch heißes Speiseöl oder -fett erfolgt. Braten und Backen sind hier gleichbedeutende Begriffe.

b) Rösten und Grillen sind Verfahren, bei denen unter Anwendung von hohen Temperaturen eine Wärmeübertragung durch heiße Luft erfolgt. Rösten und Grillen sind hier gleichbedeutende Begriffe.

c) Panieren ist das Umhüllen des Fisches mit einer Schicht aus Bratmehl, Paniermehl, Semmelbrösel oder Teigen daraus vor dem Braten.

d) Als Bratfischwaren werden insbesondere hergestellt:

aa) aus Heringen:
Brathering: aus ausgenommenem Hering ohne Kopf;
Bratheringsfilets: aus Heringsfilets;
Bratheringsstücke, Bratheringsstückchen: aus Stücken von Heringen;
Bratheringshappen, Bratheringshäppchen: aus Happen von

Heringen;
Bratrollmops: aus ausgenommenem, entgrätetem Hering ohne Kopf und Schwanzflosse, mit darin eingerollten Gewürzen und sonstigen pflanzlichen Beigaben. Die Füllung übersteigt nicht 20 Prozent des Rollmopsgewichtes. Die zum Durchspießen verwendeten Stäbchen bestehen aus gesundem, sauberem Holz oder aus Kunststoff;
Heringsröllchen: aus geformten Heringsfilets entsprechend I A 4 f bzw. I E 3; sie enthalten höchstens 0,2 Prozent Bindemittel und nicht mehr als 2 Prozent würzende Zutaten;

bb) aus Aalen:
Aalbricken: aus kleinen Aalen ohne Kopf;

cc) aus anderen ganzen oder geteilten Fischen:
Brat... oder *... gebraten*
Back... oder *... gebacken*
Röst... oder *... geröstet*
Grill... oder *... gegrillt*
in Verbindung mit der Verkehrsbezeichnung des Fisches oder des Fischerzeugnisses.

In der Verkehrsbezeichnung des Fisches wird die Bezeichnung etwaiger Fischteile entsprechend Abschnitt I A 4 angegeben, z. B. Filet, Happen, Röllchen. Bei eingelegten Erzeugnissen wird die Art der Zutaten entsprechend Abschnitt I D 3 angegeben, z. B. *... in würzigem Aufguss*, *... in Weinaufguss*, *... in Gewürzsoße*, ... in Öl.

3. Fischgewicht

Das Gewicht des aus dem Fertigerzeugnis abgetropften[6] Fisches oder Fischerzeugnisses beträgt, bezogen auf die Nennfüllmenge:

a) bei Erzeugnissen in Aufguss mindestens 50 Prozent:

b) bei Erzeugnissen in Soßen (Saucen, Tunken) auch mit Beilagen anderer Lebensmittel: mindestens 50 Prozent

4. Beschaffenheitsmerkmale

- Farbe: hellfleischig, möglichst gleichmäßig braune Bratkruste
- Struktur: saftig, fest, nicht strohig
- Geruch, Geschmack: angenehm würzig
- pH-Wert bei Erzeugnissen in Essigaufguss: kleiner als 4,8.

J. Kochfischwaren, Fischerzeugnisse in Gelee

1. Begriffsbestimmungen

a) Kochfischwaren sind Erzeugnisse aus verschieden vorbereiteten Frischfischen, tiefgefrorenen Fischen oder Fischteilen, die durch Kochen oder Dämpfen gar gemacht werden, auch unter Mitverwendung von Essig, Säuerungsmitteln, Salz und Konservierungsstoffen[3]. Sie sind mit oder ohne pflanzliche Beigaben vollständig von Gelee umschlossen oder mit Aufguss oder Soßen (Saucen, Tunken) versehen.

b) Kochen bedeutet hier das Garmachen des Fisches in nicht aufwallendem Wasser von mindestens 80 °C.

c) Fischerzeugnisse in Gelee (außer Kochfischwaren) sind Erzeugnisse, die entsprechend einem in Abschnitt II beschriebenen Verfahren hergestellt (z. B. gebraten) und anschließend in Gelee eingelegt sind.

d) Gelee ist die erstarrte Mischung aus Wasser, Geliermittel pflanzlichen oder tierischen Ursprungs, Essig oder Säuerungsmitteln sowie Salz und anderen geschmackgebenden Zutaten. Besonders schmackhaftes Gelee wird auch als Aspik bezeichnet.

2. Herstellung und Bezeichnung

Als Kochfischwaren und Fischerzeugnisse in Gelee werden insbesondere hergestellt:

a) aus Heringen:
Hering in Gelee: aus ausgenommenem, entgrätetem oder nicht entgrätetem, auch zerteiltem Hering ohne Kopf und Schwanzflosse;
Rollmops in Gelee: aus Heringsfilet, mit darin eingerollten Gewürzen und sonstigen pflanzlichen Beigaben. Die Füllung übersteigt nicht 20 Prozent des Rollmopsgewichtes. Zum Durchspießen verwendete Stäbchen bestehen aus gesundem, sauberem Holz oder aus Kunststoff;
Speckrollmops in Gelee: wie Rollmops in Gelee. Ein Teil der Einlage ist durch Speck ersetzt.

b) aus Dornhai:
Seeaal (Dornhai) in Gelee: aus Rückenstücken von enthäutetem Dornhai.

c) aus anderen ganzen Fischen, Fischteilen oder Fischerzeugnissen:
... in Gelee oder *... in Soße* in Verbindung mit der Verkehrsbezeichnung der Fischart und gegebenenfalls der Fischteile entsprechend

Abschnitt I A 4 oder des Fischerzeugnisses und gegebenenfalls der Soße oder anderer Zutaten entsprechend Abschnitt I D 3.

d) aus zerkleinertem Fischfleisch:
... *Sülze* in Verbindung mit der Verkehrsbezeichnung der Fischart.

3. Fischgewicht

Das Gewicht des vom Gelee umschlossenen gekochten Fisches oder anderweitig zubereiteten Fischerzeugnisses beträgt, bezogen auf die Nennfüllmenge:

a) bei Kochfischwaren und Fischerzeugnissen in Gelee oder Aspik: mindestens 50 Prozent

b) bei Fischsülzen: mindestens 60 Prozent

c) bei unverpackten Kochfischwaren in Halbkugelform: mindestens 30 Prozent

4. Beschaffenheitsmerkmale

- Farbe des Fleisches: je nach Erzeugnisart gleichmäßig hell
- Geruch, Geschmack: arteigen, säuerlich würzig, Fleisch nicht trocken schmeckend
- Gelee: möglichst klar, schnittfest, säuerlich würzig, nicht leimig
- pH-Wert des Gelees: kleiner als 4,8.

K. Pasteurisierte Fischerzeugnisse

1. Begriffsbestimmung

Pasteurisierte Fischerzeugnisse sind Erzeugnisse aus Frischfischen, oder tiefgefrorenen Fischen oder Fischteilen, deren Haltbarkeit ohne besondere Kühlhaltung für mindestens 6 Monate durch ausreichende Hitzebehandlung bei Temperaturen unter 100 °C, jedoch mindestens 60 °C Kerntemperatur, in gasdicht verschlossenen Packungen oder Behältnissen erreicht wird. Sie sind vor der Erhitzung mit Säuren und/oder Salz zubereitet.

2. Bezeichnung

Pasteurisierte Fischerzeugnisse werden bezeichnet:

- mit der Verkehrsbezeichnung der Fischart, es sei denn, dass sich die verwendete Fischart aus der Verkehrsbezeichnung des Erzeugnisses ergibt; Kleinheringe auch mit *Sild*;

- mit dem Namen des Fischteiles entsprechend Abschnitt I A 4; Happen (abweichend von I A 4 e) auch mit Gräten, die durch die Behandlung weich geworden sind;
- falls beigegeben, mit dem Namen des Aufgusses;
- bei Erzeugnissen, deren Zubereitung in den besonderen Beurteilungsmerkmalen dieser Leitsätze beschrieben ist, mit der dafür vorgesehenen Verkehrsbezeichnung, z. B. *„Brat“...*, *„... gebraten“*;
- mit dem Wort „pasteurisiert“ vor oder hinter der Verkehrsbezeichnung.

3. Beschaffenheitsmerkmale

- Aussehen: Die Packungen oder Behältnisse sind gut, sorgfältig und ansprechend gefüllt;
  gebratene Fische: in der Farbe gleichmäßig
- Gräte: weich
- Geruch, Geschmack: arteigen, angenehm würzig, den angegebenen Zutaten entsprechend.

L. Fischdauerkonserven

1. Begriffsbestimmung

Fischdauerkonserven sind Erzeugnisse aus Frischfischen oder tiefgefrorenen Fischen oder Fischteilen, deren Haltbarkeit ohne besondere Kühlhaltung für mindestens 1 Jahr durch ausreichende Hitzebehandlung in gasdicht verschlossenen Packungen oder Behältnissen erreicht wird.

Thunfisch- und Bonitokonserven werden in der Verordnung (EWG) Nr. 1536/92 des Rates vom 9. Juni 1992 über gemeinsame Vermarktungsnormen für Thunfisch- und Bonitokonserven geregelt[15)].

2. Herstellung

Als Fischdauerkonserven werden insbesondere hergestellt:

a) Fischerzeugnisse in eigenem Saft;

b) Fischerzeugnisse in eigenem Saft und Aufguss;

c) Fischerzeugnisse in Aufguss;

d) Fischerzeugnisse in Öl;

e) Fischerzeugnisse in Öl und eigenem Saft;
die Fischeinwaage beträgt bei a) bis e) in der Regel mindestens 75 Prozent;

f) Fischerzeugnisse in Soßen (Saucen, Tunken) oder Cremes; die Fischeinwaage beträgt mindestens 60 Prozent;

g) Fischerzeugnisse mit einem Anteil wertbestimmender stückiger Beilagen anderer Lebensmittel, die zusammen mit dem Fisch 65 Prozent nicht unterschreiten: die Fischeinwaage beträgt mindestens 50 Prozent;

h) Fischpasten: streichfähige Massen aus fein zerkleinerten, weitgehend von Gräten befreiten Fischteilen, mit oder ohne Zuatz von Fett, Bindemitteln und würzenden Stoffen;

i) Fischpasteten: Zubereitungen aus Feinfischen (z. B. Aal, Lachs, Forellen) und feinen Zutaten

j) Fischklöße, Fischklopse, Fischbällchen, Fischfrikadellen: aus zerkleinerten, weitgehend von Gräten befreiten Fischteilen, mit Zusatz von Milch, Milcherzeugnissen, Binde- und Dickungsmittel sowie würzenden Stoffen, geformt.
Fischklöße, Fischklopse und Fischbällchen sind in der Regel gekocht, Fischfrikadellen in der Regel gebraten; der Fischanteil (Rezeptur) beträgt mindesten 50 Prozent;

k) Erzeugnissen mit einem Zusatz von Fisch, wie Vorgerichte oder Hors d'œuvre:
Erzeugnisse aus Fischen unter Mitverwendung von Fischerzeugnissen und Feinfischen (wie Ölsardine, Lachs, Aal) mit Feingemüsen, Pilzen, Früchten oder anderen Beigaben in Öl, Aufgüssen, Soßen (Saucen, Tunken) oder Cremes: die Fischeinwaage beträgt mindestens 40 Prozent;

3. Bezeichnung

Fischdauerkonserven werden bezeichnet:

- mit der Verkehrsbezeichnung der Fischart, es sei denn, dass sich die verwendete Fischart aus der Verkehrsbezeichnung des Erzeugnisses ergibt; Kleinheringe auch als *Sild*;
- mit dem Namen des Fischteiles entsprechend Abschnitt I A 4; Happen (abweichend von I A 4 e) auch mit Gräten, die durch die Behandlung weich geworden sind;

- mit der Angabe der wesentlichen Zutaten entsprechend Abschnitt I D 3, z. B. *„... in Tomatencreme mit Gewürzen, Früchten, Pilzen und Zwiebeln“*;
- bei Erzeugnissen, deren Zubereitung in den besonderen Beurteilungsmerkmalen dieser Leitsätze beschrieben ist, mit der dafür vorgesehenen Bezeichnung, z. B. *„Brat ...“*, *„... gebraten“*;
- im Falle der Nummer 2 Buchstabe j mit:
  Fischklöße, Fischklopse, Fischbällchen, Fischfrikadellen, sofern der Fischanteil bei diesen Erzeugnissen ausschließlich aus Kabeljau, Schellfisch, Seelachs und anderen Gadidenarten oder Seehecht besteht; die Verwendung oder die Mitverwendung anderer Fischarten wird in Verbindung mit der Verkehrsbezeichnung angegeben;
- Erzeugnisse der Nummer 2 Buchstabe k werden unter Angaben bezeichnet, welchen zu entnehmen ist, dass die Zubereitung aus mehreren Teilen (Fisch, Fischerzeugnis, wesentliche Beilagen) zusammengesetzt ist, z. B. *„Fischvorgericht aus Lachs, Sardine, Paprika, Zwiebeln, Pilzen und Öl“*.

4. Fischgewicht

Das Gewicht des aus dem Fertigerzeugnis abgetropften[6] Fisches beträgt, bezogen auf die Nennfüllmenge:

a) bei Heringen, Kleinheringen (Sild), Sprotten, Sardinen, Pilchard und Makrelen in Öl: mindestens 70 Prozent
in eigenem Saft und Aufguss, in Aufguss, in Öl und eigenem Saft: mindestens 65 Prozent
in Soßen (Saucen, Tunken), in Cremes: mindestens 50 Prozent
bei einem Anteil wertbestimmender stückiger Beilagen anderer Lebensmittel, die zusammen mit dem Fisch 55 Prozent nicht unterschreiten: mindestens 45 Prozent

b) bei gebratenen Heringen, Sardinen, Pilchards und Makrelen in Aufguss: 60 Prozent

c) bei Lachs in Öl und in Aufguss: mindestens 70 Prozent
naturell, in eigenem Saft, in eigenem Saft und Aufguss (nur Roheindosung): mindestens 65 Prozent
in Soßen (Saucen, Tunken), in Cremes, auch mit einem Anteil wertbestimmender stückiger Beilagen anderer Lebensmittel: mindestens 50 Prozent

d) bei Vorgerichten oder Hors d’ceuvre: mindestens 35 Prozent

5. Beschaffenheitsmerkmale

a) Erzeugnisse aus Sardinen, Sprotten, Kleinheringen (Sild) und Fischen vergleichbarer Größe

- Aussehen und Herrichtung: Die Packungen oder Behältnisse sind gut, sorgfältig und ansprechend gefüllt mit ausgenommenen Fischen möglichst einheitlicher Größe, ohne Kopf, mit oder ohne Haut, auch ohne Gräten;
  gebratene und geräucherte Fische: in der Farbe gleichmäßig
- Farbe: hellfleischig, mit Ausnahme partieller Rotverfärbungen im Bereich der Rückengräte
- Struktur: zartfleischig; Gräten weich
- Geruch und Geschmack: arteigen
- in Öl: der Saftanteil im Ölaufguss beträgt höchstens 10 Prozent des eingewogenen Fischgewichtes
- in Öl und eigenem Saft (außer Sardinen): der Saftanteil beträgt höchstens 15 Prozent des eingewogenen Fischgewichtes

b) Erzeugnisse aus Heringen, Pilchards, Makrelen und Fischen vergleichbarer Größe (meist als Filets)

- Aussehen und Herrichtung: Die Packungen und Behältnisse sind gut, sorgfältig und ansprechend gefüllt;
  gebratene und geräucherte Fische: in der Farbe gleichmäßig
- Struktur: arteigen; Gräten: weich
- Geruch und Geschmack: arteigen
- in Öl: der Saftanteil im Ölaufguss beträgt höchstens 10 Prozent des eingewogenen Fischgewichtes
- in Öl und eigenem Saft: der Saftanteil beträgt höchstens 15 Prozent des eingewogenen Fischgewichtes.

c) Erzeugnisse aus Lachs:

- Aussehen: Die Packungen oder Behältnisse sind gut, sorgfältig und ansprechend gefüllt. Der Inhalt mit Ausnahme von Happen, Bissen und Schnitzeln, besteht aus Abschnitten quergeteilter Fische, die in die Behältnisse mit den Schnittflächen so eingelegt sind, dass die Schnittflächen parallel zu den Öffnungen der Behältnisse verlaufen. Der Inhalt ist praktisch frei von kreuzweise gepackten Abschnitten und von Hautstücken.

- Farbe des Fleisches: hellrosa bis rot, ohne wesentliche Blutflecken, Druckstellen oder braune Ränder
- Struktur: arteigen, nicht wabenartig (honey combing); Gräten weich
- Geruch und Geschmack: arteigen
- in Öl, auch in Lachsöl: der Saftanteil im Ölaufguss beträgt höchstens 10 Prozent des eingewogenen Fischgewichtes.

M. Fischsalate

Salate mit Fleisch von Fischen werden in den Leitsätzen für Feinkostsalate[12)] beschrieben.

N. Erzeugnisse aus Surimi

1. Begriffsbestimmung

Aus Surimi (I A Nr. 4 j) werden unter Verwendung von Bindemitteln, Zucker, Aromastoffen, auch anderer Zutaten einschließlich Zusatzstoffen, durch Formung oder faserige Strukturierung Fischzubereitungen (z. B. Stäbchen, Stücke/Stückchen oder Imitate von Krebstier- oder Weichtiererzeugnissen) hergestellt. Sie werden in Packungen tiefgefroren, auch durch Erhitzen haltbar gemacht.

2. Bezeichnung

Surimi, Fischzubereitung aus Fischmuskeleiweiß.
Werden Krebstier- oder Weichtiererzeugnisse nachgemacht, lautet die Verkehrsbezeichnung *Surimi, ...-Imitat* (z. B. *Krebsfleisch-, Crabmeat-, Garnelen-, Shrimps-, Tintenfisch-*) *aus Fischmuskeleiweiß* geformt. Erfolgt eine weitergehende Zubereitung, werden die Beurteilungsmerkmale bei den entsprechenden Fisch-, Krebstier- und Weichtiererzeugnissen beachtet.

3. Beschaffenheitsmerkmale

- Aussehen: sauber und sorgfältig hergerichtet, Farbe und Beschaffenheit dem angegebenen Fisch-, Krebstier- oder Weichtiererzeugnis ähnlich
- Struktur: fest, nicht schmierig
- Geruch, Geschmack: rein, dem angegebenen Fisch-, Krebstier- oder Weichtiererzeugnis vergleichbar.

III. Besondere Beurteilungsmerkmale für Krebstiere und Krebstiererzeugnisse

A. Tiefgefrorene Krebstiere und Krebstiererzeugnisse

1. Begriffsbestimmung

Tiefgefrorene Krebstiere sind ganze und entschalte Krebstiere und Teile von Krebstieren (gekocht oder ungekocht), die tiefgefroren[5)] sind. Sie können zusätzlich auch mit Wassereis glasiert sein[6)].

Tiefgefrorene Krebstiererzeugnisse sind

a) Erzeugnisse, die überwiegend aus frischen oder tiefgefrorenen Krebstieren oder Teilen von Krebstieren hergestellt sind und in der Regel einer weiteren Zubereitung bedürfen;

b) fertige Erzeugnisse aus Krebstieren oder Teilen von Krebstieren, die zusätzlich tiefgefroren[5)] sind.

2. Herstellung

Als tiefgefrorene Krebstiererzeugnisse werden insbesondere hergestellt Krebstiere und Teile von Krebstieren

- paniert
- paniert und vorgebraten
- im Backteig
- mit Beigaben anderer Lebensmittel wie Soßen, Gewürze, Gemüse.

3. Bezeichnung

a) Allgemeine Angaben in Verbindung mit der Verkehrsbezeichnung sind

aa) „tiefgefroren";

bb) gegebenenfalls „glasiert", „mit Wassereisglasur" oder gleichsinnig.

b) Tiefgefrorene Krebstiere, Teile von Krebstieren und Erzeugnisse daraus werden insbesondere bezeichnet nach ihrer Art gemäß den angegebenen Bezeichnungen im Verzeichnis der Handelsbezeichnungen für Erzeugnisse der Fischerei und der Aquakultur[14)].

c) Tiefgefrorene Krebstiererzeugnisse in Panade oder Backteig oder mit sonstigen Zutaten erhalten folgende Angaben:

aa) „paniert", „paniert und vorgebraten";

bb) „in Backteig" oder gleichsinnig;

cc) Hinweis auf sonstige Beigaben wie Soßen, Gewürze, Gemüse.

4. Gewichte

a) Das Abtropfgewicht von glasierten Krebstieren oder Teilen von Krebstieren beträgt mindestens 80 Prozent der Nennfüllmenge, ausgenommen Erzeugnisse im Eisblock.

b) Bei panierten unregelmäßig geformten Teilen von Krebstieren beträgt das Gewicht des eingewogenen in der Regel tiefgefrorenen Fleischanteiles mindestens 50 Prozent der Nennfüllmenge.

c) Bei Krebstiererzeugnissen in Backteig bestimmen der Erzeugnistyp und die Art des Backteiges die Gewichtsverhältnisse. Das Gewicht des eingewogenen Fleisches beträgt mindestens 50 Prozent der Nennfüllmenge, bei Garnelenschwänzen unter 25 mm Länge sowie vergleichbar unregelmäßig geformten kleinmaßigen Erzeugnissen jedoch mindestens 40 Prozent.

5. Beschaffenheitsmerkmale

a) Bei Krebstieren, Teilen von Krebstieren und Erzeugnissen daraus besteht der Inhalt einer Fertigpackung aus einer annähernd gleichmäßigen Größensortierung.

b) Farbe, Struktur, Geruch und Geschmack der Krebstiere sind nach sachgerechter Zubereitung für die betreffende Tierart charakteristisch; die Konsistenz ist saftig und fest.

c) Bei Krebstiererzeugnissen in Panade oder in Backteig, auch mit Beigaben anderer Lebensmittel, umschließen die Panade bzw. der Backteig die Portion möglichst vollständig und gleichmäßig, sind in der Farbe möglichst einheitlich und zeigen möglichst keine Risse oder sonstige Beschädigungen. Sie weisen nach sachgerechter Zubereitung praktisch keine übermäßigen Verfärbungen und Risse auf, die Panade auch keine Ablösungen und Blasen.

B. Getrocknete Krebstiererzeugnisse

1. Begriffsbestimmung

Getrocknete Krebstiererzeugnisse sind Krebstiere, die roh oder gekocht, auch unter Anwendung der Gefriertrocknungstechnik, getrocknet und dadurch haltbar gemacht sind.

2. Herstellung und Bezeichnung

Als getrocknete Krebstiererzeugnisse werden insbesondere hergestellt: *Getrocknete Krebstiere, getrocknete Krebstierteile, Krebspulver, Krebsmehl:* aus getrockneten Krebstieren oder Krebstierteilen. Krebsmehl auch aus getrockneten gemahlenen Schalen oder Panzern von Süß- oder Salzwasserkrebsen (nur zur Extraktion des Krebsaromas, nicht zum direkten Verzehr bestimmt).

C. Gesalzene Krebstiererzeugnisse

1. Begriffsbestimmung

Gesalzene Krebstiererzeugnisse sind Krebstiere oder Teile von Krebstieren, die durch Salzen von rohen oder gekochten Krebstieren oder -teilen gar und begrenzt haltbar gemacht sind.

2. Herstellung und Bezeichnung

Als gesalzene Krebstiererzeugnisse werden insbesondere hergestellt:
Salzgarnelen: aus frischen entschalten oder nicht entschalten Garnelen, die in salzhaltigem Wasser gekocht sind, auch unter Verwendung von Konservierungsstoffen
Gesalzene Krebsschwänze: aus entschalten oder nicht entschalten Krebsen in Salzlake gekocht und darin eingelegt
Gesalzene Krebstiererzeugnisse: aus entschalten oder nicht entschalten Krebsen, in Salzlake gekocht und darin eingelegt
Gesalzene Krebsschalen: aus gesalzenen zerkleinerten Schalen oder Panzern von Süßwasserkrebsen.

3. Beschaffenheitsmerkmale

Salzgarnelen

- Aussehen:
  sauber und sorgfältig hergerichtet
  Krümmung: Schwanz am Kopf
  Farbe der Schale: braun-rot
  Farbe des Fleisches: rötlich bis rosa
- Struktur, praktisch frei von Sand:
  Schale hart, Fleisch fest, fleischig, nicht schmierig
- Geruch, Geschmack:
  rein und charakteristisch für die Garnelenart, nicht ranzig oder fremdartig
- Salzgehalt: mindestens 7 Prozent

Entschalte Salzgarnelen

- Aussehen:
  sauber und sorgfältig hergerichtet, gekrümmt, nicht gestreckt,
  Farbe: rötlich bis rosa
- Struktur, praktisch frei von Sand:
  fest, fleischig, nicht schmierig
- Geruch, Geschmack:
  rein und charakteristisch für die Garnelenart, nicht ranzig oder fremdartig
- Salzgehalt: mindestens 7 Prozent

Gesalzene Krebsschwänze

- Aussehen:
  sauber und sorgfältig hergerichtet, ganz, nicht zerteilt, leicht gekrümmt,
  Farbe: rötlich bis rosa
- Struktur, praktisch frei von Sand:
  fest, fleischig, nicht schmierig
- Geruch, Geschmack:
  rein und charakteristisch für die Krebstierart, nicht ranzig oder fremdartig
- Salzgehalt: höchstens 12 Prozent

D. Gekochte Krebstiererzeugnisse

1. Begriffsbestimmung

Gekochte Krebstiererzeugnisse sind Erzeugnisse, die durch Kochen oder Dämpfen mit Salz, mit oder ohne Verwendung von Essig, Säuerungsmitteln, Würzen und Gewürzen gar gemacht sind.
Gekochte, entschalte Krebstiererzeugnisse sind mit oder ohne pflanzliche Beigaben in Aufgüsse, Soßen oder Öl eingelegt oder vollständig von Gelee umschlossen, auch unter Verwendung von Konservierungsstoffen[3].

2. Herstellung und Bezeichnung

Als Krebstiererzeugnisse werden insbesondere hergestellt:
... (Verkehrsbezeichnung gemäß Spalte 2 des Verzeichnisses der Krebstiere)

aus gekochten, nicht entschalten Krebstieren. Der Verkehrsbezeichnung des Krebstieres wird die Verkehrsbezeichnung der Art etwaiger Teile hinzugefügt.

...(fleisch), ...(schwänze) in Verbindung mit der Verkehrsbezeichnung der Krebstierart:
aus entschalten Krebstieren oder Krebstierteilen, die durch Behandeln mit Kochsalz haltbar gemacht sind.

... in Mayonnaise, mayonnaiseähnlichen Erzeugnissen oder in Soßen:
in Verbindung mit der Verkehrsbezeichnung des Krebstieres und gegebenenfalls der Soße:
aus mindestens 50 Prozent Krebstierfleisch (Einwaage) mit Mayonnaise, mayonnaiseähnlichen Erzeugnissen oder Soßen.
Erzeugnisse mit 40 Prozent Krebstierfleisch werden als *...salat* bezeichnet.

... in Gelee:
in Verbindung mit der Verkehrsbezeichnung der Krebstierart mit einem Anteil ...

3. Beschaffenheitsmerkmale

Gekochte, nicht entschalte Garnelen

- Aussehen:
  sauber und sorgfältig hergerichtet
  Krümmung: Schwanz am Kopf
  Farbe der Schale: rötlich bis rosa, das Vorhandensein von Verfärbungen am Kopfschild ist bei Garnelen bestimmter Fanggründe nicht immer zu vermeiden
  Farbe des Fleisches: rötlich bis rosa
- Struktur, praktisch frei von Sand:
  Schale fest, Fleisch fest, nicht schmierig
- Geruch, Geschmack:
  rein und charakteristisch für die Garnelenart, nicht ranzig oder fremdartig

Garnelenfleisch (auch soweit Krabben in Mayonnaise oder Gelee enthalten)

- Aussehen:
  sauber und sorgfältig hergerichtet, gekrümmt, nicht gestreckt
- Struktur, praktisch frei von Sand:
  fest, nicht zäh, nicht schmierig

- Geruch, Geschmack:
  rein und charakteristisch für die Garnelenart, nicht ranzig oder fremdartig

Krebsschwänze (nur von Süßwasserkrebsen)

- Aussehen:
  sauber und sorgfältig hergerichtet, gekrümmt, nicht gestreckt,
  Farbe: rötlich bis rosa
- Struktur, praktisch frei von Sand:
  fest, nicht schmierig
- Geruch, Geschmack:
  rein und charakteristisch für die Krebstierart, nicht ranzig oder fremdartig

E. Pasteurisierte Krebstiererzeugnisse

1. Begriffsbestimmung

Pasteurisierte Krebstiererzeugnisse sind Erzeugnisse, deren Haltbarkeit für längere Zeit durch ausreichende Hitzebehandlung bei Temperaturen unter 100 °C, mit einer Kerntemperatur nicht unter 60 °C, in gasdicht verschlossenen Packungen oder Behältnissen erreicht wird.

2. Herstellung und Bezeichnung

Als pasteurisierte Krebstiererzeugnisse werden insbesondere hergestellt:
aus Garnelen:
Garnelenfleisch mit oder ohne Aufguss, auch unter Verwendung von Konservierungsstoffen[3)] und Farbstoff[3)];
Aus sonstigen Krebstierteilen:
Krebsschwänze: von gekochten Süßwasserkrebsen abgelöste, entschalte und vom Darm befreite Schwänze mit einem Aufguss eingelegt, auch unter Verwendung von Konservierungsstoffen.

3. Beschaffenheitsmerkmale

Garnelen:

- Aussehen:
  sauber und sorgfältig hergerichtet, gekrümmt, nicht gestreckt
  Farbe des Fleisches: rosa bis rötlich mit einer durch die Erhitzung bedingten Entfärbung bis orange
- Struktur, praktisch frei von Sand:
  fest, nicht schmierig

- Geruch, Geschmack:
  rein, mit einer durch die Erhitzung bedingten Veränderung des für die Garnelenart charakteristischen Aromas

F. Anderweitig vorbehandelte Krebstiererzeugnisse

1. Herstellung und Bezeichnung

Als anderweitig vorbehandelte Krebstiererzeugnisse werden insbesondere hergestellt:
Krebsbutter, Krebsbutter, gewürzt: aus Auszügen von gekochten Süß- oder Salzwasserkrebsen, ihren Teilen oder Krebsmehl, gelöst in Butter[16)], ggf. unter Zusatz von Gewürzen.
Nicht als Brotaufstrich bestimmt, sondern als Würzmittel zur Herstellung von Krebssuppen, -soßen und anderen Zubereitungen.
Krebssuppenpaste: aus mindestens 45 Prozent Speisefetten, mit denen die Geruchs- und Geschmacksstoffe aus gemahlenen Krebsschalen oder Krebsmehl extrahiert sind, sowie Weizenmehl, Gewürzen und Salz.

2. Beschaffenheitsmerkmale

Krebsbutter

- Aussehen: orange
- Geruch, Geschmack: rein, vorherrschend nach Krebsen und Butter

Krebssuppenpaste

- Aussehen: orange
- Konsistenz: schnittfest
- Geruch, Geschmack: nach Krebsen

G. Krebsdauerkonserven

1. Begriffsbestimmung

Krebsdauerkonserven sind Erzeugnisse aus frischen oder tiefgefrorenen Krebstieren oder ihren Teilen, deren Haltbarkeit ohne besondere Kühlhaltung für mindestens 1 Jahr durch ausreichende Hitzebehandlung in gasdicht verschlossenen Packungen oder Behältnissen erreicht wird.

2. Herstellung und Bezeichnung

Als Krebsdauerkonserven werden insbesondere hergestellt: aus Krebstieren oder Krebstierteilen:

... (Verkehrsbezeichnung der Krebstierart und gegebenenfalls der Krebstierteile) in
... (Verkehrsbezeichnung der Aufgüsse, Soßen, Cremes entsprechend Abschnitt I D)
aus den genannten gekochten, entschalten Krebstierarten oder Krebstierteilen mit oder ohne Aufgüsse, Soßen oder Cremes; *Garnelen (Krabben)* und *Tiefseekrebs, Kaisergranat, Scampi* (Nephrops norvegicus).
Fleisch von *Steinkrabben* und Kurzschwanzkrebsen – auch unter den Verkehrsbezeichnungen *Crabmeat, Krebsfleisch*, gegebenenfalls auch *King crabmeat, Königskrebsfleisch* – aus dem Fleisch von gekochten, entschalten Mittel- und Kurzschwanzkrebsen der im Verzeichnis der Krebstiere angegebenen Arten.
Krebsschwänze: von gekochten, vom Darm befreiten Schwänzen von Süßwasserkrebsen mit oder ohne Aufguss.

3. Beschaffenheitsmerkmale

Erzeugnisse aus Garnelen:

Krabben, Garnelen

- Form:
  ganz, höchstens 50 Prozent Stücke, die aus weniger als 4 Segmenten bestehen (Krabbenbruch)
- Aussehen:
  sauber und sorgfältig hergerichtet, gekrümmt, nicht gestreckt
  Farbe des Fleisches: für Gattung und Fanggebiete charakteristisch rosa bis rötlich, mit einer durch die Erhitzung bedingten Veränderung der Farbe bis orange
- Struktur, praktisch frei von Sand:
  fest, aber nicht zäh, nicht musig
- Geruch, Geschmack:
  rein und charakteristisch für die Garnelenart, nicht ranzig oder in anderer Weise abweichend.

Erzeugnisse aus anderen Krebstieren

Hummer, Langusten, Tiefseekrebse, Taschenkrebse:

- Aussehen:
  sauber und sorgfältig hergerichtet
  Farbe des Fleisches: weiß bis rötlich, unter dem Ansatz des Körperpanzers teilweise bläulich

- Struktur, praktisch frei von Sand:
  fest, aber nicht zäh, nicht musig
- Geruch, Geschmack:
  rein und charakteristisch für die Krebstierart

Krebsschwänze (nur von Süßwasserkrebsen)

- Aussehen:
  sauber und sorgfältig hergerichtet, leicht gekrümmt, nicht gestreckt, Farbe rötlich bis rosa
- Struktur, praktisch frei von Sand:
  fest, nicht schmierig
- Geruch, Geschmack:
  charakteristisch für die Krebstierart, nicht ranzig oder fremdartig.

Crab meat weist folgende durchschnittliche Beschaffenheit auf:

- Aussehen:
  sauber und sorgfältig hergerichtet, gut gefüllt; Farbe typisch für die Beschaffenheit der verwendeten Krebsart; praktisch frei von geronnenem, blauem oder braunem Fleisch sowie von Kristallen, praktisch frei von Schalenteilen
- Geruch:
  rein und charakteristisch für die Art
- Geschmack:
  typisch und rein
- Konsistenz:
  verhältnismäßig fest und fleischig, nicht musig

Bei einem Hinweis auf das Vorhandensein von Beinfleisch beträgt der Anteil an zusammenhängendem Beinfleisch mindestens 20 Prozent der angegebenen Krabbenfleischeinwaage. Bei einem Hinweis auf einen hohen Beinfleischanteil beträgt der Anteil mindestens 50 Prozent der angegebenen Krabbenfleischeinwaage.

H. Garnelenerzeugnisse

Entschalte *Garnelen, Krabben, Shrimps, Prawns*, Arten der Familien Crangonidae, Pandalidae, Penaeidae und Palaemonidae, sind nicht entdarmt, wenn dies nicht besonders gekennzeichnet ist. Sie sind praktisch frei von Sand. Die Garnelen können als „ausgenommen“, „entdarmt“ (im internationalen Handel: „deveined“) oder gleichsinnig bezeichnet werden, wenn der

Rücken der Garnelen aufgeschnitten und der darin befindliche Darm entfernt wurde.

IV. Besondere Beurteilungsmerkmale für Weichtiere und Weichtiererzeugnisse

A. Lebende Weichtiere

1. Lebende Miesmuscheln in Schale

sind sauber gewaschen und geschlossen; geöffnete Schalen müssen sich auf Schlag weitgehend schließen (Anteil mindestens 90 Prozent).
Kochfertig gesäuberte Muscheln
sind zusätzlich einzeln getrennt, weitgehend frei von Bewuchs und Beschädigungen, ggf. auch von Byssusfäden.

- Größe von Miesmuscheln mindestens 40 mm
- Fleischanteil mindestens 18 Prozent

Weichkörper (Fleisch):

- praktisch frei von Sand und anderen Meeresbodenbestandteilen
- Farbe: arttypisch
- Geruch, Geschmack: frisch, rein, arttypisch

2. Lebende Austern in Schale

sind sauber gewaschen und geschlossen, fest anhaftender Bewuchs ist zulässig

- Gewicht der Auster in Schale mindestens 50 g (bei geringem Bewuchs)

Weichkörper (Fleisch):

- praktisch frei von Sand und anderen Meeresbodenbestandteilen
- Farbe: arttypisch
- Geruch, Geschmack: frisch, rein, arttypisch

3. Andere lebende Muscheln in Schale

entsprechen in ihren Merkmalen – ausgenommen arttypische Unterscheidungen – den unter a) und b) genannten lebenden Muscheln.
Die beschriebenen Beurteilungsmerkmale gelten auch für zur Weiterverarbeitung bestimmte Muscheln.

B. Frische rohe ggf. tiefgefrorene/aufgetaute und (ohne weitere Zubereitung) gekochte Weichtiere

1. Muschelfleisch

a) Miesmuschelfleisch, gekocht auch in Schale

- Aussehen: sauber und sorgfältig hergerichtet
- Farbe: arttypisch
- Struktur: fest, nicht zäh, nicht schmierig
- Geruch, Geschmack: rein und charakteristisch

b) Austernfleisch

- sauber geputzt und sorgfältig hergerichtet
- Farbe: hell, arttypisch
- Struktur: fest, nicht zäh, nicht schmierig
- Geruch, Geschmack: rein und charakteristisch

c) Kammmuschelfleisch

- Aussehen: sauber geputzt, gleichmäßig sortiert, ohne Mantel und Eingeweide
- Darmreste können anhaften – mit oder ohne Gonaden
- Farbe: weiß bis creme, Gonaden ggf. hellgrau – gelblich bis kräftig rot
- Struktur: prall-elastisch, Gonaden weich, aber fest anliegend
- Geruch, Geschmack: rein, arttypisch

d) Fleisch anderer Muscheln

Merkmale wie a) und b).

2. Schneckenfleisch

- Aussehen: arttypisch, sauber
- Farbe: bei Weinberg- und Achatschnecken hellbraun, graubraun bis anthrazit-schwärzlich, bei Meeresschnecken überwiegend hellbeige-gelblich
- Geruch, Geschmack: rein, arttypisch; bei Weinberg- und Achatschnecken auch leicht erdig, modrig

- Schneckenfußanteil nicht unter 60 Prozent des Schneckenfleischgewichtes, bei Weinberg- und Achatschnecken nicht unter 40 Prozent.

3. Tintenfische (Kalmare, Sepia, Octopus)

- Aussehen/Herrichtung: ganz – gewaschen oder ungewaschen – mit oder ohne Eingeweide und Tintensack; auch als Teile; sorgfältig hergerichtet und sortiert; Ringe, Streifen und Stücke sind gleichmäßig geschnitten.
  - Kalmare mit Kopf und Armen – auch in die Tube gestopft –, auch ohne Haut, auch ohne Flügel, auch ohne Schulp, auch ohne Eingeweide.
  - Sepia mit Kopf und Armen, auch ohne Haut, mit oder ohne Schulp (Knorpel); Augen und Eingeweide sind entfernt.
  - Octopus i. d. R. mit Haut, mit Kopf und Armen, auch ohne Schnabel, Augen, Eingeweide
- Farbe des Fleisches: weiß bis zartrosa; Haut arttypisch gefärbt
- Struktur: fest, elastisch
- Geruch, Geschmack: rein, arttypisch

C. Tiefgefrorene Weichtiere und Weichtiererzeugnisse

1. Begriffsbestimmungen

Tiefgefrorene Weichtiere sind ganze und entschalte Weichtiere und Teile von Weichtieren (beide gekocht oder ungekocht), die tiefgefroren[5)] sind. Sie können zusätzlich auch mit Wassereis glasiert sein[6)].

Tiefgefrorene Weichtiererzeugnisse sind

a) Erzeugnisse, die überwiegend aus frischen oder tiefgefrorenen Weichtieren oder Teilen von Weichtieren hergestellt sind und in der Regel einer weiteren Zubereitung bedürfen;

b) fertige Erzeugnisse aus Weichtieren oder Teilen von Weichtieren, die zusätzlich tiefgefroren[5)] sind.

2. Herstellung

Als tiefgefrorene Weichtiererzeugnisse werden insbesondere hergestellt Weichtiere und Teile von Weichtieren

- paniert
- paniert und vorgebraten

- in Backteig
- mit Beigaben anderer Lebensmittel wie Soßen, Gewürze, Gemüse.

3. **Bezeichnung**

a) Allgemeine Angaben in Verbindung mit der Verkehrsbezeichnung sind:

aa) „tiefgefroren“;

bb) gegebenenfalls „glasiert“, „mit Wassereisglasur“ oder gleichsinnig.

b) Tiefgefrorene Weichtiere, Teile von Weichtieren und Erzeugnisse daraus werden insbesondere bezeichnet nach ihrer Art gemäß den Verkehrsbezeichnungen für Lungenschnecken (siehe Anlage zu Abschnitt IV), sonst siehe Abschnitt I, Buchstabe E, Nummer 7.

c) Tiefgefrorene Weichtiererzeugnisse in Panade oder Backteig oder mit sonstigen Zutaten erhalten folgende Angaben:

aa) „paniert“, „paniert und vorgebraten“;

bb) „in Backteig“ oder gleichsinnig;

cc) Hinweis auf sonstige Beigaben wie Soßen, Gewürze, Gemüse.

4. **Gewichte**

a) Das Abtropfgewicht von glasierten Weichtieren oder Teilen von Weichtieren beträgt mindestens 80 Prozent der Nennfüllmenge, ausgenommen Erzeugnisse im Eisblock.

b) Bei panierten unregelmäßig geformten Teilen von Weichtieren beträgt das Gewicht des eingewogenen in der Regel tiefgefrorenen Fleischanteiles mindestens 50 Prozent der Nennfüllmenge.

c) Bei Weichtiererzeugnissen in Backteig bestimmen der Erzeugnistyp und die Art des Backteiges die Gewichtsverhältnisse. Das Gewicht des eingewogenen Fleisches beträgt mindestens 50 Prozent der Nennfüllmenge, bei Tintenfischringen unter 40 mm Durchmesser sowie vergleichbar unregelmäßig geformten kleinmaßigen Erzeugnissen jedoch mindestens 40 Prozent.

5. **Beschaffenheitsmerkmale**

a) Bei Weichtieren, Teilen von Weichtieren und Erzeugnissen daraus besteht der Inhalt einer Fertigpackung aus einer annähernd gleichmäßigen Sortierung.

b) Farbe, Struktur, Geruch und Geschmack der Weichtiere sind nach sachgerechter Zubereitung für die betreffende Tierart charakteristisch; die Konsistenz ist saftig und fest.

c) Bei Weichtiererzeugnissen in Panade oder in Backteig, auch mit Beigaben anderer Lebensmittel, umschließen die Panade bzw. der Backteig die Portion möglichst vollständig und gleichmäßig, sind in der Farbe möglichst einheitlich und zeigen möglichst keine Risse oder sonstige Beschädigungen. Sie weisen nach sachgerechter Zubereitung praktisch keine übermäßigen Verfärbungen und Risse auf, die Panade auch keine Ablösungen und Blasen.

D. Gekochte Weichtiererzeugnisse

1. Begriffsbestimmung

Gekochte Weichtiererzeugnisse sind Erzeugnisse aus frischen oder tiefgefrorenen Weichtieren, die durch Kochen oder Dämpfen mit oder ohne Verwendung von Salz, Essig, Säuerungsmitteln, Gewürzen und anderen Zutaten gar gemacht und mit oder ohne Zutaten in Aufgüsse, Gelee, Soßen oder Speisefette eingelegt sind.

2. Herstellung und Bezeichnung

Als gekochte Weichtiererzeugnisse werden insbesondere hergestellt:
... (Verkehrsbezeichnung gemäß den Verkehrsbezeichnungen für Lungenschnecken (siehe Anlage zu Abschnitt IV), sonst siehe Abschnitt I, Buchstabe E, Nummer [7]):
aus gekochten, nicht entschalten Weichtieren

... (fleisch)
in Verbindung mit der Verkehrsbezeichnung der Weichtierart:
aus ggf. entschalten Weichtieren oder Weichtierteilen, die durch Behandeln mit Kochsalz haltbar gemacht sind.

... (fleisch), in Aufguss und eigenem Saft
auch *mit Öl*, auch *in Öl*
in Verbindung mit der Verkehrsbezeichnung der Weichtierart:
aus gegebenenfalls entschalten Weichtieren oder Weichtierteilen, die in kochsalzhaltige Aufgüsse, auch mit Beigabe von Öl oder in Öl eingelegt sind.

... (fleisch), mariniert
in Verbindung mit der Verkehrsbezeichnung der Weichtierart:
aus gekochten, gegebenenfalls entschalten Weichtieren oder Weichtierteilen, die in saure Aufgüsse eingelegt sind; pH-Wert: kleiner als 4,8.

... (fleisch) in Gelee
in Verbindung mit der Verkehrsbezeichnung der Weichtierart. Das Gewicht des vom Gelee umschlossenen Weichtierfleisches beträgt zum Zeitpunkt der Füllung, bezogen auf die Nennfüllmenge, mindestens 35 Prozent. Das Gelee kann auch Garnierungen enthalten; pH-Wert: kleiner als 4,8.
... (fleisch), in Mayonnaise, mayonnaiseähnlichen Erzeugnissen oder *in Tunken, Soßen, Cremes*
in Verbindung mit der Verkehrsbezeichnung der Weichtierart und gegebenenfalls der Tunken, Soßen und Cremes: aus mindestens 50 Prozent Weichtierfleisch mit Mayonnaise, mayonnaiseähnlichen Erzeugnissen, Soßen oder Cremes.
Bei Weichtierzubereitungen mit einem Anteil an stückigen Beilagen anderer Lebensmittel mindestens 35 Prozent Weichtierfleisch, es übersteigt den Gesamtgehalt aller anderen stückigen Beilagen.

3. Beschaffenheitsmerkmale

Gekochte, nicht entschalte Weichtiere

- Aussehen: sauber und sorgfältig hergerichtet. Farbe des Fleisches typisch für die behandelte Weichtierart
- Struktur: Fleisch fest, nicht zäh, nicht schmierig
- Geruch, Geschmack: rein und charakteristisch für die Weichtierart

Weichtierfleisch

- Aussehen: sauber und sorgfältig hergerichtet. Farbe des Fleisches typisch für die behandelte Weichtierart
- Struktur: fest, nicht zäh, nicht schmierig, gegebenenfalls frei von Sand
- Geruch, Geschmack: rein und charakteristisch für die Weichtierart

Weichtierfleisch in Gelee

- Gelee: möglichst klar, schnittfest, säuerlich würzig, nicht leimig; pHWert: kleiner als 4,8.

E. Pasteurisierte Weichtiererzeugnisse

1. Begriffsbestimmung

Pasteurisierte Weichtiererzeugnisse sind Erzeugnisse aus frischen oder tiefgefrorenen Weichtieren oder Weichtierteilen, deren Haltbarkeit durch ausreichende Hitzebehandlung bei Temperaturen unter 100 °C, jedoch mindestens 60 °C Kerntemperatur, in gasdicht verschlossenen Packungen oder Behältnissen erreicht wird.

2. Bezeichnung

Pasteurisierte Weichtiererzeugnisse werden bezeichnet:

- mit der Verkehrsbezeichnung der Weichtierart gemäß den Verkehrsbezeichnungen für Lungenschnecken (siehe Anlage zu Abschnitt IV), sonst siehe Abschnitt I, Buchstabe E, Nummer 7
- mit der Verkehrsbezeichnung des Weichtierteils gemäß Abschnitt I C 4
- mit der Angabe der wesentlichen Zutaten gemäß Abschnitt I D 3
- Falls anderweitig zubereitet, mit der in Abschnitt II „Besondere Beurteilungsmerkmale für Fischerzeugnisse" jeweils dafür vorgesehenen Angabe, z. B. *Räucher...* oder *Geräucherte ...* oder *geräuchert*.
- mit dem Wort pasteurisiert vor oder hinter der Verkehrsbezeichnung.

3. Beschaffenheitsmerkmale

- Aussehen: die Packungen oder Behältnisse sind gut, sorgfältig und ansprechend gefüllt
- Geruch, Geschmack: arttypisch, ggf. angenehm würzig, den angegebenen Zutaten entsprechend.

F. Weichtierdauerkonserven

1. Begriffsbestimmung

Weichtierdauerkonserven sind Erzeugnisse aus frischen oder tiefgefrorenen Weichtieren oder Weichtierteilen, deren Haltbarkeit ohne besondere Kühlhaltung für mindestens 1 Jahr durch ausreichende Hitzebehandlung in gasdicht verschlossenen Packungen oder Behältnissen erreicht wird.

2. Herstellung und Bezeichnung

Als Weichtierdauerkonserven werden insbesondere hergestellt:
aus Weichtieren oder Weichtierteilen:
... (Verkehrsbezeichnung der Weichtierart gemäß den Verkehrsbezeichnungen für Lungenschnecken (siehe Anlage zu Abschnitt IV), sonst siehe Abschnitt I, Buchstabe E, Nummer 7 und gegebenenfalls der Weichtierteile gemäß Abschnitt I C 4) in

... (Verkehrsbezeichnung der Aufgüsse, Tunken, Soßen oder Cremes und anderer Zutaten gemäß Abschnitt I D 3); sie entsprechen den in Abschnitt II L 2 a bis g aufgeführten Fischdauerkonserven.

- Falls anderweitig zubereitet, wird die in Abschnitt II „Besondere Beurteilungsmerkmale für Fischerzeugnisse" jeweils dafür vorgesehene Verkehrsbezeichnung angegeben, z. B. *„Räucher ...* oder *Geräucherte ...* oder *... geräuchert".*
  Weichtier*pasten* und *-pasteten*: mehr oder minder streichfähige Zubereitungen aus dem Fleisch von fein zerkleinerten Weichtieren, mit oder ohne Zusatz von Fett, Binde- und Dickungsmitteln und würzenden Stoffen.

3. Beschaffenheitsmerkmale

- Weichtierfleischgewicht: sofern zutreffend, entsprechend den in Abschnitt II L 4 aufgeführten vergleichbaren Fischdauerkonserven
- Aussehen: sauber und sorgfältig hergerichtet
- Farbe des Fleisches: charakteristisch für die Weichtierart
- Struktur: charakteristisch für die Weichtierart; z. B. Muscheln: zart, nicht musig, praktisch frei von Sand; Schnecken und Tintenfisch: fest, nicht zäh
- Geruch, Geschmack: rein und charakteristisch für die Weichtierart und die Art ihrer Behandlung.

Verzeichnis der Lungenschnecken (Anlage zu Abschnitt IV)

	Wissenschaftlicher Name	Verkehrsbezeichnung*) [Internationale Bezeichnung][13]	Hauptvorkommen	Länge bis cm
Gastropoda (Schnecken)				
1.	*Pulmonata* (Lungenschnecken)			
1.1.	*Helicidae* (Schnirkelschnecken)			
1.1.1.	Helix pomatia	echte Weinbergschnecke, Burgunderschnecke [frz.: escargot de Bourgogne] [engl.: Bourgogne type snail]	Europa	1–5
1.1.2.	Helix lucorum	Weinbergschnecke	Europa/Kleinasien	1–5
1.1.3.	Helix aspersa s. Cryptomphalus aspersus	Weinbergschnecke [frz.: escargot petit gris]	Europa	1–5
1.2.	*Achatinidae* (Achatschnecken)			
1.2.1.	Achatina sp.	Achatschnecke [frz.: escargot achatine; engl.: agate type snail]	Afrika, SO-Asien Florida	3–10

*) Handelsübliche örtliche Sonderbezeichnungen bleiben unberührt.

*)

1) Auf den Erlaß des Reichsministers des Innern vom 14. Juni 1938 (Reichsgesundheitsblatt S. 549) über die Bezeichnung von Seelachs (Lachsersatz) wird hingewiesen.

2) *Tiefgefrorenes SURIMI* ist die übliche oder gebräuchliche Bezeichnung des Fischeiweißerzeugnisses zur weiteren Verarbeitung, das durch Köpfen, Kehlen und Reinigen des frischen Fisches sowie mechanisches Abtrennen des eßbaren Muskels von Haut und Gräten entstanden ist. Der zerkleinerte Fischmuskel wird dann gewaschen, ausgepreßt, entwässert, mit zur Gefrierstabilisierung dienenden Zusatzstoffen vermischt und anschließend tiefgefroren.

3) Zusatzstoff-Zulassungsverordnung vom 29. Januar 1998 (BGBl. I S. 230, 231) in der jeweils geltenden Fassung.

4) Leitsätze für Speisefette und Speiseöle in der Fassung der Bekanntmachung vom 10. Oktober 1997 (BAnz. Nr. 239a vom 20.12.1997, GMBl. Nr. 45 S. 864 vom 19.12.1997), geändert am 2.10.2001 (BAnz. Nr. 199 vom 24.10.2001, GMBl. Nr. 38 S. 755 vom 30.10.2001).

5) Verordnung über tiefgefrorene Lebensmittel vom 29. Oktober 1991 (BGBl. I S. 2051) in der jeweils geltenden Fassung.

6) § 11 der Fertigpackungsverordnung in der Fassung der Bekanntmachung vom 8. März 1994 (BGBl. I S. 451, 1307) in der jeweils geltenden Fassung. Eine Wassereisglasur bei tiefgefrorenen Lebensmitteln ist einer Aufgußflüssigkeit gleichzustellen.

7) Bei der Bemessung der Einwaage bleibt eine im Zuge sachgerechter Bearbeitung (Schlachten, Waschen, Filitieren) unvermeidliche Fremdwasseraufnahme im Sinne der Lebensmittel-Kennzeichnungsverordnung in der Fassung der Bekanntmachung vom 15. Dezember 1999 (BGBl. I S. 2464) in der jeweils geltenden Fassung ohne Anrechnung.

8) Fischhygiene-Verordnung in der Fassung der Bekanntmachung vom 8. Juni 2000 (BGBl. I S. 819) in der jeweils geltenden Fassung.

9) Beurteilungsmerkmale für Sägemehl, das beim Zerteilen tiefgefrorener Blöcke anfällt und als Lebensmittel in den Verkehr gebracht wird, müssen noch erarbeitet werden.

10) Codex Standard for quick frozen blocks of fish, minced fish flesh and mixtures of fillets and minced fish flesh. Dokument ALINORM 93/18, Appendix XII Nr. 8.4.

11) „Flecken" ist in der Fachsprache das Spalten der Fische vom Rücken aus, so dass die Hälften an der Bauchseite miteinander verbunden bleiben. Der Fisch behält Rückengräte und Schwanzflosse.

12) Leitsätze für Feinkostsalate vom 26. Januar 1999 (BAnz. Nr. 66a vom 9.4.1999, GMBl. Nr. 11 S. 223 vom 26.4.1999).

13) Die in eckigen Klammern angeführten internationalen Bezeichnungen dienen der Information, sie ersetzen nicht die Verkehrsbezeichnungen.

14) Das Verzeichnis der Handelsbezeichnungen für Erzeugnisse der Fischerei und der Aquakultur wird von der Bundesanstalt für Landwirtschaft und Ernährung im Bundesanzeiger bekannt gemacht.

15) Verordnung (EWG) Nr. 1536/92 des Rates vom 9. Juni 1992 über gemeinsame Vermarktungsnormen für Thunfisch- und Bonitokonserven (ABl. Nr. L 163 vom 17.06.1992, S. 1–4)

16) Verordnung (EG) Nr. 445/2007 der Kommission vom 23. April 2007 mit bestimmten Durchführungsbestimmungen zur Verordnung (EG) Nr. 2991/94 des Rates mit Normen für Streichfette und zur Verordnung (EWG) Nr. 1898/87 des Rates über den Schutz der Bezeichnung der Milch und Milcherzeugnisse bei ihrer Vermarktung.

Leitsätze für Fleisch und Fleischerzeugnisse

I. Allgemeine Begriffsbestimmungen und Beurteilungsmerkmale

1 **„Fleisch"** sind alle Teile von geschlachteten oder erlegten warmblütigen Tieren, die zum Genuss für Menschen bestimmt sind[1].

Zum Zwecke der Lebensmitteletikettierung lautet die Begriffsbestimmung für den Klassennamen „...fleisch", dem der Name der Tierart, von der es stammt, voranzustellen ist[2]:

Die Skelettmuskeln von Tieren der Arten „Säugetiere" und „Vögel", die als für den menschlichen Verzehr geeignet gelten, mitsamt dem wesensgemäß darin eingebetteten oder damit verbundenen Gewebe, deren Gesamtanteil an Fett und Bindegewebe die nachstehend aufgeführten Werte nicht übersteigt, und soweit das Fleisch Zutat eines anderen Lebensmittels ist.

Höchstwerte der Fett- und Bindegewebeanteile für Zutaten, die mit dem Begriff „...fleisch" bezeichnet werden:

Spezies	**Fett (%)**	**Verhältnis Kollagen/ Fleischeiweiß*)**
Säugetiere (ausgenommen Kaninchen und Schweine) und Mischungen von Spezies, bei denen Säugetiere überwiegen	25	25
Schweine	30	25
Vögel und Kaninchen	15	10

*) Das Verhältnis Kollagen/Fleischeiweiß wird als Prozentsatz des im Fleischeiweiß enthaltenen Kollagens ausgedrückt. Der Kollagengehalt ist der mit dem Faktor 8 vervielfältigte Gehalt an Hydroxyprolin.

Werden diese Höchstwerte überschritten und sind alle anderen Kriterien der Definition von „...fleisch" erfüllt, so muss der „...fleischanteil" entsprechend nach unten angepasst werden. Das Verzeichnis der Zutaten muss in diesem Fall die Angabe „...fleisch", dem die Namen der Tierarten, von denen es stammt vorangestellt sind, und die Angabe „Fett" oder „Bindegewebe" enthalten.

Die unter die gemeinschaftliche Definition von „Separatorenfleisch" im Sinne des Anhanges 1 Nummer 1.14 der Verordnung (EG) Nr. 853/2004[3] fallenden Erzeugnisse sind nicht „...fleisch".

Das Zwerchfell und die Kaumuskeln gehören zu Fleisch, während das Herz, die Zunge, die Muskeln des Kopfes (außer den Kaumuskeln), des Karpal- und Tarsalgelenkes und des Schwanzes nicht darunter fallen.

1.1 Bei der gewerbsmäßigen Herstellung von Fleischerzeugnissen wird unter *„Fleisch“* nur Skelettmuskulatur mit anhaftendem oder eingelagertem Fett- und Bindegewebe sowie eingelagerten Lymphknoten, Nerven, Gefäßen und Schweinespeicheldrüsen verstanden.

Bei Fleischerzeugnissen, die auch im Verbraucherhaushalt zubereitet werden (z. B. Kotelett), und bei Fleischerzeugnissen im Stück (z. B. Knochenschinken) schließt die Bezeichnung *„Fleisch“* teilweise auch einen entsprechenden Anteil an eingewachsenen Knochen und Knorpeln ein, „Schweinefleisch“ auch Schwarte, im Allgemeinen jedoch nur bei Teilen aus dem Bereich von Schlegel (Keule), Schulter, Brust und Bauch sowie beim Rückenspeck.

Für die Herstellung der verschiedenen Fleischerzeugnisse wird im Allgemeinen Fleisch mit unterschiedlichen Bindegewebe- und Fettgewebeanteilen verwendet. Bei Erzeugnissen, die im Einzelfall aus binde- oder fettgewebeärmerem Fleisch hergestellt werden, als dies in den Besonderen Beurteilungsmerkmalen beschrieben ist, kann mit sehnenreichem (1.113) oder fettgewebereichem (1.123) Fleisch, Bindegewebe (1.31) oder Fettgewebe (1.21) ausgeglichen werden. Die fertig hergestellten Erzeugnisse entsprechen jedoch den in den Besonderen Beurteilungsmerkmalen festgelegten Kriterien für einen ausreichend hohen Fleischanteil; sie weisen außerdem keinen über das herkömmliche Maß hinausgehenden Fett- und Wassergehalt auf.

1.11 Bei Rindfleisch[4)] (einschließlich Kalb- und Jungrindfleisch) werden unterschieden:

1.111 „Sehnen- und fettgewebsarmes Rindfleisch“: Skelettmuskulatur des Rindes, die von Natur aus nur sehr wenig Bindegewebe und Fettgewebe enthält (z. B. Oberschale) oder deren Gehalt an diesen Geweben durch Ausschneiden („Entsehnen“) entsprechend verringert worden ist (z. B. entsehntes Bugstück).

1.112 „Grob entsehntes Rindfleisch“: Rindfleisch mit Bindegewebe- und Fettgewebegehalten, wie sie bei Verarbeitung von nicht übermäßig muskelarmen Rinderhälften ohne Filet, Lende und Oberschale nach Entfernung der groben Sehnen und größeren Fettgewebeansammlungen zu erwarten sind. Fleisch mit höheren Bindegewebe- und Fettgewebegehalten wird entsprechend ausgeschnitten.

1.113 „Sehnenreiches Rindfleisch“: Rindfleisch mit einem Bindegewebegehalt, der höher ist als bei „grob entsehntem Rindfleisch“, jedoch niedriger als bei ausschließlicher Verwendung von Beinfleisch, Fleisch, das von grob ausgelösten Knochen abgetrennt wird („Knochenputz") und die Kaumuskeln.

Rindfleisch der Schnittstelle zwischen Kopf und Hals wird als sehnenreich gewertet und nur für Brüh- und Kochwürste verwendet. Manuell von grob ausgelösten Knochen abgetrenntes Fleisch wird als sehnenreich gewertet. An Kopf- und Röhren- und Wirbelsäulenknochen haftendes Fleisch wird nur manuell abgetrennt.

1.12 Bei Schweinefleisch[5)] werden unterschieden:

1.121 „Fettgewebs- und sehnenarmes Schweinefleisch": Skelettmuskulatur des Schweines, die von Natur aus nur wenig Fettgewebe und Sehnen enthält oder deren Gehalt an Fettgewebe und Sehnen durch Ausschneiden entsprechend verringert worden ist.

1.122 „Grob entfettetes Schweinefleisch": Schweinefleisch mit einem Fettgewebeanteil, wie er bei nicht übermäßig fetten Schweinehälften nach grober Entfernung von Backen-, Kamm-, Rücken- und Bauchspeck sowie Flomen zu erwarten ist.

1.123 „Fettgewebereiches Schweinefleisch": Schweinefleisch mit einem Fettgewebeanteil, wie er bei nicht übermäßig fettem Bauchspeck zu erwarten ist.

Manuell von grob ausgelösten Knochen abgetrenntes Fleisch wird als fettgewebereich gewertet. An Kopf- und Röhrenknochen haftendes Fleisch wird nur manuell abgetrennt.

1.13 Bei Geflügelfleisch[6)] werden unterschieden:

1.131 Sehnen- und fettgewebsarmes Geflügelfleisch:

Skelettmuskulatur (Geflügelfleisch ohne Haut) von Geflügel, die von Natur aus nur wenig Bindegewebe oder Fettgewebe enthält (z. B. Brustfilet) oder deren Gehalt an diesen Geweben entsprechend verringert worden ist.

1.132 Grob entsehntes Geflügelfleisch:

Geflügelfleisch mit Bindegewebegehalten, wie sie bei der Verarbeitung von ganzem Geflügel ohne Brust nach Entfernung von groben Sehnen und der Flügel zu erwarten sind.

1.133 Sehnenreiches Geflügelfleisch:

Geflügelfleisch mit anhaftender Haut, dessen Bindegewebeanteile höher liegen als bei „grob entsehntem Fleisch".

Manuell von grob ausgelösten Knochen abgetrenntes Geflügelfleisch wird als sehnenreich gewertet und nur für Brüh- und Kochwürste verwendet.

1.21 „Fettgewebe“ ist überwiegend Fett enthaltendes Gewebe, das vom Fleisch abgetrennt worden ist oder aus dem Bereich der Körperhöhlen, jedoch nicht vom Darm oder Gekröse stammt.

1.211 „Flomen“ ist das beim Schwein zwischen Bauchfell und innerer Bauchmuskulatur liegende Fettgewebe.

1.212 „Speck“ ist das unter der Haut des Schweines liegende Fettgewebe ohne Schwarte, auch mit Resten von Skelettmuskulatur. „Backenspeck“ schließt eingelagerte Speicheldrüsen, „Bauchspeck“ die Brust- und Bauchmuskulatur sowie nicht laktierende Milchdrüsen ein. An „Speck“ der frisch oder behandelt im Stück an den Verbraucher abgegeben wird, haftet zumeist Schwarte.

1.213 „Rinderfleischfett“ ist Fettgewebe des Rindes, mit Ausnahme der Fettgewebeansammlungen in den Körperhöhlen.

1.22 „Fett“ ist der von Wasser und Eiweiß befreite, durch Erhitzen, Abpressen oder Zentrifugieren gewonnene Anteil des Fettgewebes von Schwein („Schweinefett“, „Schweineschmalz“) oder Rind („Rinderfett“, „Talg“). Schweinefett ist bei Kochstreichwurst dem Fettgewebe gleichgestellt.

„Kesselfett“ ist das beim Kochen von fettgewebehaltigen Tierkörperteilen austretende, gesondert erfasste Fett. Kesselfett von schlachtfrischen Teilen des Schweines ist bei Kochstreichwurst dem Fettgewebe gleichgestellt.

„Knochenfett“ ist das in fleischverarbeitenden Betrieben von Tieren aus eigenen Schlachtungen durch Behandlung von frischen und unverdorbenen Knochen im Vakuum bei Temperaturen unter 100 °C und nachfolgendes Abklären gewonnene Fett. Es ist bei Kochstreichwurst dem Fettgewebe gleichgestellt.

1.31 „Bindegewebe“ ist Gewebe, dessen Eiweißanteil überwiegend aus Bindegewebseiweiß (Kollagen, Elastin) besteht; es umschließt straffes und lockeres Bindegewebe, ausgenommen Fettgewebe.

1.311 „Sehnen“ sind straffe Bindegewebe (Sehnen einschließlich Sehnenscheiden, Sehnenplatten, Bindegewebehäute und Bänder mit Ausnahme des Nackenbandes des Rindes). Ansammlungen von lockerem sowie elastischem Bindegewebe, die beim Ausschneiden von Fleisch anfallen, sind den Sehnen gleichgestellt.

1.312 „Schwarten“ sind Teile der gebrühten und enthaarten Haut des Schweines. Gebrühte und enthaarte Kopfhaut vom Kalb und Maul des Rindes (Flotzmaul, Ochsenmaul) sind der Schwarte gleichgestellt.

1.313 „Schwartenzug“ ist bindegewebereicher Speck unter der Schwarte.

1.314 „Grieben“ sind die beim „Auslassen“ (Erhitzen) von Fettgewebe zurückbleibenden Bindegewebeanteile.

1.315 „Speisegelatine“[7] ist bei der Herstellung von

- Sülzen und Sülzwurst,
- Fleischerzeugnissen in oder mit Gelee oder Aspik, Corned Beef mit Gelee,
- in luftdicht verschlossenen Packungen oder Behältnissen erhitzten Fleischerzeugnissen (wie Kochschinken und Zunge), nachpasteurisierten Fleischerzeugnissen (wie in Packungen nachpasteurisierten Bratwürsten zum Gelieren des austretenden Fleischsaftes) und
- Überzügen, Glasuren und Garnituren bei Fleischerzeugnissen

verkehrsüblich.

Die bei der Herstellung der Speisegelatine verwendeten Rohstoffe entsprechen den bei der Herstellung der Fleischerzeugnisse verkehrsüblichen Tierarten.

1.32 „Eisbeine“ (Schweinshaxen) sind die Teile der Extremitäten des Schweines zwischen Knie- bzw. Ellbogengelenk und den Fußwurzelgelenken. Ihr knochenfreier Teil wird für die Verarbeitung in der Regel entschwartet. Ausgenommen sind Erzeugnisse, bei denen die Verarbeitung von Schwarten üblich ist oder bei denen die Verwendung von nicht entschwartetem Eisbein ausdrücklich vorgesehen ist.

1.33 „Schweinemasken“ sind Kopfschwarten des Schweines mit anhaftendem Fett-, Binde- und Muskelgewebe.

1.41 „Blut“ ist die beim Schlachten aus den Blutgefäßen gewonnene, zellige Bestandteile enthaltende Flüssigkeit, sowohl nach Zusatz von gerinnungshemmenden Stoffen als auch nach Entfernung des Fibrins.

1.42 „Blutplasma“ ist die Flüssigkeit, die nach Zusatz von gerinnungshemmenden Stoffen und Entfernen der zelligen Bestandteile aus dem Blut gewonnen wird. Die abgesonderten zelligen Elemente werden als „Dickblut“ bezeichnet. Als Blutplasma gilt auch getrocknetes Blutplasma, das in der Regel im Verhältnis 1:10 in Trinkwasser aufgelöst verarbeitet wird.

1.43 „Blutserum" ist die Flüssigkeit, die nach dem Entfernen des Fibrins und der zelligen Bestandteile aus dem nicht mit gerinnungshemmenden Stoffen versetzten Blut gewonnen wird.

1.51 „Innereien" für die Herstellung von Fleischerzeugnissen sind Leber, Herz, Zunge ohne Schleimhaut.

Als Einlagen verwendete Zungen sind stets vor dem Kehldeckel abgesetzt und – abgesehen von technisch nicht vermeidbaren Resten – von der verhornten Schleimhaut, Speicheldrüsen und Zungenbein sowie Kehlgangmuskulatur befreit.

Innereien werden nur zu Fleischerzeugnissen verarbeitet, die hitzebehandelt in den Verkehr gelangen.

1.511 Darüber hinaus werden für spezielle, traditionelle Fleischerzeugnisse die folgenden „sonstigen Tierkörperteile" unter Kenntlichmachung der Verwendung eingesetzt: Lunge, Schweinemilz, Nieren, Magen und Vormagen ohne Schleimhaut.

1.61 Über die rechtlichen Verbote[8)] hinaus werden folgende Tierkörperteile nicht in Fleischerzeugnissen verarbeitet:

- Häute von Wiederkäuern, ausgenommen die in Nummer 1.312 genannten Teile;
- Nackenband und große Gefäßstämme von Rindern;
- Knochen und Knorpel, sofern sie nicht üblicherweise Bestandteil des Erzeugnisses sind (z. B. Knochenschinken sowie technologisch nicht vermeidbare Knorpelreste beim Schweinebauch);
- Därme;
- Harnblase einschließlich Harnröhre;
- Gekröse, einschließlich Netzfettgewebe;
- Hirn;
- Rindermilz;
- Rückenmark;
- Fibrin, das vom Blut getrennt worden ist;
- Dickblut, das bei der Blutplasma-Herstellung anfällt;
- Kesselfett und Knochenfett, das nicht nach Nummer 1.22 dem Fettgewebe gleichgestellt ist;
- Schleimhaut;
- Hoden;

– Geflügelkamm, -ohren, -kehllappen und -fleischwarzen.

1.62 Als Hüllen für Fleischerzeugnisse, sofern sie nicht aufgrund der fleischhygienerechtlichen Vorschriften untauglich sind[9)], werden neben künstlichen Hüllen und unbeschränkt verarbeitungsfähigen Tierkörperteilen folgende, im Übrigen nicht verarbeitungsfähige Tierkörperteile (1.61) verwendet:

vom Rind:

Speiseröhre (ohne Schleimhaut, ohne Muskelschicht, gewendet);

Pansenwand (ohne Schleimhaut, gewendet) für Saure Rolle usw.;

Dünndarm (ohne Schleimhaut, gewendet) als Kranzdarm;

Blinddarm und der Übergang zum Grimmdarm (ohne Schleimhaut, gewendet) als Butte;

Serosa des Blinddarms als Goldschlägerhäutchen;

Grimmdarm (ohne Schleimhaut, gewendet) als Mitteldarm;

Mastdarm (ohne Schleimhaut, gewendet);

Harnblase (mit Schleimhaut, gewendet);

Rinderhautspalt (Rinderspalthäute) für die Herstellung von Hautfaserhüllen;

vom Kalb/vom Jungrind:

Blinddarm (ohne Schleimhaut, gewendet) als Kalbsbutte;

Dünndarm (ohne Schleimhaut, gewendet);

von älteren Kälbern/vom Jungrind:

Harnblase (mit Schleimhaut, gewendet);

vom Schwein:

Magen (mit Schleimhaut, gewendet); Netzfettgewebe;

Dünndarm

a) ohne Schleimhaut, ohne Muskelschicht, ohne Serosa, nicht gewendet als Schweinedarm oder Schweinesaitling;

b) ohne Schleimhaut, gewendet als Schweinedarm;

c) gewendet (mit Schleimhaut) für Leberwürstchen;

d) ohne Schleimhaut, ohne Submucosa und ohne Muskelschicht (nur Serosa) als Bändel für bestimmte Bratwürste;

Blinddarm (mit Schleimhaut, gewendet) als Säckchen oder Schweinekappe;

Grimmdarm (mit Schleimhaut, gewendet) als Krausdarm, Übergang zum Mastdarm als sogenanntes Nachende;

Mastdarm (mit Schleimhaut, gewendet) als Fettende oder Schlacke;

Harnblase (mit Schleimhaut, gewendet);

vom Schaf:

Dünndarm (ohne Schleimhaut, ohne Muskelschicht, ohne Serosa, nicht gewendet) als Schafsaitling;

Blinddarm (ohne Schleimhaut, gewendet) als Hammelkappe;

Harnblase (mit Schleimhaut, gewendet);

vom Pferd:

Dünndarm (ohne Schleimhaut, gewendet) als Pferdedarm.

1.7 Als „Gesamteiweiß" gilt die Summe der Stickstoffverbindungen. Sie ergibt sich aus dem Vergleich des Gehaltes an Rohprotein (Stickstoffgehalt × 6,25) mit dem Gehalt an organischem Nichtfett (= Differenz zwischen 100 und der Summe aus den Prozenten an Wasser, Fett und Asche). Sofern sich die Gehalte an Rohprotein und organischem Nichtfett decken, ist dieser Wert für den Gehalt an Gesamteiweiß repräsentativ. Wenn sich die Werte nicht decken, gilt der niedrigere Wert als Gesamteiweiß. Gleiches gilt auch dann, wenn der Wert von organischem Nichtfett abzüglich etwa vorhandener Kohlenhydrate und anderer nicht stickstoffhaltiger organischer Substanzen niedriger liegt als der Rohproteingehalt.

1.71 Als „Fleischeiweiß" gelten die vom Fleisch (1) untersuchungspflichtiger Tiere stammenden Stickstoffverbindungen einschließlich der in der Muskulatur enthaltenen originären Nichteiweißstickstoffverbindungen.[10)]

Nicht dazu zählen

- fremde Nichteiweißstickstoffverbindungen (1.76),
- aus Tierteilen gewonnene Trockenprodukte wie Fleischpulver, Fleischeiweiß-Isolate, Schwartenpulver, Trockenblutplasma und Speisegelatine, ausgenommen gefriergetrocknetes Fleisch, das unter Erhaltung der Faserstruktur den Zerkleinerungsgrad von Hackfleisch nicht überschreitet.

Der Gehalt an Fleischeiweiß errechnet sich aus der Differenz zwischen Gesamteiweiß und der Summe aus Fremdeiweiß und fremden Nichteiweißstickstoffverbindungen.

1.72 Als „bindegewebseiweißfreies Fleischeiweiß" (BEFFE) gilt die Differenz zwischen Gesamteiweiß und der Summe aus Fremdeiweiß, fremden Nichteiweißstickstoffverbindungen und Bindegewebseiweiß. Eine Differenzierung der Stickstoffverbindungen erübrigt sich, wenn ein gefordertes Minimum an bindegewebseiweißfreiem Fleischeiweiß schon vom undifferenzierten Anteil nicht erreicht wird. BEFFE gilt als Maß für den Anteil an schierem Muskelfleisch, schließt aber auch bei Kochwürsten und bestimmten Brühwürsten das aus Blut, Leber und anderen Innereien stammende bindegewebseiweißfreie Eiweiß ein.

Zurechnen des Fleischeiweißanteiles aus den unter die gemeinschaftliche Definition von „Separatorenfleisch"[3] fallenden Erzeugnissen, von Muskeln des Kopfes (außer den Kaumuskeln), Muskeln des Karpal- und Tarsalgelenkes und des Schwanzes zu BEFFE schließt sich aus.

Der BEFFE-Gehalt von sehnen- und fettgewebsarmem Rindfleisch (1.111) und fettgewebs- und sehnenarmem Schweinefleisch (1.121) beträgt ca. 20 %.

1.73 „Muskel-Trockensubstanz" ist die durch Kochen in Phosphatpuffer-Lösung nicht extrahierbare, getrocknete, weitestgehend kollagenfreie Substanz.

1.74 „Bindegewebseiweiß" sind die aus Bindegewebe stammenden Eiweißstoffe (chemisch: Hydroxiprolin × 8; histologisch: kollagenes und elastisches Bindegewebe).

1.75 „Fremdeiweiß" ist Eiweiß, das nicht von Schlachttierteilen (1) stammt (z. B. Eiklar, Milcheiweiß, Fischeiweiß, Sojaeiweiß, Weizeneiweiß). Aus Tierteilen gewonnene Trockenprodukte wie Fleischpulver, Schwartenpulver, Trockenblutplasma, Fleischeiweiß-Isolate und Speisegelatine sind dem Fremdeiweiß gleichgestellt.

1.76 „Fremde Nichteiweißstickstoffverbindungen"[11), 12)] sind zugesetzte Nichteiweißstickstoffverbindungen. Sie werden bevorzugt durch Eiweißhydrolyse gewonnen.

1.8 Zusätze:

Die Verwendung von Zusätzen bei Fleischerzeugnissen muss geschmacklich und/oder technologisch begründet sein; sie richtet sich, soweit in Rechtsvorschriften keine besonderen Regelungen enthalten sind, nach der allgemeinen Verkehrsauffassung[13]. So beschränkt sich z. B. die Verwendung von Zuckern (Mono-, Di- und Oligosaccharide), auch wenn diese geschmacksneutral sind – soweit in den Leitsätzen nicht ausdrücklich etwas anderes vermerkt ist – auf insgesamt 1 %.

Als Zusätze kommen andere Lebensmittel wie Milch und Milcherzeugnisse, Eier und Eiprodukte, Pilze, Getreidekörner, Getreideerzeugnisse, Ölsaaten, Stärke, Gemüse, Obst, Kartoffeln und pflanzliches Eiweiß in Betracht.

Bei der Herstellung von Fleischerzeugnissen, die als „umgerötet" beschrieben werden, werden Pökelstoffe (Nitrite und Nitrate) unter den im Anhang II der Verordnung (EG) Nr. 1333/2008 des Europäischen Parlaments und des Rates über Lebensmittelzusatzstoffe genannten Bedingungen verwendet.

1.9 Behandlungsverfahren:

(wird später ergänzt)

2 **„Fleischerzeugnisse"** sind Erzeugnisse, die ausschließlich oder überwiegend aus Fleisch (1) bestehen. Bei Erzeugnissen mit einem Zusatz von Fleisch oder Fleischerzeugnissen beziehen sich die Leitsätze auf den Anteil an Fleisch oder Fleischerzeugnissen.

Erzeugnisse mit einem Zusatz von Fleisch oder Fleischerzeugnissen sowie fleischlose Erzeugnisse unterscheiden sich in Bezeichnung und Aufmachung eindeutig von Fleischerzeugnissen.

2.1 Allgemeines über Bezeichnungen der Lebensmittel, Angaben, Aufmachung.

2.11.1 Fleischerzeugnisse und Erzeugnisse mit einem Zusatz von Fleisch oder Fleischerzeugnissen, in deren Bezeichnung des Lebensmittels nicht auf eine besondere Tierart hingewiesen wird, werden aus Teilen von Rindern und/oder Schweinen hergestellt. Rindfleisch und Schweinefleisch sind gegeneinander austauschbar, soweit sich aus den Leitsätzen nichts Gegenteiliges ergibt. Eine örtlich abweichende Verkehrsauffassung bleibt zu beachten.

Werden Rind- und Schweinefleisch (1.1) in einem Fleischerzeugnis verarbeitet und wird in der Bezeichnung des Lebensmittels auf Rind hingewiesen, erfolgt zusätzlich ein Hinweis auf Schweinefleisch, z. B. *„Rindersalami mit Schweinefleisch"*. Dabei überwiegt der Rindfleischanteil gegenüber dem Schweinefleischanteil.

Die ausschließliche Verwendung von Teilen anderer Tiere als vom Rind (einschließlich Kalb und Jungrind) und Schwein wird in der Bezeichnung des Lebensmittels angegeben, z. B. *„Wildschweinsalami"*.

Die teilweise Verwendung von Teilen anderer Tiere als vom Rind (einschließlich Kalb und Jungrind) und Schwein wird in der Bezeichnung des Lebensmittels angegeben, gegebenenfalls ergänzt um den prozentualen Anteil, z. B. *„Salami mit Lammfleisch"*, *„Salami mit 5 % Lammfleisch"*, *„Wiener Würstchen mit Hähnchenfleisch"*, *„Wiener Würstchen mit 10 % Hähnchenfleisch"*, *„Leberwurst mit Putenfleisch"*, *„Leberwurst mit 20 % Putenfleisch"*, *„Lyoner mit Straußenfleisch"*, *„Lyoner mit 5 % Straußenfleisch"*[14] usw.

Bei Wurstwaren, in deren Bezeichnung des Lebensmittels der Begriff „Kalb-" vorangestellt ist, besteht der Rindfleischanteil zu mehr als 50 % aus Kalb- und/oder Jungrindfleisch[4].

2.11.2 Die Verwendung von Därmen anderer Tierarten als Wursthülle oder von Wursthüllen aus Zutaten anderer Tierarten als durch die Bezeichnung des Lebensmittels ausgedrückt, ist verkehrsüblich, sofern nicht für einzelne Erzeugnisse andere Regelungen getroffen sind.

2.11.3 Wird ein Fleischerzeugnis mit Zusatzbezeichnungen wie „rein" oder mit vergleichbaren Hinweisen in Zusammenhang mit der Tierart versehen, so wird ausschließlich Fleisch (1) der angegebenen Tierart verwendet.

2.11.4 Fleischerzeugnisse und Erzeugnisse mit einem Zusatz von Fleisch oder Fleischerzeugnissen, in deren Bezeichnung des Lebensmittels auf die Verwendung von Geflügel hingewiesen wird, werden ausschließlich aus Teilen der Tierarten Huhn und/oder Pute (= Truthuhn) hergestellt. Hühnerfleisch und Putenfleisch sind gegeneinander austauschbar, soweit sich aus den Leitsätzen nichts Gegenteiliges ergibt.

Die ausschließliche oder teilweise Verwendung von Teilen anderer Vögel als Huhn und Pute wird in der Bezeichnung des Lebensmittels angegeben, z. B. *„Straußenlyoner"*, *„Geflügellyoner mit 5 % Straußenfleisch"*, *„Geflügellyoner mit Entenfleisch"* oder *„Geflügellyoner mit 8 % Entenfleisch"*.

Werden Geflügelfleischerzeugnisse unter Mitverwendung von anderen Tierarten hergestellt, wird auf diese Tierart in der Bezeichnung des Lebensmittels hingewiesen, z. B. *„Geflügel-Wiener Würstchen mit Rindfleisch"*, *„Puten-Leberwurst mit 20 % Schweinefleisch"*.

2.11.5 Auf die Mitverwendung von unter die gemeinschaftliche Definition von „Separatorenfleisch"[3] fallenden Erzeugnissen, von Muskeln des Kopfes (außer den als „... fleisch" geltenden Kaumuskeln), Muskeln des Karpal- und Tarsalgelenkes und des Schwanzes und ihren verwendeten Anteil wird hingewiesen[15].

Besteht der Fleischanteil (1) zu mehr als 50 % aus unter die gemeinschaftliche Definition von „Separatorenfleisch"[3] fallenden Erzeugnissen, aus Muskeln des Kopfes (außer den Kaumuskeln), Muskeln des Karpal- und Tarsalgelenkes und des Schwanzes handelt es sich um ein Produkt eigener Art. In den Besonderen Beurteilungsmerkmalen aufgeführte Bezeichnungen der Lebensmittel werden hier nicht verwendet. Dies betrifft hinsichtlich der Schweinemasken nicht Erzeugnisse, bei denen in Abschnitt II mit der Bezeichnung des Lebensmittels oder bei Ausgangsmaterial ausdrücklich auf die Mitverwendung von Schweinemasken (1.33) hingewiesen wird.

2.11.6 Zusätze anderer Lebensmittel wie Milch und Milcherzeugnisse, Eier und Eiprodukte, Pilze, Getreidekörner, Getreideerzeugnisse, Ölsaaten, Stärke, Gemüse, Obst, Kartoffeln und pflanzliches Eiweiß werden kenntlich gemacht, sofern deren Verwendung nicht verkehrsüblich ist.

2.11.7 Wird durch Zusätze[16] (1.8), Blutplasma und Blutserum[12] Fleisch (1) ersetzt, wird die Kennzeichnung durch die Angabe des Zusatzes ergänzt. Von einem Ersetzen des Fleischanteils ist in der Regel auszugehen, wenn der Anteil 2 %, bei Fleischerzeugnissen und bei Pasteten und vergleichbaren Produkten der Anteil an Flüssigei, flüssigem Eigelb, gefrorenem Vollei, gefrorenem Eigelb 5 % überschreitet.

2.11.8 Werden zu Fleischzubereitungen oder Fleischerzeugnissen Fremdeiweiße (1.75)[12, 16] oder fremde Nichteiweißstickstoffverbindungen (1.76)[12, 16] zugesetzt, so wird die Bezeichnung des Lebensmittels um die Angabe dieser Zutaten ergänzt. Ausgenommen ist hiervon die Regelung zur Speisegelatine zu Leitsatznummer 1.315.

2.11.9 Ergibt sich aus der Bezeichnung der unter den Leitsatznummern 1.21 bis 1.51 und 1.62 aufgeführten Tierkörperteilen und Erzeugnissen die Tierart nicht eindeutig, so wird die Bezeichnung um die Tierart ergänzt.

2.11 gestrichen

2.12 Fleischerzeugnisse mit hervorhebenden Hinweisen wie Spitzenqualität, Delikatess-, Feinkost-, Gold-, prima, extra, spezial, 1a, ff oder dergleichen oder in besonders hervorhebender Aufmachung (z. B. goldfarbene Hülle) unterscheiden sich von den unter der betreffenden Bezeichnung des Lebensmittels sonst üblichen Fleischerzeugnissen, abgesehen von hohem Genusswert, durch besondere Auswahl des Ausgangsmaterials, keine Verarbeitung von Separatorenfleisch oder manuell oder auf andere Art vom Knochen gewonnenem Restfleisch sowie insbesondere durch höhere Anteile an Skelettmuskulatur.

Sofern in den Leitsätzen keine besonderen Feststellungen getroffen sind, liegt der Anteil an bindegewebseiweißfreiem Fleischeiweiß in diesen Fällen (2.12) absolut um ein Zehntel (z. B. 11 statt 10 %), bezogen auf Fleischeiweiß histometrisch um 10 %-Punkte (z. B. 80 statt 70 Vol.-

%), chemisch um 5 %-Punkte (z. B. 75 statt 70 %) höher. Dabei muss ein Wert von BEFFE im Fleischeiweiß von 80 Vol.-%, histometrisch bestimmt, bzw. 85 %, chemisch bestimmt (bei Geflügelfleischerzeugnissen 90 %), nicht überschritten werden. Ausgenommen von dieser Regelung sind Bierschinken (2.224.1) und Schabefleisch (2.507.3).

Blutwürste (2.232) und Presswürste (2.2333) mit hervorhebenden Hinweisen weisen von groben Fett- und Bindegewebsanteilen befreite Muskelfleisch- bzw. Zungeneinlagen von mindestens 35 % auf.

Sülzen (2.2331) mit hervorhebenden Hinweisen weisen von groben Fett- und Bindegewebsanteilen befreite Muskelfleisch- bzw. Zungeneinlagen von mindestens 50 % auf.

Bei Kochpökelwaren (2.321) mit hervorhebenden Hinweisen liegt der Anteil an Fleischeiweiß im fettfreien Anteil um 1 %-Punkt absolut (z. B. 20 statt 19 %) höher, BEFFE im Fleischeiweiß (1.72) bleibt unverändert.

Bei rohen Erzeugnissen mit hervorhebenden Hinweisen (z. B. Delikatess, 1a) und Hinweisen wie luftgereift, luftgetrocknet, langgereift, naturgereift u. Ä. verringert sich der jeweilige Wasseranteil um 3 % absolut (z. B. bei Delikatess-Lachsschinken: 69 %, bei Knochenschinken, langgereift: 62 %).

2.13 Bei Fleischerzeugnissen, die üblicherweise sowohl grob als auch feinzerkleinert in den Verkehr kommen, z. B. bei streichfähiger Mettwurst oder Leberwurst, wird der Zerkleinerungsgrad notwendigenfalls nur bei grober Zerkleinerung mit „grob", „grobzerkleinert" oder dergleichen deklariert. Sofern eine Kennzeichnung der feinen Zerkleinerung notwendig ist, erfolgt diese mit Wortverbindungen wie „fein", „feinzerkleinert", „feingekörnt" oder „feingehackt".

2.14 Bei Fleischerzeugnissen ist die zusätzliche Angabe „einfach" nur für bestimmte, in den Leitsätzen ausdrücklich genannte Sorten üblich. Sie ist Teil der Bezeichnung des Lebensmittels und stellt keine ausreichende Kenntlichmachung einer wertgeminderten Beschaffenheit im Sinne des § 11 Absatz 2 Nummer 2 Buchstabe b des Lebensmittel- und Futtermittelgesetzbuches (LFGB) dar.

2.15 Geographische Angaben sind in der Regel echte Herkunftsangaben. In manchen Fällen können sie, soweit sie in den Leitsätzen ausdrücklich genannt werden, aber auch nur Hinweise auf eine bestimmte Zusammensetzung und Herstellungsweise sein. In dem ausgewiesenen Raum werden sie dann häufig nicht verwendet. In Verbindung mit den Worten „Original" oder „Echt" oder nach Eintrag in das Verzeichnis der geschützten Ursprungsbezeichnungen und der geschützten geographischen Angaben als geschützte Ursprungsbezeichnungen (g. U.)

oder geschützte geographische Angaben (g. g. A.) weisen geographische Bezeichnungen der Lebensmittel in jedem Fall auf die Herkunft hin[17].

Für Erzeugnisse mit g. g. A. bzw. g. U. gelten die entsprechenden Vorschriften bzw. spezifischen Anforderungen. Diese Erzeugnisse sind nicht in den Leitsätzen im Abschnitt II aufgeführt (siehe Anhang zu Fußnote 17).

Fleischerzeugnisse mit geographischen Bezeichnungen, die in den Leitsätzen nicht gesondert genannt sind, liegen in der Regel über, in keinem Fall unter den Anforderungen, die in diesen Leitsätzen für entsprechende Erzeugnisse ohne geographische Bezeichnung festgestellt sind; andernfalls wird gemäß § 11 Absatz 2 Nummer 2 Buchstabe b des LFGB auf die Abweichung hingewiesen.

2.16 Fleischerzeugnisse mit Hinweisen auf eine bestimmte Herstellung (z. B. Hausmacher-, Bauern-, Guts-, altes Familienrezept) oder bestimmte Personengruppen (z. B. Gutsherren, Schlemmer), die in den Leitsätzen nicht genannt sind, liegen über, auf keinen Fall unter den Anforderungen, die in den Leitsätzen für entsprechende Erzeugnisse ohne solche Hinweise festgestellt sind, andernfalls wird gemäß § 11 Absatz 2 Nummer 2 Buchstabe b des LFGB die Abweichung ausreichend kenntlich gemacht.

2.17 Phantasiebezeichnungen und isoliert gebrauchte geographische Angaben, die in den Leitsätzen nicht genannt sind, werden durch die übliche Bezeichnung des Lebensmittels oder eine Beschreibung des Erzeugnisses ergänzt, aus der die Art des Lebensmittels erkennbar ist und von verwechselbaren Erzeugnissen unterschieden werden kann.

2.18 Fleischerzeugnisse werden nur dann zu anderen Fleischerzeugnissen oder Erzeugnissen mit einem Zusatz von Fleisch oder Fleischerzeugnissen umgearbeitet, wenn sie

- nicht wertgemindert und
- im Enderzeugnis keine Minderung des Nähr- oder Genusswertes bedingen und
- von Hüllen befreit worden sind.

Geräucherte Würstchen in Schaf-Saitlingen, Schweine-Saitlingen oder Hautfasersaitlingen werden mit Hüllen nur zu solchen Erzeugnissen verarbeitet, die dem Verbraucher als geringwertig bekannt zu sein pflegen, und nur in Mengen bis zu 2 %.

Grundsätzlich werden Fleischerzeugnisse nicht zu Fleischerzeugnissen mit hervorhebenden Hinweisen umgearbeitet. Abweichend davon können in Brühwürsten (2.222 bis 2.224), die mit hervorhebenden Hinweisen (2.12) in Verkehr gebracht werden, bis 3 % Brühwürste der gleichen Sorte verarbeitet werden, wenn diese

- beim maschinellen Aufschneiden in der Herstellungsstätte anfallen,
- in der Herstellungsstätte ohne Zeitverzug weiterverarbeitet werden,
- mindestens den Qualitätsanforderungen an das Endprodukt genügen und
- keinen Einfluss auf die besonderen sensorischen Eigenschaften des Endproduktes ausüben.

2.19 Formfleischerzeugnisse werden aus Fleischstücken hergestellt, die zu einer größeren Einheit zusammengefügt werden. Die neue Form und der Zusammenhalt der Stückware werden durch unterschiedliche technologische Verfahren erreicht (z. B. mechanische Vorbehandlung zur Freisetzung von Muskeleiweiß an den Oberflächen unter gleichzeitiger Auflockerung der Struktur, Hitzebehandlung, Gefrierbehandlung und/oder Verwendung von Stoffen wie Enzyme, Salze oder andere Bindungssysteme). Der Gewebeverband der verwendeten Fleischstücke bleibt im Wesentlichen erhalten. Formfleischerzeugnisse weisen unbeschadet des bei der Herstellung eventuell erforderlichen Salzgehaltes die gleiche Zusammensetzung auf wie Erzeugnisse aus gewachsenem Fleisch, denen sie nachgebildet sind.

Bei der Herstellung wird kein gewolftes, gekuttertes oder in ähnlicher Weise zerkleinertes Fleisch verwendet. Der gegebenenfalls bei der Herstellung auftretende Muskelabrieb (aus freigesetztem Muskeleiweiß entstehende brätähnliche Substanz) übersteigt, soweit in den Leitsätzen nichts anderes angegeben wird, nicht den Wert von 5 Vol.-% (bei Geflügelfleischerzeugnissen von 10 Vol.-%) im verzehrfertigen, zusammengefügten Fleischanteil.

Zur Vermeidung einer Verwechslung von Formfleischerzeugnissen mit vergleichbaren Erzeugnissen aus gewachsenem Fleisch wird in der Bezeichnung des Lebensmittels das Wort *„Formfleisch-"* vorangestellt und außerdem in unmittelbarer Verbindung mit der Bezeichnung des Lebensmittels und in gleicher Schriftgröße darauf hingewiesen, dass Fleischstücke zusammengesetzt sind (z. B. *Formfleisch-Schinken*, aus Fleischstücken zusammengefügt, *Formfleisch-Roulade*, aus Fleischstücken zusammengefügt, *Formfleisch-Gulasch*, aus Fleischstücken zusammengefügt[18]).

Bei Muskeln und Muskelgruppen, die aus dem Zusammenhang gelöst wurden und die zu größeren Einheiten zusammengefügt sind, kann dieser Hinweis entfallen, sofern sie auch isoliert unter der entsprechenden Bezeichnung des Lebensmittels verkehrsfähig wären.

2.2 „Wurstwaren“ (Würste und wurstartige Erzeugnisse) sind bestimmte, unter Verwendung von geschmackgebenden und/oder technologisch begründeten Zutaten zubereitete schnittfeste oder streichfähige Gemenge aus zerkleinertem Fleisch (1.1), Fettgewebe (1.21) sowie sortenbezogen teilweise auch Innereien (1.51) sowie bei besonderen Erzeugnissen sonstige Tierkörperteile (1.511).

Wurstwaren gelangen geräuchert oder ungeräuchert in Hüllen oder Behältnissen oder auch ohne Hüllen in den Verkehr. Fleischerzeugnisse, die als „Pasteten“, „Rouladen“ oder „Galantinen“ bezeichnet sind, sind nur dann Wurstwaren im Sinne dieser Leitsätze, wenn sie die Merkmale von Brühwürsten (2.22) oder Kochwürsten (2.23) aufweisen. Küchenfertig vorbereitete oder tafelfertig zubereitete Fleischerzeugnisse wie Fleischklopse, Küchenpasteten gelten nicht als Wurstwaren.

2.21 „Rohwürste“ sind in der Regel umgerötete, ungekühlt (über +10 °C) lagerfähige, in der Regel roh zum Verzehr gelangende Wurstwaren, die streichfähig oder nach einer mit Austrocknung verbundenen Reifung schnittfest geworden sind. Zucker werden in einer Menge von nicht mehr als 2 % zugesetzt.

2.22 „Brühwürste“ sind durch Brühen, Backen, Braten oder auf andere Weise hitzebehandelte Wurstwaren, bei denen zerkleinertes rohes Fleisch mit Kochsalz und gegebenenfalls anderen technologisch notwendigen Salzen meist unter Zusatz von Trinkwasser (oder Eis) ganz oder teilweise aufgeschlossen wurde und deren Muskeleiweiß bei der Hitzebehandlung mehr oder weniger zusammenhängend koaguliert ist, sodass die Erzeugnisse bei etwaigem erneutem Erhitzen schnittfest bleiben. Die Menge des verwendeten Trinkwassers ist bei den einzelnen Wurstsorten verschieden. Bezogen auf Fleisch und Fett wird anstelle von Trinkwasser teilweise bis zu 10 % Blutplasma oder Blutserum zugesetzt; der Ersatz von Trinkwasser durch 5 % Milch ist auf zum Braten bestimmte ungeräucherte Würste, deren Brät fein zerkleinert ist, beschränkt.

„Brät“ ist

- das unter Zusatz von Trinkwasser und Salzen zerkleinerte rohe Fleisch,
- die für die Brühwurstherstellung zum Abfüllen fertig gestellte Rohmasse.

Würste, die roh in den Verkehr kommen, aber dazu bestimmt sind, vor dem Verzehr durch Brühen, Backen, Braten oder auf andere Weise hitzebehandelt zu werden und dabei schnittfest werden (z. B. rohe Bratwürste und rohe Schweinswürstchen zum Selbstbraten, rohe Weißwürste zum Selbstbrühen und roher Leberkäse zum Selbstbacken) sind Brühwursthalbfabrikate.

2.23 „Kochwürste" sind hitzebehandelte Wurstwaren, die vorwiegend aus gekochtem Ausgangsmaterial hergestellt werden. Nur beim Überwiegen von Blut, Leber und Fettgewebe kann der Anteil an rohem Ausgangsmaterial vorherrschen. Kochwürste sind in der Regel nur im erkalteten Zustand schnittfähig.

2.231 „Kochstreichwürste" sind Kochwürste, deren Konsistenz im erkalteten Zustand von erstarrtem Fett oder zusammenhängend koaguliertem Lebereiweiß bestimmt ist.

2.232 „Blutwürste" sind Kochwürste, deren Schnittfähigkeit im erkalteten Zustand durch mit Blut versetzte, erstarrte Gallertmasse („Schwartenbrei") oder auf zusammenhängende Koagulation von Bluteiweiß beruht.

2.233 „Sülzwürste" sind Kochwürste, deren Schnittfähigkeit im erkalteten Zustand durch erstarrte Gallertmasse (Aspik oder „Schwartenbrei") zustande kommt.

2.24 Bratwürste

Die Verkehrsauffassung, die sich mit dem Begriff „Bratwurst" verbindet, ist regional unterschiedlich. Erzeugnisse, die unter dieser Bezeichnung in den Verkehr gebracht werden, sind demgemäß entweder

a) Fleischzubereitungen im Sinne von Anhang I Nummer 1.15 der VO (EG) Nr. 853/2004: durch nachfolgende Erhitzung gewinnen diese Halbfabrikate den Charakter der in Buchstabe c genannten Erzeugnisse, oder

b) Rohwürste (2.21), soweit sie in unerhitztem Zustand und gereift in den Verkehr kommen, oder

c) Brühwürste (2.22), soweit ihr Muskeleiweiß durch Hitzeeinwirkung zusammenhängend koaguliert ist, sodass die Erzeugnisse bei etwaigem erneuten Erhitzen schnittfest bleiben, oder

d) Kochwürste (2.23).

Als „Bratwursthack", „Bratwurstbrät" oder Ähnliches bezeichnete Gemenge sind Rohprodukte im Sinne von Buchstabe a und unterliegen den im Anhang III, Abschnitt V der VO (EG) Nr. 853/2004 sowie in der Anlage 5 Kapitel II der Tierische Lebensmittel-Hygieneverordnung angegebenen Verkehrsbeschränkungen.

II. Besondere Beurteilungsmerkmale für einzelne Erzeugnisse

Die nachstehend beschriebenen Erzeugnisse und auch deren Bezeichnungen stellen keine erschöpfende Aufzählung dar; erfasst sind nur Erzeugnisse und Bezeichnungen der Lebensmittel mit einer gewissen Marktbedeutung. Soweit unter einer Position mehrere Erzeugnisse genannt sind, handelt es sich dabei entweder um regional unterschiedliche Bezeichnungen der Lebensmittel für ein und dasselbe Erzeugnis oder um eine Zusammenfassung von Erzeugnissen, die sich in Würzung, Zerkleinerungsgrad oder dergleichen unterscheiden, hinsichtlich des Ausgangsmaterials und der Analysenwerte praktisch aber gleich sind.

Die Reihenfolge der bei den einzelnen Erzeugnissen als Ausgangsmaterial angegebenen Tierkörperteile richtet sich nach der Systematik dieser Leitsätze. Sie enthält im Allgemeinen keine Aussage über Anteile; nur wenn von der Systematik abgewichen wird, überwiegt Fleisch der zuerst genannten Tierart (z. B. 2.211.03 Schinkenplockwurst).

Wertbestimmend ist bei Fleischerzeugnissen in erster Linie der absolute Anteil an binde- und fettgewebefreiem Fleisch und dessen relativer Anteil am Gesamtfleisch. Als ausreichend sind diese Anteile anzusehen, wenn die nachfolgend bei den einzelnen Erzeugnissen angeführten Analysenwerte für das bindegewebseiweißfreie Fleischeiweiß im Gesamterzeugnis und im Fleischeiweiß in jeder einzelnen Probe nicht unterschritten sind. Diese Werte sind Mindestwerte. Sie gelten auch für kältebehandelte Erzeugnisse. Streuungen, die sich auch bei gleichbleibender Rezeptur aus den Herstellungsbedingungen oder aus der Untersuchungsmethode ergeben können, sind berücksichtigt, weitere Toleranzen also nicht erforderlich.

Der Hersteller kann die Mindestwerte dann in jedem Fall einhalten, wenn er bei der Herstellung dem redlichen Gewerbebrauch entsprechend hinreichende Sicherheitsspannen berücksichtigt.

Durch die Feststellung der Mindestgehalte für bindegewebseiweißfreies Fleischeiweiß ist zwar die Summe der Fett- und Wassergehalte bereits limitiert. Jedoch gehen auch bei ausreichendem Anteil an bindegewebseiweißfreiem Fleischeiweiß sowohl das Fett/Fleischeiweiß- als auch das Wasser/Fleischeiweiß-Verhältnis nicht über das herkömmliche Maß hinaus.

Die als Bezeichnung des Lebensmittels anzusehenden Bezeichnungen sind im Folgenden kursiv gedruckt.

2.211 Schnittfeste Rohwürste

Besondere Merkmale:
gereift; unangeschnitten ohne Kühlung lagerfähig; an die Oberfläche der Fleischteilchen ausgetretenes Muskeleiweiß hat im Verlauf der Reifung Fleisch- und Fettgewebeteilchen miteinander verbunden; bei grober Körnung Fettgewebe zu

erkennen; bei luftgetrockneten und schwach geräucherten Erzeugnissen auf dem Darm zuweilen weißliche Beläge von Mikroorganismen. Bei schnittfesten Rohwürsten mit Belägen von Mikroorganismen, in weißer Tauchmasse oder in Hüllen mit weißen Pigmentanteilen, liegen die absoluten Gehalte für das bindegewebseiweißfreie Fleischeiweiß um ein Zehntel, bei solchen mit Hinweisen auf einen besonders hohen Reifegrad (z. B. „Dauer-“ „ausgereift“ oder „hart gereift“) um zwei Zehntel höher als bei den einzelnen Sorten angegeben. Die Verwendung von weißer Tauchmasse oder weißpigmentierter Hülle wird kenntlich gemacht.

2.211.01 gestrichen

2.211.02 gestrichen

2.211.03 *Schinkenplockwurst*, *Rohe Schinkenwurst*

Ausgangsmaterial:
fettgewebs- und sehnenarmes Schweinefleisch (1.121)
sehnen- und fettgewebsarmes Rindfleisch (1.111)
Speck (1.212)

Besondere Merkmale:
grobkörnig

Analysenwerte:

bindegewebseiweißfreies Fleischeiweiß	nicht unter 13,5 %
bindegewebseiweißfreies Fleischeiweiß im Fleischeiweiß	
histometrisch	nicht unter 75 Vol.-%
chemisch	nicht unter 85 %

2.211.04 gestrichen

2.211.05 *Salami*, *Katenrauchwurst*, *Mettwurst*, *Salametti*, *Katenkeule*, *Pfefferkeule*, *Rinderwurst*, *Rindswurst*, *Rindersalami*

Ausgangsmaterial:
sehnen- und fettgewebsarmes Rindfleisch (1.111)
grob entsehntes Rindfleisch (1.112)
grob entfettetes Schweinefleisch (1.122)
Speck (1.212)

Besondere Merkmale:
mittelkörnig, Rinderwurst, Rindswurst und Rindersalami nur aus grob entsehntem Rindfleisch (1.112) und Speck (1.212)

Analysenwerte:

bindegewebseiweißfreies Fleischeiweiß	nicht unter 13 %
(bei Kaliber über 70 mm)	nicht unter 12,5 %
bindegewebseiweißfreies Fleischeiweiß im Fleischeiweiß	
histometrisch	nicht unter 70 Vol.-%
chemisch	nicht unter 80 %

2.211.06 *Schlackwurst*

Ausgangsmaterial:
sehnen- und fettgewebsarmes Rindfleisch (1.111)

fettgewebs- und sehnenarmes Schweinefleisch (1.121)

Speck (1.212)

Besondere Merkmale:
besonders feinkörnig; vorzugsweise in Fettenden

Analysenwerte:

bindegewebseiweißfreies Fleischeiweiß	nicht unter 12,5 %
(bei Kaliber über 70 mm)	nicht unter 12 %
bindegewebseiweißfreies Fleischeiweiß im Fleischeiweiß	
histometrisch	nicht unter 75 Vol.-%
chemisch	nicht unter 85 %

2.211.07 gestrichen

2.211.08 *Cervelatwurst*

Ausgangsmaterial:
sehnen- und fettgewebsarmes Rindfleisch (1.111)
grob entsehntes Rindfleisch (1.112)
grob entfettetes Schweinefleisch (1.122)
Speck (1.212)

Besondere Merkmale:
feinkörnig

Analysenwerte:

bindegewebseiweißfreies Fleischeiweiß	nicht unter 11,5 %
(bei Kaliber über 70 mm)	nicht unter 11 %
bindegewebseiweißfreies Fleischeiweiß im Fleischeiweiß	
histometrisch	nicht unter 70 Vol.-%
chemisch	nicht unter 80 %

2.211.09 *Schinkenmettwurst, Feldkieker (Feldgicker)*

Ausgangsmaterial:
fettgewebs- und sehnenarmes Schweinefleisch (1.121)
Speck (1.212)

Besondere Merkmale:
grobkörnig

Analysenwerte:

bindegewebseiweißfreies Fleischeiweiß	nicht unter 12,5 %
bindegewebseiweißfreies Fleischeiweiß im Fleischeiweiß	
histometrisch	nicht unter 70 Vol.-%
chemisch	nicht unter 80 %

2.211.10 *Westfälische grobe Mettwurst*

Ausgangsmaterial:
grob entfettetes Schweinefleisch (1.122)
fettgewebereiches Schweinefleisch (1.123)
grob entsehntes Rindfleisch (1.112)
Speck (1.212)

Besondere Merkmale:
grobkörnig

Analysenwerte:

bindegewebseiweißfreies Fleischeiweiß	nicht unter 12 %
bindegewebseiweißfreies Fleischeiweiß im Fleischeiweiß	
histometrisch	nicht unter 65 Vol.-%
chemisch	nicht unter 75 %

2.211.11 *Luftgetrocknete Mettwurst*

Ausgangsmaterial:
grob entfettetes Schweinefleisch (1.122)
fettgewebereiches Schweinefleisch (1.123)
grob entsehntes Rindfleisch (1.112)
Speck (1.212)

Besondere Merkmale:
grob- bis mittelkörnig; in der Regel in Schweinedünndarm

Analysenwerte:

bindegewebseiweißfreies Fleischeiweiß	nicht unter 12 %
bindegewebseiweißfreies Fleischeiweiß im Fleischeiweiß	
histometrisch	nicht unter 65 Vol.-%
chemisch	nicht unter 75 %

2.211.12 *Aalrauchmettwurst*

Ausgangsmaterial:
fettgewebereiches Schweinefleisch (1.123)

Besondere Merkmale:
mittelkörnig; besonders fettreich

Analysenwerte:

bindegewebseiweißfreies Fleischeiweiß	nicht unter 10 %
bindegewebseiweißfreies Fleischeiweiß im Fleischeiweiß	
histometrisch	nicht unter 60 Vol.-%
chemisch	nicht unter 75 %

2.211.13 *Plockwurst*

Ausgangsmaterial:
grob entsehntes Rindfleisch (1.112)
fettgewebereiches Schweinefleisch (1.123)
Fettgewebe (1.21)

Besondere Merkmale:
grob- bis mittelkörnig

Analysenwerte:

bindegewebseiweißfreies Fleischeiweiß	nicht unter 11 %
bindegewebseiweißfreies Fleischeiweiß im Fleischeiweiß	
histometrisch	nicht unter 65 Vol.-%
chemisch	nicht unter 75 %

2.211.14 *Plockwurst einfach*

Ausgangsmaterial:
grob entsehntes Rindfleisch (1.112)
sehnenreiches Rindfleisch (1.113)
fettgewebereiches Schweinefleisch (1.123)
Fettgewebe (1.21)
eventuell bis 10 % Bindegewebe (1.31)

Besondere Merkmale:
mittelkörnig

Analysenwerte:

bindegewebseiweißfreies Fleischeiweiß	nicht unter 10 %
bindegewebseiweißfreies Fleischeiweiß im Fleischeiweiß	
histometrisch	nicht unter 50 Vol.-%
chemisch	nicht unter 65 %

2.211.15 *Rohe Knoblauchwurst, Rohe Krakauer, Touristenwurst, Mettwurst in Enden (Mettenden), Räucherenden, Colbassa, Kabanossi, Kiolbasse*

Ausgangsmaterial:
grob entsehntes Rindfleisch (1.112)
sehnenreiches Rindfleisch (1.113)
fettgewebereiches Schweinefleisch (1.123)
Fettgewebe (1.21)

Besondere Merkmale:
mittel- bis feinkörnig; in der Regel in Kranzdärmen

Analysenwerte:

bindegewebseiweißfreies Fleischeiweiß	nicht unter 10 %
bindegewebseiweißfreies Fleischeiweiß im Fleischeiweiß	
histometrisch	nicht unter 60 Vol.-%
chemisch	nicht unter 75 %

2.211.16 *Knoblauchwurst einfach, Touristenwurst einfach, Räucherenden einfach, Mettwurst in Enden einfach (Mettenden einfach)*

Ausgangsmaterial:
grob entsehntes Rindfleisch (1.112)
sehnenreiches Rindfleisch (1.113)
fettgewebereiches Schweinefleisch (1.123)
Fettgewebe (1.21)
eventuell bis 10 % Bindegewebe (1.31)

Besondere Merkmale:
mittel- bis feinkörnig; in der Regel in Kranzdärmen

Analysenwerte:

bindegewebseiweißfreies Fleischeiweiß	nicht unter 9 %
bindegewebseiweißfreies Fleischeiweiß im Fleischeiweiß	
histometrisch	nicht unter 50 Vol.-%
chemisch	nicht unter 65 %

2.211.17 *Polnische, Berliner Knacker, Bauernbratwurst, Bauernseufzer, Geräucherte Bratwurst, Debreziner, roh, Ahle Wurst, Rote Wurst, Dürre Runde, Thüringer Knackwurst, Peitschenstecken, Pfefferbeißer*

Ausgangsmaterial:
fettgewebereiches Schweinefleisch (1.123)
grob entsehntes Rindfleisch (1.112)
Fettgewebe (1.21)

Besondere Merkmale:
mittelkörnig; in der Regel in Schweinedünndärmen oder Schafsaitlingen

Analysenwerte:

bindegewebseiweißfreies Fleischeiweiß	nicht unter 12 %
bindegewebseiweißfreies Fleischeiweiß im Fleischeiweiß	
histometrisch	nicht unter 65 Vol.-%
chemisch	nicht unter 75 %

2.211.18 *Landjäger, Peperoni, Kaminwurzen, Bauernschübling, Rauchpeitschen*

Ausgangsmaterial:
sehnenreiches Rindfleisch (1.113)
fettgewebereiches Schweinefleisch (1.123)
Fettgewebe (1.21)

Besondere Merkmale:
mittel- bis feinkörnig; Landjäger in der Regel in Schweinedünndärmen, flach gepresst; Peperoni in der Regel in engkalibrigen Schäldärmen, Abgabe an Verbraucher jedoch ohne Hülle

Analysenwerte:

bindegewebseiweißfreies Fleischeiweiß	nicht unter 10 %
bindegewebseiweißfreies Fleischeiweiß im Fleischeiweiß	
histometrisch	nicht unter 55 Vol.-%
chemisch	nicht unter 65 %

2.212 Streichfähige Rohwurst

Besondere Merkmale:
Sortenabhängig gereift, umgerötet, jedoch nur gering abgetrocknet, nicht zur längeren Lagerung bestimmt. Aus zerkleinertem Fettgewebe freigesetztes Fett umhüllt Fleischteilchen und bewirkt Streichfähigkeit, die bei fein zerkleinerter Ware am ausgeprägtesten ist.

2.212.1 *Teewurst, Teewurst Rügenwalder Art, Grobe Teewurst, Rindswurst*

Ausgangsmaterial:
fettgewebs- und sehnenarmes Schweinefleisch (1.121)
grob entfettetes Schweinefleisch (1.122)
sehnen- und fettgewebsarmes Rindfleisch (1.111)
Fettgewebe (1.21)

Besondere Merkmale:
fein zerkleinert oder grobkörnig, bei Rindswurst nur sehnen- und fettgewebsarmes Rindfleisch (1.111) und Fettgewebe (1.21)

Analysenwerte:

bindegewebseiweißfreies Fleischeiweiß	
fein zerkleinert	nicht unter 10 %
grob	nicht unter 11 %
bindegewebseiweißfreies Fleischeiweiß im Fleischeiweiß	
histometrisch	nicht unter 75 Vol.-%
chemisch	nicht unter 85 %

2.212.2 *Mettwurst, Streichmettwurst, Braunschweiger Mettwurst, Braunschweiger, Pfeffersäckchen*

Ausgangsmaterial:
grob entfettetes Schweinefleisch (1.122)
fettgewebereiches Schweinefleisch (1.123)
grob entsehntes Rindfleisch (1.112)
Fettgewebe (1.21)

Besondere Merkmale:
fein zerkleinert

Analysenwerte:

bindegewebseiweißfreies Fleischeiweiß	nicht unter 8,5 %
bindegewebseiweißfreies Fleischeiweiß im Fleischeiweiß	
histometrisch	nicht unter 60 Vol.-%
chemisch	nicht unter 75 %

2.212.3 *Grobe Mettwurst, Zwiebelmettwurst, Zwiebelwurst, Frische Mettwurst, Vesperwurst, Pfeffersäckchen grob, Frühstückswurst*

Ausgangsmaterial:
grob entfettetes Schweinefleisch (1.122)
fettgewebereiches Schweinefleisch (1.123)
grob entsehntes Rindfleisch (1.112)
Fettgewebe (1.21)

Besondere Merkmale:
grobkörnig; Zwiebelwurst, Frische Mettwurst und Vesperwurst ungeräuchert, zum alsbaldigen Verzehr bestimmt

Analysenwerte:

bindegewebseiweißfreies Fleischeiweiß	nicht unter 8,5 %
bindegewebseiweißfreies Fleischeiweiß im Fleischeiweiß	
histometrisch	nicht unter 65 Vol.-%
chemisch	nicht unter 75 %

2.212.4 *Schmierwurst, fette Mettwurst*

Ausgangsmaterial:
fettgewebereiches Schweinefleisch (1.123)
grob entsehntes Rindfleisch (1.112)
sehnenreiches Rindfleisch (1.113)
Fettgewebe (1.21)

Besondere Merkmale:
fein zerkleinert

Analysenwerte:

bindegewebseiweißfreies Fleischeiweiß	nicht unter 6,5 %
bindegewebseiweißfreies Fleischeiweiß im Fleischeiweiß	
histometrisch	nicht unter 55 Vol.-%
chemisch	nicht unter 70 %

2.212.5 *Mettwurst einfach, Streichmettwurst einfach*

Ausgangsmaterial:
fettgewebereiches Schweinefleisch (1.123)
sehnenreiches Rindfleisch (1.113)
Fettgewebe (1.21)
eventuell bis 10 % Bindegewebe (1.31)

Besondere Merkmale:
fein zerkleinert

Analysenwerte:

bindegewebseiweißfreies Fleischeiweiß	nicht unter 7 %
bindegewebseiweißfreies Fleischeiweiß im Fleischeiweiß	
histometrisch	nicht unter 50 Vol.-%
chemisch	nicht unter 70 %

2.221 Brühwürstchen

Besondere Merkmale:
meist für den Warmverzehr bestimmt; lose kühlbedürftig und zum alsbaldigen Verzehr bestimmt; der Ausdruck „in Eigenhaut" weist darauf hin, dass die Ware vor der Abgabe von der Hülle befreit wurde. Die angegebenen absoluten Gehalte für das bindegewebseiweißfreie Fleischeiweiß liegen bei Würstchen, die in Behältnissen mit Lake haltbar gemacht wurden und sich noch in diesen Behältnissen befinden oder die lose z. B. als Dosenware deklariert sind, angesichts der in solchen Behältnissen möglichen Austauschvorgänge um jeweils 0,5 niedriger (z. B. 7,5 statt 8 %).

Behr's Verlag, Hamburg

2.221.01 *Würstchen nach Frankfurter Art*, *Schinkenwürstchen*

Ausgangsmaterial:
grob entfettetes Schweinfleisch (1.122)
fettgewebereiches Schweinefleisch (1.123)

Besondere Merkmale:
kein Rindfleisch; der roh als haltbares Halbfabrikat zum Selbstbrühen in den Verkehr gelangenden Variante ist Wasser entzogen; fein zerkleinert; Schinkenwürstchen auch grob; engkalibrig; umgerötet

Analysenwerte:

bindegewebseiweißfreies Fleischeiweiß	
im rohen haltbaren Halbfabrikat	nicht unter 9 %
gebrüht	nicht unter 8 %
bindegewebseiweißfreies Fleischeiweiß im Fleischeiweiß	
histometrisch	
roh	nicht unter 75 Vol.-%
erhitzt	nicht unter 70 Vol.-%
chemisch	nicht unter 75 %

2.221.02 gestrichen

2.221.03 *Wiener*, *Bockwurst*, *Würstchen*, *Saftwürstchen*, *Cocktailwürstchen*, *Dünne*, *Münchner Dampfwurst*, *Saitenwürstchen*, *Bouillonwürstchen*, *Fleischwürstchen*, *Jauersche*, *Knobländer*

Ausgangsmaterial:
grob entsehntes Rindfleisch (1.112)
fettgewebereiches Schweinefleisch (1.123)
Speck (1.212)

Besondere Merkmale:
fein zerkleinert; Bouillonwürstchen und Jauersche teilweise etwas gröber; umgerötet; engkalibrig

Analysenwerte:

bindegewebseiweißfreies Fleischeiweiß	nicht unter 8 %
bindegewebseiweißfreies Fleischeiweiß im Fleischeiweiß	
histometrisch	nicht unter 70 Vol.-%
chemisch	nicht unter 75 %

2.221.04 *Pfälzer, Augsburger, Regensburger, Debreziner, Jagdwürstchen, Brühpolnische, Bauernwürstchen, Bauernwurst, Bauernseufzer, Krainer, Schützenwurst, Peitschenstecken*

Ausgangsmaterial:
grob entsehntes Rindfleisch (1.112)
grob entfettetes Schweinefleisch (1.122)
fettgewebereiches Schweinefleisch (1.123)
Speck (1.212)

Besondere Merkmale:
fein zerkleinerte Grundmasse, im Übrigen bis erbsengroße Körnung; umgerötet; in der Regel in Schweinedünndärmen, Regensburger in der Regel in Kranzdärmen, Jagdwürstchen, Bauernwürstchen und Debreziner in der Regel in Schafsaitlingen; Augsburger in der Regel zum Braten bestimmt; Debreziner zum Teil als geräuchertes, ungekühlt lagerfähiges Halbfabrikat roh im Verkehr

Analysenwerte:

bindegewebseiweißfreies Fleischeiweiß	nicht unter 8 %
bindegewebseiweißfreies Fleischeiweiß im Fleischeiweiß	
histometrisch	nicht unter 65 Vol.-%
chemisch	nicht unter 75 %

2.221.05 *Dicke, Knackwurst, Rote, Servela, Klöpfer, Knacker, Rindswurst, Schüblinge*

Ausgangsmaterial:
sehnenreiches Rindfleisch (1.113)
fettgewebereiches Schweinefleisch (1.123)
Fettgewebe (1.21)

Besondere Merkmale:
in der Regel fein zerkleinert; in der Regel in Schweinedünndärmen oder Kranzdärmen; Rindswurst enthält nur Rindfleisch (1.112, 1.113) und Rinderfleischfett (1.213)

Analysenwerte:

bindegewebseiweißfreies Fleischeiweiß	nicht unter 7,5 %
bindegewebseiweißfreies Fleischeiweiß im Fleischeiweiß	
histometrisch	nicht unter 65 Vol.-%
chemisch	nicht unter 75 %

2.221.06 *Knacker einfach, Schüblinge einfach, Servela einfach, Klöpfer einfach, Rote einfach*

Ausgangsmaterial:
sehnenreiches Rindfleisch (1.113)

fettgewebereiches Schweinefleisch (1.123)
Fettgewebe (1.21)
5 % bis 10 % zusätzliches Bindegewebe (1.31)

Besondere Merkmale:
in der Regel fein zerkleinert; in der Regel in Schweinedünndärmen oder Kranzdärmen; nicht in Schafsaitlingen und nicht in Därmen mit einem Kaliber unter 32 mm

Analysenwerte:

bindegewebseiweißfreies Fleischeiweiß	nicht unter 6,5 %
bindegewebseiweißfreies Fleischeiweiß im Fleischeiweiß	
histometrisch	nicht unter 50 Vol.-%
chemisch	nicht unter 60 %

2.221.07 *Kalbsbratwurst, Weißwurst*[19]

Ausgangsmaterial:
sehnen- und fettgewebsarmes Jungrindfleisch (1.111)
grob entsehntes Kalb- und Jungrindfleisch (1.112)
fettgewebereiches Schweinefleisch (1.123)
Speck (1.212)

Besondere Merkmale:
fein zerkleinert; nicht umgerötet; Kalbsbratwurst in der Regel in Schafsaitlingen oder Schweinedünndärmen, Weißwurst in Schweinedünndärmen; Kalbsbratwurst wird teilweise gebraten; geringe Haltbarkeit; vereinzelt roh im Verkehr, dann zum umgehenden Verzehr im gebrühten Zustand bestimmt

Analysenwerte:

bindegewebseiweißfreies Fleischeiweiß	nicht unter 7,5 %
bindegewebseiweißfreies Fleischeiweiß im Fleischeiweiß	
histometrisch	nicht unter 65 Vol.-%
chemisch	nicht unter 80 %

2.221.08 *Wollwurst, Geschwollene*

Ausgangsmaterial:
grob entsehntes Kalb- oder Jungrindfleisch (1.112)
fettgewebereiches Schweinefleisch (1.123)
Speck (1.212)

Besondere Merkmale:
fein zerkleinert; nicht umgerötet; ohne Hülle; in der Regel zum Braten bestimmt; geringe Haltbarkeit

Analysenwerte:

bindegewebseiweißfreies Fleischeiweiß	nicht unter 6,5 %

bindegewebseiweißfreies Fleischeiweiß im Fleischeiweiß	
histometrisch	nicht unter 70 Vol.-%
chemisch	nicht unter 80 %

2.221.09 *Münchner Weißwurst*

Ausgangsmaterial:
sehnen- und fettgewebsarmes Jungrindfleisch (1.111)
grob entsehntes Kalb- und Jungrindfleisch (1.112)
fettgewebereiches Schweinefleisch (1.123)
Speck (1.212)
5 % bis 15 % zusätzliches Bindegewebe (1.31)
vor allem in Form von besonders gekochten Schwarten oder Kalbskopfhäuten

Besondere Merkmale:
fein zerkleinerte Grundmasse; Bindegewebsanteile bis reiskorngroß; nicht umgerötet; in der Regel in Schweinesaitlingen; geringe Haltbarkeit; vereinzelt roh im Verkehr, dann zum umgehenden Verzehr im gebrühten Zustand bestimmt.

Analysenwerte:

bindegewebseiweißfreies Fleischeiweiß	nicht unter 6,5 %
bindegewebseiweißfreies Fleischeiweiß im Fleischeiweiß	
histometrisch	nicht unter 60 Vol.-%
chemisch	nicht unter 70 %

2.221.10 *Stockwurst*, *Weißwurst einfach*, *Lungenwurst*, *Berliner Dampfwurst*, *Kümmelwurst*

Ausgangsmaterial:
grob entsehntes Rindfleisch (1.112)
sehnenreiches Rindfleisch (1.113)
fettgewebereiches Schweinefleisch (1.123)
Fettgewebe (1.21)
10 % bis 15 % Bindegewebe (1.31)
bei Lungenwurst kann Bindegewebe bis zu 10 % durch Lunge (1.511), bei Berliner Dampfwurst und Kümmelwurst kann Bindegewebe bis zu 10 % durch Innereien (1.51) ersetzt sein

Besondere Merkmale:
fein zerkleinert; vereinzelt bindegewebige Anteile bis reiskorngroß; mit Ausnahme der Berliner Dampfwurst und der Kümmelwurst nicht umgerötet; in der Regel in Schweinedünndärmen oder Kranzdärmen; nicht in Schafsaitlingen und in Därmen mit einem Kaliber unter 32 mm; geringe Haltbarkeit

Analysenwerte:

bindegewebseiweißfreies Fleischeiweiß	nicht unter 6 %

bindegewebseiweißfreies Fleischeiweiß im Fleischeiweiß	
histometrisch	nicht unter 50 Vol.-%
chemisch	nicht unter 65 %

2.221.11 *Grobe Bratwurst, Schweinsbratwürstchen, Schweinswürstchen, Fränkische Bratwurst, Pfälzer Bratwurst, Hessische Bratwurst, Rostbratwurst, Treuchtlinger, Rheinische Bratwurst, grob*[19]

Ausgangsmaterial:
grob entfettetes Schweinfleisch (1.122)
fettgewebereiches Schweinefleisch (1.123)
wenn Grundbrät verwendet wird, eventuell auch grob entsehntes Kalb- oder Rindfleisch (1.112)

Besondere Merkmale:
bis erbsengroße Körnung; nicht umgerötet; in der Regel in Schafsaitlingen oder Schweinedünndärmen; vielfach roh im Verkehr, dann zum umgehenden Verzehr im gebratenen oder gebrühten Zustand bestimmt

Analysenwerte:

bindegewebseiweißfreies Fleischeiweiß	nicht unter 8,5 %
bindegewebseiweißfreies Fleischeiweiß im Fleischeiweiß	
histometrisch	nicht unter 65 Vol.-%
chemisch	nicht unter 75 %

2.221.12 *Bratwurst, Rheinische Bratwurst, Schlesische Bratwurst, Rostbratwurst, fein zerkleinert*[19]

Ausgangsmaterial:
grob entsehntes Kalb- oder Rindfleisch (1.112)
grob entfettetes Schweinefleisch (1.122)
fettgewebereiches Schweinefleisch (1.123)
Speck (1.212).

Besondere Merkmale:
fein zerkleinert; nicht umgerötet; in der Regel in Schweinedünndärmen; geringe Haltbarkeit; teilweise roh im Verkehr, dann zum umgehenden Verzehr im gebratenen oder gebrühten Zustand bestimmt

Analysenwerte:

bindegewebseiweißfreies Fleischeiweiß	nicht unter 8 %
bindegewebseiweißfreies Fleischeiweiß im Fleischeiweiß	
histometrisch	nicht unter 65 Vol.-%
chemisch	nicht unter 75 %

2.222 Brühwürste, fein zerkleinert

2.222.1 *Lyoner, Schinkenwurst, Norddeutsche Mortadella, Pariser Fleischwurst, Rheinische Fleischwurst, Frankfurter Fleischwurst, Kalbfleischwurst, Kalbfleischkäse, Breslauer, Sardellenwurst*

Ausgangsmaterial:
grob entsehntes Rindfleisch (1.112)
grob entsehntes Kalb-/Jungrindfleisch (1.112)
grob entfettetes Schweinefleisch (1.122)
fettgewebereiches Schweinefleisch (1.123)
Speck (1.212)

Besondere Merkmale:
umgerötet; in Hüllen mit größerem oder mittelgroßem Kaliber

Analysenwerte:

bindegewebseiweißfreies Fleischeiweiß	nicht unter 8 %
bindegewebseiweißfreies Fleischeiweiß im Fleischeiweiß	
histometrisch	nicht unter 65 Vol.-%
chemisch	nicht unter 75 %

2.222.2 *Fleischwurst, Stadtwurst, Bremer Gekochte, Fleischkäse, Leberkäs(e), Schnittfeste Leberwurst, Leberrolle, Bayerischer Leberkäs(e), Knoblauchwurst, Kasseler Kochwurst*

Ausgangsmaterial:
grob entsehntes Rindfleisch (1.112)
sehnenreiches Rindfleisch (1.113)
fettgewebereiches Schweinefleisch (1.123)
Fettgewebe (1.21)
Leber (1.51) bei Leberkäse, schnittfester Leberwurst und Leberrolle

Besondere Merkmale:
umgerötet; Fleisch- und Stadtwurst in Kranzdärmen oder in anderen Hüllen mit mittelgroßem Kaliber; Leberkäse enthält in Bayern in der Regel keine Leber, außerhalb Bayerns kann derart hergestellter Leberkäse als Bayerischer Leberkäs(e) bezeichnet werden; Leberkäse und Fleischkäse gebacken oder in Formen gebrüht

Analysenwerte:

bindegewebseiweißfreies Fleischeiweiß	nicht unter 7,5 %
bindegewebseiweißfreies Fleischeiweiß im Fleischeiweiß	
histometrisch	nicht unter 65 Vol.-%
chemisch	nicht unter 75 %

2.222.3 *Fleischwurst einfach*, *Stadtwurst einfach*, *Fleischkäse einfach*

Ausgangsmaterial:
sehnenreiches Rindfleisch (1.113)
fettgewebereiches Schweinefleisch (1.123)
Fettgewebe (1.21)

eventuell bis 10 % Bindegewebe (1.31)

Besondere Merkmale:
umgerötet; Fleischwurst einfach und Stadtwurst einfach in Kranzdärmen oder anderen Hüllen mit mittelgroßem Kaliber; Fleischkäse einfach gebacken oder in Formen gebrüht

Analysenwerte:

bindegewebseiweißfreies Fleischeiweiß	nicht unter 6,5 %
bindegewebseiweißfreies Fleischeiweiß im Fleischeiweiß	
histometrisch	nicht unter 50 Vol.-%
chemisch	nicht unter 65 %

2.222.4 *Mosaikpastete*, *Schachbrettpastete*, schnittfeste Leberpastete und andere Brühwurstpasteten und -rouladen ohne grobe Fleischeinlagen sowie fein zerkleinerte Grundmasse für Brühwurstpasteten und -rouladen mit groben Fleischeinlagen[20] (z. B. *Zungenpastete*, *Filetpastete*)

Ausgangsmaterial:
sehnen- und fettgewebsarmes Rindfleisch (1.111)
grob entsehntes Rindfleisch (1.112)
grob entfettetes Schweinefleisch (1.122)
Speck (1.212)
für dunkles Kontrastbrät Blut (1.41)
Leber (1.51)

Besondere Merkmale:
in der Regel umgerötet

Analysenwerte:

bindegewebseiweißfreies Fleischeiweiß	nicht unter 8,5 %
bindegewebseiweißfreies Fleischeiweiß im Fleischeiweiß	
histometrisch	nicht unter 75 Vol.-%
chemisch	nicht unter 82 %

2.222.5 *Fleischsalatgrundlage*

Ausgangsmaterial:
sehnenreiches Rindfleisch (1.113)
fettgewebereiches Schweinefleisch (1.123)
Fettgewebe (1.21)

2 % bis 5 % Bindegewebe (1.31)
2 % Stärke oder 2 % Milcheiweißerzeugnisse

Besondere Merkmale:
umgerötet; meist in Formen oder Hüllen mit weitem Kaliber gebrüht

Analysenwerte:

bindegewebseiweißfreies Fleischeiweiß	nicht unter 7 %
bindegewebseiweißfreies Fleischeiweiß im Fleischeiweiß	
histometrisch	nicht unter 60 Vol.-%
chemisch	nicht unter 70 %

2.222.6 *Gelbwurst, Kalbskäse, Weißer Fleischkäse*

Ausgangsmaterial:
sehnen- und fettgewebsarmes Jungrindfleisch (1.111)
grob entsehntes Kalb- oder Jungrindfleisch (1.112)
grob entfettetes Schweinefleisch (1.122)
Speck (1.212)

Besondere Merkmale:
nicht umgerötet; Gelbwurst in gefärbten Hüllen oder gelbpigmentierten Kunstdärmen mit mittelgroßem Kaliber; Kalbskäse und Weißer Fleischkäse gebacken oder in Formen gebrüht

Analysenwerte:

bindegewebseiweißfreies Fleischeiweiß	nicht unter 7,5 %
bindegewebseiweißfreies Fleischeiweiß im Fleischeiweiß	
histometrisch	nicht unter 65 Vol.-%
chemisch	nicht unter 80 %

2.222.7 *Weiße im Ring, Weiße Lyoner*

Ausgangsmaterial:
grob entsehntes Rindfleisch (1.112)
sehnenreiches Rindfleisch (1.113)
fettgewebereiches Schweinefleisch (1.123)
Fettgewebe (1.21)

Besondere Merkmale:
nicht umgerötet; in der Regel in Kranzdärmen

Analysenwerte:

bindegewebseiweißfreies Fleischeiweiß	nicht unter 7 %
bindegewebseiweißfreies Fleischeiweiß im Fleischeiweiß	
histometrisch	nicht unter 70 Vol.-%
chemisch	nicht unter 80 %

2.223 Grobe Brühwurst

Besondere Merkmale:
bei groben Brühwürsten im Darm mit Hinweisen auf eine besondere Austrocknung oder eine damit zusammenhängende Lagerfähigkeit in ungekühltem Zustand (z. B. „Dauer"- oder „lagerfähig") liegen die absoluten Gehalte für das bindegewebseiweißfreie Fleischeiweiß um ein Zehntel des Wertes höher als bei den einzelnen Sorten angegeben.

2.223.1 *Bayerische Bierwurst, Göttinger, Blasenwurst, Kochsalami, Tiroler, Krakauer, Jagdwurst (süddeutsche Art), Celler Gekochte, Bierkugel*

Ausgangsmaterial:
grob entsehntes Rindfleisch (1.112)
grob entfettetes Schweinefleisch (1.122)
Speck (1.212)

Besondere Merkmale:
bis erbsengroße Körnung, bei Krakauer und Jagdwurst (süddeutsche Art) teilweise kirschgroße Fleischstücke; umgerötet; insbesondere nachgeräuchert sind sie auch als Dauerware im Verkehr; Bierwurst, Göttinger und Blasenwurst in der Regel in Blasen, die übrigen in Hüllen mit mittelgroßem Kaliber; Tiroler in schwarz pigmentierten Kunstdärmen, mit Blut behandelten Naturdärmen oder schwarz geräuchert

Analysenwerte:

bindegewebseiweißfreies Fleischeiweiß	nicht unter 9,5 %
bindegewebseiweißfreies Fleischeiweiß im Fleischeiweiß	
histometrisch	nicht unter 70 Vol.-%
chemisch	nicht unter 80 %

2.223.2 *Jagdwurst norddeutsche Art, Grobe Schinkenwurst, Gefüllte Schweinsbrust, Gefüllter Schweinsfuß, Gefüllter Schweinskopf, Grobe Lyoner, Stuttgarter, Bierwurst, Hildesheimer, Grobe Stadtwurst, Nürnberger Stadtwurst, Frühstücksfleisch, Stuttgarter Leberkäs(e), Römerbraten, Wienerbraten, Bierkugel, Senatorenwurst*

Ausgangsmaterial:
grob entsehntes Rindfleisch (1.112)
grob entfettetes Schweinefleisch (1.122)
Speck (1.212)
in Stuttgarter Leberkäse nicht unter 5 % Leber (1.51)

Besondere Merkmale:
fein zerkleinerte Grundmasse, bis erbsengroße Körnung, Jagdwurst und Grobe Schinkenwurst teilweise kirschgroße Fleischteile; umgerötet; Nürnberger Stadt-

wurst meist in Schweinedünndärmen, Stuttgarter, gefüllte Schweinsbrust in Brustmuskulatur (ohne Knochen, meist mit Knorpel), Schweinsfuß und Schweinskopf meist in genähter Schwarte, die übrigen Hüllen mit mittelgroßem oder größerem Kaliber

Analysenwerte:

bindegewebseiweißfreies Fleischeiweiß	nicht unter 8 %
bindegewebseiweißfreies Fleischeiweiß im Fleischeiweiß	
histometrisch	nicht unter 70 Vol.-%
chemisch	nicht unter 80 %

2.223.3 *Grober Leberkäs(e), Grober Fleischkäse, Roter Fleischkäse, Grobe Fleischwurst, Schweinskäse*

Ausgangsmaterial:
grob entsehntes Rindfleisch (1.112)
sehnenreiches Rindfleisch (1.113)
fettgewebereiches Schweinefleisch (1.123)
Fettgewebe (1.21)
bei Leberkäse 5 % Leber (1.51)

Besondere Merkmale:
fein zerkleinerte Grundmasse, meist reiskorngroße Körnung; meist umgerötet; Grobe Fleischwurst in der Regel in Kranzdärmen; Grober Leberkäs(e) enthält in Bayern in der Regel keine Leber; Leberkäse, Fleischkäse und Schweinskäse in der Regel gebacken oder in Formen gebrüht

Analysenwerte:

bindegewebseiweißfreies Fleischeiweiß	nicht unter 8 %
bindegewebseiweißfreies Fleischeiweiß im Fleischeiweiß	
histometrisch	nicht unter 65 Vol.-%
chemisch	nicht unter 75 %

2.223.4 *Gebrühte Knoblauchwurst, Gebrühte Krakauer, Cabanossi, Gebrühte Touristenwurst*

Ausgangsmaterial:
sehnenreiches Rindfleisch (1.113)
fettgewebereiches Schweinefleisch (1.123)
Fettgewebe (1.21)

Besondere Merkmale:
fein zerkleinerte Grundmasse, bis erbsengroße Körnung; umgerötet; in der Regel in Kranzdärmen

Analysenwerte:

bindegewebseiweißfreies Fleischeiweiß	nicht unter 8 %

bindegewebseiweißfreies Fleischeiweiß im Fleischeiweiß	
histometrisch	nicht unter 60 Vol.-%
chemisch	nicht unter 70 %

2.223.5 *Gebrühte Touristenwurst einfach*, *Gebrühte Krakauer einfach*

Ausgangsmaterial:
sehnenreiches Rindfleisch (1.113)
fettgewebereiches Schweinefleisch (1.123)
Fettgewebe (1.21)
eventuell bis 10 % Bindegewebe (1.31)

Besondere Merkmale:
fein zerkleinerte Grundmasse, bis erbsengroße Körnung; umgerötet, in der Regel in Kranzdärmen

Analysenwerte:

bindegewebseiweißfreies Fleischeiweiß	nicht unter 6,5 %
bindegewebseiweißfreies Fleischeiweiß im Fleischeiweiß	
histometrisch	nicht unter 50 Vol.-%
chemisch	nicht unter 65 %

2.223.6 *Schweinskopfwurst*

Ausgangsmaterial:
grob entsehntes Rindfleisch (1.112)
sehnenreiches Rindfleisch (1.113)
Fettgewebe (1.21)
Schweinemasken (1.33)

Besondere Merkmale:
bis erbsengroße Körnung; umgerötet; insbesondere nachgeräuchert auch als Dauerware im Verkehr; in Hüllen mit mittelgroßem Kaliber

Analysenwerte:

bindegewebseiweißfreies Fleischeiweiß	nicht unter 8 %
bindegewebseiweißfreies Fleischeiweiß im Fleischeiweiß	
histometrisch	nicht unter 55 Vol.-%
chemisch	nicht unter 65 %

2.223.7 *Weißer Schweinskäse*, *Weiße grobe Lyoner*

Ausgangsmaterial:
sehnen- und fettgewebsarmes Jungrindfleisch (1.111)
grob entsehntes Kalb- und Jungrindfleisch (1.112)
grob entfettetes Schweinefleisch (1.122)
Speck (1.212)

Besondere Merkmale:
fein zerkleinerte Grundmasse, reiskorngroße Körnung; nicht umgerötet; Weiße grobe Lyoner in der Regel in Kranzdärmen, Weißer Schweinskäse gebacken oder in Formen gebrüht

Analysenwerte:

bindegewebseiweißfreies Fleischeiweiß	nicht unter 8 %
bindegewebseiweißfreies Fleischeiweiß im Fleischeiweiß	
histometrisch	nicht unter 70 Vol.-%
chemisch	nicht unter 80 %

2.224 Brühwurst mit Einlagen

Besondere Merkmale:
Angegebene Analysenwerte beziehen sich auf Grundbrät mit Einlagen, bei grobstückigen Einlagen stammen diese von der Tierart/Teilstück, nach der/dem das Produkt benannt ist.

2.224.1 *Bierschinken*, *Rinder-Bierschinken*, *Geflügel-Bierschinken*, *Schinkenpastete*

Ausgangsmaterial:
sehnen- und fettgewebsarmes Rindfleisch (1.111)
grob entsehntes Rindfleisch (1.112)
fettgewebs- und sehnenarmes Schweinefleisch (1.121)
Speck (1.212)
bei Geflügel-Bierschinken: sehnen- und fettgewebsarmes Geflügelfleisch (1.131)
grob entsehntes Geflügelfleisch (1.132)

Besondere Merkmale[21)]:
fein zerkleinerte Grundmasse mit groben, sehnen- und fettgewebsarmen Fleischeinlagen; sofern als Einlage kein Schweinefleisch verwendet wird, wird auf die Tierart hingewiesen; überwiegend kirsch- bis walnussgroße Einlagen, bei Rinder-Bierschinken auch geschnetzelt; umgerötet; meist in Hüllen mit großem Kaliber

Analysenwerte:

bindegewebseiweißfreies Fleischeiweiß	nicht unter 13 %
bindegewebseiweißfreies Fleischeiweiß im Fleischeiweiß	
histometrisch	nicht unter 80 Vol.-%
chemisch	nicht unter 88 %
bei einer Gesamtprobemenge über 600 g grobe Fleischeinlage	nicht unter 50 %

2.224.2 *Filetpastete*, *Imitierte Wildschweinpastete* und andere Brühwurstpasteten und -rouladen mit bindegewebsarmen Fleischeinlagen

Ausgangsmaterial:
sehnen- und fettgewebsarmes Rindfleisch (1.111)
grob entfettetes Schweinefleisch (1.122), bei Imitierter Wildschweinpastete

grobe Stücke in Blut (1.41) vorgekocht
Speck (1.212)

Besondere Merkmale:
fein zerkleinerte Grundmasse, meist bis walnussgroße Fleischeinlagen, bei Imitierter Wildschweinpastete zeigen Fleischstücke im Anschnitt dunkelroten Rand; umgerötet; in der Regel in Formen mit Speckumhüllung gebrüht

Analysenwerte:

bindegewebseiweißfreies Fleischeiweiß	nicht unter 9 %
bindegewebseiweißfreies Fleischeiweiß im Fleischeiweiß	
histometrisch	nicht unter 75 Vol.-%
chemisch	nicht unter 82 %

2.224.3 *Presskopf*, *Ansbacher*, *Eisbeinpastete* und andere Brühwurstpasteten und -rouladen mit deklarierten bindegewebsreichen Fleischeinlagen, *Saure Rolle*

Ausgangsmaterial:
grob entsehntes Rindfleisch (1.112)
fettgewebereiches Schweinefleisch (1.123)
Speck (1.212)
Eisbein mit Schwarten (1.32)
bei Presskopf auch Schweinemasken (1.33)

Besondere Merkmale:
fein zerkleinerte Grundmasse, schwartenhaltige Schweinefleischeinlagen; umgerötet; in Hüllen mit großem Kaliber; Saure Rolle in genähtem Pansen, nach dem Brühen in Essig eingelegt

Analysenwerte:

bindegewebseiweißfreies Fleischeiweiß	nicht unter 7,5 %
bindegewebseiweißfreies Fleischeiweiß im Fleischeiweiß	
histometrisch	nicht unter 55 Vol.-%
chemisch	nicht unter 65 %

2.224.4 *Süddeutsche Mortadella*, *Zungenwurst*, *Zungenpastete*, *Zungenroulade*, *Herzwurst*

Ausgangsmaterial:
grob entsehntes Rindfleisch (1.112)

grob entfettetes Schweinefleisch (1.122)
Speck (1.212)
bei Zungenwurst, Zungenpastete und Zungenroulade vorgekochte Zungen (1.51), bei Herzwurst vorgekochte Herzmuskulatur (1.51), bei Süddeutscher Mortadella Herzmuskulatur und/oder Zungen (1.51) oder bluthaltiges erhitztes Brät (2.222.4)

Besondere Merkmale:
fein zerkleinerte Grundmasse, würfelförmige Einlagerungen von Herz, Zunge oder vorerhitztem Brät sowie teilweise auch Speck; umgerötet; in Hüllen mit großem Kaliber

Analysenwerte:

bindegewebseiweißfreies Fleischeiweiß	nicht unter 8 %
bindegewebseiweißfreies Fleischeiweiß im Fleischeiweiß	
histometrisch	nicht unter 70 Vol.-%
chemisch	nicht unter 80 %

2.224.5 gestrichen

2.224.6 *Zigeunerwurst*, *Paprikaspeckwurst*

Ausgangsmaterial:
grob entsehntes Rindfleisch (1.112)
sehnenreiches Rindfleisch (1.113)
Backenspeck (1.212)

Besondere Merkmale:
fein zerkleinerte Grundmasse mit würfelförmigen Paprikaspeckeinlagerungen; umgerötet; in Hüllen mit mittelgroßem Kaliber; ungekühlt lagerfähig

Analysenwerte:

bindegewebseiweißfreies Fleischeiweiß	nicht unter 12 %
bindegewebseiweißfreies Fleischeiweiß im Fleischeiweiß	
histometrisch	nicht unter 65 Vol.-%
chemisch	nicht unter 75 %

2.224.7 *Milzwurst*

Ausgangsmaterial:
sehnen- und fettgewebsarmes Jungrindfleisch (1.111)
grob entsehntes Kalb- und Jungrindfleisch (1.112)
Kopffleisch von Kälbern (1.113)
Speck (1.212)
Schweinemilz (1.511)

Besondere Merkmale:
fein zerkleinerte Grundmasse, bis kirschgroße Einlagerungen von Schweinemilz und Kalbskopffleisch; nicht umgerötet; in Hüllen mit großem Kaliber

Analysenwerte:

bindegewebseiweißfreies Fleischeiweiß	nicht unter 8 %
bindegewebseiweißfreies Fleischeiweiß im Fleischeiweiß	
histometrisch	nicht unter 70 Vol.-%
chemisch	nicht unter 80 %

2.231 Kochstreichwürste

In Leberwürsten und Leberpasteten beträgt der Leberanteil je nach Ausgangsmaterial und Herstellungsverfahren zwischen 10 % und 30 %. In einzelnen Fällen kann der Leberanteil auch höher, bei bestimmten, in den Leitsätzen aufgeführten Sorten, auch darunter liegen. Wird die Tierart, eine vergleichbare Angabe oder „Kalb-" in der Bezeichnung des Lebensmittels in direkter Verbindung mit Leber genannt (z. B. *Gänseleberwurst*, *Kalbsleberwurst*, *Wildleberwurst*, *Geflügelleberwurst*), so stammt der Leberanteil zu mehr als 50 % vom Kalb/Jungrind bzw. von den genannten Tierarten. Sofern sich die Tierart(en)kennzeichnung auf den Fleischanteil bezieht, wird dies in der Bezeichnung des Lebensmittels kenntlich gemacht (z. B. *Kalbfleisch-Leberwurst*).

2.2311 Pasteten

Besondere Merkmale:
besondere Auswahl des Ausgangsmaterials, Verwendung hochwertiger Zutaten, spezielle Herrichtung und typische äußere Aufmachung (z. B. Form, Teigrand, gold- oder silberfarbene Folie, Terrine oder ähnliches Behältnis siehe auch Nummer 2.12). Der Anteil zum Mitverzehr bestimmter Umhüllungen übersteigt nicht das technologisch erforderliche Maß.

2.2311.1 *Leberpastete*, *Leberparfait*

Ausgangsmaterial:
Schweine- und/oder Kalbsleber (1.51)
fettgewebs- und sehnenarmes Schweinefleisch (1.121)
und/oder sehnenarmes Kalb-/Jungrindfleisch (1.111)
Flomen (1.211)
Speck (1.212)

Besondere Merkmale:
fein zerkleinerte Grundmasse, auch mit groben Einlagen

Analysenwerte, bezogen auf das Erzeugnis ohne die zum Mitverzehr bestimmte Umhüllung:

bindegewebseiweißfreies Fleischeiweiß	nicht unter 11 %
bindegewebseiweißfreies Fleischeiweiß im Fleischeiweiß chemisch	nicht unter 82 %

2.2311.2 *Gänseleberpastete*

Ausgangsmaterial:
Gänseleber (1.51)
fettgewebs- und sehnenarmes Schweinefleisch (1.121)
Schweine- und/oder Gänsefett (1.22)
auch grobentsehntes Gänsefleisch (1.132)

Besondere Merkmale:
teilweise auch ohne Fleisch (1.121); fein zerkleinerte Grundmasse, auch mit groben Einlagen; bei Straßburger Gänseleberpastete besteht das Ausgangsmaterial nur aus Gänseleber

Analysenwerte, bezogen auf das Erzeugnis ohne die zum Mitverzehr bestimmte Umhüllung:

bindegewebseiweißfreies Fleischeiweiß	nicht unter 12 %
bindegewebseiweißfreies Fleischeiweiß im Fleischeiweiß chemisch	nicht unter 82 %

2.2311.3 *Geflügelleberpastete*

Ausgangsmaterial:
Geflügelleber (1.51)
fettgewebs- und sehnenarmes Schweinefleisch (1.121)
grobentsehntes Geflügelfleisch (1.132)
Flomen (1.211)
Speck (1.212)
Schweineleber (1.51)

Besondere Merkmale[21)]:
fein zerkleinerte Grundmasse, auch mit groben Einlagen

Analysenwerte, bezogen auf das Erzeugnis ohne die zum Mitverzehr bestimmte Umhüllung:

bindegewebseiweißfreies Fleischeiweiß	nicht unter 11 %
bindegewebseiweißfreies Fleischeiweiß im Fleischeiweiß chemisch	nicht unter 82 %

2.2311.4 *Geflügelpastete*, *Wildpastete*

Ausgangsmaterial:
grob entsehntes Geflügelfleisch (1.132)
oder grob entsehntes Wildfleisch

fettgewebs- und sehnenarmes Schweinefleisch (1.121)
auch sehnenarmes Kalb- oder Jungrindfleisch (1.111)
Speck (1.212)

Besondere Merkmale[21]:
bei grobstückigen Einlagen stammen diese von der Tierart, nach der die Pastete benannt ist; zur Geschmacksabrundung sind auch geringe Leberanteile üblich

Analysenwerte, bezogen auf das Erzeugnis ohne die zum Mitverzehr bestimmte Umhüllung:

bindegewebseiweißfreies Fleischeiweiß	nicht unter 10 %
bindegewebseiweißfreies Fleischeiweiß im Fleischeiweiß chemisch	nicht unter 80 %

2.2311.5 *Filetpastete*, Zungenpastete und andere Kochstreichwurstpasteten

Ausgangsmaterial:
sehnen- und fettgewebsarmes Rindfleisch (1.111)
und/oder fettgewebs- und sehnenarmes Schweinefleisch (1.121)
grob entsehntes Rindfleisch (1.112)
und/oder grob entfettetes Schweinefleisch (1.122)
Flomen (1.211)
Speck (1.212)

Besondere Merkmale:
bei grobstückigen Einlagen stammen diese von der Tierart/Teilstück, nach der die Pastete benannt ist; zur Geschmacksabrundung sind auch geringe Leberanteile üblich

Analysenwerte, bezogen auf das Erzeugnis ohne die zum Mitverzehr bestimmte Umhüllung:

bindegewebseiweißfreies Fleischeiweiß	nicht unter 10 %
bindegewebseiweißfreies Fleischeiweiß im Fleischeiweiß chemisch	nicht unter 80 %

2.2312 Leberwürste

2.2312.1 *Kalbsleberwurst*[22], *Kalbfleisch-Leberwurst*[22], *Trüffelleberwurst*[22], *Champignonleberwurst*[22], *Hildesheimer Leberwurst*[22]

Ausgangsmaterial:
grob entfettetes Schweinefleisch (1.122)
fettgewebereiches Schweinefleisch (1.123)
grob entsehntes Kalb- und gegebenenfalls Jungrindfleisch (1.112) bei Kalbsleberwurst oder Kalbfleisch-Leberwurst
Flomen (1.211)

Speck (1.212)
Leber (1.51)
auch grob entsehntes Rindfleisch (1.112), wenn zur Sicherung einer gewissen Schnittfähigkeit Brät zugesetzt wird

Besondere Merkmale:
fein zerkleinert bis grobe Körnung

Analysenwerte:

bindegewebseiweißfreies Fleischeiweiß	nicht unter 10 %
bindegewebseiweißfreies Fleischeiweiß im Fleischeiweiß chemisch	nicht unter 82 %

2.2312.2 *Aachener Leberwurst*[22], *Berliner Leberwurst*[22], *Kölner Leberwurst*[22]

Ausgangsmaterial:
fettgewebereiches Schweinefleisch (1.123)
Flomen (1.211)
Speck (1.212)
Schweinemasken (1.33)
Leber (1.51)
auch grob entsehntes Rindfleisch (1.112), wenn zur Sicherung einer gewissen Schnittfähigkeit Brät zugesetzt wird

Besondere Merkmale:
fein zerkleinert bis grobe Körnung; Berliner Leberwurst ohne Flomen und ohne Schweinemasken

Analysenwerte:

bindegewebseiweißfreies Fleischeiweiß	nicht unter 10 %
bindegewebseiweißfreies Fleischeiweiß im Fleischeiweiß chemisch	nicht unter 75 %

2.2312.3 *Fleisch-Leberwurst*[22], *Schinken-Leberwurst*[22], *Kassler Leberwurst*[22]

Ausgangsmaterial:
grob entfettetes Schweinefleisch (1.122)
fettgewebereiches Schweinefleisch (1.123)
Speck (1.212)
Leber (1.51)
auch grob entsehntes Rindfleisch (1.112), wenn zur Sicherung einer gewissen Schnittfähigkeit Brät zugesetzt wird

Besondere Merkmale:
Einlagen von Fleisch und/oder Leber

Analysenwerte:

bindegewebseiweißfreies Fleischeiweiß	nicht unter 10 %

bindegewebseiweißfreies Fleischeiweiß im Fleischeiweiß
chemisch | nicht unter 80 %

2.2312.4 *Gänseleberwurst*[22], *Pommersche Gänseleberwurst*[22]

Ausgangsmaterial:
grob entfettetes Schweinefleisch (1.122)
fettgewebereiches Schweinefleisch (1.123)
Fettgewebe (1.21)
Gänseleber (1.51)
Schweineleber (1.51)
auch Gänsefleisch (1.13)

Besondere Merkmale:
bis walnussgroße Gänselebereinlagen

Analysenwerte:
bindegewebseiweißfreies Fleischeiweiß | nicht unter 10 %
bindegewebseiweißfreies Fleischeiweiß im Fleischeiweiß
chemisch | nicht unter 82 %

2.2312.5 *Leberwurst*, *Gutsleberwurst*[22], *grobe Leberwurst*, *Streichleberwurst*, *Braunschweiger Leberwurst*, *Frankfurter Leberwurst*, *Fränkische Leberwurst*, *Hallesche Leberwurst*, *Hamburger Leberwurst*, *Hamburger Hausmacherleberwurst*[22], *Hamburger Landleberwurst*[22], *Hannoversche Leberwurst*, *Hessische Leberwurst*, *Holsteiner Leberwurst*, *Kasseler Leberwurst*, *Pommersche Leberwurst*, *Pfälzer (Hausmacher) Leberwurst*[22], *Rheinische Leberwurst*, *Sächsische Leberwurst*, *Schlesische Leberwurst*, *Schwäbische Leberwurst*, *Schwarzwälder Leberwurst*, *Westfälische Leberwurst*, *Kräuterleberwurst*, *Sahneleberwurst*, *Sardellenleberwurst*, *Schalottenleberwurst*, *Tomatenleberwurst*

Ausgangsmaterial:
fettgewebereiches Schweinefleisch (1.123)
Fettgewebe (1.21)
Bindegewebe (1.31)
Schweinemasken (1.33)
Leber (1.51)
andere Innereien (1.51)
auch grob entsehntes Rindfleisch (1.112), wenn zur Sicherung einer gewissen Schnittfähigkeit Brät zugesetzt wird

Besondere Merkmale:
grobe Körnung, aber auch fein zerkleinert; Gutsleberwurst, Thüringer Leberwurst und Pfälzer (Hausmacher) Leberwurst ohne andere Innereien, Pfälzer (Hausmacher) Leberwurst in der Regel nicht umgerötet

Analysenwerte:

bindegewebseiweißfreies Fleischeiweiß	nicht unter 9 %
bindegewebseiweißfreies Fleischeiweiß im Fleischeiweiß chemisch	nicht unter 75 %

2.2312.6 *Hausmacherleberwurst*[22], *Bauernleberwurst*[22], *Landleberwurst*[22], *Griebenleberwurst*, *Zwiebelleberwurst*

Ausgangsmaterial:
fettgewebereiches Schweinefleisch (1.123)
Fettgewebe (1.21)
Bindegewebe (1.31)
Schweinemasken (1.33)
Leber (1.51)
andere Innereien (1.51)

Besondere Merkmale:
grobe Körnung, Zwiebelleberwurst auch fein zerkleinert

Analysenwerte:

bindegewebseiweißfreies Fleischeiweiß	nicht unter 7,5 %
bindegewebseiweißfreies Fleischeiweiß im Fleischeiweiß chemisch	nicht unter 70 %

2.2312.7 *Geflügelleberwurst*, *Putenleberwurst*

Ausgangsmaterial:
fettgewebereiches Schweinefleisch (1.123)
grob entsehntes Geflügelfleisch (1.132)
sehnenreiches Geflügelfleisch (1.133)
Fettgewebe (1.21)
Geflügelleber (1.51)
Schweineleber (1.51)
Geflügelherz (1.51)
Geflügelmuskelmagen ohne verhornte Schleimhaut (1.511)

Besondere Merkmale[21]:
grobe Körnung, aber auch fein zerkleinert

Analysenwerte:

bindegewebseiweißfreies Fleischeiweiß	nicht unter 8,5 %
bindegewebseiweißfreies Fleischeiweiß im Fleischeiweiß chemisch	nicht unter 70 %

2.2312.8 *Lebercreme*

Ausgangsmaterial:
fettgewebereiches Schweinefleisch (1.123)
Flomen (1.211)
Speck (1.212)
Leber (1.51)

Besondere Merkmale:
fein zerkleinert, cremig

Analysenwerte:

bindegewebseiweißfreies Fleischeiweiß	nicht unter 8 %
bindegewebseiweißfreies Fleischeiweiß im Fleischeiweiß chemisch	nicht unter 75 %

2.2312.9 *Leberwurst einfach, Lippische Leberwurst*

Ausgangsmaterial:
sehnenreiches Rindfleisch (1.113)
fettgewebereiches Schweinefleisch (1.123)
Fettgewebe (1.21)
Bindegewebe (1.31)
Schweinemasken (1.33)
Leber (1.51)
andere Innereien (1.51)

Besondere Merkmale:
Lippische Leberwurst weniger als 10 % Leber

Analysenwerte:

bindegewebseiweißfreies Fleischeiweiß	nicht unter 6,5 %
bindegewebseiweißfreies Fleischeiweiß im Fleischeiweiß chemisch	nicht unter 65 %

2.2312.10 *Leberwürstchen, frische Leberwürstchen, Schlachtschüssel-Leberwurst, Siedleberwurst*

Ausgangsmaterial:
fettgewebereiches Schweinefleisch (1.123)
Fettgewebe (1.21)
Bindegewebe (1.31)
Schweinemasken (1.33)
Leber (1.51)
andere Innereien (1.51)

Besondere Merkmale:
zum Warmverzehr bestimmt; Verkauf auch ohne Hülle, zum Teil auch mit weniger als 10 % Leber

Analysenwerte:

bindegewebseiweißfreies Fleischeiweiß	nicht unter 6,5 %
bindegewebseiweißfreies Fleischeiweiß im Fleischeiweiß chemisch	nicht unter 65 %

2.2312.11 *Berliner Frische Leberwurst, Schüsselwurst, Wellwurst, weiße Schlesische Wellwurst, Semmelleberwurst, Semmelwurst, Grützleberwurst, Grützwurst, Krautleberwurst, Mehlleberwurst (Mehlpiepen)*

Ausgangsmaterial:
fettgewebereiches Schweinefleisch (1.123)
Fettgewebe (1.21)
Bindegewebe (1.31)
Schweinemasken (1.33)
Leber (1.51)
andere Innereien (1.51)

Besondere Merkmale:
zum Warmverzehr bestimmt; Verkauf auch ohne Hülle; einige Sorten werden auch ohne Fleisch (1.123) und Leber (1.51) hergestellt; Berliner Frische Leberwurst, Schüsselwurst, Wellwurst, weiße Schlesische Wellwurst, Semmelleberwurst, Semmelwurst, Grützleberwurst mit Grütze, Graupen oder Semmel; Krautleberwurst mit gekochtem Weißkraut mit oder ohne Semmel; Mehlleberwurst (Mehlpiepen) mit Mehl

Analysenwerte:

bindegewebseiweißfreies Fleischeiweiß	nicht unter 5 %
bindegewebseiweißfreies Fleischeiweiß im Fleischeiweiß chemisch	nicht unter 65 %

2.2313 Kochmettwürste

2.2313.1 *Schinkencreme*[22)]

Ausgangsmaterial:
grob entfettetes Schweinefleisch (1.122)
fettgewebereiches Schweinefleisch (1.123)
Flomen (1.211)
Speck (1.212)

Besondere Merkmale:
fein zerkleinert, cremig; gewöhnlich in Behältnissen abgegeben; zur Geschmacksabrundung sind auch geringe Leberanteile üblich

Analysenwerte:

bindegewebseiweißfreies Fleischeiweiß	nicht unter 10 %
bindegewebseiweißfreies Fleischeiweiß im Fleischeiweiß	
histometrisch	nicht unter 75 Vol.-%
chemisch	nicht unter 80 %

2.2313.2 *Gekochte Mettwurst, Westfälische gekochte Mettwurst, Kochmettwurst, Hamburger Gekochte, Hessische Kartoffelwurst*

Ausgangsmaterial:
grob entfettetes Schweinefleisch (1.122)
fettgewebereiches Schweinefleisch (1.123)
Flomen (1.211)
Speck (1.212)
auch grob entsehntes Rindfleisch (1.112), wenn zur Sicherung einer gewissen Schnittfähigkeit Brät zugesetzt wird

Besondere Merkmale:
grobe Körnung; Hessische Kartoffelwurst mit Kartoffeln, auch als Halbfabrikat zum Warmverzehr bestimmt, Verkauf auch ohne Hülle

Analysenwerte:

bindegewebseiweißfreies Fleischeiweiß	nicht unter 8 %
bindegewebseiweißfreies Fleischeiweiß im Fleischeiweiß	
histometrisch	nicht unter 70 Vol.-%
chemisch	nicht unter 75 %

2.2313.3 *Gekochte Mettwurst mit Schnauze*

Ausgangsmaterial:
grob entfettetes Schweinefleisch (1.122)
fettgewebereiches Schweinefleisch (1.123)
Schweinemasken (1.33)

Besondere Merkmale:
grobstückige Einlagen von Schweinemaske

Analysenwerte:

bindegewebseiweißfreies Fleischeiweiß	nicht unter 8,5 %
bindegewebseiweißfreies Fleischeiweiß im Fleischeiweiß	
histometrisch	nicht unter 65 Vol.-%
chemisch	nicht unter 70 %

2.2313.4 *Gekochte Zwiebelmettwurst, Zwiebelmettwurst, Kohlwurst, Schmorwurst*

Ausgangsmaterial:
grob entfettetes Schweinefleisch (1.122)
fettgewebereiches Schweinefleisch (1.123)
Fettgewebe (1.21)
auch grob entsehntes Rindfleisch (1.112), wenn zur Sicherung einer gewissen Schnittfähigkeit Brät zugesetzt wird

Besondere Merkmale:
grobe Körnung; Kohl- und Schmorwurst als Halbfabrikat zum Warmverzehr bestimmt

Analysenwerte:

bindegewebseiweißfreies Fleischeiweiß	nicht unter 7,5 %
bindegewebseiweißfreies Fleischeiweiß im Fleischeiweiß	
histometrisch	nicht unter 70 Vol.-%
chemisch	nicht unter 75 %

2.2313.5 *Pfälzer Saumagen*

Ausgangsmaterial:
grob entfettetes Schweinefleisch (1.122)
Speck (1.212)
auch grob entsehntes Rindfleisch (1.112), wenn zur Sicherung einer gewissen Schnittfähigkeit Brät zugesetzt wird

Besondere Merkmale:
zum Warmverzehr bestimmt; Einlagen von Kartoffelstücken (Kartoffelanteil nicht über 40 %); zur Geschmacksabrundung sind auch geringe Leberanteile üblich; bei nicht schnittfähigen Erzeugnissen auch Semmel, Lauch, Karotten

Analysenwerte des Fleischanteiles:

bindegewebseiweißfreies Fleischeiweiß	nicht unter 7 %
bindegewebseiweißfreies Fleischeiweiß im Fleischeiweiß	
histometrisch	nicht unter 75 Vol.-%
chemisch	nicht unter 80 %

2.2313.7 *Gekochte Zwiebelwurst, Zwiebelwurst*

Ausgangsmaterial:
fettgewebereiches Schweinefleisch (1.123)
Fettgewebe (1.21)
Bindegewebe (1.31)

Besondere Merkmale:
grobe Körnung; zur Geschmacksabrundung sind auch geringe Leberanteile üblich

Analysenwerte:

bindegewebseiweißfreies Fleischeiweiß	nicht unter 6,5 %
bindegewebseiweißfreies Fleischeiweiß im Fleischeiweiß	
histometrisch	nicht unter 60 Vol.-%
chemisch	nicht unter 65 %

2.2313.8 *Rinderwurst*

Ausgangsmaterial:
sehnenreiches Rindfleisch (1.113)
Fettgewebe (1.21)
Fett (1.22)
Schweinemasken (1.33)
Innereien (1.51)

Besondere Merkmale:
auch unter Verwendung von Graupen, Grütze oder anderen Cerealien (Getreideerzeugnissen), Butter hergestellt; Westfälische Rinderwurst wird ausschließlich aus sehnenreichem Rindfleisch, Rinderfleischfett, Gemüse, Cerealien und Butter hergestellt

Analysenwerte:

bindegewebseiweißfreies Fleischeiweiß	nicht unter 7,5 %
bindegewebseiweißfreies Fleischeiweiß im Fleischeiweiß	
histometrisch	nicht unter 60 Vol.-%
chemisch	nicht unter 65 %

2.2313.9 *Schmalzfleisch*

Ausgangsmaterial:
fettgewebereiches Schweinefleisch (1.123)
Flomen (1.211)
Speck (1.212)
Bindegewebe (1.31)

Besondere Merkmale:
meist in Behältnissen

Analysenwerte:

bindegewebseiweißfreies Fleischeiweiß	nicht unter 5 %
bindegewebseiweißfreies Fleischeiweiß im Fleischeiweiß	
histometrisch	nicht unter 60 Vol.-%
chemisch	nicht unter 65 %

2.2313.10 *Norddeutsche Fleischwurst*

Ausgangsmaterial:
fettgewebereiches Schweinefleisch (1.123)
Flomen (1.211)
Speck (1.212)
Bindegewebe (1.31)
Innereien (1.51)

Besondere Merkmale:
nicht umgerötet

Analysenwerte:

bindegewebseiweißfreies Fleischeiweiß	nicht unter 5 %
bindegewebseiweißfreies Fleischeiweiß im Fleischeiweiß	
histometrisch	nicht unter 60 Vol.-%
chemisch	nicht unter 65 %

2.2313.11 *Knappwurst, Knackwurst*

Ausgangsmaterial:
fettgewebereiches Schweinefleisch (1.123)
Fettgewebe (1.21)
Bindegewebe (1.31)
Innereien (1.51)

Besondere Merkmale:
nicht umgerötet; auch unter Verwendung von Grütze, Haferflocken hergestellt

Analysenwerte:

bindegewebseiweißfreies Fleischeiweiß	nicht unter 4,5 %
bindegewebseiweißfreies Fleischeiweiß im Fleischeiweiß	
histometrisch	nicht unter 60 Vol.-%
chemisch	nicht unter 65 %

2.2313.12 *Weiße Graupenwurst, Westfälische Grützwurst, Kartoffelwurst, Knipp, Pfannenschlag, Semmelwürstchen, Semmelwurst, Weckewerk, Wurstebrei*

Ausgangsmaterial:
sehnenreiches Rindfleisch (1.113)
fettgewebereiches Schweinefleisch (1.123)
Fettgewebe (1.21)
Fett (1.22)
Bindegewebe (1.31)
Schweinemasken (1.33)
Innereien (1.51)

Besondere Merkmale:
zum Warmverzehr bestimmt: Verkauf auch ohne Hülle; Kartoffel-Semmelwürstchen, Semmelwurst, Weckewerk nicht umgerötet; der Bezeichnung des Lebensmittels entsprechende Verwendung von Graupen, Grütze (auch Knipp, Pfannenschlag, Wurstebrei), Kartoffeln, Semmel (auch Weckewerk)

Analysenwerte:

bindegewebseiweißfreies Fleischeiweiß	nicht unter 3 %
bindegewebseiweißfreies Fleischeiweiß im Fleischeiweiß	
histometrisch	nicht unter 55 Vol.-%
chemisch	nicht unter 60 %

2.2313.13 *Hannoversche Weißwurst, Hannoversche Weiße, Hannoversche Weißgekochte, Harzer Weiße*

Ausgangsmaterial:
fettgewebereiches Schweinefleisch (1.123)
Flomen (1.211)

Besondere Merkmale:
nicht umgerötet

Analysenwerte:

bindegewebseiweißfreies Fleischeiweiß	nicht unter 2,5 %
bindegewebseiweißfreies Fleischeiweiß im Fleischeiweiß	
histometrisch	nicht unter 55 Vol.-%
chemisch	nicht unter 60 %

2.2313.14 *Pinkel*

Ausgangsmaterial:
Fettgewebe (1.21)
Fettgewebereiches Schweinefleisch (1.123) bei Fleischpinkel, Oldenburger Pinkel

Besondere Merkmale:
unter Verwendung von Hafergrütze, in der Regel nicht umgerötet, Oldenburger Pinkel auch als Halbfabrikat, zum Warmverzehr bestimmt

Analysenwerte:

bindegewebseiweißfreies Fleischeiweiß	nicht unter 2 %
bindegewebseiweißfreies Fleischeiweiß im Fleischeiweiß	
histometrisch	nicht unter 55 Vol.-%
chemisch	nicht unter 60 %

2.232 Blutwürste

2.232.1 *Filet-Rotwurst, Böhmische Rotwurst, Schlegelwurst, Blutwurst mit Einlagen*

Ausgangsmaterial:
fettgewebs- und sehnenarmes Schweinefleisch (1.121)
Speck (1.212)
Schwarten (1.312)
Blut (1.41)

Besondere Merkmale:
in zum Teil auch mit fein zerkleinerter Leber (1.51) versetzter Blut-Schwarten-Grundmasse stückige Einlagen von Fleisch sowie Speck; bei Blutwurst mit Einlage zusätzlich auch Zunge. Die Verwendung von Formfleischeinlagen ist nicht üblich.

Analysenwerte bei einer Gesamtprobenmenge über 600 g:

Muskelfleischeinlagen, von groben Fett- und Bindegewebsanteilen befreit	nicht unter 35 %

2.232.2 *Zungenrotwurst, Zungenblutwurst, Zungenwurst, Berliner Zungenwurst, Zungenpastete*

Ausgangsmaterial:
Speck (1.212)
Schwarten (1.312)
Blut (1.41)
Zunge (1.51)

Besondere Merkmale:
in zum Teil auch mit fein zerkleinerter Leber (1.51) versetzter Blut-Schwarten-Grundmasse stückige Einlagen von Zungen sowie Speck; Zungenpastete zeichnet sich durch ein besonders anspruchvolles Erscheinungsbild aus

Analysenwerte bei einer Gesamtprobenmenge über 600 g:

Zungeneinlagen	nicht unter 35 %

2.232.3 *Leberrotwurst, Schinkenrotwurst*

Ausgangsmaterial:
grob entfettetes Schweinefleisch (1.122)
fettgewebereiches Schweinefleisch (1.123)
Speck (1.212)
Schwarten (1.312)
Blut (1.41)
Leber (1.51) bei Leberrotwurst

Besondere Merkmale:
in zum Teil auch mit fein zerkleinerter Leber (1.51) versetzter Blut-Schwarten-Grundmasse würfelförmige Einlagen von Fleisch und Speck, teilweise zusätzlich auch mit Zunge, Leber und Herz (1.51); bei der Leberrotwurst können Fleisch-Einlagen durch Leber ersetzt werden

Analysenwerte bei einer Gesamtprobenmenge über 600 g:
Muskelfleischeinlagen, von groben Fett- und
Bindegewebsanteilen befreit nicht unter 35 %

2.232.4 *Gutsrotwurst*, *Gutsfleischwurst*, *Fleischrotwurst*, *Berliner Fleischwurst*, *Pariser Blutwurst*, *Fleischmagen*, *Fleischblutmagen*

Ausgangsmaterial:
grob entfettetes Schweinfleisch (1.122)
fettgewebereiches Schweinefleisch (1.123)
Speck (1.212)
Schwarten (1.312)
Blut (1.41)

Besondere Merkmale:
in zum Teil auch mit fein zerkleinerter Leber (1.51) versetzter Blut-Schwarten-Grundmasse, würfelförmige Einlagen von Fleisch und Speck, teilweise zusätzlich auch mit Zunge, Leber und Herz (1.51)

Analysenwerte bei einer Gesamtprobenmenge über 600 g:
Muskelfleischeinlagen, von groben Fett- und
Bindegewebsanteilen befreit nicht unter 30 %

2.232.5 *Fränkischer Rotgelegter*, *Würzburger Rotgelegter*

Ausgangsmaterial:
grob entfettetes Schweinefleisch (1.122)
fettgewebereiches Schweinefleisch (1.123)
Schweinemasken (1.33)
Speck (1.212)
Schwarten (1.312)
Blut (1.41)

Besondere Merkmale:
in zum Teil auch mit fein zerkleinerter Leber (1.51) versetzter Blut-Schwarten-Grundmasse, streifen- oder würfelförmige Einlagen von Fleisch, Schweinemasken und Speck

Analysenwerte bei einer Gesamtprobenmenge über 600 g:
Muskelfleischeinlagen, von groben Fett- und
Bindegewebsanteilen befreit nicht unter 30 %

2.232.6 *Thüringer Blutwurst, Dresdner Blutwurst, Schlesische Blutwurst*

Ausgangsmaterial:
grob entfettetes Schweinefleisch (1.122)
fettgewebereiches Schweinefleisch (1.123)
Speck (1.212)
Schwarten (1.312)
Blut (1.41)

Besondere Merkmale:
in zum Teil auch mit fein zerkleinerter Leber (1.51) versetzter Blut-Schwarten-Grundmasse, würfelförmige Einlagen von Fleisch und Speck, teilweise zusätzlich auch mit Leber und Herz (1.51)

Analysenwerte bei einer Gesamtprobenmenge über 600 g:

Muskelfleischeinlagen, von groben Fett- und Bindegewebsanteilen befreit	nicht unter 25 %

2.232.7 *Rotwurst, Calenberger Rotwurst, Bauernrotwurst, Hausmacher Rotwurst, Landrotwurst*

Ausgangsmaterial:
fettgewebereiches Schweinefleisch (1.123)
Speck (1.212)
Schwarten (1.312)
Blut (1.41)

Besondere Merkmale:
in zum Teil fein zerkleinerter Leber und Innereien (1.51) versetzter Blut-Schwarten-Grundmasse, würfelförmige Einlagen von Fleisch und Speck mit teilweise anhaftender Schwarte, teilweise zusätzlich auch mit Schweinemasken (1.33), Herz, Leber oder Zunge (1.51); Calenberger Rotwurst mit Getreideerzeugnissen

Analysenwerte bei einer Gesamtprobenmenge über 600 g:

Muskelfleischeinlagen, von groben Fett- und Bindegewebsanteilen befreit	nicht unter 15 %

2.232.8 *Roter Schwartemagen, Blutpresssack, Roter Presssack, Schwarzer Presssack, Blutpresskopf, Roter Presskopf, Presswurst, Berliner Presswurst*

Ausgangsmaterial:
fettgewebereiches Schweinefleisch (1.123)
Speck (1.212)
Schwarten (1.312)
Schweinemasken (1.33)
Blut (1.41)
Herz (1.51)

Besondere Merkmale:
in zum Teil auch mit zerkleinerten Innereien (1.51) versetzter Blut-Schwarten-Grundmasse, würfel- oder streifenförmige Einlagen von Fleisch, Schweinemasken, Speck mit teilweise anhaftender Schwarte und Herz; Presssack und Schwartenmagen auch ohne Einlagen von Fleisch

Analysenwerte bei einer Gesamtprobenmenge über 600 g:

Muskelfleischeinlagen, von groben Fett- und Bindegewebsanteilen befreit	nicht unter 10 %

2.232.9 *Blutwurst, Rheinische Blutwurst, Sächsische Blutwurst, Bauernblutwurst, Landblutwurst, Speckwurst, Speckblutwurst frisch, Touristenwurst, Griebenwurst, Pfefferwurst, Blunzen, Plunzen, Flönz, Schwarzwurst*

Ausgangsmaterial:
Speck (1.212)
Schwarten (1.312)
Schweinemasken (1.33)
Blut (1.41)

Besondere Merkmale:
in zum Teil auch mit zerkleinerten Innereien (1.51) versetzter Blut-Schwarten-Grundmasse, würfelförmige Einlagen von Schweinemasken und/oder Speck mit anhaftender Schwarte, einige Sorten auch mit Fleisch (1.123); Blutwurst, Blunzen, Plunzen, Flönz regional auch nur aus Blut

Analysenwerte bei einer Gesamtprobenmenge über 600 g:

Einlagen, sofern vorhanden	nicht unter 20 %

2.232.10 *Hausmacher Blutwurst*

Ausgangsmaterial:
Speck (1.212)
Schwarten (1.312)
Schweinemasken (1.33)
Blut (1.41)

Besondere Merkmale:
in zum Teil auch mit zerkleinerten Innereien (1.51) versetzter Blut-Schwarten-Grundmasse, gewolfte Schweinemasken und Speck mit anhaftender Schwarte, teilweise auch Fleisch (1.123), Speck teilweise auch gewürfelt

Analysenwerte:

bindegewebseiweißfreies Fleischeiweiß	nicht unter 7 %
Einlagen, sofern vorhanden	nicht unter 20 %

2.232.11 *Frische Blutwürstchen, frische Blutwurst*

Ausgangsmaterial:
Speck (1.212)
Schwarten (1.312)
Schweinemasken (1.33)
Blut (1.41)

Besondere Merkmale:
Blut-Schwarten-Grundmasse, in der Blut überwiegt und die zum Teil auch zerkleinertes Schweinefleisch (1.123) und/oder Innereien (1.51) enthalten kann, mit Speck, Schwarten und/oder Fleischwürfeln (1.123); auch zum Warmverzehr bestimmt; Verkauf teilweise ohne Hülle

Analysenwerte:
bindegewebseiweißfreies Fleischeiweiß nicht unter 5 %

2.232.12 *Berliner frische Blutwurst, frische Blutwurst mit Semmeln, Beutelwurst, Boudin, Schwarze Graupenwürstchen, Grützblutwurst, rote Grützwurst, Möpkenbrot, Panhas, Tiegelblutwurst, Tollatschen, Rote Wellwurst, Wurstebrot*

Ausgangsmaterial:
Speck (1.212)
Schwarten (1.312)
Schweinemasken (1.33)
Blut (1.41)

Besondere Merkmale:
Blut-Schwarten-Grundmasse, in der Blut überwiegt und die zum Teil auch zerkleinertes Schweinefleisch (1.123) und/oder Innereien (1.51) enthalten kann, mit Speck-, Schwarten- und/oder Fleischwürfeln (1.123); der Bezeichnung des Lebensmittels entsprechende Verwendung von Graupen oder Grütze; Berliner frische Blutwurst und Wellwurst mit Semmel, Boudin mit Semmel und Weißkraut; Beutelwurst und Möpkenbrot mit Roggenschrot, Panhas mit Buchweizenmehl, Tiegelblutwurst, Tollatschen und Wurstebrot mit Grütze und Mehl; auch zum Warmverzehr bestimmt; Verkauf teilweise ohne Hülle

2.232.13 *Mengwurst, Mischwurst*

Ausgangsmaterial:
fettgewebereiches Schweinefleisch (1.123)
Fettgewebe (1.21)
Bindegewebe (1.31)
Blut (1.41)
Leber (1.51)

Besondere Merkmale:
in Blut-Schwarten-Grundmasse zerkleinertes Fleisch, Fettgewebe und Leber, zum Teil auch andere Innereien (1.51) oder sonstige Tierkörperteile (1.511); bei Fleisch-Mengwurst auch Einlagen von Schweinefleisch (1.122), Zunge, Herz und Niere

Analysenwerte:

bindegewebseiweißfreies Fleischeiweiß	nicht unter 7 %

2.233 Sülzwürste

2.2331 Sülzen

Besondere Merkmale:
Würfel-, streifen- oder scheibenförmiges Fleisch, bei Wurstsülzen Wurst, in einer Gallertmasse aus Schwartenabkochung (geklärt oder ungeklärt) und/oder Speisegelatine, die die Hälfte des Gesamtgewichtes im Fertigerzeugnis nicht überschreitet; bei Angabe einer Tierart werden nur Einlagen dieser Tierart verwendet; in Formen oder Hüllen. Bei Tellersülzen (Sülzen in Tellern oder vergleichbaren Schalen) verringert sich der prozentuale Einlageanteil durch Auffüllen der Gallertmasse bis zum Gefäßrand; die Muskelfleischeinlagen betragen jedoch mindestens 80 % der jeweiligen Analysenwerte (z. B. 40 % bei *Teller-Bratensülze*). Die Mitverwendung von Gemüse (auch eingelegt), Pilzen, hartgekochten Eiern und vergleichbaren Lebensmitteln ist verkehrsüblich.

2.2331.1 *Schinkensülze, gewürfelter Schinken in Aspik (Gelee)*

Ausgangsmaterial:
fettgewebs- und sehnenarmes Schweinefleisch (1.121)

Besondere Merkmale:
würfelförmige Einlagen

Analysenwerte bei einer Gesamtprobenmenge über 600 g:

Muskelfleischeinlagen, von groben Fett- und Bindegewebsanteilen befreit	nicht unter 50 %

2.2331.2 *Berliner Schinkensülze, Schinkentorte, Bratensülze (Spießbratensülze), Karbonadensülze, Sülztörtchen, Schinkensülzwurst*

Ausgangsmaterial:
fettgewebs- und sehnenarmes Schweinefleisch (1.121)
grob entfettetes Schweinefleisch (1.122)

Besondere Merkmale:
bei Berliner Schinkensülze und Schinkentorte scheibenförmige Einlagen

Analysenwerte bei einer Gesamtprobenmenge über 600 g:
Muskelfleischeinlagen, von groben Fett- und
Bindegewebsanteilen befreit nicht unter 50 %

2.2331.3 *Kalbfleischsülze, Schwedische Kalbfleischsülze, Kalbfleisch-Sülzpastete, Kalbfleisch, gewürfelt in Aspik, gewürfeltes Rindfleisch in Aspik*

Ausgangsmaterial:
grob entsehntes Kalb-/Jungrindfleisch (1.112)
grob entsehntes Rindfleisch (1.112) bei gewürfeltem Rindfleisch in Aspik

Besondere Merkmale:
Pasteten und Schwedische Kalbfleischsülze mit Speck- oder Schwartenumrandung

Analysenwerte bei einer Gesamtprobenmenge über 600 g:
Muskelfleischeinlagen, von groben Fett- und
Bindegewebsanteilen befreit nicht unter 50 %

2.2331.4 *Geflügelsülze, Geflügelsülzwurst*

Ausgangsmaterial:
grob entsehntes Geflügelfleisch (1.132)

Besondere Merkmale:
grob zerkleinertes Geflügelfleisch mit anhaftender Haut, gewürfelt oder gerissen

Analysenwerte bei einer Gesamtprobenmenge über 600 g:
Muskelfleischeinlagen, von groben Fett- und
Bindegewebsanteilen befreit nicht unter 50 %

2.2331.5 *Gewürfeltes Geflügelfleisch in Aspik (Gelee)*

Ausgangsmaterial:
sehnen- und fettgewebsarmes Geflügelfleisch (1.131)

Besondere Merkmale:
würfelförmige oder anders grob zerkleinerte Einlagen

Analysenwerte bei einer Gesamtprobenmenge über 600 g:
Muskelfleischeinlagen, von groben Fett- und
Bindegewebsanteilen befreit nicht unter 50 %

2.2331.6 *Zungensülze, Zunge gewürfelt in Aspik, Zunge in Scheiben in Aspik*

Ausgangsmaterial:
Zunge (1.51)

Besondere Merkmale:
würfel- oder scheibenförmige Einlagen

Analysenwerte bei einer Gesamtprobenmenge über 600 g:

Zungeneinlagen	nicht unter 50 %

2.2331.7 *Fleischsülze, Fleisch-Sülzwurst, Eisbeinsülze, Sülz-Fleischwurst*

Ausgangsmaterial:
grob entfettetes Schweinefleisch (1.122)
fettgewebereiches Schweinefleisch (1.123)
Eisbeine (1.32)

Besondere Merkmale:
würfelförmige Einlagen auch mit anhaftender Schwarte

Analysenwerte bei einer Gesamtprobenmenge über 600 g:

Muskelfleischeinlagen, von groben Fett- und Bindegewebsanteilen befreit	nicht unter 30 %

2.2331.8 *Gelegter Schweinskopf, Schweinskopf in Aspik*

Ausgangsmaterial:
grob entfettetes Schweinefleisch (1.122)
fettgewebereiches Schweinefleisch (1.123)
Schweinemasken (1.33)

Besondere Merkmale:
gelegte Schweineköpfe

Analysenwerte bei einer Gesamtprobenmenge über 600 g:

Muskelfleischeinlagen, von groben Fett- und Bindegewebsanteilen befreit	nicht unter 30 %

2.2331.9 *Hannoversche Sülzwurst, Weinsülze*

Ausgangsmaterial:
Fettgewebereiches Schweinefleisch (1.123)
Schwarten (1.312)
Eisbeine (1.32)
Schweinemasken (1.33)

Besondere Merkmale:
würfelförmige Einlagen mit anhaftender Schwarte

Analysenwerte bei einer Gesamtprobenmenge über 600 g:

Muskelfleischeinlagen, von groben Fett- und Bindegewebsanteilen befreit	nicht unter 20 %

2.2331.10 *Sülze, Bauernsülze, Hausmachersülze, Schweinskopfsülze, Sülzwurst, Bauernsülzwurst, Hausmacher Sülzwurst, Fränkische Fleisch-Sülzwurst, Schweinskopfsülzwurst, gewürfelter Schweinskopf, Sülzpresssack, weißer Presssack, Hausmacher Presssack*

Ausgangsmaterial:
fettgewebereiches Schweinefleisch (1.123)
Eisbeine (1.32)
Schweinemasken (1.33)
Schwarten (1.312)
teilweise auch Herz, Zunge (1.51)

Besondere Merkmale:
würfel- oder streifenförmige Einlagen

Analysenwerte bei einer Gesamtprobenmenge über 600 g:

Muskelfleischeinlagen, von groben Fett- und Bindegewebsanteilen befreit	nicht unter 10 %

2.2331.11 *Sülze einfach, Rindssülze einfach, Sülzwurst einfach, Innereien-Sülze*

Ausgangsmaterial:
Speck (1.212)
Schwarten (1.312)
Schweinemasken (1.33)
sehnenreiches Rindfleisch (1.113) bei Rindssülze einfach
teilweise auch Innereien (1.51, 1.511)
teilweise auch Brätwürfel (2.22)

Besondere Merkmale:
Gallertmasse mit zerkleinertem Bindegewebe und Innereien; teilweise auch würfel- oder streifenförmige Einlagen von Speck und Innereien; auf die Innereienart wird in der Bezeichnung des Lebensmittels hingewiesen

Analysenwerte bei einer Gesamtprobenmenge über 600 g:

Muskelfleischeinlagen, von groben Fett- und Bindegewebsanteilen befreit	nicht unter 5 %

2.2331.12 *Knöchelsülze, Knöcherlsülze, Spitzbeinsülze, Ohrensülze, Rüsselsülze, Ochsenmaulsülze*

Ausgangsmaterial:
je nach Bezeichnung der Lebensmittel Spitzbeine, Schweineohren, Schweinerüssel, Rindermaul, Schwarten (1.312)

Besondere Merkmale:
grobe Einlagen

Analysenwerte bei einer Gesamtprobenmenge über 600 g:

Einlagen	nicht unter 50 %

2.2331.13 *Wurstsülze*, *Aufschnittsülze*, *Blutwurst-Sülze*

Ausgangsmaterial:
Wurst (2.2)

Besondere Merkmale:
ohne besondere Hinweise handelt es sich überwiegend um Brühwurst; Hüllen, ausgenommen Saitling, entfernt; teilweise auch Fleischeinlagen

Analysenwerte bei einer Gesamtprobenmenge über 600 g:

Einlagen	nicht unter 50 %

2.2332 Corned meat

2.2332.1 *Corned beef*

Ausgangsmaterial:
grob entsehntes Rindfleisch (1.112)

Besondere Merkmale:
vorgebrühtes, gestückeltes oder gerissenes Fleisch, umgerötet, durch Erhitzen in Behältnissen haltbar gemacht

Analysenwerte:

Bindegewebseiweißfreies Fleischeiweiß	nicht unter 18 %
oder Muskel-Trockensubstanz	nicht unter 14 %

2.2332.2 *Corned beef mit Gelee*, *Deutsches Corned beef*, *Kraftfleisch vom Rind*

Ausgangsmaterial:
grob entsehntes Rindfleisch (1.112)
Schwarten (1.312)

Besondere Merkmale:
gestückeltes oder gerissenes Fleisch in einer Gallertmasse, umgerötet; der beim Vorbrühen des Fleisches entstehende Gewichtsverlust wird durch einen Aufguss an Kochbrühe ausgeglichen, dem zur Sicherung der Schnittfestigkeit zerkleinerte Schwarten (1.312) und/oder Speisegelatine (1.315) zugesetzt werden

Auf die Verwendung von Schwarten wird in Verbindung mit der Bezeichnung des Lebensmittels hingewiesen.

Analysenwerte:

Bindegewebseiweißfreies Fleischeiweiß	nicht unter 14 %
oder Muskel-Trockensubstanz	nicht unter 11 %

2.2332.3 *Rindfleischsülze, Rindfleisch in Aspik, fein zerkleinert*

Ausgangsmaterial:
grob entsehntes Rindfleisch (1.112)
Schwarten (1.312)

Besondere Merkmale:
gerissenes Fleisch, umgerötet, in einer Gallertmasse aus Schwartenabkochung und/oder Speisegelatine (1.315)

Auf die Verwendung von Schwarten wird in Verbindung mit der Bezeichnung des Lebensmittels hingewiesen.

Analysenwerte:

Bindegewebseiweißfreies Fleischeiweiß	nicht unter 12 %
oder Muskel-Trockensubstanz	nicht unter 9,5 %

2.2333 Presswurst

Besondere Merkmale:
Gemenge aus stückigen Einlagen oder gewolftem Fleisch oder Brät oder zerkleinerter Leber und einer Gallertmasse, die zerkleinerte Schwarten enthält; in Hüllen verschiedenen Kalibers

2.2333.1 *Weißer Fleischmagen, Kümmelmagen, Schinkenmagen, Schinkenpresskopf, Wiener Presskopf, Schinken-Presswurst, Weiße Rollwurst, Fleisch-Sülzwurst, Schinkensülzwurst, Weißgelegter*

Ausgangsmaterial:
sehnenreiches Rindfleisch (1.113)
fettgewebearmes Schweinefleisch (1.121)
grob entfettetes Schweinefleisch (1.122)
Speck (1.212)
Schwarten (1.312)

Besondere Merkmale:
würfel- oder streifenförmige Fleisch- und vereinzelt auch Speckeinlagen; Weiße Rollwurst kein Rindfleisch

Analysenwerte bei einer Gesamtprobenmenge über 600 g:

Muskelfleischeinlagen, von groben Fett- und Bindegewebsanteilen befreit	nicht unter 35 %

2.2333.2 *Hessischer Presskopf, Mannheimer Presskopf, Presswurst, Kasseler Schwartenmagen, Pfälzer Hausmacher Schwartenmagen, Gothaer grobe Sülze, Presssülze, Sülzwurst, Presssülzwurst, Presskopf weiß*

Ausgangsmaterial:
sehnenreiches Rindfleisch (1.113)
grob entfettetes Schweinefleisch (1.122)
fettgewebereiches Schweinefleisch (1.123)
Speck (1.212) mit Schwarte
Schwarten (1.312)
Eisbeine (1.32) mit Schwarte
Schweinemasken (1.33)
teilweise auch Innereien (1.51)
teilweise auch Brätwürfel (2.22)

Besondere Merkmale:
würfel- oder streifenförmige Fleisch- und Speckeinlagen

Analysenwerte bei einer Gesamtprobenmenge über 600 g:

Muskelfleischeinlagen, von groben Fett- und Bindegewebsanteilen befreit	nicht unter 20 %

2.2333.3 *Fleischpresssack, Salvenatwurst, Fränkische Fleischsülze, Schweinskopfsülzwurst, Zungenpresskopf*

Ausgangsmaterial:
sehnenreiches Rindfleisch (1.113)
fettgewebereiches Schweinefleisch (1.123)
Speck (1.212) mit Schwarte
Schwarten (1.312)
Eisbeine (1.32) mit Schwarte
Schweinemasken (1.33)
teilweise auch Innereien (1.51)

Besondere Merkmale:
streifen- oder würfelförmige oder grobe Fleisch- und Speckeinlagen

Analysenwerte bei einer Gesamtprobenmenge über 600 g:

Muskelfleischeinlagen, von groben Fett- und Bindegewebsanteilen befreit	nicht unter 10 %
Zungeneinlagen bei Zungenpresskopf	nicht unter 30 %

2.2333.4 *Rüssel-Pressmagen, Presssack einfach, Fränkischer Schwartenmagen, Schwartenwurst, Schwärtchenwurst*

Ausgangsmaterial:
Speck (1.212) mit Schwarte
Schwarten (1.312)
Schweinemasken (1.33)
teilweise auch Leber und/oder Herz (1.51)

Besondere Merkmale:
streifenförmige oder andere grobe Einlagen; Schwartenwurst und Schwärtchenwurst auch gewolft

Analysenwerte bei einer Gesamtprobenmenge über 600 g:

Einlagen	nicht unter 30 %

2.2333.5 *Presskopf, Presssack, Presssäckl, Hausmacher Presssack, Ansbacher Presssack, Hessischer Presssack, Leberpresssack, Hausmacher Leberpresssack, Oberfränkischer Presssack, Weißer Presssack, Weißer Magen, Schwartenmagen, Rheinischer Schwartenmagen, Fuldaer Schwartenmagen, Hamburger Dauerschwartenmagen, Hausmacher Schwartenmagen, Oberhessischer Schwartenmagen, Göttinger Schwartenmagen, Bauernsülze, Hausmacher Sülze, Kopfsülze, Rheinische Sülze, Bauernsülzwurst, Hausmacher Sülzwurst, Weiße Zungenwurst*

Ausgangsmaterial:
sehnenreiches Rindfleisch (1.113)
grob entfettetes Schweinefleisch (1.122)
fettgewebereiches Schweinefleisch (1.123)
Speck (1.212)
Schwarten (1.312)
Schweinemasken (1.33)
Leber (1.51)
Herz (1.51)

Besondere Merkmale:
unterschiedliche Körnung und/oder Stückelung, teilweise Einlagen von Speck- und/oder Herz- und/oder Zungenwürfeln bzw. -streifen, Weißer Presssack auch mit klein gewürfeltem Rindfleisch

2.3 Gegarte Pökelfleischerzeugnisse

2.30 „Gekochtes Pökelfleisch" („Kochpökelwaren", „Gekochte Pökelfleischwaren") sind umgerötete und gegarte, meist geräucherte Fleischerzeugnisse, denen kein Brät (Abschnitt I Nummer 2.22, Absatz 2) zugesetzt ist, soweit dieses nicht zur Bindung großer Fleischteile dient (z. B. bei „Kaiserfleisch", 2.342.4).

2.31 Bei Bezeichnungen der Lebensmittel ohne Hinweis auf die Tierart (*Schinken*, *Geräuchertes, gegart*, *Geselchtes, gegart*, *Schwarzgeräuchertes*, *Pökelfleisch, gegart*, *Gekochtes Surfleisch*, *Pökelbraten* usw.) handelt es sich – soweit in den Leitsätzen nichts Gegenteiliges angegeben ist – um Teile von Schweinen; im Übrigen wird auf die Tierart hingewiesen (*Gekochter Rinderschinken*, *Gekochtes Rinderpökelfleisch*, *Gekochter Kalbsschinken*, *Gekochte Kalbskarbonade* usw.). *Gekochtes Rauchfleisch* wird entweder aus Schweinefleisch oder aus sehnenarmem Rindfleisch hergestellt. *Putenschinken* (*Truthahnschinken*) wird aus dem Brustfilet der Pute hergestellt.

2.321 Von Knochen, Schwarte (1.312) und etwaiger Gallerte sowie aufliegendem Fettgewebe (1.21) befreite Kochpökelwaren von Schweinen enthalten im fettfreien Anteil mindestens 19,0 % Fleischeiweiß (1.71), Kochpökelwaren von Rindern und Kälbern im fettfreien Anteil mindestens 18,5 % Fleischeiweiß[23].

2.322 Rohes gepökeltes Fleisch, das für ein Einfüllen in Behältnisse vorgesehen oder erkennbar für ein Erhitzen im Haushalt bestimmt ist, also Halbfabrikat einer Kochpökelware ist (z. B. *Rohkasseler zum Selbstkochen* oder *Surfleisch*), enthält nach Präparation gemäß 2.321 im fettfreien Anteil mindestens 17 % Fleischeiweiß.

2.33 Bei Kochpökelwaren am Stück oder in Scheiben, die in Gallerte in den Verkehr kommen, ist die Bezeichnung der Lebensmittel entsprechend ergänzt (z. B. *Eisbein in Gelee*, *Schinken in Aspik*, *Sülzkotelett*).

Die Zugehörigkeit zur Gruppe der Sülzen wird durch Bezeichnungen wie *...-Sülze* oder mit Hinweisen auf den Zerkleinerungsgrad (z. B. *Schweinskopf gewürfelt in Aspik*, *Eisbein gewürfelt in Aspik*, *Schinken gewürfelt in Aspik*, *Putenfleisch gewürfelt in Aspik*) ausgewiesen.

2.341 Die Bezeichnung *Schinken* – auch in Wortverbindungen – wird nur für Erzeugnisse von mindestens gehobener Qualität verwendet. Derartige Produkte enthalten in den von Schwarten und etwa vorhandenen Gallertanteilen sowie aufliegendem Fettgewebe befreiten Anteilen mindestens 85 % BEFFE (1.72) im Fleischeiweiß[23], [24].

Zur Herstellung von Schinken werden nur unzerkleinerte Fleischteilstücke wie Ober- und Unterschale, Nuss und/oder Hüfte eingesetzt.

Zusätze zur Bezeichnung des Lebensmittels, die auf eine traditionelle handwerkliche Herstellung hinweisen (z. B. „Traditions-", „Klassik-"), werden nur für Produkte verwendet, bei denen die Schinkenteile, wie sie von einem Tier gewonnen werden können (Ober- und Unterschale, gegebenenfalls Nuss und/oder Hüfte), ohne Knochen im natürlichen gewebsmäßigen Verband verbleiben und Auflagen von Speck und gegebenenfalls Schwarte haben.

Hinweise wie „Metzger-", „Fleischer-" oder „Meister-" werden nur für Produkte verwendet, die aus jeweils einer Ober- und Unterschale, gegebenenfalls zusätzlich einer Nuss und/oder einer Hüfte bestehen, die im Herstellungsprozess als solche erhalten bleiben und manuell in Formen/Behältnisse gelegt werden, mit oder ohne Speck und gegebenenfalls Schwartenauflage.

Wird der Herstellungsprozess maschinell so gestaltet, dass nach dem Füllen in Hüllen oder Behältnisse der gewichtsmäßige Anteil von Fleischstücken mit einem Gewicht von größer als 250 g mindestens 80 %[25)] beträgt, so werden Erzeugnisse mit einem Zusatz zur Bezeichnung des Lebensmittels „Schinken", nämlich „-aus Schinkenteilen zusammengefügt" gekennzeichnet. Der bei dieser Herstellung auftretende Muskelabrieb (aus freigesetztem Muskelabrieb entstehende brätähnliche Substanz) übersteigt nicht den Wert von 3 Vol.-%. Derartige Erzeugnisse enthalten mindestens 90 % BEFFE (1.72) im Fleischeiweiß.

2.341.1 Bei Bezeichnungen der Lebensmittel ohne Hinweis auf den Tierkörperteil handelt es sich – soweit in den Leitsätzen nichts Gegenteiliges angegeben ist – um Teile der Hinterextremität (*Hinterschinken*, *Schlegel*, *Keule*).

2.341.2 Schinken aus der Vorderextremität wird als *Vorderschinken* (*Schulterschinken*) bezeichnet.

2.341.3 *Schäufele* am Stück ist das Schulterblatt einschließlich der entsprechenden Hälfte der Schulter mit bis zu 1 bis 2 cm dicker Speckauflage ohne Schwarte und einem Knochenanteil unter 40 %. Auf etwaige Schwartenanteile wird in der Bezeichnung des Lebensmittels hingewiesen.

2.341.4 Bei Kochpökelwaren, die in der Bezeichnung des Lebensmittels das Wort Schinken enthalten, wird auf das Vorliegen von Knochen hingewiesen (z. B. *Beinschinken*, *Prager Schinken mit Knochen*). *Nussschinken*, gegart am Stück schließt die Kniescheibe ein.

2.341.5 Sind etwaige Speck- und Schwartenanteile (1.212, 1.312) nicht sichtbar, z. B. bei Dosenschinken, so betragen diese zusammen weniger als 20 % des Gesamtgewichts.

2.341.6 Erzeugnisse, die ganz oder teilweise aus kleineren als den in Nummer 2.19 Absatz 4 genannten Muskelstücken oder Formfleisch hergestellt sind (2.19), werden in Verbindung mit der Bezeichnung des Lebensmittels ausreichend kenntlich gemacht (z. B. *Formfleisch-Schinken*, aus Fleischstücken zusammengefügt).

 Behr's Verlag, Hamburg

Die in Absatz 1 sowie Nummer 2.19 Absatz 4 beschriebenen Erzeugnisse enthalten mindestens 90 % BEFFE (1.72) im Fleischeiweiß.

Für Kochpökelwaren, die weder den Anforderungen gemäß Nummer 2.321 noch den Anforderungen gemäß Nummer 2.341 noch den Anforderungen an Formfleisch gemäß Nummer 2.19 genügen, wird der Begriff *„Schinken“* oder der Wortteil *„schinken“* nicht verwendet. Sie werden mit Bezeichnungen in den Verkehr gebracht, die den tatsächlichen Charakter der Produkte hinreichend genau beschreiben und eine Verwechslung mit *Schinken*, *Vorderschinken* und *Formfleisch(vorder)schinken* ausschließen.

2.342.1 *Gekochter Pökelkamm (Nacken-Kasseler, Kasseler-Kamm)* wird aus Schweinenacken mit oder ohne Knochen hergestellt.

2.342.2 Die Bezeichnung *Kasseler (Kassler)* wird bei Kochpökelwaren des Schweines, soweit nicht der Kotelettstrang ohne Kamm (Karree, Karbonadenstück) zugrunde liegt, nur in Verbindung mit der entsprechenden Teilstückbezeichnung verwendet (z. B. *Nacken-Kasseler, Kasseler Kamm, Kasseler Bauch*). Entsprechend behandelte Teilstücke anderer Tierarten ... nach Kasseler Art bezeichnet.

Kasseler (Kasseler Rippenspeer, Kasseler Rippchen, Pökelrippchen, Gekochtes Ripperl, Gekochte Pökelkarbonade usw.*)* wird aus dem Kotelettstrang hergestellt (2.504); zu *Kasseler Bauch* siehe Nummer 2.364.

Filet-Kasseler (Lummer-Kasseler) ist *Kasseler* aus dem Lendenteil des Kotelettstranges einschließlich Filet (2.504)

2.342.3 *Gekochter Lachsschinken* wird aus dem entsehnten „Auge“ von Kotelettsträngen hergestellt.

2.342.4 *Kaiserfleisch* besteht aus einem oder mehreren zusammengefügten knochenfreien, weitgehend von Fettgewebe befreiten Kotelettsträngen.

2.363 *Gepökelte Schälrippchen* sind gepökelte Rippen sowie Brust- und Wirbelsäulenknochen mit zwischengelagerter Muskulatur (2.510.12). Das Gleiche gilt für *Gepökeltes Kleinfleisch*, das auch Schweineschwänzchen einschließt. *Gepökelte Fleischrippchen* sind Schälrippchen mit mindestens 1 cm Fleischabdeckung; *Gepökelte Brustspitze (Gepökelte dicke Rippen)* hat eine dickere Abdeckung.

2.364 *Gekochter Bauchspeck (Gekochter Frühstücksspeck, Kasseler Bauch, Gegarter Pökelbauch, Gekochtes Pökelwammerl* usw.*)* wird aus von Rippen und Brustknochen befreiter, meist noch Knorpel und Schwarten enthaltender Schweinsbrust einschließlich magerer Bauchanteile hergestellt (1.212).

Pariser Rolle, gegart, ist gerollter Bauchspeck ohne Knochen, Knorpel und Schwarte.

2.365 *Eisbein, gepökelt (Schweinshaxe, gepökelt, Gekochte Pökelhaxe, Surhaxe, Gekochte Räucherhaxe)* wird aus schwarten- und knochenhaltigem Unterschenkel oder Unterarm des Schweines hergestellt (1.32), von dem das *Spitzbein (Schweinspfote)* einschließlich des Gelenks abgesetzt ist. Bei *Eisbein in Gelee* (oder ... *in Aspik*) in Behältnissen wird auf einen etwaigen Knochenanteil hingewiesen.

2.366 *Gekochtes Hamburger Rauchfleisch* wird wie *Gekochter Rinderschinken* aus sehnenarmem Rindfleisch (1.111) hergestellt.

2.367 *Pökelbrust (Gepökelte Rindsbrust)* wird aus Brustmuskeln von Rindern mit anhaftendem Fettgewebe hergestellt.

Gerollte Kalbsbrust, gepökelte (Gepökelte Kalbsbrust, gerollt) wird aus Brust- sowie Bauchmuskeln von Kälbern ohne gelbe Bauchhaut hergestellt.

2.368 *Pökelzunge (Gepökelte Rinderzunge, Gekochte Pökelzunge, Pariser Zunge)* wird aus Rinderzunge hergestellt, die vor dem Kehldeckel abgesetzt und – abgesehen von technisch nicht immer vermeidbaren Resten – von Schleimhaut (1.51 und 1.61), Speicheldrüsen (1.61) und Zungenbein- sowie Kehlgangsmuskulatur befreit ist. Pökelzungen von anderen Tieren werden nach der Tierart gekennzeichnet.

2.4 Rohe Pökelfleischerzeugnisse

2.40 Rohe Pökelfleischerzeugnisse oder *Rohpökelware*, *Rohschinken*, *Rauchfleisch*, *Dörrfleisch*, süddeutsch auch *Speck*, *Geräuchertes*, *Geselchtes* sind durch Pökeln (Salzen mit oder ohne Nitritpökelsatz und/oder Salpeter haltbar gemachte, rohe, abgetrocknete, geräucherte oder ungeräucherte Fleischstücke von stabiler Farbe, typischem Aroma und von einer Konsistenz, die das Anfertigen dünner Scheiben ermöglicht.

2.40.1 Die Angaben „naturgesalzen“ oder „naturgereift“ werden nur bei Trockensalzung (einschließlich der Salzung mit Eigenlake) unter ausschließlicher Verwendung von Kochsalz, Zuckerstoffen und Gewürzen verwendet.

2.40.2 Erzeugnisse, bei denen eine Aromatisierung und Stabilisierung durch Rauch nicht stattgefunden hat, können als luftgereift, luftgetrocknet oder schimmelpilzgereift bezeichnet sein.

2.40.3 Bezeichnungen der Lebensmittel in Verbindung mit Kate-, Tenne-, Diele- (auch Deele-) werden bei Anwendung von Reifeverfahren mit langsamer Abtrocknung und unterbrochener Zufuhr schwachen Rauches verwendet. Die Zusatzbezeichnung „Original“ oder „Echt“ setzt voraus, dass die Reifung in einer Kate oder dem benannten Ort erfolgt ist.

2.40.4 Bezeichnungen der Lebensmittel in Verbindung mit *Katenrauch-*, *Landrauch-* oder Ähnliches werden bei einer speziellen Räucherung (z. B. Art des verwendeten Räuchermaterials) verwendet.

2.4.1 Rohschinken

2.411 *Rohschinken*, *Rohschneider* werden aus der Beckengliedmasse des Schweines (Schlegel) oder Teilen davon hergestellt. Vielleicht haftet ihnen noch die Schwarte an. Isoliert hergestelltes Eisbein wird nicht als Schinken bezeichnet. Die Herstellung aus den entsprechenden Teilen anderer Tierarten wird entsprechend gekennzeichnet (z. B. *Rinder-*, *Wildschwein-*, *Renschinken*).

Werden Schinken nach der Herstellung aufgeteilt, so tragen die einzelnen Stücke die Bezeichnung der noch nicht portionierten Schinken. *Blasenschinken* werden stets in Hüllen hergestellt.

2.411.1 *Knochenschinken* sind Schinken (Unter-, Oberschale, Nuss, Hüfte), deren Knochen (Röhre) frühestens nach der Salzung entfernt wurden. Beim „Langschnitt“ haften den Knochenschinken noch Spitz- und/oder Eisbein an.

2.411.2 *Spaltschinken* werden vor der Salzung von Knochen befreit und weisen gegenüber den *Knochenschinken* eine flache Form auf. Sie bestehen aus Unterschale, Nuss und Hüfte, vereinzelt auch mit Oberschale oder Teilen davon.

2.411.3 *Kernschinken*, *Kronenschinken*, *Papenschinken* werden aus der Unter- und Oberschale hergestellt; dies gilt auch für *Rollschinken*.

2.411.4 *Bauernschinken*, *Landschinken* werden aus einem Teilstück oder aus mehreren Teilstücken des Schinkens geschnitten; dies gilt auch für *Frühstücksschinken*.

2.411.5 *Nussschinken* besteht aus dem von den Muskeln des Kniestreckers gebildeten Teilstück (Nuss, Maus, Kugel), dem noch die Kniescheibe (Nüssle) anhaften kann.

2.411.6 *Schinkenspeck*, *Schinkenecke*, *Eckschinken* werden aus der Hüfte gefertigt.

2.412 *Rinderrauchfleisch*, *Neuenahrer Rauchfleisch*, *Hamburger Rauschfleisch*, *Nagelholz* werden aus der Oberschale oder dem Schwanzstück oder der Blume des Rindes hergestellt.

2.413.1 *Lachsschinken* wird aus dem „Auge“ (M. longissimus dorsi) von Kotelettsträngen geschnitten. Ihm können noch die dünnen („Silberhaut“), nicht jedoch die groben Teile der Sehnenplatte (Fascia lumbodorsalis) anhaften. Ist Lachsschinken von einer dünnen Speckscheibe umhüllt, wird auch die Bezeichnung *Pariser Lachsschinken* verwendet.

2.413.2 *Truthahn-Lachsschinken* wird aus Brustmuskulatur (ohne Haut) eines Truthahns hergestellt.

2.413.3 *Lachsfleisch*, *Karbonadenschinken* besteht aus weitgehend von Fettgewebe befreiten Kotelettsträngen.

2.413.4 *Räucherling*, *Räucherlendchen* ist umgerötetes, geräuchertes Schweinefilet.

2.414 Von Knochen, Schwarte (1.312) und sichtbarem Fettgewebe (1.21) befreite Rohschinken (2.41) enthalten selbst im weichsten (zentralen) Magerfleischanteil[26)] Wasseranteile von nicht mehr als

- 65 % bei Knochenschinken (ausgenommen Katen-, Tennen-, Dielen- (Deelen-) schinken, Katenrauchschinken), Rinderrauchfleisch, Neuenahrer Rauchfleisch, Hamburger Rauchfleisch, Nagelholz,
- 68 % bei Rohschinken, Rohschneidern, Katenschinken, Spaltschinken, Kern-, Bauern-/Landschinken und Frühstücksschinken, Kronen-, Papen-, Katen-, Tennen-, Dielen- (Deelen-)schinken, Katenrauchschinken, Landrauchschinken,
- 70 % bei Roll- oder Nussschinken, Blasenschinken, Karbonadenschinken, Schinkenspeck, Schinkenecken, Eckschinken,
- 72 % bei Lachsschinken sowie Lachsfleisch.

2.42 Sonstige Rohpökelwaren

2.421 Bei aus anderen Fleischteilen des Schweines hergestellten rohen Pökelfleischerzeugnissen wird auf das verwendete Teilstück hingewiesen (z. B. *Schulterspeck*, *Räucher-Nacken*, *Karbonaden-Rauchfleisch*, *geräuchertes Eisbein*). Die Verwendung von Fleischteilen anderer Tierarten wird gekennzeichnet (z. B. *geräuchertes Rinderfilet*, *gepökelte Gänsebrust*, *gepökelte Truthahnoberkeule*).

2.421.1 *Breitseite* oder *Ganze Seiten* bestehen aus der von Knochen befreiten Schweinehälfte ohne Kopf, überwiegend ohne Bug und Schlegel.

2.421.2 *Bauchspeck*, *Frühstücksspeck*, *Dörrfleisch* werden aus von Rippen und Brustknochen befreitem, meist noch Knorpel und Schwarte enthaltendem Schweinebauch hergestellt.

Bei *Delikatess-Bauchspeck*, *Delikatess-Frühstücksspeck* beträgt das sichtbare Fettgewebe nicht mehr als 50 % und die Knorpel sind bis auf technologisch unvermeidbare Reste entfernt worden.

2.5 Spezielle Fleischteilstücke und spezielle Fleischgerichte

2.501 *Filet*, *Lende*, *Lungenbraten*, *Schlachtbraten,* beim Schwein auch *Lummel*, *Lummer* sind bei warmblütigen Tieren mit Ausnahme des Geflügels die von Knochen abgetrennte und von größeren Fettgewebsauflagerungen befreite innere Lendenmuskulatur (innere Hüftmuskulatur Psoasmuskulatur, Rückenbeugemuskulatur; M. iliopsoas und M. psoas minor).

Sofern die Tierart nicht angegeben ist, handelt es sich um Filet eines Rindes. Filet vom Kalb sowie von anderen Tierarten wird entsprechend gekennzeichnet (z. B. *Kalbsfilet*, *Schweinefilet (Schweinsfilet)*, *Hirschfilet*).

Filetkopf ist der beckenseitige, stumpfe Teil eines Filets.

Filetspitze ist der brustseitige, spitze Teil eines Filets, *Filet mignons* sind Scheiben aus der Filetspitze.

Filet medaillons sind Scheiben Kalbsfilet.

Chateaubriand, *Doppeltes Filetstück*, *Doppeltes Lendenstück* sind etwa 5 cm dicke Scheiben aus dem Kopf oder dem Mittelstück eines Rinderfilets.

Filetsteak, *Tournedo*, *Tenderloin-Steak* sind Scheiben Filet (siehe auch Nummer 2.506).

Filet STROGANOFF besteht ebenso wie *Filetgulasch STROGANOFF* aus Rinderfiletstücken. Für *Boeuf STROGANOFF* wird zartes, sehnenarmes Rindfleisch verwendet.

Falsches Filet, *Bugfilet*, *Schulterfilet* sind der kopfwärts auf der äußeren Seite des Schulterblattes befindliche Muskel (M. supraspinatus) des Rindes.

Hasenrücken- und Kaninchenrückenfilet ist die ausgelöste äußere Muskulatur des Rückens (in erster Linie M. longissimus). Die innere Lendenmuskulatur – isoliert auch als *Hasen-* oder *Kaninchenfilet* bezeichnet – kann beigefügt werden.

2.502 *Roastbeef*, *flaches Roastbeef*, *Lende*, *Rostbraten*, *Contre-Filet* ist die von den Lendenwirbeln und den letzten vier Brustwirbeln gelöste äußere Lendenmuskulatur (hintere rückenseitige Rückenstreckmuskulatur, in erster Linie M. longissimus dorsi) des Rindes.

Rundes Roastbeef sind beim Rind der im Bereich der Hochrippe liegende Teil des langen Rückenstreckers (M. longissimus dorsi) und der kappenartig darauf sitzende Dornmuskel (M. spinalis et semispinalis), die zusammen als das „Auge" einer Hochrippe (*Rib-Eye*, *Hochrippen-Medaillon*) angesprochen werden. *Rib-Eye-Steak*, *Delmonico Steak* ist eine Scheibe rundes Roastbeef (siehe auch Nummer 2.506).

Lendenschnitte, *Lendensteak* sind Scheiben flaches oder rundes Roastbeef oder Rinderfilet (Rindsfilet) (siehe auch Nummer 2.506).

Entrecôte umfasst Hochrippe und flaches Roastbeef. Auch eine Scheibe aus dem Entrecôte wird als *Entrecôte* bezeichnet.

Rumpsteak, *Sirloin-Steak* sind Scheiben aus einem Roastbeef oder dem unmittelbar anschließenden Teil einer Hüfte (siehe auch Nummer 2.506).

Club-Steak ist eine Scheibe aus dem vorderen Teil eines Roastbeefs oder dem hinteren Teil einer *Hochrippe* (siehe auch Nummer 2.506).

2.503 *Große Lende*, *Schoss*, *Nierenstück* sind die gesamte Lende (innere und äußere Lendenmuskulatur des Rindes – Filet und Roastbeef – mit Knochen).

T-Bone-Steak und *Porterhouse-Steak* sind knochenhaltige Scheiben einer *Großen Lende* (stets Filet einschließend) (siehe auch Nummer 2.506).

2.504 *Kotelett* ist eine knochenhaltige Scheibe aus der rückenseitigen Stamm-Muskulatur, dem Kotelettstrang (beim Rind aus dem hinteren Brustwirbelbereich, der Hochrippe (6. bis 10. Rippe), bei Kalb, Schaf und Schwein aus dem Lenden- und dem Brustwirbelbereich, beim Schwein auch aus dem Halsbereich).

Bei als *Kotelett* gegebenenfalls unter Angabe der Tierart (vergleiche Absatz 4) bezeichnetem Fleisch herrscht der lange Rückenstrecker (M. longissimus dorsi), das „Auge" des Koteletts, vor; Scheiben, in denen mehrere Muskeln das Bild beherrschen, werden beim Schwein (Hals- und vorderer Brustwirbelbereich bis zur 3. Rippe) als *Kammkotelett*, *Nackenkotelett*, *Hals-(grat)kotelett*, bei Kalb und Schaf (vorderer Brustwirbelbereich) unter gleichzeitiger Angabe der Tierart als *Halskotelett* bezeichnet. Als *Herz-*, *Rippen-*, *Mittel- und Stielkotelett*, *Karree*, *Karbonade* werden Scheiben aus dem Kotelettstrang des Brustbereiches ab 3. Rippe bezeichnet, als *Filet-*, *Lummer- oder Lendenkotelett* – soweit Filet eingeschlossen ist – Scheiben aus dem Lendenbereich des Kotelettstranges.

Zum Kotelett zählen beim Schwein nicht Fettgewebsauflagerungen über 1,0 cm und Schwarten sowie Rippen und Fleisch- sowie Fettgewebsanteile, die das Kotelett-„Auge" um mehr als 5 cm überragen.

Sofern die Tierart nicht angegeben ist, handelt es sich um Kotelett vom Schwein (*Schweinekotelett*, *Schweinskotelett*). Koteletts von anderen Tieren werden in jedem Fall entsprechend gekennzeichnet, z. B. *Kalbskotelett (Rindskotelett)*, *Rib-Steak*, *Lammkotelett*, *Halskotelett vom Hammel*, *Hirschkotelett*, *Rinderlendenkotelett* (siehe auch Nummer 2.506).

Côte de boeuf, *Rib of Beef* am Stück ist die *Hochrippe* mit Rippen, jedoch ohne Wirbelkörper und Dornfortsätze.

Falsches Kotelett ist eine Scheibe Schweinebauch auch mit Knochen.

Wenn Kotelett oder Falsches Kotelett paniert wird, werden höchstens 20 % Panade, bezogen auf das Gesamtgewicht, aufgetragen. Das erhitzte Fertigerzeugnis enthält nicht mehr als 35 % Panade.

Vom Knochen befreite Teile des Kotelettstranges werden auch als *Lachs* bezeichnet.

2.505 *Hüfte*, *Huft*, *Spitze*, *kurzes Schweifstück*, *Rosenspitz*, *Mürbschoss*, *Mürbbraten* ist die bei Rindern an das Roastbeef anschließende, an der Außenfläche des Beckenknochens liegende und zum Kreuzbein reichende äußere Hüftmuskulatur. Die Spitze der in die Hüfte reichenden Unterschale (proximaler Teil des M. glutaeobiceps) wird als *Tafelspitz* bezeichnet.

Hüftsteak, *Huftsteak*, *Point-Steak* sind Scheiben aus einer Hüfte (siehe auch Nummer 2.506).

Kluftsteak ist eine Scheibe aus sehnenarmer, zum Kurzbraten geeigneter Muskulatur der Keule (siehe auch Nummer 2.506).

2.506 *Steak* ist eine zum Kurzbraten oder Grillen geeignete (mürbe), nicht zu dünne, in der Regel quer zu den Fasern geschnittene Scheibe aus in natürlichem Zusammenhang belassenem sehnenarmen Fleisch, meist mit anhaftendem Fettgewebe, ohne Knochen, ausgenommen *Porterhouse-Steak* und *T-Bone-Steak*, zum Teil auch *Club-Steak* und *Sirloin-Steak*.

Sofern die Tierart nicht angegeben ist, handelt es sich wie bei *Beefsteak*, *Rinderstück (Rindsstück)* und *Rindersteak (Rindssteak)* um Steak eines Rindes. Steaks von anderen Tieren werden in jedem Fall entsprechend gekennzeichnet (z. B. *Hirschsteak*, *Kalbssteak*, *Schweinesteak*, *(Schweinssteak)*, *Hammelsteak*, *Puten-*

steak). Dies gilt auch bei Hinweisen auf Würzung und Zubereitung (z. B. *Paprikasteak, Kalb*, *Jägersteak, Schwein*).

Bezeichnungen wie *Filetsteak* (2.501), *Rumpsteak* (2.502), *Lendensteak* (2.502), *Rückensteak*, *Rib-Eye-Steak* (2.502), *Hüftsteak* (2.505) und *Kluftsteak* (2.505) weisen auf die Verwendung bestimmter Fleischteile des Rindes hin.

Schweinenackensteak (Schweinsnackensteak) ist eine Scheibe aus dem Schweinenacken.

Holzfällersteak ist ein Nacken- bzw. Kammkotelett oder auch eine Scheibe aus der Schweineschulter mit oder ohne Knochen.

Lamp Chops sind sehnenarme Lammfleischscheiben ohne Knochen.

2.507 Erzeugnisse aus gewolftem oder ähnlich zerkleinertem Fleisch

Für geformt portionierte Erzeugnisse aus gewolftem oder ähnlich zerkleinertem Fleisch wird die Angabe „Steak" nur dann in Wortverbindungen gebraucht, wenn sie – abgesehen vom Beefsteak Tatar – zum Kurzbraten oder Grillen bestimmt sind und sich aus der Bezeichnung des Lebensmittels zweifelsfrei ergibt, dass zerkleinertes Fleisch vorliegt (z. B. Hacksteak). Bei Deutschem Beefsteak (2.507.2) und bei Beefsteak Tatar (2.507.3) ist die Verwendung von zerkleinertem Fleisch allgemein bekannt.

Bei Erzeugnissen aus gewolftem oder ähnlich zerkleinertem Fleisch ist ein Zusatz von Brät nicht üblich. Der bei der Herstellung gegebenenfalls entstehende Muskelabrieb (aus freigesetztem Muskeleiweiß entstehende brätähnliche Substanz) wird kenntlich gemacht – ausgenommen Geflügelfleisch-, wenn er 20 Vol.-% überschreitet.

2.507.1 *Hacksteak*

Ausgangsmaterial:
sehnenarmes Rindfleisch (1.111)
grob entsehntes Rindfleisch (1.112)
grob entfettetes Schweinefleisch (1.122)

Besondere Merkmale:
nicht umgerötet, gewürzt, unter Verwendung von Binde-, Auflockerungsmitteln und gegebenenfalls Zwiebeln; zum Verzehr im gegarten Zustand bestimmt.

Analysenwerte:
roher Fleischanteil

bindegewebseiweißfreies Fleischeiweiß	nicht unter 12 %
bindegewebseiweißfreies Fleischeiweiß im Fleischeiweiß	
histometrisch	nicht unter 70 Vol.-%
chemisch	nicht unter 80 %

Fertigerzeugnis	
Stärke i. T.	nicht über 15 %

2.507.2 *Deutsches Beefsteak*, *Hackbeefsteak*

Ausgangsmaterial:
sehnenarmes Rindfleisch (1.111)
grob entsehntes Rindfleisch (1.112)

Besondere Merkmale:
nicht umgerötet, gewürzt, unter Verwendung von Binde-, Auflockerungsmitteln und gegebenenfalls Zwiebeln; zum Verzehr im gegarten Zustand bestimmt

Analysenwerte:	
roher Fleischanteil	
bindegewebseiweißfreies Fleischeiweiß	nicht unter 14 %
bindegewebseiweißfreies Fleischeiweiß im Fleischeiweiß	
histometrisch	nicht unter 75 Vol.-%
chemisch	nicht unter 85 %
Fertigerzeugnis	
Stärke i. T.	nicht über 20 %

2.507.3 *Schabefleisch*, *Beefsteakhack*, *Tatar*[27)]

Ausgangsmaterial:
sehnen- und fettgewebsarmes Rindfleisch (1.111)

Besondere Merkmale:
zum Rohverzehr bestimmt; *Schabefleisch* enthält keine weiteren Zutaten; bei „zubereitetem" Schabefleisch (*Beefsteak Tatar*, *Tatar*, *Beefsteakhack*) wird außer würzenden Zutaten nur Eigelb verwendet

Analysenwerte:	
bindegewebseiweißfreies Fleischeiweiß	nicht unter 18 %
bindegewebseiweißfreies Fleischeiweiß im Fleischeiweiß	
histometrisch	nicht unter 85 Vol.-%
chemisch	nicht unter 90 %

2.507.4 *Hamburger*, *Beefburger*, *Cheeseburger*

Ausgangsmaterial:
grob entsehntes Rindfleisch (1.112)

Besondere Merkmale:
der Fleischanteil von *Hamburger*, *Beefburger*, *Cheeseburger* (*Hamburger* mit Käse- oder Schmelzkäseauflage) enthält gegebenenfalls Salz und Gewürze, ansonsten keine weiteren Zutaten

Analysenwerte:

bindegewebseiweißfreies Fleischeiweiß in der zubereiteten Rohmasse	nicht unter 13,5 %
bindegewebseiweißfreies Fleischeiweiß im Fleischeiweiß	
histometrisch	nicht unter 65 Vol.-%
chemisch	nicht unter 75 %

2.507.5 *Rinderhackfleisch*, *Rindergehacktes*, *Rindergewiegtes*[27)]

Ausgangsmaterial:
grob entsehntes Rindfleisch (1.112)

Besondere Merkmale:
auch zum Rohverzehr bestimmt; sofern die Erzeugnisse zum Verzehr im durchgegarten Zustand bestimmt sind, wird dies deutlich kenntlich gemacht (z. B. *Rindergehacktes* zum Braten); *Rinderhackfleisch*, *Rindergehacktes*, *Rindergewiegtes* enthalten keine weiteren Zutaten; bei „zubereitetem" Rinderhackfleisch werden nur Salz, Zwiebeln und Gewürze verwendet

Analysenwerte:

bindegewebseiweißfreies Fleischeiweiß	nicht unter 14 %
bindegewebseiweißfreies Fleischeiweiß im Fleischeiweiß	
histometrisch	nicht unter 65 Vol.-%
chemisch	nicht unter 75 %

2.507.6 *Schweinehackfleisch*, *Schweinemett*, *Schweinegehacktes*, *Schweinegewiegtes*[27)]

Ausgangsmaterial:
grob entfettetes Schweinefleisch (1.122)

Besondere Merkmale:
vielfach zum Rohverzehr bestimmt; sofern die Erzeugnisse zum Verzehr im durchgegarten Zustand bestimmt sind, wird dies deutlich kenntlich gemacht (z. B. *Schweinehackfleisch* zum Braten); *Schweinehackfleisch*, *Schweinemett*, *Schweinegehacktes*, *Schweinegewiegtes* enthalten keine weiteren Zutaten; bei „zubereitetem" Schweinehackfleisch (*Hackepeter*, *Thüringer Mett*) werden nur Salz, Zwiebeln und Gewürze verwendet

Analysenwerte:

bindegewebseiweißfreies Fleischeiweiß	nicht unter 11,5 %
bindegewebseiweißfreies Fleischeiweiß im Fleischeiweiß	
histometrisch	nicht unter 65 Vol.-%
chemisch	nicht unter 75 %

2.507.7 *Gemischtes Hackfleisch, Halb und Halb*[27)]

Ausgangsmaterial:
grob entfettetes Schweinefleisch (1.122)
grob entsehntes Rindfleisch (1.112)

Besondere Merkmale:
auch zum Rohverzehr bestimmt; sofern die Erzeugnisse zum Verzehr im durchgegarten Zustand sind, wird dies deutlich kenntlich gemacht (z. B. *Gemischtes Hackfleisch* zum Braten); *Gemischtes Hackfleisch, Halb und Halb* enthalten keine weiteren Zutaten; bei „zubereitetem" gemischtem Hackfleisch werden nur Salz, Zwiebeln und Gewürze verwendet. Die Anteile von Rind- und Schweinefleisch betragen zwischen 45 und 55 %. Bei Gemischtem Hackfleisch werden Abweichungen davon entsprechend kenntlich gemacht.

Analysenwerte:

bindegewebseiweißfreies Fleischeiweiß	nicht unter 12,5 %
bindegewebseiweißfreies Fleischeiweiß im Fleischeiweiß	
histometrisch	nicht unter 65 Vol.-%
chemisch	nicht unter 75 %

2.507.8 *Frikadelle, Boulette, Bratklops, Fleischküchle, Fleischpflanze(r)l, Hackbraten (Falscher Hase), Fleischkloss, Fleischklösschen, Fleischklops, Fleischknödel, Fleischbällchen, Wellklops*

Ausgangsmaterial:
grob entfettetes Schweinefleisch (1.122)
grob entsehntes Rindfleisch (1.112)

Besondere Merkmale:
nicht umgerötet, gewürzt, unter Verwendung von Binde-, Auflockerungsmitteln und gegebenenfalls Zwiebeln; zum Verzehr im gegarten Zustand bestimmt

Analysenwerte:

roher Fleischanteil	
bindegewebseiweißfreies Fleischeiweiß	nicht unter 11,5 %
bindegewebseiweißfreies Fleischeiweiß im Fleischeiweiß	
histometrisch	nicht unter 65 Vol.-%
chemisch	nicht unter 75 %
Fertigerzeugnis	
Stärke i. T.	nicht über 25 %

2.508.1 *Schnitzel* ist bei warmblütigen Tieren eine zum Kurzbraten oder Grillen geeignete Scheibe von in natürlichem Zusammenhang belassenem sehnen- und fettgewebsarmen Fleisch (1.111, 1.121)

Scheiben aus dem Schweinenacken werden auch als *Nackenschnitzel* bezeichnet.

Sofern die Tierart nicht angegeben oder auf andere Weise erkennbar ist, handelt es sich um Schweinefleischscheiben. Schnitzel von anderen Tieren werden entsprechend gekennzeichnet (z. B. *Kalbsschnitzel*, *Rinderschnitzel (Rindsschnitzel)*, *Rehschnitzel*, *Putenschnitzel*).

Wiener Schnitzel ist paniertes Kalbsschnitzel.

Schnitzel á la Holstein ist unpaniertes Kalbsschnitzel mit Garnierung (Sardellen usw.) und Spiegeleiauflage.

Rahmschnitzel stammt ebenfalls vom Kalb.

Cordon bleu besteht aus zwei gleich großen Schnitzeln (eventuell in Form einer Tasche), dazwischen Schinken und Käse, meist paniert. Ohne Angabe der Tierart handelt es sich um Kalbsschnitzel.

Medaillons sind kleine, aus sehnenarmem Fleisch quer zu den Fasern geschnittene, zum Kurzbraten geeignete Scheiben; die Tierart wird angegeben, z. B. *Kalbsmedaillons (Kalbsnüsschen)*, *Rindermedaillons (Rindsmedaillons)*, *Putenmedaillons*.

Wenn Schnitzel paniert wird, werden höchstens 20 % Panade, bezogen auf das Gesamtgewicht, aufgetragen. Das erhitzte Fertigerzeugnis enthält nicht mehr als 35 % Panade.

2.508.2 *Geschnetzeltes*, *Schnetzel*, *Schnitzelchen*, *Geschnitzeltes* sind ohne Angabe der Tierart kleine dünne, quer zu den Fasern geschnittene Scheiben oder Streifen aus sehnen- und fettgewebsarmem Kalbfleisch (1.111).

2.509 *Rouladen*, *Fleischröllchen*, *Fleischvögel* sind dünne zusammenhängende, unter Einschluss von Füllung gerollte, zum Braten geeignete Scheiben aus sehnen- und fettgewebsarmen Fleisch (1.111, 1.121). Sofern die Tierart nicht angegeben ist, handelt es sich um Rindfleisch.

Die Füllung besteht in der Regel aus Speckstreifen, Gurkenstreifen, Zwiebeln, Pilzen, Schinkenstreifen oder anderen geschmackgebenden Zutaten, zum Teil wird zum Füllen auch Brät oder gewolftes Fleisch verwendet, das in der Qualität der Grundlage für Hacksteak (2.507.1) entspricht. *Kalbsrouladen*, *Kalbsvögel* werden nicht nur aus Kalbfleisch hergestellt, sondern auch vorwiegend mit Kalbsbrät (2.221.07) und gekochtem Ei gefüllt.

2.510.1 Braten sind zum Braten geeignete, in natürlichem Zusammenhang belassene, bratfertig zugeschnittene Fleischteile, auch in gebratenem oder gegrilltem Zustand. Die Verwendung von fettgewebereichem Schweinefleisch (1.123) wird entsprechend kenntlich gemacht (z. B. Gebratener Schweinebauch).

Ohne Angabe der Tierart wird bei *Sauerbraten*, *Schmorbraten*, *Rostbraten*, *Burgunderbraten* und *Zwiebelbraten* Rindfleisch, bei *Rahmbraten* Kalbfleisch, bei *Szegediner Braten* Schweinefleisch erwartet. In den übrigen Fällen wird die Tierart angegeben (z. B. *Schweinebraten [Schweinsbraten]*, *Rinderbraten [Rindsbraten]*, *Hasenbraten*, *Rahmbraten [Schwein]*, *Burgunderbraten [Schwein]*).

Pökelbraten ist gepökelter Schweinebraten.

Zigeunerbraten ist speziell gewürzter, auch gepökelter Schweine- oder Rinderbraten.

2.510.11 *Rollbraten* ist im Zusammenhang belassenes, gerolltes oder von einem Netz umgebenes Fleisch; die Tierart wird angegeben (z. B. *Schweinerollbraten [Schweinsrollbraten]*).

Nierenbraten, *Kalbsnierenbraten* ist gerolltes Kalbfleisch ohne grobe Sehnen und ohne gelbe Bauchhaut, mit Kalbsniere.

Schweinenierenbraten (Schweinsnierenbraten) ist entschwarteter, gerollter Schweinebauch mit Schweineniere.

Putenrollbraten ist gerolltes gewachsenes Putenbrustfleisch mit nicht mehr als 10 % anhaftender Haut und nicht mehr als 40 % Einlagen von gewachsener Brust- und/oder Oberschenkelmuskulatur ohne Haut.

Putenoberkeulenrollbraten ist gewickeltes, im natürlichen Zusammenhang belassenes Putenoberkeulenfleisch, dem maximal 15 % Haut anhaftet.

2.510.12 Bei folgenden Bratenstücken wird nicht ausdrücklich auf das Vorhandensein von Knochen und/oder Knorpeln hingewiesen:

Kotelettstrang, Brust und Bauch, *Schäuferl (Schäuferle)*, *Nuss* sowie *Haxe (Hesse)* am Stück (bei Kalb und Schwein) oder in Scheiben (beim Rind *Beinfleisch* oder *Beinscheibe*, beim Kalb *Ossobuco*). Das Gleiche gilt für Geflügel, (z. B. *Gänsebraten [Gansbraten]*). In den übrigen Fällen wird auf den Anteil an Knochen hingewiesen, z. B. „mit Knochen" oder „mit Bein", sofern die Knochen in das Gewicht einbezogen sind[28].

Kleinfleisch sind neben *Spitzbein*, *Schnauze*, *Rüssel* und *Ohren* fleischtragende Brustknochen und Rippen *(Schälrippchen*, *Bratenrippchen*, *Spareribs*, *Brustspitz)* sowie Wirbelknochen des Schweines einschließlich Schwanz. Beim Rind werden fleischtragende Knochen als *Fleischknochen*, beim Kalb auch als *Kalbskleinfleisch* bezeichnet.

Tenderons sind um einen Rippenknochen gelegte Fleischstreifen aus Kalbsbrust oder Schweinebauch (mit oder ohne Schwarte). Die Tierart wird angegeben (z. B. *Schweinetenderons*).

2.510.13 Bei Braten aus Schweinehaxen (1.32), Schweinebrust und Schweinebauch (1.212) sowie Schlegel- und Schulterteilen sind Schwarten ohne besonderen Hinweis einbezogen.

2.510.14 *Gefüllte Kalbsbrust* ist von Rippen und Brustbein, gelegentlich auch von Brustknorpeln befreite, taschenartig präparierte Kalbsbrust, die als Küchengericht vorwiegend mit einer Masse aus Weißbrot („Semmelknödelteig") oder aus zerkleinertem, grob entsehntem Fleisch und Weißbrot, mit *Lyonerbrät* (2.222.1) oder *Jagdwurstbrät* (2.223.1) gefüllt ist. Für *Gefüllte Schweinebrust (Gefüllte Schweinsbrust), (Gefüllten Schweinebauch)* gilt Vorstehendes entsprechend.

2.510.2 Für Erzeugnisse aus zerkleinertem Fleisch wird die Angabe „Braten" nur dann in Wortverbindungen gebraucht, wenn sich aus der Bezeichnung des Lebensmittels zweifelsfrei ergibt, dass kein in natürlichem Zusammenhang belassenes Fleisch vorliegt (z. B. bei Erzeugnissen im Sinne von Nummer 2.507.1 und gleichartigen Erzeugnissen am Stück, z. B. *Hackbraten*, auch *Falscher Hase*), oder bei bestimmten Groben Brühwürsten, sofern der Charakter des Erzeugnisses erkennbar ist, z. B. *Römerbraten*, *Wienerbraten* (2.223.2).

2.511 Erzeugnisse aus gestückeltem Fleisch

2.511.1 *Frikassee* enthält Stücke von gegartem Skelettmuskelfleisch von Kalb und/oder Geflügel sowie weitere stückige Zutaten wie Spargel und Champignons in einer hellen, mild gewürzten Soße. Sofern nicht sehnenarmes Formfleisch (2.19) verwendet wird, können zur Sicherung der Saftigkeit Fleischeinlagen bei Kenntlichmachung bis zu einem Viertel aus einer sehnenarmen Farce (z. B. in Form von Klößchen) bestehen. Wird auf eine Tierart hingewiesen (z. B. *Hühnerfrikassee*), so ist nur Fleisch dieser Tierart verwendet worden. Die Mitverwendung von Geflügelhaut ist nicht üblich.

Frikassee-Fertigerzeugnisse enthalten gegarte Fleischeinlagen in folgenden Mengen:

a) bei „Frikassee" ohne Hinweis auf Gemüseeinlagen in der Bezeichnung des Lebensmittels	mindestens 30 %
b) bei „Frikassee" mit einem Hinweis auf Gemüseeinlagen in der Bezeichnung (z. B. *Hühnerfrikassee mit Spargel* oder *Champignons* oder *Kalbsfrikassee mit Gemüseeinlagen*)	mindestens 25 %

Behr's Verlag, Hamburg

Bei Verwendung von Formfleisch oder Mitverwendung von Farce ist jeweils der Mindestwert um 5 % absolut höher.

2.511.2 *Ragout (...pfeffer)* besteht aus gebratenen Fleischstücken in einer gewürzten Soße und weiteren Zutaten, wie Gemüse oder Pilzen. Wird auf eine Tierart hingewiesen (z. B. *Schweineragout*, *Kalbsragout*, *Hasenpfeffer*), so ist nur das Fleisch dieser Tierart verwendet worden. Auf die Verwendung von Innereien (1.51) oder von sonstigen Tierkörperteilen (1.52) wird hingewiesen (z. B. *Zungenragout*, *Nierenragout*).

2.511.21 *Ragout fin* ist ein Ragout aus Kalbfleisch (1.112) und/oder Jungrindfleisch auch mit einem Zusatz Geflügelfleisches (Brust, Keule ohne Haut), teilweise auch Kalbszunge. Sofern kein Formfleisch (2.19) verwendet wird, kann der Fleischanteil bis zu 40 % aus einer sehnenarmen Farce bestehen, die unter Verwendung von Sahne und Hühnerei bzw. -eigelb aus Kalb-/Jungrindfleisch und Geflügelfleisch (auch mit anteilmäßiger Haut) hergestellt wird. Als Zutaten werden Champignons verwendet. Bei „Ragout fin", bei dem in der Bezeichnung auf die Verwendung von Geflügelfleisch hingewiesen wird, überwiegt der Geflügelfleischanteil. Der Fleischanteil beträgt im Fertigerzeugnis 35 %. Eine Verwendung von Formfleisch oder von Farce wird nicht kenntlich gemacht.

2.511.22 *Würzfleisch* ist ein ragout-fin-artiges Erzeugnis aus grob entfettetem Schweinefleisch (1.122) oder aus Geflügelfleisch (Brust und Keule ohne Haut). Der Fleischanteil kann bis zu 40 % aus einer sehnenarmen Farce bestehen. Als Zutaten werden Champignons verwendet. Der Fleischanteil beträgt im Fertigerzeugnis 35 %.

2.511.3 *Gulasch* ist gestückeltes, gegartes Rindfleisch in gewürzter Sauce.

Das Fleisch ist von groben Sehnen und Sehnenplatten, größeren Ansammlungen von Fettgewebe und lockerem Bindegewebe sowie von gelber Bauchhaut befreit; es kann von Sehnen durchzogen sein. Knochenputz, Kopffleisch oder Innereien werden nicht verwendet. Die ausschließliche oder teilweise Verwendung von Fleisch anderer Tierarten wird in unmittelbarer Wortverbindung mit der Bezeichnung „Gulasch" angegeben (z. B. *Kalbsgulasch*, *gemischter Gulasch*).

Der Fleischanteil entspricht einer Frischfleischmenge von über 50 %[29].

Szegediner Gulasch *(Szekler* Gulasch*)* ist ein überwiegend aus Sauerkraut hergestelltes Erzeugnis mit einem Zusatz von Schweinefleisch (1.12). Der Fleischanteil entspricht einer Frischfleischmenge von über 30 %. Bei anderen Gulasch-Erzeugnissen werden Zutaten wie Kartoffelstücke oder Sauerkraut in Verbindung mit der Bezeichnung des Lebensmittels angegeben.

2.511.4 *Fleischspieße, Zigeunerspieße, Dragonerspieße, Jägerspieße* enthalten Stücke grob entsehnten Rindfleisches (1.112) und/oder entfetteten Schweinefleisches (1.122) sowie würzende Beigaben (z. B. Zwiebeln, Papikaschoten, Gurken). Für den Fleischanteil von *Filetspießen* werden nur Teile aus dem Filet (2.501) verwendet.

In rohem Zustand bestehen die Spieße mindestens aus zwei Dritteln Fleisch, im Übrigen aus würzenden Beigaben.

Geflügelfleisch- und *Wildfleischspieße* bestehen in rohem Zustand mindestens zu zwei Dritteln aus Geflügel- bzw. Wildfleisch, im Übrigen aus Speck und würzenden Beigaben.

Schaschlik enthält neben Stücken grob entsehnten Rindfleisches (1.112) und/oder grob entfetteten Schweinefleisches (1.122) auch fettgewebereiches Schweinefleisch (1.123) oder Speck (1.212) (meist umgerötet), würzende Beigaben, zum Teil auch Leber und Nieren.

In rohem Zustand enthält Schaschlik einen Anteil an grob entsehntem Rindfleisch und/oder grob entfettetem Schweinefleisch von mindestens 30 %, Speck sowie würzenden Beigaben, gegebenenfalls Leber und/oder Nieren.

2.511.5 *Rindfleisch im eigenen Saft* – Konserven enthalten nicht umgerötetes grob entsehntes Rindfleisch (1.112), dem zur Bindung des während der Erhitzung austretenden Fleischsaftes Schwarten (1.312) zugesetzt werden können.

Auf die Verwendung von Schwarten wird in Verbindung mit der Bezeichnung des Lebensmittels hingewiesen.

Analysenwerte:

bindegewebseiweißfreies Fleischeiweiß	nicht unter 12 %
oder Muskel-Trockensubstanz	nicht unter 9,5 %

2.511.6 *Schweinefleisch im eigenen Saft* – Konserven enthalten grob entfettetes Schweinefleisch (1.122), dem zur Bindung des während der Erhitzung austretenden Fleischsaftes Sehnen (1.311) und/oder Schwarten (1.312) zugesetzt werden können

Analysenwerte:

bindegewebseiweißfreies Fleischeiweiß	nicht unter 11 %
oder Muskel-Trockensubstanz	nicht unter 8 %

2.511.7 *Döner Kebab, Döner Kebap, Hähnchen-/Puten-Döner Kebab, Hähnchen-/Puten-Döner Kebap*

Ausgangsmaterial:
grob entsehntes Schaffleisch und/oder
grob entsehntes Rindfleisch (1.112)

Behr's Verlag, Hamburg

grob entsehntes Geflügelfleisch (1.132) (Huhn, Pute) bei Hähnchen-/PutenDöner Kebab, Hähnchen-/Puten-Döner Kebap

Besondere Merkmale:
dünne Fleischscheiben, auf Drehspieß aufgesteckt; ein mitverarbeiteter Hackfleischanteil aus grob entsehntem Rindfleisch (1.112) und/oder grob entsehntem Schaffleisch beträgt höchstens 60 %. Außer Salz und Gewürzen sowie gegebenenfalls Eiern, Zwiebeln, Öl, Milch und Joghurt enthält *Döner Kebab* keine weiteren Zutaten. Bei Hähnchen-/Puten-Döner Kebab, Hähnchen-/Puten-Döner Kebap wird kein wie Hackfleisch zerkleinertes Fleisch eingesetzt; der maximale Hautanteil beträgt 18 %.

Analysenwerte:
roher Hackfleischanteil,

bindegewebseiweißfreies Fleischeiweiß	nicht unter 14 %
bindegewebseiweißfreies Fleischeiweiß im Fleischeiweiß	
histometrisch	nicht unter 65 Vol.-%
chemisch	nicht unter 75 %

Anhang

Für Deutschland eingetragene geschützte geographische Angaben (g. g. A.) und geschützte Ursprungsbezeichnungen (g. U.)

Auszug aus dem Register der geschützten Ursprungsbezeichnungen und der geschützten geographischen Angaben gemäß Artikel 11 der Verordnung (EU) Nr. 1151/2012.

Frisches Fleisch (und Schlachtnebenerzeugnisse)

- Diepholzer Moorschnucke (g. U.)
- Lüneburger Heidschnucke (g. U.)
- Schwäbisch-Hällisches Qualitätsschweinefleisch (g. g. A.)

Fleischerzeugnisse

- Ammerländer Dielenrauchschinken/Ammerländer Katenschinken (g. g. A.)
- Ammerländer Schinken/Ammerländer Knochenschinken (g. g. A.)
- Greußener Salami (g. g. A.)
- Halberstädter Würstchen (g. g. A.)
- Hofer Rindfleischwurst (g. g. A.)
- Nürnberger Bratwürste/Nürnberger Rostbratwürste (g. g. A.)
- Schwarzwälder Schinken (g. g. A.)
- Thüringer Fleischrotwurst (g. g. A.)
- Thüringer Leberwurst (g. g. A.)
- Thüringer Rostbratwurst (g. g. A.)
- Thüringer Rotwurst (g. g. A.)

1) Hierbei handelt es sich um Fleisch und Geflügelfleisch, das zuvor nach hygienerechtlichen Vorschriften untersucht und als tauglich zum Genuss für Menschen beurteilt wurde.
2) Anhang VII Teil B der Verordnung (EU) Nr. 1169/2011 des Europäischen Parlaments und des Rates vom 25. Oktober 2011 betreffend die Information der Verbraucher über Lebensmittel und zur Änderung der Verordnungen (EG) Nr. 1924/2006 und (EG) Nr. 1925/2006 des Europäischen Parlaments und des Rates und zur Aufhebung der Richtlinie 87/250/EWG der Kommission, der Richtlinie 90/496/EWG des Rates, der Richtlinie 1999/10/EG der Kommission, der Richtlinie 2000/13/EG des Europäischen Parlaments und des Rates, der Richtlinien 2002/67/EG und 2008/5/EG der Kommission und der Verordnung (EG) Nr. 608/2004 der Kommission (ABl. L 304 vom 22.11.2011, S. 18) in der jeweils geltenden Fassung.
3) Verordnung (EG) Nr. 853/2004 des Europäischen Parlaments und des Rates vom 29. April 2004 mit spezifischen Hygienevorschriften für Lebensmittel tierischen Ursprungs (ABl. L 139 vom 30.4.2004, S. 55) in der jeweils geltenden Fassung.
4) Artikel 78 in Verbindung mit Anhang VII Teil I der Verordnung (EU) Nr. 1308/2013 des Europäischen Parlaments und des Rates vom 17. Dezember 2013 über eine gemeinsame Marktorganisation für landwirtschaftliche Erzeugnisse und zur Aufhebung der Verordnungen (EWG) Nr. 922/72, (EWG) Nr. 234/79, (EG) Nr. 1037/2001 und (EG) Nr. 1234/2007 (ABl. L 347 vom 20.12.2013, S. 671) in der jeweils geltenden Fassung.
5) Eberfleisch mit geruchlichen Abweichungen ist nicht verkehrsüblich.
6) Weist das bei der Herstellung von Fleischerzeugnissen verwendete Geflügelfleisch weniger als 90 % bindegewebseiweißfreies Fleischeiweiß im Fleischeiweiß (chemisch) auf, wird die Verwendung von Bindegewebe bzw. Haut kenntlich gemacht.
7) Anhang III Abschnitt XIV Kapitel I Nummer 1 der Verordnung (EG) Nr. 853/2004 in der jeweils geltenden Fassung.
8) Anhang III Abschnitt VI Nummer 1 der Verordnung (EG) Nr. 853/2004.
9) Hüllen von Fleischerzeugnissen sind nur dann Lebensmittel, wenn sie dazu bestimmt sind, mitverzehrt zu werden, oder wenn der Mitverzehr vorauszusehen ist, im anderen Fall sind sie Bedarfsgegenstände (§ 2 Absatz 2 und § 2 Absatz 6 Nummer 1 LFGB in der jeweils geltenden Fassung).
10) Der Anteil der originären Nichteiweißverbindungen in der Muskulatur kann ca. 15 % der Stickstoffverbindungen, bei Putenfleisch ca. 18 % und bei Hühnerfleisch ca. 20 % ausmachen.
11) Würzen, die zum unmittelbaren Verzehr bestimmt sind (gebrauchsfertige Speisewürzen), gelten nicht als Eiweißhydrolysate, sofern sie nicht mehr als 4,5 % Gesamtstickstoff, davon mindestens ein Drittel Aminosäurestickstoff, enthalten (Neubekanntgabe der Europäischen Beurteilungsmerkmale für Brühen (Bouillons) und Consommés vom 7. April 2003; Verband der Suppenindustrie e.V. Reuterstraße 151, 53113 Bonn).
12) Anhang VI Teil A Nummer 5 der Verordnung (EU) Nr. 1169/2011.
13) Auf Artikel 7 der Verordnung (EU) Nr. 1169/2011 wird hingewiesen.
14) Artikel 2 Absatz 2 n bis p der Verordnung (EU) Nr. 1169/2011 in der jeweils geltenden Fassung.
15) Verarbeitung von nicht der Definition des Anhangs VII Teil B der Verordnung (EU) Nr. 1169/2011 in der jeweils geltenden Fassung entsprechender Skelettmuskulatur ist eine auch bei loser Ware kenntlich zu machende Abweichung von der Verkehrsauffassung (§ 11 LFGB).
16) Anhang VI Teil A Nummer 4 der Verordnung (EU) Nr. 1169/2011 in der jeweils geltenden Fassung.
17) Verordnung (EU) Nr. 1151/2012 des Europäischen Parlaments und des Rates vom 21. November 2012 über Qualitätsregelungen für Agrarerzeugnisse und Lebensmittel (ABl. L 343 vom 14.12.2012, S. 1) in der jeweils geltenden Fassung, siehe Anhang.
18) Bei Ragout fin und stückigen Einlagen von Kochwurst wird eine Verwendung von Formfleischerzeugnissen nicht kenntlich gemacht.
19) Bezeichnungen wie Grillwurst oder Griller sind Synonyme zur Bezeichnung Bratwurst.
20) Die nicht schnittfesten Erzeugnisse werden bei den Kochwürsten beschrieben.
21) Auf Nummer 2.11.4 wird verwiesen.
22) Die Verwendung von manuell gewonnenem Knochenputz ist nicht üblich.
23) Proben werden möglichst aus verschiedenen Stellen im Gewicht von insgesamt mindestens 400 g entnommen. Um auszuschließen, dass erhöhte Anteile an bindegewebe- und damit stickstoffreichem Begleitgewebe hohe absolute Fleischeiweißanteile vortäuschen, werden vor chemischen Analysen neben Knochen auch Schwarten und etwaige Gallertanteile sowie aufliegendes Fettgewebe entfernt. Für die Errechnung der Fleischeiweißprozente wird analytisch ermitteltes Fett abgezogen, sodass sich ein Bezug auf die Summe aus organischem Nichtfett, Wasser und Asche ergibt (z. B. 62 % Wasser, 2 % Asche, 1 % Zucker, 17 % Fleischeiweiß, 18 % Fett; 100 – 18 = 82; 17 : 0,82 = 20,7 % Fleischeiweiß im fettfreien Anteil; Fleischeiweiß-Wasser-Verhältnis 1 : 3,6).
24) Wegen „Bierschinken“ siehe Nummer 2.224.1.
25) Die gefüllten Hüllen oder Behältnisse werden vor dem Erhitzen geöffnet und der Anteil der Stücke mit einem Gewicht von größer als 250 g gravimetrisch bestimmt (Stichprobe ca. 50 kg).
26) Vor der Wasserbestimmung wird der äußere Rand des Magerfleisches in einer Stärke von mindestens 1 cm entfernt.
27) Anhang I Nummer 1.13 der Verordnung (EG) Nr. 853/2004 sowie Anlage 5 Kapitel II der Tierischen Lebensmittelhygiene-Verordnung vom 8. August 2007 (BGBl. I S. 1816, 1828), die zuletzt durch Artikel 1 der Verordnung vom 10. November 2011 (BGBl. I S. 2233) geändert worden ist, in der jeweils geltenden Fassung.

28) Bei Fertigpackungen ist ein Hinweis auf den Knochenanteil erforderlich, wenn er nicht aus der Bezeichnung des Lebensmittels hervorgeht oder infolge der Verpackung nicht deutlich erkennbar ist.
29) Angesichts der Schwankungen beim Einfüllen wird für eine Frischfleischmenge von über 50 % eine Einwaage von 55 % empfohlen.

Leitsätze für Fruchtsäfte

I. Allgemeine Beurteilungsmerkmale

A. Begriffsbestimmungen

Fruchtsäfte im Sinne dieser Leitsätze sind die zur Abgabe an den Verbraucher bestimmten Fruchtsäfte im Sinne der Anlage 1 der Fruchtsaft-Verordnung[1].

Zur Beurteilung der Zutaten Fruchtsaft oder Fruchtmark[1] (einschließlich der aus Konzentrat hergestellten) in anderen Lebensmitteln werden die unter Abschnitt I B und C sowie Abschnitt II A bis C aufgeführten Beschaffenheitsmerkmale herangezogen.

B. Herstellung

1. Physikalische Verfahren

Ein gebräuchliches physikalisches Verfahren im Sinne von § 2 Absatz 3 in Verbindung mit Anlage 4 A der Fruchtsaft- und Erfrischungsgetränkeverordnung ist auch die Membranfiltration, bei der die Membrandurchlässigkeit so bemessen wird, dass die spezifischen und wertbestimmenden Bestandteile und die charakteristische Farbe des Fruchtsaftes erhalten bleiben.

2. Beschaffenheit des bei der Herstellung von Fruchtsäften zur Rückverdünnung von Fruchtsaft- und/oder Fruchtmarkkonzentraten verwendeten Wassers

Die wesentlichen Eigenschaften des Fruchtsaftes werden nicht beeinträchtigt[2], wenn das verwendete Wasser chlorfrei ist und

- entweder eine Leitfähigkeit von nicht mehr als 25 Mikrosiemens pro cm besitzt (z. B. entmineralisiertes Wasser)
- oder mindestens Trinkwasser[3] ist, das zusätzlich folgende Grenzwerte nicht überschreitet:
  - elektrische Leitfähigkeit: 400 Mikrosiemens/cm
  - Nitrat: 25 mg/l
  - Natrium: 20 mg/l

3. Beschaffenheit der Fruchtsäfte aus konzentrierten Fruchtsäften

Die Fruchtsäfte aus konzentrierten Fruchtsäften besitzen gleichartige sensorische und analytische Eigenschaften wie Fruchtsäfte im Sinne der Anlage 1 Nummer 1a) der Fruchtsaft-Verordnung, wenn sie in Farbe und Aussehen sowie in Geruch und Geschmack gleichartig sind und ihnen in ihrem gesamten Analysenbild unter Berücksichtigung der spezifischen Anbauverhältnisse jeweils entsprechen.

C. Weitere Beschaffenheitsmerkmale

1. Als nicht gegoren im Sinne der Anlage 1 Nummer 1a) der Fruchtsaft-Verordnung wird ein Erzeugnis angesehen, bei dem die folgenden Werte nicht überschritten sind:

a) Alkohol	3,0 g/l[4]
b) flüchtige Säuren, berechnet als Essigsäure	0,4 g/l
c) Milchsäure	0,5 g/l

2. Erzeugnisse,

   a) die missfarben sind oder

   b) die ein artfremdes Aroma besitzen oder

   c) die einen artfremden Geschmack aufweisen oder

   d) denen der typische Fruchtgeschmack fehlt,

   sind keine Fruchtsäfte.

D. Bezeichnung und Aufmachung

1. Bei Angabe von Fruchtarten werden die tatsächlich verwendeten Früchte nach verkehrsüblicher Bezeichnung genannt. Unter Kirschsaft wird in der Regel ein aus Sauerkirschen hergestellter Fruchtsaft verstanden.

2. Fruchtabbildungen stehen nicht im Widerspruch zur Zusammensetzung des Erzeugnisses. Werden mengenmäßig oder geschmacklich nicht relevante Früchte nicht abgebildet, stellt dies keinen Widerspruch dar.

3. Fruchtsäfte, die Fruchtfleischanteile enthalten, werden auch unter Angabe der verwendeten Fruchtart oder Fruchtarten als „fruchtfleischhaltig“ oder gleichsinnig bezeichnet.

4. Die Angaben „klar“ und „naturtrüb“ sind verkehrsüblich.

5. Fruchtsäfte werden nur dann mit der Angabe „Fruchtgehalt 100 %“ versehen, wenn sie ohne Zusatz von Genusssäuren, Zuckerarten (einschließlich Korrekturzucker) und zugelassenen Zusatzstoffen[5] – mit Ausnahme von L-Ascorbinsäure – hergestellt sind.

6. Fruchtsäfte werden mit der Angabe „mild“ oder einer gleichsinnigen Angabe versehen, wenn sie die unter Abschnitt II B 2 genannten Gesamtsäuregehalte unterschreiten, oder in ihrem Gesamtbild einen milden Charakter aufweisen.

II. Besondere Beurteilungsmerkmale für bestimmte Fruchtsäfte

A.

Bei Fruchtsäften, auch soweit sie aus oder mit Fruchtmark sowie aus oder mit konzentriertem Fruchtsaft und/oder Fruchtmark hergestellt sind, werden die folgenden Werte in Tabelle 1 für die relative Dichte aus fruchteigenen Inhaltsstoffen (Gewichtsverhältnis, festgestellt bei 20 °C und bezogen auf Wasser von 20 °C) nicht unterschritten.

Tabelle 1

1 Frucht	2 Fruchtsaft	3 Fruchtsaft aus Fruchtsaftkonzentrat
	rel. Dichte 20/20	
Ananas	1,045	1,052
Apfel	1,040	1,045
Apfelsine (Orange)	1,040	1,045
Aprikose	1,041	1,045
Banane	1,083	1,088
Birne	1,044	1,048
Erdbeere	1,025	1,028
Grapefruit	1,038	1,040
Guave	1,034	1,038
Himbeere	1,025	1,028
Mandarine	1,042	1,045
Mango	1,057	1,061
Maracuja (Passionsfrucht)	1,050	1,055
Pfirsich	1,036	1,040
Sauerkirsche	1,050	1,055
Schwarze Johannisbeere	1,042	1,047
Traube	1,055	1,065
Zitrone	1,028	1,032

Bei den in Spalte 2 genannten Erzeugnissen wird der natürliche Extraktgehalt nicht verändert.

Für Fruchtmark und Fruchtmark aus Konzentrat zur Weiterverarbeitung werden die in Tabelle 2 aufgeführten Werte (refraktometrisch ermittelte Werte in °Brix für Gramm pro 100 g Trockenmasse, festgestellt bei 20 °C und bezogen auf Wasser von 20 °C) nicht unterschritten.

Tabelle 2

1 **Frucht**	2 **Fruchtmark**	3 **Fruchtmark aus Fruchtsaftkonzentrat**
	Brix (unkorrigiert)	
Aprikose	10,2	11,2
Banane	20,0	21,0
Birne	11,0	11,9
Guave	8,5	9,5
Mango	14,0	15,0
Pfirsich	9,0	10,0

Bei den in Spalte 2 genannten Erzeugnissen wird der natürliche Extraktgehalt nicht verändert.

B.

1. Bei Fruchtsäften, die zur Abgabe an den Verbraucher bestimmt sind, werden folgende natürliche Gehalte an L-Ascorbinsäure nicht unterschritten:
   - Orangensaft 200 mg/l
   - Grapefruitsaft 200 mg/l
2. Bei Fruchtsäften, die zur Abgabe an den Verbraucher bestimmt sind, werden folgende Gehalte an Gesamtsäure (berechnet als Citronensäure, pH 8,1), die ausschließlich aus der namengebenden Frucht stammen, nicht ohne Kenntlichmachung gemäß I D 6. unterschritten:
   - Orangensaft 6 g/l
   - Grapefruitsaft 8 g/l
   - Traubensaft 5 g/l
   - Apfelsaft 4 g/l
   - Ananassaft 5 g/l

   Ein Zusatz von Genusssäuren ist nicht üblich.

C.

Traubensaft, der im Sinne von Anlage 4 A Nummer 1 c der Fruchtsaft- und Erfrischungsgetränkeverordnung[1]) entschwefelt wurde, weist einen Sulfatgehalt (SO_4) nicht über 350 mg/l auf.

1) Verordnung über Fruchtsaft, einige ähnliche Erzeugnisse, Fruchtnektar und koffeinhaltige Erfrischungsgetränke vom 24. Mai 2004 (BGBl. I S. 1016) in der jeweils geltenden Fassung.

2) Anlage 1 Nummer 1b) der Fruchtsaft- und Erfrischungsgetränkeverordnung.

3) Trinkwasserverordnung vom 21. Mai 2001 (BGBl. I S. 959) in der jeweils geltenden Fassung.

4) Wegen des Alkoholgehaltes bei Traubensaft wird auf Anhang II Teil IV Nummer 6 der Verordnung (EU) Nr. 1308/2013 des Europäischen Parlaments und des Rates vom 17. Dezember 2013 über eine gemeinsame Marktorganisation für landwirtschaftliche Erzeugnisse und zur Aufhebung der Verordnungen (EWG) Nr. 922/72, (EWG) Nr. 234/79, (EG) Nr. 1037/2001 und (EG) Nr. 1234/2007 in der jeweils geltenden Fassung hingewiesen. Demnach darf Traubensaft einen vorhandenen Alkoholgehalt von höchstens 1% vol. aufweisen.

5) Anlage 4 Teil C der Zusatzstoff-Zulassungsverordnung vom 29. Januar 1998 (BGBl. I S. 230, 231) in der jeweils geltenden Fassung, ab Geltung Teil E des Anhangs II der Verordnung (EG) Nr. 1333/2008 des Europäischen Parlaments und des Rates vom 16. Dezember 2008 über Lebensmittelzusatzstoffe (ABl. L Nr. 354 vom 31.12.2008, S. 16) in der jeweils geltenden Fassung.

Leitsätze für Gemüseerzeugnisse

1. Allgemeine Beurteilungsmerkmale

1.1 Begriffsbestimmungen

1.1.1 Gemüseerzeugnisse im Sinne dieser Leitsätze sind Erzeugnisse aus Gemüse, Teilen von Gemüse oder Zubereitungen daraus, die durch ein geeignetes Verfahren haltbar gemacht worden sind. Dazu gehören insbesondere

- tiefgefrorenes Gemüse,
- Gemüsekonserven,
- Gemüse mit Essig,
- pasteurisierte Gurkenkonserven aus frischer Rohware,
- Salzdillgurken,
- verarbeiteter Rotkohl,
- Sauerkraut.

1.1.2 Diese Leitsätze gelten nicht für Gemüsesäfte und Gemüsenektare, die in gesonderten Leitsätzen beschrieben sind.

1.1.3 Prozentangaben beziehen sich, soweit nicht anders vermerkt, auf das Gewicht.

1.1.4 Bei der Kennzeichnung von Fertigpackungen[1)] werden die Abtropfgewichte auf das nächsttiefere Vielfache von 5 g abgerundet angegeben.

1.1.5 Blanchieren ist kurzzeitiges Behandeln mit Wasserdampf oder heißem Wasser.

1.2 Herstellung

1.2.1 Die verwendete Rohware ist gesundes Gemüse von einer geeigneten Sorte und in einem geeigneten Reifestadium. Sie ist praktisch frei von Fäulnis, Schädlingen wie Maden, Würmern und Insekten oder ähnlichen Mängeln.

Die Rohware wird je nach Gemüseart gewaschen, gereinigt, geputzt, von üblicherweise nicht verwendeten Teilen so weit als technisch möglich befreit und gegebenenfalls zerkleinert. Beim Waschen verbleibt darin nicht mehr Wasser als technisch unvermeidbar.

1.2.2 Bei vielen Gemüsearten wird die Rohware blanchiert, um Enzyme, die die Haltbarkeit beeinträchtigen können, zu inaktivieren.

1.2.3 Die vorbereitete Rohware wird je nach dem gewählten Verfahren zum fertigen Erzeugnis weiterverarbeitet und vor oder nach dem Verpacken in geeigneten Behältnissen haltbar gemacht.

Zum Haltbarmachen sind insbesondere die folgenden Verfahren, ggf. in Kombination miteinander, üblich:

a) Tiefgefrieren im Sinne der Verordnung über tiefgefrorene Lebensmittel[2)],

b) Wärmebehandlung durch Sterilisieren (über 100 °C),

c) Saure Vergärung mit oder ohne anschließende Wärmebehandlung durch Pasteurisieren (unter 100 °C),

d) Zusatz von Säure mit anschließender Wärmebehandlung durch Pasteurisieren (unter 100 °C),

e) Konzentrieren durch Wasserentzug,

f) Trocknen (einschließlich Gefriertrocknen),

g) Zusatz von Konservierungsstoffen[3)],

h) Salzen,

i) Einlegen in Öl oder Essig, ggf. mit anschließender Wärmebehandlung durch Pasteurisieren (unter 100 °C).

Bei der Verarbeitung werden die wertbestimmenden Inhaltsstoffe und Eigenschaften der Rohware so weit wie möglich und erwünscht erhalten.

1.2.4 Bei Gemüse mit Essig ist es nicht verkehrsüblich, den Erzeugnissen in luftdicht verschlossenen Gebinden mit einem Behältnisvolumen kleiner als 4250 ml Konservierungsstoffe[3)] zuzusetzen. Bei loser Ware und bei Ware in nicht pasteurisationsbeständigen Verpackungen ist der Zusatz von Konservierungsstoffen[3)], unabhängig vom Behältnisvolumen, verkehrsüblich.

1.2.5 Zur Herstellung von Gemüseerzeugnissen werden außer Gemüse je nach Produktgruppe weitere Zutaten nach Maßgabe der Rechtsvorschriften verwendet.

1.3 Beschaffenheitsmerkmale

1.3.1 Gemüseerzeugnisse entsprechen in ihren sensorischen Eigenschaften der verwendeten Gemüseart oder den verwendeten Gemüsearten. Sie sind praktisch frei von mineralischen Bestandteilen wie Erde oder Sand und von sonstigen Verunreinigungen und nicht zum Verzehr geeigneten Bestandteilen, z. B. Unkräutern, Stroh oder Schädlingen.

Für die einzelnen Erzeugnisse sind typische Fehler beschrieben. Bei mehreren Fehlern an einem Stück ist jeweils der schwerer wiegende Fehler zu zählen.

1.3.2 Sofern der Leitsatz für die einzelnen Erzeugnisse nicht etwas anderes angibt, gelten folgende Toleranzregeln:

- Längenmaße können bei 10 % des Abtropfgewichtes bei Erzeugnissen in Aufgussflüssigkeiten bzw. bei 10 % des Gesamtgewichtes bei allen übrigen Erzeugnissen bis zu 10 % vom Bezugswert abweichen.
- Alle übrigen in Zahlen ausgedrückten Beschaffenheitsmerkmale beziehen sich auf die Standardprobenmenge und gelten ohne Toleranz.

1.3.3 Für Gemüseerzeugnisse werden nur solche Verkehrsbezeichnungen und sonstige Angaben verwendet, die der Zusammensetzung und den sensorischen Eigenschaften des Erzeugnisses entsprechen. In den Leitsätzen sind die Verkehrsbezeichnungen kursiv gedruckt.

1.4 Bezeichnung und Aufmachung

1.4.1 Bei Gemüseerzeugnissen ist die Verkehrsbezeichnung in der Regel der Name der verwendeten Gemüseart oder der verwendeten Gemüsearten.

Bei mehr als zwei Gemüsearten kann das Erzeugnis z. B. auch als „Gemüsemischung aus ..." bezeichnet werden. Für bestimmte Gemüsemischungen sind besondere Verkehrsbezeichnungen üblich, z. B. *Mixed Pickles* oder *Leipziger Allerlei*.

Die Verkehrsbezeichnung wird gegebenenfalls ergänzt durch Angaben über die Vorbehandlung (z. B. „pasteurisiert"), die Sortierung (z. B. nach Größe „extra fein"), die Verarbeitungsform (z. B. „gewürfelt", „passiert", „Abschnitte") und einzelne Qualitätsstufen (z. B. „extra zart", „Auslese"). Die Verarbeitungsform, z. B. *Zwiebelwürfel*, *Gurkenscheiben*, oder Sortierung, z. B. *Prinzessbohnen*, kann Bestandteil der Verkehrsbezeichnung sein.

1.4.2 Bildliche Darstellungen der Rohware entsprechen jeweils der verwendeten Gemüseart oder den verwendeten Gemüsearten. Bei Mischungen wird das anteilige Mischungsverhältnis berücksichtigt.

1.4.3 Wird eine Zutat über eine Geschmacksabrundung hinaus verwendet, so wird dies durch Angaben wie „gewürzt", „süßsauer", „gesalzen", „gezuckert" in Verbindung mit der Verkehrsbezeichnung kenntlich gemacht.

2. Besondere Beurteilungsmerkmale für einzelne tiefgefrorene Gemüseerzeugnisse

2.1 Herstellung und Beschaffenheitsmerkmale

2.1.1 Als tiefgefrorene Gemüseerzeugnisse werden insbesondere hergestellt:

- tiefgefrorene Gemüseerzeugnisse aus einer Gemüseart,
- tiefgefrorene Gemüseerzeugnisse aus mehreren Gemüsearten.

2.1.2 Tiefgefrorene Gemüseerzeugnisse haben, bezogen auf die jeweilige Gemüseart, eine annähernd einheitliche Farbe. In Farbe, Struktur, Geruch und Geschmack entsprechen sie je nach verwendeter Gemüseart nach dem Auftauen weitgehend dem frischen Gemüse. Es ist frei von Fremdgeruch und Fremdgeschmack.

Die Erzeugnisse sind praktisch frei von Frostbrandschäden (irreversible Abtrocknung der Oberfläche) sowie von starker Schneebildung. Die Erzeugnisse sind in der Regel in tiefgefrorenem Zustand einzeln entnehmbar (IQF = individually quick frozen), d. h., sie sind weitestgehend frei von Verblockungen. Pastöse Gemüseerzeugnisse, wie zum Beispiel gehackter Spinat oder Grünkohl, Gemüsezubereitungen, wie zum Beispiel Rahmspinat, Rotkohl, Rahmwirsing, Rahmporree, werden auch blockgefroren in Verkehr gebracht.

2.1.3 Tiefgefrorene Gemüseerzeugnisse enthalten innerhalb einer Packung in der Regel nur Gemüse einer Sorte, das von annähernd gleicher Größe ist.

2.2 Verkehrsbezeichnungen und tolerierbare Anteile an Fehlern für einzelne Erzeugnisse

2.2.1 Tiefgefrorene Gemüseerzeugnisse aus einer Gemüseart

2.2.1.1 Blumenkohl

2.2.1.1.1 Herstellung und Verkehrsbezeichnungen

Tiefgefrorener Blumenkohl ist ein Erzeugnis aus frischen, gesunden Köpfen der Art Brassica oleracea var. botrytis L. Die Köpfe werden vom Strunk befreit, in Röschen zerteilt, gewaschen, ausreichend blanchiert und in einem geeigneten Verfahren einzeln entnehmbar tiefgefroren.

Tiefgefrorener Blumenkohl wird mit der Verkehrsbezeichnung *Blumenkohl* oder *Blumenkohlröschen* in Verkehr gebracht.

Röschen sind Abschnitte des Blumenkohlkopfes von annähernd gleicher Größe. Die tiefgefrorenen Blumenkohlröschen werden in unterschiedlichen Sortierungen in Verkehr gebracht, wobei der Kopfdurchmesser 20 mm nicht unterschreitet und 70 mm nicht überschreitet. Die maximale Stiellänge richtet sich nach der Proportion des Röschens. Die Länge der Röschen stimmt annähernd mit dem Kopfdurchmesser überein.

2.2.1.1.2 Beschaffenheitsmerkmale

Tiefgefrorener Blumenkohl ist annähernd gleichmäßig fest und weiß bis elfenbein- oder cremefarben.

Die Blumenkohlröschen können leicht gelbliche Verfärbungen aufweisen oder leicht rosa schimmern. Die Stiele können leicht grünlich oder leicht violett sein. Die Röschen sind so zerteilt, dass die natürliche Röschenform erhalten bleibt. Die Stiele haben glatte Schnittflächen. Die Röschen sind von fester Struktur.

Der gegarte Blumenkohl hat einen aromatischen und feinen Kohlgeruch und Kohlgeschmack; die Textur ist fest, nicht matschig. Geruch und Geschmack sind ohne Fremdnoten.

Beschreibung der Fehler:

a) Verfärbt: sind großflächige graue, gelbe, grüne, rosa oder ähnliche farbliche Veränderungen von mindestens einem Viertel des Blütenstandes, die das Erscheinungsbild des Erzeugnisses erheblich beeinträchtigen. Die Verfärbungen bleiben auch nach dem Garen erhalten. Verzweigungen oder Stämme mit einer leicht bläulichen oder leicht grünlichen Färbung werden nicht als verfärbt angesehen.

b) Lose Stämme: Strunkteile ohne Blütenstand, die länger als 25 mm sind.

c) Blätter: grobe Blätter oder Teile hiervon, unabhängig davon, ob sie den Strünken anhaften oder lose sind. Kleine, zarte und am Strunk anhaftende Blätter zählen nicht als Fehler.

d) Leichte Schäden durch Schädlinge oder Fäule: Das Erscheinungsbild des Röschens ist nur leicht beeinträchtigt. Die schadhafte Stelle hat einen Durchmesser von 2 mm bis 6 mm.

e) Schwere Schäden durch Schädlinge oder Fäule: Das Erscheinungsbild des Röschens ist erheblich beeinträchtigt. Die schadhafte Stelle hat einen Durchmesser größer 6 mm.

f) Schädlingsbefall: Röschen mit Insekten oder Insektenteilen. Die Röschen werden im aufgetauten Zustand geprüft.

g) Mechanisch beschädigt: Stücke, bei denen mehr als 50 % der Blütenstandsoberfläche deformiert, gequetscht oder ausgebrochen sind.

h) Kleinstücke: Teile von Röschen, die mit einem Quadratgitter-Sieb (10 × 10 mm) ermittelt werden.

Die Standardprobenmenge beträgt 50 Röschen. Für die Kleinstück-Ermittlung werden 500 g verwendet. Bei Bedarf kann mehr als die Standardprobenmenge geprüft werden.

Auf Basis der Standardprobenmenge werden die Fehler des Erzeugnisses erfasst und mit den in der Tabelle zugeordneten Fehlerpunkten bewertet. Die für jede Fehlerart berechneten Fehlerpunkte werden summiert. Diese Gesamtsumme überschreitet den in der Tabelle angegebenen Wert für den „Fehler, gesamt" nicht.

Die Fehler werden, wenn nicht anders angegeben, im unaufgetauten Zustand der Probe ermittelt.

Ein Röschen bzw. ein loser Stamm oder ein Blatt werden als ein Stück gezählt.

Fehlerart	**Maßgebliche Einheit**	**Fehlerpunkte**
Verfärbt	je Stück	2
Lose Stämme	je Stück	2
Blätter	je Stück	3
Leichte Schäden durch Schädlinge oder Fäule	je Stück	2
Schwere Schäden durch Schädlinge oder Fäule	je Stück	5
Schädlingsbefall	je Stück	5
Mechanisch beschädigt	je Stück	2
Fehler, gesamt	**Standardprobenmenge**	**10**

Der Anteil an Kleinstücken darf 3 % (m/m) nicht überschreiten.

2.2.1.2 **Bohnen**

2.2.1.2.1 Herstellung und Verkehrsbezeichnungen

Tiefgefrorene Bohnen sind Erzeugnisse aus den frischen, jungen und gesunden vollen Hülsen der Buschbohne Phaseolus vulgaris L. Es werden „fadenfreie" Sorten verwendet.

Die Bohnen werden von Bohnenspitzen und Bohnenstängeln befreit, gewaschen, ausreichend blanchiert und in einem geeigneten Verfahren einzeln entnehmbar tiefgefroren.

Tiefgefrorene Bohnen werden mit der Verkehrsbezeichnung *Bohnen* in Verkehr gebracht. Die Größensortierung, z. B. *Prinzessbohnen*, oder die Verarbeitungsform, z. B. *Brechbohnen*, ist Bestandteil der Verkehrsbezeichnung.

Verkehrsbezeichnung	**Verarbeitungsform**
Bohnen	Ganze grüne Bohnen von annähernd gleicher Länge und gleichem Durchmesser mit geringer, von außen wahrnehmbarer Kernausbildung. Der Durchmesser beträgt maximal 10,5 mm.
Prinzessbohnen oder *Delikatessbohnen*	Ganze junge, ausgesucht feine Bohnen von annähernd gleicher Länge und gleichem Durchmesser ohne von außen wahrnehmbarer Kernausbildung. Der Durchmesser beträgt maximal 8 mm.
Brechbohnen oder *Schnittbohnen*	In Querrichtung geschnittene grüne Bohnen mit geringer, von außen wahrnehmbarer Kernausbildung, wobei mindestens 80 % der Stücke mindestens 25 mm lang sind. Der Durchmesser beträgt maximal 10,5 mm.

2.2.1.2.2 Beschaffenheitsmerkmale

Tiefgefrorene Bohnen sind von annähernd gleicher Farbe, gleicher Länge und gleichem Durchmesser.

Die gegarten Bohnen haben einen aromatischen, feinen, typischen Geruch und Geschmack. Geruch und Geschmack sind ohne Fremdnoten. Die Textur ist zart, ohne merkliche Samen-, Bast- oder Fadenwahrnehmung.

Beschreibung der Fehler:

a) Schorf und Windflecken: Stücke mit kleinflächigen, vernarbten Veränderungen der Bohnenoberfläche von mindestens 30 mm Länge und einer Mindestbreite von 2 mm.

b) Oxidierte Schnittstellen: Schnittstellen, die braune Verfärbungen aufweisen.

c) Faserig: Bohnen, die eine faserige Struktur haben.

d) Stielenden: anhaftende oder lose Stielenden.

e) Fremde Pflanzenteile: Teile der Bohnenpflanze wie z. B. Blätter, Ranken oder Stiele sowie Teile anderer Pflanzen, wie z. B. Gräser oder Samen. Ausgenommen sind jedoch Kerne und essbare Spitzen der Bohnen.

f) Leichte Schäden durch Schädlinge oder Fäule: Das Erscheinungsbild des Stückes ist nur leicht beeinträchtigt. Die schadhafte Stelle hat einen Durchmesser von 3 mm bis 6 mm.

g) Schwere Schäden durch Schädlinge oder Fäule: Das Erscheinungsbild des Stückes ist erheblich beeinträchtigt. Die schadhafte Stelle hat einen Durchmesser von mehr als 6 mm,

h) Mechanisch beschädigt: Stücke, die zerbrochen, in zwei Teile aufgespalten oder zerquetscht sind oder unregelmäßige Abrissstellen aufweisen, die das Erscheinungsbild schwerwiegend beeinträchtigen.

i) Kurze Stücke: Prinzessbohnen und ganze Bohnen, die kürzer als 40 mm sind, und Brechbohnenstücke, die kürzer als 15 mm sind.

Die Standardprobenmenge beträgt 500 g. Bei Bedarf kann mehr als die Standardprobenmenge geprüft werden.

Auf Basis der Standardprobenmenge werden die Fehler des Erzeugnisses erfasst und mit den in der Tabelle zugeordneten Fehlerpunkten bewertet. Die für jede Fehlerart berechneten Fehlerpunkte werden summiert. Diese Gesamtsumme überschreitet den in der Tabelle angegebenen Wert für den „Fehler, gesamt“ nicht.

Die Fehler werden, wenn nicht anders angegeben, im unaufgetauten Zustand der Probe ermittelt.

Eine Bohne bzw. ein loses Stielende oder ein fremdes Pflanzenteil werden als ein Stück gezählt.

Fehlerart	**Maßgebliche Einheit**	**Fehlerpunkte**
Schorf und Windflecken	je Stück	2
Oxidierte Schnittstellen	je Stück	1
Faserig	je Stück	1
Stielenden	je Stück	2
Fremde Pflanzenteile	je Stück	3
Leichte Schäden durch Schädlinge oder Fäule	je Stück	2
Schwere Schäden durch Schädlinge oder Fäule	je Stück	5
Mechanisch beschädigt	je Stück	1
Fehler, gesamt	**Standardprobenmenge**	**20**

 Behr's Verlag, Hamburg

Bei Prinzessbohnen und ganzen Bohnen beträgt der Anteil an kurzen Stücken maximal 20 % (m/m) und bei Brechbohnen 3 % (m/m) (bezogen auf die Standardprobenmenge, ohne Toleranz).

2.2.1.3 **Broccoli**

2.2.1.3.1 Herstellung und Verkehrsbezeichnungen

Tiefgefrorener Broccoli ist ein Erzeugnis aus frischen, gesunden Blütenständen der Art Brassica oleracea var. cymosa Duch italica Plenck.

Tiefgefrorener Broccoli wird mit der Verkehrsbezeichnung *Broccoli* oder *Broccoliröschen* in Verkehr gebracht.

Broccoliröschen sind 20 bis 60 mm lange, annähernd gleich große Abschnitte des Broccolikopfes (Haupttrieb) sowie der kleineren Nebentriebe. Sie sind so zerteilt, dass die natürliche Röschenform erhalten bleibt. Die frischen, geschnittenen Röschen werden gewaschen, ausreichend blanchiert und in einem geeigneten Verfahren einzeln entnehmbar tiefgefroren.

2.2.1.3.2 Beschaffenheitsmerkmale

Broccoliröschen haben eine annähernd gleichmäßige Farbe (hellgrün bis blaugrün) und eine gleichmäßige Sortierung. Sie sind praktisch frei von Insekten und anderen tierischen Fremdbestandteilen. Die Stiele haben glatte Schnittflächen. Die Röschen sind von fester Struktur. Den Stielteilen können kleine, zarte Blätter anhaften. Die Länge der Röschen stimmt annähernd mit dem Kopfdurchmesser überein. Die meist grünen, voll entwickelten Blütenknospen sind noch nicht geöffnet. Leichte Gelbverfärbungen durch Chlorophyllmangel im Randbereich des Röschen sind produkttypisch und gelten nicht als Fehler.

Die gegarten Broccoliröschen haben einen aromatischen und feinen Kohlgeruch und Kohlgeschmack. Geruch und Geschmack sind ohne Fremdnoten. Die Textur ist fest, nicht matschig. Der Stiel ist zart, nicht holzig.

Beschreibung der Fehler:

a) Überreif: einzelne Knospen (mindestens 3, zusammenhängend) sind aufgeblüht (gelb) oder die Blütenstände des Röschens fallen im aufgetauten Zustand auseinander.

b) Schlecht geschnitten: Röschen, bei denen das Erscheinungsbild durch nicht sorgfältiges Entfernen von Blättern oder durch unsauberes Abtrennen vom Stamm erheblich beeinträchtigt ist.

c) Lose Stämme: Strunkteile ohne Blütenstand, die länger als 25 mm sind.

d) Blätter: grobe Blätter oder Teile hiervon mit einem Durchmesser größer 10 mm; es ist unabhängig davon, ob sie den Strünken anhaften oder lose sind. Kleine, zarte und am Strunk anhaftende Blätter zählen nicht als Fehler.

e) Leichte Schäden durch Schädlinge oder Fäule: Das Erscheinungsbild des Stückes ist nur leicht beeinträchtigt. Die schadhafte Stelle hat einen Durchmesser von 2 bis 6 mm.

f) Schwere Schäden durch Schädlinge oder Fäule: Das Erscheinungsbild des Röschens ist erheblich beeinträchtigt. Die schadhafte Stelle hat einen Durchmesser von mehr als 6 mm.

g) Schädlingsbefall: Röschen mit Insekten und Insektenteilen. Die Röschen werden im aufgetauten Zustand geprüft.

h) Mechanisch beschädigt: Stücke, bei denen mehr als 25 % der Röschenoberfläche deformiert oder ausgebrochen sind,

i) Kleinstücke: Teile von Röschen, die mit einem Quadratgitter-Sieb (10 × 10 mm) ermittelt werden.

Die Standardprobenmenge beträgt 50 Röschen. Für die Kleinstück-Ermittlung werden 500 g verwendet. Bei Bedarf kann mehr als die Standardprobenmenge geprüft werden.

Auf Basis der Standardprobenmenge werden die Fehler des Erzeugnisses erfasst und mit den in der Tabelle zugeordneten Fehlerpunkten bewertet. Die für jede Fehlerart berechneten Fehlerpunkte werden summiert. Diese Gesamtsumme überschreitet den in der Tabelle angegebenen Wert für den „Fehler, gesamt" nicht.

Die Fehler werden, wenn nicht anders angegeben, im unaufgetauten Zustand der Probe ermittelt.

Ein Röschen bzw. ein loser Stamm oder ein loses Blatt werden als ein Stück gezählt.

Fehlerart	**Maßgebliche Einheit**	**Fehlerpunkte**
Überreif	je Stück	2
Schlecht geschnitten	je Stück	1
Lose Stämme	je Stück	3
Blätter	je Stück	1
Leichte Schäden durch Schädlinge oder Fäule	je Stück	2
Schwere Schäden durch Schädlinge oder Fäule	je Stück	5
Schädlingsbefall	je Stück	5
Mechanisch beschädigt	je Stück	2
Fehler, gesamt	**Standardprobenmenge**	**20**

Der Anteil an Kleinstücken darf 5 % (m/m) nicht überschreiten.

2.2.1.4 Dicke Bohnen

2.2.1.4.1 Herstellung und Verkehrsbezeichnungen

Tiefgefrorene Dicke Bohnen (synonyme Bezeichnung: Puffbohnen, Ackerbohnen) sind Erzeugnisse aus nicht ausgereiften Samen der Art Vicia faba L.

Tiefgefrorene Dicke Bohnen werden mit der Verkehrsbezeichnung *Dicke Bohnen* meist unsortiert in Verkehr gebracht. Auf die Verwendung von kleineren Bohnenkernen wird in Verbindung mit der Verkehrsbezeichnung mit „klein" oder „fein" hingewiesen.

Die frischen Kerne werden von der Hülse befreit, gewaschen, ausreichend blanchiert und in einem geeigneten Verfahren einzeln entnehmbar tiefgefroren.

2.2.1.4.2 Beschaffenheitsmerkmale

Tiefgefrorene Dicke Bohnen sind praktisch frei von Keimen, von losgelösten Keimen, von Samenschalen oder Teilen von Samenschalen und von fleckigen Bohnen.

Die gegarten Dicken Bohnen haben eine blassgrüne Farbe, einen feinen, typischen Geruch und Geschmack und eine zarte, nicht mehlige Konsistenz. Geruch und Geschmack sind ohne Fremdnoten. Die Samenschale ist zart.

Beschreibung der Fehler:

a) <u>Andersfarbig:</u> Bohnen, deren Farbe für die verarbeitete Sorte nicht charakteristisch ist, zum Beispiel gelb.

b) <u>Verfärbt:</u> Bohnen, deren Oberfläche zu mehr als 25 % grau/schwarz verfärbt ist.

c) <u>Halbe oder zerbrochene Bohnen.</u>

d) <u>Hülsen oder Hülsenteile:</u> anhaftende oder lose Hülsen oder Hülsenteile.

e) <u>Fremde Pflanzenteile:</u> Teile der Bohnenpflanze wie z. B. Blätter, Ranken oder Teile anderer Pflanzen, wie z. B. Gräser oder Samen.

f) <u>Leichte Schäden durch Schädlinge oder Fäule:</u> Das Erscheinungsbild des Stückes ist nur leicht beeinträchtigt. Die schadhafte Stelle hat einen Durchmesser von 2 mm bis 6 mm.

g) <u>Schwere Schäden durch Schädlinge oder Fäule:</u> Das Erscheinungsbild des Stückes ist erheblich beeinträchtigt. Die schadhafte Stelle hat einen Durchmesser von mehr als 6 mm.

Die Standardprobenmenge beträgt 500 g. Bei Bedarf kann mehr als die Standardprobenmenge geprüft werden.

Auf Basis der Standardprobenmenge werden die Fehler des Erzeugnisses erfasst und mit den in der Tabelle zugeordneten Fehlerpunkten bewertet. Die für jede Fehlerart berechneten Fehlerpunkte werden summiert. Diese Gesamtsumme überschreitet den in der Tabelle angegebenen Wert für den „Fehler, gesamt" nicht.

Die Fehler werden, wenn nicht anders angegeben, im unaufgetauten Zustand der Probe ermittelt.

Eine Bohne bzw. eine Hülse, ein Hülsenteil oder ein fremdes Pflanzenteil werden als ein Stück gezählt.

Fehlerart	**Maßgebliche Einheit**	**Fehlerpunkte**
Andersfarbige Bohnen	je Stück	2
Verfärbt	je Stück	5
Halbe oder zerbrochene Bohnen	je Stück	1
Hülsen oder Hülsenteile	je Stück	3
Fremde Pflanzenteile	je Stück	3
Leichte Schäden durch Schädlinge oder Fäule	je Stück	1
Schwere Schäden durch Schädlinge oder Fäule	je Stück	3
Fehler, gesamt	**Standardprobenmenge**	**20**

2.2.1.5 Erbsen

2.2.1.5.1 Herstellung und Verkehrsbezeichnungen

Tiefgefrorene Erbsen sind Erzeugnisse aus den unvollständig gereiften Samen der Markerbse Pisum sativum L.

Tiefgefrorene Erbsen werden mit der Verkehrsbezeichnung *Erbsen* oder *Junge Erbsen* in Verkehr gebracht. Die Größensortierung wie „extra fein", „sehr fein", „Petits Pois" wird in Verbindung mit der Verkehrsbezeichnung angegeben.

Es wird zwischen unsortierten und sortierten Erbsen unterschieden. Nach Größe sortierte Erbsen haben folgende Durchmesser und werden wie folgt bezeichnet:

Verkehrsbezeichnung einschließlich eventueller Ergänzungen	**Durchmesser (mm)**
Erbsen	bis 10,5
Erbsen, sehr fein oder Petits Pois	größer 7,5 bis 8,5
Erbsen, extra fein	bis zu 7,5

Die Ermittlung der Größensortierung erfolgt im tiefgefrorenen Zustand mittels Quadratsieb. Eine Mischung von zwei oder mehreren Sortierungen trägt die Bezeichnung, die für die größte der mitverarbeiteten Sortierungen verkehrsüblich ist.

Die frischen Samen werden von der Hülse befreit, gewaschen, ausreichend blanchiert und in einem geeigneten Verfahren einzeln entnehmbar tiefgefroren.

2.2.1.5.2 Beschaffenheitsmerkmale

Tiefgefrorene Erbsen sind praktisch frei von gelben, verfärbten und fleckigen Samen sowie von durch Insekten beschädigten Samen, von Samenschalen und Teilen von Samenschalen, von Hülsenteilen und von pflanzlichen Verunreinigungen.

Tiefgefrorene Erbsen werden außerdem nach dem Reifegrad, der als Tenderometerwert der unblanchierten frischen Erbsen und/oder als AIS-Wert (alkoholunlösliche Substanz) der blanchierten Erbsen ermittelt wird, eingeteilt. Für die Qualitätsbezeichnung „extra zart" werden der Tenderometerwert von 110 und der AIS-Wert von 13 % nicht überschritten. Gleiche Anforderungen gelten auch für Erbsen, „extra fein" und Erbsen „sehr fein"/„Petits Pois" ohne zusätzliche Qualitätsbezeichnung.

Erbsen, die ohne die zusätzliche Qualitätsbezeichnung „extra zart" in Verkehr gebracht werden, überschreiten einen Tenderometerwert von 125 bzw. einen AIS-Wert von 14 % nicht.

Die gegarten Erbsen haben eine frische, grüne Farbe, einen süßlichen Geschmack und eine zarte, nicht mehlige Konsistenz. Geruch und Geschmack sind ohne Fremdnoten. Die Samenschale ist zart.

Beschreibung der Fehler:

a) Gelb oder blass (blond): farblich nicht voll entwickelt.

b) Verfärbt: durch Fäule grau, braun oder schwarz verfärbte Samen (größer als die Hälfte der Oberfläche).

c) Zerschlagen: halbe Erbsen, Bruchstücke von Erbsen.

d) Samenschalen und Teile von Samenschalen.

e) Fremde Pflanzenteile: Teile der Erbsenpflanze wie z. B. Hülsen, Hülsenteile, Blätter oder Ranken sowie Teile anderer Pflanzen, wie z. B. Samen von Disteln, Gräsern oder Kamille.

f) Schäden durch Schädlinge oder Fäule: Das Erscheinungsbild des Stückes ist beeinträchtigt. Die schadhafte Stelle hat einen Durchmesser von mehr als 2 mm.

g) Früchte des schwarzen Nachtschattengewächses Solanum nigrum L.

Die Standardprobenmenge beträgt 500 g. Bei Bedarf kann mehr als die Standardprobenmenge geprüft werden.

Auf Basis der Standardprobenmenge werden die Fehler des Erzeugnisses erfasst und mit den in der Tabelle zugeordneten Fehlerpunkten bewertet. Die für jede Fehlerart berechneten Fehlerpunkte werden summiert. Diese Gesamtsumme überschreitet den in der Tabelle angegebenen Wert für den „Fehler, gesamt" nicht.

Die Fehler werden, wenn nicht anders angegeben, im unaufgetauten Zustand der Probe ermittelt.

Eine Erbse bzw. eine Samenschale oder ein fremdes Pflanzenteil werden als ein Stück gezählt.

Fehlerart	Maßgebliche Einheit	Fehlerpunkte
Gelb oder blass (blond)	je % (m/m)	3
Verfärbt	je Stück	5
Zerschlagen	je % (m/m)	1
Samenschalen und Teile von Samenschalen	je % (m/m)	4
Fremde Pflanzenteile	je Stück	3
Schäden durch Schädlinge oder Fäule	je Stück	3
Fehler, gesamt	**Standardprobenmenge**	**10**

Tiefgefrorene Erbsen sind praktisch frei von Früchten des schwarzen Nachtschattengewächses Solanum nigrum L., d. h., sie enthalten nicht mehr als 1 Stück/10 kg.

2.2.1.6 **Grünkohl**

2.2.1.6.1 Herstellung und Verkehrsbezeichnungen

Tiefgefrorener Grünkohl wird aus den frischen, stark gekrausten Blättern der Art Brassica oleracea var. sabellica L. hergestellt.

Tiefgefrorener Grünkohl wird mit der Verkehrsbezeichnung *Grünkohl* in Verkehr gebracht. Die Verarbeitungsform wird in Verbindung mit der Verkehrsbezeichnung angegeben, z. B. „gehackt", „grob gehackt".

Die Grünkohlblätter werden von den kräftigen Blattstielen befreit, gewaschen, grob oder fein geschnitten, auch durch Wolfen zerkleinert, blanchiert, portioniert und in einem geeigneten Verfahren tiefgefroren.

2.2.1.6.2 Beschaffenheitsmerkmale

Für tiefgefrorenen Grünkohl werden gesunde Blätter verwendet, die praktisch frei von Schädlingsbefall, mechanischen Beschädigungen und fremdem Geruch und

Geschmack sind. Welke und sonstig beeinträchtigte Blätter werden bei der Verarbeitung entfernt.

Tiefgefrorener Grünkohl ist annähernd gleichmäßig zerkleinert. Der Nitritgehalt des tiefgefrorenen Grünkohlerzeugnisses sollte so niedrig wie möglich sein, er überschreitet 10 mg/kg nicht.

Der zubereitete Grünkohl hat eine zarte, nicht holzige, jedoch ausreichend feste Konsistenz. Geruch und Geschmack sind typisch kohlartig, ohne Fehl- oder Fremdnote. Die Farbe ist olivgrün.

Beschreibung der Fehler:

a) Fremde Pflanzenteile: Teile der Grünkohlpflanze, wie zum Beispiel Blattstiele mit einem Durchmesser größer 5 mm oder Blattteile mit Rippen, deren Durchmesser größer 5 mm sind, sowie Teile anderer Pflanzen, wie zum Beispiel Gräser oder Kräuter.

b) Schäden durch Schädlinge oder Fäule: Das Erscheinungsbild des Stückes ist beeinträchtigt. Die schadhafte Stelle hat einen Durchmesser von mehr als 2 mm.

c) Insektenbefall: Blattteile mit Insektenbefall. Dieser wird im aufgetauten Zustand der Probe ermittelt.

d) Sand: salzsäureunlösliche Asche.

Die Standardprobenmenge beträgt 500 g. Bei Bedarf kann mehr als die Standardprobenmenge geprüft werden.

Auf Basis der Standardprobenmenge werden die Fehler des Erzeugnisses erfasst und mit den in der Tabelle zugeordneten Fehlerpunkten bewertet. Die für jede Fehlerart berechneten Fehlerpunkte werden summiert. Diese Gesamtsumme überschreitet den in der Tabelle angegebenen Wert für den „Fehler, gesamt“ nicht.

Die Fehler werden, wenn nicht anders angegeben, im unaufgetauten Zustand der Probe ermittelt.

Ein Einzelteil einer Verarbeitungsform bzw. ein fremdes Pflanzenteil werden als ein Stück gezählt.

Fehlerart	Maßgebliche Einheit	Fehlerpunkte
Fremde Pflanzenteile	je Stück	1
Schäden durch Schädlinge oder Fäule	je Stück	3
Insektenbefall	je Stück	10
Fehler, gesamt	**Standardprobenmenge**	**20**

Der Sandgehalt überschreitet 0,1 % (m/m) nicht.

2.2.1.7 **Karotten (Möhren)**

2.2.1.7.1 Herstellung und Verkehrsbezeichnungen

Tiefgefrorene Karotten (Möhren) sind Erzeugnisse aus frischen, gesunden Rüben der Zuckerkarotte Daucus carota L.

Tiefgefrorene Karotten werden mit der Verkehrsbezeichnung *Karotten* oder *Möhren* in Verkehr gebracht. Außer bei ganzen Karotten *(Babykarotten, Fingerkarotten, Pariser Karotten)* wird die Verarbeitungsform in Verbindung mit der Verkehrsbezeichnung angegeben, z. B. „gewürfelt" oder „in Scheiben". Die Verarbeitungsform kann auch Bestandteil der Verkehrsbezeichnung sein, z. B. *Karottenwürfel*.

Die Farbe ist sortentypisch orange oder gelb. Werden gelbe oder andersfarbige Sorten verwendet, wird in Verbindung mit der Verkehrsbezeichnung darauf hingewiesen. Verwendet werden zylinderförmige, konische sowie kugelförmige Sorten.

Verkehrsbezeichnung einschließlich eventueller Ergänzungen	Verarbeitungsform
Babykarotten	Zylindrische Karotten, die durch Schnitte quer zur Längsachse vor der Schälung erhalten werden. Die Schnittlänge der Babykarotten beträgt ca. 50 mm.
Fingerkarotten	Zylindrische, kleine, ganze Karotten, die auch nach der Verarbeitung weitestgehend ihre ursprüngliche Form behalten.
Karotten, in Scheiben	Gleichmäßig im rechten Winkel zur Längsachse in Scheiben glatt oder gewellt geschnitten. Die Schnittstärke beträgt ca. 4–8 mm, der Durchmesser der Scheiben liegt zwischen 15 und 32 mm.
Karotten Julienne	Feine Streifen bis maximal 6 × 6 mm Kantenlänge.
Karotten, in Streifen; *Karottenstifte*	Länglich glatt oder gewellt geschnittene Karottenstücke.
Pariser Karotten, Perlkarotten	Kugelförmige („runde") Karotten, die auch nach der Verarbeitung weitgehend ihre ursprüngliche Form behalten.

Verkehrsbezeichnung einschließlich eventueller Ergänzungen	Verarbeitungsform
Karottenwürfel; *Karotten,* gewürfelt	Gleichmäßig in Würfel geschnittene Karotten mit einer Kantenlänge von ca. 10 mm.

Tiefgefrorene Karotten der Verarbeitungsformen *Babykarotten, Fingerkarotten* und *Pariser Karotten* können größensortiert oder unsortiert in den Verkehr gebracht werden.

Sortierte Karotten haben folgende Durchmesser und werden wie folgt bezeichnet:

Größenbezeichnung	Durchmesser in mm	
	zylindrische Sorten (Babykarotten, Fingerkarotten)	kugelförmige Sorten (Pariser Karotten)
Sehr klein/extra fein	kleiner 10	kleiner 18
Klein	10 bis 14	18 bis 24
Mittel	14 bis 18	24 bis 28
Groß	größer 18	größer 28

Es wird der Durchmesser (bei nicht kreisförmigem Querschnitt der kleinste Durchmesser) an der Stelle des größten Umfangs gemessen. Die Größenbezeichnung kann in der angegebenen Form der Verkehrsbezeichnung angefügt werden.

Wenn das Erzeugnis größensortiert in den Verkehr gebracht wird, müssen mindestens 80 % (m/m) der Karotten der angegebenen Größenbezeichnung entsprechen.

Die Karotten werden von Kraut und weitestgehend von grünen Köpfen befreit, sorgfältig geschält, gewaschen, gegebenenfalls geschnitten, gegebenenfalls nach Durchmesser sortiert, ausreichend blanchiert und in einem geeigneten Verfahren einzeln entnehmbar tiefgefroren.

Die Verkehrsbezeichnung *Perlkarotten* setzt eine „sehr kleine“, „extra feine“ Größensortierung voraus.

2.2.1.7.2 Beschaffenheitsmerkmale

Tiefgefrorene Karotten haben eine gleichmäßige, sortentypische Farbe und eine annähernd einheitliche Größe. Sie sind praktisch frei von Schalenresten, Krautresten, von Schäden durch Schädlinge oder Fäule und von Grün- und sonstigen Verfärbungen.

Karotten haben im gegarten Zustand einen typischen süßen Geschmack, die Textur ist fest, nicht gummiartig oder holzig. Geruch und Geschmack sind ohne Fremdnoten.

Beschreibung der Fehler:

a) Grün verfärbt: Stücke, die im Bereich der Schulter deutlich grün verfärbt sind oder verfärbte Ringe aufweisen (bei Babykarotten, Fingerkarotten und Pariser Karotten). Stücke, die grüne Verfärbungen zeigen (bei anderen Verarbeitungsformen).

b) Leicht fleckig: Stücke, die eine oder mehrere schwarze, dunkle, braune oder andere intensiv verfärbte Flächen mit einer größten Ausdehnung von 2 bis maximal 6 mm aufweisen.

c) Stark fleckig: Stücke, die eine oder mehrere schwarze, dunkle, braune oder andere intensiv verfärbte Flächen mit einer größten Ausdehnung von mehr als 6 mm aufweisen.

d) Verformt: Stücke, die Verzweigungen, Spaltungen und andere Formen von Fehlwuchs aufweisen.

e) Rissig: Stücke, die Risse oder Spalten von mehr als 2 mm Breite aufweisen.

f) Leichte Schälfehler: Stücke mit Schalenresten von 2 bis 6 mm Durchmesser.

g) Schwere Schälfehler: Stücke mit Schalenresten von mehr als 6 mm Durchmesser oder Stücke, die noch Krautansatz oder schwarze Ringe haben.

h) Fremde Pflanzenteile: Teile der Karottenpflanze, wie zum Beispiel Kraut oder Wurzeln, sowie Teile anderer Pflanzen.

i) Schäden durch Schädlinge oder Fäule: Das Erscheinungsbild des Stückes ist beeinträchtigt. Die schadhafte Stelle hat einen Durchmesser von mehr als 2 mm.

j) Mechanisch beschädigt: Stücke, die gequetscht oder gebrochen sind.

k) Kleine Stücke: Bruchstücke/Reststücke von weniger als 20 mm Länge bei Karotten Julienne, Babykarotten und Fingerkarotten und weniger als ein Drittel der jeweiligen Sollstückgröße bei Karottenstiften und Karottenwürfeln.

Die Standardprobenmenge beträgt 500 g, mindestens jedoch 50 Karottenstücke. Bei Bedarf kann mehr als die Standardprobenmenge geprüft werden.

Auf Basis der Standardprobenmenge werden die Fehler des Erzeugnisses erfasst und mit den in der Tabelle zugeordneten Fehlerpunkten bewertet. Die für jede Fehlerart berechneten Fehlerpunkte werden summiert. Diese Gesamtsumme überschreitet den in der Tabelle angegebenen Wert für den „Fehler, gesamt“ nicht.

Die Fehler werden, wenn nicht anders angegeben, im unaufgetauten Zustand der Probe ermittelt.

Eine Karotte, ein Einzelteil einer Verarbeitungsform bzw. ein fremdes Pflanzenteil werden als ein Stück gezählt.

Fehlerart	Maßgebliche Einheit	Fehlerpunkte
Grün verfärbt	je Stück	2
Leicht fleckig	je Stück	1
Stark fleckig	je Stück	3
Verformt	je Stück	1
Rissig	je Stück	1
Leichte Schälfehler	je Stück	1
Schwere Schälfehler	je Stück	5
Fremde Pflanzenteile	je Stück	5
Schäden durch Schädlinge oder Fäule	je Stück	3
Mechanisch beschädigt	je Stück	2
Fehler, gesamt	**Standardprobenmenge (500 g bzw. 50 Stücke)**	**30**

Kleinstücke sind bei Babykarotten, Fingerkarotten und Karotten Julienne weniger als 30 % (m/m) und bei Karottenstreifen, Karottenstiften und Karottenwürfeln weniger als 10 % (m/m).

2.2.1.8 **Kohlrabi**

2.2.1.8.1 Herstellung und Verkehrsbezeichnungen

Tiefgefrorener Kohlrabi wird aus frischen und gesunden Knollen der Art Brassica oleracea var. gongyloides hergestellt.

Tiefgefrorener Kohlrabi wird zerkleinert und mit der Verkehrsbezeichnung *Kohlrabi* oder als Gemüsezubereitung mit der Verkehrsbezeichnung *Rahmkohlrabi* in Verkehr gebracht. Die Verarbeitungsform wird in Verbindung mit der Verkehrsbezeichnung angegeben, z. B. „in Streifen“ oder „in Scheiben“. Die Verarbeitungsform kann auch Bestandteil der Verkehrsbezeichnung sein, z. B. *Kohlrabistreifen*.

Die Kohlrabiknollen werden vom Laub befreit, gewaschen, sorgfältig geschält, geschnitten, ausreichend blanchiert und in einem geeigneten Verfahren einzeln entnehmbar tiefgefroren.

Rahmkohlrabi wird aus zerkleinertem Kohlrabi unter Zusatz von mindestens 0,8 % Milchfett aus Sahne und weiteren Zutaten, wie z. B. Milch, pflanzlichen Ölen/Fetten, Weizenmehl/Stärke/Verdickungsmitteln und Gewürzen, hergestellt. Bei Verwendung von Sahne mit einem Milchfettgehalt von 10 % enthält das Erzeugnis mindestens 8 % Sahne/Rahm.

2.2.1.8.2 Beschaffenheitsmerkmale

Tiefgefrorener Kohlrabi ist annähernd gleich in Größe und Farbe. Er ist praktisch frei von Fehlern wie Fäulnis, Verunreinigungen, Fremdbestandteilen und Schäden durch Schädlinge. Das Fruchtfleisch ist annähernd frei von holzigen Verhärtungen.

Die Farbe ist weiß mit leichten hellgrünen Färbungen.

Der gegarte Kohlrabi ist gleichmäßig zart, nicht holzig, nicht wässrig, fest, nicht matschig oder schwammig. Geruch und Geschmack sind typisch kohlartig mit leichter Süße und ohne Fremdnoten. Die Farbe ist weiß mit grünlich gefärbten Stücken.

Rahmkohlrabi ist leicht gebunden, in heller Soße ohne Flüssigkeitsabsatz und im Geschmack mit merklicher Rahmnote.

Beschreibung der Fehler:

a) Holzig/faserig: Stücke mit deutlich wahrnehmbarer Verhärtung im Fruchtfleisch. Dieser Fehler ist in der gegarten Probe zu ermitteln.

b) Schälfehler: Einheiten, die feststellbar ungeschälte Flächen mit einer größten Ausdehnung von mehr als 2 mm aufweisen.

c) Schäden durch Schädlinge oder Fäule: Das Erscheinungsbild des Stückes ist beeinträchtigt. Die schadhafte Stelle hat einen Durchmesser von mehr als 2 mm.

d) Kleinteile: Stücke mit einer Länge von weniger als 20 mm oder Würfel mit weniger als 50 % des Würfelvolumens.

Die Standardprobenmenge beträgt 500 g. Bei Bedarf kann mehr als die Standardprobenmenge geprüft werden.

Auf Basis der Standardprobenmenge werden die Fehler des Erzeugnisses erfasst und mit den in der Tabelle zugeordneten Fehlerpunkten bewertet. Die für jede Fehlerart berechneten Fehlerpunkte werden summiert. Diese Gesamtsumme überschreitet den in der Tabelle angegebenen Wert für den „Fehler, gesamt" nicht.

Die Fehler werden, wenn nicht anders angegeben, im unaufgetauten Zustand der Probe ermittelt.

Ein Einzelteil einer Verarbeitungsform wird als ein Stück gezählt.

Fehlerart	Maßgebliche Einheit	Fehlerpunkte	
		Stifte, Streifen oder Scheiben	Würfel
Holzig/faserig	je Stück	3	3
Schälfehler	je Stück	1	1
Schäden durch Schädlinge oder Fäule	je Stück	3	3
Fehler, gesamt	**Standardprobenmenge**	**15**	**30**

Der Kleinanteil beträgt maximal 5 % (m/m).

2.2.1.9 **Maiskörner**

2.2.1.9.1 Herstellung und Verkehrsbezeichnungen

Tiefgefrorene Maiskörner sind Erzeugnisse aus frischen, gesunden und saftigen Körnern von süßem, gelbem Mais Zea mays L.

Tiefgefrorene Maiskörner werden mit der Verkehrsbezeichnung *Mais, Zuckermais, Gemüsemais* oder *Maiskörner* in Verkehr gebracht.

Die im geeigneten Reifestadium geernteten Maiskolben werden von den Hüllblättern und seidigen Fasern befreit, sortiert und gewaschen. Die Maiskörner werden vom Kolben geschnitten, ausreichend blanchiert und in einem geeigneten Verfahren einzeln entnehmbar tiefgefroren.

2.2.1.9.2 Beschaffenheitsmerkmale

Tiefgefrorene Maiskörner sind in Größe und Farbe annähernd gleich und praktisch frei von nicht zum Verzehr bestimmten Bestandteilen. Die gegarten Maiskörner sind deutlich süß im Geschmack und weisen eine zarte, nicht mehlige Textur auf. Geruch und Geschmack sind ohne Fremdnoten. Die Samenschale ist zart.

Die Trockensubstanz (Seesand-Methode, Trocknen während 4 Stunden bei 105 °C) der Maiskörner beträgt maximal 32 %.

Beschreibung der Fehler:

a) Körner, ungeschnitten: Maiskörner, die ungeschnitten von der Spindel abgerissen wurden, so dass Teile der Spindel (z. B. der „Samenschuh") am Korn verblieben sind.

b) Samenschalen: Samenschalen, die zu weniger als 50 % gefüllt sind.

c) Seidenteile: Teile des groben, fadenförmigen Gewebes unter der Hülle, die Bestandteil des Kolbens sind. Fehlerhaft sind Seidenteile, die in der Summe länger als 10 cm sind.

d) Fremde Pflanzenteile: Teile der Maispflanze, außer Seidenteilen, z. B. Teile des festen bis harten zelluloseartigen Kolbenkerns, an dem die Maiskörner befestigt sind, Hüllblätterteile von mehr als 2 cm^2 Fläche oder Teile anderer Pflanzen.

e) Schäden durch Schädlinge oder Fäule: Das Erscheinungsbild des Maiskorns ist beeinträchtigt. Die schadhafte Stelle hat einen Durchmesser von mehr als 2 mm.

f) Mechanisch beschädigt: Jede Verunstaltung des Maiskorns durch zum Beispiel Verletzungen mechanischer oder anderer Art, durch Quetschungen oder durch unvollständige Ausbildung des Korns.

Die Standardprobenmenge beträgt 500 g. Bei Bedarf kann mehr als die Standardprobenmenge geprüft werden.

Auf Basis der Standardprobenmenge werden die Fehler des Erzeugnisses erfasst und mit den in der Tabelle zugeordneten Fehlerpunkten bewertet. Die für jede Fehlerart berechneten Fehlerpunkte werden summiert. Diese Gesamtsumme überschreitet den in der Tabelle angegebenen Wert für den „Fehler, gesamt" nicht.

Die Fehler werden, wenn nicht anders angegeben, im unaufgetauten Zustand der Probe ermittelt.

Ein Maiskorn bzw. ein fremdes Pflanzenteil werden als ein Stück gezählt.

Fehlerart	**Maßgebliche Einheit**	**Fehlerpunkte**
Körner ungeschnitten	je Korn	3
Samenschalen	je % (m/m)	1
Seidenteile	je 20 cm	10
Fremde Pflanzenteile	je Stück	10
Schäden durch Schädlinge oder Fäule	je Korn	10
Mechanisch beschädigt	je % (m/m)	1
Fehler, gesamt	**Standardprobenmenge**	**30**

2.2.1.10 **Maiskolben**

2.2.1.10.1 Herstellung und Verkehrsbezeichnungen

Tiefgefrorene Maiskolben sind Erzeugnisse aus frischen und gesunden Kolben der Art Zea mays L.

Tiefgefrorene Maiskolben werden mit der Verkehrsbezeichnung *Maiskolben*, gegebenenfalls ergänzt mit dem Hinweis auf den Zuschnitt, z. B. „Halbe", in Verkehr gebracht.

Tiefgefrorene Maiskolben sind zerteilt oder unzerteilt, in der Regel beidseitig zurechtgeschnitten und von Hüllblättern und Seidenfasern befreit, sortiert, gewaschen, blanchiert oder unblanchiert und in einem geeigneten Verfahren einzeln entnehmbar tiefgefroren.

2.2.1.10.2 Beschaffenheitsmerkmale

Tiefgefrorene Maiskolben sind von annähernd gleichmäßig gelber Farbe und Größe und mit Ausnahme der Spindel praktisch frei von nicht zum Verzehr bestimmten Bestandteilen, wie zum Beispiel Blättern, Hüllblättern oder Seidenfäden. Ganze Maiskolben haben eine Mindestlänge von 120 mm, Teile davon mindestens 30 mm. Der Durchmesser beträgt an der dicksten Stelle mindestens 40 mm. Die Maiskörner sind im geeigneten Reifestadium.

Die Trockensubstanz (Seesand-Methode, Trocknen während 4 Stunden bei 105 °C) der Maiskörner beträgt maximal 32 %.

Die gegarten Körner des Maiskolbens schmecken deutlich süß und weisen eine weiche, zarte, nicht mehlige Textur auf. Die Samenschale ist zart. Geruch und Geschmack sind ohne Fremdnoten.

Beschreibung der Fehler:

a) Unzureichend entwickelt: Die Körner bilden kein symmetrisches Muster in verschiedenen Linien oder Reihen. Das Erscheinungsbild ist durch fehlende oder eingeschrumpfte Körner beeinträchtigt. Dieser Fehler erstreckt sich mindestens über eine Fläche von 2 cm^2.

b) Unzureichend zurechtgeschnitten: Kolben, bei dem das Spindelende ohne bzw. ohne ausreichend ausgebildete Körner mehr als 10 mm herausragt.

c) Hüllblätter oder Teile davon: Teile der membranartigen äußeren Hülle sowie umhüllender Blätter, die Bestandteil des Kolbens sind. Fehlerhaft sind mehr als 2 cm^2 große Teile.

d) Seidenteile: Teile des groben, fadenförmigen Gewebes unter der Hülle, die Bestandteil des Kolbens sind. Fehlerhaft sind Seidenteile, die in der Summe länger als 20 cm sind.

e) Schäden durch Schädlinge oder Fäule: Das Erscheinungsbild des Kolbens ist beeinträchtigt. Die schadhafte Stelle hat einen Durchmesser von mehr als 2 mm.

f) Mechanisch beschädigt: gequetschte, zerrissene Körner, die das Erscheinungsbild beeinträchtigen. Dieser Fehler erstreckt sich mindestens über 5 aneinander liegende Körner (Bereich). Körner am Ende des Kolbens, die durch das Zurechtschneiden angeschnitten oder gequetscht wurden, werden nicht mitgezählt.

Die Standardprobenmenge beträgt 10 ganze Kolben oder entsprechend viele Teilstücke. Bei Bedarf kann mehr als die Standardprobenmenge geprüft werden.

Auf Basis der Standardprobenmenge werden die Fehler des Erzeugnisses erfasst und mit den in der Tabelle zugeordneten Fehlerpunkten bewertet. Die für jede Fehlerart berechneten Fehlerpunkte werden summiert. Diese Gesamtsumme überschreitet den in der Tabelle angegebenen Wert für den „Fehler, gesamt“ nicht.

Die Fehler werden, wenn nicht anders angegeben, im unaufgetauten Zustand der Probe ermittelt.

Ein Maiskolben bzw. ein Seidenteil oder ein Bereich werden als ein Stück gezählt.

Fehlerart	**Maßgebliche Einheit**	**Fehlerpunkte**
Unzureichend entwickelt	je Stück	2
Unzureichend zurechtgeschnitten	je Stück	3
Hüllblätter oder Teile davon	je Stück	2
Seidenteile	je 20 cm	1
Schäden durch Schädlinge oder Fäule	je Stück	3
Mechanisch beschädigt	je Bereich	3
Fehler, gesamt	**Standardprobenmenge**	**15**

2.2.1.11 **Paprika**

2.2.1.11.1 Herstellung und Verkehrsbezeichnungen

Tiefgefrorener Paprika ist ein Erzeugnis aus frischen, gesunden und optimal gereiften Früchten des Gemüsepaprikas Capsicum annuum L. Es werden Sorten eingesetzt, die überwiegend dickfleischige Früchte hervorbringen.

Tiefgefrorener Paprika wird mit der Verkehrsbezeichnung *Paprika* in Verkehr gebracht. Die Farbe des Paprikas ist je nach Sorte und Reifegrad grün, gelb, orange oder rot. Die Farbe und die Verarbeitungsform werden in Verbindung mit der Verkehrsbezeichnung angegeben, z. B. „geschnitten“. Die Verarbeitungsform kann auch Bestandteil der Verkehrsbezeichnung sein, z. B. *Paprikawürfel*.

Verkehrsbezeichnung einschließlich eventueller Ergänzungen	**Verarbeitungsform**
Paprikastreifen	Zur Längsachse in ca. 6 bis 8 mm breite Streifen geschnittener Paprika.
Paprikawürfel	In ca. 10 × 10 mm geschnittener Paprika.

 Behr's Verlag, Hamburg

Paprika, geschnitten	In rechteckige Stücke geschnittener Paprika. Die Kantenlänge beträgt 15 bis 25 mm

Die Früchte werden gewaschen, von Stiel und Kernen befreit, geschnitten, blanchiert oder unblanchiert in einem geeigneten Verfahren einzeln entnehmbar tiefgefroren.

2.2.1.11.2 Beschaffenheitsmerkmale

Die für tiefgefrorenen Paprika verwendeten Früchte sind von annähernd gleicher Farbe, frisch, gesund und insbesondere praktisch frei von Faulstellen. Sie sind gleichmäßig geschnitten und von annähernd gleicher Länge sowie praktisch frei von Stielen, Stielresten und Kernen.

Tiefgefrorene Paprikastreifen sind zu mindestens 50 % (m/m) länger als 30 mm.

Aufgetauter Paprika (5–10 °C) hat einen typischen, leicht süßen Geschmack. Geruch und Geschmack sind ohne Fremdnoten. Die Textur ist fest, saftig, nicht matschig.

Beschreibung der Fehler:

a) Ungleichmäßig gefärbt: Stücke mit mindestens 25 % anderen Farbanteilen oder andersfarbige Stücke.

b) Stiele/Stielreste: nicht essbare, harte Teile des Stieles.

c) Samen: anhaftende oder lose Samen.

d) Leichte Schäden durch Schädlinge oder Fäule: Das Erscheinungsbild des Stückes ist nur leicht beeinträchtigt. Die schadhafte Stelle hat einen Durchmesser von mehr als 2 mm bis maximal 6 mm.

e) Schwere Schäden durch Schädlinge oder Fäule: Das Erscheinungsbild des Stückes ist erheblich beeinträchtigt. Die schadhafte Stelle hat einen Durchmesser von mehr als 6 mm.

f) Kleinteile: Stücke mit einer Länge von weniger als 10 mm.

Die Standardprobenmenge beträgt 500 g. Bei Bedarf kann mehr als die Standardprobenmenge geprüft werden.

Auf Basis der Standardprobenmenge werden die Fehler des Erzeugnisses erfasst und mit den in der Tabelle zugeordneten Fehlerpunkten bewertet. Die für jede Fehlerart berechneten Fehlerpunkte werden summiert. Diese Gesamtsumme überschreitet den in der Tabelle angegebenen Wert für den „Fehler, gesamt“ nicht.

Die Fehler werden, wenn nicht anders angegeben, im unaufgetauten Zustand der Probe ermittelt.

Ein Einzelteil einer Verarbeitungsform bzw. ein Stiel, Stielrest oder Samen werden als ein Stück gezählt.

Fehlerart	**Maßgebliche Einheit**	**Fehlerpunkte**	
		Paprikastreifen oder Paprika, geschnitten	Paprika, gewürfelt
Ungleichmäßig gefärbt	je Stück	1	1
Stiele/Stielreste	je Stück	5	5
Samen	je Stück	1	1
Leichte Schäden durch Schädlinge oder Fäule	je Stück	2	2
Schwere Schäden durch Schädlinge oder Fäule	je Stück	4	4
Fehler, gesamt	**Standardprobenmenge**	**15**	**30**

Der Kleinteilanteil der Paprikastreifen beträgt maximal 5 % (m/m).

2.2.1.12 **Porree (Lauch)**

2.2.1.12.1 Herstellung und Verkehrsbezeichnungen

Tiefgefrorener Porree, auch als Lauch bezeichnet, ist ein Erzeugnis aus frischen, gesunden, essbaren Teilen der Art Allium porrum L.

Tiefgefrorener Porree wird mit der Verkehrsbezeichnung *Porree* oder *Lauch* oder als Gemüsezubereitung mit der Verkehrsbezeichnung *Rahmporree* in Verkehr gebracht. Die Verarbeitungsform wird in Verbindung mit der Verkehrsbezeichnung angegeben, z. B. „in Streifen“. Die Verarbeitungsform kann auch Bestandteil der Verkehrsbezeichnung sein, z. B. *Porreescheiben*.

Als Verarbeitungsformen sind insbesondere üblich:

Verkehrsbezeichnung einschließlich eventueller Ergänzungen	**Verarbeitungsform**
Porree, in Streifen, Feinschnitt/Julienne	Quer zur Längsachse in 3 bis 8 mm dicke Scheiben geschnittener Porree.
Porree, in Ringe geschnitten; *Porreescheiben*	Quer zur Längsachse in 10 bis 20 mm dicke Scheiben geschnittener Porree. Der Durchmesser liegt in der Regel zwischen 16 und 45 mm.
Porree, geschnitten	In rechteckige Stücke geschnittener Porree. Die Kantenlänge beträgt 10 bis 25 mm.

Verkehrsbezeichnung einschließlich eventueller Ergänzungen	Verarbeitungsform
Rahmporree	Rahmporree wird aus geschnittenem Porree unter Zusatz von mindestens 0,8 % Milchfett aus Sahne und weiteren Zutaten, wie z. B. Milch, pflanzlichen Ölen/Fetten, Weizenmehl/Stärke/Verdickungsmitteln und Gewürzen hergestellt. Bei Verwendung von Sahne mit einem Milchfettgehalt von 10 % enthält das Erzeugnis mindestens 8 % Sahne/Rahm.

Der Porree wird praktisch sandfrei gewaschen, geschnitten und unblanchiert in einem geeigneten Verfahren einzeln entnehmbar tiefgefroren.

2.2.1.12.2 Beschaffenheitsmerkmale

Tiefgefrorener Porree ist annähernd gleich groß, praktisch frei von Schäden durch Schädlinge oder Fäule, Wurzelresten und Sandrückständen. Der Anteil der weißen und hellgrünen Teile im Enderzeugnis beträgt mindestens 60 % (m/m). Bei „Porree, weiß“ beträgt der Anteil der Blätter oder Blattteile mit dunkelgrüner Farbe nicht mehr als 10 % (m/m). Hellgrüne und gelbliche Stücke werden den weißen zugerechnet.

Der gegarte Porree hat ein frisches Farbenspiel zwischen weiß, gelb und grün. Er ist praktisch frei von Sandrückständen. Sein Geschmack ist typisch zwiebelartig, nicht bitter. Geruch und Geschmack sind ohne Fremdnoten. Die Textur ist zart, nicht zäh. Rahmporree ist leicht gebunden, ohne Flüssigkeitsabsatz, mit sichtbaren gelben, grünen und weißen Porreeteilen in heller Soße, im Geschmack mit merklicher Rahmnote.

Beschreibung der Fehler:

a) Verfärbt: Stücke, die eine oder mehrere schwarze, dunkle, braune und andere intensiv verfärbte Flächen von mehr als 2 cm^2 aufweisen.

b) Wurzelteile: Teile von Wurzeln, die am Porree haften oder lose sind. Endstücke ohne Wurzelfäden werden nicht gezählt.

c) Fremde Pflanzenteile: Teile der Porreepflanze, wie z. B. geschossene Sprossen, oder Teile anderer Pflanzen, wie z. B. Gräser.

d) Schäden durch Schädlinge oder Fäule: Das Erscheinungsbild des Stückes ist beeinträchtigt. Die schadhafte Stelle hat einen Durchmesser von mehr als 2 mm.

e) Sand: salzsäureunlösliche Asche.

Die Standardprobenmenge beträgt 500 g. Bei Bedarf kann mehr als die Standardprobenmenge geprüft werden.

Auf Basis der Standardprobenmenge werden die Fehler des Erzeugnisses erfasst und mit den in der Tabelle zugeordneten Fehlerpunkten bewertet. Die für jede Fehlerart berechneten Fehlerpunkte werden summiert. Diese Gesamtsumme überschreitet den in der Tabelle angegebenen Wert für den „Fehler, gesamt“ nicht.

Die Fehler werden, wenn nicht anders angegeben, im unaufgetauten Zustand der Probe ermittelt.

Ein Einzelteil einer Verarbeitungsform bzw. eine lose Wurzel, ein loses Wurzelteil oder ein fremdes Pflanzenteil werden als ein Stück gezählt.

Fehlerart	Maßgebliche Einheit	Fehlerpunkte
Verfärbt	je Stück	2
Wurzelteile	je Stück	2
Fremde Pflanzenteile	je Stück	1
Schäden durch Schädlinge oder Fäule	je Stück	2
Fehler, gesamt	**Standardprobenmenge**	**10**

Der Sandgehalt überschreitet 0,1 % (m/m) nicht.

2.2.1.13 **Rosenkohl**

2.2.1.13.1 Herstellung und Verkehrsbezeichnungen

Tiefgefrorener Rosenkohl ist ein Erzeugnis aus frischen, gesunden, optimal reifen, festen Achselknospen (Röschen) der Art Brassica oleracea gemmifera.

Tiefgefrorener Rosenkohl wird mit der Verkehrsbezeichnung *Rosenkohl* oder *Rosenkohlröschen* in Verkehr gebracht.

Die Größensortierung wird in Verbindung mit der Verkehrsbezeichnung angegeben.

Verkehrsbezeichnung einschließlich eventueller Ergänzungen	Durchmesser (mm)
Rosenkohl	bis 32
Rosenkohl, sehr klein, extra fein	bis 22
Rosenkohl, klein	22 bis 26
Rosenkohl, mittel	26 bis 32
Rosenkohl, groß	32 bis 36

Wird Rosenkohl ohne Angabe einer Größensortierung in Verkehr gebracht, sind Röschen mit einem Durchmesser bis 32 mm verkehrsüblich. 10 % (m/m) können den benachbarten Sortierungen angehören.

Der gesunde Rosenkohl wird vom Strunk (Fuß) befreit, geputzt, gewaschen, ausreichend blanchiert und in einem geeigneten Verfahren einzeln entnehmbar tiefgefroren.

2.2.1.13.2 Beschaffenheitsmerkmale

Tiefgefrorener Rosenkohl ist in Größe und Farbe annähernd gleich, praktisch frei von Schäden durch Schädlinge oder Fäule, von welken Blättern und überlangen Strunkteilen.

Der gegarte Rosenkohl hat einen aromatischen und feinen Kohlgeruch und -geschmack. Eine leichte Bitternote ist typisch. Geruch und Geschmack sind ohne Fremdnoten, wie z. B. erdig. Die Textur ist zart.

Beschreibung der Fehler:

a) Gelb: Röschen, deren Oberfläche zu mehr als 50 % gelb ist.

b) Geöffnet: Röschen ohne festes Herz.

c) Mit Fuß: Röschen mit einem Strunkanteil, der länger als 5 mm ist, gemessen vom ersten Blattansatz.

d) Oxidierte Schnittflächen: Graubraun verfärbte Schnittflächen am Fuß.

e) Leichte Schäden durch Schädlinge: Röschen mit einem oder mehreren Löchern, die sich über mindestens 2 übereinander liegende Blätter erstrecken und deren Durchmesser größer als 2 mm ist.

f) Schwere Schäden durch Schädlinge oder Fäule: Das Erscheinungsbild des Röschens ist erheblich beeinträchtigt. Die schadhafte Stelle hat einen Durchmesser von mehr als 5 mm.

g) Insektenbefall: Röschen mit Insektenbefall. Dieser wird im aufgetauten Zustand der Probe ermittelt, indem das Röschen halbiert und die äußeren Blätter entfernt werden.

h) Mechanisch beschädigt: angeschnittene oder durchgeschnittene Stellen, die mehr als ein Viertel der Knospe betreffen.

Die Standardprobenmenge beträgt 500 g. Bei Bedarf kann mehr als die Standardprobenmenge geprüft werden.

Auf Basis der Standardprobenmenge werden die Fehler des Erzeugnisses erfasst und mit den in der Tabelle zugeordneten Fehlerpunkten bewertet. Die für jede

Fehlerart berechneten Fehlerpunkte werden summiert. Diese Gesamtsumme überschreitet den in der Tabelle angegebenen Wert für den „Fehler, gesamt" nicht.

Die Fehler werden, wenn nicht anders angegeben, im unaufgetauten Zustand der Probe ermittelt.

Ein Röschen wird als ein Stück gezählt.

Fehlerart	**Maßgebliche Einheit**	**Fehlerpunkte**
Gelb	je Stück	1
Geöffnet	je Stück	1
Mit Fuß	je Stück	2
Oxidierte Schnittflächen	je Stück	1
Leichte Schäden durch Schädlinge	je Stück	2
Schwere Schäden durch Schädlinge oder Fäule	je Stück	10
Insektenbefall	je Stück	5
Mechanisch beschädigt	je Stück	2
Fehler, gesamt	**Standardprobenmenge**	**20**

2.2.1.1.4 **Rotkohl**

2.2.1.14.1 Herstellung und Verkehrsbezeichnungen

Tiefgefrorener Rotkohl wird aus in dünne Streifen geschnittenen Köpfen der Art Brassica oleracea var. rubra hergestellt. Wird Rotkohl in zubereiteter Form in Verkehr gebracht, wird dieser insbesondere mit folgenden Zutaten gekocht: Essig[4)], Speisesalz, Zuckerarten[5)], Obst und Obsterzeugnisse, Mehl/Stärke/Verdickungsmittel[3)], Speisefette/Speiseöle und Gewürze.

Tiefgefrorener Rotkohl wird mit den Verkehrsbezeichnungen *Rotkohl, Rotkraut* oder *Blaukraut* oder als Gemüsezubereitung mit der Verkehrsbezeichnung *Apfelrotkohl* in Verkehr gebracht. Apfelrotkohl enthält mindestens 10 % (m/m) Apfelprodukte (Apfelstücke, Apfelmark, Apfelsaft und/oder Apfelsaftkonzentrat).

Der Rotkohl wird von beeinträchtigten äußeren Blättern befreit, gewaschen, in feine Streifen geschnitten, gemeinsam mit den Zutaten gekocht, portioniert und in einem geeigneten Verfahren tiefgefroren.

2.2.1.14.2 Beschaffenheitsmerkmale

Für tiefgefrorenen Rotkohl werden gesunde, frisch geerntete oder sachgerecht gelagerte feste Rotkohlköpfe verwendet. Welke und sonstig beeinträchtigte äußere Blätter werden vor der weiteren Verarbeitung entfernt. Aus der Rohware wird mindestens der holzige Teil des Strunkes ausgebohrt und verworfen.

Die erwärmte Rotkohlzubereitung ist leicht gebunden und hat eine zarte, jedoch ausreichend feste Konsistenz, eine rote bis blaue, charakteristische, kräftige Farbe ohne braune, graue und verblasste Teile, einen arttypischen Kohlgeruch und süßsäuerlichen Geschmack. Geruch und Geschmack sind ohne Fremdnoten.

Bei Apfelrotkohl ist eine deutliche Apfelnote wahrnehmbar.

2.2.1.15 **Spargel**

2.2.1.15.1 Herstellung und Verkehrsbezeichnungen

Tiefgefrorener Spargel ist ein Erzeugnis aus frischen, optimal entwickelten und gesunden Sprossen des Asparagus officinalis L. Er wird als weißer Spargel oder als grüner Spargel in Verkehr gebracht.

Weißer Spargel stammt von den unterirdischen Sprossen, der grüne Spargel von den oberirdischen Sprossen, die Chlorophyll gebildet haben.

Tiefgefrorener Spargel wird mit der Verkehrsbezeichnung *Spargel* in Verkehr gebracht. Die Verarbeitungsform ist Bestandteil der Verkehrsbezeichnung, z. B. *Spargelstücke*.

Bei grünem Spargel wird in der Verkehrsbezeichnung auf die Farbe hingewiesen.

Verkehrsbezeichnung	**Verarbeitungsform**
Brechspargel, Spargelstücke	Quer zur Längsachse in ca. 20 mm bis 40 mm lange Abschnitte geschnittener weißer Spargel mit natürlichem Anteil an Spargelköpfen.
Spargel, Stangenspargel	Ganze, gerade weiße Spargelstangen mit glatter Schnittfläche am unteren Ende und einem Durchmesser von mind. 12 mm und einer Länge von 150 mm bis 190 mm.
Grüner Spargel	Ganze, gerade Spargelstangen mit glatter Schnittfläche am unteren Ende und einem Durchmesser von mind. 8 mm und einer Länge von 120 mm bis 190 mm.

Der Spargel wird gewaschen, geschält, gegebenenfalls geschnitten, ausreichend blanchiert und in einem geeigneten Verfahren einzeln entnehmbar tiefgefroren.

2.2.1.15.2 Beschaffenheitsmerkmale

Tiefgefrorener Spargel ist annähernd gleichmäßig in Länge, Durchmesser und Farbe. Die Spargelstangen sind praktisch gerade, die Sprossenköpfe sind noch fest verschlossen (die Schuppenblättchen liegen eng an) und unbeschädigt. Die Erzeugnisse sind annähernd frei von Schalenresten.

Grüner Spargel wird in der Regel nicht geschält. Die Enden sind rechtwinklig glatt geschnitten, die Schnittflächen weisen praktisch keine Verfärbungen (oxidative Veränderungen) auf.

Die Sprossenköpfe des weißen Spargels sind weißgelblich bis cremefarben; eine leicht violette oder blassgrüne Verfärbung an der Spitze wird nicht als Mangel bewertet. Der weiße Spargel ist über seine gesamte Länge einheitlich weiß bis cremefarben und praktisch frei von Rostflecken.

Der grüne Spargel ist einheitlich grün.

Brechspargel enthält mindestens 10 % (m/m) Spargelköpfe.

Der gegarte Spargel ist zart, nicht matschig, nicht faserig oder holzig. Geruch und Geschmack sind ohne Fremdnoten. Ein leicht bitterer Geschmack ist beim weißen Spargel typisch. Grüner Spargel hat ein feines, an frische Erbsen erinnerndes Aroma.

Beschreibung der Fehler:

a) Fehlfarben: Spargel mit deutlichem Farbfehler: Weißer Spargel mit violettem oder grünem Kopf. Grüner Spargel mit einem Grünanteil kleiner 80 % seiner Länge.

b) Grau: Brechspargelstücke, die überwiegend grau verfärbt sind. Dieser Fehler ist in der gegarten Probe zu ermitteln.

c) Verfärbt: Stücke mit grauen, braunen Verfärbungen (Oxidation) über mindestens 50 % der Schnittfläche.

d) Geöffnete Köpfe: Stücke, deren Kopfschuppen nicht eng anliegen.

e) Verformt: Stangen mit einer Krümmung von mehr als 30 mm (Abstand bezogen auf eine angelegte Linie).

f) Risse: Stücke mit Rissen von mehr als 2 mm Breite.

g) Hohl: Stücke mit deutlich sichtbaren Hohlräumen.

h) Leichte Schälfehler: Stücke mit Schalenresten von 2 bis 4 mm Breite.

i) Schwere Schälfehler: Stücke mit Schalenresten von mehr als 4 mm Breite.

j) Gebrochen: Stücke mit weniger als 80 % der Länge.

Die Standardprobenmenge beträgt 500 g. Bei Bedarf kann mehr als die Standardprobenmenge geprüft werden.

Auf Basis der Standardprobenmenge werden die Fehler des Erzeugnisses erfasst und mit den in der Tabelle zugeordneten Fehlerpunkten bewertet. Die für jede Fehlerart berechneten Fehlerpunkte werden summiert. Diese Gesamtsumme überschreitet den in der Tabelle angegebenen Wert für den „Fehler, gesamt" nicht.

Die Fehler werden, wenn nicht anders angegeben, im unaufgetauten Zustand der Probe ermittelt.

Eine Spargelstange oder ein Einzelteil einer Verarbeitungsform werden als ein Stück gezählt.

Fehlerart	**Maßgebliche Einheit**	**Fehlerpunkte**		
		grüner Spargel	weißer Spargel	Brechspargel
Fehlfarben	je Stück	1	3	1
Grau	je Stück	–	–	2
Verfärbt	je Stück	1	1	1
Geöffnete Köpfe	je Stück	1	1	1
Verformt	je Stück	1	1	–
Risse	je Stück	–	1	–
Hohl	je Stück	–	1	–
Leichte Schälfehler	je Stück	–	1	1
Schwere Schälfehler	je Stück	–	5	5
Gebrochen	je Stück	3	3	–
Fehler, gesamt	**Standardprobenmenge**	**7**	**10**	**20**

2.2.1.16 **Spinat**

2.2.1.16.1 Herstellung und Verkehrsbezeichnungen

Tiefgefrorener Spinat ist ein Erzeugnis aus den Blättern der Art Spinacia olearacea L. aus ganzjährigem Anbau. Auf die Erntezeit kann in Verbindung mit der Verkehrsbezeichnung hingewiesen werden.

Tiefgefrorener Spinat wird mit der Verkehrsbezeichnung *Spinat* oder als Gemüsezubereitung mit der Verkehrsbezeichnung, z. B. *Rahmspinat*, in Verkehr gebracht. Die Verarbeitungsform ist Bestandteil der Verkehrsbezeichnung, z. B. *Blattspinat*, oder wird in Verbindung mit der Verkehrsbezeichnung angegeben, z. B. „gehackt".

Verkehrsbezeichnung einschließlich eventueller Ergänzungen	Verarbeitungsform
Blattspinat	Überwiegend ganze Blätter mit Stiel, in Portionen oder einzeln entnehmbar tiefgefroren.
Spinat, gehackt oder passiert	Spinatblätter mit Stiel, die grob bis fein zerkleinert, in der Regel gewolft sind.
Rahmspinat	Rahmspinat wird aus Blattspinat, gehacktem oder passiertem Spinat unter Zusatz von mindestens 0,8 % Milchfett aus Sahne und weiteren Zutaten, wie z. B. Milch, pflanzlichen Ölen/Fetten, Weizenmehl/Stärke/Verdickungsmitteln und Gewürzen, hergestellt. Bei Verwendung von Sahne mit einem Milchfettgehalt von 10 % enthält das Erzeugnis mindestens 8 % Sahne/Rahm.

Der Spinat wird sorgfältig, praktisch sandfrei gewaschen, ausreichend blanchiert, je nach Produkt zerkleinert oder unzerkleinert und mit anderen Zutaten vermischt in einem geeigneten Verfahren tiefgefroren.

2.2.1.16.2 Beschaffenheitsmerkmale

Tiefgefrorener Spinat hat eine annähernd gleichmäßig grüne Farbe. Die Rohware ist praktisch frei von faserigen Blütenstängeln, Blütenknospen und Wurzeln des Spinats sowie von teilweise verfärbten oder gelblichen Blättern oder solchen Blättern, die durch Krankheit oder Insekten gefleckt oder durchlöchert sind.

Der Nitritgehalt des tiefgefrorenen Spinaterzeugnisses soll so niedrig wie möglich sein – er überschreitet 10 mg/kg nicht.

Die Gesamttrockenmasse des fertigen Erzeugnisses, bestimmt durch die Seesand-Methode (Trocknen während 4 Stunden bei 105 °C), liegt nicht unter 5,5 % (ohne Toleranz).

Der Stielanteil des Blattspinats beträgt maximal 20 % (m/m).

Gegarter Blattspinat hat eine deutlich zusammenhängende Blattstruktur mit anhaftendem Stiel.

Spinat ist typisch in Geruch und Geschmack, mit leichter Bittenote. Geruch und Geschmack sind ohne Fremdnoten, wie z. B. Heunote. Die Textur ist zart, nicht lederartig oder faserig, nicht matschig weich.

Gegarter gehackter/passierter Spinat ist annähernd gleichmäßig zerkleinert und entspricht in Geruch und Geschmack dem Blattspinat.

Erwärmter Rahmspinat ist leicht gebunden, ohne Flüssigkeitsabsatz, mit sichtbaren Spinatteilen in heller Soße, im Geschmack mit merklicher Rahmnote.

Beschreibung der Fehler:

a) Wurzelreste: Stiele mit Wurzeln oder Wurzelresten.

b) Fremde Pflanzenteile: Teile der Spinatpflanze, wie z. B. geschossene Triebe und Blüten, sowie Teile anderer Pflanzen, wie z. B. Gräser oder Kräuter.

c) Schäden durch Schädlinge oder Fäule: Das Erscheinungsbild des Blattes ist beeinträchtigt. Die schadhafte Stelle hat einen Durchmesser von mehr als 6 mm.

d) Insektenbefall: Blattteile mit Insektenbefall. Dieser wird im aufgetauten Zustand der Probe ermittelt.

e) Sand: salzsäureunlösliche Asche.

Die Standardprobenmenge beträgt 500 g. Bei Bedarf kann mehr als die Standardprobenmenge geprüft werden.

Auf Basis der Standardprobenmenge werden die Fehler des Erzeugnisses erfasst und mit den in der Tabelle zugeordneten Fehlerpunkten bewertet. Die für jede Fehlerart berechneten Fehlerpunkte werden summiert. Diese Gesamtsumme überschreitet den in der Tabelle angegebenen Wert für den „Fehler, gesamt" nicht.

Die Fehler werden, wenn nicht anders angegeben, im unaufgetauten Zustand der Probe ermittelt.

Ein Blatt bzw. ein fremdes Pflanzenteil werden als ein Stück gezählt.

Fehlerart	Maßgebliche Einheit	Fehlerpunkte
Wurzelreste	je Stück	2
Fremde Pflanzenteile	je Stück	3
Schäden durch Schädlinge oder Fäule	je Stück	3
Insektenbefall	je Stück	10
Fehler, gesamt	**Standardprobenmenge**	**15**

Der Sandgehalt überschreitet 0,1 % (m/m) nicht.

2.2.1.17 **Wirsing**

2.2.1.17.1 Herstellung und Verkehrsbezeichnungen

Tiefgefrorener Wirsing wird aus zerkleinerten, frischen Köpfen der Art Brassica olearacea L. var. sabauda L. mit oder ohne weitere Zutaten küchenfertig hergestellt in Verkehr gebracht.

Tiefgefrorener Wirsing wird mit der Verkehrsbezeichnung *Wirsing* oder als Gemüsezubereitung mit der Verkehrsbezeichnung *Rahmwirsing* in Verkehr gebracht.

Rahmwirsing wird aus gehacktem, grob oder fein zerkleinertem Wirsing unter Zusatz von mindestens 0,8 % Milchfett aus Sahne und weiteren Zutaten, wie z. B. Milch, pflanzlichen Ölen/Fetten, Weizenmehl/Stärke/Verdickungsmitteln und Gewürzen, hergestellt. Bei Verwendung von Sahne mit einem Milchfettgehalt von 10 % enthält das Erzeugnis mindestens 8 % Sahne/Rahm.

Die Wirsingköpfe werden von beeinträchtigten äußeren Blättern befreit, gewaschen, von holzigen Strunkteilen befreit, grob oder fein geschnitten oder durch Wolfen zerkleinert, blanchiert, gegebenenfalls mit einer Soße versetzt und in einem geeigneten Verfahren tiefgefroren.

2.2.1.17.2 Beschaffenheitsmerkmale

Für tiefgefrorenen Wirsing werden gesunde, feste Wirsingköpfe verwendet, die praktisch frei von Schädlingsbefall, mechanischen Beschädigungen und fremdem Geruch sind. Welke und sonstig beeinträchtigte äußere Blätter werden vor der weiteren Verarbeitung entfernt. Aus der Rohware wird mindestens der holzige Teil des Strunkes ausgebohrt und verworfen.

Tiefgefrorener Wirsing ist annähernd gleichmäßig zerkleinert. Die Farbe des Wirsings ist im natürlichen Verhältnis weiß/gelb/grün gemischt.

Der erwärmte Wirsing weist ein lebendiges Farbenspiel (weiß/gelb/grün) auf. Er hat eine zarte, nicht holzige, jedoch ausreichend feste Konsistenz. Geruch und Geschmack sind typisch nach Kohl und ohne Fremdnoten.

Rahmwirsing ist leicht gebunden, ohne Flüssigkeitsabsatz, mit sichtbaren Wirsingteilen in heller Soße, im Geschmack mit merklicher Rahmnote.

2.2.1.18 **Zuckerschoten**

2.2.1.18.1 Herstellung und Verkehrsbezeichnungen

Tiefgefrorene Zuckerschoten werden aus den frischen, gesunden, noch nicht ausgereiften, zarten und süßen Hülsen (Schoten) mit den darin befindlichen Samen der Erbsenpflanze Pisum sativum L. ssp. sativum convar. Axiphium hergestellt.

Tiefgefrorene Zuckerschoten werden mit der Verkehrsbezeichnung *Zuckerschoten* oder *Kaiserschoten* in Verkehr gebracht.

Die Schoten werden von den Spitzen befreit, gewaschen, ausreichend blanchiert und in einem geeigneten Verfahren einzeln entnehmbar tiefgefroren.

2.2.1.18.2 Beschaffenheitsmerkmale

Tiefgefrorene Zuckerschoten sind von annähernd gleicher Farbe und gleicher Größe. Es werden nur die noch nicht ausgereiften Hülsen verwendet, die noch keine Pergamentschicht und noch keinen festen Faden ausgebildet haben. Die darin befindlichen Samen sind in der Regel unterentwickelt.

Die zur Verarbeitung kommenden Hülsen sind frisch gepflückt, gesund, praktisch frei von Schädlingen und von Schäden durch Schädlinge.

Die gegarten Zuckerschoten haben einen aromatischen, feinen, typischen, süßen Erbsengeschmack. Geruch und Geschmack sind ohne Fremdnoten. Die Textur ist zart, ohne deutlich wahrnehmbaren Bast und ohne deutlich wahrnehmbare Fäden. Die Hülsen haben eine frische, hellgrüne Farbe.

Beschreibung der Fehler:

a) Faserig: Schoten mit deutlich wahrnehmbarem Bast und deutlich wahrnehmbaren Fäden. Dieser Fehler ist in der gegarten Probe zu ermitteln.

b) Fremde Pflanzenteile: Stücke mit unmittelbar anhaftenden Stielen oder abgetrennte, nicht essbare Stiele und Rankenteile.

c) Leichte Schäden durch Schädlinge oder Fäule: Das Erscheinungsbild des Stückes ist nur leicht beeinträchtigt. Die schadhafte Stelle hat einen Durchmesser von 2 mm bis 5 mm.

d) Schwere Schäden durch Schädlinge oder Fäule: Das Erscheinungsbild des Stückes ist erheblich beeinträchtigt. Die schadhafte Stelle hat einen Durchmesser von mehr als 5 mm.

e) Mechanisch beschädigt: Stücke, die zerbrochen, in zwei Teile aufgespalten, zerquetscht sind oder unregelmäßige Abrissstellen aufweisen, die das Erscheinungsbild beeinträchtigen.

f) Kleine Stücke: Stücke, die kürzer als 30 mm sind.

Die Standardprobenmenge beträgt 500 g. Bei Bedarf kann mehr als die Standardprobenmenge geprüft werden.

Auf Basis der Standardprobenmenge werden die Fehler des Erzeugnisses erfasst und mit den in der Tabelle zugeordneten Fehlerpunkten bewertet. Die für jede Fehlerart berechneten Fehlerpunkte werden summiert. Diese Gesamtsumme überschreitet den in der Tabelle angegebenen Wert für den „Fehler, gesamt“ nicht.

Die Fehler werden, wenn nicht anders angegeben, im unaufgetauten Zustand der Probe ermittelt.

Eine Schote bzw. ein fremdes Pflanzenteil werden als ein Stück gezählt.

Fehlerart	Maßgebliche Einheit	Fehlerpunkte
Faserig	je Stück	1
Fremde Pflanzenteile	je Stück	2
Leichte Schäden durch Schädlinge oder Fäule	je Stück	1
Schwere Schäden durch Schädlinge oder Fäule	je Stück	3
Mechanisch beschädigt	je Stück	2
Fehler, gesamt	**Standardprobenmenge**	**15**

Der Anteil an kleinen Stücken überschreitet 10 % (m/m) nicht.

2.2.1.19 **Zwiebeln**

2.2.1.19.1 Herstellung und Verkehrsbezeichnungen

Tiefgefrorene Zwiebeln werden aus frischen, gesunden und essbaren Teilen der Zwiebel Allium cepa L. hergestellt.

Tiefgefrorene Zwiebeln werden mit der Verkehrsbezeichnung *Zwiebeln* in Verkehr gebracht. Die Verarbeitungsform wird in Verbindung mit der Verkehrsbezeichnung angegeben, z. B. „gewürfelt" (ca. 6 × 6 mm), „in Scheiben", „gehackt". Die Verarbeitungsform kann auch Bestandteil der Verkehrsbezeichnung sein, z. B. *Zwiebelwürfel*.

Die Zwiebeln werden von Wurzeln und Austrieben befreit, gewaschen, sorgfältig geschält, gleichmäßig geschnitten und einzeln entnehmbar in einem geeigneten Verfahren unblanchiert tiefgefroren.

2.2.1.19.2 Beschaffenheitsmerkmale

Tiefgefrorene Zwiebeln sind überwiegend von weißlicher, gelblich schimmernder Farbe. Sie sind praktisch frei von Fehlern wie Fäulnis, Verunreinigungen, grünen Auskeimungen, Wurzel- und Schalenresten, sonstigen Fremdbestandteilen und Schäden durch Schädlinge. Eine leichte Grünverfärbung der Stücke wird nicht als Fehler gezählt.

Die sachgerecht aufgetauten Zwiebeln sind typisch in Geruch und Geschmack und ohne Fremdnoten. Sie sind weder trocken noch matschig.

Beschreibung der Fehler:

a) <u>Keime:</u> Stücke mit grünen Auskeimungen.

b) Wurzelreste: Stücke mit Wurzelfäden.

c) Fremde Pflanzenteile: Stücke mit Schalenresten oder losen Schalenteilen.

d) Schäden durch Schädlinge oder Fäule: Das Erscheinungsbild des Stückes ist beeinträchtigt. Die schadhafte Stelle hat einen Durchmesser von mehr als 2 mm.

Die Standardprobenmenge beträgt 500 g. Bei Bedarf kann mehr als die Standardprobenmenge geprüft werden.

Auf Basis der Standardprobenmenge werden die Fehler des Erzeugnisses erfasst und mit den in der Tabelle zugeordneten Fehlerpunkten bewertet. Die für jede Fehlerart berechneten Fehlerpunkte werden summiert. Diese Gesamtsumme überschreitet den in der Tabelle angegebenen Wert für den „Fehler, gesamt" nicht.

Die Fehler werden, wenn nicht anders angegeben, im unaufgetauten Zustand der Probe ermittelt.

Ein Einzelteil einer Verarbeitungsform bzw. ein fremdes Pflanzenteil werden als ein Stück gezählt.

Fehlerart	**Maßgebliche Einheit**	**Fehlerpunkte**	
		Ringe und Scheiben	Würfel
Keime	je Stück	1	1
Wurzelreste	je Stück	2	2
Fremde Pflanzenteile	je Stück	3	3
Schäden durch Schädlinge oder Fäule	je Stück	5	5
Fehler, gesamt	**Standardprobenmenge**	**20**	**50**

2.2.2 Tiefgefrorene Gemüseerzeugnisse aus mehreren Gemüsearten

2.2.2.1 Herstellung und Verkehrsbezeichnung

Tiefgefrorene Gemüsemischungen sind Erzeugnisse aus mehreren Gemüsearten. Jede Gemüsekomponente der Mischung entspricht den „Allgemeinen Beurteilungsmerkmalen" für tiefgefrorene Gemüseerzeugnisse sowie gegebenenfalls den „Besonderen Beurteilungsmerkmalen" für die jeweilige Gemüseart.

Die tiefgefrorenen Gemüse werden gemischt, nach Art der Gemüsemischung mit weiteren Zutaten versehen, ggf. einer weiteren Kältebehandlung unterzogen und einzeln entnehmbar abgepackt.

Tiefgefrorene Gemüsemischungen werden mit der Verkehrsbezeichnung *Gemüsemischung* in Verkehr gebracht. In Verbindung mit der Verkehrsbezeichnung können die enthaltenen Gemüsearten angegeben werden.

Die weiteren Zutaten können eingemischt, auf das Gemüse aufgesprüht (Ummanteln) oder als Pellets (kleine Blöcke) zugegeben werden.

Bei einem Hinweis auf die Verwendung von Butter ist ein Mindestgehalt von 4,5 % Milchfett im Gesamtprodukt üblich.

Bei einem Hinweis auf die Verwendung von Rahm ist ein Mindestgehalt von 0,8 % Milchfett aus Sahne im Gesamtprodukt üblich. Bei Verwendung von Sahne mit einem Milchfettgehalt von 10 % enthält das Erzeugnis mindestens 8 % Sahne/Rahm.

Gemüsemischungen, die mit der Verkehrsbezeichnung *Leipziger Allerlei* in Verkehr gebracht werden, bestehen aus Erbsen, ganzen Karotten und Spargel oder Schwarzwurzeln. Der Anteil an Spargel oder Schwarzwurzeln beträgt in der Gemüsemischung mindestens 10 % (m/m).

Gemüsemischungen, die mit der Verkehrsbezeichnung *Suppengemüse* in Verkehr gebracht werden, bestehen aus mindestens 8 Gemüsearten, die überwiegend kleinstückig sind.

Werden Mischungen aus tiefgefrorenen Gemüsearten mit weiteren Zutaten wie Kartoffeln, Reis, Nudeln, Gewürzen, Kräutern, Soßenzubereitungen, Speisefetten, Speiseölen hergestellt, werden sie mit beschreibenden Verkehrsbezeichnungen[6) in Verkehr gebracht.

2.2.2.2 Beschaffenheitsmerkmale

Die verwendeten Gemüse sind in einem geeigneten Reifezustand geerntet, sorgfältig verarbeitet, praktisch fehlerfrei und einzeln entnehmbar tiefgefroren.

Für tiefgefrorene Gemüseerzeugnisse aus mehreren Gemüsearten können folgende Gemüsearten verwendet werden:

Gemüseart	Verarbeitungsform	Zerkleinerungsgrad
Artischocken	blanchiert	Segmente, Stücke, Würfel
Auberginen	ungeschält, blanchiert oder unblanchiert, gegrillt, frittiert	Scheiben, Stücke, Würfel
Bambussprossen	blanchiert	Stücke, Scheiben
Blattspinat	blanchiert oder unblanchiert	ganze Blätter
Blumenkohl	blanchiert oder unblanchiert	Röschen
Bohnenkeimlinge	blanchiert oder unblanchiert	ganz

Gemüseart	Verarbeitungsform	Zerkleinerungsgrad
Broccoli	blanchiert, gegrillt, frittiert	Röschen
Buschbohnen	abgespitzt, blanchiert	ganz, Stücke
Dicke Bohnen	blanchiert	ganze Samen
Erbsen	blanchiert	ganze Samen
Fenchel	blanchiert oder unblanchiert	Würfel, Stücke, Streifen
Flageoletbohnen	blanchiert	ganze Samen
Gurken	blanchiert oder unblanchiert	Würfel, Stücke, Streifen, Scheiben
Kaiserschoten	abgespitzt, blanchiert	ganze Schote
Karotten	geschält, blanchiert	Scheiben glatt/Wellenschnitt, Würfel, Stifte, Stücke, Streifen, ganze Karotten
Kidney-Bohnen	gekocht	ganze Samen
Knollensellerie	geschält, blanchiert	Würfel, Scheiben glatt/ Wellenschnitt, Streifen
Kohlrabi	geschält, blanchiert	Würfel, Stifte, Scheiben
Kürbis	blanchiert oder unblanchiert	Streifen, Würfel, Stücke
Maiskölbchen	blanchiert	ganz, Stücke
Maiskörner	geschnitten, blanchiert	ganze Samen
Okraschoten	blanchiert	ganz, Stücke
Paprika rot, gelb, grün oder orange	ohne Stiel, entkernt, blanchiert oder unblanchiert, gegrillt, frittiert	Würfel, Stücke, Streifen
Porree	blanchiert oder unblanchiert	Scheiben, Stücke
Rettich	blanchiert oder unblanchiert	Streifen, Würfel, Stücke
Romanesco	blanchiert	Röschen
Rosenkohl	blanchiert	Röschen
Rüben	blanchiert oder unblanchiert	Streifen, Würfel, Stücke
Schwarzwurzeln	geschält, gekocht	Stücke
Spargel grün	ungeschält oder geschält, blanchiert	Stücke
Spargel weiß	geschält, blanchiert	Stücke
Staudensellerie	blanchiert oder unblanchiert	Stücke, Streifen
Tomaten	blanchiert oder unblanchiert, mit oder ohne Haut	gewürfelt, ganz, halb, Stücke, Scheiben

Gemüseart	Verarbeitungsform	Zerkleinerungsgrad
Wachsbohnen	abgespitzt, blanchiert	ganz, Stücke
Weißkohl	blanchiert	Streifen, Stücke
Wirsing	blanchiert	Streifen, Stücke
Zucchini	ungeschält, blanchiert oder unblanchiert, gegrillt, frittiert	Scheiben, Stücke, Würfel
Zwiebeln	geschält, blanchiert oder unblanchiert, gegrillt, frittiert	Würfel, Streifen, Stücke

3. Besondere Beurteilungsmerkmale für Gemüsekonserven

3.1 Herstellung und Beschaffenheitsmerkmale

3.1.1 Als Gemüsekonserven, die ausschließlich durch Sterilisation in luftdicht verschlossenen Behältnissen haltbar gemacht sind, werden insbesondere hergestellt:

- Gemüsekonserven aus einer Gemüseart
- Gemüsekonserven aus mehreren Gemüsearten

3.1.2 Das Gemüse in Konserven hat eine annähernd einheitliche Farbe, bezogen auf die jeweilige Gemüsesorte. In Farbe, Struktur, Geruch und Geschmack ist es typisch für die verwendete Gemüseart in gekochtem Zustand.

3.1.3 Das für Gemüsekonserven verwendete Gemüse ist innerhalb einer Verkaufseinheit sortenrein und von annähernd gleicher Größe.

3.2 Verkehrsbezeichnungen, Abtropfgewichte und tolerierbare Anteile an Fehlern für einzelne Erzeugnisse

3.2.1 Gemüsekonserven aus einer Gemüseart

3.2.1.1 Bohnen

3.2.1.1.1 Herstellung und Verkehrsbezeichnung

Bohnenkonserven sind Erzeugnisse aus den frischen, unvollständig reifen, gesunden und vollen Hülsen von grünen oder gelben Buschbohnen oder Wachsbohnen der Art Phaseolus vulgaris L.

Bohnen werden mit der Verkehrsbezeichnung *Bohnen* und bei Verwendung von gelben Buschbohnen als *Wachsbohnen* in Verkehr gebracht. Die Verarbeitungsform ist Bestandteil der Verkehrsbezeichnung, z. B. bei *Schnittbohnen* oder *Wachsbrechbohnen*.

Die Größensortierung ist Bestandteil der Verkehrsbezeichnung, z. B. *Delikatessbohnen*, oder wird in Verbindung mit der Verkehrsbezeichnung angegeben, z. B. „extra fein“ oder „fein“.

Größensortierung nach Durchmesser:

Ergänzende Bezeichnungen bei ganzen Bohnen und Brechbohnen	**Durchmesser (mm)**	**Toleranz (m/m)**
extra fein	≤ 6,5	10 %
sehr fein	≤ 8,0	10 %
fein	≤ 9,0	15 %
mittelfein	≤ 10,5	25 %

Ganze grüne „Bohnen, extra fein“ werden auch als „Prinzessbohnen, fein“ bezeichnet.

Ganze grüne „Bohnen, sehr fein“ werden auch als „Prinzessbohnen, mittelfein“ bezeichnet.

Ganze grüne „Bohnen, fein“ werden auch als „Delikatessbohnen“ bezeichnet.

Schnittbohnen bestehen aus möglichst gleichmäßigen Stücken von weniger als 10,5 mm Durchmesser, von denen die meisten schräg oder quer geschnitten sind.

Brechbohnen und Wachsbrechbohnen bestehen aus annähernd gleichmäßigen Stücken, die überwiegend eine Länge von 25 bis 40 mm haben.

Die Bohnen werden sorgfältig geerntet, sachgerecht transportiert, von Bohnenspitzen und Bohnenstängeln befreit, gegebenenfalls sortiert, sorgfältig gewaschen und gegebenenfalls geschnitten. Die frischen Bohnen werden in geeigneten Behältnissen mit ausreichend Aufgussflüssigkeit sterilisiert.

3.2.1.1.2 Beschaffenheitsmerkmale

Die Bohnen sind von annähernd gleicher Farbe und je nach Sortierung von annähernd gleicher Länge und gleichem Durchmesser.

Die Bohnen in Bohnenkonserven sind praktisch frei von nicht zum Verzehr geeigneten Bestandteilen. Die Textur ist bissfest. Sie haben einen arttypischen Geruch und Geschmack. Geruch und Geschmack sind ohne Fremdnoten, wie z. B. muffig oder sauer.

Abtropfgewichte*:

	Behältervolumen	
	Gruppe	g Abtropfgewicht/ 100 ml Randvollvolumen
Ganze Bohnen	II	52
Brechbohnen	III	54
Schnittbohnen	I	49,5

* siehe auch Anlage 2

Beschreibung der Fehler:

a) Schorf und Windflecken: Stücke mit kleinflächigen, vernarbten Veränderungen der Bohnenoberfläche, länger als 30 mm und breiter als 2 mm.

b) Fremde Pflanzenteile: Teile der Bohnenpflanze, wie zum Beispiel Blätter, Ranken oder Stiele, sowie Teile anderer Pflanzen, wie z. B. Gräser oder Samen. Ausgenommen sind Kerne und essbare Spitzen der Bohnen.

c) Schäden durch Schädlinge oder Fäule: Das Erscheinungsbild des Stückes ist erheblich beeinträchtigt. Die schadhafte Stelle hat einen Durchmesser von mehr als 6 mm.

d) Mechanisch beschädigt: Stücke, die aufgespalten oder zerquetscht sind.

e) Kurze Stücke: Prinzessbohnen und ganze Bohnen, die kürzer als 30 mm sind, und Brechbohnenstücke, die kürzer als 15 mm sind.

Die Standardprobenmenge beträgt 500 g abgetropftes Gemüse. Bei Bedarf kann mehr als die Standardprobenmenge geprüft werden.

Auf Basis der Standardprobenmenge werden die Fehler des Erzeugnisses erfasst und mit den in der Tabelle zugeordneten Fehlerpunkten bewertet. Die für jede Fehlerart berechneten Fehlerpunkte werden summiert. Diese Gesamtsumme überschreitet den in der Tabelle angegebenen Wert für den „Fehler, gesamt" nicht.

Die Fehler werden im abgetropften Zustand der Probe ermittelt.

Eine Bohne bzw. ein pflanzliches Fremdteil werden als Stück gezählt.

Fehlerart	**Maßgebliche Einheit**	**Fehlerpunkte**
Schorf und Windflecken	je Stück	2
Fremde Pflanzenteile	je Stück	3
Schäden durch Schädlinge oder Fäule	je Stück	5
Mechanisch beschädigt	je % (m/m)	3

Fehlerart	Maßgebliche Einheit	Fehlerpunkte
Fehler, gesamt	**Standardprobengröße**	**30**

Bei Prinzessbohnen und ganzen Bohnen beträgt der Anteil an kurzen Stücken maximal 20 % (m/m) und bei Brechbohnen 15 % (m/m) (bezogen auf die Standardprobenmenge, ohne Toleranz).

3.2.1.2 **Erbsen**

3.2.1.2.1 Herstellung und Verkehrsbezeichnung

Erbsenkonserven sind Erzeugnisse aus unvollständig reifen und gesunden Samen von Pal- oder Markerbsen der Art Pisum sativum L.

Erbsen werden mit der Verkehrsbezeichnung *Erbsen* oder *Junge Erbsen* in Verkehr gebracht. Werden Markerbsen verwendet, so kann die Verkehrsbezeichnung auch *Markerbsen* lauten.

Die Größensortierung, z. B. „extra fein“ oder „fein“, wird in Verbindung mit der Verkehrsbezeichnung angegeben.

Größensortierung	**Durchmesser (mm)**	
	Palerbsen	Markerbsen
extra fein	< 7,5	< 7,5
sehr fein	7,5 bis 8,2	7,5 bis 8,2
fein	8,2 bis 8,75	8,2 bis 9,3
mittelfein	8,75 bis 9,3	9,3 bis 10,2

Palerbsen mit einem Durchmesser größer als 9,3 mm und Markerbsen mit einem Durchmesser größer als 10,2 mm werden als *Gemüseerbsen* bezeichnet.

Die Erbsen werden sorgfältig geerntet, sachgerecht transportiert, von Ranken und Schotenteilen befreit, sortiert und gewaschen. Zur Herstellung von Erbsenkonserven werden auch tiefgefrorene Erbsen verwendet. Die Erbsen werden in geeigneten Behältnissen mit ausreichend Aufgussflüssigkeit sterilisiert.

3.2.1.2.2 Beschaffenheitsmerkmale

Die Erbsen sind praktisch frei von gelben, verfärbten und fleckigen Samen, von durch Insekten beschädigten Samen, von Samenschalen und Teilen von Samenschalen und von Hülsenteilen.

Die Erbsen in Erbsenkonserven haben eine frische, grüne Farbe, einen süßlichen Geschmack und eine zarte, nicht zu weiche und nicht stark mehlige Konsistenz. Geruch und Geschmack sind ohne Fremdnoten, wie z. B. muffig oder sauer.

Abtropfgewichte*:

	Behältervolumen	
	Gruppe	g Abtropfgewicht/ 100 ml Randvollvolumen
Erbsen, extra fein, sehr fein, fein	VII	66
Erbsen, mittelfein, Gemüseerbsen	VI	62,5

* siehe auch Anlage 2

Beschreibung der Fehler:

a) Blasse (blonde) Erbsen: Erbsen, die farblich nicht voll entwickelt sind.

b) Zerschlagen, angeschlagen: halbe Erbsen und Bruchstücke von Erbsen sowie aufgeplatzte Erbsen.

c) Fremde Pflanzenteile: Teile der Erbsenpflanze, wie z. B. Hülsen, Hülsenteile, Blätter, Samenschalen, Teile von Samenschalen oder Ranken, sowie Teile anderer Pflanzen, wie z. B. Samen von Disteln, Gräsern oder Kamille.

d) Schäden durch Schädlinge oder Fäule: Das Erscheinungsbild des Stückes ist beeinträchtigt. Die schadhafte Stelle hat einen Durchmesser von mehr als 2 mm.

Die Standardprobenmenge beträgt 500 g abgetropftes Gemüse. Bei Bedarf kann mehr als die Standardprobenmenge geprüft werden.

Auf Basis der Standardprobenmenge werden die Fehler des Erzeugnisses erfasst und mit den in der Tabelle zugeordneten Fehlerpunkten bewertet. Die für jede Fehlerart berechneten Fehlerpunkte werden summiert. Diese Gesamtsumme überschreitet den in der Tabelle angegebenen Wert für den „Fehler, gesamt“ nicht.

Die Fehler werden im abgetropften Zustand der Probe ermittelt.

Eine Erbse bzw. ein fremdes Pflanzenteil werden als ein Stück gezählt.

Fehlerart	**Maßgebliche Einheit**	**Fehlerpunkte**
Blasse (blonde) Erbsen	je % (m/m)	1
Zerschlagen, angeschlagen	je % (m/m)	1
Fremde Pflanzenteile	je Stück	5

Behr's Verlag, Hamburg

Fehlerart	Maßgebliche Einheit	Fehlerpunkte
Schäden durch Schädlinge oder Fäule	je Stück	1
Fehler, gesamt	**Standardprobenmenge**	**10**

3.2.1.3 **Große Bohnen**

3.2.1.3.1 Herstellung und Verkehrsbezeichnung

Große-Bohnen-Konserven sind Erzeugnisse aus den frischen, unvollständig reifen, gesunden Samen der Art Vicia faba L. var. major.

Große Bohnen werden mit der Verkehrsbezeichnung *Große Bohnen* oder *Dicke Bohnen* in Verkehr gebracht. Die Samen (Kerne) sind von grünlicher, weißlicher oder bräunlicher Farbe. Hierauf wird in Verbindung mit der Verkehrsbezeichnung hingewiesen, z. B. „weiße Kerne".

Die Großen Bohnen werden sorgfältig geerntet, sachgerecht transportiert, von der Hülse befreit, gegebenenfalls sortiert und sorgfältig gewaschen. Die frischen Großen Bohnen werden in geeigneten Behältnissen mit ausreichend Aufgussflüssigkeit sterilisiert.

3.2.1.3.2 Beschaffenheitsmerkmale

Große Bohnen sind von annähernd gleicher Farbe und je nach Sortierung von annähernd gleichem Durchmesser. Sie sind praktisch frei von nicht zum Verzehr geeigneten Bestandteilen.

Große Bohnen in Konserven haben eine zarte, nicht mehlige Konsistenz. Sie haben einen arttypischen Geruch und Geschmack. Geruch und Geschmack sind ohne Fremdnoten, wie z. B. muffig oder sauer.

Abtropfgewichte*:

	Behältervolumen	
	Gruppe	g Abtropfgewicht/ 100 ml Randvollvolumen
Große Bohnen	VI	62,5

* siehe auch Anlage 2

Beschreibung der Fehler:

a) Verfärbt: Bohnen, deren Farbe für die verwendete Sorte nicht charakteristisch ist oder deren Oberfläche mehr als 25 % grau oder schwarz verfärbt ist.

b) Halbe oder zerbrochene Bohnen.

c) Hülsen oder Hülsenteile.

d) Fremde Pflanzenteile: Teile der Bohnenpflanze, wie zum Beispiel Blätter, Ranken, oder Teile anderer Pflanzen, wie z. B. Gräser oder Samen.

e) Schäden durch Schädlinge oder Fäule: Das Erscheinungsbild des Stückes ist erheblich beeinträchtigt. Die schadhafte Stelle hat einen Durchmesser von mehr als 6 mm.

Die Standardprobenmenge beträgt 500 g abgetropftes Gemüse. Bei Bedarf kann mehr als die Standardprobenmenge geprüft werden.

Auf Basis der Standardprobenmenge werden die Fehler des Erzeugnisses erfasst und mit den in der Tabelle zugeordneten Fehlerpunkten bewertet. Die für jede Fehlerart berechneten Fehlerpunkte werden summiert. Diese Gesamtsumme überschreitet den in der Tabelle angegebenen Wert für den „Fehler, gesamt" nicht.

Die Fehler werden im abgetropften Zustand der Probe ermittelt.

Eine Große Bohne bzw. eine Hülse oder ein Hülsenteil oder ein fremdes Pflanzenteil werden als Stück gezählt.

Fehlerart	**Maßgebliche Einheit**	**Fehlerpunkte**
Verfärbt	je Stück	2
Halbe oder zerbrochene Bohnen	je Stück	1
Hülsen oder Hülsenteile	je Stück	1
Fremde Pflanzenteile	je Stück	2
Schäden durch Schädlinge oder Fäule	je Stück	3
Fehler, gesamt	**Standardprobengröße**	**30**

3.2.1.4 **Grünkohl**

3.2.1.4.1 Herstellung und Verkehrsbezeichnung

Grünkohlkonserven sind Erzeugnisse aus den frischen, stark gekrausten Blättern der Art Brassica oleracea var. sabellica L.

Grünkohl wird mit der Verkehrsbezeichnung *Grünkohl* in den Verkehr gebracht. Die Verarbeitungsform kann in Verbindung mit der Verkehrsbezeichnung angegeben werden, z. B. „grob geschnitten".

Der reife Grünkohl wird sorgfältig geerntet, sachgerecht transportiert, die Grünkohlblätter werden von den kräftigen Blattstielen befreit, gewaschen und grob oder fein geschnitten. Die geschnittenen Grünkohlblätter werden in geeigneten Behältnissen mit ausreichend Aufgussflüssigkeit aufgefüllt und sterilisiert.

3.2.1.4.2 Beschaffenheitsmerkmale

Die geschnittenen Grünkohlblätter sind von annähernd gleicher olivgrüner Farbe. Sie sind praktisch frei von Schädlingsbefall und mechanischen Beschädigungen. Welke und sonstig beeinträchtigte Blätter werden bei der Verarbeitung entfernt.

Der Grünkohl in Konserven hat eine zarte, nicht holzige, jedoch ausreichend feste Konsistenz. Er hat einen arttypischen Geruch und Geschmack. Geruch und Geschmack sind ohne Fremdnoten, wie z. B. muffig oder sauer.

Abtropfgewichte*:

	Behältervolumen	
	Gruppe	g Abtropfgewicht/ 100 ml Randvollvolumen
Grünkohl	VI	62,5

* siehe auch Anlage 2

Beschreibung der Fehler:

a) Verfärbt: Blattteile, die gelb oder braun sind.

b) Fremde Pflanzenteile: Teile der Grünkohlpflanze, wie zum Beispiel Blattstiele mit einem Durchmesser größer 5 mm oder Blattteile mit Rippen, deren Durchmesser größer 5 mm sind, sowie Teile anderer Pflanzen, wie zum Beispiel Gräser oder Kräuter.

c) Schäden durch Schädlinge oder Fäule: Das Erscheinungsbild des Stückes ist beeinträchtigt. Die schadhafte Stelle hat einen Durchmesser von mehr als 2 mm.

Die Standardprobenmenge beträgt 500 g abgetropftes Gemüse. Bei Bedarf kann mehr als die Standardprobemenge geprüft werden.

Auf Basis der Standardprobenmenge werden die Fehler des Erzeugnisses erfasst und mit den in der Tabelle zugeordneten Fehlerpunkten bewertet. Die für jede Fehlerart berechneten Fehlerpunkte werden summiert. Diese Gesamtsumme überschreitet den in der Tabelle angegebenen Wert für den „Fehler, gesamt" nicht.

Die Fehler werden im abgetropften Zustand der Probe ermittelt.

Ein Blatt oder Blattteil bzw. ein fremdes Pflanzenteil werden als Stück gezählt.

Fehlerart	**Maßgebliche Einheit**	**Fehlerpunkte**
Verfärbt	je Stück	1
Fremde Pflanzenteile	je Stück	2

Fehlerart	Maßgebliche Einheit	Fehlerpunkte
Schäden durch Schädlinge oder Fäule	je Stück	2
Fehler, gesamt	**Standardprobenmenge**	**20**

3.2.1.5 Karotten (Möhren)

3.2.1.5.1 Herstellung und Verkehrsbezeichnung

Karottenkonserven sind Erzeugnisse aus den gesunden Rüben der Zuckerkarotte Daucus carota L.

Karottenkonserven werden mit der Verkehrsbezeichnung *Karotten, Möhren* oder *Möhrchen* in Verkehr gebracht. Obwohl Karotten und Möhren synonyme Bezeichnungen sind, werden die Produkte in Abhängigkeit von der Verarbeitungsform als Möhren oder Karotten bezeichnet. Außer bei ganzen Karotten wird die Verarbeitungsform in Verbindung mit der Verkehrsbezeichnung angegeben, z. B. „gewürfelt" oder „in Scheiben". Die Verarbeitungsform kann auch Bestandteil der Verkehrsbezeichnung sein, z. B. *Karottenwürfel*.

Die Farbe ist sortentypisch orange. Verwendet werden zylinderförmige, konische sowie kugelförmige Sorten.

Verkehrsbezeichnungen einschließlich ergänzender Bezeichnungen	Verarbeitungsformen
Karotten, Möhren, Möhrchen	Ganze Karotten in allen Formen oder quer zur Längsachse geschnittene zylindrische Karotten.
Karotten, in Scheiben	Gleichmäßige, im rechten Winkel zur Längsachse glatt oder gewellt geschnittene Scheiben mit einer Schnittstärke bis zu 8 mm.
Karotten, gewürfelt	Annähernd gleichmäßig in Würfel geschnittene Karotten.

Runde Karotten, die auch nach der Verarbeitung ihre ursprüngliche (runde) Form behalten haben, werden auch als *Pariser Karotten* bezeichnet.

Nach Größe sortierte ganze Karotten haben folgende Durchmesser und werden wie folgt bezeichnet:

	Durchmesser (mm)	
Größensortierung	runde Karotten	zylinderförmige Karotten
extra fein	< 22	6 bis 15
sehr fein	22 bis 27	15 bis 18

fein	27 bis 35	18 bis 23

Werden nicht größensortierte Möhren verwendet, wird darauf in Verbindung mit der Verkehrsbezeichnung hingewiesen.

Die Karotten werden sorgfältig geerntet, vom Kraut befreit, gewaschen, sachgerecht sortiert, sorgfältig geschält und gegebenenfalls zerkleinert. Zur Herstellung von Karottenkonserven werden auch tiefgefrorene Karotten verwendet. Die Karotten werden in geeigneten Behältnissen mit ausreichend Aufgussflüssigkeit aufgefüllt und sterilisiert.

3.2.1.5.2 Beschaffenheitsmerkmale

Die Karotten haben eine gleichmäßige sortentypische Farbe und je nach Verarbeitungsform eine annähernd gleiche Größe. Sie sind praktisch frei von Schalenresten, von Schäden durch Schädlinge oder Fäule und von grünen oder sonstigen Verfärbungen.

Karotten in Karottenkonserven haben einen typisch süßen Geschmack. Die Textur ist fest, nicht gummiartig oder holzig. Geruch und Geschmack sind ohne Fremdnoten, wie z. B. muffig oder sauer.

Abtropfgewichte*:

	Behältervolumen	
	Gruppe	g Abtropfgewicht/ 100 ml Randvollvolumen
Ganze Karotten bis 22 mm, Karottenwürfel	VI	62,5
Ganze Karotten über 22 mm; Karotten in Scheiben	IV	56,5

* siehe auch Anlage 2

Beschreibung der Fehler:

a) Verfärbungen: Stücke, die grüne oder andere Verfärbungen aufweisen.

b) Verformungen: Stücke, die Verzweigungen, Spaltungen und andere Formen von Fehlwuchs aufweisen.

c) Schälfehler: Stücke mit Schalenresten von mehr als 6 mm Durchmesser oder Stücke, die noch Krautansatz oder schwarze Ringe um den Krautansatz haben.

d) Fremde Pflanzenteile: Teile der Karottenpflanze, wie zum Beispiel Kraut oder Wurzeln, sowie Teile anderer Pflanzen.

e) Schäden durch Schädlinge oder Fäule: Das Erscheinungsbild des Stückes ist beeinträchtigt. Die schadhafte Stelle hat einen Durchmesser von mehr als 2 mm.

f) Mechanisch beschädigt: Stücke, die gequetscht oder gebrochen sind.

Die Standardprobenmenge beträgt 500 g abgetropftes Gemüse. Bei Bedarf kann mehr als die Standardprobenmenge geprüft werden.

Auf Basis der Standardprobemenge werden die Fehler des Erzeugnisses erfasst und mit den in der Tabelle zugeordneten Fehlerpunkten bewertet. Die für jede Fehlerart berechneten Fehlerpunkte werden summiert. Diese Gesamtsumme überschreitet den in der Tabelle angegebenen Wert für den „Fehler, gesamt“ nicht.

Die Fehler werden im abgetropften Zustand der Probe ermittelt.

Eine Karotte oder ein fremdes Pflanzenteil werden als Stück gezählt.

Fehlerart	**Maßgebliche Einheit**	**Fehlerpunkte**		
		Ganze Karotten	Scheiben	Würfel
Verfärbt	je Stück	2	2	2
Verformt	je Stück	2	–	–
Schälfehler	je Stück	1	–	1
Fremde Pflanzenteile	je Stück	2	2	2
Schäden durch Schädlinge oder Fäule	je Stück	2	2	2
Mechanisch beschädigt	je Stück	1	1	1
Fehler, gesamt	**Standardprobenmenge**	**30**	**40**	**60**

3.2.1.6 **Kidney-Bohnen**

3.2.1.6.1 Herstellung und Verkehrsbezeichnung

Kidney-Bohnen-Konserven sind Erzeugnisse aus den getrockneten, wieder aufgequollenen oder frischen, reifen und gesunden Samen von Kidney-Bohnen (Roten Bohnen) der Art Phaseolus vulgaris L.

Kidney-Bohnen werden mit der Verkehrsbezeichnung *Kidney-Bohnen* oder *Rote Bohnen* in Verkehr gebracht.

Behr's Verlag, Hamburg

Die Bohnen werden sorgfältig geerntet, gedroschen und von den Hülsen befreit. Die Bohnenkerne werden gegebenenfalls getrocknet. Getrocknete Bohnenkerne werden vor der weiteren Verarbeitung mit Wasser gequollen. Die Bohnenkerne werden in geeigneten Behältnissen mit ausreichend Aufgussflüssigkeit sterilisiert.

3.2.1.6.2 Beschaffenheitsmerkmale

Die Kidney-Bohnen sind von annähernd gleicher, dunkelroter Farbe und von annähernd gleicher Größe.

Die Kidney-Bohnen in Kidney-Bohnen-Konserven sind praktisch frei von nicht zum Verzehr geeigneten Bestandteilen. Die Textur ist fest und etwas mehlig. Sie haben einen arttypischen Geruch und Geschmack. Geruch und Geschmack sind ohne Fremdnoten, wie z. B. muffig oder sauer.

Abtropfgewichte*:

	Behältervolumen	
	Gruppe	g Abtropfgewicht/ 100 ml Randvollvolumen
Bohnenkerne Länge 15 bis 25 mm	V	59
Bohnenkerne Länge bis 15 mm	VI	62,5

* siehe auch Anlage 2

Beschreibung der Fehler:

a) Verfärbt oder vertrocknet: missfarbene, sehr hellrote, fleckige oder vertrocknete Bohnenkerne.

b) Fremde Pflanzenteile: Teile von Bohnenhülsen, Blattteile.

c) Mechanisch beschädigt: gequetschte, geplatzte oder zerfallene Bohnenkerne – einschließlich loser Samenschalen, Bohnenkerne ohne Schale.

Die Standardprobenmenge beträgt 500 g abgetropftes Gemüse. Bei Bedarf kann mehr als die Standardprobenmenge geprüft werden.

Auf Basis der Standardprobenmenge werden die Fehler des Erzeugnisses erfasst und mit den in der Tabelle zugeordneten Fehlerpunkten bewertet. Die für jede Fehlerart berechneten Fehlerpunkte werden summiert. Diese Gesamtsumme überschreitet den in der Tabelle angegebenen Wert für den „Fehler, gesamt“ nicht.

Die Fehler werden im abgetropften Zustand der Probe ermittelt.

Ein Bohnenkern oder ein fremdes Pflanzenteil werden als Stück gezählt.

Fehlerart	Maßgebliche Einheit	Fehlerpunkte
Verfärbt oder vertrocknet	je % (m/m)	1
Fremde Pflanzenteile	je Stück	5
Mechanisch beschädigt	je % (m/m)	1
Fehler, gesamt	**Standardprobenmenge**	**10**

3.2.1.7 **Mais**

3.2.1.7.1 Herstellung und Verkehrsbezeichnung

Maiskonserven sind Erzeugnisse aus den frischen, gesunden und saftigen Körnern von süßem, gelbem Mais der Art Zea mays L.

Mais wird mit der Verkehrsbezeichnung *Mais, Gemüsemais, Junger Gemüsemais* oder *Zarter junger Gemüsemais* in Verkehr gebracht.

Die reifen Maiskolben werden sorgfältig geerntet, sachgerecht transportiert, von Hülsenblättern und seidigen Fasern befreit, sortiert und sorgfältig gewaschen. Die Maiskörner werden vom Kolben geschnitten und in geeigneten Behältnissen mit ausreichend Aufgussflüssigkeit aufgefüllt oder unter Vakuum mit maximal 20 % des Gesamtinhaltsgewichtes an Aufgussflüssigkeit verpackt und sterilisiert.

3.2.1.7.2 Beschaffenheitsmerkmale

Mais ist von annähernd gleicher Größe und Farbe. Er ist praktisch frei von nicht zum Verzehr geeigneten Bestandteilen.

Die Maiskörner in Konserven sind deutlich süß im Geschmack und weisen eine zarte, nicht mehlige Textur auf. Geruch und Geschmack sind arttypisch und ohne Fremdnoten, wie z. B. muffig oder sauer.

Abtropfgewichte*:

	Behältervolumen	
	Gruppe	g Abtropfgewicht/ 100 ml Randvollvolumen
Mais in Aufgussflüssigkeit	VII	66
Mais, vakuumverpackt	VIII	67

* siehe auch Anlage 2

Beschreibung der Fehler:

a) Samenschalen: Samenschalen, die zu weniger als 50 % gefüllt sind.

b) Seidenteile: Teile des groben, fadenförmigen Gewebes unter der Hülle, die Bestandteil des Kolbens sind. Fehlerhaft sind Seidenteile, die in der Summe länger als 10 cm sind.

c) Fremde Pflanzenteile: Teile der Maispflanze, außer Seidenteilen, z. B. Teile des festen bis harten zelluloseartigen Kolbenkerns, an dem die Maiskörner befestigt sind, Hüllblätterteile von mehr als 2 cm^2 Fläche oder Teile anderer Pflanzen.

d) Schäden durch Schädlinge oder Fäule: Das Erscheinungsbild des Maiskorns ist beeinträchtigt. Die schadhafte Stelle hat einen Durchmesser von mehr als 2 mm.

e) Mechanisch beschädigt: Jede Verunstaltung der Maiskörner durch zum Beispiel Verletzungen mechanischer oder anderer Art, durch Quetschungen oder durch unvollständige Ausbildung des Korns.

Die Standardprobenmenge beträgt 500 g abgetropftes Gemüse. Bei Bedarf kann mehr als die Standardprobenmenge geprüft werden.

Auf Basis der Standardprobenmenge werden die Fehler des Erzeugnisses erfasst und mit den in der Tabelle zugeordneten Fehlerpunkten bewertet. Die für jede Fehlerart berechneten Fehlerpunkte werden summiert. Diese Gesamtsumme überschreitet den in der Tabelle angegebenen Wert für den „Fehler, gesamt“ nicht.

Die Fehler werden im abgetropften Zustand der Probe ermittelt.

Ein Maiskorn bzw. ein Seidenteil oder ein fremdes Pflanzenteil werden als ein Stück gezählt.

Fehlerart	**Maßgebliche Einheit**	**Fehlerpunkte**
Samenschalen	je % (m/m)	1
Seidenteile	je Stück	10
Fremde Pflanzenteile	je Stück	5
Schäden durch Schädlinge oder Fäule	je Stück	10
Mechanisch beschädigt	je % (m/m)	1
Fehler, gesamt	**Standardprobenmenge**	**30**

3.2.1.8 **Maiskolben**

3.2.1.8.1 Herstellung und Verkehrsbezeichnungen

Maiskolben in Konserven sind Erzeugnisse aus frischen und gesunden Kolben der Art Zea mays L.

Maiskolben werden mit der Verkehrsbezeichnung *Maiskolben* in Verkehr gebracht.

Maiskolben sind in der Regel beidseitig zurechtgeschnitten und von Hüllblättern und Seidenfasern befreit, sortiert, gewaschen und in geeigneten Behältnissen mit ausreichend Aufgussflüssigkeit aufgefüllt und sterilisiert. Maiskolben werden auch als vakuumverpackte Konserve angeboten.

3.2.1.8.2 Beschaffenheitsmerkmale

Maiskolben sind von annähernd gleichmäßig gelber Farbe und Größe und mit Ausnahme der Spindel praktisch frei von nicht zum Verzehr bestimmten Bestandteilen, wie zum Beispiel Blättern, Hüllblättern oder Seidenfäden. Ganze Maiskolben haben eine Mindestlänge von 120 mm, Teile davon mindestens 30 mm. Der Durchmesser beträgt an der dicksten Stelle mindestens 40 mm. Die Maiskörner sind im geeigneten Reifestadium.

Die Körner der Maiskolben in Konserven schmecken deutlich süß und weisen eine weiche, zarte, nicht mehlige Textur auf. Die Samenschale ist zart. Geruch und Geschmack sind ohne Fremdnoten.

Beschreibung der Fehler:

a) Unzureichend entwickelt: Die Körner bilden kein symmetrisches Muster in verschiedenen Linien oder Reihen. Das Erscheinungsbild ist durch fehlende oder eingeschrumpfte Körner beeinträchtigt. Dieser Fehler erstreckt sich mindestens über eine Fläche von 2 cm^2.

b) Unzureichend zurechtgeschnitten: Kolben, bei dem das Spindelende ohne bzw. ohne ausreichend ausgebildete Körner mehr als 10 mm herausragt.

c) Hüllblätter oder Teile davon: Teile der membranartigen äußeren Hülle sowie umhüllender Blätter, die Bestandteil des Kolbens sind. Fehlerhaft sind mehr als 2 cm^2 große Teile.

d) Seidenteile: Teile des groben, fadenförmigen Gewebes unter der Hülle, die Bestandteil des Kolbens sind. Fehlerhaft sind Seidenteile, die in der Summe länger als 20 cm sind.

e) Schäden durch Schädlinge oder Fäule: Das Erscheinungsbild des Kolbens ist beeinträchtigt. Die schadhafte Stelle hat einen Durchmesser von mehr als 2 mm.

f) Mechanisch beschädigt: gequetschte, zerrissene Körner, die das Erscheinungsbild beeinträchtigen. Dieser Fehler erstreckt sich mindestens über 5 aneinanderliegende Körner (Bereich). Körner am Ende des Kolbens, die durch das Zurechtschneiden angeschnitten oder gequetscht wurden, werden nicht mitgezählt.

Die Standardprobenmenge beträgt 10 ganze Kolben oder entsprechend viele Teilstücke. Bei Bedarf kann mehr als die Standardprobenmenge geprüft werden.

Auf Basis der Standardprobenmenge werden die Fehler des Erzeugnisses erfasst und mit den in der Tabelle zugeordneten Fehlerpunkten bewertet. Die für jede Fehlerart berechneten Fehlerpunkte werden summiert. Diese Gesamtsumme überschreitet den in der Tabelle angegebenen Wert für den „Fehler, gesamt“ nicht.

Die Fehler werden im abgetropften Zustand der Probe ermittelt.

Ein Maiskolben bzw. ein Kolbenabschnitt oder ein Hüllblatt, ein Hüllblattteil oder ein Seidenteil werden als ein Stück bezeichnet.

Fehlerart	**Maßgebliche Einheit**	**Fehlerpunkte**
Unzureichend entwickelt	je Stück	2
Unzureichend zurechtgeschnitten	je Stück	3
Hüllblätter oder Teile davon	je Stück	2
Seidenteile	je 20 cm	1
Schäden durch Schädlinge oder Fäule	je Stück	3
Mechanisch beschädigt	je Bereich	3
Fehler, gesamt	**Standardprobengröße**	**15**

3.2.1.9 **Schwarzwurzeln**

3.2.1.9.1 Herstellung und Verkehrsbezeichnung

Schwarzwurzelkonserven sind Erzeugnisse aus der frischen, geschälten und gegebenenfalls in Stücke geschnittenen Zentralwurzel der Schwarzwurzelpflanze Scorzonera hispanica L.

Schwarzwurzeln werden mit der Verkehrsbezeichnung *Schwarzwurzeln* in Verkehr gebracht.

Die Schwarzwurzeln werden sorgfältig geerntet, gewaschen, laugengeschält, gegebenenfalls geschnitten und blanchiert. Die Schwarzwurzeln bzw. Schwarzwurzelabschnitte werden in geeigneten Behältnissen mit ausreichend Aufgussflüssigkeit sterilisiert. Die Aufgussflüssigkeit enthält in der Regel Citronensäure.

3.2.1.9.2 Beschaffenheitsmerkmale

Die Stücke von Schwarzwurzeln sind von annähernd gleicher weißlicher bis hellgelber Farbe und von annähernd gleicher Länge und gleichem Durchmesser.

Die Schwarzwurzeln in Konserven sind praktisch frei von nicht zum Verzehr geeigneten Bestandteilen. Die Textur ist nicht matschig oder weich, sondern bissfest.

Sie haben einen arttypischen Geruch und Geschmack. Geruch und Geschmack sind ohne Fremdnoten, wie z. B. muffig oder sauer.

Abtropfgewichte*:

	Behältervolumen	
	Gruppe	g Abtropfgewicht/ 100 ml Randvollvolumen
Schwarzwurzeln	V	59

* siehe auch Anlage 2

Beschreibung der Fehler:

a) Fehlfarben: missfarbene, z. B. graurosa farbene Stücke.

b) Fleckig: Stücke mit braunen Flecken oder schwarzen Ringen, die das Erscheinungsbild erheblich beeinträchtigen.

c) Putzfehler: Stücke mit mindestens 5 kleinen Putzfehlern oder mit mindestens einer schwarzen Stelle mit einem Durchmesser größer als 4 mm.

d) Weich und matschig: Stücke, die aufgrund ihrer weichen Textur zerfallen.

e) Hohl oder holzig: Stücke mit einer holzigen Textur oder innen hohle Stücke.

f) Kurze Stücke: Stücke mit einer Länge < 30 mm.

g) Mechanisch beschädigt: gequetschte oder zerrissene Stücke, die das Erscheinungsbild erheblich beeinträchtigen.

Die Standardprobenmenge beträgt 500 g abgetropftes Gemüse. Bei Bedarf kann mehr als die Standardprobenmenge geprüft werden.

Auf Basis der Standardprobenmenge werden die Fehler des Erzeugnisses erfasst und mit den in der Tabelle zugeordneten Fehlerpunkten bewertet. Die für jede Fehlerart berechneten Fehlerpunkte werden summiert. Diese Gesamtsumme überschreitet den in der Tabelle angegebenen Wert für den „Fehler, gesamt" nicht.

Die Fehler werden im abgetropften Zustand der Probe ermittelt.

Ein Schwarzwurzelabschnitt wird als ein Stück gezählt.

Fehlerart	Maßgebliche Einheit	Fehlerpunkte
Fehlfarben	je Stück	2
Fleckig	je Stück	2
Putzfehler	je Stück	1

Fehlerart	Maßgebliche Einheit	Fehlerpunkte
Weich und matschig	je Stück	2
Hohl oder holzig	je Stück	3
Mechanisch beschädigt	je Stück	1
Fehler, gesamt	**Standardprobenmenge**	**20**

Bei Schwarzwurzeln beträgt der Anteil an kurzen Stücken maximal 15 % (m/m) (bezogen auf die Standardprobenmenge, ohne Toleranz).

3.2.1.10 **Spargel**

3.2.1.10.1 Herstellung und Verkehrsbezeichnung

Spargelkonserven sind Erzeugnisse aus den frischen, optimal entwickelten und gesunden Sprossen der Art Asparagus officinalis L. Er wird als weißer oder grüner Spargel in Verkehr gebracht. Weißer Spargel stammt von den unterirdischen Sprossen, der grüne Spargel von den oberirdischen Sprossen, die Chlorophyll gebildet haben.

Weißer Spargel wird geschält und mit der Verkehrsbezeichnung *Spargel* in Verkehr gebracht. Grüner Spargel wird in der Regel nicht geschält und mit der Verkehrsbezeichnung *Grüner Spargel* in Verkehr gebracht. Die Verarbeitungsform ist Bestandteil der Verkehrsbezeichnung, z. B. *Spargelköpfe*.

Verkehrsbezeichnungen	Verarbeitungsformen
Spargel, Stangenspargel, Spargelstangen	Köpfe und sich daran anschließende Teile der Stange mit einer Länge von 12 cm und mehr.
Spargelköpfe, Spargelspitzen	Spargelspitzen und sich daran anschließende Teile der Stangen von 3 bis 7 cm.
Spargelabschnitte	Spargel, der in Abschnitte von 2 bis 7 cm quer geschnitten wird. Köpfe kommen vereinzelt vor.
Spargelabschnitte, mit Köpfen	Spargel, der in Abschnitte von 2 bis 7 cm quer geschnitten wird. Der Kopfanteil beträgt mindestens 15 % (m/m).

Auf die Größensortierung kann in Verbindung mit der Verkehrsbezeichnung hingewiesen werden. Das Kriterium für die Größensortierung bei Spargel ist der Durchmesser. Der größte Durchmesser wird an der dicksten Stelle eines Teiles (Stange, Kopf oder Abschnitt) rechtwinklig zur Längsachse am sterilisierten Spargel gemessen:

Bezeichnungen	Durchmesser (mm)

dünn	≤ 8
mittel/mittelstark	> 8 bis 13
stark	> 13 bis 18
sehr stark	> 18

Die Angaben beziehen sich auf geschälten Spargel. Bei ungeschältem Spargel erhöhen sich die Zahlenwerte um je 2 mm.

Der reife Spargel wird sorgfältig geerntet, sachgerecht transportiert, gewaschen, gegebenenfalls geschält und/oder geschnitten. Der reife Spargel wird in geeigneten Behältnissen mit ausreichend Aufgussflüssigkeit aufgefüllt und sterilisiert.

3.2.1.10.2 Beschaffenheitsmerkmale

Der Spargel ist annähernd gleichmäßig in Länge, Durchmesser und Farbe. Die Spargelstangen sind praktisch gerade, die Sprossenköpfe sind fest verschlossen und unbeschädigt.

Der Spargel in Konserven ist praktisch frei von nicht zum Verzehr geeigneten Bestandteilen, wie zum Beispiel Sand oder Erde. Die Textur ist zart, nicht matschig, nicht faserig oder holzig. Geruch und Geschmack sind arttypisch und ohne Fremdnoten, wie z. B. muffig oder sauer.

Abtropfgewichte*:

	Behältervolumen	
	Gruppe	g Abtropfgewicht/ 100 ml Randvollvolumen
Weißer Spargel	V	59
Grüner Spargel	III	54

* siehe auch Anlage 2

Beschreibung der Fehler:

a) Fehlfarben oder fleckig: Spargel mit deutlichen Farbfehlern: Weißer Spargel mit violettem oder grünem Kopf. Grüner Spargel mit einem Grünanteil < 80 % seiner Länge. Spargelabschnitte, die überwiegend grau oder braun verfärbt sind.

b) Schälfehler: Stücke mit Schalenresten von mehr als 4 mm Breite.

c) Hohl: Stücke mit deutlich sichtbaren Hohlräumen.

d) Verformt: Stangen mit einer Krümmung von mehr als 30 mm (Abstand bezogen auf eine angelegte Linie).

e) Holzig: Stücke mit faserigen Anteilen, die zum Verzehr nicht geeignet sind.

f) Aufgeblühte Köpfe: Stücke mit geöffnetem Spargelkopf.

g) Mechanisch beschädigt: Stücke, die gequetscht oder gebrochen sind.

h) Kurze Stücke: Stücke mit einer Länge < 25 mm.

Die Standardprobenmenge beträgt 500 g abgetropftes Gemüse. Bei Bedarf kann mehr als die Standardprobenmenge geprüft werden.

Auf Basis der Standardprobenmenge werden die Fehler des Erzeugnisses erfasst und mit den in der Tabelle zugeordneten Fehlerpunkten bewertet. Die für jede Fehlerart berechneten Fehlerpunkte werden summiert. Diese Gesamtsumme überschreitet den in der Tabelle angegebenen Wert für den „Fehler, gesamt" nicht.

Die Fehler werden im abgetropften Zustand der Probe ermittelt.

Eine Spargelstange bzw. ein Spargelabschnitt werden als Stück gezählt.

Fehlerart	**Maßgebliche Einheit**	**Fehlerpunkte**		
		Stangen	Abschnitte	Köpfe
Fehlfarben oder fleckig	je Stück	1	1	1
Schälfehler	je Stück	2	2	–
Hohl	je Stück	2	2	–
Verformt	je Stück	2	–	–
Holzig	je Stück	2	2	–
Aufgeblühte Köpfe	je Stück	1	1	1
Mechanisch beschädigt	je Stück	2	1	1
Fehler, gesamt	**Standardprobenmenge**	**10**	**30**	**20**

Bei Spargelabschnitten beträgt der Anteil an kurzen Stücken maximal 15 % (m/m) (bezogen auf die Standardprobenmenge, ohne Toleranz).

3.2.2 **Gemüsekonserven aus mehreren Gemüsearten**

Jede Gemüsekomponente einer Mischung aus mehreren Gemüsearten entspricht den „Allgemeinen Beurteilungsmerkmalen" für Gemüsekonserven sowie gegebenenfalls den „Besonderen Beurteilungsmerkmalen" für die jeweilige Gemüseart.

3.2.2.1 Erbsen und Karotten

3.2.2.1.1 Herstellung und Verkehrsbezeichnung

Erbsen- und Karotten-Konserven sind Erzeugnisse aus Mischungen von Erbsen (Palerbsen oder Markerbsen) mit Karotten (Möhren).

Mischungen aus Erbsen und Karotten werden mit der Verkehrsbezeichnung *Erbsen mit Karotten, Erbsen mit Möhren, Erbsen mit Möhrchen* in Verkehr gebracht. In Verbindung mit der Verkehrsbezeichnung werden die Sortierung und Verarbeitungsform angegeben.

3.2.2.1.2 Beschaffenheitsmerkmale

Die Erbsen sind praktisch frei von gelben, verfärbten und fleckigen Samen, von durch Insekten beschädigten Samen, von Samenschalen und Teilen von Samenschalen und von Hülsenteilen. Sie haben eine frische, grüne Farbe, einen süßlichen Geschmack und eine zarte, nicht matschige Konsistenz. Geruch und Geschmack sind ohne Fremdnoten, wie z. B. muffig oder sauer.

Die Karotten haben eine gleichmäßige sortentypische Farbe und eine annähernd gleiche Größe. Sie sind praktisch frei von Schalenresten, Krautresten, von Schäden durch Schädlinge oder Fäule und von Grün- oder sonstigen Verfärbungen. Sie haben einen typisch süßen Geschmack. Die Textur ist fest, nicht gummiartig oder holzig. Geruch und Geschmack sind ohne Fremdnoten, wie z. B. muffig oder sauer.

Die Mischungen bestehen aus mindestens 50 % Erbsen und haben einen Karottenanteil von mindestens 30 %.

Abtropfgewichte*:

	Behältervolumen	
	Gruppe	g Abtropfgewicht/ 100 ml Randvollvolumen
Erbsen mit Karotten	VI	62,5

* siehe auch Anlage 2

3.2.2.2 **Leipziger Allerlei**

3.2.2.2.1 Herstellung und Verkehrsbezeichnung

Leipziger Allerlei-Konserven sind Erzeugnisse aus Mischungen von Erbsen (Palerbsen oder Markerbsen), Karotten (Möhren) und Brechspargel.

Leipziger Allerlei wird mit der Verkehrsbezeichnung *Leipziger Allerlei* in Verkehr gebracht. Sofern die Sortierung in Verbindung mit der Verkehrsbezeichnung angegeben wird, entsprechen die Produkte den Anforderungen gemäß der nachfolgenden Tabelle.

Verkehrsbezeichnungen einschließlich ergänzender Bezeichnungen	Erbsen	Spargel	Karotten
Leipziger Allerlei extra fein	Palerbsen (< 7,5 mm) oder Markerbsen (< 7,5 mm)	Spargelabschnitte, mit Köpfen (12–18 mm)	kugelförmige Karotten (< 22 mm) oder zylinderförmige Karotten (6–15 mm)
	mind. 45 % (m/m)	mind. 20 % (m/m)	
Leipziger Allerlei sehr fein	Palerbsen (7,5–8,2 mm) oder Markerbsen (7,5–8,2 mm)	Spargelabschnitte, mit Köpfen (≤ 13 mm)	kugelförmige Karotten (22–27 mm) oder zylinderförmige Karotten (15–18 mm)
	mind. 45 % (m/m)	mind. 17 % (m/m)	
Leipziger Allerlei fein	Palerbsen (8,2–8,75 mm) oder Markerbsen (8,2–9,3 mm)	Spargelabschnitte, mit Köpfen und/oder ohne Köpfe (< 13 mm)	kugelförmige Karotten (27–35 mm) oder zylinderförmige Karotten (18–23 mm)
	mind. 45 % (m/m)	mind. 14 % (m/m)	
Leipziger Allerlei mittelfein	Palerbsen (8,2–8,75 mm) oder Markerbsen (8,2–9,3 mm)	Spargelabschnitte, mit Köpfen und/oder ohne Köpfe (≤ 13 mm)	kugelförmige Karotten (27–35 mm) oder zylinderförmige Karotten (18–23 mm)
	mind. 45 % (m/m)	mind. 10 % (m/m)	

3.2.2.2.2 Beschaffenheitsmerkmale

Die Erbsen sind praktisch frei von gelben, verfärbten und fleckigen Samen, von durch Insekten beschädigten Samen, von Samenschalen und Teilen von Samenschalen und von Hülsenteilen. Sie haben eine frische, grüne Farbe, einen süßlichen Geschmack und eine zarte, nicht matschige Konsistenz. Geruch und Geschmack sind ohne Fremdnoten, wie z. B. muffig oder sauer.

Der Spargel ist von annähernd gleichmäßiger Länge, Durchmesser und Farbe. Er ist praktisch frei von nicht zum Verzehr geeigneten Bestandteilen, wie z. B. Sand oder Erde. Die Textur ist zart, nicht matschig, nicht faserig oder holzig. Geruch und Geschmack sind arttypisch und ohne Fremdnoten, wie z. B. muffig oder gärig.

Die Karotten haben eine gleichmäßige sortentypische Farbe und eine annähernd gleiche Größe. Sie sind praktisch frei von Schalenresten, Krautresten, von Schäden durch Schädlingen oder Fäule und von Grün- oder sonstigen Verfärbungen. Sie haben einen typisch süßen Geschmack. Die Textur ist fest, nicht gummiartig oder holzig. Geruch und Geschmack sind ohne Fremdnoten, wie z. B. muffig oder gärig.

Die Mischung kann auch mehr als 2 % (m/m) Morcheln enthalten.

Abtropfgewichte*:

	Behältervolumen	
	Gruppe	g Abtropfgewicht/ 100 ml Randvollvolumen
Leipziger Allerlei	VI	62,5

* siehe auch Anlage 2

4. Besondere Beurteilungsmerkmale für einzelne Gemüse mit Essig

4.1 Herstellung und Beschaffenheitsmerkmale

Gemüse mit Essig ist sauer oder süßsauer eingemachtes Gemüse, das aus frischer oder auch vorbehandelter Rohware mit einem Aufguss tafelfertig zubereitet und haltbar gemacht ist. Die Haltbarmachung geschieht in geeigneten Behältnissen durch Pasteurisation.

Ein entsprechend niedriger pH-Wert ist erforderlich, um das Produkt ausreichend haltbar zu machen. Er liegt in der Regel unter 4,2.

Der Gesamtsäuregehalt beträgt bei Gemüse mit Essig und bei Gurkenkonserven im Fertigerzeugnis mindestens 0,5 %, berechnet als Essigsäure, bestimmt in der Lake.

Für den Aufguss werden insbesondere folgende Zutaten verwendet:

- Trinkwasser[7)]
- Essig[4)],
- Speisesalz,
- Gewürze, Kräuter, natürliche Aromen[8)],
- Zuckerarten[5)] und Süßungsmittel[3)].

Als Gemüse mit Essig werden insbesondere hergestellt:

- Gemüse mit Essig aus einer Gemüseart,
- Gemüse mit Essig aus mehreren Gemüsearten.

4.2 Verkehrsbezeichnungen, Abtropfgewichte und tolerierbare Anteile an Fehlern für einzelne Erzeugnisse

4.2.1 **Gemüse mit Essig aus einer Gemüseart**

4.2.1.1 **Bohnen**

4.2.1.1.1 Herstellung und Verkehrsbezeichnung

Bohnen mit Essig sind ein Erzeugnis aus grünen Bohnen oder gelben Buschbohnen der Art Phaseolus vulgaris L. Es werden „fadenfreie“ Sorten verwendet. Die Pergamentschicht ist noch nicht ausgebildet.

Bohnen mit Essig werden mit der Verkehrsbezeichnung *Bohnensalat* oder *Wachsbohnensalat* in Verkehr gebracht.

Die Bohnen werden sorgfältig geerntet, sachgerecht transportiert, von Bohnenspitzen und Bohnenstängeln befreit, sorgfältig gewaschen, geschnitten und in geeigneten Behältnissen mit ausreichend Aufgussflüssigkeit pasteurisiert.

4.2.1.1.2 Beschaffenheitsmerkmale

Bohnen mit Essig sind von annähernd gleicher Farbe, gleicher Länge und gleichem Durchmesser. Die Textur ist bissfest. Sie haben einen arttypischen, würzigen Geruch und einen sauren oder süßsauren Geschmack. Geruch und Geschmack sind ohne Fremdnoten, wie z. B. muffig oder gärig.

Der refraktometrisch bei 20 °C ohne Säurekorrektur bestimmte Gehalt an löslicher Substanz beträgt abzüglich des Kochsalzgehaltes 2 bis 10 %.

Der Kochsalzgehalt liegt zwischen 0,5 und 2 g/100 ml.

Abtropfgewicht*:

Erzeugnis	**g Abtropfgewicht/100 ml Randvollvolumen**
Bohnensalat, Wachsbohnensalat	52

* siehe auch Anlage 2

Hinsichtlich der Fehler und ihrer Toleranzen entsprechen die verwendeten Bohnen den Anforderungen an Gemüsekonserven aus Brechbohnen (s. Abschnitt 3.2.1.1).

4.2.1.2 **Karotten**

4.2.1.2.1 Herstellung und Verkehrsbezeichnung

Karotten mit Essig sind ein Erzeugnis aus Rüben der Zuckerkarotte Daucus carota L.

Karotten mit Essig werden mit der Verkehrsbezeichnung *Karottensalat* in Verkehr gebracht. In Verbindung mit der Verkehrsbezeichnung kann die Verarbeitungsform, z. B. „in Streifen“, „fein geraspelt“, angegeben werden.

Die Karotten werden sorgfältig geerntet, sachgerecht sortiert, von Krautresten befreit, sorgfältig geschält, gewaschen, zerkleinert und in geeigneten Behältnissen mit ausreichend Aufgussflüssigkeit pasteurisiert.

4.2.1.2.2 Beschaffenheitsmerkmale

Karotten mit Essig haben eine gleichmäßige, sortentypische gelborange bis rotorange Farbe. Die Textur ist bissfest. Der Geruch ist frisch und arttypisch. Der Geschmack ist süßsauer, würzig und arttypisch. Geruch und Geschmack sind ohne Fremdnoten, wie z. B. muffig oder gärig.

Der refraktometrisch bei 20 °C ohne Säurekorrektur bestimmte Gehalt an löslicher Substanz beträgt abzüglich des Kochsalzgehaltes 2 bis 15 %.

Der Kochsalzgehalt liegt zwischen 0,5 und 2,5 g/100 ml.

Abtropfgewicht*:

Erzeugnis	**g Abtropfgewicht/100 ml Randvollvolumen**
Karottensalat	52

* siehe auch Anlage 2

4.2.1.3 **Kürbis**

4.2.1.3.1 Herstellung und Verkehrsbezeichnung

Kürbis mit Essig ist ein Erzeugnis aus Früchten des Speisekürbis Cucurbita maxima.

Kürbis mit Essig wird mit der Verkehrsbezeichnung *Kürbis* in Verkehr gebracht. In Verbindung mit der Verkehrsbezeichnung wird die Verarbeitungsform, z. B. „Würfel" oder „Stücke", angegeben. Angaben wie „Delikatess" oder „Auslese" können hinzugefügt werden, sofern mindestens 15 % Zucker im Enderzeugnis enthalten sind.

Der Kürbis wird sorgfältig geerntet, sachgerecht transportiert, sorgfältig geschält und vom Kerngehäuse befreit, geschnitten und in geeigneten Behältnissen mit ausreichend Aufgussflüssigkeit pasteurisiert.

4.2.1.3.2 Beschaffenheitsmerkmale

Kürbis mit Essig hat eine gelbliche bis orange Farbe. Er hat eine nicht zu weiche Textur, wobei gewisse Texturunterschiede von Stück zu Stück innerhalb eines Gebindes für dieses Produkt typisch sind. Der Geruch ist frisch und arttypisch. Der Geschmack ist süßsauer, würzig und arttypisch. Geruch und Geschmack sind ohne Fremdnoten, wie z. B. muffig oder gärig.

Der refraktometrisch bei 20 °C ohne Säurekorrektur bestimmte Gehalt an löslicher Substanz beträgt abzüglich des Kochsalzgehaltes in der Regel weniger als 30 %.

Wird Kochsalz zugefügt, beträgt der Kochsalzgehalt in der Regel nicht mehr als 2 g/100 ml.

Abtropfgewicht*:

Erzeugnis	**g Abtropfgewicht/100 ml Randvollvolumen**
Kürbis	55

* siehe auch Anlage 2

Beschreibung der Fehler:

a) Verfärbungen: Stücke, deren Oberfläche zu mindestens 25 % braun ist.

b) Holzige Stücke: Stücke, die vom holzigen Stielansatz stammen.

Die Standardprobenmenge beträgt 500 g abgetropftes Gemüse. Bei Bedarf kann mehr als die Standardprobenmenge geprüft werden. Als tolerierbare Fehler auf Basis der Standardprobenmenge gelten die in der Tabelle aufgeführten Einzelwerte.

Ein Kürbisstück wird als Stück gezählt.

Fehlerart	**Tolerierbare Fehler**
Verfärbungen	10 % (m/m)
Holzige Stücke	1 Stück/100 g

4.2.1.4 **Maiskölbchen**

4.2.1.4.1 Herstellung und Verkehrsbezeichnung

Maiskölbchen mit Essig sind ein Erzeugnis aus Maiskölbchen bis zu einer Länge von 12 cm der Maispflanze Zea mays L.

Maiskölbchen mit Essig werden mit der Verkehrsbezeichnung *Maiskölbchen* in Verkehr gebracht. In Verbindung mit der Verkehrsbezeichnung kann die Größensortierung angegeben werden.

Verkehrsbezeichnung einschließlich ergänzender Bezeichnungen	**Länge (cm)**
Maiskölbchen	≤ 12
Maiskölbchen extra klein	≤ 7

Die Maiskölbchen werden sorgfältig geerntet, sachgerecht transportiert, gegebenenfalls sortiert und sorgfältig gewaschen und in geeigneten Behältnissen mit ausreichend Aufgussflüssigkeit pasteurisiert.

4.2.1.4.2 Beschaffenheitsmerkmale

Maiskölbchen mit Essig sind von annähernd gleichmäßig hellgelber Farbe und Größe und praktisch frei von nicht zum Verzehr bestimmten Bestandteilen. Sie weisen eine weiche, zarte, nicht mehlige Textur auf. Geruch und Geschmack sind arttypisch und ohne Fremdnoten, wie z. B. muffig oder gärig.

Der refraktometrisch bei 20 °C ohne Säurekorrektur bestimmte Gehalt an löslicher Substanz beträgt abzüglich des Kochsalzgehaltes in der Regel 2 bis 10 %.

Der Kochsalzgehalt liegt zwischen 0,3 und 2,5 g/100 ml.

Abtropfgewicht*:

Erzeugnis	**g Abtropfgewicht/100 ml Randvollvolumen**
Maiskölbchen	52

* siehe auch Anlage 2

Beschreibung der Fehler:

a) Hüllblätter oder Teile davon: Teile der membranartigen äußeren Hülle sowie umhüllender Blätter, die Bestandteil des Kölbchens sind. Fehlerhaft sind mehr als 2 cm^2 große Teile.

b) Seidenteile: Teile des groben, fadenförmigen Gewebes unter der Hülle, die Bestandteil des Kölbchens sind. Fehlerhaft sind Seidenteile, die in der Summe länger als 20 cm sind.

c) Mechanisch beschädigt: gebrochene Kölbchen.

Die Standardprobenmenge beträgt 500 g abgetropftes Gemüse. Bei Bedarf kann mehr als die Standardprobenmenge geprüft werden. Als tolerierbare Fehler auf Basis der Standardprobenmenge gelten die in der Tabelle aufgeführten Einzelwerte.

Ein Maiskölbchen, ein Hüllblatt bzw. ein Teil hiervon (größer als 2 cm^2) sowie Seidenteile (in der Summe länger als 20 cm) werden als Stück gezählt.

Fehlerart	**Tolerierbare Fehler**
Hüllblätter oder Teile davon	1 Stück/100 g
Seidenteile	1 Stück/100 g
Mechanisch beschädigt	2 Stück/100 g

4.2.1.5 **Paprika (Gemüsepaprika)**

4.2.1.5.1 Herstellung und Verkehrsbezeichnung

Gemüsepaprika mit Essig ist ein Erzeugnis aus Früchten des Gemüsepaprikas Capsicum annuum L. Es werden Sorten eingesetzt, die überwiegend dickfleischige Früchte hervorbringen. Die Farbe der Paprika ist je nach Reifegrad und Sorte z. B. grün, gelb, orange oder rot.

Gemüsepaprika mit Essig wird mit der Verkehrsbezeichnung *Paprika* in Verkehr gebracht. Bei Verwendung von Tomatenpaprika kann die Verkehrsbezeichnung *Tomatenpaprika* verwendet werden. Außer bei rotem Paprika wird in Verbindung mit der Verkehrsbezeichnung die Farbe angegeben. In Verbindung mit der Verkehrsbezeichnung kann die Verarbeitungsform, z. B. „Streifen“, „Würfel“ oder „Viertel“, angegeben werden.

Der Paprika wird sorgfältig geerntet, sachgerecht transportiert, sorgfältig gewaschen, zerkleinert und in geeigneten Behältnissen mit ausreichend Aufgussflüssigkeit pasteurisiert.

4.2.1.5.2 Beschaffenheitsmerkmale

Die Stücke von Gemüsepaprika mit Essig sind von annähernd gleicher Farbe und Größe. Sie sind praktisch frei von nicht zum Verzehr geeigneten Bestandteilen. Sie haben einen arttypischen, säuerlichen Geruch und einen würzigen, arttypischen Geschmack. Geruch und Geschmack sind ohne Fremdnoten, wie z. B. muffig oder gärig.

Der refraktometrisch bei 20 °C ohne Säurekorrektur bestimmte Gehalt an löslicher Substanz beträgt abzüglich des Kochsalzgehaltes 3 bis 12 %.

Der Kochsalzgehalt liegt zwischen 0,5 und 2,5 g/100 ml.

Abtropfgewichte*:

Erzeugnis	**g Abtropfgewicht/100 ml Randvollvolumen**
Paprika, Streifen	45
Paprika, Stücke	42

* siehe auch Anlage 2

Beschreibung der Fehler:

a) Ungleichmäßig gefärbt: Stücke mit mindestens 25 % anderer Farbanteile oder andersfarbiger Stücke.

b) Schäden durch Schädlinge oder Fäule: Das Erscheinungsbild des Stückes ist erheblich beeinträchtigt. Die schadhafte Stelle hat einen Durchmesser von mehr als 5 mm.

c) Schnittfehler und mechanisch beschädigt: Streifen < 20 mm und zusammenhängende Streifen. Scheiben- und ringartige Stücke gelten nicht als fehlerhaft. Bei gevierteltem Paprika werden mechanische Beschädigungen, die weniger als die Hälfte eines Viertels umfassen, gezählt.

Die Standardprobenmenge beträgt 500 g abgetropftes Gemüse. Bei Bedarf kann mehr als die Standardprobenmenge geprüft werden. Als tolerierbare Fehler auf Basis der Standardprobenmenge gelten die in der Tabelle aufgeführten Einzelwerte.

Ein Gemüsepaprikastück wird als ein Stück gezählt.

Fehlerart	**Tolerierbare Fehler**	
	Streifen und Stücke	Viertel
Ungleichmäßig gefärbt	15 % (m/m)	15 % (m/m)
Schäden durch Schädlinge oder Fäule	2 Stück/100 g	2 Stück/100 g
Schnittfehler und mechanisch beschädigt	25 % (m/m)	15 % (m/m)

4.2.1.6 **Peperoni**

4.2.1.6.1 Herstellung und Verkehrsbezeichnung

Peperoni mit Essig ist ein Erzeugnis aus unreifen oder reifen Schoten des Gewürzpaprikas Capsicum frutescens L.

Peperoni mit Essig werden mit der Verkehrsbezeichnung *Peperoni* in Verkehr gebracht Je nach Schärfegrad wird die Verkehrsbezeichnung ergänzt durch Angaben wie „mild“ oder „scharf“.

Bohnenförmige scharfe Peperoni werden auch mit der Verkehrsbezeichnung *Bohnenpeperoni* in Verkehr gebracht.

Die Peperoni werden sorgfältig geerntet, sachgerecht transportiert, sorgfältig gewaschen und in geeigneten Behältnissen mit ausreichend Aufgussflüssigkeit pasteurisiert.

Peperoni haben unterschiedliche Formen, z. B. spiral-, kegel-, kugel-, bohnenförmig.

4.2.1.6.2 Beschaffenheitsmerkmale

Milde Peperoni mit Essig haben eine gelbliche Farbe und einen mild-würzigen Geschmack. Scharfe Peperoni mit Essig sind von gelber, roter und grüner Farbe, auch geflammt, und haben einen scharf-würzigen Geschmack. Geruch und Geschmack sind ohne Fremdnoten, wie z. B. muffig und gärig.

Der refraktometrisch bei 20 °C ohne Säurekorrektur bestimmte Gehalt an löslicher Substanz beträgt abzüglich des Kochsalzgehaltes 2 bis 10 %. Bei milden Peperoni kann der Gehalt höher liegen.

Der Kochsalzgehalt liegt in der Regel zwischen 1 und 2 g/100 ml. Bei scharfen Peperoni kann der Gehalt höher liegen.

Abtropfgewichte:

Die Abtropfgewichte bei Peperoni sind abhängig von der unterschiedlichen Form und Größe der Früchte.

Beschreibung der Fehler:

a) Schäden durch Schädlinge oder Fäule: Das Erscheinungsbild des Stückes ist erheblich beeinträchtigt. Die schadhafte Stelle hat einen Durchmesser von mehr als 5 mm.

b) Mechanisch beschädigt: Früchte mit abgelösten Kappen sowie ganz durchgebrochene Schoten.

Die Standardprobenmenge beträgt 500 g abgetropftes Gemüse. Bei Bedarf kann mehr als die Standardprobenmenge geprüft werden. Als tolerierbare Fehler auf Basis der Standardprobenmenge gelten die in der Tabelle aufgeführten Einzelwerte.

Eine Peperoni wird als Stück gezählt.

Fehlerart	**Tolerierbare Fehler**
Schäden durch Schädlinge oder Fäule	5 Stück/100 g
Mechanisch beschädigt	10 Stück/100 g

4.2.1.7 **Rote Bete**

4.2.1.7.1 Herstellung und Verkehrsbezeichnung

Rote Bete mit Essig sind ein Erzeugnis aus den Knollen der Art Beta vulgaris vulgaris.

Rote Bete mit Essig werden mit der Verkehrsbezeichnung *Rote Bete*, *Rote Beete* oder *Rote Rüben* in Verkehr gebracht. In Verbindung mit der Verkehrsbezeichnung wird die Verarbeitungsform, z. B. „Kugeln“ (mit einem Durchmesser bis zu 42 mm), „Scheiben“ oder „Würfel“, angegeben.

Rote Bete werden sorgfältig geerntet, sachgerecht transportiert, sorgfältig gewaschen, gekocht, geschält, geputzt, ggf. geschnitten und in geeigneten Behältnissen mit ausreichend Aufgussflüssigkeit pasteurisiert.

Bei großen Rüben ist es zum Teil notwendig, diese vor dem Scheibenschnitt zu teilen.

4.2.1.7.2 Beschaffenheitsmerkmale

Rote Bete mit Essig haben eine einheitlich kräftige, rote Farbe. Der Geruch ist frisch und arttypisch. Der Geschmack ist süßsauer, würzig und arttypisch. Geruch und Geschmack sind ohne Fremdnoten, wie z. B. muffig oder gärig.

Rote Bete werden nicht gefärbt.

Der refraktometrisch bei 20 °C ohne Säurekorrektur bestimmte Gehalt an löslicher Substanz beträgt abzüglich des Kochsalzgehaltes 5 bis 20 %.

Der Kochsalzgehalt liegt zwischen 0,3 und 1,8 g/100 ml.

Abtropfgewicht*:

Erzeugnis	**g Abtropfgewicht/100 ml Randvollvolumen**
Rote Bete, Rote Beete, Rote Rüben	60

* siehe auch Anlage 2

Beschreibung der Fehler:

a) Wurzelreste: Anhängende, ungenügend entfernte Reste der Wurzel > 5 mm.

b) Schälfehler: Stücke mit Schalenresten mit einem Durchmesser > 7 mm.

c) Schäden durch Schädlinge oder Fäule: Das Erscheinungsbild des Stückes ist erheblich beeinträchtigt, insbesondere durch dunkle Verfärbungen.

d) Bruch: Scheiben (ganze Scheiben oder vorgeteilte Scheiben) < als ½ Scheibe, Streifen < 25 mm, Kugel < ½ Kugel.

Die Standardprobenmenge beträgt 500 g abgetropftes Gemüse. Bei Bedarf kann mehr als die Standardprobenmenge geprüft werden. Als tolerierbare Fehler auf Basis der Standardprobenmenge gelten die in der Tabelle aufgeführten Einzelwerte.

Eine Rote Bete bzw. ein Teilstück werden als Stück gezählt.

Fehlerart	Tolerierbare Fehler		
	Würfel/Streifen	Scheiben	Kugeln
Wurzelreste		5 % (m/m)	5 % (m/m)
Schälfehler		2 Stück/100 g	1 Stück/100 g
Schäden durch Schädlinge oder Fäule	5 Stück/100 g	5 Stück/100 g	5 Stück/100 g
Bruch	25 % (m/m)	25 % (m/m)	15 % (m/m)

4.2.1.8 **Sellerie**

4.2.1.8.1 Herstellung und Verkehrsbezeichnung

Sellerie mit Essig ist ein Erzeugnis aus Knollensellerie der Art Apium graveolens var. rapaceum L.

Sellerie mit Essig wird mit der Verkehrsbezeichnung *Sellerie* oder *Selleriesalat* in Verkehr gebracht. Bei *Sellerie* wird in Verbindung mit der Verkehrsbezeichnung die Verarbeitungsform, z. B. „Streifen“, „fein geraspelt“, „Scheiben“ oder „Würfel“, angegeben.

Der Sellerie wird sorgfältig geerntet, sachgerecht transportiert, sorgfältig gewaschen, geschält, in Scheiben oder Stücke geschnitten, geraspelt oder anderweitig zerkleinert und in geeigneten Behältnissen mit ausreichend Aufgussflüssigkeit pasteurisiert.

4.2.1.8.2 Beschaffenheitsmerkmale

Sellerie mit Essig ist von heller, leicht gelblicher Farbe. Der Geruch ist frisch und arttypisch. Der Geschmack ist süßsauer, würzig und arttypisch. Geruch und Geschmack sind ohne Fremdnoten, wie z. B. muffig oder gärig.

Sellerie mit Essig ist annähernd frei von Rost- und Stockflecken. Schalen- und Wurzelreste kommen nicht vor.

Der refraktometrisch bei 20 °C ohne Säurekorrektur bestimmte Gehalt an löslicher Substanz beträgt abzüglich des Kochsalzgehaltes in der Regel 3 bis 12 %.

Der Kochsalzgehalt liegt zwischen 0,5 und 2,5 g/100 ml.

Abtropfgewichte*:

Erzeugnis	g Abtropfgewicht/100 ml Randvollvolumen
Streifen, Würfel, Raspel	52
Scheiben	50

* siehe auch Anlage 2

4.2.1.9 **Silberzwiebeln**

4.2.1.9.1 Herstellung und Verkehrsbezeichnung

Silberzwiebeln mit Essig sind ein Erzeugnis aus ganzen Speisezwiebeln mit einem Durchmesser bis zu 28 mm der Zwiebel Allium cepa L. Sie werden von Wurzeln, Austrieben und Außenhäuten befreit.

Silberzwiebeln mit Essig werden mit der Verkehrsbezeichnung *Silberzwiebeln* in Verkehr gebracht. In Verbindung mit der Verkehrsbezeichnung kann die Größensortierung angegeben werden.

Verkehrsbezeichnung einschließlich ergänzender Angaben	**Durchmesser (mm)**
Silberzwiebeln, extra fein	≤ 16
Silberzwiebeln, klein	≤ 22

Die Silberzwiebeln werden sorgfältig geerntet, sachgerecht transportiert, sortiert, sorgfältig gewaschen und in geeigneten Behältnissen mit ausreichend Aufgussflüssigkeit pasteurisiert.

4.2.1.9.2 Beschaffenheitsmerkmale

Silberzwiebeln mit Essig sind unzerteilt und von weißlicher Farbe. Sie haben einen arttypischen Geruch und Geschmack ohne Fremdnoten, wie z. B. muffig oder gärig.

Der refraktometrisch bei 20 °C ohne Säurekorrektur bestimmte Gehalt an löslicher Substanz beträgt abzüglich des Kochsalzgehaltes 3 bis 15 %.

Der Kochsalzgehalt liegt zwischen 0,5 und 2 g/100 ml.

Abtropfgewicht*:

Erzeugnis	**g Abtropfgewicht/100 ml Randvollvolumen**
Silberzwiebeln	52

* siehe auch Anlage 2

Beschreibung der Fehler:

a) <u>Grünverfärbungen:</u> Stücke mit mindestens 50 % Grünverfärbungen.

b) <u>Wurzelreste:</u> Stücke mit Wurzelfäden > 5 mm.

c) <u>Schalenreste und -teile:</u> Stücke mit Schalenresten und lose Schalen.

d) Schäden durch Schädlinge oder Fäule: Das Erscheinungsbild des Stückes ist erheblich beeinträchtigt, insbesondere in Form von grauen bzw. braunen Verfärbungen.

Die Standardprobenmenge beträgt 500 g abgetropftes Gemüse. Bei Bedarf kann mehr als die Standardprobenmenge geprüft werden. Als tolerierbare Fehler auf Basis der Standardprobenmenge gelten die in der Tabelle aufgeführten Einzelwerte.

Eine grün verfärbte Silberzwiebel oder eine mit Wurzelresten werden als ein Stück gezählt.

Fehlerart	**Tolerierbare Fehler**
Grünverfärbungen	5 % (m/m)
Wurzelreste	10 % (m/m)
Schalenreste und -teile	12 % (m/m)
Schäden durch Schädlinge oder Fäule	4 Stück/100 g

4.2.2 Gemüse mit Essig aus mehreren Gemüsearten

Jede Gemüsekomponente einer Mischung aus mehreren Gemüsearten mit Essig entspricht den „Allgemeinen Beurteilungsmerkmalen“ für Gemüseerzeugnisse sowie ggf. den „Besonderen Beurteilungsmerkmalen“ für Gemüse mit Essig aus einer Gemüseart.

4.2.2.1 Mixed Pickles

4.2.2.1.1 Herstellung und Verkehrsbezeichnung

Mixed Pickles mit Essig sind ein Erzeugnis aus mindestens sechs verschiedenen Gemüsearten. Die Zusammensetzung ergibt sich aus der unten stehenden Tabelle.

Die Verkehrsbezeichnung lautet *Mixed Pickles*.

4.2.2.1.2 Beschaffenheitsmerkmale

Mixed Pickles mit Essig sind im Geruch frisch, arttypisch, würzig säuerlich und im Geschmack arttypisch, süßsauer, würzig und nicht gärig. Die einzelnen Gemüsearten sind visuell klar erkennbar.

Der refraktometrisch bei 20 °C ohne Säurekorrektur bestimmte Gehalt an löslicher Substanz beträgt abzüglich des Kochsalzgehaltes 3 bis 15 %.

Der Kochsalzgehalt liegt zwischen 1 und 3 g/100 ml.

Zur Herstellung von Mixed Pickles werden die in der nachfolgenden Tabelle genannten Gemüsearten eingesetzt. Mindestens 80 % der Gemüsemischung bestehen aus den obligatorischen Gemüseanteilen und maximal 20 % aus den fakultativen Gemüseanteilen.

obligatorische Gemüseanteile	Anteil (% Gemüse-einwaage)	**fakultative** Gemüseanteile	Anteil (% Gemüse-einwaage)
Unzerkleinerte Cornichons	mind. 25 %	Gurkenscheiben/Gurkenstücke, Karotten (Möhren), Spargel, Pilze, junge grüne Erbsen, Oliven	je max. 10 %
Blumenkohl	max. 25 %		
Silberzwiebeln (max. Durchmesser 25 mm)	max. 25 %	zerteilte Maiskölbchen	
Maiskölbchen (max. 8 cm lang)	max. 25 %		
oder wahlweise Paprika	max. 15 %		
Summe	mind. 80 %		max. 20 %

Die Prozentangaben (m/m) beziehen sich auf die Gesamtgemüseeinwaage und werden im Mittel eingehalten. Technologisch bedingte Schwankungen sind unvermeidbar.

Abtropfgewicht*:

Erzeugnis	**g Abtropfgewicht/100 ml Randvollvolumen**
Mixed Pickles	52

* siehe auch Anlage 2

4.2.2.2 **Puszta Salat**

4.2.2.2.1 Herstellung und Verkehrsbezeichnung

Puszta Salat ist ein Erzeugnis aus einer Mischung von in dünne Streifen geschnittenen Gemüsearten mit Essig.

Die Verkehrsbezeichnung lautet *Puszta Salat*.

4.2.2.2.2 Beschaffenheitsmerkmale

Puszta Salat ist noch bissfest. Geruch und Geschmack sind mild säuerlich, produkttypisch und ohne Fremdnoten, wie z. B. muffig oder gärig.

Der refraktometrisch bei 20 °C ohne Säurekorrektur bestimmte Gehalt an löslicher Substanz beträgt abzüglich des Kochsalzgehaltes 2 bis 10 %.

Der Kochsalzgehalt liegt zwischen 0,5 und 2 g/100 ml.

Zur Herstellung von Puszta Salat werden die in der nachfolgenden Tabelle genannten Gemüsearten eingesetzt. Mindestens 75 % der Gemüsemischung bestehen aus den obligatorischen Gemüseanteilen und maximal 25 % aus den fakultativen Gemüseanteilen.

obligatorische Gemüseanteile	Anteil (% Gemüse-einwaage)	**fakultative** Gemüseanteile	Anteil (% Gemüse-einwaage)
Paprika	mind. 25 %	Sellerie	je max. 10 %
Gurken		Karotten (Möhren), Spargel	
Zwiebeln		Weißkohl	
und wahlweise auch Bohnen			
Summe	mind. 75 %		max. 25 %

Die Prozentangaben (m/m) beziehen sich auf die Gesamtgemüseeinwaage und werden im Mittel eingehalten. Technologisch bedingte Schwankungen sind unvermeidbar.

Abtropfgewicht*:

Erzeugnis	**g Abtropfgewicht/100 ml Randvollvolumen**
Puszta Salat	52

* siehe auch Anlage 2

5. Besondere Beurteilungsmerkmale für pasteurisierte Gurkenkonserven aus frischer Rohware

5.1 Herstellung und Verkehrsbezeichnung

Pasteurisierte Gurkenkonserven sind Erzeugnisse, die aus frischen, vorbereiteten, ganzen oder zerkleinerten Gurken der Art Cucumis sativus L. mit einem Aufguss hergestellt werden. Die Haltbarmachung geschieht in geeigneten Behältnissen durch Pasteurisation.

Ein entsprechend niedriger pH-Wert ist erforderlich, um das Produkt ausreichend haltbar zu machen. Er liegt in der Regel unter 4,2.

Bei der Herstellung werden insbesondere folgende Zutaten verwendet:

- Trinkwasser[7)]
- Speisesalz
- Essig[4)]
- Gewürze, Kräuter und natürliche Aromen[8)]
- Zuckerarten[5)], Süßungsmittel[3)]
- dekorative oder würzende Gemüsestücke.

Gewürzgurken werden aus ganzen, annähernd gleichmäßig und gerade gewachsenen Einlegegurken hergestellt.

Cornichons sind kleine Gewürzgurken; in einem Kilogramm sind mindestens 60 Stück enthalten.

Nicht gleichmäßig gewachsene ganze Einlegegurken werden zur Herstellung von Krummen Gurken verwendet.

Zerkleinerte Gurken werden aus geschälten oder ungeschälten Einlegegurken hergestellt. Sie sind in gleichen Behältnissen annähernd gleichmäßig in Form, Größe und Aussehen. Werden Schlangengurken verwendet, so wird darauf hingewiesen.

Senfgurken und Honiggurken werden aus ausgereiften, geschälten, vom Kerngehäuse befreiten und in Stücke geschnittenen Schälgurken, aber nicht aus Schlangengurken hergestellt.

Bei Konserven mit ganzen Gurken in Behältnissen ab 4250 ml wird die Sortierung (Stückzahl pro Behältnis oder pro kg) angegeben.

Die Worte „süßsauer" können in Verbindung mit der Verkehrsbezeichnung angeführt werden, sofern der Zuckergehalt im Fertigerzeugnis mindestens 1 % beträgt oder bei Verwendung von Süßstoffen ein entsprechender Süßegrad erreicht wird.

Pasteurisierte Gurkenkonserven werden mit der Verkehrsbezeichnung *Gurken* in Verkehr gebracht. Die Verarbeitungsform kann Bestandteil der Verkehrsbezeichnung sein oder wird in Verbindung mit der Verkehrsbezeichnung entsprechend nachstehender Tabelle angegeben.

Verkehrsbezeichnung	**Verarbeitungsform/Sortierung**
Gewürzgurken	ganze Einlegegurken
Cornichons	ganze, kleine Einlegegurken

Verkehrsbezeichnung	Verarbeitungsform/Sortierung
Krumme Gurken, Gurken, krumm, Krumme Gurken, wie gewachsen	ganze Einlegegurken, auch nicht gleichmäßig gewachsen
Gurkensticks, Gurkenviertel, Gurkenscheiben	längsgeschnittene Gurken
Gurkenscheiben, Gurkenschnitten, Gurkenhappen	quergeschnittene Gurken
Gurkenwürfel, Gurkenstreifen, Gurkenschnitzel	längs- und quergeschnittene Gurken
Senfgurken, Honiggurken	in Stücke geschnittene Schälgurken

5.2 Beschaffenheitsmerkmale

Ganze Gurken und Gurkenstücke aus Gurkenkonserven haben eine feste, in der Regel knackige Konsistenz.

Hohle Gurken kommen nur vereinzelt vor.

Bei Gewürzgurken und Cornichons befinden sich im einzelnen Behältnis nur sortierte Gurken, deren Längen sich um höchstens 3 cm unterscheiden. Bei Gläsern können zur besseren Ausnutzung des Kopfraums auch einige kleinere Gurken aufgelegt werden.

Die Angaben „fein sortiert“, „Delikatess...“ oder „Auslese...“ werden nur verwendet, wenn die Gewürzgurken oder Cornichons im einzelnen Behältnis nach Form, Größe und Aussehen annähernd gleichmäßig sortiert sind.

Quergeschnittene Gurkenscheiben sind in der Regel bis zu 10 mm dick und haben einen Durchmesser bis zu 60 mm. Der Durchmesser der kleinsten Scheibe im Behältnis beträgt mindestens die Hälfte des Durchmessers der größten Scheibe. Diese Grenzen werden von nicht mehr als 10 % (m/m) der Gurkenscheiben überschritten.

Für längsgeschnittene Gurkenscheiben gelten diese Ausführungen entsprechend – die Länge beträgt bis zu 15 cm.

Senfgurken enthalten Senfkörner als Gewürz.

Honiggurken werden mit einer geschmacklich wahrnehmbaren Menge an Honig hergestellt. Zur Süßung können Zuckerarten[5)] oder Süßungsmittel[3)] zugesetzt werden.

Eingelegte Gurken sind praktisch frei von Sand.

Der refraktometrisch bei 20 °C ohne Säurekorrektur bestimmte Gehalt an löslicher Substanz beträgt abzüglich des Kochsalzgehaltes bei süßsauren Erzeugnissen weniger als 14 %, bei süßen Erzeugnissen mindestens 14 %.

Der Kochsalzgehalt liegt zwischen 0,5 und 3 g/100 ml.

Abtropfgewichte*:

Erzeugnis	**g Abtropfgewicht/100 ml Randvollvolumen**		
	bei Behältnissen ≤ 1700 ml	bei Behältnissen > 1700 ml und ≤ 4250 ml	bei Behältnissen > 4250 ml
Gewürzgurken	50	52	55
Cornichons	52	52	55
Krumme Gurken	50	52	55
Zerkleinerte Gurken	50	50	50
Senfgurken, Honiggurken	58	58	58

* siehe auch Anlage 2

Beschreibung der Fehler:

a) Farbfehler: verfärbte (z. B. braune) oder missfarbene (z. B. weiße) Gurken.

b) Texturfehler: weiche, matschige Gurken oder Gurkenstücke.

c) Krumm gewachsen: Gurken, die in einem Winkel von mehr als 35° gekrümmt sind. Dies ist bei dem Erzeugnis „Krumme Gurken“ kein Fehler.

d) Krüppel oder Ausfall: missgeformte Gurken wie Ballons, Flaschen, Haken, Zwillinge oder anderweitig deformierte Gurken.

e) Blüten: anhaftende Blüten.

f) Stiele: anhaftende Stiele länger als 10 mm.

g) Mechanisch beschädigt: zerbrochene, zerquetschte, zerrissene Gurken oder Gurkenstücke.

Die Standardprobemenge beträgt 500 g abgetropfte Gurken. Bei Bedarf kann mehr als die Standardprobenmenge geprüft werden. Als tolerierbare Fehler auf Basis der Standardprobenmenge gelten die in der Tabelle aufgeführten Einzelwerte.

Eine Gurke bzw. ein Gurkenstück oder eine Blüte oder ein Stiel werden als Stück gezählt.

Fehlerart	Tolerierbare Fehler		
	Cornichons	Gewürzgurken, Krumme Gurken	Gurkensticks, Gurkenviertel, Gurkenscheiben
Farbfehler	4 Stück	3 Stück	4 Stück
Texturfehler	4 Stück	3 Stück	4 Stück
Krumm gewachsen	20 % (m/m)	20 % (m/m) (nur bei Gewürzgurken)	
Krüppel oder Ausfall		20 % (m/m) (nur bei krummen Gurken)	
Mechanisch beschädigt	20 % (m/m)	20 % (m/m)	15 % (m/m), 30 % (m/m) (bei Gurkenscheiben)
Blüten	30 % (m/m)	20 % (m/m)	
Stiele	30 % (m/m)	20 % (m/m)	

6. Besondere Beurteilungsmerkmale für Salzdillgurken

6.1 Herstellung und Verkehrsbezeichnung

Salzdillgurken sind tafelfertig zubereitete Einlegegurken, die einer natürlichen Milchsäuregärung in einer Salzlake unterzogen worden sind und die in der Regel pasteurisiert in Verkehr gebracht werden. Es werden üblicherweise Dillkraut, Gewürze und weitere aromatische Pflanzenteile (wie z. B. Knoblauch, Zwiebeln, Piment, Meerrettich usw.) und natürliche Aromen[8)] oder deren Auszüge zugesetzt.

Salzdillgurken werden mit der Verkehrsbezeichnung *Salzgurken, Salzdillgurken, Dillgurken* oder *Saure Gurken* in Verkehr gebracht. Erzeugnisse, die unter den Bezeichnungen *Salzgurken* oder *Saure Gurken* in Verkehr gebracht werden, können auch ohne Zusatz von Dill hergestellt werden. Bei Verwendung von krumm gewachsenen Gurken wird die Verkehrsbezeichnung durch die Angabe „krumm" ergänzt.

6.2 Beschaffenheitsmerkmale

Die Gurken in einem Behältnis sind von annähernd gleicher Größe. Bei Gläsern können zur besseren Ausnutzung des Kopfraums auch einige kleinere Gurken aufgelegt werden.

Hohle Gurken kommen vor.

Der Gesamtsäuregehalt, berechnet als Milchsäure, beträgt mindestens 0,6 %, der Gehalt an Milchsäure beträgt mindestens 0,2 %, der Gehalt an flüchtigen Säuren, berechnet als Essigsäure, beträgt höchstens 0,45 %.

Milchsäure und andere nichtflüchtige Säuren werden nicht zugesetzt.

Abtropfgewicht*:

Erzeugnis	g Abtropfgewicht/100 ml Randvollvolumen
Salzdillgurken	52

* siehe auch Anlage 2

Beschreibung der Fehler:

a) Krumm gewachsen: Gurken, die in einem Winkel von mehr als 35° gekrümmt sind.

b) Krüppel oder Ausfall: missgeformte Gurken wie Ballons, Flaschen, Haken, Zwillinge oder anderweitig deformierte Gurken.

c) Mechanisch beschädigt: zerbrochene, zerquetschte Gurken.

Die Standardprobenmenge beträgt 500 g abgetropfte Gurken. Bei Bedarf kann mehr als die Standardprobenmenge geprüft werden. Als tolerierbare Fehler auf Basis der Standardprobenmenge gelten die in der Tabelle aufgeführten Einzelwerte.

Eine Gurke wird als Stück gezählt.

Fehlerart	Tolerierbare Fehler
Krumm gewachsen (ausgenommen bei der Verarbeitungsart Krumme)	25 % (m/m)
Krüppel oder Ausfall	10 % (m/m)
Mechanisch beschädigt	25 % (m/m)

7. Besondere Beurteilungsmerkmale für verarbeiteten Rotkohl

7.1 Rotkohlgemüse

7.1.1 Herstellung und Verkehrsbezeichnung

Rotkohlgemüse ist ein Erzeugnis, das aus in dünne Streifen geschnittenem, frischem Rotkohl (Brassica olearacea var. rubra) unter Zusatz würzender und geschmacksabrundender Zutaten gekocht wird.

Bei der Herstellung werden insbesondere als Zutaten verwendet:

- Trinkwasser[7)],
- Essig[4)],
- Speisesalz,
- Gewürze, Kräuter und natürliche Aromen[8)],

- Zuckerarten[5], Süßungsmittel[3]
- Fruchtsäfte, Fruchtsaftkonzentrate[9],
- Früchte, ganz oder zerkleinert, auch getrocknet (max. 10 % der Gesamtfüllmenge),
- Speisefette und Speiseöle.

Rotkohlgemüse wird mit der Verkehrsbezeichnung *Rotkohl* in Verkehr gebracht. Statt Rotkohl werden auch die Verkehrsbezeichnungen *Rotkraut* oder *Blaukraut* verwendet. Die Verkehrsbezeichnung wird ggf. durch Angaben wie „tafelfertig", „küchenfertig", „servierfertig" ergänzt

Der Hinweis „Delikatess" ist nur üblich, wenn die Presslake einen Gehalt an löslicher Trockenmasse von mindestens 13 %, entsprechend 13 °Brix, aufweist. Die lösliche Trockenmasse wird mittels Refraktometer bei 20 °C ohne Säurekorrektur bestimmt. Unter Presslake ist die Mischung aus abgetropfter und anschließend abgepresster Lake zu verstehen.

Verkehrsbezeichnungen wie *Apfelrotkohl* oder gleichsinnige Bezeichnungen sind nur üblich, wenn Apfelerzeugnisse bei der Herstellung verwendet wurden und wenn der Trockensubstanzanteil des Apfelrotkohls, der aus Äpfeln stammt, mindestens 1 % beträgt. Unter Apfelerzeugnissen sind zu verstehen: Apfelstücke, Apfelmark, Apfelsaft und Apfelsaftkonzentrat.

Rotkohl wird sorgfältig geerntet, sachgerecht transportiert, vom holzigen Teil des Strunkes und den Außenblättern befreit und zerkleinert. Der essbare Teil des Strunkes wird ebenfalls sachgerecht zerkleinert. Rohware mit Putzstellen und Rissen wird nur verwendet, sofern sich bei der Verarbeitung ein annähernd gleichmäßiger Schnitt ergibt.

Rotkohlgemüse wird in geeigneten Behältnissen mit ausreichend Aufgussflüssigkeit pasteurisiert.

7.1.2 Beschaffenheitsmerkmale

Rotkohlgemüse hat eine zarte, jedoch ausreichend feste Konsistenz, eine kräftige rote bis blaue Farbe ohne braune, graue und verblasste Teile sowie einen arttypischen Geruch und Geschmack.

Rotkohlgemüse hat in der Presslake einen Gehalt an löslicher Trockenmasse, bestimmt mittels Refraktometer bei 20 °C ohne Säurekorrektur, der nicht unter 8 % beträgt. Unter Presslake ist die Mischung aus abgetropfter und anschließend aus dem Kohl abgepresster Lake zu verstehen.

Rotkohlgemüse wird üblicherweise mit Aufgussflüssigkeit verzehrt. Daher wird ein Anteil der Aufgussflüssigkeit mit zum Abtropfgewicht hinzugerechnet.

Abtropfgewicht*:

Durch Wägen nach fünfminütigem Abtropfen erhält man die feste Kohlsubstanz. Dieser Wert wird durch 0,9 dividiert und ergibt das zu deklarierende Abtropfgewicht.

Erzeugnis	**g Abtropfgewicht/100 ml Randvollvolumen**
Rotkohlgemüse	90

* siehe auch Anlage 2

Die Füllmenge in g beträgt 95 % des Gebindevolumens in ml.

Bei Verwendung von flexiblen Verpackungen wie Kunststofffolienbeuteln o. Ä. ist eine zusätzliche Zugabe von Rotkohllake aus technologischen Gründen möglich.

8. Besondere Beurteilungsmerkmale für Sauerkraut

8.1 Herstellung und Verkehrsbezeichnung

Sauerkraut ist ein Erzeugnis, das aus in dünne Streifen geschnittenem, frischem Weißkohl (Brassica oleracea var. capitata) nach Zusatz von Kochsalz durch natürliche Gärungsvorgänge, im Wesentlichen durch Milchsäuregärung, hergestellt wird. Sauerkraut wird mit der Verkehrsbezeichnung *Sauerkraut* oder *Sauerkohl* in den Verkehr gebracht.

Gegebenenfalls werden diesem Erzeugnis bei der Weiterverarbeitung noch geschmackgebende Zutaten zugegeben.

Hierzu werden insbesondere folgende Zutaten verwendet:

- Gewürze, Kräuter und natürliche Aromen[8)],
- Zuckerarten[5)],
- Wein, Schaumwein,
- Früchte, Gemüse,
- Speisefette, Speiseöle,
- Speck, Schinken.

Als *Weinsauerkraut, Weinsauerkohl, Weinkraut, Sauerkraut mit Wein* oder *Sauerkohl mit Wein* wird ein Erzeugnis bezeichnet, dem mindestens 2 % (m/m) Wein, bezogen auf die deklarierte Füllmenge, zugesetzt wird.

Bei pasteurisiertem Sauerkraut wird diese Behandlung durch die Angabe „pasteurisiert“ kenntlich gemacht.

Der frische Weißkohl wird sorgfältig geerntet, sachgerecht transportiert, vom holzigen Teil des Strunkes befreit und zerkleinert. Der essbare Teil des Strunkes wird ebenfalls sachgerecht zerkleinert. Rohware mit Putzstellen und Rissen wird nur verwendet, sofern sich bei der Verarbeitung ein annähernd gleichmäßiger Schnitt ergibt.

8.2 Beschaffenheitsmerkmale

Sauerkraut ist genügend vergoren, von ausreichend fester Konsistenz, von hellem Aussehen sowie von arttypischem, kräftigem Geruch und Geschmack und ohne Fremdnoten, wie z. B. muffig.

Bestimmungen aus der Presslake (unter Presslake ist die Mischung aus abgetropfter und anschließend aus dem Kohl abgepresster Lake zu verstehen):

Der Gehalt an löslichen Bestandteilen in der Lake, bestimmt mittels Refraktometer bei 20 °C ohne Säurekorrektur, beträgt, bezogen auf die kochsalzfreie Substanz mindestens 4,4 %, entsprechend 4,4 °Brix. Der pH-Wert liegt unter 4,1.

Der Säuregehalt, berechnet als Milchsäure, beträgt mindestens 0,75 g/100 ml. Der Kochsalzgehalt liegt zwischen 0,5 und 3 g/100 ml.

Sauerkraut besteht aus mindestens 90 % (m/m) fester Sauerkrautsubstanz und gegebenenfalls festen Zutaten und höchstens 10 % Gärlake und flüssigen Zutaten.

Abtropfgewicht*:

Durch Wägen nach fünfminütigem Abtropfen erhält man die feste Kohlsubstanz. Dieser Wert wird durch 0,9 dividiert und ergibt das zu deklarierende Abtropfgewicht.

Erzeugnis	**g Abtropfgewicht/ 100 ml Randvollvolumen** ≤ 21 Gebindevolumen	**g Abtropfgewicht/ 100 ml Randvollvolumen** > 21 Gebindevolumen
Sauerkraut	90	95

* siehe auch Anlage 2

Die Füllmenge in g beträgt 95 % des Gebindevolumens in ml.

Bei Verwendung von flexiblen Verpackungen wie Kunststofffolienbeuteln o. Ä. ist eine zusätzliche Zugabe von Gärlake aus technologischen Gründen möglich.

Anlage 1

Fundstellenverzeichnis der beschriebenen Gemüsearten

Gemüseart	Botanische Bezeichnung	Fundstellen						
		TK-Gemüse	Gemüse-konserven	Gemüse mit Essig	Gurken-konserven	Salzdill-gurken	Rotkohl	Sauerkraut
Artischocken	Cynara scolymus	2.2.2.2						
Auberginen	Solanum melongena L.	2.2.2.2						
Bambussprossen	Phyllostachys ssp. Siebold et Zucc.	2.2.2.2						
Blumenkohl	Brassica oleracea L. var. botrytis L.	2.2.1.1 2.2.2.2		4.2.2.1.2				
Bohnen	Phaseolus vulgaris L.	2.2.1.2 2.2.2.2	3.2.1.1	4.2.1.1 4.2.2.2.2				
Broccoli	Brassica oleracea var. italica Plenck	2.2.1.3 2.2.2.2						
Dicke Bohnen/ Große Bohnen	Vicia faba L.	2.2.1.4 2.2.2.2	3.2.1.3					
Erbsen	Pisum sativum L.	2.2.1.5 2.2.2	3.2.1.2 3.2.2.1 3.2.2.2	4.2.2.1				
Fenchel	Foeniculum vulgare Mill. vulgare	2.2.2.2						
Flageoletbohnen	Phaseolus vulgaris L.	2.2.2.2						
Grünkohl	Brassica oleracea var. sabellica L.	2.2.1.6	3.2.1.4					

Gemüseart	Botanische Bezeichnung	Fundstellen						
		TK-Gemüse	Gemüse-konserven	Gemüse mit Essig	Gurken-konserven	Salzdill-gurken	Rotkohl	Sauerkraut
Gurken	Cucumis sativus L.	2.2.2.2		4.2.2.1.2 4.2.2.2.2	5.			
Kaiserschoten	Pisum sativum L. ssp. sativum convar. axiphium Alef.	2.2.1.18 2.2.2.2						
Karotten (Möhren)	Daucus carota L.	2.2.1.7 2.2.2.1 2.2.2.2	3.2.1.5 3.2.2.1 3.2.2.2	4.2.1.2 4.2.2.1.2 4.2.2.2.2				
Kidney-Bohnen	Phaseolus vulgaris L.	2.2.2.2	3.2.1.6					
Knollensellerie	Apium graveolens var. rapaceum L.	2.2.2.2		4.2.1.8				
Kohlrabi	Brassica oleracea gongyloides	2.2.1.8 2.2.2.2						
Kürbis	Cucurbita maxima	2.2.2.2		4.2.1.3				
Maiskolben	Zea mays L.	2.2.1.10 2.2.2.2	3.2.1.8	4.2.1.4 4.2.2.1.2				
Maiskörner/ Gemüsemais	Zea mays L.	2.2.1.9 2.2.2.2	3.2.1.7					
Okraschoten	Abelmoschus esculentus (L.) Moench	2.2.2.2						
Oliven	Olea europea L. subsp. europea			4.2.2.1.2				

Gemüseart	Botanische Bezeichnung	Fundstellen						
		TK-Gemüse	Gemüsekonserven	Gemüse mit Essig	Gurkenkonserven	Salzdillgurken	Rotkohl	Sauerkraut
Paprika	Capsicum annuum L.	2.2.1.11 2.2.2.2		4.2.1.5 4.2.2.1.2 4.2.2.2.2				
Peperoni	Capsicum frutescens L.			4.2.1.6				
Porree (Lauch)	Allium porrum L.	2.2.1.12 2.2.2.2						
Rettich	Raphanus sativus var. niger (Mill.) S. Kerner	2.2.2.2						
Romanesco	Brassica oleracea var. botrytis	2.2.2.2						
Rosenkohl	Brassica oleracea gemmifera	2.2.1.13 2.2.2.2						
Rote Bete	Beta vulgaris vulgaris			4.2.1.7				
Rotkohl	Brassica oleracea var. rubra	2.2.1.14					7.	
Salzdillgurken	Cucumis sativus L.					6.		
Sauerkraut	Brassica olearacea var. capitata							8.
Schwarzwurzeln	Scorzonera hispanica L.	2.2.2.1 2.2.2.2	3.2.1.9					
Silberzwiebeln	Allium cepa L.			4.2.1.9 4.2.2.1.2				

Gemüseart	Botanische Bezeichnung	Fundstellen						
		TK-Gemüse	Gemüse-konserven	Gemüse mit Essig	Gurken-konserven	Salzdill-gurken	Rotkohl	Sauerkraut
Spargel	Asparagus officinalis L.	2.2.1.15 2.2.2.1 2.2.2.2	3.2.1.10 3.2.2.2	4.2.2.1.2 4.2.2.2.2				
Spinat	Spinacia olearacea L.	2.2.1.16 2.2.2.2						
Staudensellerie	Apium graveolens L. var. dulce (Mill.) Pers.	2.2.2.2						
Tomaten	Lycopersicon esculentum Mill. var. esculentum	2.2.2.2						
Weißkohl	Brassica oleracea L. var. capitata L.	2.2.2.2		4.2.2.2.2				
Wirsing	Brassica oleracea L. var. sabauda L.	2.2.1.17 2.2.2.2						
Zucchini	Cucurbita pepo L.	2.2.2.2						
Zuckerschoten	Pisum sativum L. ssp. sativum convar. axiphium	2.2.1.18						
Zwiebeln	Allium cepa L.	2.2.1.19 2.2.2.2		4.2.2.2.2				

Anlage 2

Abtropfgewichte bei Gemüsekonserven – handelsübliche Behältergrößen

Gruppe	Füllgrad g/100 ml	212	314	425	580	850	2650	3100	212	314	370	580[1]	720[2]
		Dosen in ml							Gläser in ml (–20 ml)				
I	49,5	105	155	210	285	420	1310	1530	95	145	170	265	330
II	52	110	160	220	300	440	1375	1610	100	150	180	280	345
III	54	110	165	225	310	455	1430	1670	100	155	185	290	360
IV	56,5	115	175	240	325	480	1495	1750	105	165	195	305	380
V	59	125	185	250	340	500	1560	1825	110	170	205	320	395
VI	62,5	130	195	265	360	530	1655	1935	120	180	215	340	420
VII	66	140	205	280	380	560	1745	2045	125	195	230	360	445
VIII	67	140	210	285	385	570	1775	2080					

[1] = abgezogen 10 g
[2] = abgezogen 15 g

1. Die Abtropfgewichte sind dem Behältnisvolumen proportional. Dies entspricht dem System des FAO/WHO Codex Alimentarius.
2. Für Schultergläser wird aufgrund des notwendigen Kopfraumes vom Behältervolumen ein Abschlag von 20 ml vorgenommen.

Abtropfgewichte bei pasteurisierten Gurkenkonserven aus frischer Rohware

Gruppe	Füllgrad g/100 ml	212	314	370	580	720	850	1062	1700	2650	4250	10200
		Behältnisvolumen in ml										
I	50	105	155	185	290	360	420	530	850	1320	2150	5100
II	52	110	165	190	300	370	440	550	880	1380	2200	5300
III	58	120	185	215	340	420	490	615	980	1540	2450	5900

Abtropfgewichte bei Gemüse mit Essig

Gruppe	Füllgrad g/100 ml	212	314	370	580	720	850	1062	1700	2550	2650	4250	10200
		Behältnisvolumen in ml											
I	36			135	210	260		380		920	950		
II	42	90	130	155	240	300	360		710	1020	1060	1700	4100
III	45	95	140	165	260	320	380		760	1070	1110	1800	4300
IV	50	105	155	185	290	360	420	530	850	1280	1320	2150	5100
V	52	110	165	190	300	370	440	560	880	1320	1380	2200	5300
VI	55	115	175	200	320	400	470		940	1400	1460	2350	5600
VII	60	125	190	220	350	430	510		1020	1320	1380		

Abtropfgewichte bei Sauerkraut

Gruppe	Füllgrad g/100 ml	212	314	370	425	580	720	850	1062	1700	2550	2650	3100	4250	10200
		Behältnisvolumen in ml													
I	90	190	285	335	385	520	650	770	960	1530					9700
II	95										2430	2520	2950	4040	9700

Abtropfgewichte bei Salzdillgurken

Gruppe	Füllgrad g/100 ml	212	314	370	580	720	850	1700	2550	2650	4250
		Behältnisvolumen in ml									
I	52	110	165	190	300	370	440	880	1320	1380	2200

Abtropfgewichte bei verarbeitetem Rotkohl

Gruppe	Füllgrad g/100 ml	212	314	370	425	580	720	850	1062	1700	2550	2650	3100	4250	10200
		Behältnisvolumen in ml													
II	90	190	285	335	385	520	650	770	960	1530	2300	2400	2800	3850	9200

[1] Verordnung über Fertigpackungen in der Fassung der Bekanntmachung vom 8. März 1994 (BGBl. I S. 451, ber. S. 1307) in der jeweils geltenden Fassung.

[2] Verordnung über tiefgefrorene Lebensmittel in der Fassung der Bekanntmachung vom 22. Februar 2007 (BGBl. I S. 258) in der jeweils geltenden Fassung.

[3] Verordnung über die Zulassung von Zusatzstoffen zu Lebensmitteln zu technologischen Zwecken vom 29. Januar 1998 (BGBl. I S. 230) in der jeweils geltenden Fassung.

[4] Verordnung über den Verkehr mit Essig und Essigessenz vom 25. April 1972 (BGBl. I S. 732) in der jeweils geltenden Fassung.

[5] Verordnung über einige zur menschlichen Ernährung bestimmte Zuckerarten vom 23. Oktober 2003 (BGBl. I S. 2098) in der jeweils geltenden Fassung.

[6] Verordnung über die Kennzeichnung von Lebensmitteln in der Fassung der Bekanntmachung vom 15. Dezember 1999 (BGBl. I S. 2464) in der jeweils geltenden Fassung.

[7] Verordnung über die Qualität von Wasser für den menschlichen Gebrauch vom 21. Mai 2001 (BGBl. I S. 959) in der jeweils geltenden Fassung.

[8] Aromenverordnung in der Fassung der Bekanntmachung vom 2. Mai 2006 (BGBl. I S. 1127) in der jeweils geltenden Fassung.

[9] Verordnung über Fruchtsaft, einige ähnliche Erzeugnisse und Fruchtnektar vom 24. Mai 2004 (BGBl. I S. 1016) in der jeweils geltenden Fassung.

Leitsätze für Gemüsesaft und Gemüsenektar

I. Allgemeine Beurteilungsmerkmale

A. Begriffsbestimmungen

1. **Gemüsesaft** ist das unverdünnte, zum unmittelbaren Verzehr bestimmte, gärfähige und unvergorene oder milchsauer vergorene, flüssige Erzeugnis aus Gemüse. Gemüsesaft ist auch das Erzeugnis, das aus konzentriertem Gemüsesaft oder aus konzentriertem Gemüsemark wieder hergestellt wird.

2. **Gemüsenektar** ist die zum unmittelbaren Verzehr bestimmte verdünnte Zubereitung aus Erzeugnissen nach Abschnitt A Nr. 1 und 3 mit einem Anteil an Gemüsesaft und/oder Gemüsemark von mindestens 40 Gewichtshundertteilen, bei Rhabarber von mindestens 25 Gewichtshundertteilen.

3. Ausgangsstoffe für Erzeugnisse nach Abschnitt A Nr. 1 und Nr. 2:

   - **Gemüse** im Sinne dieser Leitsätze sind Wurzel-, Zwiebel- und Knollengemüse (z. B. Karotten, Knoblauch, Kartoffeln), Stengel- und Sprossengemüse (z. B. Spargel), Blatt- und Blütengemüse (z. B. Spinat, Blumenkohl), Fruchtgemüse (z. B. Tomaten) und Samengemüse (z. B. Erbsen), Gemüse im Sinne dieser Leitsätze sind auch Kürbisse und Rhabarber.

   - **Gemüsemark** im Sinne dieser Leitsätze ist das gärfähige, unvergorene oder milchsauer vergorene, aus dem passierten, genießbaren Teil der ganzen oder geschälten Gemüse ohne Abtrennen des Saftes gewonnene Erzeugnis.

   - **Konzentrierter Gemüsesaft** im Sinne dieser Leitsätze ist das aus Gemüsesaft durch schonendes, physikalisches Abtrennen eines bestimmten Teils des natürlichen Wassergehaltes hergestellte Erzeugnis. Das zur Abgabe an den Verbraucher bestimmte Erzeugnis wird mindestens auf die Hälfte des Volumens des ursprünglichen Gemüsesaftes eingeengt.

   - **Konzentriertes Gemüsemark** im Sinne dieser Leitsätze ist das aus Gemüsemark durch schonendes, physikalisches Abtrennen eines bestimmten Teils des natürlichen Wassergehaltes hergestellte Erzeugnis. Das zur Abgabe an den Verbraucher bestimmte Erzeugnis wird mindestens auf die Hälfte des Volumens des ursprünglichen Gemüsemarkes eingeengt.

B. Herstellung

1. Die unter Abschnitt A genannten Erzeugnisse aus Gemüse werden aus frischem oder durch Kälte haltbar gemachtem gesundem, sauber geputztem und/oder gewaschenem Gemüse oder Teilen davon hergestellt. Ist eine Blanchierung erforderlich, so verbleibt ebenso wie beim Waschen des Gemüses nicht mehr Wasser als technisch unvermeidbar im Gemüse.

   Soweit Gemüsesaft aus konzentriertem Gemüsesaft oder aus konzentriertem Gemüsemark hergestellt wird, wird die bei der Konzentrierung entzogene Menge an Wasser wieder zugefügt. Das verwendete Wasser ist in chemischer, mikrobiologischer und sensorischer Hinsicht so beschaffen, dass die wertbestimmenden Eigenschaften des Saftes nicht wesentlich verändert werden; diese Voraussetzungen sind erfüllt, wenn entmineralisiertes Wasser oder mindestens Trinkwasser verwendet werden, deren Grenzwerte zur Beurteilung der Beschaffenheit innerhalb der Richtzahlen der EG-Trinkwasser-Richtlinie[1)] liegen.

   Gegebenenfalls wird das Aroma des Erzeugnisses mit Hilfe der flüchtigen Aromastoffe wiederhergestellt, die bei der Konzentrierung des betreffenden Gemüsesaftes oder von Säften derselben Gemüseart aufgefangen worden sind.

2. Haltbarmachung

   Die Haltbarmachung auf allen Verarbeitungsstufen erfolgt ausschließlich mit physikalischen Verfahren, auch in Kombination, z. B. Wärmebehandlung, Kältebehandlung, Konzentrierung oder Filtration.

3. Behandlungsmittel

   Üblich sind: Bentonit, Amylasen, Zellulasen, Hemizellulasen, Pektinasen, Proteasen, Speisegelatine sowie Calciumcarbonat, max. 1 g Zitronensäure pro kg des fertigen Erzeugnisses und L-Ascorbinsäure in der für die Oxidationshemmung erforderlichen Menge.

4. Zutaten[2)]

   Bei der Verarbeitung werden üblicherweise als Zutaten verwendet:

   a) Speisesalz, jodiertes Speisesalz, Meersalz

   b) Essig, ausgenommen für milchsauer vergorene Erzeugnisse

   c) Zuckerarten[3)], Fruktose und Honig

      aa) für die Herstellung von Gemüsesaft: Halbweißzucker, Zucker (Weißzucker), raffinierter Zucker (raffinierter Weißzucker), getrockneter Glukosesirup, kristallwasserhaltige oder kristallwasserfreie Dextrose, Fruktose, Honig

bb) für die Herstellung von Gemüsenektar zusätzlich: Flüssigzucker, Invertflüssigzucker, Invertzuckersirup, Glukosesirup

d) Gewürze, Kräuter und die daraus hergestellten natürlichen Aromen[4)]

e) Früchte und Fruchterzeugnisse, denen wertbestimmende Bestandteile nicht entzogen worden sind, und die daraus hergestellten natürlichen Aromen[4)]

f) Milch-, Wein-, Zitronen- und Äpfelsäure, ausgenommen für milchsauer vergorene Erzeugnisse

g) Glutaminsäure und deren Natrium- und Kaliumsalze[5)]

h) Trinkwasser zur Herstellung von Gemüsenektar.

C. Beschaffenheitsmerkmale

1. Erzeugnisse nach Abschnitt A Nr. 1 und 2 haben die charakteristische Farbe, das charakteristische Aroma, den charakteristischen Geschmack der jeweils verwendeten Gemüseart bzw. der entsprechend milchsauer vergorenen Gemüse oder Gemüsesäfte. Bei Mischungen entsprechen die verwendeten Gemüse und/oder Gemüsesäfte den Anforderungen dieser Leitsätze.

2. Erzeugnisse

   a) die missfarben sind oder

   b) die ein fremdes Aroma besitzen oder

   c) die unharmonisch sind sowie einen deutlich wahrnehmbaren fremden Geschmack besitzen oder

   d) denen der typische Gemüsegeschmack fehlt,

   werden als wertgemindert im Sinne von § 17 Abs. 1 Nr. 2 Buchstabe b des Lebensmittel- und Bedarfsgegenständegesetzes angesehen.

3. Bei unvergorenem Gemüsesaft werden die nachfolgenden Werte nicht überschritten:

a)	Alkohol	3,0 g/l
b)	flüchtige Säuren, berechnet als Essigsäure	0,4 g/l
c)	Gesamtmilchsäure	0,5 g/l.

Die Werte unter 3 b) und c) gelten nicht für Erzeugnisse, denen Essig bzw. Milchsäure zugesetzt wurden.

4. Milchsauer vergorener Gemüsesaft enthält mindestens 2,5 g/l Gesamtmilchsäure. Mit Ausnahme von Sauerkrautsaft werden die nachfolgenden Werte nicht überschritten:

   a) Alkohol 3,0 g/l

   b) flüchtige Säuren, berechnet als Essigsäure 0,4 g/l.

D. Bezeichnung und Aufmachung

1. Erzeugnisse nach Abschnitt A Nr. 1 werden unter Angabe der verwendeten Gemüse unter folgenden Verkehrsbezeichnungen (Kursivdruck) in den Verkehr gebracht:
   ...-Gemüsesaft
   Gemüsesaft aus...
   ... saft.

   Bei milchsauer vergorenem Gemüsesaft wird der Verkehrsbezeichnung die Angabe „milchsauer vergoren“ angefügt. Bei *Sauerkrautsaft* kann dieser Hinweis entfallen.

2. Mischungen aus Gemüsesäften nach Abschnitt A Nr. 1 werden auch als *Gemüsesaft-Cocktail* oder *Gemüsesaft-Cocktail aus ...*[6] bezeichnet.

3. Erzeugnisse nach Abschnitt A Nr. 2 werden unter Angabe des verwendeten Gemüses unter folgenden Verkehrsbezeichnungen (Kursivdruck) in den Verkehr gebracht:
   ...-Gemüsenektar[7]
   Gemüsenektar aus ...
   ... nektar.

4. Bei Mischungen von Gemüsesäften und von Gemüsenektaren untereinander und bei Mischungen mit anderen Lebensmitteln werden in der Verkehrsbezeichnung die verwendeten Gemüsearten in mengenmäßig absteigender Reihenfolge angegeben, bei Mischungen mit anderen Lebensmitteln – ausgenommen Zutaten nach Abschnitt B Nr. 4 – außerdem der Gesamtanteil an Gemüse in Vomhundertteilen gemäß Abschnitt D Nr. 6; das Gleiche gilt bei entsprechenden Mischungen aus Erzeugnissen nach Abschnitt A Nr. 2, wobei daneben hinsichtlich des Gesamtgehaltes an Gemüsesaft und Gemüsemark Abschnitt D Nr. 6 zu beachten ist.

   Bei Verwendung der Verkehrsbezeichnung „*Gemüsesaft-Cocktail*“ oder „*Gemüsesaft-Cocktail aus...*“ nach Abschnitt D Nr. 2 werden diejenigen Gemüseanteile nicht angegeben, die insgesamt weniger als 5 Vomhundertteile betragen, sofern sie nicht geschmacklich hervortreten.

5. Es werden nur Verkehrsbezeichnungen, Hinweise oder bildliche Darstellungen verwendet, die durch die Zusammensetzung und die sensorischen Eigenschaften des Erzeugnisses gerechtfertigt sind.

6. Bei Gemüsenektar wird der Gehalt an Gemüsesaft, Gemüsemark oder einem Gemisch dieser Bestandteile durch den Hinweis „Gemüsesaftgehalt: mindestens ... %", „Gemüsemarkgehalt: mindestens ... %" bzw. „Gemüsegehalt: mindestens ... %" in unmittelbarem Zusammenhang mit der Verkehrsbezeichnung angegeben. Hierbei kann das Wort „Gemüse" auch durch die Angabe der verwendeten Gemüseart ersetzt werden.

7. Bei ganz oder teilweise aus konzentriertem Gemüsesaft oder konzentriertem Gemüsemark hergestellten Gemüsesäften und Gemüsenektaren wird in unmittelbarem Zusammenhang mit der Verkehrsbezeichnung der Hinweis „aus ... konzentrat" angebracht; bei Verwendung von Konzentrat bis zu 5 Vomhundertteilen des Erzeugnisses wird der Hinweis „mit ... saft aus ... konzentrat" verwendet.

8. Werden Zutaten nach Abschnitt B Nr. 4 über eine Geschmacksabrundung hinaus verwendet, so werden diese zusätzlich zu den im Verzeichnis der Zutaten erforderlichen Angaben entweder der Art nach oder durch Hinweise wie „gewürzt", „süßsauer" o. Ä. gekennzeichnet. Auf einen Zusatz von Speisesalz, jodiertes Speisesalz oder Meersalz sowie von Zuckerarten, auch unter Verwendung der Klassennamen „Zucker" für alle Saccharosearten bzw. „Dextrose" oder „Traubenzucker" für alle Dextrosearten, wird in unmittelbarer Verbindung mit der Bezeichnung hingewiesen, z. B. „gezuckert", „gesalzen".

9. Bei einem Zusatz von L-Ascorbinsäure nach Abschnitt B Nr. 3 wird nicht auf Vitamin C hingewiesen.

II. Besondere Beurteilungsmerkmale für bestimmte Gemüsesäfte

(werden noch erarbeitet und zu einem späteren Zeitpunkt veröffentlicht)

[1] Richtlinie 80/778/EWG des Rates über die Qualität von Wasser für den menschlichen Gebrauch vom 15. Juli 1980 (ABl. Nr. L 229 S. 11) in der jeweils geltenden Fassung.

[2] Bei einem Zusatz von Vitaminen, Mineralstoffen und Spurenelementen sind die hierfür geltenden Rechtsvorschriften zu beachten.

[3] Zuckerartenverordnung vom 8. März 1976 (BGBl. I S. 502) in der jeweils geltenden Fassung.

[4] Aromenverordnung vom 22. Dezember 1981 (BGBl. I S. 1625, 1677) in der jeweils geltenden Fassung.

[5] Anlage 2 der Zusatzstoff-Zulassungsverordnung vom 22. Dezember 1981 (BGBl. I S. 1633) in der jeweils geltenden Fassung.

[6] Zur Aufzählung der verwendeten Gemüsesäfte in der Zutatenliste wird auf § 6 der Lebensmittel-Kennzeichnungsverordnung in der Fassung der Bekanntmachung vom 6. September 1984 (BGBl. I S. 1221) in der jeweils geltenden Fassung verwiesen.

[7] In Deutschland auch noch *Gemüsetrunk*.

Leitsätze für Gewürze und andere würzende Zutaten

Der Begriff „Gewürze" schließt Kräuter sowie solche Pilze ein, die wegen ihrer geschmack- und/oder geruchgebenden Eigenschaften verwendet werden.

I. Allgemeine Beurteilungsmerkmale

A. Begriffsbestimmungen und Beschaffenheitsmerkmale

1. Gewürze und Kräuter

   Gewürze und Kräuter sind Pflanzenteile, die wegen ihres Gehaltes an natürlichen Inhaltsstoffen als geschmack- und/oder geruchgebende Zutaten zu Lebensmitteln bestimmt sind.

   Gewürze sind Blüten, Früchte, Knospen, Samen, Rinden, Wurzeln, Wurzelstöcke, Zwiebeln oder Teile davon, meist in getrockneter Form.

   Kräuter sind frische oder getrocknete Blätter, Blüten, Sprosse oder Teile davon.

2. Gewürzmischungen

   Gewürzmischungen sind Mischungen, die ausschließlich aus Gewürzen bestehen.

3. Gewürzzubereitungen, Gewürzpräparate

   Gewürzzubereitungen oder Gewürzpräparate sind Mischungen von einem Gewürz oder mehreren Gewürzen mit anderen geschmackgebenden und/oder geschmackbeeinflussenden Zutaten, auch mit technologisch notwendigen Stoffen. Sie enthalten mindestens 60 Prozent Gewürze. Zusätzlich werden auch Gewürzaromen[1)] verwendet.

4. Gewürzsalze

   Gewürzsalze sind Mischungen von Speisesalz mit einem Gewürz oder mehreren Gewürzen und/oder Gewürzzubereitungen/Gewürzpräparaten, auch unter Verwendung von Würze. Sie enthalten mindestens 15 Prozent Gewürze (außer bei Knoblauch) und mehr als 40 Prozent Speisesalz.

   Das Verhältnis von Speisesalz zu Gewürzen ist so bemessen, dass in der Regel weder Nachsalzen noch Nachwürzen mit den betreffenden Gewürzen erforderlich ist.

5. Präparate mit würzenden Zutaten

   Präparate mit würzenden Zutaten sind Mischungen von technologisch wirksamen Stoffen mit einem Gewürz oder mehreren Gewürzen, anderen geschmackgebenden und/oder geschmackbeeinflussenden Zutaten und/oder Gewürzzubereitungen und/oder Gewürzaromen[1)]. Sie enthalten ausschließlich die für den angegebenen Zweck technologisch notwendigen Stoffe und die für eine ausreichende Würzung erforderlichen Zutaten.

6. Gewürzaromazubereitungen

   Gewürzaromazubereitungen sind Gewürzzubereitungen, bei denen die Gewürze teilweise oder vollständig durch Gewürzaromen[1)] ersetzt sind.

7. Gewürzaromasalze

   Gewürzaromasalze sind Gewürzsalze, bei denen die Gewürze teilweise oder vollständig durch Gewürzarome[1)] ersetzt sind.

8. Würzen

   Würzen sind flüssige, pastenförmige oder trockene Erzeugnisse, die den Geschmack und/oder Geruch von Suppen, Fleischbrühen und anderen Lebensmitteln beeinflussen. Sie werden durch Hydrolyse von eiweißreichen Stoffen hergestellt[2)].

9. Würzmischungen

   Würzmischungen sind feste oder flüssige Erzeugnisse, die überwiegend aus Geschmacksverstärkern, Speisesalz, verkehrsüblichen Zuckerarten oder anderen Trägerstoffen bestehen; sie können außerdem Würzen sowie Hefe, Gemüse, Pilze, Gewürze, Kräuter und/oder Extrakte daraus enthalten. Streuwürzen sind streufähige Würzmischungen.

10. Würzsoßen

    Würzsoßen sind fließfähige oder pastenförmige Zubereitungen mit ausgeprägt würzendem Geschmack aus zerkleinerten und/oder flüssigen Zutaten.

11. Prozentangaben beziehen sich auf das Gewicht.

B. Bezeichnung

Für Gewürze und andere würzende Zutaten sind die kursiv gedruckten Verkehrsbezeichnungen üblich.

1. Gewürze

Gewürze werden nach ihrer Art bezeichnet, z. B. *Paprika, edelsüß, Rosenpaprika*. Soweit der Zerkleinerungsgrad von Bedeutung ist, wird er zusätzlich angegeben.

Gerebelte Gewürze werden durch Abtrennen der Blätter und/oder Blüten von den trockenen Gewürzpflanzen gewonnen.

2. Gewürzmischungen

Gewürzmischungen werden nach ihrer Art, z. B. *Kräuter der Provence*, oder ihrem Verwendungszweck bezeichnet, z. B. *Gulaschgewürz, Suppengewürz, Honigkuchengewürz*. Ein besonderer Hinweis auf „Mischung" ist nicht erforderlich.

3. Gewürzzubereitungen, Gewürzpräparate

Gewürzzubereitungen werden nach ihrer Art, z. B. *Zwiebel-Pfeffer-Gewürzzubereitung*, oder nach ihrem Verwendungszweck bezeichnet, z. B. *Gewürzzubereitung für Brathähnchen*. Sie werden auch als Gewürzpräparate bezeichnet, wenn sie zur Abgabe an Weiterverarbeiter bestimmt sind, z. B. *Gewürzpräparat für Fleischwurst.*

4. Gewürzsalze

Gewürzsalze werden nach ihrer Art, z. B. *Selleriesalz, Kräutersalz,* oder nach ihrem Verwendungszweck bezeichnet, z. B. *Brathähnchen-Gewürzsalz, Gewürzsalz für Brathähnchen.*

5. Präparate mit würzenden Zutaten

Präparate mit würzenden Zutaten werden nach ihrem Verwendungszweck bezeichnet, z. B. *Präparat zur Reifung und Würzung von Rohwurst, Rohwurstreifemittel mit Gewürzen für Salami*.

6. Gewürzaromazubereitungen

Gewürzaromazubereitungen werden nach ihrem Verwendungszweck bezeichnet, z. B. *Gewürzaromazubereitung für Brathähnchen*.

Sie werden auch als *Gewürzaromapräparate* bezeichnet, wenn sie zur Abgabe an Weiterverarbeiter bestimmt sind, z. B. *Gewürzaromapräparat für Fleischwurst*.

Sie werden auch als *Gewürzextraktzubereitung* oder *Gewürzextraktpräparat* bezeichnet, wenn der Gewürzaromenanteil ausschließlich aus Gewürzextrakten stammt.

7. Gewürzaromasalze

   Gewürzaromasalze werden nach ihrer Art, z. B. *Kräuteraromasalz*, oder nach ihrem Verwendungszweck bezeichnet, z. B. *Gewürzaromasalz für Brathähnchen.*

8. Würzen

   Würzen werden als *Würze, Speisewürze, Suppenwürze, Sojasoße* bezeichnet.

9. Würzmischungen, Streuwürzen

   Würzmischungen und Streuwürzen werden nach ihrer Art, z. B. *Curry-Würzer*, oder nach ihrem Verwendungszweck bezeichnet, z. B. *Grillwürzer, Würzmischung für Spaghetti*.

10. Würzsoßen

   Würzsoßen, Würzsaucen, Würztunken oder Würzpasten werden nach ihrer Art oder nach ihrem Verwendungszweck bezeichnet.

   Übliche Verkehrsbezeichnungen sind:

   Chutney

   Cumberland-Sauce

   Currysoße

   Ketchupsoße

   Pfeffersoße

   Relish

   Sambal

   Worcestersauce oder

   Barbecuesauce

   Grillsoße

   Sparerib-Soße.

II. Besondere Beurteilungsmerkmale für Gewürze

A. Beschaffenheitsmerkmale

Die Qualität eines Gewürzes wird in der Regel nach den folgenden Kriterien beurteilt:

1. Geruch und Geschmack werden sensorisch geprüft und sind für jedes Gewürz charakteristisch. Verschiedene Provenienzen des gleichen Gewürzes können in ihrer Qualität deutlich voneinander abweichen.

   Bei einem Gewürz in einer Fertigpackung ist der charakteristische Würzwert bis zum Ablauf des Mindesthaltbarkeitsdatums sensorisch deutlich ausgeprägt.

2. Das Aussehen ist für jedes Gewürz charakteristisch. Es enthält keine von Insekten angefressenen Anteile, Insektenteile, fremde Pflanzenteile oder weitere sichtbare Verunreinigungen, die über das technisch unvermeidbare Ausmaß hinausgehen.

3. Der Gehalt an ätherischem Öl ist in der Regel für die Beurteilung wertbestimmend, doch können auch andere geschmackgebende Stoffe für die Qualität maßgebend sein, z. B. Capsaicin bei Paprika oder Piperin bei Pfeffer.

   Der Gehalt eines Gewürzes an ätherischem Öl kann sich je nach den Bedingungen beim Be- und Verarbeiten, z. B. Vermahlen, beim Abfüllen und beim Lagern, z. B. abhängig von der Art der Verpackung, vermindern; gleichzeitig kann sich die Zusammensetzung des ätherischen Öles ändern. Von einem Gewürz in einer Fertigpackung kann man deshalb nicht auf die ursprüngliche Qualität in der verwendeten Rohware schließen.

4. Der Gehalt an säureunlöslicher Asche gibt Hinweise darauf, ob das Gewürz durch mineralische Bestandteile wie Erde und Sand über das technisch unvermeidbare Maß hinaus verunreinigt oder verfälscht ist. Die **Anlage** nennt dafür Gehalte, die in der Regel nicht überschritten werden.

5. Der Wassergehalt trockener Gewürze soll nicht mehr als 12 Prozent betragen, um das Verderben, z. B. durch Wachstum von Schimmelpilzen oder durch Vermehrung von Schädlingen, zu verhindern.

B. Bezeichnung

Gewürze, die mit den folgenden, kursiv gedruckten Verkehrsbezeichnungen in den Verkehr gebracht werden, bestehen aus den jeweils dort genannten Pflanzenteilen.

1. *Anis*

   Die ganzen oder in Teilfrüchte zerfallenen, oft noch ein kurzes Stück des Fruchtstieles tragenden, getrockneten Früchte von Pimpinella anisum L. aus der Familie der Doldengewächse (Umbelliferen oder Apiaceen).

2. *Basilikum*

   Die getrockneten, gerebelten Kelch- und Laubblätter, gelegentlich mit Blüten- und Fruchtteilen, von Ocimum basilicum L. aus der Familie der Lippenblütler (Labiaten oder Lamiaceen).

3. *Bohnenkraut*

   Die getrockneten, gerebelten Laubblätter von Satureja hortensis L. aus der Familie der Lippenblütler (Labiaten oder Lamiaceen).

4. *Chillies, Chilli, Chillischote, Roter Pfeffer, Spanischer Pfeffer*

   Die scharf schmeckenden, getrockneten „Schoten“ von Capsicum frutescens L. und anderen Capsicum-Arten aus der Familie der Nachtschattengewächse (Solanaceen).

   Cayennepfeffer und *Chillipulver* sind gemahlene Chillies.

5. *Cumin, Kreuzkümmel, Römischer Kümmel*

   Die ganzen oder in die Teilfrüchte zerfallenen, getrockneten Früchte von Cuminum cyminum L. aus der Familie der Doldengewächse (Umbelliferen oder Apiaceen).

   Cumin schmeckt völlig anders als Kümmel.

6. *Curry-Pulver, Curry, Curry-Powder*

   Eine gemahlene Mischung eigener Art aus Kurkuma, die gleichzeitig farbgebend wirkt, mit anderen Gewürzen wie Bockshornkleesamen, Cumin, Fenchel und Koriander sowie Pfeffer, Paprika, Chillies, Ingwer, Kardamom, Macis, Nelken oder Piment. Es kann auch Speisesalz und andere Stoffe wie Hülsenfruchtsamen-Mehl, Stärke, Dextrose enthalten. Der Anteil an Speisesalz beträgt höchstens 5 Prozent, an den anderen Stoffen höchstens 10 Prozent.

   Curry-Pulver ist je nach seiner Zusammensetzung gelblich bis bräunlich gefärbt und hat einen arteigenen, würzigen bis scharfen Geschmack.

7. *Dill*

   Dillsaat sind die getrockneten Spaltfrüchte von Anethum graveolens L. aus der Familie der Doldengewächse (Umbelliferen oder Apiaceen). *Dillspitzen* sind die getrockneten Laubblattspitzen.

8. *Estragon*

   Die getrockneten, gerebelten Laubblätter und Zweigspitzen von Artemisia dracunculus L. aus der Familie der Korbblütler (Compositen oder Asteraceen).

Deutscher Estragon, Französischer Estragon oder *Echter Estragon* ist eine besonders intensiv schmeckende Sorte.

9. *Fenchel*

   Die meist in die beiden Teilfrüchte zerfallenen, getrockneten Früchte von Foeniculum vulgare MILL. aus der Familie der Doldengewächse (Umbelliferen oder Apiaceen).

10. *Ingwer*

    Der getrocknete, ungeschälte, teilweise oder ganz geschälte, auch gekalkte Wurzelstock von Zingiber officinale Roscoe aus der Familie der Ingwergewächse (Zingiberaceen).

11. *Kapern*

    Die oliv- bis dunkelgrünen, etwa erbsengroßen, noch geschlossenen Blütenknospen von Capparis spinosa L. aus der Familie der Kaperngewächse (Capparaceen) nach dem Welken. Sie können in Essig, Speisesalz oder Speiseöl eingelegt sein.

    Kapern werden nach Größe sortiert in den Verkehr gebracht. Je kleiner die Kapern sind, desto höher wird ihre Qualität bewertet. Üblich sind folgende Angebotsformen: Nonpareilles (Extraqualität, klein), Surfines (1. Qualität, mittelgroß), Capucines (2. Qualität, groß), Capoates Fines (3. Qualität) und Capoates Hors Calibres (4. Qualität).

12. *Kardamom*

    Die geschlossenen Fruchtkapseln von Elettaria cardamomum White et Marton aus der Familie der Ingwergewächse (Zingiberaceen).

    Kardamom in der Schale gemahlen sind die gemahlenen Fruchtkapseln.

    Kardamomsaat, auch *gemahlen,* sind die von der gesamten Fruchtwand befreiten Samen.

13. *Kerbel*

    Die getrockneten, gerebelten Blätter von Anthriscus cerefolium (L.) Hoffm. aus der Familie der Doldengewächse (Umbelliferen oder Apiaceen).

14. *Knoblauch*

    Die Hauptzwiebel und die Nebenzwiebeln („Zehen") von Allium sativum L. aus der Familie der Liliengewächse (Liliaceen oder Alliaceen).

    Knoblauchpulver und *Knoblauchgranulat* werden aus getrocknetem Knoblauch hergestellt.

15. *Koriander*

Die getrockneten, gelben bis braunen, runden Früchte von Coriandrum sativum L. aus der Familie der Doldengewächse (Umbelliferen oder Apiaceen).

16. *Kümmel*

Die in die Teilfrüchte zerfallenen, getrockneten Früchte von Carum carvi L. aus der Familie der Doldengewächse (Umbelliferen oder Apiaceen).

17. *Kurkuma, Gelbwurz*

Der kurz gebrühte und getrocknete Wurzelstock von Curcuma longa L. aus der Familie der Ingwergewächse (Zingiberaceen).

18. *Liebstöckel*

Die getrockneten, meist geschnittenen Laubblätter von Levisticum officinale Koch aus der Familie der Doldengewächse (Umbelliferen oder Apiaceen).

19. *Lorbeerblätter*

Die getrockneten, stielfreien Laubblätter von Laurus nobilis L. aus der Familie der Lorbeergewächse (Lauraceen).

20. *Macis*

Der getrocknete Samenmantel (Arillus) der Samen von Myristica fragans Hout. aus der Familie der Muskatgewächse (Myristicaceen).

Macis wird umgangssprachlich, aber botanisch falsch, auch als *Muskatblüte* bezeichnet.

21. *Majoran*

Die getrockneten, gerebelten Laubblätter und Blütenstände von Origanum majorana L. (Majorana hortensis Moench) aus der Familie der Lippenblütler (Labiaten oder Lamiaceen).

22. *Muskatnuss*

Der vom Samenmantel und von der Samenschale befreite, getrocknete Samenkern von Myristica fragans Hout. aus der Familie der Muskatgewächse (Myristicaceen).

23. *Nelken, Gewürznelken*

Die kurz vor dem Aufblühen gesammelten, getrockneten Blütenknospen von Syzygium aromaticum (L.) Merr.et Perry aus der Familie der Myrtengewächse (Myrtaceen).

24. *Oregano, Wilder Majoran, Dost*

Die getrockneten, meist gerebelten Laubblätter sowie die Blüten und obersten Stengelteile von Origanum vulgare L. aus der Familie der Lippenblütler (Labiaten oder Lamiaceen).

25. *Paprika*

Die reifen, getrockneten Früchte verschiedener Unterarten von Capsicum annuum L. var. annuum und anderen Capsicum-Arten aus der Familie der Nachtschattengewächse (Solanaceen).

Paprikapulver ist je nach Farbe und Schärfegrad in drei Angebotsformen im Verkehr:

Delikatesspaprika	dunkelrot, mild fruchtig
Paprika, edelsüß	rot, mild, mit leichter Schärfe
Paprika, scharf; Rosenpaprika	rotbraun, scharf.

26. *Petersilie*

Die getrockneten, meist zerkleinerten Laubblätter der glattblättrigen oder krausblättrigen Form von Petroselinum crispum (Mill.) Hill. aus der Familie der Doldengewächse (Umbelliferen oder Apicaceen).

27. *Pfeffer, grün; Grüner Pfeffer*

Die unreif geernteten, grünen Früchte von Piper nigrum L. aus der Familie der Pfeffergewächse (Piperaceen). Sie schmecken in Salzlake eingelegt besonders mild und aromatisch.

28. *Pfeffer, schwarz; Schwarzer Pfeffer*

Die noch nicht völlig reif geernteten, getrockneten Früchte von Piper nigrum L. aus der Familie der Pfeffergewächse (Piperaceen). Sie riechen aromatisch würzig und schmecken kräftig scharf.

29. *Pfeffer, weiß; Weißer Pfeffer*

Die getrockneten, von der äußeren Fruchtwand befreiten Früchte von Piper nigrum L. aus der Familie der Pfeffergewächse (Piperaceen). Sie riechen aromatisch würzig und schmecken milder als schwarzer Pfeffer.

30. *Pilze*

Die essbaren Fruchtkörper verschiedener Arten von Speisepilzen. Sie entsprechen den Leitsätzen für Pilze und Pilzerzeugnisse.

31. *Piment, Nelkenpfeffer*

Die vor der vollständigen Reife geernteten, fermentierten und getrockneten Früchte von Pimenta dioica (L.) Merr. aus der Familie der Myrtengewächse (Myrtaceen).

32. *Rosa Beeren, Rosa Pfeffer*

Die getrockneten, rot leuchtenden bis bräunlichen, rundlichen Früchte von Schinus molle L., Schinus terebinthifolius Raddi und anderer Schinus-Arten aus der Familie der Sumachgewächse (Anacardiaceen).

33. *Rosmarin*

Die während und nach der Blüte geernteten, getrockneten Laubblätter von Rosmarinus officinalis L. aus der Familie der Lippenblütler (Labiaten oder Lamiaceen).

34. *Safran*

Die getrockneten, dreigeteilten Narbenschenkel der Blüten von Crocus sativus L. aus der Familie der Schwertliliengewächse (Iridaceen).

35. *Salbei*

Die getrockneten, gerebelten oder geschnittenen Laubblätter von Salvia triloba L. fil. und Salvia officinalis L. aus der Familie der Lippenblütler (Labiaten oder Lamiaceen).

36. *Schnittlauch*

Die geschnittenen, auch getrockneten Laubblätter von Allium schoenoprasum L. aus der Familie der Liliengewächse (Liliaceen oder Alliaceen).

37. *Schwarzkümmel*

Die kleinen schwarzen Samen von Nigella sativa L. aus der Familie der Hahnenfußgewächse (Ranunculaceen).

38. *Sellerieblätter*

Die getrockneten, geschnittenen Laubblätter von Apium graveolens L. aus der Familie der Doldengewächse (Umbelliferen oder Apiaceen).

39. *Senfkörner*

Die getrockneten Samen von Sinapis alba L. (weißer Senf), Brassica nigra (schwarzer Senf) oder Brassica juncea (brauner Senf) aus der Familie der Kreuzblütler (Cruciferen oder Brassicaceen).

40. *Sternanis*

Die reifen, getrockneten Sammelbalgfrüchte von Illicium verum Hook. fil. aus der Familie der Sternanisgewächse (Illiaceen).

41. *Thymian*

Die getrockneten, gerebelten Laubblätter und Blüten von Thymus vulgaris L. und Thymus zygis L. aus der Familie der Lippenblütler (Labiaten oder Lamiaceen).

42. *Vanille*

Die in unreifem Zustand fermentierten und angetrockneten Früchte von Vanilla planifolia Andr. aus der Familie der Orchideengewächse (Orchidaceen).

43. *Wacholderbeere*

Die reifen, getrockneten Beerenzapfen von Juniperus communis L. aus der Familie der Zypressengewächse (Cupressaceen).

44. *Zimt*

Die getrocknete, von der Außenrinde befreite Rinde von Cinnamomum ceylanicum Bl. oder die getrocknete, vom Kork mehr oder weniger befreite Rinde von Cinnamomum aromaticum Nees, Cinnamomum burmannii Bl., Cinnamomum loureirii Nees. und anderen Holzzimtarten aus der Familie der Lorbeergewächse (Lauraceen).

Ceylon-Zimt oder *Canehl* ist die Innenrinde von Cinnamomum ceylanicum Bl. und wird überwiegend in Stangenform in den Verkehr gebracht.

Cassia ist die Innenrinde von Cinnamomum aromaticum Nees. oder Cinnamomum loureirii Nees.

Zimt, gemahlen, wird überwiegend aus Cassia hergestellt und schmeckt schärfer und weniger süß als Canehl.

45. *Zwiebel*

Die getrocknete, meist in Stücke geschnittene oder gemahlene Zwiebel von Allium cepa L. und von Allium fistulosum L. aus der Familie der Liliengewächse (Liliaceen oder Alliaceen).

Anlage
zu Abschnitt II

Gehalte an säureunlöslicher Asche, die in der Regel nicht überschritten werden

Gewürz	Säureunlösliche Asche g/100 g
Anis	2,5
Basilikum	3,5
Bohnenkraut	1,0
Chillies, Cayennepfeffer	1,6
Cumin, Kreuzkümmel, Römischer Kümmel	3,0
Curry-Pulver	1,0
Dill	1,5
Estragon	1,5
Fenchel	2,0
Ingwer	2,0
Kardamom	2,5
Kerbel	2,0
Knoblauch	0,5
Koriander	1,5
Kümmel	1,5
Kurkuma	2,5
Liebstöckel	1,5
Lorbeerblätter	2,0
Macis	0,5
Majoran	2,0
Muskatnuss	0,5
Nelke, Gewürznelke	0,5
Oregano	2,5
Paprika	1,5
Petersilie	1,5
Pfeffer, schwarz	1,5
Pfeffer, weiß	0,3
Piment	1,0

Gewürz	Säureunlösliche Asche g/100 g
Rosmarin	1,0
Safran	1,5
Salbei	2,0
Schnittlauch	2,0
Sellerieblätter	1,0
Senfkörner	1,0
Sternanis	0,5
Thymian	4,0
Vanille	1,0
Wacholderbeere	1,0
Zimt	2,0
Zwiebel	0,5

[1] Gewürzaromen sind Erzeugnisse, die aus Gewürzen mit geeigneten Extraktionsmitteln gewonnen werden und nur Aromaextrakte und/oder natürliche Aromastoffe enthalten. Auf die Aromenverordnung vom 22. Dezember 1981 (BGBl. I S. 1625, 1677) in der jeweils geltenden Fassung wird hingewiesen.

[2] Europäische Beurteilungsmerkmale für Brühen (Bouillons) und Consommés vom 5. Oktober 1990, Deutsche Lebensmittel-Rundschau, 88. Jahrg., Heft 2/1992, S. 48.

Leitsätze für Honig

1. Allgemeine Beurteilungsmerkmale

1.1 Begriffsbestimmungen

Honig im Sinne dieser Leitsätze ist das in der Honigverordnung[1)] beschriebene Erzeugnis mit Ausnahme von gefiltertem Honig und von Backhonig.

1.2 Herstellung

Die Gewinnung und Bearbeitung von Honig erfolgt wie in der Honigverordnung beschrieben. Honig wird aus gedeckelten, brutfreien Waben als reifer Honig durch Schleudern, Pressen oder Austropfen und mit Ausnahme des Presshonigs ohne Wärmezufuhr gewonnen. Dem Honig werden keine honigeigenen Stoffe entzogen, er wird ggf.

- durch Sieben gereinigt,
- gerührt,
- gemischt

und in Lager- bzw. Transportbehälter oder als Fertigpackung abgefüllt. Eine darüber hinausgehende Bearbeitung erfolgt nicht, insbesondere werden keine honigfremden Stoffe zugesetzt.

Lagerung, Transport und ggf. weitere Abfüllungen erfolgen nur so, dass die charakteristischen Eigenschaften des Honigs nicht verändert werden; insbesondere darf keine Wärmeschädigung eintreten.

Wabenhonig wird in ganzen oder geteilten Waben in Verkehr gebracht.

1.3 Beschaffenheitsmerkmale

Honig weist die charakteristischen Eigenschaften auf, die in der Honigverordnung beschrieben sind.

1.4 Bezeichnung und Aufmachung

In den Leitsätzen sind die Verkehrsbezeichnungen kursiv gedruckt.

Für Honig werden die Verkehrsbezeichnungen verwendet, die in der Honigverordnung aufgeführt sind, z. B. *Honig, Blütenhonig, Honigtauhonig, Wabenhonig.*

Hinweise auf eine besondere Auswahl in Bezug auf einzelne Merkmale (z. B. Geschmack, Konsistenz, Farbe, regionale Herkunft) sind üblich.

Werden Angaben zum Erntezeitpunkt wie z. B. Frühtracht, Sommertracht, Frühjahrsblüte, Sommerblüte gemacht, setzt dies voraus, dass die Bienen den Honig in der entsprechenden Jahreszeit erzeugt haben und der Honig auch zu diesem Zeitpunkt geerntet wurde. Frühtracht und Sommertracht enthalten je nach Trachtangebot Nektar und Honigtau in variablen Anteilen. Bei der Frühtracht überwiegt der Nektaranteil. Honige mit der Angabe Frühjahrsblüte oder Sommerblüte sind Blütenhonige.

Vom Menschen hergestellte Mischungen monofloraler Honige tragen die Verkehrsbezeichnung *Honig.* Sofern die botanische Herkunft der verwendeten Honige angegeben werden soll, werden sie als *Mischung von ...* wie z. B. *Mischung von Akazien- und Lindenhonig* bezeichnet.

Für Honig, der unmittelbar vom Imker, der den Honig erzeugt hat, in Endverbrauchergebinde abgefüllt wird, bzw. Honig, der direkt vom erzeugenden Imker an den Verbraucher abgegeben wird, können Angaben wie „vom Imker abgefüllt" bzw. „aus eigener Imkerei" gemacht werden.

2 Besondere Beurteilungsmerkmale für Honig besonderer Qualität

Bei besonders sorgfältiger Auswahl, Gewinnung, Bearbeitung, Lagerung und Abfüllung des Honigs werden die nachfolgenden Angaben zur Bezeichnung einer besonderen Qualität verwendet. Diese Honige weisen in der Regel eine homogene Konsistenz auf.

Wird die Angabe „Auslese" verwendet, weisen die Erzeugnisse folgende Merkmale auf:

- Der HMF-Gehalt beträgt maximal 15 mg/kg (bestimmt mittels HPLC gemäß Methode L 40.00-10/3 nach § 64 LFGB bzw. DIN 10751/3, oder photometrisch gemäß Methode L 40.00-10/1 nach § 64 LFGB bzw. DIN 10751/1). Bei Honigsorten mit einem geringen natürlichen Enzymgehalt beträgt der HMF-Gehalt maximal 10 mg/kg.
- Die Invertaseaktivität beträgt mindestens 60 U/kg (bestimmt nach Siegenthaler gemäß Methode L 40.00-8/1 nach § 64 LFGB bzw. DIN 10759/1). Bei Honigsorten mit einem geringen natürlichen Enzymgehalt bleibt die Invertaseaktivität unberücksichtigt.
- Der Wassergehalt beträgt maximal 18 g/100 g (bestimmt gemäß Methode L 40.00-2 nach § 64 LFGB bzw. DIN 10752). Bei Heidehonig (Calluna) beträgt der Wassergehalt maximal 19 g/100 g.

Werden Angaben wie „feine Auslese“, „feinste Auslese“, „extra feine Auslese“ oder „Premium“ verwendet, weisen die Erzeugnisse folgende Merkmale auf:

- Der HMF-Gehalt beträgt maximal 10 mg/kg (bestimmt mittels HPLC gemäß Methode L 40.00-10/3 nach § 64 LFGB bzw. DIN 10751/3, oder photometrisch gemäß Methode L 40.00-10/1 nach § 64 LFGB bzw. DIN 10751/1). Bei Honigsorten mit einem geringen natürlichen Enzymgehalt beträgt der HMF-Gehalt maximal 5 mg/kg.
- Die Invertaseaktivität beträgt mindestens 85 U/kg (bestimmt nach Siegenthaler gemäß Methode L 40.00-8/1 nach § 64 LFGB bzw. DIN 10759/1). Bei Honigsorten mit einem geringen natürlichen Enzymgehalt bleibt die Invertaseaktivität unberücksichtigt.
- Der Wassergehalt betragt maximal 18 g/100 g (bestimmt gemäß Methode L 40.00-2 nach § 64 LFGB bzw. DIN 10752). Bei Heidehonig (Calluna) beträgt der Wassergehalt maximal 19 g/100 g.

3 Besondere Beurteilungsmerkmale für bestimmte Honige

Sortenhonige müssen insbesondere die für die jeweilige spezifische botanische Herkunft charakteristischen organoleptischen Merkmale aufweisen.

Der jeweils angegebene Pollengehalt ist die relative Pollenhäufigkeit in Prozent (bestimmt gemäß Methode L 40.00-11 nach § 64 LFGB bzw. DIN 10760).

Die Beurteilung von Qualität und Authentizität einer Probe erfolgt durch Prüfung auf die für die einzelnen Honige angegebenen Parameter und deren sachkundige Bewertung. Letztere bleibt Experten überlassen, die anhand ihrer Erfahrung die Vielfalt der natürlich bedingten und ggf. technisch unvermeidbaren Schwankungsbreiten kennen und beurteilen können.

Generell wird die Beurteilung der Qualität und Authentizität nicht nur auf die Berücksichtigung eines einzelnen abweichenden Parameters beschränkt, sondern schließt eine kritische Betrachtung aller Merkmale (organoleptische, mikroskopische und physikalisch-chemische) gemäß Honigverordnung ein.

3.1 Honige spezifischer botanischer Herkunft

Honige spezifischer botanischer Herkunft entstammen vollständig bis überwiegend – unter Berücksichtigung der natürlichen Schwankungsbreite – den angegebenen Blüten oder Pflanzen. Der Honig weist die für die angegebene Herkunft typischen organoleptischen, mikroskopischen und physikalisch-chemischen Merkmale auf.

3.1.1 Blütenhonige

3.1.1.1 Akazienblütenhonig (Robinienblütenhonig)

Akazienblütenhonig, Akazienhonig, Robinienblütenhonig, Robinienhonig ist der Honig aus Nektar von Scheinakazienblüten (Robinia pseudoacacia).

Organoleptische Merkmale:	
Farbe	klar, wasserhell bis hellgelb
Geruch	mild, schwach aromatisch
Geschmack	schwach blumig, mild, schwach aromatisch
Konsistenz/Struktur	flüssig, ohne Kristallisation

Mikroskopische und physikalisch-chemische Merkmale:	
Robinienpollen in %	mindestens 20 (Robinienpollen sind natürlicherweise unterrepräsentiert.)
Elektrische Leitfähigkeit in mS/cm	höchstens 0,20
Verhältnis Fructose zu Glucose	mindestens 1,55
Farbe in mm Pfund-Graden	höchstens 15
Sonstiges	in der Regel mit einem geringen natürlichen Enzymgehalt

3.1.1.2 Heideblütenhonig

Heideblütenhonig, Heidehonig ist der Honig aus Nektar von Blüten der Heidekrautarten Calluna vulgaris und/oder Erica spp. Die Verkehrsbezeichnung kann durch die weitergehende botanische Herkunft wie *Heideblütenhonig* von Besenheide, *Heidehonig* von Besenheide oder *Heideblütenhonig* von Erica, *Heidehonig* von Erica ergänzt werden.

In Deutschland wird *Heideblütenhonig, Heidehonig* nahezu ausschließlich von Besenheide (Calluna vulgaris) gewonnen.

3.1.1.2.1 Calluna (Besenheide)

Organoleptische Merkmale:	
Farbe	hellbraun, rötlich-braun
Geruch	kräftig-aromatisch, herb
Geschmack	kräftig-aromatisch, herb, manchmal mit Bitternote
Konsistenz/Struktur	geleeartig, einzelne hagelkornartige Kristalle sind möglich

Mikroskopische und physikalisch-chemische Merkmale:	
Callunapollen in %	bedingt durch die Gewinnungsart große Schwankungsbreite (2 bis 90)
Elektrische Leitfähigkeit in mS/cm	mindestens 0,70
Verhältnis Fructose zu Glucose	mindestens 1,20
Farbe in mm Pfund-Graden	bedingt durch geleeartige Konsistenz schwer messbar
Sonstiges	thixotrop, Proteingehalt mindestens 1,15 %; hohe Diastaseaktivität

3.1.1.2.2 Erica

Organoleptische Merkmale:	
Farbe	hell- bis dunkelbraun
Geruch	würzig, aromatisch
Geschmack	würzig, aromatisch, herb
Konsistenz/Struktur	kristallin oder flüssig

Mikroskopische und physikalisch-chemische Merkmale:	
Erica-Pollen in %	mindestens 45
Elektrische Leitfähigkeit in mS/cm	mindestens 0,50, kann je nach Ericaart schwanken
Verhältnis Fructose zu Glucose	1,00 bis 1,30, ist von der Ericaart abhangig
Farbe in mm Pfund-Graden	mindestens 50
Sonstiges	–

3.1.1.3 Kleeblütenhonig

Kleeblütenhonig, Kleehonig ist Honig aus Nektar von Kleeblüten der Gattungen Trifolium, Melilotus und/oder Lotus.

Organoleptische Merkmale:	
Farbe	weiß bis hellgelb
Geruch	schwach aromatisch
Geschmack	blumig, schwach aromatisch
Konsistenz/Struktur	kristallin

Mikroskopische und physikalisch-chemische Merkmale:	
Kleepollen in %	mindestens 70, bei Lotushonig mindestens 80
Elektrische Leitfähigkeit in mS/cm	höchstens 0,20, bei neuseeländischer Herkunft bis 0,30
Verhältnis Fructose zu Glucose	höchstens 1,30, ist von der Kleeart abhängig
Farbe in mm Pfund-Graden	höchstens 35
Sonstiges	–

3.1.1.4 Orangenblütenhonig

Orangenblütenhonig, Orangenhonig ist Honig aus Nektar von Orangenblüten (Citrus sinensis).

Organoleptische Merkmale:	
Farbe	weiß bis dunkelorange
Geruch	aromatisch, blumig, nach Orangenblüten
Geschmack	intensiv, aromatisch, blumig
Konsistenz/Struktur	flüssig oder kristallin

Mikroskopische und physikalisch-chemische Merkmale:	
Citruspollen in %	mindestens 20 (Pollen sind unterrepräsentiert)
Elektrische Leitfähigkeit in mS/cm	0,10 bis 0,30
Verhältnis Fructose zu Glucose	mindestens 1,10
Farbe in mm Pfund-Graden	10 bis 60
Sonstiges	mindestens 2 mg/kg Methylanthranilat; in der Regel mit einem geringen natürlichen Enzymgehalt

3.1.1.5 Rapsblütenhonig

Rapsblütenhonig, Rapshonig ist Honig aus Nektar von Rapsblüten (Brassica napus).

Organoleptische Merkmale:	
Farbe	weiß bis hellbeige
Geruch	mild, schwach blumig bis kohlartig
Geschmack	mild, schwach blumig, Mundgefühl: leicht kühlend
Konsistenz/Struktur	fest oder in der Regel durch Bearbeitung feinkristallin, cremig

Mikroskopische und physikalisch-chemische Merkmale:	
Rapspollen in %	mindestens 80
Elektrische Leitfähigkeit in mS/cm	höchstens 0,22
Verhältnis Fructose zu Glucose	höchstens 1,00
Farbe in mm Pfund-Graden	höchstens 30
Sonstiges	–

3.1.1.6 Sonnenblumenblütenhonig

Sonnenblumenblütenhonig, Sonnenblumenhonig ist Honig aus Nektar von Sonnenblumenblüten (Helianthus annuus).

Organoleptische Merkmale:	
Farbe	dottergelb
Geruch	mild, fruchtig, aromatisch
Geschmack	fruchtig, aromatisch
Konsistenz/Struktur	kristallin, neigt zur Entmischung

Mikroskopische und physikalisch-chemische Merkmale:	
Sonnenblumenpollen in %	mindestens 50
Elektrische Leitfähigkeit in mS/cm	0,20 bis 0,40
Verhältnis Fructose zu Glucose	höchstens 1,10
Farbe in mm Pfund-Graden	40 bis 60
Sonstiges	–

3.1.2 Honige aus Nektar und Honigtau

Die folgenden Honige enthalten Nektar und Honigtau derselben botanischen Herkunft in variablen Anteilen, abhängig von Nektar- und Honigtauverfügbarkeit. Im Einzelfall kann der Honig nahezu vollständig aus Nektar oder nahezu vollständig aus Honigtau bestehen.

3.1.2.1 Eukalyptushonig

Eukalyptushonig ist Honig aus Nektar und Honigtau von Eukalyptusarten (Eucalyptus spp.).

Organoleptische Merkmale:	
Farbe	hellbernsteinfarben bis dunkel
Geruch	karamellartig, manchmal würzig
Geschmack	malzig, karamellartig, manchmal würzig
Konsistenz/Struktur	flüssig bis kristallin

Mikroskopische und physikalisch-chemische Merkmale:	
Eukalyptuspollen in %	mindestens 85; bei überwiegend Honigtauhonig mindestens 70
Elektrische Leitfähigkeit in mS/cm	von 0,30 bis deutlich über 1,00
Verhältnis Fructose zu Glucose	mindestens 1,05
Farbe in mm Pfund-Graden	20 bis 100
Sonstiges	–

3.1.2.2 Kastanienhonig/Edelkastanienhonig

Kastanienhonig/Edelkastanienhonig ist Honig aus Nektar und Honigtau der Edelkastanie (Castanea sativa).

Organoleptische Merkmale:	
Farbe	hell- bis dunkelbraun
Geruch	herb, kräftig, mit penetranter Note
Geschmack	kräftig herb, deutlich bitter, adstringierend
Konsistenz/Struktur	flüssig bis zähflüssig

Mikroskopische und physikalisch-chemische Merkmale:	
Edelkastanienpollen in %	mindestens 90 (Pollen stark überrepräsentiert)
Elektrische Leitfähigkeit in mS/cm	in Abhängigkeit vom Honigtauanteil große Schwankungsbreite (0,80 bis 2,00)
Verhältnis Fructose zu Glucose	mindestens 1,45
Farbe in mm Pfund-Graden	mindestens 70
Sonstiges	pH-Wert 4,5 bis 6,3; hohe Enzymaktivität

3.1.2.3 Lindenhonig

Lindenhonig ist Honig aus Nektar und Honigtau von Lindenarten (Tilia spp.).

Organoleptische Merkmale:	
Farbe	beige/gelblich mit Grünstich, je nach Honigtauanteil auch dunkler
Geruch	intensiv, medizinisch-minzig, mentholartig
Geschmack	intensiv, medizinisch-minzig, mentholartig, leicht bitter, lang anhaltend
Konsistenz/Struktur	flüssig oder kristallin

Mikroskopische und physikalisch-chemische Merkmale:	
Lindenpollen in %	mindestens 20 (Pollen unterrepräsentiert)
Elektrische Leitfähigkeit in mS/cm	in Abhängigkeit vom Honigtauanteil große Schwankungsbreite (0,30 bis 0,90)
Verhältnis Fructose zu Glucose	mindestens 1,10
Farbe in mm Pfund-Graden	in Abhängigkeit vom Honigtauanteil große Schwankungsbreite (11 bis 55)
Sonstiges	–

3.1.3 Honigtauhonige

Honigtauhonige zeichnen sich gegenüber Blütenhonigen insbesondere durch folgende Charakteristika aus:

- höhere elektrische Leitfähigkeit
- höhere pH-Werte
- die Summe aus Fructose und Glucose ist niedriger
- Zuckerspektrum mit deutlichen Anteilen an höhermolekularen Zuckern
- mikroskopisch sichtbare charakteristische Honigtaubestandteile (insbesondere Pilzelemente, Algen, kristalline Masse, Wachswolle, Wachsröhren)

3.1.3.1 Fichtenhonigtauhonig

Fichtenhonigtauhonig, Fichtenhonig, Rottannenhonigtauhonig, Rottannenhonig ist Honigtauhonig von Fichtenarten (Picea spp.).

Organoleptische Merkmale:	
Farbe	rotbraun
Geruch	malzig-würzig
Geschmack	malzig-würzig mit säuerlicher Komponente
Konsistenz/Struktur	zähflüssig bis kristallin

Mikroskopische und physikalisch-chemische Merkmale:	
Honigtauelemente	deutlicher Anteil an Pilzelementen; Algen; mittlere bis große Menge kristalliner Masse; Wachsröhren; evtl. Wachswolle
Elektrische Leitfähigkeit in mS/cm	mindestens 0,80
Verhältnis Fructose zu Glucose	mindestens 1,00
Farbe in mm Pfund-Graden	mindestens 70
Sonstiges	in der Regel u. a. Melezitose als weiterer Zucker; hohe Enzymaktivität

3.1.3.2 Pinienhonigtauhonig

Pinienhonigtauhonig, Pinienhonig ist Honigtauhonig von Kiefernarten (Pinus spp.).

Organoleptische Merkmale:	
Farbe	hell- bis dunkelbraun
Geruch	würzig, harzig (terpenähnlich)
Geschmack	intensiv malzig-würzig und harzig (terpenähnlich)
Konsistenz/Struktur	zähflüssig

Mikroskopische und physikalisch-chemische Merkmale:	
Honigtauelemente	sehr hohe Anteile an charakteristischen Pilzelementen, Wachswolle und kristalliner Masse; Algen
Elektrische Leitfähigkeit in mS/cm	mindestens 1,00
Verhältnis Fructose zu Glucose	mindestens 1,20
Farbe in mm Pfund-Graden	mindestens 60
Sonstiges	–

3.1.3.3 Tannenhonigtauhonig

Tannenhonigtauhonig, Tannenhonig, Weißtannenhonigtauhonig, Weißtannenhonig ist Honigtauhonig der Weißtanne (Abies alba).

Organoleptische Merkmale:	
Farbe	grünlich-braun, rotbraun, tiefbraun
Geruch	harzig-malzig
Geschmack	intensiv harzig-malzig, erinnert an Trockenpflaumen
Konsistenz/Struktur	zähflüssig

Mikroskopische und physikalisch-chemische Merkmale:	
Honigtauelemente	deutlicher Anteil an Pilzelementen; Algen; kristalline Masse; Wachsröhren
Elektrische Leitfähigkeit in mS/cm	mindestens 1,10
Verhältnis Fructose zu Glucose	mindestens 1,15
Farbe in mm Pfund-Graden	mindestens 80
Sonstiges	in der Regel u. a. Melezitose als weiterer Zucker; hohe Enzymaktivität

3.1.4 Honige mit der Angabe von mehr als einer botanischen Herkunft

Honige können mit mehr als einer botanischen Herkunftsangabe wie z. B. *Raps-Klee-Honig oder Fichten- u. Tannenhonig* in Verkehr gebracht werden, wenn der Honig von den Bienen in demselben Zeitraum und aus Trachtquellen desselben geografischen Ursprungs natürlich erzeugt wurde. Ein derartig bezeichneter Honig entstammt vollständig bis überwiegend – unter Berücksichtigung der natürlichen Schwankungsbreite – den angegebenen Blüten oder Pflanzen. Der Honig weist die für die angegebenen botanischen Herkünfte typischen organoleptischen, mikroskopischen und physikalisch-chemischen Merkmale auf.

3.2 Honige mit regionaler, territorialer oder topografischer Herkunftsangabe

3.2.1 Gebirgsblütenhonig, Bergblütenhonig

Honige mit topografischen Herkunftsangaben wie *Gebirgsblütenhonig, Bergblütenhonig* entstammen dem Nektar und/oder Honigtau von Pflanzen aus Gebirgs- oder Berglandschaften.

Je nach regionaler, territorialer oder topografischer Herkunft können Honige aus Gebirgs- oder Berglandschaften unterschiedliche organoleptische, chemisch-physikalische oder mikroskopische Eigenschaften aufweisen. Eine Festlegung auf bestimmte Pflanzenarten oder Charakteristika ist aufgrund der möglichen Vielfalt nicht sinnvoll.

3.2.2 Waldhonig

Waldhonig ist Honigtauhonig, der vollständig von Pflanzen aus Wäldern stammt. Parkanlagen in städtischen Umgebungen gelten nicht als Wald.

3.3 Honige mit unspezifischer botanischer Herkunft

3.3.1 Wildblütenhonig

Wildblütenhonig ist der Blütenhonig, der vollständig vom Nektar nicht kultivierter Wildpflanzen stammt. Wildpflanzen sind dabei alle in dem Herkunftsgebiet vom Menschen nicht kultivierte Arten. Wildblütenhonig hat nicht den Charakter eines Sortenhonigs.

Aufgrund der möglichen Vielfalt in der Zusammensetzung sind spezifische Angaben zu organoleptischen und chemisch-physikalischen Merkmalen nicht sinnvoll.

3.4 Sonstige Honige

3.4.1 Honige mit Angabe einer spezifischen und einer unspezifischen Herkunft

Honige können mit einer spezifischen und einer unspezifischen Herkunftsangabe (z. B. *Akazienhonig mit Frühjahrsblüte, Lindenhonig mit Sommertracht)* in Verkehr gebracht werden, sofern der Honig von den Bienen in demselben Zeitraum und aus Trachtquellen desselben geografischen Ursprungs natürlich erzeugt wurde. Derartige Honige weichen in der Regel geringfügig von den typischen organoleptischen, mikroskopischen und physikalisch-chemischen Merkmalen des Honigs mit der genannten spezifischen botanischen Herkunft ab.

3.4.2 Honige mit Angabe einer unspezifischen und einer spezifischen Herkunft

Honige können mit einer unspezifischen und einer spezifischen Herkunftsangabe (z. B. *Frühjahrsblüte mit Akazienhonig, Sommertracht mit Lindenhonig, Sommertracht mit Heidehonig, Waldhonig mit Edelkastanienhonig)* in Verkehr gebracht werden, sofern der Honig von den Bienen in demselben Zeitraum und aus Trachtquellen desselben geografischen Ursprungs natürlich erzeugt wurde. Bei derartigen Honigen sind die typischen organoleptischen, mikroskopischen und physikalisch-chemischen Merkmale des Anteils mit der genannten spezifischen botanischen Herkunft noch erkennbar.

[1] Honigverordnung (HonigV) vom 16. Januar 2004 (BGBl. I S. 92) in der jeweils geltenden Fassung

Leitsätze für Kartoffelerzeugnisse

I. Allgemeine Beurteilungsmerkmale

A. Begriffsbestimmungen

1. Kartoffelerzeugnisse im Sinne dieser Leitsätze sind:

   a) Ungeschälte und geschälte Kartoffelerzeugnisse

   b) Pommes frites-Erzeugnisse

   c) Trockenspeisekartoffel-Erzeugnisse

   d) Kartoffelpüree-Erzeugnisse

   e) Erzeugnisse aus vorgeformten Kartoffelteigen

   f) Gebratene Kartoffelerzeugnisse

   g) Kartoffelknödel-Erzeugnisse

   h) Kartoffel-Knabbererzeugnisse

2. Kartoffelerzeugnisse, die als Zutaten oder Beilagen in Erzeugnissen wie Suppen, Feinkostsalaten oder Fertiggerichten enthalten sind, entsprechen diesen Leitsätzen.

3. Diese Leitsätze gelten nicht für Kartoffelerzeugnisse, die in Gaststätten und Einrichtungen zur Gemeinschaftsverpflegung hergestellt werden und dort zum alsbaldigen Verzehr bestimmt sind.

B. Herstellung

1. Rohware

   Die zur Verarbeitung bestimmten Kartoffeln[1)] sind sortenrein, gesund, ganz, sauber, fest und frei von fremdem Geruch und Geschmack; sie werden vor der Verarbeitung gewaschen.

2. Verarbeitung

   Die Verarbeitung umfasst gegebenenfalls das Schälen und Zerkleinern der Rohware sowie z. B. das Blanchieren, Kochen, Fritieren oder Braten, das Haltbarmachen, Mischen mit Zutaten und das Verpacken in geeignete Behältnisse.

   Zum Haltbarmachen sind folgende Verfahren üblich:

   a) Kühlen

b) Tiefgefrieren[2)]

c) Pasteurisieren oder Sterilisieren

d) Trocknen

e) Zugabe von Zusatzstoffen gemäß Nummer 3 Buchstaben a bis d

f) Verpacken unter Vakuum oder unter Schutzatmosphäre wie Stickstoff und Kohlendioxid.

Zum Braten und Fritieren werden geeignete, verkehrsübliche Speisefette und Speiseöle verwendet. Während der Verarbeitung werden diese laufend sensorisch auf Aussehen, Geruch und Geschmack sowie analytisch[3)] überprüft.

Bei der Verarbeitung bleiben die wertbestimmenden Eigenschaften und Bestandteile der Rohware soweit wie möglich erhalten.

3. Zutaten

Bei der Verarbeitung werden üblicherweise als Zutaten verwendet:

a) Sorbinsäure und ihre Salze bei gekühlten Kartoffelteigen[4)]

b) Schweflige Säure und ihre Salze[4)]

c) Genusssäuren wie Citronensäure und ihre Salze[4)]

d) Ascorbinsäure und ihre Salze[4)]

e) Natrium- und Kaliumsalze der Mono- und Diphosphorsäure[4)]

f) Riboflavin, Riboflavin-5'-phosphat und/oder Carotinoide[4)]

g) Speisestärken, Getreidemehle und/oder pflanzliche Hydrokolloide bei Erzeugnissen aus vorgeformten Karoffelteigen, gebratenen Kartoffelerzeugnissen, Kartoffelknödel-Erzeugnissen und Kartoffel-Knabbererzeugnissen

h) weitere Zutaten gemäß Abschnitt II.

C. Bezeichnung und Aufmachung

Für Erzeugnisse, die mindestens den folgenden Beurteilungsmerkmalen entsprechen, sind die kursiv gedruckten Verkehrsbezeichnungen üblich. Daneben ist ein Hinweis auf die jeweilige Angebotsform üblich, wenn diese nicht eindeutig aus der gesamten Aufmachung hervorgeht.

Prozentangaben beziehen sich auf das Gewicht.

II. Besondere Beurteilungsmerkmale

a) Ungeschälte und geschälte Kartoffelerzeugnisse

Zur Herstellung dieser Kartoffelerzeugnisse werden nur Speisekartoffeln[1)] verwendet.

1. *Pellkartoffeln*

Pellkartoffeln sind ungeschält gekochte Kartoffeln, die gekühlt, tiefgefroren, in geeigneter Folie gekocht und gekühlt oder sterilisiert in den Verkehr gelangen.

Auf das Kochen bzw. Erhitzen zurückzuführende Veränderungen der Schale (z. B. Risse) gelten nicht als Mangel. Die Größensortierung ist gleichmäßig und entspricht den nachfolgend genannten Kriterien:

Mindestgröße (Quadratmaß):	35 mm
Bandbreite (Unterschied zwischen größter [Obergrenze] und kleinster Knolle [Untergrenze]):	25 mm
Maximale Abweichung (Masse an Knollen über Obergrenze bzw. unter Untergrenze):	25 %

2. *Baked Potatoes, Aschekartoffel, Folienkartoffel, Grillkartoffel*

Baked Potatoes, Aschekartoffel, Folienkartoffel, Grillkartoffel sind besonders große ungeschälte Kartoffeln, die gewaschen und roh oder blanchiert in loser Form oder in Aluminiumfolie oder in eine andere geeignete Folie verpackt, gegebenenfalls gekühlt (Temperatur 2–7 °C), tiefgefroren oder sterilisiert in den Verkehr gelangen. Auf das Erhitzen zurückzuführende Veränderungen der Schale (z. B. Risse) gelten nicht als Mangel.

Die Größensortierung ist gleichmäßig und entspricht folgenden Gewichtsklassen: 125–175 g, über 175–225 g, über 225–275 g, über 275–325 g, über 325–375 g. Bei Großgebinden ab 10 kg überschreiten höchstens 20 Prozent der Kartoffeln die Ober- und Untergrenzen um höchstens 25 g.

3. *Geschälte Kartoffeln, roh*

Geschälte Kartoffeln, roh sind von der Schale befreite, ganze, geteilte oder geschnittene sowie gewaschene Kartoffeln. Sie gelangen gekühlt (Temperatur 2–7 °C), auch unter Schutzatmosphäre verpackt, in den Verkehr.

Farbe: gleichmäßig, nicht verfärbt

Geruch: arteigen

Textur: in verzehrfertigem Zustand fest, Oberfläche nicht verhärtet.

Die Qualitätsstufen entsprechen den nachstehend genannten Kriterien. Nur bei der Standard-Qualität ist die Verwendung geviertelter Kartoffeln bzw. Kartoffelstücke üblich.

Qualitätsstufe	Standard	Extra
Maximale Masse der Kartoffeln mit „dunklen Stellen“[5] (Stellen mit einem Durchmesser unter 2 mm bleiben unberücksichtigt):	5 %	3 %
Mindestgröße (Quadratmaß):	30 mm	30 mm
Maximalgröße (Quadratmaß):	50 mm	
Bandbreite (Unterschied zwischen größter [Obergrenze] und kleinster Knolle [Untergrenze]):	25 mm	10 mm
Maximale Abweichung (Masse an Knollen über Obergrenze bzw. unter Untergrenze):	25 %	20 %

4. *Geschälte Kartoffeln, blanchiert*

Geschälte Kartoffeln, blanchiert sind ganze, geteilte oder geschnittene Kartoffeln, die von der Schale befreit und blanchiert wurden. Sie gelangen gekühlt (Temperatur 2–7 °C) in den Verkehr.

Farbe: gleichmäßig, nicht verfärbt

Geruch: arteigen

Textur: in verzehrfertigem Zustand fest, Oberfläche nicht verhärtet.

Die Qualitätsstufen entsprechen den in Nummer 3 genannten Kriterien. Nur bei der Standard-Qualität ist die Verwendung geviertelter Kartoffeln bzw. Kartoffelstücke üblich.

5. *Geschälte Kartoffeln, gekocht*

Geschälte Kartoffeln, gekocht sind ganze, geteilte oder geschnittene Kartoffeln, die von der Schale befreit und verzehrfertig gekocht wurden. Sie gelangen sauerstoffdicht verpackt in den Verkehr.

Geschälte Kartoffeln, gekocht können auch mit oder ohne Aufguss sterilisiert in den Verkehr gebracht werden.

Farbe:	gleichmäßig, nicht verfärbt
Geruch:	arteigen
Textur:	in verzehrfertigem Zustand fest, Oberfläche nicht verhärtet.

Die Qualitätsstufen entsprechen den in Nummer 3 genannten Kriterien. Nur bei der Standard-Qualität ist die Verwendung geviertelter Kartoffeln bzw. Kartoffelstücke üblich.

b) Pommes frites-Erzeugnisse

1. *Pommes frites, vorfritierte Pommes frites*

Pommes frites, vorfritierte Pommes frites sind vorfritierte, möglichst gleichmäßige und formgerechte Kartoffelstreifen. Sie kommen in gekühlter oder tiefgefrorener Form in den Verkehr und sind dazu bestimmt, vor dem Verzehr durch Fritieren zubereitet zu werden.

Sie werden aus geschälten Kartoffeln hergestellt. Es kommen glatte oder gewellte Schnitte zur Anwendung. Während des Vorfritierens übersteigt die Temperatur des Fettes 180 °C nicht*).

Vorfritierte, gekühlte Pommes frites enthalten nicht mehr Feuchtigkeit als 67 Prozent und vorfritierte, tiefgefrorene Pommes frites nicht mehr als 70 Prozent. Der Fettgehalt vorfritierter, gekühlter Pommes frites beträgt beim Verlassen des Herstellungsbetriebes nicht mehr als 8,5 Prozent und bei vorfritierten, tiefgefrorenen Kartoffelstreifen nicht mehr als 8 Prozent. Vorfritierte, gekühlte Pommes frites weisen bis zur Abgabe an den Verbraucher an allen Punkten des Erzeugnisses keine höhere Temperatur als 8 °C auf.

Aus zerkleinerten Kartoffeln oder aus Kartoffeltrockenerzeugnissen hergestellte Erzeugnisse werden nicht als Pommes frites, vorfritierte Pommes frites bezeichnet.

a) Standard-Qualität

Farbe:	gleichmäßig, nicht grau, in verzehrfertigem Zustand Stufe 3 der USDA-Farbskala[6)], max. 20 Prozent der Gesamtmasse gegebenenfalls dunkler
Geruch:	arteigen, ohne Fremdgeruch
Geschmack:	arteigen, ohne Fremdgeschmack
Textur:	krosse Oberfläche in verzehrfertigem Zustand

Länge der Streifen:	mindestens 20 mm; der Anteil kurzer Streifen (kleiner als 20 mm) an der Gesamtmasse beträgt max. 5 Prozent, der Anteil normaler Streifen (länger als 40 mm) mindestens 50 Prozent.
Mängel/ Toleranzen:	der Anteil der „dunklen Stellen"[5] an der Gesamtmasse beträgt max. 4 Prozent; Stellen mit einem Durchmesser unter 3 mm bleiben unberücksichtigt. Der Anteil an Schmalstücken (Kartoffelstreifen mit max. 60 Prozent des durchschnittlichen Querschnitts über ihre volle Länge) an der Gesamtmasse beträgt max. 4 Prozent; Stücke mit einer Länge unter 20 mm werden in beiden Fällen nicht gewertet.

b) Extra-Qualität

Farbe:	gleichmäßig, nicht grau, in verzehrfertigem Zustand: max. Stufe 3 der USDA-Farbskala[6], max. 20 Prozent der Gesamtmasse gegebenenfalls dunkler
Geruch:	arteigen, ohne Fremdgeruch
Geschmack:	arteigen, ohne Fremdgeschmack
Textur:	krosse Oberfläche in verzehrfertigem Zustand
Länge der Streifen:	mindestens 30 mm; der Anteil kurzer Streifen (kleiner als 30 mm) an der Gesamtmasse beträgt max. 3 Prozent; der Anteil normaler Streifen (länger als 50 mm) mindestens 60 Prozent.
Mängel/ Toleranzen:	der Anteil der „dunklen Stellen"[5] an der Gesamtmasse beträgt max. 3 Prozent, Stellen mit einem Durchmesser unter 3 mm bleiben unberücksichtigt. Der Anteil an Schmalstücken (Kartoffelstreifen mit max. 60 Prozent des durchschnittlichen Querschnitts über ihre volle Länge) an der Gesamtmasse beträgt max. 3 Prozent; Stücke mit einer Länge unter 30 mm werden in beiden Fällen nicht gewertet.

2. *Backofen-Pommes frites, Backofen-Frites*

Backofen-Pommes frites, Backofen-Frites sind vorfritierte, möglichst gleichmäßige und formgerechte, tiefgefrorene Kartoffelstreifen. Sie kommen nur in Extra-Qualität in den Verkehr und sind dazu bestimmt, vor dem Verzehr ohne Fettzugabe im Backofen, Umluftherd (Convectomat), Grill oder in der Pfanne zubereitet zu werden.

Sie werden aus geschälten Kartoffeln hergestellt. Es kommen glatte oder gewellte Schnitte zur Anwendung. Während des Vorfritierens übersteigt die Temperatur des Fettes 180 °C nicht*).

Der Feuchtigkeitsgehalt beträgt höchstens 67 Prozent. Der Fettgehalt beträgt beim Verlassen des Herstellungsbetriebes nicht mehr als 8 Prozent.

Farbe:	gleichmäßig, nicht grau, in verzehrfertigem Zustand: max. Stufe 3 der USDA-Farbskala[6], max. 20 Prozent der Gesamtmasse gegebenenfalls dunkler
Geruch:	arteigen, ohne Fremdgeruch
Geschmack:	arteigen, ohne Fremdgeschmack
Textur:	krosse Oberfläche in verzehrfertigem Zustand
Länge der Streifen:	mindestens 30 mm; der Anteil kurzer Streifen (kleiner als 30 mm) an der Gesamtmasse beträgt max. 3 Prozent, der Anteil normaler Streifen (länger als 50 mm) mindestens 60 Prozent.
Mängel/ Toleranzen:	der Anteil der „dunklen Stellen“[5] an der Gesamtmasse beträgt max. 3 Prozent, Stellen mit einem Durchmesser unter 3 mm bleiben unberücksichtigt. Der Anteil an Schmalstücken (Kartoffelstreifen mit max. 60 Prozent des durchschnittlichen Querschnitts über ihre volle Länge) an der Gesamtmasse beträgt max. 3 Prozent; Stücke mit einer Länge unter 30 mm werden in beiden Fällen nicht gewertet.

c) Trockenspeisekartoffel-Erzeugnisse

Trockenspeisekartoffeln, Speisekartoffeln, getrocknet

Trockenspeisekartoffeln, Speisekartoffeln, getrocknet sind Kartoffeln, die von der Schale befreit, in Scheiben, Plättchen, Streifen oder Würfel geschnitten, blanchiert und getrocknet wurden. Der Feuchtigkeitsgehalt beträgt höchstens 12 Prozent.

Farbe: gleichmäßig, nicht verfärbt

Geruch: arteigen, ohne Fremdgeruch

Geschmack: arteigen, ohne Fremdgeschmack

Textur: Konsistenz der gekochten Trockenspeisekartoffeln entspricht weitgehend der Konsistenz frischer gekochter Kartoffeln vergleichbarer Sorten

Sortierung: gleichmäßig, Streifen unter 5 mm Länge sowie Bruchstücke von Scheiben, Plättchen oder Würfeln mit einem geringeren Volumen als 20 Prozent der Normalform[7] gelten als Bruchanteil

Mängel/ Toleranzen: der Anteil der „dunklen Stellen"[5] beträgt höchstens 6 Prozent der Masse bei Scheiben und Plättchen bzw. 8 Prozent bei Streifen und 12 Prozent bei Würfeln; der Bruchanteil aus Sortierung (siehe dort) beträgt bei Scheiben und Plättchen höchstens 15 Prozent, bei Streifen und Würfeln höchstens 6 Prozent. Der Gesamtanteil der Abweichungen beträgt bei Scheiben und Plättchen nicht mehr als 20 Prozent, bei Streifen und Würfeln nicht mehr als 10 Prozent.

d) Kartoffelpüree-Erzeugnisse

Kartoffelpüree, Püree, Kartoffelbrei, Stampfkartoffeln, Kartoffelschnee

Kartoffelpüree, Püree, Kartoffelbrei, Stampfkartoffeln, Kartoffelschnee werden aus geschälten und gekochten Kartoffeln unter möglicher Verwendung von Zutaten wie Milch, Milcherzeugnissen, Speisesalz, jodiertem Speisesalz, Meersalz, Gewürzen, Kräutern und Aromen[8] hergestellt. Die Erzeugnisse gelangen gekühlt, tiefgefroren oder als Trockenmischung in den Verkehr. Bei den Trockenerzeugnissen beträgt der Feuchtigkeitsgehalt höchstens 10 Prozent.

Wird auf die Verwendung von Milch hingewiesen, werden mindestens 17 g standardisierte Vollmilch[9] oder die entsprechende Menge Trockenmilcherzeugnisse in 100 g verzehrfertigem Kartoffelpüree verwendet.

Farbe: gleichmäßig, nicht verfärbt

Geruch: sortenspezifisch arteigen, ohne Fremdgeruch

Geschmack: sortenspezifisch arteigen, ohne Fremdgeschmack

Konsistenz: entspricht weitgehend dem aus frischen Kartoffeln entsprechender Sorten hergestellten Kartoffelpüree.

e) Erzeugnisse aus vorgeformten Kartoffelteigen

Kartoffelkroketten, Kroketten, Kartoffelbällchen, Pommes dauphine, Kartoffeln Kronprinzessinart, Pommes duchesse, Herzoginkartoffeln, Kartoffelbuchstaben, Kartoffelfiguren, Kartoffelherzen, Kartoffelwaffeln, Waffelkartoffeln, Schupfnudeln, Gnocchi und sonstige Erzeugnisse aus vorgeformten Kartoffelteigen

Kartoffelkroketten, Kroketten, Kartoffelbällchen, Pommes dauphine, Kartoffeln Kronprinzessinart, Pommes duchesse, Herzoginkartoffeln, Kartoffelbuchstaben, Kartoffelfiguren, Kartoffelherzen, Kartoffelwaffeln, Waffelkartoffeln, Schupfnudeln, Gnocchi und sonstige Erzeugnisse aus vorgeformten Kartoffelteigen sind Erzeugnisse aus Teigen oder für deren Herstellung geeigneten Trockenmischungen, die aus geschälten, zerkleinerten rohen und/oder blanchierten und/oder gekochten Kartoffeln mit Zutaten wie Stärke, Mehl, Milch, Milcherzeugnissen, Eiprodukten, Speisesalz, jodiertem Speisesalz, Meersalz, Gewürzen, Kräutern und Aromen[8)] hergestellt werden. Die Erzeugnisse gelangen gekühlt, tiefgefroren oder als Trockenmischungen in den Verkehr.

Tiefgefrorene Erzeugnisse werden aus Kartoffelteigen geformt, gegebenenfalls paniert und in Speisefett bei Temperaturen bis höchstens 180 °C vorfritiert*).

Bei Trockenmischungen beträgt der Feuchtigkeitsgehalt höchstens 12 Prozent. Sie werden vor der Zubereitung zum Verzehr entsprechend der Zubereitungsanleitung angeteigt und geformt.

Wird auf die Verwendung von Milch hingewiesen, werden mindestens 17 g standardisierter Vollmilch[9)] oder entsprechende Mengen Trockenmilcherzeugnisse in 100 g verzehrfertigem Erzeugnis verwendet.

Kartoffelkroketten, Kroketten, Kartoffelbällchen sind länglich, walzenförmig oder rund geformte Erzeugnisse.

Pommes dauphine, Kartoffeln Kronprinzessinart sind aus Kartoffelteig und Brandteig geformte, wie aus einem Teig abgestochene Stücke.

Pommes duchesse, Herzoginkartoffeln sind mit einer Sterntülle, gegebenenfalls unter Drehung, gespritzt.

Kartoffelbuchstaben, Kartoffelfiguren, Kartoffelherzen, Kartoffelwaffeln, Waffelkartoffeln, Schupfnudeln, Gnocchi und sonstige Erzeugnisse aus vorgeformten Kartoffelteigen sind entsprechend ihrer Bezeichnung geformt.

Erzeugnisse, die dazu bestimmt sind, im Backofen, Umluftherd (Convectomat), Grill oder in der Pfanne verzehrfertig zubereitet zu werden, sind soweit vorgebacken, dass dies ohne Fettzugabe möglich ist.

Farbe: Tiefgefrorene Erzeugnisse weisen innen die sortenspezifische Farbe der Kartoffel auf. Die Farbe des verzehrfertigen Erzeugnisses ist goldgelb bis bräunlich

Geruch: arteigen, ohne Fremdgeruch

Geschmack: beim verzehrfertigen Erzeugnis arteigener Kartoffelgeschmack, ohne Fremdgeschmack

Textur: beim verzehrfertigen Erzeugnis außen knusprig und innen locker, bei Schupfnudeln und Gnocchi außen fest und innen teigig.

f) Gebratene Kartoffelerzeugnisse

1. *Kartoffelpuffer, Reibekuchen*

Kartoffelpuffer, Reibekuchen und gleichsinnig bezeichnete Erzeugnisse werden aus geschälten, zerkleinerten rohen und/oder blanchierten und/oder gekochten Kartoffeln mit Zutaten wie Stärke, Mehl, Milch, Milcherzeugnissen, Eiprodukten, blanchierten und/oder getrockneten Zwiebeln, Speisesalz, jodiertem Speisesalz, Meersalz, Gewürzen, Kräutern und Aromen[8)] hergestellt. Die Erzeugnisse gelangen gekühlt, tiefgefroren oder als Trockenmischung in den Verkehr. Die gekühlten oder tiefgefrorenen Erzeugnisse sind bereits zu Puffern/Kuchen geformt und beidseitig in Speisefett vorgebraten. Die Trockenmischung wird vor der Zubereitung zum Verzehr entsprechend der Zubereitungsanleitung angeteigt und geformt.

Farbe: im verzehrfertigen Zustand mit gebräunter Kruste

Geruch: arteigen, ohne Fremdgeruch

Geschmack: arteigen, ohne Fremdgeschmack

Feuchtigkeitsgehalt: beim Trockenerzeugnis nicht mehr als 12 Prozent.

2. *Reibekuchenteig*

Reibekuchenteig und gleichsinnig bezeichnete Teigerzeugnisse werden aus geschälten, geriebenen oder entsprechend zerkleinerten rohen und/oder blanchierten und/oder gekochten Kartoffeln mit Zutaten wie Stärke, Mehl, Milch, Milcherzeugnissen, Eiprodukten, blanchierten und/oder getrockneten Zwiebeln, Speisesalz, jodiertem Speisesalz, Meersalz, Gewürzen, Kräutern und Aromen[8)] hergestellt. Sie gelangen gekühlt (Temperatur 2–7 °C) in den Verkehr.

Farbe: arteigen, gleichmäßig, nicht verfärbt; das verzehrfertige Erzeugnis hat eine gebräunte Kruste

Geruch: arteigen, ohne Fremdgeruch

Geschmack: arteigen, ohne Fremdgeschmack.

3. *Bratkartoffeln, Röstkartoffeln, Rösti, Pommes nouvelles, Pommes parisiennes, Würfelkartoffeln, Pommes carrées*

Bratkartoffeln, Röstkartoffeln, Rösti, Pommes nouvelles, Pommes parisiennes, Würfelkartoffeln, Pommes carrées sind stückige Erzeugnisse aus geschälten, rohen und/oder blanchierten und/oder gegarten Kartoffeln. Sie können Speisesalz, jodiertes Speisesalz, Meersalz, Gewürze, Kräuter und Aromen[8)] enthalten. Sie werden durch Braten, Fritieren oder Backen unter Verwendung von Speisefett zubereitet.

Neben gekühlten, tiefgefrorenen oder hitzesterilisierten Erzeugnissen kommen auch Trockenerzeugnisse in den Verkehr. Die für das Tiefgefrieren bestimmten Erzeugnisse werden in Speisefett bei Temperaturen nicht höher als 180 °C vorfritiert[*)]. Trockenerzeugnisse werden vor der Zubereitung für den Verzehr entsprechend der Zubereitungsanleitung gequollen.

Bratkartoffeln sind blanchierte oder gegarte Scheiben.

Röstkartoffeln sind Streifen oder Würfel aus blanchierten oder gegarten Kartoffeln.

Rösti sind zu Kuchen oder Plätzchen geformte Erzeugnisse aus blanchierten oder gegarten Kartoffelstreifen. Die Zubereitung ist aus vorfritierten Kartoffelstreifen möglich.

Pommes nouvelles, Pommes parisiennes sind entweder kleine ganze Frühkartoffeln in geschälter Form oder aus rohen Kartoffeln herausgeschnittene kleine Kugeln mit einem Durchmesser von ca. 10 mm.

Würfelkartoffeln, Pommes carrées sind in Würfel geschnittene Kartoffeln.

Farbe: arteigen, nicht verfärbt

Geruch: arteigen, ohne Fremdgeruch, variiert durch Würzung

Geschmack: arteigen, ohne Fremdgeschmack, variiert durch Würzung

Textur: nicht zerfallend

Feuchtigkeitsgehalt: beim Trockenerzeugnis nicht mehr als 12 Prozent.

4. *Kartoffelplätzchen, Kartoffelmedaillons, Kartoffelbratlinge, Röstlinge, Pommes Macaire*

Kartoffelplätzchen, Kartoffelmedaillons, Kartoffelbratlinge, Röstlinge, Pommes Macaire sind Erzeugnisse aus Teigen oder geeigneten Trockenmischungen, die aus geschälten, zerkleinerten rohen und/oder blanchierten und/oder gekochten Kartoffeln hergestellt werden. Diese Erzeugnisse werden durch Braten, Fritieren oder Backen verzehrfertig zubereitet. Sie können Stärke, Mehl, Milch, Milcherzeugnisse, Eiprodukte, Speisesalz, jodiertes Speisesalz, Meersalz, Gewürze, Kräuter und Aromen[8)] enthalten. Stückige Kartoffelteile können strukturgebend sein. Die Erzeugnisse gelangen als Trockenmischungen oder zu Plätzchen geformt in den Verkehr. Die für das Tiefgefrieren bestimmten Erzeugnisse werden in Speisefett bei Temperaturen nicht höher als 180 °C vorfritiert[*)]. Trockenerzeugnisse werden vor der Zubereitung für den Verzehr entsprechend der Zubereitungsanleitung angeteigt und geformt.

Kartoffelplätzchen, Kartoffelmedaillons sind entsprechend ihrer Bezeichnung rund oder oval geformte Kartoffelteige.

Kartoffelbratlinge, Röstlinge enthalten neben Kartoffeln noch andere Zutaten wie Getreide, Ölsaaten, Gemüsestücke, Hülsenfrüchte. Auf charaktergebende Zutaten kann hingewiesen werden.

Pommes Macaire sind mit Kräutern gewürzte Kartoffelplätzchen.

Erzeugnisse, die dazu bestimmt sind, im Backofen, Umluftherd (Convectomat), Grill oder in der Pfanne verzehrfertig zubereitet zu werden, sind soweit vorgebacken, dass dies ohne Fettzugabe möglich ist.

Farbe:	Tiefgefrorene Erzeugnisse weisen innen die sortenspezifische Farbe der Kartoffel auf. Die Farbe des verzehrfertigen Erzeugnisses ist goldgelb bis bräunlich
Geruch:	arteigen, ohne Fremdgeruch
Geschmack:	arteigen, ohne Fremdgeschmack
Textur:	außen knusprig und innen locker, auch teigig
Feuchtigkeitsgehalt:	beim Trockenerzeugnis nicht mehr als 12 Prozent.

g) Kartoffelknödel-Erzeugnisse

1. *Kloß, Klöße, Knödel*

Kloß, Klöße, Knödel sind Erzeugnisse aus Mischungen geschälter zerkleinerter, roher und/oder blanchierter und/oder gekochter Kartoffeln mit Bindemitteln wie Stärke und Getreidemehlen, Speisesalz, jodiertem Speisesalz, Meersalz, Gewürzen, Kräutern, Aromen[8)] sowie Milch, Milcherzeugnissen und Eiprodukten. Die Erzeugnisse gelangen als Trockenmischungen oder zu Knödeln geformt und tiefgefroren in den Verkehr. Die Trockenmischungen werden vor der Zubereitung zum Verzehr entsprechend der Zubereitungsanleitung angeteigt und geformt.

Es ist üblich, einen Hinweis auf die Art des Erzeugnisses zu geben wie roh, Thüringer, halb und halb, gekocht.

Geruch:	arteigen, ohne Fremdgeruch
Geschmack:	arteigen, ohne Fremdgeschmack
Textur:	elastisch, nicht kleistrig, auch klebend
Aussehen:	arteigen, ansprechende Farbe
Abkoch-verlust:	höchstens 8 Prozent
Feuchtigkeits-gehalt:	beim Trockenerzeugnis nicht mehr als 15 Prozent.

2. Kloß, Klöße, Knödel im Kochbeutel

Kloß, Klöße, Knödel im Kochbeutel sind Erzeugnisse aus Mischungen zerkleinerter Trockenerzeugnisse geschälter, roher und/oder blanchierter und/oder gekochter Kartoffeln mit Bindemitteln wie Stärke und Getreidemehlen, Speisesalz, jodiertem Speisesalz, Meersalz, Gewürzen, Kräutern, Aromen[8)] sowie Milch, Milcherzeugnissen und Eiprodukten. Die Mischungen werden nach dem Befeuchten getrocknet und in Kochbeutel abgepackt.

Es ist üblich, einen Hinweis auf die Art des Erzeugnisses zu geben wie roh, Thüringer, halb und halb, gekocht.

Geruch:	arteigen, ohne Fremdgeruch
Geschmack:	arteigen, ohne Fremdgeschmack
Textur:	elastisch, nicht kleistrig, auch klebend

Aussehen: typische Form des Kochbeutel-Kloßes, ansprechende Farbe

Feuchtigkeitsgehalt: höchstens 15 Prozent.

3. *Kloßteig, Knödelteig, Nasskloßteig*

Kloßteig, Knödelteig, Nasskloßteig wird durch Zerkleinern geschälter, roher und/oder blanchierter und/oder zum Teil gekochter Kartoffeln und Mischen solcher Kartoffelerzeugnisse mit Bindemitteln wie Stärke und Getreidemehlen, Speisesalz, jodiertem Speisesalz, Meersalz, Gewürzen, Kräutern, Aromen[8] sowie Milch, Milcherzeugnissen und Eiprodukten hergestellt.

Es ist üblich, einen Hinweis auf die Art des Erzeugnisses zu geben wie roh, Fränkischer, halb und halb.

Geruch: arteigen, ohne Fremdgeruch

Geschmack: arteigen, ohne Fremdgeschmack

Textur: elastisch, nicht kleistrig, auch klebend

Aussehen: arteigen, ansprechende Farbe

Abkochverlust: höchstens 8 Prozent.

h) Kartoffel-Knabbererzeugnisse

1. *Kartoffelchips*

Kartoffelchips sind fritierte Kartoffelscheiben gleichmäßiger Dicke mit glattem oder gewelltem Schnitt. Sie werden aus geschälten Kartoffeln hergestellt und vor dem Fritieren gegebenenfalls noch behandelt (z. B. gewaschen, blanchiert). Der Fritiervorgang ist so bemessen, dass der Feuchtigkeitsgehalt von Kartoffelchips unmittelbar nach Beendigung des Fritierens höchstens 3 Prozent und in der Fertigpackung mindestens 1 Prozent beträgt. Während des Fritierens übersteigt die Temperatur des Fritieröles in der Regel 190 °C nicht[*]. Die Auslauftemperatur übersteigt 175 °C nicht. Die Zugabe Geschmack gebender und Geschmack beeinflussender Zutaten ist üblich.[**]

Farbe: gleichmäßig, max. 2 Prozent der Masse einer Packung (Probenmenge mindestens 200 g) entsprechen der Nr. 4 (und dunkler) der Farbskala[10]

Geschmack: arteigen, variiert durch Würzung, nicht bitter

Textur: knusprig, nicht weich oder pappig

Mängel/
Toleranzen: max. 5 Prozent der Masse als „dunkle Stellen“[5] (Probenmenge mindestens 200 g).

2. *Stapelchips aus Kartoffeln*

Stapelchips aus Kartoffeln sind aus Teig geformte, fritierte Scheiben von weitgehend gleichmäßiger Form und Dicke. Zur Teigherstellung dienen überwiegend Kartoffeltrockenerzeugnisse. Der Fritiervorgang ist so bemessen, dass der Feuchtigkeitsgehalt unmittelbar nach Beendigung des Fritierens höchstens 3 Prozent beträgt. Während des Fritierens übersteigt die Temperatur des Fritieröles in der Regel 190 °C nicht*). Die Zugabe geschmackgebender und geschmackbeeinflussender Zutaten ist üblich.

Farbe: gleichmäßig

Geschmack: arteigen, variiert durch Würzung, nicht bitter

Textur: knusprig, nicht weich oder pappig

3. *Kartoffelsticks*

Kartoffelsticks sind fritierte Kartoffelstäbchen mit einer Schnittstärke von höchstens 5 × 5 mm. Sie werden aus geschälten Kartoffeln hergestellt. Der Fritiervorgang ist so bemessen, dass der Feuchtigkeitsgehalt unmittelbar nach Beendigung des Fritierens höchstens 3 Prozent beträgt. Während des Fritierens übersteigt die Temperatur des Fritieröles in der Regel 190 °C nicht*). Die Zugabe geschmackgebender und geschmackbeeinflussender Zutaten ist üblich.

Farbe: gleichmäßig, max. 3 Prozent der Masse einer Packung (Probenmenge mindestens 200 g) entsprechen der Nr. 4 (und dunkler) der Farbskala[10]

Geschmack: arteigen, variiert durch Würzung, nicht bitter

Textur: knusprig, nicht weich oder pappig

Mängel/
Toleranzen: max. 5 Prozent der Masse als „dunkle Stellen“[5] (Probenmenge mindestens 200 g).

Anlage
zu den Leitsätzen für Kartoffelerzeugnisse

Bestimmung „dunkler Stellen“ bei Trockenkartoffeln

1. Prinzip

Aus befeuchteten Proben von Trockenspeisekartoffeln werden die „dunklen Stellen“ nach Vorschrift abgetrennt. Beide Probensegmente („dunkle Stellen“ sowie einwandfreie Teile) werden getrocknet und gewogen. Die „dunklen Stellen“ werden in Prozent der Gesamtmasse angegeben.

2. Reagentien

Lauwarmes Leitungswasser mit handelsüblichem Spülmittel als Netzmittel.

3. Geräte

3.1 Präzisionswaage

3.2 Trockenschrank

3.3 Aluminiumschälchen

3.4 Messer mit zwei Schneiden justiert auf 10,0 mm Schneidenabstand

3.5 Korkbohrer 15 mm Durchmesser

3.6 Schüssel, ca. 1 l Inhalt, Sieb

3.7 Filterpapierbögen

3.8 Exsiccator

4. Ausführung

4.1 Scheiben und Plättchen

Aus einem Durchschnittsmuster von wenigstens 500 g werden ca. 100 g Trockenkartoffeln auf 0,1 g genau ausgewogen und in einer Schüssel mit 1 l lauwarmem Leitungswasser, dem 0,1 Vol.-% Netzmittel zugefügt ist, übergossen. Man lässt 20 Minuten quellen und gießt sodann über ein Sieb ab. Nach dem Abtropfen werden die Scheiben mit einem Tuch oberflächlich abgetrocknet und auf einem Filterpapierbogen ausgebreitet. Die „dunklen Stellen“ werden mit einem Korkbohrer (Nr. 3.5) ausgestanzt. Sind sie größer als die Bohrerfläche, so sind entsprechend viele Stanzungen erforderlich. Randständige „dunkle Stellen“ sind halbkreisförmig auszustanzen. Nach dem Sortiervorgang werden beide Probensegmente (Anteil „dunkler Stellen“ und Anteil einwandfreier Teile) im Trockenschrank bei 105 °C über Nacht getrocknet und nach dem Auskühlen im Exsiccator auf 0,1 g gewogen.

4.2 Streifen

Aus den Streifen der, wie unter Nummer 4.1 beschrieben, aufbereiteten Probe eines Durchschnittsmusters von wenigstens 500 g werden die „dunklen Stellen" mit einem Doppelmesser (Nr. 3.4) ausgeschnitten. Dabei wird an einer Grenze des Fehlers begonnen. Ist die Schadstelle länger als der Schneidenabstand von 10 mm, dann sind entsprechend viele ganze Teilstücke abzuschneiden. Sortierung, Trocknung und Wägung erfolgen wie unter Nummer 4.1 beschrieben.

4.3 Würfel

Aus einem Durchschnittsmuster von wenigstens 500 g werden ca. 100 g Trockenkartoffeln auf 0,1 g genau ausgewogen und nachfolgend in trockenem Zustand verlesen. Dabei werden alle mit Schadstellen behafteten Würfel aussortiert und mit gleicher Genauigkeit gewogen.

5. Berechnung und Ergebnisse

Der Prozentanteil „dunkler Stellen" an der Gesamtmasse des Durchschnittsmusters wird durch folgende Formel berechnet:

$$\frac{E_D \cdot 100}{E_D + E_G}$$

E_D = Masse der getrockneten „dunklen Stellen" oder der fehlerhaften Würfel

E_G = Masse der getrockneten einwandfreien Teile oder der einwandfreien Würfel.

Bestimmung „dunkler Stellen" bei Kartoffelchips und Kartoffelsticks

1. Prinzip

Aus befeuchteten Proben von Kartoffelchips oder Kartoffelsticks werden die „dunklen Stellen" nach Vorschrift abgetrennt. Beide Probensegmente („dunkle Stellen" sowie einwandfreie Teile) werden getrocknet und gewogen. Die „dunklen Stellen" werden in Prozent der Gesamtmasse angegeben.

2. Reagentien

Lauwarmes Leitungswasser mit handelsüblichem Spülmittel als Netzmittel.

3. Geräte

3.1 Präzisionswaage

3.2 Trockenschrank

3.3 Aluminiumschälchen

3.4 Messer mit zwei Schneiden justiert auf 5,0 mm Schneidenabstand

3.5 Korkbohrer 15 mm Durchmesser

3.6 Glasschälchen

3.7 Filterpapierbögen

3.8 Exsiccator

3.9 Zerstäuber

4. Ausführung

4.1 Kartoffelchips

Aus einem Durchschnittsmuster von wenigstens 500 g werden ca. 100 g Chips auf 0,1 g genau ausgewogen und auf einem Filterpapierbogen verteilt. Die ausgebreiteten Kartoffelchips werden mit lauwarmem Leitungswasser, dem 0,1 Vol.-% Netzmittel zugefügt ist, übersprüht, bis sie weich sind. Die „dunklen Stellen“ werden mit dem Korkbohrer (Nr. 3.5) ausgestanzt. Sind sie größer als die Bohrerfläche, so sind entsprechend viele Stanzungen erforderlich. Randständige „dunkle Stellen“ sind halbkreisförmig auszustanzen. Kartoffelchips mit nur einem kleinen randständigen Fehler bleiben unberücksichtigt. Als kleiner „randständiger Fehler“ ist eine „dunkle Stelle“ anzusehen, die höchstens 5 mm breit und 1 mm tief ist. Nach dem Sortiervorgang werden beide Probensegmente (Anteil „dunkler Stellen“ und Anteil einwandfreier Teile) im Trockenschrank bei 105 °C über Nacht getrocknet und nach dem Auskühlen im Exsiccator auf 0,1 g gewogen.

4.2 Kartoffelsticks

Aus den Kartoffelsticks der, wie unter Nummer 4.1 beschrieben, aufbereiteten Probe eines Durchschnittsmusters von wenigstens 500 g werden die „dunklen Stellen“ mit einem Doppelmesser (Nr. 3.4) ausgeschnitten. Dabei wird an einer Grenze des Fehlers begonnen. Ist die Schadstelle länger als der Schneidenabstand von 5 mm, dann sind entsprechend viele ganze Teilstücke abzuschneiden. Sortierung, Trocknung und Wägung erfolgen wie unter Nummer 4.1 beschrieben.

5. Berechnung und Ergebnisse

Der Prozentanteil „dunkler Stellen“ an der Gesamtmasse des Durchschnittsmusters wird durch folgende Formel berechnet:

$$\frac{E_D \cdot 100}{E_D + E_G}$$

E_D = Masse der getrockneten „dunklen Stellen“

E_G = Masse der getrockneten einwandfreien Teile

Bestimmung der „dunklen Stellen“ bei Pommes frites-Erzeugnissen

1. Prinzip

Aus Proben von Pommes frites-Erzeugnissen werden die „dunklen Stellen“ nach Vorschrift abgetrennt. Beide Probensegmente („dunkle Stellen“ sowie einwandfreie Teile) werden gewogen. Die „dunklen Stellen“ werden in Prozent der Gesamtmasse angegeben.

2. Reagentien – entfällt

3. Geräte

3.1 Präzisionswaage

3.2 Messer mit zwei Schneiden justiert auf 10,0 mm Schneidenabstand

3.3 Glasschälchen

4. Ausführung

Aus einem Durchschnittsmuster von wenigstens 500 g werden ca. 100 g Produkt auf 0,1 g genau ausgewogen. Die „dunklen Stellen“ werden mit einem Doppelmesser (Nr. 3.2) ausgeschnitten. Dabei wird an einer Grenze des Fehlers begonnen. Ist die Schadstelle länger als der Schneidenabstand von 10 mm, dann sind entsprechend viele ganze Teilstücke abzuschneiden. Die „dunklen Stellen“ werden aussortiert und beide Anteile auf 0,5 g genau gewogen.

5. Berechnung und Ergebnisse

Der Probenanteil „dunkler Stellen“ an der Gesamtmasse des Durchschnittsmusters wird durch folgende Formel berechnet:

$$\frac{E_D \cdot 100}{E_D + E_G}$$

E_D = Masse der getrockneten „dunklen Stellen“

E_G = Masse der getrockneten einwandfreien Teile

[*] Die Temperaturangaben stehen unter dem Vorbehalt der zu erwartenden Erkenntnisse aus der Acrylamidforschung.

[**] Bei Kartoffeln für die Herstellung von Kartoffelchips beträgt der Gesamtgehalt an reduzierenden Zuckern maximal 1,5 % in der Trockenmasse. Die Kartoffeln werden nicht unter 6 °C gelagert, ausgenommen typspezifische Lagerungen.

[1] Für die Qualität der Rohkartoffeln gelten die Begriffsbestimmungen der Siebenten Durchführungsverordnung zum Marktstrukturgesetz Kartoffeln vom 15. Juli 1970 (BGBl. I S. 1112) in der jeweils geltenden Fassung. Für Speisekartoffeln gilt die Verordnung über gesetzliche Handelsklassen für Speisekartoffeln vom 6. März 1985 (BGBl. I S. 542) in der jeweils geltenden Fassung.

[2] Verordnung über tiefgefrorene Lebensmittel in der Fassung der Bekanntmachung vom 22. Februar 2007 (BGBl. I S. 258) in der jeweils geltenden Fassung.

[3] Vgl. Arbeitskreis Lebensmittelchemischer Sachverständiger der Länder und des Bundesgesundheitsamtes, Beurteilung von Fritierfetten, Bundesgesundheitsblatt 34, 69 (1991).

[4] Zusatzstoff-Zulassungsverordnung vom 29. Januar 1998 (BGBl. I S. 230, 231) in der jeweils geltenden Fassung.

[5] Als „dunkle Stellen" werden Verfärbungen angesehen, die auf Mängel der Rohkartoffeln oder auf Mängel im Herstellungsverfahren zurückzuführen sind. Darunter fallen u.a. Schalenreste, Frost- oder Hitzeschäden, ergrünte Stellen, Eisenfleckigkeit, starke Pfropfenbildung, Hohl- oder Schwarzherzigkeit, Schwarzfleckigkeit (Blaufleckigkeit) durch Druck-, Stoß- oder Schlageinwirkungen sowie Rotstreifigkeit. Während der Herstellung nicht verfärbte Schalenreste werden nicht als „dunkle Stellen" gewertet. Leichte graue bis blaugraue Verfärbungen bei Pommes frites-Erzeugnissen, die nach der Zubereitung nicht mehr erkennbar sind, bleiben unberücksichtigt.

[6] United States Department of Agriculture, Color Standards for Frozen French Fried Potatoes, Third Edition 1972, Munsell Color Company, Inc., Baltimore, Maryland 64-1.

[7] Unter einer „Normalform" ist die Form zu verstehen, die in ihren äußeren Abmessungen dem vereinbarten Schnitt der Rohkartoffel unter Berücksichtigung der Trocknung entspricht. Als solche Formen gelten Scheiben, Plättchen, Streifen und Würfel.

[8] Aromenverordnung in der Fassung der Bekanntmachung vom 2. Mai 2006 (BGBl. I S. 1127) in der jeweils geltenden Fassung.

[9] Artikel 3 Abs. 1 Buchstabe b der Verordnung (EG) Nr. 2597/97 des Rates zur Festlegung ergänzender Vorschriften für die gemeinsame Marktorganisation für Milch und Milcherzeugnisse hinsichtlich Konsummilch vom 18. Dezember 1997 (ABl. EG Nr. L 351 S. 13) in Verbindung mit § 2 Nr. 5 der Milchverordnung in der Fassung der Bekanntmachung vom 20. Juli 2000 (BGBl. I S. 1178) in den jeweils geltenden Fassungen.

[10] Agnon Farbkarten Fry Colours Standards for Potatoes Chipping (PCSFA Agtron), Herausgeber: SNACK FOOD ASSOCIATION, 1711 King Street, Suite One, Alexandria, Virginia 22314, Tel.: (703) 836-4500, Fax: (703) 836-8261.

Leitsätze für Obsterzeugnisse

1. Allgemeine Beurteilungsmerkmale

1.1 Begriffsbestimmungen

1.1.1 Obsterzeugnisse im Sinne dieser Leitsätze sind Erzeugnisse aus ganzen Früchten, Teilen von Früchten oder Zubereitungen daraus, die durch ein geeignetes Verfahren haltbar gemacht worden sind. Dazu gehören insbesondere

- tiefgefrorene Obsterzeugnisse,
- Obstkonserven,
- Fruchtsirup und bestimmte streichfähige Zubereitungen,
- Trockenfrüchte,

die jeweils in den „Besonderen Beurteilungsmerkmalen" beschrieben sind. Eine Übersicht der Obstarten mit entsprechendem Fundstellenhinweis findet sich in Anlage 1.

1.1.2 Obsterzeugnisse sind Erzeugnisse aus Obst einschließlich Rhabarber. Auch Rübenkraut ist ein Erzeugnis im Sinne dieser Leitsätze.

1.1.3 Diese Leitsätze gelten nicht für Fruchtsäfte, Fruchtnektare, Fruchtmark, Konfitüren, Marmeladen, Gelees und andere Erzeugnisse, die der Fruchtsaftverordnung[1)] bzw. der Konfitürenverordnung[2)] unterliegen.

1.1.4 Prozentangaben beziehen sich auf das Gewicht.

1.2 Herstellung

1.2.1 Die verwendete Rohware ist gesundes und frisches Obst, von einer geeigneten Sorte und in einem geeigneten Reifestadium. Sie ist praktisch frei von Fäulnis, Schädlingen wie Maden, Würmern und Insekten oder ähnlichen Mängeln. Die Rohware wird je nach Obstart gewaschen, gereinigt, geputzt, von zum Verzehr nicht geeigneten Teilen wie Stielen, Steinen, Kernen und/oder Schalen so weit wie technisch möglich befreit und gegebenenfalls zerkleinert.

1.2.2 Die vorbereitete Rohware wird je nach dem gewählten Verfahren zum fertigen Erzeugnis weiterverarbeitet und vor oder nach dem Verpacken in geeigneten Behältnissen haltbar gemacht.

Zum Haltbarmachen sind insbesondere die folgenden Verfahren, auch in Kombination miteinander, üblich:

a) Tiefgefrieren im Sinne der Verordnung über tiefgefrorene Lebensmittel[3],

b) Kühlen,

c) Wärmebehandeln durch Pasteurisieren (unter 100 °C),

d) Konzentrieren durch Wasserentzug,

e) Trocknen (einschließlich Gefriertrocknen),

f) Kandieren,

g) Zusatz von Konservierungsstoffen[4],

h) Einlegen in Alkohol.

Bei der Verarbeitung werden die wertbestimmenden Inhaltsstoffe und Eigenschaften der Rohware so weit wie möglich erhalten.

1.2.3 Zur Herstellung von Obsterzeugnissen werden außer Obst je nach Produktgruppe weitere Zutaten nach Maßgabe der Rechtsvorschriften verwendet. Zur Herstellung von tiefgefrorenen Obsterzeugnissen aus einer Obstart werden keine weiteren Zutaten verwendet.

1.3 Beschaffenheitsmerkmale

1.3.1 Obsterzeugnisse entsprechen in ihren sensorischen Eigenschaften der verwendeten Obstart oder den verwendeten Obstarten. Sie sind praktisch frei von nicht zum Verzehr geeigneten Bestandteilen wie mineralischen Bestandteilen, z. B. Erde, Steine oder Sand, und sonstigen Verunreinigungen, z. B. Blätter, Zweige, Stiele und Schädlinge.

1.3.2 Tiefgefrorene Obsterzeugnisse werden so hergestellt, dass sie nach dem Auftauen so wenig Flüssigkeit wie möglich abgeben und ihre ursprüngliche Form weitgehend behalten. Zur Überprüfung dieser Beschaffenheit wird der Dripverlust bestimmt. Hierzu werden mindestens 200 g tiefgefrorene Früchte auf einem Sieb mit einer Maschenweite von 2 mm abgedeckt bei Raumtemperatur (20 bis 25 °C) innerhalb von maximal 3 Stunden auf eine Produkttemperatur von 5 bis 10 °C aufgetaut. Die abgetropfte Flüssigkeit wird gewogen.

1.3.3 Sofern der Leitsatz für die einzelnen Erzeugnisse nicht etwas anderes angibt, gelten folgende Toleranzregeln:

- Längenmaße können bei 10 % des Abtropfgewichtes bei Erzeugnissen in Aufgussflüssigkeiten bzw. bei 10 % des Gesamtgewichtes bei allen übrigen Erzeugnissen bis zu 10 % vom Bezugswert abweichen.

- Alle übrigen in Zahlen ausgedrückten Beschaffenheitsmerkmale beziehen sich auf die Standardprobenmenge und gelten ohne Toleranz.

1.4 Bezeichnung und Aufmachung

1.4.1 Für Obsterzeugnisse werden Verkehrsbezeichnungen und sonstige Angaben verwendet, die der Zusammensetzung und den sensorischen Eigenschaften des Erzeugnisses entsprechen. In den Leitsätzen sind die Verkehrsbezeichnungen *kursiv* gedruckt.

1.4.2 Bei Obsterzeugnissen enthält die Verkehrsbezeichnung in der Regel den Namen der verwendeten Obstart oder der verwendeten Obstarten. Außer der Obstart kann der Sortenname angegeben sein. Der Sortenname wird in Einzelfällen auch allein als Verkehrsbezeichnung verwendet (z. B. *Schattenmorellen*). Weitere Verkehrsbezeichnungen sind in den „Besonderen Beurteilungsmerkmalen“ beschrieben.

1.4.3 Bildliche Darstellungen der Rohware entsprechen jeweils der verwendeten Obstart oder den verwendeten Obstarten. Bei Mischungen wird das anteilige Mischungsverhältnis annähernd berücksichtigt.

1.4.4 Bei Obstkonserven mit Aufguss wird die Verkehrsbezeichnung ergänzt durch Angaben über die Art der Verarbeitung und die Verarbeitungsform, wenn bei einzelnen Erzeugnissen nicht anders beschrieben auch über die Zuckerkonzentrationsstufe.

2. Besondere Beurteilungsmerkmale für tiefgefrorene Obsterzeugnisse

2.1 Herstellung und Beschaffenheitsmerkmale

2.1.1 Als tiefgefrorene Obsterzeugnisse werden insbesondere hergestellt:

- Tiefgefrorene Obsterzeugnisse aus einer Fruchtart.
- Tiefgefrorene Obsterzeugnisse aus mehreren Fruchtarten.

2.1.2 Tiefgefrorene Obsterzeugnisse haben nach dem Auftauen auf 5 °C bis 10 °C eine annähernd einheitliche Farbe. In Farbe, Struktur, Geruch und Geschmack entsprechen sie je nach verwendeter Obstart nach dem Auftauen weitgehend dem frischen Obst.

2.1.3 Tiefgefrorene Obsterzeugnisse sind, so weit wie technisch möglich, frei von Fehlern. Für einzelne Erzeugnisse sind Fehlertoleranzen aufgeführt.

2.1.4 Je Fruchtart werden innerhalb einer Packung in der Regel nur Früchte derselben Sorte und annähernd gleicher Größe verwendet.

3. Verkehrsbezeichnungen und tolerierbare Anteile an Fehlern für einzelne Erzeugnisse

3.1 Tiefgefrorene Obsterzeugnisse aus einer Fruchtart

3.1.1 Brombeeren

3.1.1.1 Herstellung und Verkehrsbezeichnung

Tiefgefrorene Brombeeren sind Erzeugnisse aus den frischen, gesunden Früchten der Kulturart Rubus fruticosus L.

Tiefgefrorene Kultur-Brombeeren werden mit der Verkehrsbezeichnung *Brombeeren* in Verkehr gebracht. Bei Verwendung von Wildformen wird in der Verkehrsbezeichnung darauf hingewiesen.

Die reifen Früchte werden sorgfältig gepflückt, von fehlerhaften Früchten und Blättern befreit und in einem geeigneten Verfahren einzeln entnehmbar tiefgefroren.

3.1.1.2 Beschaffenheitsmerkmale

Tiefgefrorene Brombeeren sind in Größe und Farbe annähernd gleich und praktisch frei von nicht zum Verzehr bestimmten Bestandteilen. Es werden ganze, unbeschädigte, ausgereifte Früchte in der Regel von großfruchtigen Sorten mit einer sortentypischen schwarzen/schwarzroten Farbe verwendet.

Die sachgerecht aufgetauten Brombeeren sind von typischer schwarzer Farbe, haben eine feste Textur, sind nicht matschig oder zusammengefallen, nicht ledrig oder zäh; ein leichter Fruchtsaftaustritt ist typisch. Geruch und Geschmack sind fruchtig säuerlich, frisch und ohne Fremdnoten wie z. B. muffig oder gärig. Im Geschmack weisen sie eine leichte Süße auf.

Beschreibung der Fehler

a) Unreif: Stücke, deren Oberfläche mehr als 20 % nicht von schwarzroter Farbe sind (rot, hellrot).

b) Vertrocknet oder unterentwickelt: Stücke mit mehr als 3 vertrockneten oder unterentwickelten sichtbaren Einzelfrüchten.

c) Kelche oder Blütenböden: Stücke, bei denen Kelch oder Blütenboden nicht entfernt wurden.

d) Pflanzliche Fremdteile: Blätter, Blattteile.

e) Schäden durch Schädlinge oder Fäule: Stücke, die sichtbare Beschädigungen oder verfärbte Flächen von mehr als 4 mm Durchmesser aufweisen.

f) Leichter Schimmelbefall: Stücke mit sichtbarem Myzel an max. 2 Einzelfrüchten (Bewertung im aufgetauten Zustand).

g) Schwerer Schimmelbefall: Stücke mit sichtbarem Myzel an 3 und mehr Einzelfrüchten (Bewertung im aufgetauten Zustand).

h) Mechanisch beschädigt: Stücke, die stark mechanisch beschädigt (z. B. zerrissen, gequetscht) sind.

Die Standardprobenmenge beträgt 500 g. Bei Bedarf kann mehr als die Standardprobenmenge geprüft werden.

Auf Basis der Standardprobenmenge werden die Fehler des Erzeugnisses erfasst und mit den in der Tabelle zugeordneten Fehlerpunkten bewertet. Die für jede Fehlerart berechneten Fehlerpunkte werden summiert. Diese Gesamtsumme überschreitet den in der Tabelle angegebenen Wert für den „Fehler, gesamt“ nicht. Die Fehler werden, wenn nicht anders angegeben, im unaufgetauten Zustand der Probe ermittelt.

Eine Beere oder ein pflanzliches Fremdteil werden als ein Stück gezählt.

Fehlerart	**Maßgebliche Einheit**	**Fehlerpunkte**
Unreif	je Stück	2
Vertrocknet oder unterentwickelt	je Stück	2
Kelche oder Blütenböden	je Stück	2
Pflanzliche Fremdteile	je Stück	5
Schäden durch Schädlinge oder Fäule	je Stück	5
Leichter Schimmelbefall	je Stück	3
Schwerer Schimmelbefall	je Stück	5
Mechanisch beschädigt	je Stück	5
Fehler, gesamt	**Standardprobenmenge**	**20**

Tiefgefrorene Brombeeren weisen nach dem Auftauen einen Dripverlust von maximal 10 % auf.

3.1.2 **Erdbeeren**

3.1.2.1 Herstellung und Verkehrsbezeichnung

Tiefgefrorene Erdbeeren sind Erzeugnisse aus den frischen, gesunden Früchten der Art Fragaria ananassa.

Tiefgefrorene Erdbeeren werden mit der Verkehrsbezeichnung *Erdbeeren* in Verkehr gebracht. Der Zusatz von weiteren Zutaten, zum Beispiel Zuckerarten[5)], ist unüblich.

Die reifen Früchte werden sorgfältig gepflückt, sachgerecht transportiert, sorgfältig gewaschen, entkelcht, von fehlerhaften Früchten befreit und in einem geeigneten Verfahren einzeln entnehmbar tiefgefroren.

3.1.2.2 Beschaffenheitsmerkmale

Tiefgefrorene Erdbeeren sind in Größe und Farbe annähernd gleich und praktisch frei von nicht zum Verzehr bestimmten Bestandteilen. Es werden nur ganze, unbeschädigte, ausgereifte Früchte mit einer sortentypischen roten Farbe verwendet, die in der Regel auch auf das Fruchtfleisch zutrifft.

Die sachgerecht aufgetauten Erdbeeren sind von frischer typischer Farbe, haben eine noch feste Textur, sind nicht matschig oder zusammengefallen; ein leichter Fruchtsaftaustritt ist typisch. Geruch und Geschmack sind fruchtig frisch und ohne Fremdnoten wie z. B. muffig oder gärig. Im Geschmack weisen sie eine merkliche Süße auf.

Beschreibung der Fehler

a) Überreif: Stücke, die nach dem Auftauen zusammenfallen (Bewertung im aufgetautem Zustand).

b) Unreif: Stücke mit weniger als 80 % roter Oberfläche (gelb, grün).

c) Unterentwickelt: Stücke, die fehlentwickelt sind und nicht die sortentypische Form aufweisen.

d) Kelche: Stücke mit anhaftenden Kelchblättern.

e) Sichtbare Erd- oder Sandreste: Stücke mit anhaftenden Erd- oder Sandresten.

f) Schäden durch Schädlinge oder Fäule: Stücke, die sichtbare Beschädigungen oder verfärbte Flächen von mehr als 4 mm Durchmesser aufweisen.

Die Standardprobenmenge beträgt 500 g. Bei Bedarf kann mehr als die Standardprobenmenge geprüft werden.

Auf Basis der Standardprobenmenge werden die Fehler des Erzeugnisses erfasst und mit den in der Tabelle zugeordneten Fehlerpunkten bewertet. Die für jede Fehlerart berechneten Fehlerpunkte werden summiert. Diese Gesamtsumme überschreitet den in der Tabelle angegebenen Wert für den „Fehler, gesamt" nicht. Die Fehler werden, wenn nicht anders angegeben, im unaufgetauten Zustand der Probe ermittelt.

Eine Beere wird als ein Stück gezählt.

Fehlerart	Maßgebliche Einheit	Fehlerpunkte
Überreif	je Stück	2
Unreif	je Stück	3
Unterentwickelt	je Stück	3
Kelche	je Stück	2
Sichtbare Erd- oder Sandreste	je Stück	5
Schäden durch Schädlinge oder Fäule	je Stück	5
Fehler, gesamt	**Standardprobenmenge**	**15**

Tiefgefrorene Erdbeeren weisen nach dem Auftauen einen Dripverlust von maximal 15 % auf.

3.1.3 Heidelbeeren

3.1.3.1 Herstellung und Verkehrsbezeichnung

Tiefgefrorene Heidelbeeren sind Erzeugnisse aus den frischen, gesunden Früchten der Waldheidelbeere Vaccinium myrtillus L.

Tiefgefrorene Heidelbeeren werden mit der Verkehrsbezeichnung *Heidelbeeren, Waldheidelbeeren* oder *Blaubeeren* in Verkehr gebracht. Bei Verwendung von Kulturheidelbeeren Vaccinium corymbosum L. lautet die Verkehrsbezeichnung *Kultur-Heidelbeeren*.

Die reifen Früchte werden sorgfältig gepflückt, sachgerecht transportiert, von Stielchen und pflanzlichen Fremdteilen befreit in einem geeigneten Verfahren einzeln entnehmbar tiefgefroren und dann verlesen.

3.1.3.2 Beschaffenheitsmerkmale

Tiefgefrorene Heidelbeeren sind in Größe und Farbe annähernd gleich und praktisch frei von nicht zum Verzehr bestimmten Bestandteilen. Es werden nur ganze, unbeschädigte, ausgereifte Früchte mit einer produkttypischen schwarzblauen Farbe verwendet.

Die sachgerecht aufgetauten Heidelbeeren sind von schwarzblauer Farbe, haben eine pralle Form und sind nicht matschig oder zusammenfallend; ein leichter Fruchtsaftaustritt ist typisch. Geruch und Geschmack sind typisch fruchtig frisch, ohne Fremdnoten wie z. B. muffig oder gärig. Im Geschmack weisen sie eine leichte Süße auf.

Beschreibung der Fehler

a) <u>Unreif:</u> Stücke, die nicht von blauschwarzer Farbe sind (rot, grün).

b) Vertrocknet: Stücke, die deutliche Anzeichen von Trocknung (faltige Oberfläche) haben.

c) Stielchen: Stücke mit Stielchen.

d) Pflanzliche Fremdteile: lose Blätter und Zweige sowie anhaftende/aufgefrorene Blätter und Blattteile.

e) Schäden durch Schädlinge oder Fäule: Stücke, die sichtbare Beschädigungen oder verfärbte Flächen von mehr als 4 mm Durchmesser aufweisen.

f) Mechanisch beschädigt: Stücke, die mechanisch beschädigt (z. B. zerrissen, gequetscht) sind.

Die Standardprobenmenge beträgt 500 g. Bei Bedarf kann mehr als die Standardprobenmenge geprüft werden.

Auf Basis der Standardprobenmenge werden die Fehler des Erzeugnisses erfasst und mit den in der Tabelle zugeordneten Fehlerpunkten bewertet. Die für jede Fehlerart berechneten Fehlerpunkte werden summiert. Diese Gesamtsumme überschreitet den in der Tabelle angegebenen Wert für den „Fehler, gesamt" nicht. Die Fehler werden, wenn nicht anders angegeben, im unaufgetauten Zustand der Probe ermittelt.

Eine Beere oder ein pflanzliches Fremdteil wird als ein Stück gezählt.

Fehlerart	**Maßgebliche Einheit**	**Fehlerpunkte**	
		Heidelbeeren	**Kultur-Heidelbeeren**
Unreif	je 1 % (m/m)	5	5
Vertrocknet	je Stück	1	2
Stielchen	je 10 Stücke	2	5
Pflanzliche Fremdteile	je Stück	2	3
Schäden durch Schädlinge oder Fäule	je Stück	5	5
Mechanisch beschädigt	je Stück	1	1
Fehler, gesamt	**Standardprobenmenge**	**30**	**20**

Tiefgefrorene Heidelbeeren weisen nach dem Auftauen einen Dripverlust von maximal 15 % auf.

3.1.4 **Himbeeren**

3.1.4.1 Herstellung und Verkehrsbezeichnung

Tiefgefrorene Himbeeren sind Erzeugnisse aus den frischen, gesunden Früchten der Art Rubus idaeus L.

Tiefgefrorene Himbeeren werden mit der Verkehrsbezeichnung *Himbeeren* in Verkehr gebracht.

Die reifen Früchte werden sorgfältig gepflückt, sachgerecht transportiert, entkelcht, von fehlerhaften Früchten befreit und in einem geeigneten Verfahren einzeln entnehmbar tiefgefroren.

3.1.4.2 Beschaffenheitsmerkmale

Tiefgefrorene Himbeeren sind in Größe und Farbe annähernd gleich und praktisch frei von nicht zum Verzehr bestimmten Bestandteilen. Es werden nur ganze, unbeschädigte, ausgereifte Früchte mit einer sortentypischen roten Farbe verwendet.

Die sachgerecht aufgetauten Himbeeren sind von frischer typischer Farbe, haben eine noch feste Textur, sind nicht matschig oder zusammengefallen; ein leichter Fruchtsaftaustritt ist typisch. Geruch und Geschmack sind fruchtig frisch und ohne Fremdnoten, wie z. B. muffig oder gärig. Im Geschmack weisen sie eine merkliche Süße auf.

Beschreibung der Fehler

a) Unreif: Stücke, bei denen mehr als 20 % der Oberfläche nicht von roter Farbe sind (gelb, weiß).

b) Vertrocknet oder unterentwickelt: Stücke mit mehr als 3 vertrockneten oder unterentwickelten sichtbaren Einzelfrüchten der Himbeere.

c) Kelche oder Blütenböden: Stücke, bei denen Kelch oder Blütenboden nicht entfernt wurden.

d) Schäden durch Schädlinge oder Fäule: Stücke, die sichtbare Beschädigungen oder verfärbte Flächen von mehr als 4 mm Durchmesser aufweisen.

e) Leichter Schimmelbefall: Stücke mit max. 2 sichtbar verschimmelten Einzelfrüchten der Himbeere (Bewertung im aufgetauten Zustand).

f) Schwerer Schimmelbefall: Stücke mit mehr als 3 sichtbar verschimmelten Einzelfrüchten der Himbeere (Bewertung im aufgetauten Zustand).

g) Bruchstücke (Gries): Teile der Himbeere mit einem Durchmesser kleiner 10 mm (Quadratsieb).

Die Standardprobenmenge beträgt 500 g. Bei Bedarf kann mehr als die Standardprobenmenge geprüft werden.

Auf Basis der Standardprobenmenge werden die Fehler des Erzeugnisses erfasst und mit den in der Tabelle zugeordneten Fehlerpunkten bewertet. Die für jede Fehlerart berechneten Fehlerpunkte werden summiert. Diese Gesamtsumme überschreitet den in der Tabelle angegebenen Wert für den „Fehler, gesamt" nicht. Die Fehler werden, wenn nicht anders angegeben, im unaufgetauten Zustand der Probe ermittelt.

Eine Beere wird als ein Stück gezählt.

Fehlerart	**Maßgebliche Einheit**	**Fehlerpunkte**
Unreif	je Stück	5
Vertrocknet oder unterentwickelt	je Stück	3
Kelche oder Blütenböden	je Stück	2
Schäden durch Schädlinge oder Fäule	je Stück	2
Leichter Schimmelbefall	je Stück	3
Schwerer Schimmelbefall	je Stück	5
Fehler, gesamt	**Standardprobenmenge**	**15**

Tiefgefrorene Himbeeren weisen nach dem Auftauen einen Dripverlust von maximal 10 % auf.

Der Anteil an Bruchstücken (Gries) überschreitet 10 % (m/m) nicht.

3.1.5 **Johannisbeeren**

3.1.5.1 Herstellung und Verkehrsbezeichnung

Tiefgefrorene rote Johannisbeeren sind Erzeugnisse aus den frischen, gesunden Früchten der Art Ribes rubrum L.

Tiefgefrorene rote Johannisbeeren werden mit der Verkehrsbezeichnung *Johannisbeeren* in Verkehr gebracht. Bei Verwendung von schwarzen Johannisbeeren (Ribes nigrum L.) lautet die Verkehrsbezeichnung *schwarze Johannisbeeren*, bei Verwendung von weißen Johannisbeeren (Ribes rubrum L.) lautet die Verkehrsbezeichnung *weiße Johannisbeeren*.

Die reifen Früchte werden sorgfältig gepflückt, sachgerecht transportiert, von Rispen und pflanzlichen Fremdteilen befreit in einem geeigneten Verfahren einzeln entnehmbar tiefgefroren und dann verlesen.

3.1.5.2 Beschaffenheitsmerkmale

Tiefgefrorene Johannisbeeren sind in Größe und Farbe annähernd gleich und praktisch frei von nicht zum Verzehr bestimmten Bestandteilen. Es werden nur ganze, unbeschädigte, ausgereifte Früchte mit einer sortentypischen Farbe verwendet.

Die sachgerecht aufgetauten Johannisbeeren sind von gleichmäßiger Farbe, haben eine pralle Form und sind nicht matschig oder zusammenfallend; ein leichter Fruchtsaftaustritt ist typisch. Geruch und Geschmack sind typisch fruchtig, frisch und ohne Fremdnoten wie z. B. muffig oder gärig. Im Geschmack weisen sie eine leichte Süße auf. Schwarze Johannisbeeren haben einen leicht bitteren Geschmack.

Beschreibung der Fehler

a) Unreif: Stücke, die nicht von sortentypischer Farbe reifer Früchte (weiß bzw. kräftig rot bzw. tiefschwarz) sind.

b) Vertrocknet: Stücke, die deutliche Anzeichen von Trocknung (faltige Oberfläche) haben.

c) Rispen: Rispen oder Rispenteile der Johannisbeerpflanze.

d) Pflanzliche Fremdteile: Blätter, Blattteile, Zweige, Zweigteile.

e) Schimmelbefall: Stücke mit sichtbarem Myzel (Bewertung im aufgetauten Zustand).

f) Mechanisch beschädigt: Stücke, die stark mechanisch beschädigt (z. B. zerrissen, gequetscht) sind.

Die Standardprobenmenge beträgt 500 g. Bei Bedarf kann mehr als die Standardprobenmenge geprüft werden.

Auf Basis der Standardprobenmenge werden die Fehler des Erzeugnisses erfasst und mit den in der Tabelle zugeordneten Fehlerpunkten bewertet. Die für jede Fehlerart berechneten Fehlerpunkte werden summiert. Diese Gesamtsumme überschreitet den in der Tabelle angegebenen Wert für den „Fehler, gesamt" nicht. Die Fehler werden, wenn nicht anders angegeben, im unaufgetauten Zustand der Probe ermittelt.

Eine Beere oder ein pflanzliches Fremdteil wird als ein Stück gezählt.

Fehlerart	Maßgebliche Einheit	Fehlerpunkte
Unreif	je Stück	1
Vertrocknet	je Stück	2
Rispen	je Stück	2
Pflanzliche Fremdteile	je Stück	5
Schimmelbefall	je Stück	5
Mechanisch beschädigt	je Stück	1
Fehler, gesamt	**Standardprobenmenge**	**30**

Tiefgefrorene Johannisbeeren weisen nach dem Auftauen einen Dripverlust von maximal 15 % auf.

3.1.6 **Kirschen**

3.1.6.1 Herstellung und Verkehrsbezeichnung

Tiefgefrorene Kirschen sind Erzeugnisse aus den frischen, gesunden Früchten der Art Prunus cerasus L. (Sauerkirschen).

Tiefgefrorene Kirschen werden mit der Verkehrsbezeichnung *Kirschen* in Verkehr gebracht. Der Sortenname *Schattenmorellen* kann als Verkehrsbezeichnung verwendet werden.

Die reifen Früchte werden sorgfältig gepflückt, von fehlerhaften Früchten befreit, gewaschen, entsteint und in einem geeigneten Verfahren einzeln entnehmbar tiefgefroren.

3.1.6.2 Beschaffenheitsmerkmale

Tiefgefrorene Kirschen sind in Größe und Farbe annähernd gleich und praktisch frei von Kirschsteinen und anderen nicht zum Verzehr bestimmten Bestandteilen. Es werden nur ganze, unbeschädigte, ausgereifte Früchte mit einer sortentypischen dunkelroten Farbe verwendet.

Die sachgerecht aufgetauten Kirschen sind von typischer Farbe, haben eine feste Textur, sind nicht matschig oder zusammengefallen; ein leichter Fruchtsaftaustritt ist typisch. Geruch und Geschmack sind fruchtig säuerlich, frisch und ohne Fremdnoten, wie z. B. muffig oder gärig. Im Geschmack weisen sie eine leichte Süße auf.

Beschreibung der Fehler

a) Unreif: Stücke, bei denen mehr als 20 % der Oberfläche nicht von dunkelroter Farbe sind (hellrot, gelb).

b) Steine, Steinfragmente: Stücke mit ganzem Stein oder mit Steinsplitter. Die Prüfung wird im aufgetauten Zustand durchgeführt.

c) Pflanzliche Fremdteile: Stiele oder Blätter/Blattteile.

d) Schäden durch Schädlinge oder Fäule: Stücke, die sichtbare Beschädigungen oder verfärbte Flächen von mehr als 4 mm Durchmesser aufweisen.

Die Standardprobenmenge beträgt 500 g. Bei Bedarf kann mehr als die Standardprobenmenge geprüft werden.

Auf Basis der Standardprobenmenge werden die Fehler des Erzeugnisses erfasst und mit den in der Tabelle zugeordneten Fehlerpunkten bewertet. Die für jede Fehlerart berechneten Fehlerpunkte werden summiert. Diese Gesamtsumme überschreitet den in der Tabelle angegebenen Wert für den „Fehler, gesamt" nicht. Die Fehler werden, wenn nicht anders angegeben, im unaufgetauten Zustand der Probe ermittelt.

Eine Frucht oder ein pflanzliches Fremdteil wird als ein Stück gezählt.

Fehlerart	**Maßgebliche Einheit**	**Fehlerpunkte**
Unreif	je 1 % (m/m)	2
Steine, Steinfragmente	je Stück	10
Pflanzliche Fremdteile	je Stück	5
Schäden durch Schädlinge oder Fäule	je Stück	2
Fehler, gesamt	**Standardprobenmenge**	**20**

Tiefgefrorene Kirschen weisen nach dem Auftauen einen Dripverlust von maximal 10 % auf.

3.1.7 **Pflaumen**

3.1.7.1 Herstellung und Verkehrsbezeichnung

Tiefgefrorene Pflaumen sind Erzeugnisse aus den frischen, gesunden Früchten der Art Prunus domestica L.

Tiefgefrorene Pflaumen werden mit der Verkehrsbezeichnung *Pflaumen (Zwetschen/Zwetschgen)* in Verkehr gebracht. Die übliche Angebotsform ist halbiert, ohne Stein. Der Zusatz von Zuckerarten[5)] ist unüblich.

Die reifen Früchte werden sorgfältig gepflückt, von fehlerhaften Früchten befreit, gewaschen, sorgfältig entsteint, zerteilt und in einem geeigneten Verfahren einzeln entnehmbar tiefgefroren.

3.1.7.2 Beschaffenheitsmerkmale

Tiefgefrorene Pflaumen sind in Größe und Farbe annähernd gleich und praktisch frei von Pflaumensteinen und anderen nicht zum Verzehr bestimmten Bestandteilen. Es werden nur unbeschädigte, ausgereifte Früchte mit einer sortentypischen blauen/blaurötlichen Farbe verwendet. Die Früchte sind annähernd frei von Maden. Maden und Madennester sind nicht auszuschließen, kommen aber nur vereinzelt vor. Schalenfehler wie z. B. Schorf dürfen das Erscheinungsbild des Gesamterzeugnisses nicht wesentlich beeinträchtigen.

Die sachgerecht aufgetauten Pflaumen sind von typischer Farbe, haben eine feste Textur, sind nicht matschig oder zusammengefallen; ein leichter Fruchtsaftaustritt ist typisch. Geruch und Geschmack sind fruchtig säuerlich, frisch und ohne Fremdnoten, wie z. B. muffig oder gärig. Im Geschmack weisen sie eine merkliche Süße auf.

Beschreibung der Fehler

a) Unreif: Stücke, bei denen mehr als 20 % der Oberfläche nicht von blauer Farbe sind (hellrot grünlich).

b) Steine: ganze Steine oder Steinfragmente.

c) Pflanzliche Fremdteile: Stiele oder Blätter/Blattteile.

d) Schäden durch Schädlinge oder Fäule: Stücke, die sichtbare Beschädigungen oder verfärbte Flächen von mehr als 4 mm Durchmesser aufweisen.

e) Schädlingsbefall: Maden, Madennester.

f) Mechanisch beschädigt: Stücke, die stark mechanisch beschädigt (z. B. zerrissen, gequetscht) sind.

Die Standardprobenmenge beträgt 500 g. Bei Bedarf kann mehr als die Standardprobenmenge geprüft werden.

Auf Basis der Standardprobenmenge werden die Fehler des Erzeugnisses erfasst und mit den in der Tabelle zugeordneten Fehlerpunkten bewertet. Die für jede Fehlerart berechneten Fehlerpunkte werden summiert. Diese Gesamtsumme überschreitet den in der Tabelle angegebenen Wert für den „Fehler, gesamt“ nicht. Die Fehler werden, wenn nicht anders angegeben, im unaufgetauten Zustand der Probe ermittelt.

Eine Frucht oder ein pflanzliches Fremdteil werden als ein Stück gezählt.

Fehlerart	**Maßgebliche Einheit**	**Fehlerpunkte**
Unreif	je 1 % (m/m)	2
Steine, Steinfragmente	je Stück	10
Pflanzliche Fremdteile	je Stück	5
Schäden durch Schädlinge oder Fäule	je Stück	2
Schädlingsbefall	je Stück	10
Mechanisch beschädigt	je Stück	1
Fehler, gesamt	**Standardprobenmenge**	**20**

Tiefgefrorene Pflaumen weisen nach dem Auftauen einen Dripverlust von maximal 10 % auf.

3.2 Tiefgefrorene Obsterzeugnisse aus mehreren Fruchtarten

3.2.1 Herstellung und Verkehrsbezeichnung

Tiefgefrorene Obstmischungen sind Erzeugnisse aus tiefgefrorenen Früchten, die sachgerecht verarbeitet wurden. Jede Komponente der Mischung entspricht den „Allgemeinen Beurteilungsmerkmalen" sowie gegebenenfalls den „Besonderen Beurteilungsmerkmalen" für die jeweilige Fruchtart.

Tiefgefrorene Obstmischungen werden mit den Verkehrsbezeichnungen *Obst-, Frucht-* oder *Beeren-Mischung, Obst-, Frucht-* oder *Beeren-Salat, Obst-, Frucht-* oder *Beeren-Cocktail* oder *Beerenobstteller* in Verkehr gebracht. In Verbindung mit der Verkehrsbezeichnung können die enthaltenen Fruchtarten angegeben werden. Üblicherweise enthalten tiefgefrorene Obstmischungen mindestens vier Obstarten.

Produkte mit dem Hinweis „tropisch" enthalten überwiegend folgende tropische und andere Fruchtarten: Ananas, Kiwi, Mango, Melone, Papaya, Pfirsiche, Weinbeeren, Zitrusfrüchte.

Beerenmischungen oder Waldbeerenmischungen enthalten ausschließlich Beerenfrüchte, wie z. B. Brombeeren, Erdbeeren, Heidelbeeren, Himbeeren, Johannisbeeren.

Neben den oben genannten tiefgefrorenen Obstmischungen gibt es Mischungen aus tiefgefrorenen Obstarten mit weiteren Zutaten, wie Fruchtsäften[1)], Fruchtsaftkonzentraten[1)], Zuckerarten[5)], Süßungsmitteln[4)] oder Aromen[6)]. Diese werden unter Hinweis auf die genannten Zusätze mit beschreibenden Verkehrsbezeichnungen[7)] in Verkehr gebracht.

3.2.2 Beschaffenheitsmerkmale

Die verwendeten Früchte werden in einem geeigneten Reifezustand geerntet, sorgfältig verarbeitet und einzeln entnehmbar tiefgefroren. Sofern nicht für die einzelnen Fruchtarten besondere Beschaffenheitsmerkmale festgelegt sind, sind sie praktisch fehlerfrei.

Früchte großfruchtiger Obstarten werden zerteilt verwendet. Innerhalb einer Obstart haben Fruchtteile und unzerteilt verwendete Früchte eine annähernd gleichmäßige Größe.

Folgende Früchte werden für tiefgefrorene Obsterzeugnisse aus mehreren Fruchtarten in den aufgeführten Verarbeitungsformen verwendet:

Fruchtart	**Verarbeitungsform**	**Zerkleinerungsgrad**
Ananas	geschält, ohne Kernholz	Chunks, Stücke, halbe Scheiben, Scheiben
Äpfel	geschält, ohne Kerne/ Kerngehäuse	Spalten, Stücke, Würfel, Streifen
Aprikosen	geschält oder ungeschält, entsteint	halbe Frucht, Würfel
Bananen	geschält	Scheiben, Stücke, Würfel
Birnen	geschält, ohne Kerne/ Kerngehäuse	Würfel, Stücke
Boysenbeeren		ganze Frucht
Brombeeren	entkelcht	ganze Frucht
Erdbeeren	entkelcht	ganze Frucht
Feigen		ganze Frucht, halbiert, geviertelt
Heidelbeeren		ganze Frucht
Kulturheidelbeeren		ganze Frucht
Himbeeren	entkelcht	ganze Frucht
Johannisbeeren rot, weiß, schwarz		ganze Frucht
Kirschen	entsteint	ganze Frucht
Kiwi	geschält	Würfel, Scheiben
Lychees	geschält, entsteint	ganze Frucht
Mangos	geschält, entsteint	Würfel, Stücke

Fruchtart	Verarbeitungsform	Zerkleinerungsgrad
Melonen grün oder gelb	geschält, ohne Kerne/ Kerngehäuse	Bällchen, Würfel
Papaya	geschält, ohne Kerne/ Kerngehäuse	Würfel, Stücke, Bällchen
Pfirsiche	geschält, entsteint	Spalten, Würfel, Stücke
Pflaumen	entsteint	halbe Frucht
Walderdbeeren		ganze Frucht
Weintrauben blau oder weiß	kernlos	ganze Frucht
Zitrusfrüchte (Orangen, Mandarinen, Grapefruit)	geschält, ohne Kerne, Segmente mit und ohne Haut	Segmente

Die sachgerecht aufgetaute Obstmischung enthält in Form und Farbe sortentypische Früchte. Die Früchte sind nicht matschig oder zusammenfallend. Bei Obstmischungen ohne weitere Zutaten ist ein leichter Fruchtsaftaustritt typisch. Geruch und Geschmack sind fruchtig frisch und typisch für die einzelnen Obstarten. Tiefgefrorene Obstmischungen haben keinen Fremdgeruch oder Fremdgeschmack wie z. B. muffig oder gärig.

Tiefgefrorene Obstmischungen ohne weitere Zutaten weisen nach dem Auftauen einen Dripverlust von maximal 15 % auf.

Bei tiefgefrorenen Obstmischungen mit weiteren Zutaten kann der Dripverlust bis zu 35 % betragen.

4. Besondere Beurteilungsmerkmale für Obstkonserven

4.1 Herstellung und Beschaffenheitsmerkmale

4.1.1 Als Obstkonserven, die ausschließlich durch Pasteurisation in luftdicht verschlossenen Behältnissen haltbar gemacht sind, werden insbesondere hergestellt:

- Obstkonserven aus einer Fruchtart mit Aufguss,
- Obstkonserven aus mehreren Fruchtarten mit Aufguss,
- Obstkonserven aus einer Fruchtart ohne Aufguss,
- Obstkonserven aus mehreren Fruchtarten ohne Aufguss.

4.1.2 Als Verarbeitungsformen sind insbesondere üblich:

Ganze Frucht:	Mit Stein oder entsteint, mit oder ohne Kerngehäuse, mit oder ohne Stiel, ungeschält oder geschält
Halbe Frucht:	In annähernd gleiche Hälften, möglichst in Richtung der Wachstumsachse geteilte Frucht
Viertel:	In vier annähernd gleichmäßige Stücke, möglichst in Richtung der Wachstumsachse geteilte Frucht
Schnitten:	In mehr als vier annähernd gleichmäßige Stücke, möglichst in Richtung der Wachstumsachse geteilte Frucht
Ganze Segmente:	Ganze und praktisch ganze Segmente von Zitrusfrüchten, die mindestens 2/3 der ursprünglichen Größe aufweisen, einschließlich eingerissener Segmente
Scheiben:	In Scheiben von annähernd gleicher Dicke geschnittene Frucht
Würfel:	In Würfel von annähernd gleicher Kantenlänge geschnittene Frucht
Bällchen:	Aus Fruchtfleisch gewonnene, annähernd kugelförmige Stücke
Stücke:	In unregelmäßige Stücke geschnittene Frucht
Chunks:	Große regelmäßige Stücke aus Ananasscheiben
Tidbits:	Kleine trapezförmige Stücke aus Ananasscheiben.

4.1.3 Zuckerkonzentrationsstufen

Zur geschmacklichen Unterscheidung sind bei Obstkonserven mit Zuckerzusatz folgende Zuckerkonzentrationsstufen verkehrsüblich:

Bezeichnung der Zuckerkonzentrationsstufe	**Zuckerkonzentration**
„sehr leicht gezuckert“	9 %–14 %
„leicht gezuckert“	14 %–17 %
„gezuckert“	17 %–20 %
„stark gezuckert“	über 20 %

Die angegebenen Werte beziehen sich auf das Fertigerzeugnis. Die Bestimmung der Zuckerkonzentration erfolgt im homogenisierten Erzeugnis refraktometrisch, gemessen bei 20 °C, ohne Säurekorrektur in °Brix, entsprechend g Saccharose/100 g Lösung[8)].

Die untere Grenze der jeweiligen Zuckerkonzentrationsstufe wird im Mittel nicht unterschritten; die obere Grenze wird im Mittel um nicht mehr als 1 % (absolut) überschritten.

Die Feststellung des Mittelwertes erfolgt entsprechend den Regeln zur Füllmengenkontrolle gemäß Fertigpackungsverordnung[8)].

4.1.4 Ohne Zusatz von Zuckerarten[5)] hergestellte Obstkonserven werden als „Dunst"-Obsterzeugnisse gekennzeichnet. Wird stattdessen ein Hinweis wie „ohne Zuckerzusatz" bzw. „ungezuckert" gegeben, sollte auf den natürlichen Zuckergehalt hingewiesen werden[9)].

4.1.5 Obstkonserven, die als Aufgussflüssigkeit einen Fruchtsaft[1)] enthalten, tragen die Verkehrsbezeichnung der Frucht bzw. der Früchte und des jeweiligen Fruchtsaftes, bei der gleichen Fruchtart auch mit der Angabe *„... im eigenen Saft"*.

4.2 Verkehrsbezeichnungen, Abtropfgewichte und tolerierbare Anteile an Fehlern für einzelne Erzeugnisse

4.2.1 **Obstkonserven aus einer Fruchtart mit Aufguss**

4.2.1.1 **Ananas**

4.2.1.1.1 Herstellung und Verkehrsbezeichnung

Ananaskonserven sind Erzeugnisse aus den frischen, reifen und gesunden Früchten der Art Ananas comosus L. Merr.

Ananas wird mit der Verkehrsbezeichnung *Ananas* in Verkehr gebracht. Die Verarbeitungsform wird in Verbindung mit der Verkehrsbezeichnung angegeben, z. B. „Scheiben", „halbe Scheiben" und „Stücke".

Die reifen Früchte werden sorgfältig geerntet, von fehlerhaften Früchten befreit, gewaschen, sorgfältig von der Schale und vom Zentralzylinder befreit und zerkleinert. Die frischen Früchte werden in geeigneten Behältnissen mit ausreichend Aufgussflüssigkeit aufgefüllt und pasteurisiert.

4.2.1.1.2 Beschaffenheitsmerkmale

Ananas in der jeweiligen Verarbeitungsform ist in Größe und Farbe annähernd gleich und praktisch frei von nicht zum Verzehr bestimmten Bestandteilen. Es werden nur unbeschädigte, ausgereifte Früchte mit einer sortentypischen Farbe verwendet.

Die Früchte in Ananaskonserven sind von typischer, gelber Farbe, sie haben eine feste, jedoch nicht harte Textur und sind nicht matschig oder zerfallen. Geruch und Geschmack sind fruchtig und ohne Fremdnoten, wie z. B. muffig oder gärig.

Abtropfgewichte*:

	Behältervolumen			
	bis 425 ml		über 425 ml	
	Gruppe	g Abtropfgewicht/ 100 ml Randvollvolumen	Gruppe	g Abtropfgewicht/ 100 ml Randvollvolumen
Scheiben u. a.	X	58	X	58

* = siehe Anlage 2

Beschreibung der Fehler

a) Unreif: hellgelbe bis weißlich-gelbe Stücke mit schwachem Aroma.

b) Holzige Teile: Stücke/Scheiben mit holzigen Teilen des Zentralzylinders der Ananasfrucht.

c) Schnittfehler: Scheiben, die eine optisch abweichende Form aufweisen, so dass sie das Erscheinungsbild wesentlich beeinträchtigen.

d) Schälfehler: Stücke mit Kelch- oder Schalenresten größer 2 mm Durchmesser.

e) Schäden durch Schädlinge oder Fäule: Stücke mit sichtbaren, braun verfärbten Teilen größer 2 mm Durchmesser.

f) Mechanisch beschädigt: zerdrückte, zerbrochene oder zerfallene Stücke, die ihre normale Form verloren haben.

Die Standardprobenmenge beträgt mindestens 20 ganze oder halbe Scheiben beziehungsweise 50 Chunks beziehungsweise 500 g bei Stücken und Tidbits. Bei Bedarf kann mehr als die Standardprobenmenge geprüft werden.

Auf Basis der Standardprobenmenge werden die Fehler des Erzeugnisses erfasst und mit den in der Tabelle zugeordneten Fehlerpunkten bewertet. Die für jede Fehlerart berechneten Fehlerpunkte werden summiert. Diese Gesamtsumme überschreitet den in der Tabelle angegebenen Wert für den „Fehler, gesamt" nicht. Die Fehler werden im abgetropften Zustand der Probe ermittelt.

Eine Scheibe, eine halbe Scheibe, ein Tidbit, ein Chunk oder ein Stück werden als ein Stück gezählt.

Fehlerart	Maßgebliche Einheit	Fehlerpunkte		
		Scheiben/ halbe Scheiben	Chunks	Stücke, Tidbits
Unreif	je Stück	1	1	1
Holzige Teile	je Stück	1	1	1
Schnittfehler	je Stück	1	1	1
Schälfehler	je Stück	2	3	3
Schäden durch Schädlinge oder Fäule	je Stück	3	5	5
Mechanisch beschädigt	je Stück	2	1	1
Fehler, gesamt	**Standardprobenmenge**	**5**	**15**	**25**

4.2.1.2 **Aprikosen**

4.2.1.2.1 Herstellung und Verkehrsbezeichnung

Aprikosenkonserven sind Erzeugnisse aus den frischen, reifen und gesunden Früchten der Art Prunus armeniaca L.

Aprikosen werden mit der Verkehrsbezeichnung *Aprikosen* in Verkehr gebracht. Die Verarbeitungsform wird in Verbindung mit der Verkehrsbezeichnung angegeben, z. B. „halbe Frucht". Die übliche Angebotsform sind halbe Früchte, geschält und entsteint.

Die reifen Früchte werden sorgfältig geerntet, von fehlerhaften Früchten befreit, gewaschen, geschält, zerteilt und sorgfältig entsteint. Die frischen Früchte werden in geeigneten Behältnissen mit ausreichend Aufgussflüssigkeit aufgefüllt und pasteurisiert.

4.2.1.2.2 Beschaffenheitsmerkmale

Aprikosen in der jeweiligen Verarbeitungsform sind in Größe und Farbe annähernd gleich und praktisch frei von Aprikosensteinen und anderen nicht zum Verzehr bestimmten Bestandteilen. Es werden unbeschädigte, ausgereifte Früchte mit einer sortentypischen gelben bis gelb-rötlichen Farbe verwendet.

Die Früchte in Aprikosenkonserven sind von typischer gelber Farbe und haben eine feste, nicht harte Textur und sind nicht matschig oder zerfallen. Geruch und Geschmack sind fruchtig säuerlich und ohne Fremdnoten, wie z. B. muffig oder gärig.

Abtropfgewichte*:

	Behältervolumen			
	bis 425 ml		über 425 ml	
	Gruppe	g Abtropfgewicht/ 100 ml Randvollvolumen	Gruppe	g Abtropfgewicht/ 100 ml Randvollvolumen
Halbe Früchte	IX	56	IX	56

* = siehe Anlage 2

Beschreibung der Fehler

a) Unreif: Stücke, deren Oberfläche zu mehr als 20 % grün ist.

b) Steine: ganze Steine oder Steinfragmente, die hart oder scharfkantig sind.

c) Schnittfehler: ungleichmäßig zerteilte Früchte und Einschnitte.

d) Schalenreste (nur bei geschälten Erzeugnissen): lose oder anhaftende Teile der Fruchtschale mit einem Durchmesser größer 4 mm.

e) Pflanzliche Fremdteile: Stiele oder Blätter/Blattteile.

f) Schäden durch Schädlinge oder Fäule: Stücke, die sichtbare Beschädigungen oder verfärbte Flächen von mehr als 4 mm Durchmesser aufweisen.

g) Mechanisch beschädigt: zerdrückte, zerbrochene oder zerfallene Stücke, die ihre normale Form verloren haben.

Die Standardprobenmenge beträgt 500 g abgetropfte Früchte. Bei Bedarf kann mehr als die Standardprobenmenge geprüft werden.

Auf Basis der Standardprobenmenge werden die Fehler des Erzeugnisses erfasst und mit den in der Tabelle zugeordneten Fehlerpunkten bewertet. Die für jede Fehlerart berechneten Fehlerpunkte werden summiert. Diese Gesamtsumme überschreitet den in der Tabelle angegebenen Wert für den „Fehler, gesamt“ nicht. Die Fehler werden im abgetropften Zustand der Probe ermittelt.

Eine halbe Frucht wird als ein Stück gezählt.

Fehlerart	Maßgebliche Einheit	Fehlerpunkte
Unreif	je Stück	1
Steine	je Stück	10
Schnittfehler	je Stück	1
Schalenreste	je Stück	2
Pflanzliche Fremdteile	je Stück	5
Schäden durch Schädlinge oder Fäule	je Stück	4
Mechanisch beschädigt	je Stück	2
Fehler, gesamt	**Standardprobenmenge**	**20**

4.2.1.3 **Birnen**

4.2.1.3.1 Herstellung und Verkehrsbezeichnung

Birnenkonserven sind Erzeugnisse aus den frischen, reifen und gesunden Früchten der Art Pyrus communis L.

Birnen werden mit der Verkehrsbezeichnung *Birnen* in Verkehr gebracht. Die Verarbeitungsform wird in Verbindung mit der Verkehrsbezeichnung angegeben, z. B. „halbe Frucht“, „Viertel“, „Würfel“.

Die reifen Früchte werden sorgfältig gepflückt, von fehlerhaften Früchten befreit, gewaschen, sorgfältig geschält, von Kerngehäuse und Stiel befreit und zerteilt. Die frischen Früchte werden in geeigneten Behältnissen mit ausreichend Aufgussflüssigkeit aufgefüllt und pasteurisiert. Ganze Früchte mit Kerngehäuse werden geschält oder ungeschält, mit oder ohne Stiel in Verkehr gebracht.

4.2.1.3.2 Beschaffenheitsmerkmale

Birnen in der jeweiligen Verarbeitungsform sind in Größe und Farbe annähernd gleich und praktisch frei von nicht zum Verzehr bestimmten Bestandteilen. Es werden nur unbeschädigte, ausgereifte Früchte mit einer fruchttypischen Farbe verwendet.

Die Früchte in Birnenkonserven sind von typischer weißer Farbe, haben eine feste, jedoch nicht harte Textur und sind nicht matschig oder zerfallen. Geruch und Geschmack sind fruchtig und ohne Fremdnoten, wie z. B. muffig oder gärig.

Abtropfgewichte*:

	Behältervolumen			
	bis 425 ml		über 425 ml	
	Gruppe	g Abtropfgewicht/ 100 ml Randvollvolumen	Gruppe	g Abtropfgewicht/ 100 ml Randvollvolumen
Ganz	IV	46	V	50
Halbe	IV	46	VII	54
Viertel	IV	46	IX	56
Stücke, Würfel	V	50	IX	56

* = siehe Anlage 2

Beschreibung der Fehler

a) Kerne: ganze Kerne oder Teile davon.

b) Kerngehäuse: Teile des festen bis harten zelluloseartigen Kerngehäuses.

c) Schnittfehler und Bruchstücke: unvollständige Stücke und gebrochene Stücke, Letzteres nur bei halben oder geviertelten Früchten, die das Erscheinungsbild wesentlich beeinträchtigen.

d) Schalenreste: lose oder anhaftende Teile der Fruchtschale mit einem Durchmesser größer 2 mm.

e) Pflanzliche Fremdteile: Stiele, Blüten und Blätter oder Teile davon.

f) Schäden durch Schädlinge oder Fäule: Stücke, die sichtbare Beschädigungen oder verfärbte Flächen durch Oxidation von mehr als 2 mm Durchmesser aufweisen.

g) Mechanisch beschädigt: zerdrückte, zerbrochene oder zerfallene Stücke, die ihre normale Form verloren haben.

Die Standardprobenmenge beträgt 500 g abgetropfte Früchte. Bei Bedarf kann mehr als die Standardprobenmenge geprüft werden.

Auf Basis der Standardprobenmenge werden die Fehler des Erzeugnisses erfasst und mit den in der Tabelle zugeordneten Fehlerpunkten bewertet. Die für jede Fehlerart berechneten Fehlerpunkte werden summiert. Diese Gesamtsumme überschreitet den in der Tabelle angegebenen Wert für den „Fehler, gesamt“ nicht. Die Fehler werden im abgetropften Zustand der Probe ermittelt.

Eine halbe oder viertel Frucht oder ein Würfel werden als ein Stück gezählt.

Fehlerart	Maßgebliche Einheit	Fehlerpunkte		
		halbe	Viertel	Würfel
Kerne	je Stück	5	5	5
Kerngehäuse	je Stück	5	3	2
Schnittfehler und Bruchstücke	je Stück	4	2	1
Schalenreste	je Stück	5	3	2
Pflanzliche Fremdteile	je Stück	10	10	2
Schäden durch Schädlinge oder Fäule	je Stück	10	6	3
Mechanisch beschädigt	je Stück	5	3	1
Fehler, gesamt	**Standardprobengröße**	**20**	**20**	**30**

4.2.1.4 **Brombeeren**

4.2.1.4.1 Herstellung und Verkehrsbezeichnung

Brombeerkonserven sind Erzeugnisse aus den reifen und gesunden Früchten der Kulturart Rubus fruticosus L.

Brombeeren werden mit der Verkehrsbezeichnung *Brombeeren* als ganze Frucht in Verkehr gebracht.

Zur Herstellung von Brombeeren mit Aufgussflüssigkeit werden üblicherweise tiefgefrorene Brombeeren verwendet.

Die Früchte werden in geeigneten Behältnissen mit ausreichend Aufgussflüssigkeit aufgefüllt und pasteurisiert.

4.2.1.4.2 Beschaffenheitsmerkmale

Brombeeren sind in Größe und Farbe annähernd gleich und praktisch frei von nicht zum Verzehr bestimmten Bestandteilen. Es werden ganze, unbeschädigte, ausgereifte Früchte in der Regel von großfruchtigen Sorten mit einer sortentypischen schwarzen/schwarzroten Farbe verwendet.

Die Früchte in Brombeerkonserven sind von typischer schwarzer Farbe, haben eine noch feste Textur, sind nicht matschig oder zerfallen. Geruch und Geschmack sind fruchtig und ohne Fremdnoten, wie z. B. muffig oder gärig.

Abtropfgewichte*:

	Behältervolumen			
	bis 425 ml		über 425 ml	
	Gruppe	g Abtropfgewicht/ 100 ml Randvollvolumen	Gruppe	g Abtropfgewicht/ 100 ml Randvollvolumen
Ganze Früchte	II	37	II	37

* = siehe Anlage 2

Beschreibung der Fehler

a) Unreif: Stücke, deren Oberfläche mehr als 20 % nicht schwarzrot sind, sondern rot oder hellrot.

b) Früchte mit Kelchen oder Blütenböden: Stücke, bei denen Kelch oder Blütenboden nicht entfernt wurden.

c) Pflanzliche Fremdteile: lose oder anhaftende Blätter und Blattteile.

d) Mechanisch beschädigt: zerdrückte, zerbrochene oder zerfallene Stücke, die ihre normale Form verloren haben.

Die Standardprobenmenge beträgt 500 g abgetropfte Früchte. Bei Bedarf kann mehr als die Standardprobenmenge geprüft werden.

Auf Basis der Standardprobenmenge werden die Fehler des Erzeugnisses erfasst und mit den in der Tabelle zugeordneten Fehlerpunkten bewertet. Die für jede Fehlerart berechneten Fehlerpunkte werden summiert. Diese Gesamtsumme überschreitet den in der Tabelle angegebenen Wert für den „Fehler, gesamt“ nicht. Die Fehler werden im abgetropften Zustand der Probe ermittelt.

Eine Beere wird als ein Stück gezählt.

Fehlerart	**Maßgebliche Einheit**	**Fehlerpunkte**
Unreif	je Stück	2
Früchte mit Kelchen oder Blütenböden	je Stück	2
Pflanzliche Fremdteile	je Stück	5
Mechanisch beschädigt	je Stück	3
Fehler, gesamt	**Standardprobengröße**	**20**

4.2.1.5 **Erdbeeren**

4.2.1.5.1 Herstellung und Verkehrsbezeichnung

Erdbeerkonserven sind Erzeugnisse aus den frischen, reifen und gesunden Früchten der Art Fragaria ananassa.

Erdbeeren werden als ganze Frucht mit der Verkehrsbezeichnung *Erdbeeren* in Verkehr gebracht.

Die reifen Früchte werden sorgfältig gepflückt, sachgerecht transportiert, sorgfältig gewaschen, entkelcht und von fehlerhaften Früchten befreit. Die frischen Früchte werden in geeigneten Behältnissen mit ausreichend Aufgussflüssigkeit aufgefüllt und pasteurisiert. Zur Herstellung von Erdbeeren mit Aufgussflüssigkeit werden auch tiefgefrorene Erdbeeren verwendet.

4.2.1.5.2 Beschaffenheitsmerkmale

Erdbeeren sind in Größe und Farbe annähernd gleich und praktisch frei von nicht zum Verzehr bestimmten Bestandteilen. Es werden nur ganze, unbeschädigte, ausgereifte Früchte mit einer fruchttypischen roten Farbe verwendet.

Die Früchte in Erdbeerkonserven sind von typischer roter Farbe, haben eine noch feste Textur und sind nicht matschig oder zerfallen. Geruch und Geschmack sind fruchtig und ohne Fremdnoten, wie z. B. muffig oder gärig.

Abtropfgewichte*:

	Behältervolumen			
	bis 425 ml		über 425 ml	
	Gruppe	g Abtropfgewicht/ 100 ml Randvollvolumen	Gruppe	g Abtropfgewicht/ 100 ml Randvollvolumen
Ganze Früchte	I	35	I	35

* = siehe Anlage 2

Beschreibung der Fehler

a) Unreif: Stücke, deren Oberfläche weniger als 80 % rot ist, sondern gelblich oder grünlich.

b) Fehlerhafte Früchte: Stücke mit Wachstumsstörungen oder oberflächlichen Flecken.

c) Früchte mit Kelchen oder Kelchteilen: Stücke mit anhaftenden Kelchblättern.

d) Pflanzliche Fremdteile: lose Stiele und Blätter.

e) Schäden durch Schädlinge oder Fäule: Stücke, die sichtbare Beschädigungen oder verfärbtes Fruchtfleisch aufweisen.

f) Mechanisch beschädigt: zerdrückte, zerbrochene oder zerfallene Stücke, die ihre normale Form verloren haben.

Die Standardprobenmenge beträgt 500 g abgetropfte Früchte. Bei Bedarf kann mehr als die Standardprobenmenge geprüft werden.

Auf Basis der Standardprobenmenge werden die Fehler des Erzeugnisses erfasst und mit den in der Tabelle zugeordneten Fehlerpunkten bewertet. Die für jede Fehlerart berechneten Fehlerpunkte werden summiert. Diese Gesamtsumme überschreitet den in der Tabelle angegebenen Wert für den „Fehler, gesamt" nicht. Die Fehler werden im abgetropften Zustand der Probe ermittelt.

Eine Beere wird als ein Stück gezählt.

Fehlerart	Maßgebliche Einheit	Fehlerpunkte
Unreif	je Stück	2
Fehlerhafte Früchte	je Stück	3
Früchte mit Kelchen oder Kelchteilen	je Stück	4
Pflanzliche Fremdteile	je Stück	10
Schäden durch Schädlinge oder Fäule	je Stück	5
Mechanisch beschädigt	je Stück	3
Fehler, gesamt	**Standardprobenmenge**	**20**

4.2.1.6 **Feigen**

4.2.1.6.1 Herstellung und Verkehrsbezeichnung

Feigenkonserven sind Erzeugnisse aus den frischen und gesunden Früchten der Art Ficus carica L.

Feigen werden als ganze Frucht mit der Verkehrsbezeichnung *Feigen* in Verkehr gebracht.

Die reifen Früchte werden sorgfältig gepflückt, sachgerecht transportiert, sorgfältig gewaschen, von fehlerhaften Früchten befreit und mit einer Aufgussflüssigkeit durch Pasteurisation haltbar gemacht.

Zur Herstellung von Feigenkonserven in Aufgussflüssigkeit mit Zusatz von Zuckerarten[5)] werden auch Dunstfeigenkonserven verwendet.

4.2.1.6.2 Beschaffenheitsmerkmale

Feigen sind in Größe und Farbe annähernd gleich und praktisch frei von nicht zum Verzehr bestimmten Bestandteilen. Es werden nur ganze, unbeschädigte, ausgereifte Früchte mit sortentypischer blauroter Schale und rötlichem Fruchtfleisch verwendet.

Die Früchte in Feigenkonserven sind von gelbgrüner Farbe, haben eine noch feste Textur, sind nicht matschig oder zusammengefallen. Das Fruchtfleisch enthält feine Kerne. Geruch und Geschmack sind fruchttypisch und ohne Fremdnoten, wie z. B. muffig oder gärig.

Abtropfgewichte*:

	Behältervolumen			
	bis 425 ml		über 425 ml	
	Gruppe	g Abtropfgewicht/ 100 ml Randvollvolumen	Gruppe	g Abtropfgewicht/ 100 ml Randvollvolumen
Ganze Früchte	V	50	V	50

* = siehe Anlage 2

Beschreibung der Fehler

a) Pflanzliche Fremdteile: lose Stiele und Blätter.

b) Schäden durch Schädlinge oder Fäule: Stücke, die sichtbare Veränderungen oder verfärbtes Fruchtfleisch aufweisen.

c) Mechanisch beschädigt: zerdrückte, zerbrochene oder zerfallene Stücke, die ihre normale Form verloren haben.

Die Standardprobenmenge beträgt 500 g abgetropfte Früchte. Bei Bedarf kann mehr als die Standardprobenmenge geprüft werden.

Auf Basis der Standardprobenmenge werden die Fehler des Erzeugnisses erfasst und mit den in der Tabelle zugeordneten Fehlerpunkten bewertet. Die für jede Fehlerart berechneten Fehlerpunkte werden summiert. Diese Gesamtsumme überschreitet den in der Tabelle angegebenen Wert für den „Fehler, gesamt“ nicht. Die Fehler werden im abgetropften Zustand der Probe ermittelt.

Eine Feige oder ein pflanzliches Fremdteil werden als ein Stück gezählt.

Fehlerart	Maßgebliche Einheit	Fehlerpunkte
Pflanzliche Fremdteile	je Stück	10
Schäden durch Schädlinge oder Fäule	je Stück	5
Mechanisch beschädigt	je Stück	3
Fehler, gesamt	**Standardprobenmenge**	**20**

4.2.1.7 Grapefruit

4.2.1.7.1 Herstellung und Verkehrsbezeichnung

Grapefruitkonserven sind Erzeugnisse aus den frischen, reifen und gesunden Früchten der Art Citrus paradisi Macf.

Grapefruits werden als ganze Segmente mit der Verkehrsbezeichnung *Grapefruit* in Verkehr gebracht.

Die frischen Früchte werden sorgfältig gepflückt, sachgerecht transportiert, von fehlerhaften Früchten befreit, geschält, in Segmente geteilt, von Segmentmembran und Kernen befreit. Die frischen Früchte werden in geeigneten Behältnissen mit ausreichend Aufgussflüssigkeit aufgefüllt und pasteurisiert.

4.2.1.7.2 Beschaffenheitsmerkmale

Die Segmente in Grapefruit-Konserven sind in Größe und Farbe annähernd gleich und praktisch frei von nicht zum Verzehr bestimmten Bestandteilen.

Die Früchte in Grapefruitkonserven sind von typischer hellgelber Farbe, haben eine feste Textur und sind nicht matschig oder zerfallen. Geruch und Geschmack sind fruchtig, leicht bitter und ohne Fremdnoten, wie z. B. muffig oder gärig.

Abtropfgewichte*:

	Behältervolumen			
	bis 425 ml		über 425 ml	
	Gruppe	g Abtropfgewicht/ 100 ml Randvollvolumen	Gruppe	g Abtropfgewicht/ 100 ml Randvollvolumen
Ganze Segmente	V	50	V	50

* = siehe Anhang 2

Beschreibung der Fehler

a) Gebrochene Segmente: Teile von Segmenten, die kleiner als 2/3 der ursprünglichen Segmentgröße sind.

b) Kerne: Kerne, deren Durchmesser größer als 4 mm ist.

c) Pflanzliche Fremdteile: Segmentmembranen, Segmentmembranteile oder Faserstränge, die lose sind oder an Segmenten anhaften und das Erscheinungsbild nachteilig beeinträchtigen.

Die Standardprobenmenge beträgt 500 g abgetropfte Früchte. Bei Bedarf kann mehr als die Standardprobenmenge geprüft werden.

Auf Basis der Standardprobenmenge werden die Fehler des Erzeugnisses erfasst und mit den in der Tabelle zugeordneten Fehlerpunkten bewertet. Die für jede Fehlerart berechneten Fehlerpunkte werden summiert. Diese Gesamtsumme überschreitet den in der Tabelle angegebenen Wert für den „Fehler, gesamt" nicht. Die Fehler werden im abgetropften Zustand der Probe ermittelt.

Ein Grapefruitsegment oder ein pflanzliches Fremdteil werden als ein Stück gezählt.

Fehlerart	**Maßgebliche Einheit**	**Fehlerpunkte**
Gebrochene Segmente	je 1 % (m/m)	1
Kerne	je Stück	5
Pflanzliche Fremdteile	je Stück	2
Fehler, gesamt	**Standardprobenmenge**	**25**

4.2.1.8 Heidelbeeren

4.2.1.8.1 Herstellung und Verkehrsbezeichnung

Heidelbeerkonserven sind Erzeugnisse aus den reifen und gesunden Früchten der Waldheidelbeere Vaccinium myrtillus L.

Heidelbeeren werden als ganze Frucht mit der Verkehrsbezeichnung *Heidelbeeren, Waldheidelbeeren* oder *Blaubeeren* in Verkehr gebracht. Bei Verwendung von Kulturheidelbeeren Vaccinium corymbosum L. lautet die Verkehrsbezeichnung *Kultur-Heidelbeeren*.

Die Früchte werden sorgfältig geerntet, sachgerecht transportiert, von fehlerhaften Früchten, von Stielen und anderen pflanzlichen Fremdteilen befreit. Die Früchte werden in geeigneten Behältnissen mit ausreichend Aufgussflüssigkeit aufgefüllt und pasteurisiert. Zur Herstellung von Heidelbeerkonserven werden auch tiefgefrorene Heidelbeeren verwendet.

4.2.1.8.2 Beschaffenheitsmerkmale

Die Früchte in Heidelbeerkonserven sind in Größe und Farbe annähernd gleich und praktisch frei von nicht zum Verzehr bestimmten Bestandteilen. Es werden nur ganze, unbeschädigte, ausgereifte Früchte mit einer fruchttypischen schwarzblauen Farbe verwendet.

Die Früchte in Heidelbeerkonserven sind von typischer schwarzblauer Farbe, haben eine noch feste Textur, sind nicht matschig oder zerfallen. Geruch und Geschmack sind fruchtig und ohne Fremdnoten, wie z. B. muffig oder gärig.

Abtropfgewichte*:

	Behältervolumen			
	bis 425 ml		über 425 ml	
	Gruppe	g Abtropfgewicht/ 100 ml Randvollvolumen	Gruppe	g Abtropfgewicht/ 100 ml Randvollvolumen
Ganze Früchte	II	37	II	37

* = siehe Anlage 2

Beschreibung der Fehler

a) <u>Unreif:</u> Stücke, die nicht von blauschwarzer Farbe sind (rot, grün).

b) <u>Anhaftende Stiele:</u> Stücke mit Stielen.

c) <u>Pflanzliche Fremdteile:</u> Blätter und Zweige der Heidelbeerpflanze sowie fremde Pflanzenteile, wie zum Beispiel Tannennadeln und Moosteile.

d) <u>Mechanisch beschädigt:</u> Stücke, die zerrissen oder gequetscht sind. Die Bildung von Klumpen, die sich in Einzelfrüchte trennen lassen, ist bei Heidelbeeren eine normale, technisch unvermeidbare Erscheinung.

Die Standardprobenmenge beträgt 500 g abgetropfte Früchte. Bei Bedarf kann mehr als die Standardprobenmenge geprüft werden.

Auf Basis der Standardprobenmenge werden die Fehler des Erzeugnisses erfasst und mit den in der Tabelle zugeordneten Fehlerpunkten bewertet. Die für jede Fehlerart berechneten Fehlerpunkte werden summiert. Diese Gesamtsumme überschreitet den in der Tabelle angegebenen Wert für den „Fehler, gesamt“ nicht. Die Fehler werden im abgetropften Zustand der Probe ermittelt.

Eine Beere oder ein pflanzliches Fremdteil werden als ein Stück gezählt.

Fehlerart	Maßgebliche Einheit	Fehlerpunkte
Unreif	je 1 % (m/m)	5
Anhaftende Stiele	je 10 Stücke	2
Pflanzliche Fremdteile	je Stück	2
Mechanisch beschädigt	je Stück	1
Fehler, gesamt	**Standardprobenmenge**	**30**

4.2.1.9 **Himbeeren**

4.2.1.9.1 Herstellung und Verkehrsbezeichnung

Himbeerkonserven sind Erzeugnisse aus den frischen, reifen und gesunden Früchten der Kulturpflanze Rubus idaeus L.

Himbeeren werden als ganze Frucht mit der Verkehrsbezeichnung *Himbeeren* in Verkehr gebracht.

Die Früchte werden sorgfältig geerntet, sachgerecht transportiert, von fehlerhaften Früchten, von Kelchen und Blütenböden und anderen pflanzlichen Fremdteilen befreit. Die Früchte werden in geeigneten Behältnissen mit ausreichend Aufgussflüssigkeit aufgefüllt und pasteurisiert.

Zur Herstellung von Himbeeren mit Aufgussflüssigkeit werden üblicherweise tiefgefrorene Himbeeren verwendet.

4.2.1.9.2 Beschaffenheitsmerkmale

Himbeeren sind in Größe und Farbe annähernd gleich und praktisch frei von nicht zum Verzehr bestimmten Bestandteilen. Es werden ganze, unbeschädigte, ausgereifte Früchte in der Regel von Sorten mit einer sortentypischen roten Farbe verwendet.

Die Früchte in Himbeerkonserven sind von typischer roter Farbe, haben eine noch feste Textur, sind nicht matschig oder zerfallen. Geruch und Geschmack sind fruchtig und ohne Fremdnoten, wie z. B. muffig oder gärig.

Abtropfgewichte*:

	Behältervolumen			
	bis 425 ml		über 425 ml	
	Gruppe	g Abtropfgewicht/ 100 ml Randvollvolumen	Gruppe	g Abtropfgewicht/ 100 ml Randvollvolumen
Ganze Früchte	I	35	I	35

* = siehe Anlage 2

Beschreibung der Fehler

a) Unreif: Stücke, bei denen mehr als 20 % der Oberfläche nicht rot sind (gelb, weiß).

b) Vertrocknet: Stücke mit mehr als 3 vertrockneten sichtbaren Einzelfrüchten der Himbeere.

c) Kelche oder Blütenböden: Stücke mit nicht entferntem Kelch oder Blütenboden.

d) Pflanzliche Fremdteile: Blätter, Blattteile, Zweige, Zweigteile.

e) Schäden durch Schädlinge oder Fäule: Stücke, die oxidierte verfärbte Flächen von mehr als 4 mm Durchmesser aufweisen.

f) Mechanisch beschädigt: zerdrückte, zerfallene oder anderweitig beschädigte Beeren, deren normale Form zu mehr als 50 % nicht erhalten ist.

g) Gries: Beeren, die vollständig in Einzelfrüchte zerfallen sind.

Die Standardprobenmenge beträgt 300 g abgetropfte Früchte. Bei Bedarf kann mehr als die Standardprobenmenge geprüft werden.

Auf Basis der Standardprobenmenge werden die Fehler des Erzeugnisses erfasst und mit den in der Tabelle zugeordneten Fehlerpunkten bewertet. Die für jede Fehlerart berechneten Fehlerpunkte werden summiert. Diese Gesamtsumme überschreitet den in der Tabelle angegebenen Wert für den „Fehler, gesamt“ nicht. Die Fehler werden im abgetropften Zustand der Probe ermittelt.

Eine Beere oder ein pflanzliches Fremdteil werden als ein Stück gezählt.

Fehlerart	Maßgebliche Einheit	Fehlerpunkte
Unreif	je Stück	3
Vertrocknet	je Stück	3
Kelche oder Blütenböden	je Stück	3
Pflanzliche Fremdteile	je Stück	10
Schäden durch Schädlinge oder Fäule	je Stück	5
Mechanisch beschädigt	je 10 % (m/m)	5
Fehler, gesamt	**Standardprobenmenge**	**20**

Der Anteil an Gries beträgt maximal 10 % (m/m).

4.2.1.10 **Kirschen**

4.2.1.10.1 Herstellung und Verkehrsbezeichnung

Kirschkonserven sind Erzeugnisse aus den frischen, reifen und gesunden Früchten der Art Prunus cerasus L. (Sauerkirschen) oder Prunus avium L. (Süßkirschen) oder Prunus avium L. var. duracina (Kaiserkirschen).

Sauerkirschen werden mit der Verkehrsbezeichnung *Sauerkirschen* oder bei Verwendung der Sorte Prunus cerasus L. ssp. acida (Dumort.) als *Schattenmorellen* in Verkehr gebracht. Süßkirschen werden mit der Verkehrsbezeichnung *Kirschen, Süßkirschen* oder *Kaiserkirschen* in Verkehr gebracht. Die Verarbeitungsform wird in Verbindung mit der Verkehrsbezeichnung angegeben, z. B. „mit Stein" oder „entsteint".

Die reifen Früchte werden sorgfältig gepflückt, von fehlerhaften Früchten befreit, gewaschen und in der Regel entsteint. Die Früchte werden in geeigneten Behältnissen mit ausreichend Aufgussflüssigkeit aufgefüllt und pasteurisiert.

4.2.1.10.2 Beschaffenheitsmerkmale

Die Früchte in Kirschkonserven sind in Größe und Farbe annähernd gleich und praktisch frei von Kirschsteinen und anderen nicht zum Verzehr bestimmten Bestandteilen. Es werden nur ganze, unbeschädigte, ausgereifte Früchte mit einer sortentypischen Farbe verwendet.

Die abgetropften Sauerkirschen sind von typisch violettroter Farbe. Süßkirschen haben eine hellrote, rote oder schwarzrote Färbung. Die Kirschen haben eine noch feste Textur, sind nicht matschig oder zusammengefallen. Geruch und Geschmack sind fruchttypisch und ohne Fremdnoten, wie z. B. muffig oder gärig.

Abtropfgewichte*:

	Behältervolumen			
	bis 425 ml		über 425 ml	
	Gruppe	g Abtropfgewicht/ 100 ml Randvollvolumen	Gruppe	g Abtropfgewicht/ 100 ml Randvollvolumen
Kaiserkirschen				
– mit Stein	IX	56	IX	56
– entsteint	VIII	55	VIII	55
Sauerkirschen				
– mit Stein	VI	52	VI	52
– entsteint	V	50	V	50

	Behältervolumen			
	bis 425 ml		über 425 ml	
	Gruppe	g Abtropfgewicht/ 100 ml Randvollvolumen	Gruppe	g Abtropfgewicht/ 100 ml Randvollvolumen
Süßkirschen				
– mit Stein	VIII	55	VIII	55
– entsteint	VI	52	VI	52

* = siehe Anlage 2

Beschreibung der Fehler

a) Steine: ganze Steine oder Steinfragmente, die hart oder scharfkantig sind.

b) Pflanzliche Fremdteile: Stiele, Stielteile, Blätter oder Blattteile.

c) Schäden durch Schädlinge oder Fäule: Stücke, die sichtbare Beschädigungen oder verfärbte Flächen von mehr als 4 mm Durchmesser aufweisen.

d) Mechanisch beschädigt: Stücke, die zerrissen oder gequetscht sind und nicht mehr ihre natürliche Form aufweisen. Verletzungen der Frucht, die bei der sachgerecht durchgeführten Entsteinung entstehen, gelten nicht als Fehler.

Die Standardprobenmenge beträgt 500 g abgetropfte Früchte. Bei Bedarf kann mehr als die Standardprobenmenge geprüft werden.

Auf Basis der Standardprobenmenge werden die Fehler des Erzeugnisses erfasst und mit den in der Tabelle zugeordneten Fehlerpunkten bewertet. Die für jede Fehlerart berechneten Fehlerpunkte werden summiert. Diese Gesamtsumme überschreitet den in der Tabelle angegebenen Wert für den „Fehler, gesamt“ nicht. Die Fehler werden im abgetropften Zustand der Probe ermittelt.

Eine Kirsche, ein Stein oder ein pflanzliches Fremdteil werden als ein Stück gezählt.

Fehlerart	**Maßgebliche Einheit**	**Fehlerpunkte**	
		entsteint	mit Stein
Steine	je Stück	5	–
Pflanzliche Fremdteile	je Stück	5	5
Schäden durch Schädlinge oder Fäule	je Stück	5	5
Mechanisch beschädigt	je 1 % (m/m)	2	2
Fehler, gesamt	**Standardprobenmenge**	**35**	**25**

4.2.1.11 **Mandarin-Orangen**

4.2.1.11.1 Herstellung und Verkehrsbezeichnung

Mandarin-Orangen-Konserven sind Erzeugnisse aus frischen, reifen und gesunden Früchten der Art Citrus reticulata Blanco.

Mandarin-Orangen werden geschält als ganze Segmente ohne Kerne und ohne Segmentmembran mit der Verkehrsbezeichnung *Mandarin-Orangen* in Verkehr gebracht.

Die reifen Früchte werden sorgfältig gepflückt, sachgerecht transportiert, von fehlerhaften Früchten befreit, geschält, in Segmente geteilt und von Segmentmembran und Kernen befreit. Die Früchte werden in geeigneten Behältnissen mit ausreichend Aufgussflüssigkeit aufgefüllt und pasteurisiert.

4.2.1.11.2 Beschaffenheitsmerkmale

Die Segmente in Mandarin-Orangen-Konserven sind in Größe und Farbe annähernd gleich und praktisch frei von nicht zum Verzehr bestimmten Bestandteilen.

Die Früchte in Mandarin-Orangen-Konserven sind von typischer oranger Farbe, haben eine feste Textur und sind nicht matschig oder zerfallen. Geruch und Geschmack sind fruchtig, frisch und ohne Fremdnoten, wie z. B. muffig oder gärig.

Abtropfgewichte*:

	Behältervolumen			
	bis 425 ml		über 425 ml	
	Gruppe	g Abtropfgewicht/ 100 ml Randvollvolumen	Gruppe	g Abtropfgewicht/ 100 ml Randvollvolumen
Ganze Segmente	IX	56	IX	56

* = siehe Anlage 2

Beschreibung der Fehler

a) Gebrochene Segmente: Teile von Segmenten, die kleiner als 2/3 der ursprünglichen Segmentgröße sind.

b) Kerne: Stücke, deren Durchmesser größer als 4 mm sind.

c) Pflanzliche Fremdteile: Segmentmembranen, Segmentmembranteile oder Faserstränge, die lose sind oder an Segmenten anhaften und das Erscheinungsbild nachteilig beeinträchtigen.

Die Standardprobenmenge beträgt 500 g abgetropfte Früchte. Bei Bedarf kann mehr als die Standardprobenmenge geprüft werden.

Auf Basis der Standardprobenmenge werden die Fehler des Erzeugnisses erfasst und mit den in der Tabelle zugeordneten Fehlerpunkten bewertet. Die für jede Fehlerart berechneten Fehlerpunkte werden summiert. Diese Gesamtsumme überschreitet den in der Tabelle angegebenen Wert für den „Fehler, gesamt“ nicht. Die Fehler werden im abgetropften Zustand der Probe ermittelt.

Ein Kern oder ein pflanzliches Fremdteil werden als ein Stück gezählt.

Fehlerart	Maßgebliche Einheit	Fehlerpunkte
Gebrochene Segmente	je 1 % (m/m)	1
Kerne	je Stück	5
Pflanzliche Fremdteile	je Stück	2
Fehler, gesamt	**Standardprobenmenge**	**25**

4.2.1.12 **Mirabellen**

4.2.1.12.1 Herstellung und Verkehrsbezeichnung

Mirabellenkonserven sind Erzeugnisse aus reifen und gesunden Früchten der Art Prunus domestica L. ssp. syriaca (Borkh.).

Mirabellen werden als ganze Frucht mit der Verkehrsbezeichnung *Mirabellen* in Verkehr gebracht. Die Verarbeitungsform „mit Stein“ wird in Verbindung mit der Verkehrsbezeichnung angegeben.

Die reifen Früchte werden sorgfältig gepflückt, von fehlerhaften Früchten und pflanzlichen Fremdteilen befreit und gewaschen. Die Früchte werden in geeigneten Behältnissen mit ausreichend Aufgussflüssigkeit aufgefüllt und pasteurisiert.

4.2.1.12.2 Beschaffenheitsmerkmale

Die Früchte in Mirabellenkonserven sind in Größe und Farbe annähernd gleich und praktisch frei von nicht zum Verzehr bestimmten Bestandteilen. Es werden nur ganze, unbeschädigte, ausgereifte Früchte mit einer fruchttypischen Farbe verwendet.

Die Früchte in Mirabellenkonserven sind von typisch gelber Farbe. Sie können zum Teil rotbackig sein. Sie haben eine feste Textur, sind nicht matschig oder zerfallen. Geruch und Geschmack sind fruchtig und ohne Fremdnoten, wie z. B. muffig oder gärig.

Abtropfgewichte*:

	Behältervolumen			
	bis 425 ml		über 425 ml	
	Gruppe	g Abtropfgewicht/ 100 ml Randvollvolumen	Gruppe	g Abtropfgewicht/ 100 ml Randvollvolumen
< 25 Stück/850 ml	IV	46	V	50
> 25 Stück/850 ml	VI	52	VIII	55

* = siehe Anlage 2

Beschreibung der Fehler

a) Fleckig, vernarbt: Früchte mit braunen Flecken, Narben (größer als 3 mm) oder verfärbten Zonen.

b) Verfärbt: einzelne Früchte mit deutlich abweichender Farbe, die das Erscheinungsbild des Gesamterzeugnisses beeinträchtigen.

c) Pflanzliche Fremdteile: Stiele, Stielteile, Blätter und Blattteile.

d) Mechanisch beschädigt: Stücke, die zerrissen oder gequetscht sind und nicht mehr ihre natürliche Form aufweisen. Verletzungen der Frucht, die bei der sachgerecht durchgeführten Entsteinung entstehen, und Hautrisse, die durch die Pasteurisation entstanden sind, gelten nicht als Fehler.

Die Standardprobenmenge beträgt 500 g abgetropfte Früchte. Bei Bedarf kann mehr als die Standardprobenmenge geprüft werden.

Auf Basis der Standardprobenmenge werden die Fehler des Erzeugnisses erfasst und mit den in der Tabelle zugeordneten Fehlerpunkten bewertet. Die für jede Fehlerart berechneten Fehlerpunkte werden summiert. Diese Gesamtsumme überschreitet den in der Tabelle angegebenen Wert für den „Fehler, gesamt" nicht. Die Fehler werden im abgetropften Zustand der Probe ermittelt.

Eine Frucht, ein Stein oder ein pflanzliches Fremdteil werden als ein Stück gezählt.

Fehlerart	**Maßgebliche Einheit**	**Fehlerpunkte**	
		entsteint	**mit Stein**
Fleckig, vernarbt	je Stück	3	3
Verfärbt	je Stück	2	2
Pflanzliche Fremdteile	je Stück	3	3
Mechanisch beschädigt	je Stück	2	2
Fehler, gesamt	**Standardprobenmenge**	**35**	**25**

4.2.1.13 **Pfirsiche**

4.2.1.13.1 Herstellung und Verkehrsbezeichnung

Pfirsichkonserven sind Erzeugnisse aus den frischen, reifen und gesunden Früchten der Art Prunus persica Sieb. et Zucc.

Pfirsiche werden mit der Verkehrsbezeichnung *Pfirsiche* in Verkehr gebracht. Die Verarbeitungsform wird in Verbindung mit der Verkehrsbezeichnung angegeben, z. B. „halbe Frucht", „Schnitten" oder „Würfel".

Die reifen Früchte werden sorgfältig gepflückt, von fehlerhaften Früchten befreit, gewaschen, geschält, sorgfältig entsteint und in der Regel zerkleinert.

Die frischen Früchte werden in geeigneten Behältnissen mit ausreichend Aufgussflüssigkeit aufgefüllt und pasteurisiert.

4.2.1.13.2 Beschaffenheitsmerkmale

Pfirsiche in der jeweiligen Verarbeitungsform sind in Größe und Farbe annähernd gleich und praktisch frei von nicht zum Verzehr bestimmten Bestandteilen. Es werden nur unbeschädigte, ausgereifte Früchte mit einer fruchttypischen Farbe verwendet.

Die Früchte in Pfirsichkonserven haben weder eine zu feste noch eine zu weiche Textur, sie sind nicht matschig oder zerfallen. Geruch und Geschmack sind fruchtig und ohne Fremdnoten, wie z. B. muffig oder gärig.

Abtropfgewichte*:

	Behältervolumen			
	bis 425 ml		über 425 ml	
	Gruppe	g Abtropfgewicht/ 100 ml Randvollvolumen	Gruppe	g Abtropfgewicht/ 100 ml Randvollvolumen
Ganz	V	50	VI	52
Halbe	V	50	VIII	55
Viertel, Scheiben	V	50	X	58
Würfel	VIII	55	X	58

* = siehe Anlage 2

Beschreibung der Fehler

a) <u>Verfärbt, vernarbt:</u> Stücke mit Verfärbungen oder Vernarbungen, die das Gesamterscheinungsbild nachteilig beeinflussen, auch Stücke mit stark grüner Farbe.

b) Schnittfehler: Stücke, deren normale Form durch fehlerhaftes Putzen nicht mehr vorhanden ist.

c) Abweichende Textur: zu weiche oder zu feste Stücke.

d) Schalenreste (nur bei geschälten Erzeugnissen): Teile der Fruchtschale, die an den Früchten haften und einen Durchmesser größer als 4 mm haben oder lose im Behältnis vorhanden sind.

e) Steine: ganze Steine oder Steinfragmente, die hart oder scharfkantig sind.

f) Pflanzliche Fremdteile: Blätter/Blätterteile oder Stiele.

g) Mechanisch beschädigt: zerdrückte, zerbrochene oder zerfallene Stücke, die ihre normale Form durch mechanische Beschädigung verloren haben.

Die Standardprobenmenge beträgt 1 kg abgetropfte Früchte.

Auf Basis der Standardprobenmenge werden die Fehler des Erzeugnisses erfasst und mit den in der Tabelle zugeordneten Fehlerpunkten bewertet. Die für jede Fehlerart berechneten Fehlerpunkte werden summiert. Diese Gesamtsumme überschreitet den in der Tabelle angegebenen Wert für den „Fehler, gesamt" nicht. Die Fehler werden im abgetropften Zustand der Probe ermittelt.

Ein Fruchtteil, ein Schalenrest, ein pflanzliches Fremdteil, ein Stein oder Steinfragment werden als ein Stück gezählt.

Fehlerart	**Maßgebliche Einheit**	**Fehlerpunkte**		
		halbe	Schnitte	Würfel
Verfärbt, vernarbt	je Stück	5	3	1
Schnittfehler	je Stück	5	3	
Abweichende Textur	je Stück	5	3	1
Schalenreste	je Stück	5	6	2
Pflanzliche Fremdteile	je Stück	10	20	20
Mechanisch beschädigt	je Stück	5	3	2
Fehler, gesamt	**Standardprobengröße**	**30**	**40**	**60**
		Stück pro Standardprobenmenge		
Pfirsichsteine und Steinfragmente		2	4	6

4.2.1.14 **Pflaumen**

4.2.1.14.1 Herstellung und Verkehrsbezeichnung

Pflaumenkonserven sind Erzeugnisse aus den frischen, reifen und gesunden Früchten der Art Prunus domestica L. ssp. domestica.

Pflaumen werden mit der Verkehrsbezeichnung *Pflaumen* oder *Zwetschgen* oder *Zwetschen* in Verkehr gebracht. Die Verarbeitungsform wird in Verbindung mit der Verkehrsbezeichnung angegeben, z. B. „ganze Frucht mit Stein", „halbe Frucht".

Die Früchte werden sorgfältig geerntet, von fehlerhaften Früchten befreit, gewaschen, gegebenenfalls halbiert und entsteint. Die Früchte werden in geeigneten Behältnissen mit ausreichend Aufgussflüssigkeit aufgefüllt und pasteurisiert.

Zur Herstellung von Pflaumenkonserven werden auch tiefgefrorene Früchte verwendet.

4.2.1.14.2 Beschaffenheitsmerkmale

Pflaumenkonserven enthalten Früchte in annähernd gleicher Größe und Farbe, die praktisch frei von nicht zum Verzehr bestimmten Bestandteilen sind. Konserven von entsteinten Pflaumen sind praktisch frei von Pflaumenkernen. Es werden nur ganze oder halbe, unbeschädigte, ausgereifte Früchte mit einer fruchttypischen Farbe verwendet.

Die zur Verwendung kommenden Pflaumen sind annähernd frei von Maden. Maden und Madennester sind nicht auszuschließen, kommen aber allenfalls vereinzelt vor.

Die Früchte in Pflaumenkonserven haben eine nicht zu weiche Textur, sie sind nicht matschig oder zerfallen. Geruch und Geschmack sind fruchtig und ohne Fremdnoten, wie z. B. muffig oder gärig.

Abtropfgewichte*:

	Behältervolumen			
	bis 425 ml		über 425 ml	
	Gruppe	g Abtropfgewicht/ 100 ml Randvollvolumen	Gruppe	g Abtropfgewicht/ 100 ml Randvollvolumen
< 25 Stück/850 ml	IV	46	V	50
> 25 Stück/850 ml	VI	52	VIII	55

* = siehe Anlage 2

Beschreibung der Fehler

a) Verfärbt: Früchte mit braunen Flecken, Narben (größer als 3 mm) oder verfärbten Zonen.

b) Steine (nur bei entsteinten Früchten): ganze Steine und Steinfragmente, die hart oder scharfkantig sind.

c) Pflanzliche Fremdteile: Blätter, Blattteile, Stiele oder Stielteile.

d) Mechanisch beschädigt: gequetschte oder zerrissene Früchte, bei halbierten Früchten Teile, die kleiner sind als 50 % einer halben Frucht. Hautrisse oder Risse, die durch Pasteurisation entstanden sind, zählen nicht hierzu.

Die Standardprobenmenge beträgt 500 g abgetropfte Früchte.

Auf Basis der Standardprobenmenge werden die Fehler des Erzeugnisses erfasst und mit den in der Tabelle zugeordneten Fehlerpunkten bewertet. Die für jede Fehlerart berechneten Fehlerpunkte werden summiert. Diese Gesamtsumme überschreitet den in der Tabelle angegebenen Wert für den „Fehler, gesamt" nicht. Die Fehler werden im abgetropften Zustand der Probe ermittelt.

Eine ganze oder halbe Frucht, ein Stein oder ein pflanzliches Fremdteil werden als ein Stück gezählt.

Fehlerart	**Maßgebliche Einheit**	**Fehlerpunkte**	
		Ganze	Halbe
Verfärbt	je Stück	1	1
Steine	je Stück	10	10
Pflanzliche Fremdteile	je Stück	10	10
Mechanisch beschädigt	je Stück	2	2
Fehler, gesamt	**Standardprobengröße**	**20**	**40**

4.2.1.15 **Renekloden**

4.2.1.15.1 Herstellung und Verkehrsbezeichnung

Reneklodenkonserven sind Erzeugnisse aus den frischen, reifen und gesunden Früchten der Art Prunus domestica L. ssp. italica (Borkh.).

Renekloden werden als ganze Frucht mit Stein mit der Verkehrsbezeichnung *Renekloden* oder *Reineclauden* in Verkehr gebracht.

Die Früchte werden reif geerntet, von fehlerhaften Früchten befreit und gewaschen.

Die frischen Früchte werden in geeigneten Behältnissen mit ausreichend Aufgussflüssigkeit aufgefüllt und pasteurisiert.

4.2.1.15.2 Beschaffenheitsmerkmale

Reneklodenkonserven enthalten Früchte in annähernd gleicher Größe und Farbe, die praktisch frei von nicht zum Verzehr bestimmten Bestandteilen sind. Es werden nur ganze, unbeschädigte, ausgereifte Früchte mit einer fruchttypischen Farbe verwendet.

Die Früchte in Reneklodenkonserven haben eine nicht zu weiche Textur, sie sind nicht matschig oder zerfallen. Geruch und Geschmack sind fruchtig und ohne Fremdnoten, wie z. B. muffig oder gärig.

Abtropfgewichte*:

	Behältervolumen			
	bis 425 ml		über 425 ml	
	Gruppe	g Abtropfgewicht/ 100 ml Randvollvolumen	Gruppe	g Abtropfgewicht/ 100 ml Randvollvolumen
< 25 Stück/850 ml	IV	46	V	50
> 25 Stück/850 ml	VI	52	VIII	55

* = siehe Anlage 2

Beschreibung der Fehler

a) Verfärbt, vernarbt: Früchte mit verfärbten Zonen oder Narben (größer als 3 mm).

b) Pflanzliche Fremdteile: Blätter, Blattteile, Stiele oder Stielteile.

c) Mechanisch beschädigt: gequetschte oder zerrissene Früchte. Hautrisse oder Risse, die durch Pasteurisation entstanden sind, zählen nicht hierzu.

Die Standardprobenmenge beträgt 500 g abgetropfte Früchte.

Auf Basis der Standardprobenmenge werden die Fehler des Erzeugnisses erfasst und mit den in der Tabelle zugeordneten Fehlerpunkten bewertet. Die für jede Fehlerart berechneten Fehlerpunkte werden summiert. Diese Gesamtsumme überschreitet den in der Tabelle angegebenen Wert für den „Fehler, gesamt“ nicht. Die Fehler werden im abgetropften Zustand der Probe ermittelt.

Eine Frucht oder ein pflanzliches Fremdteil werden als ein Stück gezählt.

Fehlerart	Maßgebliche Einheit	Fehlerpunkte
Verfärbt, vernarbt	je Stück	3
Pflanzliche Fremdteile	je Stück	10
Mechanisch beschädigt	je Stück	5
Fehler, gesamt	**Standardprobenmenge**	**15**

4.2.1.16 **Stachelbeeren**

4.2.1.16.1 Herstellung und Verkehrsbezeichnung

Stachelbeerkonserven sind Erzeugnisse aus den frischen, halbreifen, gesunden Früchten der Art Ribes grossularia L.

Stachelbeeren werden als ganze Frucht ohne Stiel und Blüten mit der Verkehrsbezeichnung *Stachelbeeren* in Verkehr gebracht.

Die Früchte werden grün gepflückt, von fehlerhaften Früchten befreit, geputzt, gewaschen und gegebenenfalls in einem geeigneten Verfahren einzeln entnehmbar tiefgefroren.

Die frischen oder tiefgefrorenen Früchte werden in geeigneten Behältnissen mit ausreichend Aufgussflüssigkeit aufgefüllt und pasteurisiert.

4.2.1.16.2 Beschaffenheitsmerkmale

Stachelbeerkonserven enthalten Früchte in annähernd gleicher Größe und Farbe, die praktisch frei von nicht zum Verzehr bestimmten Bestandteilen sind. Es werden nur ganze, unbeschädigte, halbreife Früchte mit einer fruchttypischen Farbe verwendet.

Die Früchte in Stachelbeerkonserven haben eine nicht zu weiche Textur, sie sind nicht matschig oder zerfallen. Geruch und Geschmack sind fruchtig, säuerlich und ohne Fremdnoten, wie z. B. muffig oder gärig.

Abtropfgewichte*:

	Behältervolumen			
	bis 425 ml		über 425 ml	
	Gruppe	g Abtropfgewicht/ 100 ml Randvollvolumen	Gruppe	g Abtropfgewicht/ 100 ml Randvollvolumen
Ganze Früchte	VI	52	VI	52

* = siehe Anlage 2

Beschreibung der Fehler

a) Verfärbt: Früchte mit braunen Flecken, Narben (größer als 3 mm) oder rosa bis bräunlich verfärbte Früchte.

b) Stiel-, Blütenreste: Früchte mit anhaftenden Stiel- und/oder Blütenresten.

c) Pflanzliche Fremdteile: Blattteile, lose Stiele und Blütenteile.

d) Mechanisch beschädigt: gequetschte, zerrissene oder geschrumpfte Früchte (in anomaler Weise zusammengefallen oder beschädigt).

Die Standardprobenmenge beträgt 500 g abgetropfte Früchte.

Auf Basis der Standardprobenmenge werden die Fehler des Erzeugnisses erfasst und mit den in der Tabelle zugeordneten Fehlerpunkten bewertet. Die für jede Fehlerart berechneten Fehlerpunkte werden summiert. Diese Gesamtsumme überschreitet den in der Tabelle angegebenen Wert für den „Fehler, gesamt" nicht. Die Fehler werden im abgetropften Zustand der Probe ermittelt.

Eine ganze Frucht wird als ein Stück gezählt.

Fehlerart	**Maßgebliche Einheit**	**Fehlerpunkte**
Verfärbt	je Stück	5
Stiel-, Blütenreste	je Stück	1
Pflanzliche Fremdteile	je Stück	4
Mechanisch beschädigt	je Stück	8
Fehler, gesamt	**Standardprobenmenge**	**20**

4.2.2 Obstkonserven aus mehreren Fruchtarten mit Aufguss

4.2.2.1 Herstellung und Verkehrsbezeichnung

Obstkonserven aus mehreren Fruchtarten mit Aufguss sind Erzeugnisse aus frischen oder tiefgefrorenen Früchten, die sachgerecht verarbeitet wurden. Jede Komponente der Mischung entspricht den „Allgemeinen Beurteilungsmerkmalen" sowie gegebenenfalls den „Besonderen Beurteilungsmerkmalen" für die jeweilige Fruchtart. Obstkonserven aus mehreren Fruchtarten mit Aufguss können auch aus Obstkonserven einzelner Fruchtarten hergestellt werden.

Obstkonserven aus mehreren Fruchtarten mit Aufguss werden mit Verkehrsbezeichnungen wie *Fruchtcocktail, 5-Fruchtcocktail, Tropischer Fruchtcocktail, Tropischer Fruchtmix, Exoten-Mix, Beerencocktail* oder *Cocktail aus Beerenfrüchten* in Verkehr gebracht.

Fruchtcocktail oder 5-Fruchtcocktail enthält die folgenden fünf Fruchtarten:

	Verarbeitungsform
Pfirsich	Würfel
Birne	Würfel
Ananas	Würfel oder Tidbits
Weinbeere	ganze Frucht (ohne Stiel und Blütenteile)
Süßkirsche	ganze oder halbe Frucht, entsteint

Tropischer Fruchtcocktail, Tropischer Fruchtmix oder Exoten-Mix enthält mindestens die vier folgenden Fruchtarten:

	Verarbeitungsform	**Gewichtsanteile vom Nennabtropfgewicht**
Ananas	Stücke, Würfel oder Tidbits	45–65 %
Gelbe Papaya und rote Papaya	Stücke oder Scheiben	25–50 %
Passionsfrucht/Maracuja	Saft	–

Darüber hinaus können z. B. folgende Fruchtarten verwendet werden: Guave, Banane, Lychees, Rambutan, Melone, Mango, Orangen, Mandarinen und Grapefruit.

Beerencocktail oder Cocktail aus Beerenfrüchten enthält mindestens die folgenden vier Fruchtarten: Brombeeren, Erdbeeren, Heidelbeeren und Johannisbeeren. Werden darüber hinaus auch Kirschen verwendet, so wird in Verbindung mit der Verkehrsbezeichnung darauf hingewiesen.

Abtropfgewichte*:

	Behältervolumen			
	bis 425 ml		über 425 ml	
	Gruppe	Füllgrad (g Abtropfgewicht/ 100 ml Randvollvolumen)	Gruppe	Füllgrad (g Abtropfgewicht/ 100 ml Randvollvolumen)
Obstmischungen, stückig	XI	59	XI	59

* = siehe Anlage 2

4.2.3 Obstkonserven aus einer Fruchtart ohne Aufguss

4.2.3.1 Apfelmus

4.2.3.1.1 Herstellung und Verkehrsbezeichnung

Apfelmuskonserven sind Erzeugnisse aus frischen, reifen und gesunden Früchten der Art Malus domestica Borkh.

Apfelmus wird mit der Verkehrsbezeichnung *Apfelmus* in Verkehr gebracht.

Die reifen Früchte werden sorgfältig geerntet, von fehlerhaften Früchten befreit, gewaschen, ggf. von der Schale befreit, zerkleinert, erhitzt, passiert, gesüßt, ggf. mit geschmacksgebenden Zutaten wie z. B. Vanille oder Zimt versetzt, in geeignete Behältnisse abgefüllt, verschlossen und pasteurisiert. In flexiblen Verpackungen angebotene Produkte werden nach der Pasteurisation aseptisch abgefüllt.

4.2.3.1.2 Beschaffenheitsmerkmale

Apfelmus weist eine cremige bis grobe Struktur auf. Die Viskosität ist dickbreiig. Die Farbe ist, je nach Sorte der verwendeten Äpfel, hellgelb bis dunkelgelb.

Die Zuckerkonzentration (Refraktometerwert) beträgt mindestens 16,5 % (m/m).

Geruch und Geschmack sind fruchttypisch mit einem ausgewogenen Süße-Säure-Verhältnis und ohne Fremdnoten, wie z. B. muffig oder gärig.

Dunkle Bestandteile wie Kerne oder Kernteile, dunkle Schalenteile, dunkle Teile vom Kerngehäuse und Ähnliches dürfen nach Menge und Art das äußere Erscheinungsbild des Erzeugnisses nicht wesentlich und die Genusstauglichkeit nicht beeinträchtigen.

Ausgeprägte Farbabweichungen (grau, grün, braun und rot) kommen nicht vor.

Apfelmus verläuft nach Umrühren beim Ausschütten aus dem Behältnis auf eine flache Unterlage innerhalb von 2 Minuten flach und weist nur eine geringe, keinesfalls eine übermäßige Absonderung von Flüssigkeit auf.

4.2.3.2 Apfelkompott

4.2.3.2.1 Herstellung und Verkehrsbezeichnung

Apfelkompottkonserven sind Erzeugnisse aus frischen, reifen und gesunden Früchten der Art Malus domestica Borkh.

Apfelkompott wird mit der Verkehrsbezeichnung *Apfelkompott* in Verkehr gebracht. Die Verarbeitungsform „mit Stücken" und die Zuckerkonzentrationsstufe werden in Verbindung mit der Verkehrsbezeichnung angegeben.

Die reifen Früchte werden sorgfältig geerntet, von fehlerhaften Früchten befreit, gewaschen, von Schale, Stiel, Blüte und Kerngehäuse befreit, zerkleinert, gesüßt, gekocht, in geeignete Behältnisse abgefüllt, verschlossen und pasteurisiert.

4.2.3.2.2 Beschaffenheitsmerkmale

Apfelkompott ist dickbreiig, nicht passiert, mit einem deutlichen Anteil an Apfelstücken. Die Farbe ist, je nach Sorte der verwendeten Äpfel, hellgelb bis dunkelgelb.

Geruch und Geschmack sind fruchttypisch mit einem ausgewogenen Süße-Säure-Verhältnis und ohne Fremdnoten, wie z. B. muffig oder gärig.

Dunkle Bestandteile wie Kerne oder Kernteile, dunkle Schalenteile, dunkle Teile vom Kerngehäuse und Ähnliches dürfen nach Menge und Art das äußere Erscheinungsbild des Erzeugnisses nicht wesentlich und die Genusstauglichkeit nicht beeinträchtigen.

Ausgeprägte Farbabweichungen (grau, grün, braun und rot) kommen nicht vor.

4.2.3.3 **Aprikosenkompott**

4.2.3.3.1 Herstellung und Verkehrsbezeichnung

Aprikosenkompottkonserven sind Erzeugnisse aus frischen, reifen und gesunden Früchten der Art Prunus armeniaca L.

Aprikosenkompott wird mit der Verkehrsbezeichnung *Aprikosenkompott* in Verkehr gebracht, die Zuckerkonzentrationsstufe wird in Verbindung mit der Verkehrsbezeichnung angegeben.

Die reifen Früchte werden sorgfältig geerntet, von fehlerhaften Früchten befreit, gewaschen, entsteint, gesüßt, gekocht, in geeignete Behältnisse abgefüllt, verschlossen und pasteurisiert.

Gegebenenfalls erfolgt eine Zugabe von Pektin.

4.2.3.3.2 Beschaffenheitsmerkmale

Das Aprikosenkompott ist dickbreiig, ggf. mit einem Anteil an Aprikosenstücken. Die Farbe ist gelborange bis kräftig orange.

Geruch und Geschmack sind fruchttypisch mit einem ausgewogenen Süße-Säure-Verhältnis und ohne Fremdnoten, wie z. B. muffig oder gärig.

4.2.3.4 Preiselbeeren

4.2.3.4.1 Herstellung und Verkehrsbezeichnung

Preiselbeerkonserven sind Erzeugnisse aus roten Früchten des immergrünen Zwergstrauches der Art Vaccinium vitis idea L.

Preiselbeerkonserven werden mit der Verkehrsbezeichnung *Wildpreiselbeeren* oder *Preiselbeeren* in Verkehr gebracht.

Die reifen Früchte werden geerntet, sachgerecht transportiert, tiefgefroren, von Blättern und anderen Fremdbestandteilen sowie fehlerhaften Früchten befreit, gesüßt, erhitzt, in geeignete Behältnisse abgefüllt, verschlossen und pasteurisiert.

Die Preiselbeerkonserven werden aus mindestens 40 g überwiegend ganzen Beeren je 100 g Erzeugnis hergestellt.

In der Regel erfolgt eine Zugabe von Pektin.

4.2.3.4.2 Beschaffenheitsmerkmale

Preiselbeeren in Preiselbeerkonserven haben einen charakteristisch herbsauren Geschmack. Dieser ist bedingt durch den hohen Gehalt an fruchteigenen Säuren und Gerbstoffen. Darüber hinaus sind Preiselbeeren durch ihren natürlichen Gehalt an Benzoesäure charakterisiert.

Der Gesamtzuckergehalt (Refraktometerwert) beträgt zwischen 40 und 55 Prozent (ohne Toleranz).

Preiselbeerkonserven haben eine dunkelrote Farbe. Geschmack und Geruch sind fruchttypisch, herb, mit leichter Bitternote, süß und ohne Fremdnoten, wie z. B. muffig oder gärig.

Preiselbeerkonserven sind dickbreiig, leicht geliert, mit möglichst gleichmäßig verteilten ganzen Früchten und praktisch frei von Stielen und pflanzlichen Fremdbestandteilen.

4.2.4 Obstkonserven aus mehreren Fruchtarten ohne Aufguss

4.2.4.1 Apfelmus-Mischerzeugnisse

4.2.4.1.1 Herstellung und Verkehrsbezeichnung

Apfelmus-Mischerzeugnisse werden aus Äpfeln oder Apfelmus und Erzeugnissen aus anderen Früchten wie z. B. Aprikose, Banane, Mango, Pfirsich oder Maracuja hergestellt.

Apfelmus-Mischerzeugnisse werden mit Verkehrsbezeichnungen, bei denen neben der Hauptkomponente Apfelmus die weiteren verwendeten Früchte und deren Verarbeitungsform genannt sind, in Verkehr gebracht, z. B. *Apfelmus mit Bananenmus, Apfelmus mit Aprikosenmus*.

Die jeweiligen Fruchterzeugnisse werden gemischt, gesüßt und in geeignete Behältnisse abgefüllt, verschlossen und pasteurisiert. In flexiblen Verpackungen angebotene Produkte werden nach der Pasteurisation aseptisch abgefüllt.

4.2.4.1.2 Beschaffenheitsmerkmale

Jede Komponente der Apfelmus-Mischerzeugnisse entspricht den „Allgemeinen Beurteilungsmerkmalen“ sowie ggf. den „Besonderen Beurteilungsmerkmalen“ für die jeweilige Fruchtart.

Geruch und Geschmack sind für die verwendeten Früchte typisch und ohne Fremdnoten, wie z. B. muffig oder gärig.

4.2.4.2 **Fruchtgrützen**

4.2.4.2.1 Herstellung und Verkehrsbezeichnung

Fruchtgrützen sind Fruchtzubereitungen aus mehreren Fruchtarten. Sie werden mit Verkehrsbezeichnungen entsprechend den verwendeten Früchten, z. B. als *Waldfrucht-Grütze*, oder entsprechend ihrer jeweiligen Farbe, z. B. als *Rote Grütze*, in Verkehr gebracht.

Zur Herstellung von Fruchtgrützen werden frische oder tiefgefrorene Früchte mit Wasser, Zuckerarten[5)] und Verdickungsmitteln versetzt und erhitzt, in geeignete Behältnisse abgefüllt, verschlossen und pasteurisiert.

Für Rote Grütze werden überwiegend rote Früchte wie z. B. Sauerkirschen, rote und schwarze Johannisbeeren, Himbeeren und Erdbeeren verwendet.

4.2.4.2.2 Beschaffenheitsmerkmale

Fruchtgrützen schmecken süßsäuerlich, sie haben eine dickflüssige Konsistenz mit einem deutlichen Anteil an stückigen Früchten.

Der Fruchtanteil beträgt in der Regel 50 % oder mehr.

Geruch und Geschmack sind für die verwendeten Früchte typisch und ohne Fremdnoten, wie z. B. muffig oder gärig.

5. Besondere Beurteilungsmerkmale für Fruchtsirup und bestimmte streichfähige Zubereitungen

5.1 Fruchtsirup

5.1.1 Herstellung und Verkehrsbezeichnung

Fruchtsirup wird aus Fruchtsaft[1], aus Fruchtsaft aus Fruchtsaftkonzentrat[1], aus konzentriertem Fruchtsaft[1], aus Früchten oder Fruchtauszügen unter Verwendung von Zuckerarten[5] mit oder ohne Aufkochen hergestellt. Er besteht in der Regel aus nur einer Fruchtart.

Fruchtsirup wird mit der Verkehrsbezeichnung *...sirup*, dem die verwendete Fruchtart, z. B. *Himbeer-*, als Wortbestandteil vorangestellt ist oder *Fruchtsirup*, mit Angabe der verwendeten Fruchtart, in Verkehr gebracht.

Die für die Herstellung von 1000 g Enderzeugnis verwendete Menge an Fruchtsaft oder Fruchtsaft aus Fruchtsaftkonzentrat beträgt mindestens 350 g.

Bei Fruchtsirup aus Zitrusfrüchten ist die Verwendung geringer Mengen von Schalenaroma üblich. Zur Färbung roter Fruchtsirupe können auch andere farbgebende Fruchtsäfte bis höchstens 10 % (v/v) des insgesamt verwendeten Fruchtsaftes verwendet werden. Zum Beispiel wird zur Färbung von Himbeersirup Kirschsaft zugefügt. Die Verwendung von Fruchtsäuren ist üblich.

5.1.2 Beschaffenheitsmerkmale

Fruchtsirup enthält mindestens 65 % (m/m) lösliche Trockenmasse, refraktometrisch gemessen bei 20 °C nach vollständigem Konzentrationsausgleich, ohne Säurekorrektur in °Brix, entsprechend g Saccharose/100 g Lösung (Refraktometerwert).

Fruchtsirup hat die typische Farbe der namengebenden Frucht. Er ist mit Ausnahme der Sirupe aus Zitrusfrüchten klar, frei von Trübung und Kristallisation. Geruch und Geschmack sind fruchttypisch und süß, ohne Fremdnoten, wie z. B. muffig, karamellartig oder Kochnote.

Fruchtsirup wird aus nicht gegorenen Rohwaren hergestellt; der Alkoholgehalt überschreitet 1 g/kg nicht.

5.2 Pflaumenmus

5.2.1 Herstellung und Verkehrsbezeichnung

Pflaumenmus wird aus reifen, frischen oder tiefgefrorenen entsteinten Pflaumen, Pflaumenpülpe oder Pflaumenmark, mit oder ohne Verwendung von Zuckerarten[5] und Gewürzen, hergestellt.

Pflaumenmus wird mit den Verkehrsbezeichnungen *Pflaumenmus/Zwetschgenmus/Zwetschenmus* in Verkehr gebracht.

Für 1000 g Pflaumenmus werden mindestens 1400 g Pflaumenpülpe oder Pflaumenmark (davon höchstens 350 g aus getrockneten Pflaumen) und höchstens

300 g Zuckerarten[5] verwendet. Pflaumenmus wird in einem schonenden thermischen Prozess hergestellt, bis die erforderliche lösliche Trockenmasse erreicht ist.

5.2.2 Beschaffenheitsmerkmale

Pflaumenmus ist gleichmäßig dunkelbraun bis dunkelviolett, musig bis stückig und streichfähig. Geruch und Geschmack sind fruchtig und süß, ohne Fremdnoten, wie z. B. bitter, angebrannt oder stark säuerlich.

Pflaumenmus ist praktisch frei von Steinen und Steinfragmenten.

Pflaumenmus, Zwetschenmus, Zwetschgenmus enthält mindestens 50 % lösliche Trockenmasse (Refraktometerwert), ohne Toleranz.

5.3 Apfelkraut, Birnenkraut

5.3.1 Herstellung und Verkehrsbezeichnung

Apfelkraut und Birnenkraut werden aus im Pressverfahren gewonnenem, eingedicktem Saft aus gesunden, frischen und gedämpften oder gekochten Früchten hergestellt, dem auch Zuckerarten[5] zugesetzt werden können.

Apfel- und Birnenkraut werden mit den Verkehrsbezeichnungen *Apfelkraut* bzw. *Birnenkraut* in Verkehr gebracht.

Für 1000 g Apfelkraut werden mindestens 2700 g Äpfel und ggf. Birnen, davon mindestens 2100 g Äpfel, und höchstens 400 g Zuckerarten[5] verwendet.

Für 1000 g Birnenkraut werden mindestens 4200 g Birnen und ggf. Äpfel, davon mindestens 3500 g Birnen, und höchstens 300 g Zuckerarten[5] verwendet.

5.3.2 Beschaffenheitsmerkmale

Apfel- und Birnenkraut sind gleichmäßig braun bis dunkelbraun und bei 18 °C streichfähig. Geruch und Geschmack sind fruchtig und süß, ohne Fremdnoten, wie z. B. bitter oder angebrannt.

Apfelkraut bzw. Birnenkraut enthält mindestens 65 % lösliche Trockenmasse (Refraktometerwert).

5.4 Rübenkraut

5.4.1 Herstellung und Verkehrsbezeichnung

Rübenkraut wird ausschließlich aus im Pressverfahren gewonnenem, eingedicktem Saft aus gesunden, frischen und gedämpften oder gekochten Zuckerrüben hergestellt. Andere Zutaten werden nicht verwendet.

Rübenkraut wird mit den Verkehrsbezeichnungen *Rübenkraut, Rübensaft, Rübensirup, Zuckerrübenkraut, Zuckerrübensaft* oder *Zuckerrübensirup* in Verkehr gebracht.

5.4.2 Beschaffenheitsmerkmale

Rübenkraut ist gleichmäßig dunkelbraun, zähflüssig und bei 18 °C streichfähig. Es enthält mindestens 78 % lösliche Trockenmasse (Refraktometerwert). Rübenkraut ist frei von festen Bestandteilen. Geruch und Geschmack sind süß, karamellartig bzw. karamellartig-malzig, ohne Fremdnoten, wie z. B. bitter, angebrannt oder stark säuerlich.

6. Besondere Beurteilungsmerkmale für Trockenfrüchte

Herstellung und Beschaffenheitsmerkmale

1. Als Trockenfrüchte werden insbesondere hergestellt:
   - Trockenfrüchte aus einer Fruchtart
   - Trockenfrüchte aus mehreren Fruchtarten
2. Trockenfrüchte sind so weit wie technisch möglich frei von Fehlern und Fremdbestandteilen. Für einzelne Erzeugnisse sind tolerierbare Anteile an Fehlern und Fremdbestandteilen aufgeführt.
3. Je Fruchtart werden innerhalb einer Packung in der Regel nur Früchte derselben Sorte und annähernd gleicher Größe verwendet.
4. Trockenfrüchte sind so weit wie technisch möglich frei von Schädlingsbefall. Lebende Schädlinge, einschließlich Milben, kommen nicht vor.
5. Trockenfrüchte mit höheren Wassergehalten, als bei den einzelnen Produkten beschrieben, werden in geeigneter Weise kenntlich gemacht, z. B. mit Hinweisen wie „soft" oder „essfertig". Zur Haltbarmachung werden in der Regel Konservierungsstoffe verwendet.

6.1 Getrocknetes Obst einer Fruchtart

6.1.1 Äpfel

6.1.1.1 Herstellung und Verkehrsbezeichnungen

Getrocknete Äpfel sind Erzeugnisse aus getrockneten Früchten geeigneter Sorten der Art Malus domestica Borkh.

Getrocknete Äpfel werden mit der Verkehrsbezeichnung *Äpfel, getrocknet* in Verkehr gebracht. Die Verarbeitungsform wird in Verbindung mit der Verkehrsbezeichnung angegeben, z. B. Stücke oder Ringe.

Die Verkehrsbezeichnung kann ergänzt werden durch hervorhebende Hinweise, wie z. B. „extra“, sofern die Fehler die tolerierbaren Anteile hierfür nicht überschreiten.

Die reifen Früchte werden sorgfältig gewaschen, geschält, von Blüte, Stiel und Kerngehäuse sowie von fehlerhaften Stellen befreit und an der Luft oder durch ein anderes geeignetes Verfahren schonend getrocknet. Eine Schwefelung der Früchte[4)] kann der Trocknung vorausgegangen sein.

6.1.1.2 Beschaffenheitsmerkmale

Getrocknete Äpfel werden aus sauberen, gesunden und reifen Äpfeln hergestellt.

Sie sind annähernd gleichmäßig geschnitten und praktisch frei von nicht zum Verzehr bestimmten Bestandteilen.

Geschwefelte, getrocknete Äpfel sind von typischer weißlicher bis gelber Farbe. Ungeschwefelte, getrocknete Äpfel sind ocker bis braun.

Geruch und Geschmack sind fruchtig, intensiv nach reifen Äpfeln, ohne Fremdgeruch und -geschmack, weder muffig noch gärig. Sie haben eine feste, jedoch keine ledrig-zähe Textur.

Der Wassergehalt geschwefelter getrockneter Äpfel beträgt maximal 25 % (m/m), der ungeschwefelter getrockneter Äpfel maximal 22 % (m/m).

Beschreibung der Fehler

a) Kerngehäuse, Schalenreste: Kerngehäuse, Teile davon und Schalenreste mit einem Durchmesser größer als 6 mm.

b) Verschmutzt: Stücke mit organischen oder anorganischen Verunreinigungen mit einem Durchmesser von mehr als 3 mm.

c) Schäden durch Insekten: Stücke mit sichtbaren Fraßstellen.

d) Schimmelbefall: Stücke mit sichtbarem Myzel.

e) Mechanisch beschädigt: Stücke, die zerrissen oder gequetscht sind.

f) Pflanzliche Fremdteile: lose Stiele, Kerne oder Teile davon.

Die Standardprobenmenge beträgt 500 g. Bei Bedarf kann mehr als die Standardprobenmenge geprüft werden.

Als tolerierbare Fehler auf Basis der Standardprobenmenge gelten die in der Tabelle aufgeführten Einzelwerte.

Fehlerart	Fehlerhafte Stücke in Gewichtsprozent	
		extra
Kerngehäuse, Schalenreste	10	5
Verschmutzt	2	1
Schäden durch Insekten	4	2
Schimmelbefall	0,5	0
Mechanisch beschädigt	5	3
Fehler, gesamt	**12**	**7**

Die Standardprobengröße enthält nicht mehr als ein Stück pflanzliche Fremdteile.

6.1.2 Aprikosen

6.1.2.1 Herstellung und Verkehrsbezeichnungen

Getrocknete Aprikosen sind Erzeugnisse aus sauberen, gesunden und reifen Früchten der Art Prunus armeniaca L.

Getrocknete Aprikosen werden mit der Verkehrsbezeichnung *Aprikosen, getrocknet* in Verkehr gebracht. Die Verarbeitungsform wird in Verbindung mit der Verkehrsbezeichnung angegeben, z. B. „ganz“, „entsteint“, „halbe“.

Die frischen Früchte werden sorgfältig gewaschen, von fehlerhaften Früchten befreit, entsteint, gegebenenfalls halbiert und an der Luft oder durch ein anderes geeignetes Verfahren schonend getrocknet. Eine Schwefelung der Früchte[4)] kann der Trocknung vorausgegangen sein.

6.1.2.2 Beschaffenheitsmerkmale

Getrocknete Aprikosen sind in Größe und Farbe annähernd gleich und praktisch frei von nicht zum Verzehr bestimmten Bestandteilen, insbesondere von Fruchtsteinen. Es werden ganze, unbeschädigte Früchte von sortentypischer Farbe verwendet.

Geschwefelte, getrocknete Aprikosen sind von typischer goldgelber, gelboranger bis roter Farbe. Ungeschwefelte, getrocknete Aprikosen sind ocker bis braun.

Geruch und Geschmack sind fruchtig, intensiv nach reifen Aprikosen, ohne Fremdgeruch und -geschmack, weder muffig noch gärig. Sie haben eine feste Textur.

Der Wassergehalt geschwefelter getrockneter Aprikosen beträgt maximal 25 % (m/m), der ungeschwefelter getrockneter Aprikosen maximal 22 % (m/m).

Beschreibung der Fehler

a) Fleckig: Stücke mit Flecken an der Oberfläche durch Hagel, Sonnenbrand oder ähnliche Einflüsse, die mehr als 2 mm Durchmesser betragen.

b) Verschmutzt: Stücke mit organischen oder anorganischen Verunreinigungen mit einem Durchmesser von mehr als 3 mm.

c) Schäden durch Insekten: Stücke mit sichtbaren Fraßstellen.

d) Schimmelbefall: Stücke mit sichtbarem Myzel.

e) Mechanisch beschädigt: Stücke, die durch nicht sachgerechte mechanische Behandlung beeinträchtigt sind.

f) Unreif: harte oder blasse Stücke.

g) Steine: Steine oder Steinfragmente.

Die Standardprobenmenge beträgt 1 kg. Bei Bedarf kann mehr als die Standardprobenmenge geprüft werden.

Als tolerierbare Fehler auf Basis der Standardprobenmenge gelten die in der Tabelle aufgeführten Einzelwerte.

Fehlerart	Fehlerhafte Stücke in Gewichtsprozent
Fleckig	
Verschmutzt	5
Schäden durch Insekten	2
Schimmelbefall	1
Mechanisch beschädigt	10
Fehler, gesamt	**15**

Der Anteil unreifer Früchte übersteigt nicht 5 % (m/m).

Die Standardprobenmenge enthält nicht mehr als 1 Stein oder Steinfragment.

6.1.3 **Datteln**

6.1.3.1 Herstellung und Verkehrsbezeichnung

Getrocknete Datteln sind Erzeugnisse, aus den gesunden Früchten des Dattelbaumes Phoenix dactylifera L.

Getrocknete Datteln werden mit der Verkehrsbezeichnung *Datteln* in Verkehr gebracht. Die Verarbeitungsform „entsteint", „ohne Stein" wird in Verbindung mit der Verkehrsbezeichnung angegeben.

Die reifen Früchte werden sorgfältig geerntet, gewaschen, von fehlerhaften Früchten und Fremdmaterial befreit, an der Luft oder durch ein anderes geeignetes Verfahren schonend getrocknet und gegebenenfalls entsteint.

Datteln können zur Festigung der Oberfläche mit Zuckerarten[5)] überzogen werden.

6.1.3.2 Beschaffenheitsmerkmale

Datteln sind in Größe und Farbe annähernd gleich und praktisch frei von nicht zum Verzehr bestimmten Bestandteilen. Entsteinte Erzeugnisse sind praktisch frei von Fruchtsteinen.

Datteln sind von typischer brauner Farbe, je nach Sorte auch mit blauviolettem Schimmer. Der Geschmack ist fruchtig und deutlich süß. Sie sind ohne Fremdgeruch und -geschmack, weder muffig noch gärig, und haben eine weiche bis feste Textur.

Der Wassergehalt von Datteln beträgt je nach Sorte 10 bis 30 % (m/m). Datteln mit Stein wiegen mindestens 5 g pro Stück, Datteln ohne Stein mindestens 4 g pro Stück.

Beschreibung der Fehler

a) Verfärbt: Anomalien an der Oberfläche, wie z. B. Entfärbung, dunkle Flecken oder Sonnenbrand mit einem Durchmesser von mehr als 7 mm.

b) Verschmutzt: Stücke mit organischen oder anorganischen Verunreinigungen mit einem Durchmesser von mehr als 3 mm.

c) Insektenschäden: Schäden durch Insekten.

d) Mechanisch beschädigt, unreif: Früchte, die mechanisch beschädigt (nur bei Datteln mit Stein), zerquetscht sind oder eine zerrissene Haut haben, so dass der Stein sichtbar wird. Unreife Datteln mit geringem Gewicht, heller Farbe, geschrumpftem Fruchtfleisch und schwammigem Gewebe. Hierzu gehören auch Früchte, die nicht bestäubt sind, wenig Fruchtfleisch haben und keinen ausgebildeten Stein aufweisen.

e) Schimmelbefall: Stücke mit sichtbarem Myzel.

f) Steine: Steine oder Steinfragmente.

Die Standardprobenmenge beträgt 100 Datteln. Bei Bedarf kann auch ein Mehrfaches der Standardprobenmenge verwendet werden. Für die Bestimmung des Wassergehalts beträgt die Standardprobenmenge 500 g.

Als tolerierbare Fehler auf Basis der Standardprobenmenge gelten die in der Tabelle aufgeführten Einzelwerte.

Fehlerart	Fehlerhafte Stücke in Prozent
Verfärbt	7
Verschmutzt	1
Insektenschäden	4
Schimmelbefall	0,5
Mechanisch beschädigt, unreif	6
Fehler, gesamt	**12**

Bei entsteinten Früchten kommen nicht mehr als 2 Steine oder 4 Steinfragmente in 100 Früchten vor.

6.1.4 **Feigen**

6.1.4.1 Herstellung und Verkehrsbezeichnung

Getrocknete Feigen sind Erzeugnisse aus gesunden Früchten der Art Ficus carica L.

Getrocknete Feigen werden mit der Verkehrsbezeichnung *Feigen, getrocknet* in Verkehr gebracht. Die üblichen Angebotsformen sind z. B. Tafeln, Rollen, Kränze oder lose.

Die reifen, bereits am Baum vorgetrockneten Früchte werden sorgfältig geerntet, an der Luft getrocknet, gewaschen, von fehlerhaften Früchten befreit, in einem geeigneten Verfahren schonend nachgetrocknet und schutzbehandelt. Die getrockneten Früchte werden mit einem geeigneten, dem Stand der Technik entsprechenden Verfahren geprüft, um mit Schimmel befallene Früchte auszusortieren.

6.1.4.2 Beschaffenheitsmerkmale

Feigen sind in Größe und Farbe annähernd gleich und praktisch frei von nicht zum Verzehr bestimmten Bestandteilen. Es werden nur unbeschädigte, ausgereifte Früchte verwendet, die voll entwickelt, dünnschalig, hellbraun und saftig sind.

Die getrockneten Feigen sind von typischer Farbe und schmecken deutlich süß und honigartig. Der Geruch ist schwach ausgeprägt, frei von Fremdnoten und nicht hefeartig oder gärig. Die Textur ist weich, nicht ledrig oder gummiartig. Ein weißer Überzug von auskristallisiertem Zucker ist nicht qualitätsmindernd.

Der Wassergehalt getrockneter Feigen beträgt maximal 24 %.

Beschreibung der Fehler

a) <u>Sonnenbrand:</u> Stücke, deren Oberfläche zu mehr als einem Drittel betroffen ist.

b) <u>Ausgetrocknet:</u> Stücke mit harter gummiartiger Textur und ohne Geschmack.

c) Verschmutzt: Stücke mit organischen oder anorganischen Verunreinigungen mit einem Durchmesser von mehr als 3 mm.

d) Insektenschäden: sichtbare Schäden durch Insekten.

e) Mechanisch beschädigt: Stücke, die mechanisch beschädigt sind, z. B. mit groben Verletzungen der Haut, die mehr als 1/3 des Gesamtumfanges ausmachen.

f) Schimmelbefall: sichtbare Schimmelstellen innen oder außen, die einen Durchmesser von 3 mm nicht überschreiten. Größere Stellen mit sichtbarem Schimmelbefall sind auszuschließen.

Die Standardprobenmenge beträgt 1 kg. Bei Bedarf kann mehr als die Standardprobenmenge geprüft werden.

Als tolerierbare Fehler auf Basis der Standardprobenmenge gelten die in der Tabelle aufgeführten Einzelwerte.

Fehlerart	**Fehlerhafte Früchte in Gewichtsprozent**
Sonnenbrand	4
Ausgetrocknet	4
Verschmutzt	0,5
Insektenschäden	12
Mechanisch beschädigt	2
Fehler, gesamt	**15**

Nicht mehr als 3 von 100 Feigen weisen sichtbaren Schimmelbefall auf.

6.1.5 **Pflaumen**

6.1.5.1 Herstellung und Verkehrsbezeichnung

Getrocknete Pflaumen sind Erzeugnisse aus reifen und gesunden Früchten der Art Prunus domestica L. ssp. domestica Borkh.

Getrocknete Pflaumen werden mit der Verkehrsbezeichnung *Pflaumen, getrocknet* oder *Trockenpflaumen* in Verkehr gebracht. Die Verarbeitungsform „entsteint" oder „mit Stein" wird in Verbindung mit der Verkehrsbezeichnung angegeben.

Die frischen Früchte werden sorgfältig geerntet, von fehlerhaften Früchten befreit, an der Luft oder durch ein anderes geeignetes Verfahren schonend getrocknet, gewaschen und in der Regel entsteint.

6.1.5.2 Beschaffenheitsmerkmale

Getrocknete Pflaumen sind in Größe und Farbe annähernd gleich und praktisch frei von fehlerhaften Früchten. Es werden nur unbeschädigte, ausgereifte Früchte mit einer sortentypischen blauen bis blaurötlichen Farbe verwendet.

Die getrockneten Pflaumen sind von typischer schwarzblauer Farbe. Der Geruch ist fruchtig, intensiv nach reifen Pflaumen, weder muffig noch gärig. Sie haben eine weiche, nicht ledrig-zähe Textur. Der Geschmack ist fruchtig säuerlich mit deutlich wahrnehmbarer Süße, ohne Fremdgeschmack.

Der Wassergehalt getrockneter Pflaumen beträgt maximal 24 % (m/m).

Beschreibung der Fehler

a) Vernarbt: Vernarbungen der Haut mit einem Durchmesser größer als 10 mm.

b) Karamellisiert: sehr dunkel bis schwarz verfärbtes Fruchtfleisch mit Hohlräumen zwischen Fruchtfleisch und Kern.

c) Pflanzliche Fremdteile: Stiele oder Blätter/Blattteile.

d) Schäden durch Insekten: sichtbare Schäden durch Insekten.

e) Schädlingsbefall: Maden, Madennester.

f) Schimmelbefall: Stücke mit sichtbarem Myzel.

g) Mechanisch beschädigt: zerrissene Früchte.

h) Steine: ganze Steine oder Steinfragmente.

Die Standardprobenmenge beträgt 1 kg. Bei Bedarf kann mehr als die Standardprobenmenge geprüft werden.

Als tolerierbare Fehler auf Basis der Standardprobenmenge gelten die in der Tabelle aufgeführten Einzelwerte.

Fehlerart	**Fehlerhafte Früchte in Gewichtsprozent**	
	Pflaumen mit Stein	Pflaumen entsteint
Vernarbt	2	2
Karamellisiert	2	2
Fremde Pflanzenteile	1	1
Schäden durch Insekten	0,5	0,5
Schädlingsbefall	0,5	0,5
Schimmelbefall	0,5	0,5
Mechanisch beschädigt	1	4
Fehler, gesamt	**6**	**8**

Die Standardprobenmenge entsteinter Pflaumen enthält nicht mehr als 2 Steine oder 4 Steinfragmente.

6.1.6 **Weinbeeren (Rosinen)**

6.1.6.1 Herstellung und Verkehrsbezeichnungen

Getrocknete Weinbeeren, auch als Rosinen bezeichnet, sind Erzeugnisse aus den gesunden Trauben verschiedener kernloser Sorten der Art Vitis vinifera L.

Getrocknete Weinbeeren werden mit der Verkehrsbezeichnung *Weinbeeren, getrocknet, Rosinen, Sultaninen/Sultanas* oder *Korinthen* in Verkehr gebracht.

Verkehrsbezeichnung	Eigenschaften und Verarbeitung
Weinbeeren, getrocknet, Rosinen	schwarzblau bis blaubraun, großbeerig, vollfleischig, dünnschalig, süß, saftig, aromatisch, abgestreift
Sultaninen, Sultanas	rundlich, schwarzblau bis blaubraun oder goldgelb bis rötlichbraun, dünnschalig, fleischig, saftig, honigsüß, aromatisch, abgestreift
Korinthen	klein, rötlichblau oder schwarzviolett bis braunschwarz, matt, zarthäutig, süßsäuerlich, aromatisch, abgestreift

Die reifen Trauben werden sorgfältig geerntet, gegebenenfalls zur Beschleunigung des Trocknungsvorgangs in Natron- oder Kalilauge getaucht, an der Luft getrocknet, von Rappen und Fremdmaterial befreit, gewaschen und gegebenenfalls geölt.

6.1.6.2 Beschaffenheitsmerkmale

Getrocknete Weinbeeren sind in Größe und Farbe annähernd gleich, praktisch frei von Rappen bzw. Rappenteilen und soweit wie technisch möglich frei von Stielen.

Getrocknete Weinbeeren sind in Abhängigkeit von Traubensorte und Art der Verarbeitung von typischer Farbe, die von honiggelb über braun bis schwarzblau reicht. Der Geruch ist fruchtig, ohne Fremdnoten, wie z. B. muffig oder gärig. Sie haben eine weiche, nicht ledrig-zähe Textur. Der Geschmack ist fruchtig mit deutlich wahrnehmbarer Süße, ohne Fremdgeschmack.

Mindesteigenschaften, Mindest- und Höchstfeuchtigkeitsgehalt sowie Toleranzen von getrockneten Weintrauben sind in der Verordnung (EG) Nr. 1666/1999 der Kommission vom 28. Juli 1999 mit Durchführungsbestimmungen zur Festlegung der bei der Vermarktung von getrockneten Weintrauben bestimmter Sorten zu stellenden Mindestanforderungen gemäß der Verordnung (EG) Nr. 2201/96 des Rates (ABl. EG Nr. L 197 vom 29.07.1999) in der jeweils geltenden Fassung geregelt.

6.2 **Trockenobstmischungen**

6.2.1 Herstellung und Verkehrsbezeichnung

Mischungen von Trockenobst werden durch Mischen getrockneter Obstarten hergestellt. Es können dabei auch kandierte Früchte mit verwendet werden.

Sie werden mit der Verkehrsbezeichnung *Mischobst, getrocknet* oder *Trockenfruchtmischung* oder *Trockenfrucht-Mix* in Verkehr gebracht.

Der Hinweis „tropisch" bedingt die überwiegende Verwendung von tropischen Früchten wie z. B. Ananas, Bananen, Kiwis, Mangos und Guaven.

6.2.2 Beschaffenheitsmerkmale

Trockenobstmischungen enthalten üblicherweise mindestens vier verschiedene Obstarten. Die verwendeten Trockenfrüchte entsprechen den in diesen Leitsätzen aufgeführten allgemeinen und, soweit vorhanden, den speziellen Anforderungen.

Anlage 1

Fundstellenverzeichnis der beschriebenen Obstarten

Obstart	Botanische Bezeichnung	Fundstellen			
		TK-Obst	Obstkonserven	Fruchtsirup und streichfähige Zubereitungen	Trockenobst
Ananas	Ananas comosus L. Merr.	3.2.1 3.2.2	4.1.2 4.2.1.1 4.2.2.1		6.2.1
Äpfel	Malus domestica Borkh.	3.2.2	4.2.3.1 4.2.4.1	5.3	6.1.1
Aprikosen	Prunus armeniaca L.	3.2.2	4.2.1.2 4.2.3.3 4.2.4.1.1		6.1.2
Bananen	Musa spp.	3.2.2	4.2.2.1 4.2.4.1.1		6.2.1
Birnen	Pyrus communis L.	3.2.2	4.2.1.3 4.2.2.1	5.3	
Boysenbeeren	Rubus loganobaccus L. H. Bailey	3.2.2			
Brombeeren	Rubus fruticosus L.	3.1.1 3.2.1	4.2.1.4 4.2.2.1		
Datteln	Phoenix dactylifera L.				6.1.3
Erdbeeren	Fragaria ananassa	3.1.2 3.2	4.2.1.5 4.2.2.1 4.2.4.2.1		
Walderdbeeren	Fragaria vesca	3.2.2			

Obstart	Botanische Bezeichnung	Fundstellen			
		TK-Obst	Obstkonserven	Fruchtsirup und streichfähige Zubereitungen	Trockenobst
Feigen	Ficus carica L.	3.2.2	4.2.1.6		6.1.4
Guave			4.2.2.1		
Heidelbeeren					
Waldheidelbeeren, Blaubeeren	Vaccinium myrtillius L.	3.1.3 3.2.1	4.2.1.8		
Kultur-Heidelbeeren	Vaccinium corymbosum L.	3.1.3	4.2.1.8		
Himbeeren	Rubus idaeus L.	3.1.4 3.2.1 3.2.2	4.2.1.9 4.2.4.2.1	5.1.1	
Johannisbeeren					
rote, weiße	Ribes rubrum L.	3.1.5 3.2.1 3.2.2	4.2.2.1 4.2.4.2.1		
schwarze	Ribes nigrum L.	3.1.5 3.2.1 3.2.2	4.2.2.1 4.2.4.2.1		
Kirschen					
Sauerkirschen, Schattenmorellen	Prunus cerasus L.	3.1.6 3.2.2	4.2.1.10 4.2.2.1 4.2.4.2.1		
Süßkirschen	Prunus avium L.		4.2.1.10 4.2.2.1		

Obstart	Botanische Bezeichnung	Fundstellen			
		TK-Obst	Obstkonserven	Fruchtsirup und streichfähige Zubereitungen	Trockenobst
Kaiserkirschen	Prunus avium L. var. duracina		4.2.1.10		
Kiwi	Actinidia deliciosa var. deliciosa	3.2.1 3.2.2			6.2.1
Lychees	Litchi chinensis Sonn.	3.2.2	4.2.2.1		
Mangos	Mangifera indica L.	3.2.1 3.2.2	4.2.2.1		6.2.1
Melonen grün, gelb	Cucumis melo L.	3.2.1 3.2.2	4.2.2.1		
Mirabellen	Prunus domestica L. ssp. syriaca (Borkh.)		4.2.1.12		
Papaya gelb, rot	Carica papaya L.	3.2.1 3.2.2	4.2.2.1		
Passionsfrucht (Maracuja)			4.2.2.1		
Pfirsiche	Prunus persica Sieb. et Zucc.	3.2.1 3.2.2	4.2.1.13 4.2.2.1 4.2.4.1.1		
Pflaumen, (Zwetschgen, Zwetschen)	Prunus domestica L. ssp. domestica Borkh.	3.1.7 3.2.2	4.2.1.14	5.2	6.1.5
Preiselbeeren, Wildpreiselbeeren	Vaccinium vitis idaea L.		4.2.3.4		
Rambutan			4.2.2.1		

Obstart	Botanische Bezeichnung	Fundstellen			
		TK-Obst	**Obstkonserven**	**Fruchtsirup und streichfähige Zubereitungen**	**Trockenobst**
Reneklode (Reineclauden)	Prunus domestica L. ssp. italica (Borkh.)		4.2.1.15		
Rhabarber		1.1.3			
Stachelbeeren	Ribes grossularia L.		4.2.1.16		
Weinbeeren Rosinen, Sultaninen, Korinthen	Vitis vinifera L.				6.1.6
Weintrauben blau, weiß	Vitis vinifera L.	3.2.1 3.2.2	4.2.2.1		
Zitrusfrüchte		3.2.1 3.2.2	4.1.2	5.1.1 5.1.2	
Grapefruit	Citrus paradisi Macf.	3.2.2	4.2.1.7 4.2.2.1		
Mandarin-Orangen	Citrus reticulata Blanco	3.2.2	4.2.1.11 4.2.2.1		
Orangen		3.2.2	4.2.2.1		
Zuckerrüben	Beta vulgaris var. altissima Döll.	1.1.3		5.4	

Anlage 2

Abtropfgewichte bei Obstkonserven – handelsübliche Behältergrößen

Gruppe	Füllgrad g Abtropfgewicht/ 100 ml Randvollvolumen	236	314	425	580	850	1700	2650	3100	212	314	370	580	720
		Dosen in ml								Gläser in ml (–20 ml)				
I	35	80	105	145	200	295	595	925	1085	65	100	120	195	245
II	37	85	115	155	210	310	625	980	1145	70	105	125	205	255
III	42	95	130	175	240	355	710	1110	1300	80	120	145	235	290
IV	46	105	140	195	265	390	780	1215	1425	85	135	160	255	320
V	50	115	155	210	290	425	850	1325	1550	95	145	175	280	350
VI	52	120	160	220	300	440	880	1375	1610	95	150	180	290	360
VII	54	125	165	225	310	455	915	1430	1670	100	155	185	300	375
VIII	55	130	170	230	315	465	935	1455	1705	105	160	190	305	385
IX	56	130	175	235	320	475	950	1480	1735	105	160	195	310	390
X	58	135	175	245	335	490	985	1535	1795	110	170	200	320	405
XI	59	135	185	250	340	500	1000	1560	1825	110	170	205	330	410
XII	63	–	–	265	365	535	1070	1665	1950	–	–	–	–	–

Abtropfgewichte bei Obstkonserven – Anwendungsregeln

1. Die Bestimmung des Abtropfgewichtes erfolgt nach dem WELMEC Guide 6.8 Issue 1 von Juni 2006; Guidance for the Verification of Drained Weight, Drained Washed Weight and Deglazed Weight and Extent of Filling of Rigid Food Containers (Fundstelle im Internet: www.welmec.org/publications/6-8.asp).
2. Die Abtropfgewichte sind dem Behältnisvolumen proportional. Dies entspricht dem System des FAO/WHO Codex Alimentarius.
3. Für Schultergläser wird aufgrund des notwendigen Kopfraumes vom Behältervolumen ein Abschlag von 20 ml vorgenommen.
4. Es wird bei der Berechnung des Nennabtropfgewichtes jeweils auf das nächste Vielfache von 5 g abgerundet.

[1] Verordnung über Fruchtsaft, einige ähnliche Erzeugnisse und Fruchtnektar vom 24. Mai 2004 (BGBl. I S. 1016) in der jeweils geltenden Fassung.

[2] Verordnung über Konfitüren und einige ähnliche Erzeugnisse vom 23. Oktober 2003 (BGBl. I S. 2151) in der jeweils geltenden Fassung.

[3] Verordnung über tiefgefrorene Lebensmittel in der Fassung der Bekanntmachung vom 22. Februar 2007 (BGBl. I S. 258) in der jeweils geltenden Fassung.

[4] Verordnung über die Zulassung von Zusatzstoffen zu Lebensmitteln zu technologischen Zwecken vom 29. Januar 1998 (BGBl. I S. 230) in der jeweils geltenden Fassung.

[5] Verordnung über einige zur menschlichen Ernährung bestimmte Zuckerarten vom 23. Oktober 2003 (BGBl. I S. 2098) in der jeweils geltenden Fassung.

[6] Aromenverordnung in der Fassung der Bekanntmachung vom 2. Mai 2006 (BGBl. I S. 1127) in der jeweils geltenden Fassung.

[7] § 4 Abs. 1 Nr. 2 der Verordnung über die Kennzeichnung von Lebensmitteln in der Fassung der Bekanntmachung vom 15. Dezember 1999 (BGBl. I S. 2464) in der jeweils geltenden Fassung.

[8] Verordnung über Fertigpackungen in der Fassung der Bekanntmachung vom 8. März 1994 (BGBl. I S. 451, ber. S. 1307) in der jeweils geltenden Fassung.

[9] Verordnung (EG) Nr. 1924/2006 des Europäischen Parlaments und des Rates vom 20. Dezember 2006 über nährwert- und gesundheitsbezogene Angaben über Lebensmittel (ABl. Nr. L 404 S. 9, ber. ABl. 2007 Nr. L 12 S. 3).

Leitsätze für Ölsamen und daraus hergestellte Massen und Süßwaren

In diesen Leitsätzen sind die Beurteilungsmerkmale für folgende Lebensmittel aufgestellt:

A Bearbeitete Ölsamen

B Rohmassen aus bearbeiteten Ölsamen

C Süßwaren aus angewirkten Rohmassen

D Nugatmassen

E Süßwaren aus angewirkten Nugatmassen

F Nugatkrem

I. Allgemeine Beurteilungsmerkmale

1. Ölsamen im Sinne dieser Leitsätze sind Samenkerne mit ungemindertem natürlichem Ölgehalt, der in der Trockenmasse 35 % nicht unterschreitet.

2. Als „Mandeln" gelten nur süße Mandeln; Mandeln enthalten nicht mehr als 4 Gewichtsprozent bittere Mandeln. Bittere Mandeln oder entbitterte bittere Mandeln werden stets als solche bezeichnet.

3. Als „Aprikosenkerne" gelten nur süße Aprikosenkerne; Aprikosenkerne enthalten nicht mehr als 4 Gewichtsprozent bittere Aprikosenkerne. Bittere Aprikosenkerne werden stets als solche bezeichnet.

4. Unter „Nüssen" werden nur Haselnüsse und Walnüsse verstanden.

5. Zucker im Sinne dieser Leitsätze ist gereinigte kristallisierte Saccharose oder Invertzuckersirup. Andere Zuckerarten[1)] und Zuckeralkohole werden nur verwendet, soweit sich dies aus den Leitsätzen ergibt; dieser Zusatz wird kenntlich gemacht, soweit die Leitsätze dies ausdrücklich erwähnen. Die zugesetzte Menge anderer Zuckerarten und von Zuckeralkoholen wird auf den Gehalt an zugesetztem Zucker angerechnet. Bei den in den Leitsätzen angegebenen Höchstgehalten bleibt der in den Ölsamen enthaltene Zuckergehalt unberücksichtigt.

6. Die als Verkehrsbezeichnungen anzusehenden Bezeichnungen sind im folgenden kursiv gedruckt.

II. Besondere Beurteilungsmerkmale

A. Bearbeitete Ölsamen

a) Unzerkleinerte Ölsamen

1. *Mandeln* sind von der Hartschale befreite süße Mandelkerne.
2. *Blanchierte Mandeln*, auch als *geschälte Mandeln* bezeichnet, sind von der Hartschale und nach dem Brühen von der Samenhaut befreite süße Mandelkerne. Sie enthalten nicht mehr als 7 % Wasser.
3. *Bittere Mandeln* sind von der Hartschale befreite bittere Mandelkerne.
4. *Blanchierte bittere Mandeln*, auch als *geschälte bittere Mandeln* bezeichnet, sind von der Hartschale und nach dem Brühen von der Samenhaut befreite bittere Mandelkerne.
5. *Blanchierte entbitterte bittere Mandeln* sind von der Hartschale und nach dem Brühen von der Samenhaut befreite und entbitterte bittere Mandelkerne.
6. *Aprikosenkerne* sind von der Hartschale befreite süße Aprikosenkerne.
7. *Blanchierte Aprikosenkerne* sind von der Hartschale und nach dem Brühen von der Samenhaut befreite süße Aprikosenkerne.
8. *Bittere Aprikosenkerne* sind von der Hartschale befreite bittere Aprikosenkerne.
9. *Blanchierte entbitterte bittere Aprikosenkerne* sind von der Hartschale und nach dem Brühen von der Samenhaut befreite und entbitterte bittere Aprikosenkerne.
10. *Pfirsichkerne* sind von der Hartschale befreite süße oder bittere Pfirsichkerne.
11. *Blanchierte Pfirsichkerne* sind von der Hartschale und nach dem Brühen von der Samenhaut befreite süße oder bittere Pfirsichkerne.
12. *Blanchierte entbitterte bittere Pfirsichkerne* sind von der Hartschale und nach dem Brühen von der Samenhaut befreite und entbitterte bittere Pfirsichkerne.
13. *Walnusskerne* sind von der Hartschale befreite Walnüsse.
14. *Haselnusskerne* sind von der Hartschale befreite Haselnüsse.

15. *Enthäutete Haselnusskerne* sind, soweit durch Rösten technisch möglich, von der Samenhaut befreite Haselnusskerne.
16. *Cashewkerne* sind von der Hartschale und von der Samenhaut befreite Cashewnüsse.
17. *Erdnusskerne* sind von der Schale befreite Erdnüsse.
18. *Enthäutete Erdnusskerne* sind von der Samenhaut befreite Erdnusskerne.

Auf eine Röstung wird hingewiesen.

b) Zerkleinerte Ölsamen

Die unter a) aufgeführten Ölsamen werden auch zerkleinert in den Verkehr gebracht. Eine Zerkleinerung wird angegeben, es sei denn, dass sie durch die Art der Verpackung unmittelbar erkennbar ist.

c) Ölsamenmark

Ölsamenmark ist eine durch Feinzerkleinerung von blanchierten oder enthäuteten, ggf. gerösteten Ölsamenkernen hergestellte pastenartige oder halbflüssige Masse. Zur Vermeidung des Ausölens werden zuweilen Mono- und Diglyceride von Speisefettsäuren (E 471) bis zu 2 % der Masse zugesetzt. Es wird nach den jeweils verwendeten Ölsamen bezeichnet, z. B. *Haselnussmark, Erdnussmark, Cashewmark*.

Erdnussmark kann zur Erzielung einer halbflüssigen Konsistenz Speisefette und/oder Speiseöle pflanzlicher Herkunft bis zu 25 % der Masse zugesetzt werden; auf diesen Zusatz wird hingewiesen.

B. Rohmassen aus bearbeiteten Ölsamen

Rohmassen aus bearbeiteten Ölsamen werden aus den unter Abschnitt A Buchst. a) und b) aufgeführten bearbeiteten Ölsamen mit Zucker und Wasser durch Zerkleinern und inniges Vermischen unter Erhitzung hergestellt.

Es werden folgende Rohmassen unterschieden:

1. *Marzipanrohmasse* ist eine aus blanchierten/geschälten Mandeln hergestellte Masse. Sie enthält höchstens 17 % Feuchtigkeit. Der Anteil des zugesetzten Zuckers beträgt höchstens 35 % und der Mandelölgehalt mindestens 28 %, beides bezogen auf die Marzipanrohmasse mit 17 % Feuchtigkeitsgehalt. Bei der Marzipanrohmasse M I kann der Gesamtgehalt an blanchierten/geschälten bitteren Mandeln bis zu 12 % des Mandelgewichtes betragen. Eine Kenntlichmachung ist nicht erforderlich[2]. Entbitterte bittere Mandeln sowie Bergmandeln werden zur Herstellung von Marzipanrohmassen nicht verwendet.

2. *Persipanrohmasse* ist eine aus blanchierten/geschälten, ggf. entbitterten bitteren Mandel-, Aprikosen- oder Pfirsichkernen hergestellte Masse. Sie enthält höchstens 20 % Feuchtigkeit. Der Anteil an zugesetztem Zucker beträgt höchstens 35 %, an zugesetzter Stärke als Indikator 0,5 %, beides bezogen auf die Persipanrohmasse mit 20 % Feuchtigkeitsgehalt.

3. Andere Rohmassen, die aus Ölsamen hergestellt werden, welche in Abschnitt A Buchst. a) und b) aufgeführt sind, entsprechen hinsichtlich des Feuchtigkeits- und des Zuckergehalts den Bedingungen für *Persipanrohmasse*. Sie werden nach den Ölsamenarten benannt, aus denen sie hergestellt sind, z. B. *Nussrohmasse*, *Erdnussrohmasse*. Diese Rohmassen – mit Ausnahme der Nussrohmasse – können auch ohne Kenntlichmachung[2)] bis 10 % des Gesamtgewichts blanchierte/ geschälte, ggf. entbitterte bittere Mandeln, Aprikosen- und Pfirsichkerne enthalten.

C. Süßwaren aus angewirkten Rohmassen

a) Halbfertigerzeugnisse

1. *Makronenmasse* ist ein Erzeugnis, das aus einer Mischung von Marzipanrohmasse, Zucker und Hühnereiklar besteht. Je 100 Gewichtsteilen Marzipanrohmasse werden höchstens 100 Gewichtsteile Zucker zugesetzt. Die Makronenmasse enthält mindestens 10 % ihres Gesamtgewichtes Hühnereiklar oder eine entsprechende Menge Trockenhühnereiklar.

2. *Nussmakronenmasse* unterscheidet sich von Makronenmasse dadurch, dass anstelle von Marzipanrohmasse Nussrohmasse verwendet wird.

3. *Persipanmakronenmasse* unterscheidet sich von Makronenmasse dadurch, dass anstelle von Marzipanrohmasse Persipanrohmasse verwendet wird.

b) Fertigerzeugnisse

1. *Marzipan* ist eine Mischung aus Marzipanrohmasse und höchstens der gleichen Gewichtsmenge Zucker. Der Zucker kann teilweise durch Glukosesirup und/oder Sorbit ersetzt werden. In diesen Fällen können ohne Kenntlichmachung[2)] bis zu 3,5 % des Gesamtgewichtes des Marzipans aus Glukosesirup und/oder bis zu 5 % des Gesamtgewichtes des Marzipans aus Sorbit (auch in Form eines mindestens 70%igen Sirups) bestehen.

2. *Persipan* ist eine Mischung aus Persipanrohmasse und höchstens der anderthalbfachen Gewichtsmenge Zucker. Der Zucker kann teilweise durch Glukosesirup und/oder Sorbit ersetzt werden. In diesen Fällen können ohne Kenntlichmachung[2)] bis zu 5 % des Gesamtgewichtes des Persipans aus Glukosesirup und/oder bis zu 5 % des Gesamtgewichtes des Persipans aus Sorbit (auch in Form eines mindestens 70%igen Sirups) bestehen.

D. Nugatmassen

Nugatmassen sind höchstens 2 % Feuchtigkeit enthaltende, weiche bis schnittfeste Erzeugnisse, die aus enthäuteten Nusskernen oder aus blanchierten/geschälten Mandeln, ggf. auch ungeröstet, durch Feinzerkleinerung unter Zusatz von Zucker und Kakaoerzeugnissen hergestellt werden. Als Kakaoerzeugnisse werden verwendet: Kakaokerne, Kakaomasse, Kakaobutter, Kakaopulver – auch stark entölt –, Schokolade, Sahneschokolade, Milchschokolade, Schokoladenüberzugsmasse, Sahne- und Milchschokoladenüberzugsmasse sowie Schokoladenpulver[3)].

Nugatmassen können einen Zusatz geringer Mengen geschmackgebender Stoffe und/oder geringer Mengen Lecithin (E 322) enthalten. Ein Teil – bis zu 5 % ohne Kenntlichmachung[2)] – des Zuckers kann durch andere Zuckerarten sowie durch Sahne-, Milch-, Magermilch- und/oder Molkenpulver ersetzt werden.

Zu den Nugatmassen wird auch gesüßtes Nussmark gerechnet, das ohne Kakaoerzeugnisse und ohne Sahne- oder Milchpulver hergestellt wird.

Es werden folgende Nugatmassen nach den verwendeten Rohstoffen unterschieden:

1. *Nussnugatmasse* enthält höchstens 50 % Zucker und mindestens 30 % Fett.
2. *Mandelnugatmasse* enthält höchstens 50 % Zucker und mindestens 28 % Fett.
3. *Mandel-Nuss-Nugatmasse* enthält Mandeln und Nusskerne etwa zu gleichen Teilen, höchstens 50 % Zucker und mindestens 28 % Fett.
4. *Gesüßtes Nussmark*, auch als *gesüßtes Nussmus* oder als *Nusspaste* bezeichnet, wird aus enthäuteten Nusskernen und Zucker hergestellt; es enthält höchstens 50 % Zucker und mindestens 32 % Fett.

E. Süßwaren aus angewirkten Nugatmassen

Angewirkte Nugatmassen werden als *Nugat* oder *Noisette* bezeichnet.

Es werden insbesondere folgende Nugatarten unterschieden:

1. *Nugat* ist eine Mischung aus einer der unter Abschnitt D Nrn. 1–3 aufgeführten Nugatmassen und höchstens der halben Gewichtsmenge Zucker. Ein Teil des Zuckers kann durch Sahne- oder Milchpulver ersetzt werden.
2. *Sahnenugat* ist ein Nugat, der einen Mindestgehalt von 5,5 % Milchfett aufweist, das aus Sahnepulver oder Sahne stammt.
3. *Milchnugat* ist ein Nugat, der einen Mindestgehalt von 3,2 % Milchfett und 9,3 % fettfreier Milchtrockenmasse aufweist.

F. Nugatkrem

Nugatkrem enthält mindestens 10 % enthäutete Haselnusskerne, blanchierte/geschälte Mandeln oder blanchierte, entbitterte bittere Mandeln, die gleichen Bestandteile wie die unter Abschnitt D aufgeführten Massen, höchstens 67 % Zucker und 2 % Feuchtigkeit, ferner Speisefette und Speiseöle pflanzlicher Herkunft. Getreidemahlerzeugnisse und stärkereiche Lebensmittel werden nicht verwendet. Ein Zusatz von Sojamehlerzeugnissen ist ohne Kenntlichmachung[2] bis zu 3 % möglich.

Die Bezeichnung „Noisettekrem“ ist nicht üblich.

[1] Der Begriff ist nicht auf die in der Zuckerartenverordnung vom 23. Oktober 2003 (BGBl. I S. 2089) in der jeweils geltenden Fassung definierten Zuckerarten beschränkt. Er umfasst beispielsweise auch Lactose.

[2] Auf § 3 Abs. 1 Nr. 3 der Lebensmittel-Kennzeichnungsverordnung in der Fassung der Bekanntmachung vom 15. Dezember 1999 (BGBl. I S. 2464) in der jeweils geltenden Fassung wird hingewiesen.

[3] Kakaoverordnung vom 15. Dezember 2003 (BGBl. I S. 2738) in der jeweils geltenden Fassung.

Leitsätze für Pilze und Pilzerzeugnisse

I. Allgemeine Beurteilungsmerkmale

A. Begriffsbestimmungen

1. Als Speisepilze werden die essbaren Fruchtkörper der in der Anlage genannten Pilzarten[1)] in den Verkehr gebracht oder zu Pilzerzeugnissen verarbeitet. Speisepilze im Sinne der Leitsätze sind auch Zuchtpilze, die in der Anlage noch nicht genannt sind.

   Die in der Anlage mit einem Sternchen (*) kenntlich gemachten Speisepilze werden nur unter den in Spalte 5 genannten Einschränkungen in den Verkehr gebracht.

   Die Abkürzungen in Spalte 3 der Anlage bedeuten: B = Blätterpilz, R = Röhrenpilz, T = Trüffelpilz, S = Sonstige Pilze. Die Abkürzungen in Spalte 4 der Anlage bedeuten: Z = Zuchtpilz, W = Wildpilz, bei beiden Herkünften Z/W bzw. W/Z; als Herkunft wird die Quelle der Ware – Zuchtpilz (Z) oder Wildpilz (W) – verstanden.

2. Als Pilzerzeugnisse werden z. B. Pilzkonserven, getrocknete Pilze, Pilzpulver, Essigpilze, milchsäurevergorene Pilze, eingesalzene Pilze, tiefgefrorene Pilze, Pilzextrakte, Pilzkonzentrate, Pilztrockenkonzentrate in den Verkehr gebracht. Besondere Beurteilungsmerkmale dafür sind in Abschnitt II beschrieben.

B. Verarbeitung und Herstellung

1. Speisepilze für den Frischmarkt werden unverzüglich nach dem Ernten an den Verbraucher abgegeben.

2. Speisepilze für Pilzerzeugnisse werden unverzüglich nach dem Ernten verarbeitet.

3. Pilzerzeugnisse werden aus frischen Speisepilzen hergestellt, die sauber, geputzt und von den üblicherweise nicht verwendeten, insbesondere gestochenen Teilen[4)] im Rahmen des Möglichen befreit sind[5), 6)]. Die zur Verwendung kommenden Speisepilze sind möglichst frei von Maden und Madenfraß. Maden und Madennester sind nicht auszuschließen, kommen aber nur vereinzelt vor.

   Verkehrsüblich sind Zutaten wie Kochsalz, Milch-, Zitronen- und Ascorbinsäure, Zucker, Geschmacksverstärker, Gewürze, bei Essigpilzen auch Essig.

Nicht verkehrsüblich sind Zutaten und Verfahren, die geeignet sind, den bei der Verarbeitung und Sterilisation entstehenden Gewichtsverlust zu vermindern.

C. Beschaffenheitsmerkmale

1. Speisepilze werden besonders sorgfältig darauf geprüft, dass sich keine ungenießbaren oder gesundheitsschädlichen Pilze unter ihnen befinden.
2. Speisepilze zeichnen sich durch besonders gute sensorische Eigenschaften (Geruch, Geschmack, Konsistenz) aus.
3. Unverarbeitete Speisepilze, die üblicherweise als frische Speisepilze bezeichnet werden, sind nicht überreif, nicht alt, nicht übermäßig wässrig, frei von sichtbarem Schimmel. Sie sind weitgehend von Erde, Blättern und Nadeln befreit. Sie sind nicht durch Madenfraß in ihrer Konsistenz verändert oder sonst in ihrer Brauchbarkeit erheblich vermindert.
4. Werden unverarbeitete Speisepilze an den Verbraucher abgegeben, enthalten sie nicht mehr als 0,5 Gewichtsprozent säureunlösliche Asche.
5. Güteeigenschaften, Größensortierung, Verpackung, Aufmachung und Kennzeichnung von Kulturchampignons[2)] sind in der Verordnung (EG) Nr. 982/2002 der Kommission vom 7. Juni 2002 zur Festlegung der Vermarktungsnorm für Kulturchampignons[3)] (ABl. EG Nr. L 150 S. 45) geregelt.

D. Bezeichnung und Aufmachung

1. Für die beschriebenen Speisepilze und Pilzerzeugnisse sind die kursiv gedruckten Verkehrsbezeichnungen üblich.
2. Bildliche Darstellungen der Rohware auf Verpackungen von Pilzerzeugnissen entsprechen der Art der verwendeten Pilze.
3. Bei Pilzkonserven werden die gesamte Füllmenge und das Abtropfgewicht angegeben[13)]. Üblich ist bei Dosen ein mittleres Abtropfgewicht von 460 g bei 850 ml Fassungsvermögen, bei anderen Behältnisgrößen entsprechend[14)].
4. Bei Mischpilzen werden die verwendeten Pilzarten, gegebenenfalls mit dem Zusatz „in veränderlichen Gewichtsanteilen“, in der Zutatenliste angegeben.

II. Besondere Beurteilungsmerkmale für Pilzerzeugnisse

1. Pilzkonserven

Pilzkonserven enthalten Speisepilze in wässrigem Aufguss, die durch Hitzesterilisation haltbar gemacht sind.

Werden Pilzkonserven unter Verwendung eingesalzener Speisepilze hergestellt, so wird dies in unmittelbarer Verbindung mit der Verkehrsbezeichnung ausreichend kenntlich gemacht, z. B. „Hergestellt aus eingesalzenen Pilzen".

Pilzkonserven enthalten höchstens 0,2 Gewichtsprozent säureunlösliche Asche, bezogen auf das Fertigerzeugnis einschließlich Aufguss[6)].

Pilzkonserven entsprechen folgenden Anforderungen:

1.1 *Champignons erste Wahl* oder *Champignons I. Wahl*:
Geschlossene, unbeschädigte Champignons, Stiele bis 10 mm Länge, Kopfdurchmesser bis 35 mm[7)].

1.2 *Champignons in Scheiben erste Wahl oder Champignons in Scheiben I. Wahl*:
aus geschlossenen Champignons, parallel zur Wachstumsachse geschnitten (Toleranz 10 Gewichtsprozent im Schrägschnitt), Stiele bis 10 mm Länge, Kopfdurchmesser bis 35 mm[7)].

1.3 *Champignons zweite Wahl* oder *Champignons II. Wahl*:
leicht geöffnete, unbeschädigte Champignons mit Stielen, zulässig auch lose Köpfe.

1.4 *Champignons in Scheiben zweite Wahl oder Champignons in Scheiben II. Wahl*:
aus geschlossenen und/oder leicht geöffneten Champignons überwiegend parallel zur Wachstumsachse geschnitten (Toleranz 20 Gewichtsprozent im Schrägschnitt), Stiele auch über 10 mm Länge, zulässig auch lose Köpfe.

1.5 *Champignons dritte Wahl* oder *Champignons III. Wahl*:
auch offene Champignons, zulässig auch nur Stücke und Stiele, auch geschnitten.

1.6 *Pfifferlinge, ausgesucht klein:*
verlesene ausgesuchte ganze Pfifferlinge, Kopfdurchmesser bis 15 mm[7)].

1.7 *Pfifferlinge, mittel:*
verlesene ganze Pfifferlinge, Kopfdurchmesser bis 30 mm[7)].

1.8 *Pfifferlinge:*
verlesen, auch geschnitten oder nicht nach Größe sortiert.

1.9 *Steinpilze, Köpfe klein:*
ganze Steinpilze jüngsten Entwicklungszustandes oder Köpfe ohne entwickelte Röhrenteile, Kopfdurchmesser bis 40 mm[7].

1.10 *Steinpilze:*
junge feste Köpfe ohne dunkelgrüne Röhrenteile, Kopfdurchmesser über 40 mm.

1.11 *geschnittene Steinpilze:*
geschnittene Steinpilze ohne dunkelgrüne Röhrenteile.

1.12 *Trüffelpilze:*
Als Trüffelpilze werden die in der Anlage unter Trüffel aufgeführten Pilze mit der Gruppenbezeichnung T verwendet. Übliche Verkehrsbezeichnung ist die in der Anlage in Spalte 1 aufgeführte Bezeichnung der Art. Sie werden nicht gebleicht oder gefärbt[8].

1.13 *Speisemorcheln, Spitzmorcheln:*
Ganze Morcheln ohne Fuß.

1.14 *Speisepilze einer Art, ganz oder geschnitten:*
Übliche Verkehrsbezeichnung ist die in der Anlage in Spalte 1 aufgeführte Bezeichnung der Art.

1.15 *Mischpilze:*
Mischungen von den in der Anlage aufgeführten Arten, ganz oder geschnitten. Der Anteil an einer Pilzart ist nicht höher als 50 Gewichtsprozent.
Üblich ist die Verwendung von 3 Pilzarten.
Werden Pilzkonserven aus zwei Arten hergestellt, so können sie mit der Verkehrsbezeichnung der verwendeten Arten unter Angabe der jeweiligen Gewichtsanteile benannt sein.

1.16 *Mischpilze, hell:*
Mischung folgender Pilzarten von hellem Aussehen:
Apfeltäubling, Austernpilz, Butterpilz, Elfenbeinröhrling, Gefelderter Grüntäubling, Grauer Ritterling, Frauentäubling, Kaiserling, Körnchenröhrling, Kulturchampignon, Maipilz, Parasol, Perlpilz, Reifpilz, Reisstrohpilz, Schafporling, Schafchampignon, Speisetäubling, Waldchampignon, Wiesenchampignon, ganz oder geschnitten.

2. Getrocknete Pilze

2.1 Getrocknete Pilze sind Speisepilze, ganz oder geschnitten, die durch Trocknen haltbar gemacht worden sind. Der Wassergehalt beträgt bis zu 12 Gewichtsprozent. Der Gehalt an säureunlöslicher Asche übersteigt 2 Gewichtsprozent[9] nicht. Getrocknete Pilze sind nach dem Wiederaufquellen weichfleischig und nicht schleimig. Dies gilt auch, soweit getrocknete Pilze nur zur Verwendung als Gewürze bestimmt sind[10].

Getrocknete Pilze entsprechen folgenden besonderen Anforderungen:

2.1.1 *Getrocknete Champignons oder Champignons, getrocknet:*
ohne gestochene Teile[4], von heller Farbe.

2.1.2 *Getrocknete Steinpilze, Klasse I oder Steinpilze, Klasse I, getrocknet:*
von heller bis mittelheller Farbe, gestochene Teile[4] nicht mehr als 5 Gewichtsprozent[11].

2.1.3 *Getrocknete Steinpilze, Klasse II oder Steinpilze, Klasse II, getrocknet:*
von heller bis mittelheller Farbe, gestochene Teile[4] nicht mehr als 15 Gewichtsprozent[11].

2.1.4 *Getrocknete Steinpilze, Klasse III oder Steinpilze, Klasse III, getrocknet:*
gestochene Teile[4] nicht mehr als 25 Gewichtsprozent[11].

2.1.5 *Getrocknete Pfifferlinge oder Pfifferlinge, getrocknet:*
von gelber bis bräunlicher Farbe, gestochene Teile[4] nicht mehr als 5 Gewichtsprozent[11].

2.1.6 *Getrocknete Trüffelpilze:*
gestochene Teile[4] nicht mehr als 5 Gewichtsprozent[11].

2.1.7 Getrocknete sonstige Pilze werden unter Verwendung der Verkehrsbezeichnungen in Spalte 1 der Anlage bezeichnet.
Klasse I gestochene Teile[4] nicht mehr als 15 Gewichtsprozent[11].
Klasse II gestochene Teile[4] nicht mehr als 25 Gewichtsprozent[11].

2.1.8 *Getrocknete Mischpilze:*
Mischungen der in der Anlage genannten Pilzarten, getrocknet.
Klasse I gestochene Teile[4] nicht mehr als 15 Gewichtsprozent[11].
Klasse II gestochene Teile[4] nicht mehr als 25 Gewichtsprozent[11].

2.2 *Pilzpulver:*
Pilzpulver werden durch Vermahlen getrockneter Speisepilze (Nummer 2.1) hergestellt. Die Erzeugnisse weisen einen Wassergehalt von höchstens 9 Gewichtsprozent auf. Der Gehalt an säureunlösli-

cher Asche übersteigt 3 Gewichtsprozent nicht. Sie werden wasserdampfdicht verpackt. Diese Anforderungen bestehen auch, soweit Pilzpulver nur zur Verwendung als Gewürz bestimmt ist[10].
Artenreine Pilzpulver werden nach ihrer Art bezeichnet.

3. *Essigpilze*

Essigpilze sind Speisepilze, die in Essig eingelegt und für längere Zeit haltbar gemacht worden sind.
Die Anforderungen im Hinblick auf den Gehalt an säureunlöslicher Asche und gestochene Teile[4] sind dieselben wie bei Pilzkonserven.

4. *Milchsäurevergorene Pilze*

Milchsäurevergorene Pilze werden durch einen Gärprozess hergestellt, bei dem die zur Haltbarmachung erforderliche Milchsäure entsteht.

Die Anforderungen im Hinblick auf den Gehalt an säureunlöslicher Asche und gestochene Teile[4] sind dieselben wie bei Pilzkonserven.

5. *Eingesalzene Pilze*

Eingesalzene Pilze sind ganze oder geschnittene Speisepilze, die ohne Vorbehandlung oder blanchiert durch Zusatz von Kochsalz haltbar gemacht worden sind. Soll eine Haltbarkeit über mehrere Monate erreicht werden, so beträgt der Kochsalzgehalt im Enderzeugnis zwischen 15 und 20 Gewichtsprozent.
Die Anforderungen im Hinblick auf den Gehalt an säureunlöslicher Asche und gestochene Teile[4] sind dieselben wie bei Pilzkonserven.

6. *Tiefgefrorene Pilze*

Tiefgefrorene Pilze sind Speisepilze, die die Anforderungen an tiefgefrorene Lebensmittel[12] erfüllen.
Die Anforderungen im Hinblick auf den Gehalt an säureunlöslicher Asche und gestochene Teile[4] sind dieselben wie bei Pilzkonserven.

7. *Pilzextrakte, Pilzkonzentrate und Pilztrockenkonzentrate*

Pilzextrakte sind haltbar gemachte wässrige Auszüge von Speisepilzen,
Pilzkonzentrate sind Auszüge von Speisepilzen, die durch Eindicken bis zu einem zähflüssigen Zustand haltbar gemacht worden sind,
Pilztrockenkonzentrate sind Trockenprodukte aus Auszügen von Speisepilzen. Der Wassergehalt beträgt nicht mehr als 9 Gewichtsprozent.
Der Kochsalzgehalt von Pilzextrakten und Pilzkonzentraten beträgt höchstens 20 Gewichtsprozent, der von Pilztrockenkonzentraten höchstens 5 Gewichtsprozent.

Anlage

Verzeichnis der Pilzarten[1)]

Verkehrsbezeichnung	Wissenschaftliche Bezeichnung	Gruppe	Herkunft	Bemerkungen
Austernseitling, Austernpilz	Pleurotus ostreatus (Jacq.: Fr.) Kummer im weiteren Sinne	B	Z/W	
*Birkenpilz** (s. Röhrlinge)				
*Brätling**	Lactarius volemus (Fr.) Fr.	B	W *	nur frisch, nicht konserviert, nicht getrocknet
Butterpilz (s. Röhrlinge)				
Champignons (s. Egerlinge)				
Kulturchampignon[2)]	Agaricus bisporus (Lge.) Imbach	B	Z	
Schafchampignon, Anisegerling	Agaricus arvensis Schaeff.: Fr.	B	W	
(Stadt)-Egerling, Stadtchampignon	Agaricus bitorquis (Quél.) Sacc.	B	Z/W	
Waldchampignon	Agaricus silvaticus Schaeff.: Fr.	B	W	
Wiesenchampignon	Agaricus campestris L.: Fr.	B	W	
Chinesisches Stockschwämmchen (Nameko)	Pholiota nameko (T. Ito) S. Ito et Imai	B	Z	
Egerlinge s. Champignons				
*Hallimasch**	Armillaria mellea (Vahl: Fr.) Kummer im weiteren Sinne	B	W	*nur Hüte mit 1 cm Stiel, roh giftig, wird auf dem Frischmarkt nicht verkauft

Verkehrsbezeichnung	Wissenschaftliche Bezeichnung	Gruppe	Herkunft	Bemerkungen
Herbsttrompete	Craterellus cornucopioides (L.: Fr.) Pers.	S	W	auch als Gewürzpilz, s. Leitsätze für Gewürze und andere würzende Zutaten
*Kaiserling**	Amanita caesarea (Scorp.: Fr.) Pers.	B	W	*roh giftig
Krause Glucke, Bärentatze	Sparassis crispa (Wulf) Fr.	S	W/Z	
Maipilz	Calocybe gambosa (Fr.) Sing.	B	W	
Matsutake	Tricholoma matsutake (Ito et Imai) Sing. jetzt auch T. nauseosum (Blytt) Kytövuori	B	Z	
Morcheln				
Hohe Morchel	Morchella elata Fr.	S	W	
Speisemorchel	Morchella esculenta Pers. im weiteren Sinne	S	W	
Spitzmorchel	Morchella conica Pers. im weiteren Sinne	S	W	
Mu-err-Pilz	Auricularia polytricha (Mont.) Sacc	S	W	
Ohrlappenpilz, Judasohr, Black Fungus	Auricularia auricula-judae (Bull.: Fr.) Berk.	S	W/Z	
*Perlpilz**	Amanita rubescens (Pers.: Fr.) Gray	B	W	*roh giftig
Pfifferling	Cantharellus cibarius (L.) Fr.	S	W	
Reifpilz, Runzelschüppling	Rozites caperatus (Pers.: Fr.) Karst.	B	W	
Reisstrohpilz, Scheidling	Volvariella volvacea (Bull.: Fr.) Sing.	B	Z	

Verkehrsbezeichnung	Wissenschaftliche Bezeichnung	Gruppe	Herkunft	Bemerkungen
Reizker	Lactarius deliciosus (L.) S. F. Gray im weiteren Sinne	B	W	
Ritterlinge				
Erdritterling	Tricholoma terreum (Schaeff.: Fr.) Kumm.	B	W	
Grauer Ritterling, Schwarzfaseriger Ritterling	Tricholoma portentosum (Fr.) Quél.	B	W	
Violetter Rötelritterling	Lepista nuda (Bull.: Fr.) Cke.	B	W	
Röhrlinge				
*Birkenpilz**	Leccinum scabrum (Bull.: Fr.) S. F. Gray	R	W	*Hut fest (vorzugsweise nicht größer als 8 cm Durchmesser)
Butterpilz	Suillus luteus (L.) S. F. Gray	R	W	
Elfenbeinröhrling	Suillus placidus (Bon.) Sing.	R	W	
*Flockenstieliger Hexenröhrling**	Boletus erythropus (Fr.: Fr.) Kromth.	R	W	*roh giftig
Goldröhrling	Suillus grevillei (Klotzch: Fr.) Sing.	R	W	
Körnchenröhrling, Schmerling	Suillus granulatus (L.: Fr.) Kuntze, im weiteren Sinne	R	W	
Maronenröhrling	Xerocomus badius (Fr.) Kühn. ex. Gilb.	R	W	
Rotfußröhrling	Xerocomus chrysenteron (Bull.) Quél.	R	W	
Rotkappe	Leccinum versipelle (Fr.) Snell, im weiteren Sinne R W	R	W	

Verkehrsbezeichnung	Wissenschaftliche Bezeichnung	Gruppe	Herkunft	Bemerkungen
*Sandröhrling**	Suillus variegatus (Sw.: Fr.) Kuntze	R	W	*Hut fest (vorzugsweise nicht größer als 6 cm Durchmesser)
Steinpilz	Boletus edulis Bull.: Fr., im weiteren Sinne	R	W	
Ziegenlippe	Xerocomus subtomentosus (L.: Fr.) Quél.	R	W	
Rotkappe (s. Röhrlinge)				
Samtfußrübling	Flammulina velutipes (Curt.: Fr.) Sing.	B	W/Z	
Schafporling	Albatrellus ovinus (Schaeff.) Kotl. & Pouz. (auch als Scutiger o.)	S	W	
Schirmpilze				
*Safranpilz, Rötender Schirmpilz**	Macrolepiota rhacodes (Vitt.) Sing.	B	W	*nur Hüte
*Parasol, Riesenschirmpilz**	Macrolepiota procera (Scop.: Fr.) Sing.			*nur Hüte
Schwindlinge				
Knoblauchschwindling, Mousseron	Marasmius scorodonius (Fr.: Fr.) Fr.	B	W	auch als Gewürzpilz, s. Leitsätze für Gewürze und andere würzende Zutaten
Nelkenschwindling, Wiesenschwindling**	Marasmius oreades (Bolt: Fr.) Fr.	B	W	*nur Hüte
Semmelstoppelpilz	Hydnum repandum L.: Fr.	S	W	
Shan Fu (Igelstachelbart)*	Hericium erinaceus (Bull.: ex Fr.) Pers.	S	W	*nur zum Trocknen

Verkehrsbezeichnung	Wissenschaftliche Bezeichnung	Gruppe	Herkunft	Bemerkungen
Shiitake	Lentinus edodes im weiteren Sinne (Berk.) Sing. (auch als Lentinula edodes)	B	Z	
Steinpilz (s. Röhrlinge)				
Südlicher Schüppling	Agrocybe aegerita (Brig.) Sing. (Synonym: A. cylindracea [DC: Fr.] Mre)	B	Z/W	
Täublinge				
Apfeltäubling	Russula paludosa Britz.	B	W	
Frauentäubling	Russula cyanoxantha (Schaeff.) Fr.	B	W	
Gefelderter Grüntäubling	Russula virescens (Schaeff.) Fr.	B	W	
Speisetäubling	Russula vesca Fr.	B	W	
Träuschlinge				
Riesenträuschling, Kulturträuschling	Stropharia rugosoannulata Farlow	B	W/Z	
Trüffel:				
Burgundertrüffel	Tuber uncinatum Chatin (auch T. aestivum forma uncinatum)	T	W	
Chinesische Trüffel, China-Trüffel (s. auch Schwarze Trüffel)	Tuber indicum C. & M. (inklusive T. himalayense Zhang & Minter, T. sinense Tao & Liu)			
Kalaharitrüffel	Terfezia pfeilli Hennings	T	W	
Löwentrüffel	Terfezia leonis Tul. (Synonym: T. arenaria [Moris] Trappe)	T	W	

Verkehrsbezeichnung	Wissenschaftliche Bezeichnung	Gruppe	Herkunft	Bemerkungen
Perigordtrüffel	Tuber melanosporum Vitt.	T	W	
Piemonttrüffel, Weiße Piemonttrüffel	Tuber magnatum (Pico) Vitt.	T	W	
Schwarze Trüffel (s. auch Chinesische Trüffel, China-Trüffel)	Tuber indicum C. & M. (inklusive T. himalayense Zhang & Minter, T. sinense Tao & Liu)			
Sommertrüffel	Tuber aestivum Vitt. (im weiteren Sinne auch inklusive T. bituminatum Berk. & Br., T. macrosporum Vitt., T. mesentericum Vitt.)	T	W	
Weiße Trüffel	Choiromyces venosus (Fr.) Th. Fr. (Synonym: C. maeandriformis Vitt.)	T	W	
Wintertrüffel	Tuber brumale Vitt.	T	W	
White Fungus (Silberrohr)*	Tremella fuciformis Berk.	S	W/Z	*nur zum Trocknen
Ziegenlippe (s. Röhrlinge)				

[1] Auf die besonderen Schutzbestimmungen für Pilze im Bundesnaturschutzgesetz vom 25. März 2002 (BGBl. I S. 1193) und der Bundesartenschutzverordnung vom 14. Oktober 1999 (BGBl. I S. 1955) in den jeweils geltenden Fassungen wird hingewiesen.

[2] Kulturchampignons werden im Handel auch als Champignons bezeichnet.

[3] Verordnung über EG-Normen für Obst und Gemüse vom 9. Oktober 1971 (BGBl. I S. 1637) in der jeweils geltenden Fassung.

[4] Als gestochene Teile gelten nur solche, die – grobsinnlich wahrnehmbar – vier oder mehr Einstiche (Madenfraßgänge) aufweisen.

[5] Als Anhaltspunkt kann nach den bisher vorliegenden Untersuchungen gelten, dass im Durchschnitt von untersuchten sechs Dosen in nicht mehr als 10 Prozent des Gewichtes gestochene Teile vorhanden sind, wobei sich bei Steinpilzen dieser Durchschnittswert bei einzelnen Partien auf 15 Prozent, bei den übrigen Pilzen auf 12 Prozent erhöhen kann.

[6] Um Fehlergebnisse bei der Beurteilung der Erzeugnisse möglichst auszuschließen, sind mehrere Proben der gleichen Art desselben Herstellers zu untersuchen.

[7] Längenmaße können bei 10 % des Abtropfgewichtes bei Erzeugnissen in Aufgussflüssigkeiten bzw. bei 10 % des Gesamtgewichtes bei allen übrigen Erzeugnissen bis zu 10 % vom Bezugswert abweichen.

[8] Auf § 11 und § 17 Abs. 1 Nr. 2 Buchstabe c des Lebensmittel- und Bedarfsgegenständegesetzes in der Fassung der Bekanntmachung vom 9. September 1997 (BGBl. I S. 2296) in der jeweils geltenden Fassung wird hingewiesen.

[9] Bestimmt am Durchschnitt aus einer Menge von mindestens 25 g.

[10] Vgl. Satz 1 der Leitsätze für Gewürze und andere würzende Zutaten vom 27. Mai 1998 (BAnz. Nr. 183a vom 30. September 1998, GMBl. Nr. 30 S. 577 vom 30. September 1998).

[11] Bestimmt an einer Menge von mindestens 100 g.

[12] Verordnung über tiefgefrorene Lebensmittel vom 29. Oktober 1991 (BGBl. I S. 2051) in der jeweils geltenden Fassung.

[13] § 11 der Fertigpackungsverordnung in der Fassung der Bekanntmachung vom 8. März 1994 (BGBl. I S. 451, 1307) in der jeweils geltenden Fassung.

[14] Auf § 22 Abs. 3 Satz 2 der Fertigpackungsverordnung wird hingewiesen.

Leitsätze für Puddinge, andere süße Desserts und verwandte Erzeugnisse

I. Allgemeine Beurteilungsmerkmale

A. Begriffsbestimmungen

Puddinge, andere süße Desserts und verwandte Erzeugnisse im Sinne dieser Leitsätze enthalten konsistenzgebende und weitere Zutaten. Die typische Konsistenz dieser Erzeugnisse wird erreicht durch die Verwendung der jeweils erforderlichen Mengen von Lebensmitteln mit stabilisierender, verdickender, gelierender und/oder emulgierender Wirkung wie Stärken, Gelatine, Eiweiß- und Getreideerzeugnisse, Speiseöle, Speisefette[1)], Verdickungs- und Geliermittel, Emulgatoren und/oder Stabilisatoren[2)].

Puddinge, andere süße Desserts und verwandte Erzeugnisse sind entweder verzehrfertig oder werden aus konzentrierten Zubereitungen oder Trockenmischungen durch Zusatz von Flüssigkeit, ggf. auch weiteren Zutaten, durch küchenmäßige Herstellung verzehrfertig.

Nach Konsistenz und Art des verzehrfertigen Erzeugnisses werden unterschieden:

1. Pudding, Flammeri

Pudding und *Flammeri* haben eine stichfeste bis cremige Konsistenz.

Puddingpulver und Flammeripulver, die nach Zusatz von Flüssigkeit und in der Regel durch Kochen verzehrfertig werden, enthalten für 500 ml Flüssigkeit mindestens 35 g konsistenzgebende Zutaten, Schokoladenpuddingpulver und Schokoladenflammeripulver mindestens 30 g konsistenzgebende Zutaten.

2. Puddingcreme, Creme

Puddingcreme und Creme haben eine lockere bis cremige Konsistenz. Sie werden auch zum Füllen und Garnieren verwendet.

3. Geleedessert, Götterspeise, Flan

Geleedessert, *Götterspeise* und *Flan* (Flanpudding, Flandessert) haben eine geleeartige, stichfeste Konsistenz.

4. Mousse

Mousse ist ein aufgeschlagenes schaumiges süßes Dessert.

5. Andere süße Desserts

Andere süße Desserts wie *Soufflé*, Grütze, *Panna Cotta* haben eine cremige bis stichfeste Konsistenz.

6. Süße Suppe, Kaltschale, süße Soße

Süße Suppe, *Kaltschale* und *süße Soße* haben je nach ihrer Art eine dünnflüssige, sämige oder cremige Konsistenz.

7. Tortenguss, Geleeguss

Tortenguss oder *Geleeguss* hat eine stichfeste, geleeartige Konsistenz.

B. Zutaten

Bei der Herstellung werden als Zutaten insbesondere verwendet:

1. Konsistenzgebende Zutaten:

   a) Stärken

   b) modifizierte Stärken

   c) Gelatine

   d) Eiweißerzeugnisse pflanzlicher oder tierischer Herkunft, z. B. Sojaeiweiß, Milcheiweiß, auch weiter bearbeitet

   e) Getreideerzeugnisse aus Weizen, Roggen, Dinkel, Buchweizen, Gerste, Hafer, Hirse, Mais, Reis, Triticale und anderen, auch weiter bearbeitet

   f) Butter, Milchfetterzeugnisse, Margarine- und Mischfetterzeugnisse, Speisefette und Speiseöle sowie deren Zubereitungen

   g) Verdickungs- und Geliermittel[2)]

   h) Emulgatoren, Stabilisatoren[2)]

2. Weitere Zutaten:

   a) Verkehrsübliche Zuckerarten, auch karamelisiert, süßende Lebensmittel, Zuckeraustauschstoffe, Süßstoffe

   b) Milch, Milcherzeugnisse

   c) Trinkwasser

   d) Fruchtsäfte, Fruchtnektare

   e) Wein

   f) Eier, Eiprodukte

g) Kakao, Kakaoerzeugnisse[3)]

h) Röstkaffee, gemahlen, Kaffee-Extrakt, Malzkaffee, Zichorienextrakt

i) Ölsamen und daraus hergestellte Massen und Süßwaren[4)], Krokant, Soja-Krokant, Erdnuss-Krokant

k) Früchte, auch getrocknete, kandiert, glasiert, Fruchtzubereitungen

l) Speisesalz, Gewürze

m) Säuerungsmittel[2)]

n) Aromen[5)]

o) färbende Lebensmittel, Farbstoffe[2)]

C. Bezeichnung und Aufmachung

Für Puddinge, andere süße Desserts und verwandte Erzeugnisse sind die unter Abschnitt I A kursiv gedruckten Bezeichnungen als solche oder in Wortverbindungen als Verkehrsbezeichnungen üblich. Für Erzeugnisse, die den Besonderen Beurteilungsmerkmalen gemäß Abschnitt II entsprechen, sind die kursiv gedruckten Verkehrsbezeichnungen üblich.

Wird bei einem Pudding, anderem süßem Dessert oder verwandtem Erzeugnis in der Bezeichnung oder Aufmachung auf einen bestimmten Geschmack hingewiesen, enthält das Erzeugnis die geschmackgebende Zutat in sensorisch deutlich wahrnehmbarer Menge.

Werden bei Erzeugnissen gemäß Abschnitt II Nr. 5 und 6 zusätzlich Aromen mit naturidentischen und/oder künstlichen Aromastoffen[5)] mit Vanillegeschmackseigenschaften verwendet, werden diese Erzeugnisse z. B. als „Mousse Vanille-Geschmack“ oder „Dessert Vanille-Geschmack“ oder „Pudding Vanille-Geschmack“ kenntlich gemacht.

Puddinge, andere süße Desserts und verwandte Erzeugnisse, denen die in Abschnitt II genannten Mengen der dort aufgeführten Zutaten nicht zugesetzt sind, werden durch den Zusatz „... *Geschmack*“ kenntlich gemacht.

II. Besondere Beurteilungsmerkmale

Die Mengenangaben beziehen sich auf 500 Gramm, bei flüssigen Lebensmitteln auf 500 Milliliter des verzehrfertigen Erzeugnisses.

1. Mousse au chocolat

Mousse au chocolat enthält mindestens 30 g insbesondere folgender Kakaoerzeugnisse: Schokolade, Haushaltsschokolade, Milchschokolade,

Haushaltsmilchschokolade, Kuvertüre, Kakaopulver (auch stark entölt), Kakaomasse, Schokoladepulver, Haushaltsschokoladepulver. Kakaobutter und weiße Schokolade werden nur in Mischungen mit mindestens einem weiteren dunklen Kakaoerzeugnis verwendet. Bei ausschließlicher Verwendung von Kakaopulver (auch stark entölt) beträgt die Mindestmenge 20 g.

2. Weiße Mousse au chocolat

   Weiße Mousse au chocolat enthält mindestens 20 g weiße Schokolade oder eine Mischung aus weißer Schokolade und Kakaobutter, die mindestens 20 g weißer Schokolade entspricht.

3. Schokoladenpudding, Schokoladendessert

   Schokoladenpudding und *Schokoladendessert* sowie gleichsinnig bezeichnete verwandte Erzeugnisse wie *Schokoladenflan, Schokoladensoße* enthalten mindestens 5 g Kakaopulver, auch stark entölt, oder andere Kakaoerzeugnisse mit mindestens 5 g Kakaobestandteilen.

4. Schokoladenspeise

   Schokoladenspeise enthält mindestens 10 g Kakaopulver, auch stark entölt, oder andere Kakaoerzeugnisse mit mindestens 10 g Kakaobestandteilen.

5. Mousse Vanille

   Mousse Vanille werden mindestens 0,4 g Vanille-Schoten oder eine geschmacklich entsprechende Menge natürliches Vanillearoma zugesetzt.

6. Vanille-Pudding, Vanille-Dessert

   Vanille-Pudding und *Vanille-Dessert* sowie gleichsinnig bezeichnete verwandte Erzeugnisse, z. B. *Vanillesoße*, weisen einen deutlich wahrnehmbaren Vanillegeschmack auf; es werden mindestens 0,4 g Vanilleschoten oder eine geschmacklich entsprechende Menge natürliches Vanillearoma zugesetzt.

7. Mokka-Pudding, Mokka-Dessert, Kaffee-Pudding, Kaffee-Dessert

   Mokka-Pudding, Mokka-Dessert, Kaffee-Pudding und *Kaffee-Dessert* sowie gleichsinnig bezeichnete verwandte Erzeugnisse enthalten mindestens 4 g gemahlenen Röstkaffee oder eine geschmacklich entsprechende Menge Kaffee-Extrakt.

8. Karamell-Pudding, Karamell-Dessert

Karamell-Pudding und *Karamell-Dessert* sowie gleichsinnig bezeichnete verwandte Erzeugnisse enthalten karamelisierte Erzeugnisse aus verkehrsüblichen Zuckerarten.

9. Frucht-Pudding, Frucht-Dessert

Frucht-Pudding und *Frucht-Dessert* sowie gleichsinnig bezeichnete verwandte Erzeugnisse enthalten mindestens wahlweise:

12 g Frucht

8 g Zitrusfrucht

Bei weiterverarbeiteten Früchten entsprechen ihre Frischfruchtäquivalente den oben aufgeführten Mindestmengen.

8 g Rosinen, Korinthen

2,5 g Mandeln, Nüsse und/oder andere Ölsamenkerne

2 g Orangeat, Zitronat

Bei dragierten Ölsamenkernen oder kandierten Früchten, außer Orangeat und Zitronat, wird nur ihr reiner Fruchtanteil berechnet.

Wird in der Bezeichnung oder Aufmachung auf eine bestimmte Frucht- oder Ölsamenart hingewiesen, enthält das Erzeugnis mindestens die oben genannte Menge dieser Zutat. Wird auf zwei, drei oder mehrere der oben aufgeführten Zutaten hingewiesen, werden jeweils mindestens die Hälfte, ein Drittel usw. der oben aufgeführten Mindestmengen zugesetzt.

Die Angabe einzelner Fruchtarten in der Verkehrsbezeichnung ist möglich.

1) Leitsätze für Speisefette und Speiseöle vom 17. April 1997 (BAnz. Nr. 239a vom 20. Dezember 1997, GMBl. Nr. 45 S. 864 vom 19. Dezember 1997) in der jeweils geltenden Fassung.

2) Verordnung zur Neuregelung lebensmittelrechtlicher Vorschriften über Zusatzstoffe vom 29. Januar 1998 (BGBl. I S. 230) in der jeweils geltenden Fassung.

3) Kakaoverordnung vom 30. Juni 1975 (BGBl. I S. 1760) in der jeweils geltenden Fassung.

4) Leitsätze für Ölsamen und daraus hergestellte Massen und Süßwaren vom 27. Januar 1965 (Beilage zum BAnz. Nr. 101 vom 2. Juni 1965, GMBl. Nr. 17 S. 165 vom 23. Juni 1965), zuletzt geändert am 17. April 1997 (BAnz. Nr. 239a vom 20. Dezember 1997, GMBl. Nr. 45 S. 870 vom 19. Dezember 1997), in der jeweils geltenden Fassung.

5) Aromenverordnung vom 22. Dezember 1981 (BGBl. I S. 1625, 1677) in der jeweils geltenden Fassung.

Leitsätze für Speiseeis und Speiseeishalberzeugnisse

I. Allgemeine Beurteilungsmerkmale

A. Begriffsbestimmungen und Herstellungsanforderungen

1. Speiseeis ist eine durch einen Gefrierprozess bei der Herstellung in einen festen oder pastenartigen Zustand, z. B. Softeis, gebrachte Zubereitung, die gefroren in den Verkehr gebracht wird und dazu bestimmt ist, in diesem Zustand verzehrt zu werden; im aufgetauten Zustand verliert Speiseeis seine Form und verändert sein bisheriges Gefüge.

   Speiseeis wird insbesondere hergestellt unter Verwendung von Milch, Milcherzeugnissen, Ei, Zuckerarten, Honig, Trinkwasser, Früchten, Butter, Pflanzenfetten, Aromen und/oder färbenden Lebensmitteln. Abhängig von der jeweiligen Speiseeissorte und dem Geschmack werden auch andere Zutaten verwendet.

2. Speiseeis wird auch in Kombination mit anderen Lebensmitteln, z. B. Fruchtsoßen, Überzügen, Spirituosen und Waffeln und in verschiedenen Angebotsformen wie Sandwicheis, Eishörnchen oder Eistorte in Verkehr gebracht.

3. Halberzeugnisse für Speiseeis sind Zubereitungen, die zur Herstellung von Speiseeis, nicht jedoch zum unmittelbaren Verzehr, bestimmt sind.

4. Milch, Milcherzeugnisse

   a) Milch: standardisierte Vollmilch, Milch mit natürlichem Fettgehalt. Anstelle von Vollmilch werden außer Rohmilch auch andere Milchsorten[1)] oder Milcherzeugnisse, auch eingedickt oder getrocknet oder mit spezifischen Mikroorganismenkulturen fermentiert (z. B. Sauermilch, Joghurt, Kefir), in einer Menge verwendet, die an Milchfett und fettfreier Trockenmasse dem Gehalt an Vollmilch entspricht.

   b) Sahne (Rahm): mit mindestens 10 Prozent Milchfett oder entsprechende Mengen eingedickter oder getrockneter Sahneerzeugnisse.

   Bei der Herstellung der in Abschnitt II A Nr. 1 bis 6 beschriebenen Speiseeissorten werden ausschließlich der Milch entstammendes Fett und/ oder Eiweiß verwendet. Hierbei bleiben natürlicherweise in geschmackgebenden Zutaten vorhandenes Fett und Eiweiß unberücksichtigt. Entsprechendes gilt hinsichtlich Eiweiß bei der in Abschnitt II A Nummer 7 beschriebenen Speiseeissorte.

5. Ei

a) Vollei

Vollei: Vollei im Sinne dieser Leitsätze ist die aus dem Inhalt frisch aufgeschlagener Hühnereier mittleren Gewichts gewonnene Eimasse oder handelsüblich pasteurisiertes Vollei mit einem Trockenmassegehalt von mindestens 23 Prozent.

Vollei wird auch in getrockneter Form verwendet.

b) Eigelb

Eigelb: Eigelb im Sinne dieser Leitsätze ist das aus dem Inhalt frisch aufgeschlagener Hühnereier abgetrennte Eigelb oder handelsübliches pasteurisiertes Eigelb mit einem Trockenmassegehalt von mindestens 50 Prozent.

Ein Mangel an Eigelb infolge unzureichender Abtrennung von Eiklar wird ausgeglichen.

Eigelb wird auch in getrockneter Form verwendet.

6. Zuckerarten

Zuckerarten im Sinne dieser Leitsätze sind alle verkehrsüblichen Zuckerarten.

7. Frucht

Frucht: Essbarer Anteil von Früchten, auch zerkleinert, Fruchtzubereitungen, Fruchtmark und Fruchtsaft; diese Erzeugnisse werden auch in eingedickter oder getrockneter Form verwendet.

8. Aromen

Zur Herstellung von Speiseeis werden Aromen nach Maßgabe der Aromenverordnung verwendet[2)].

9. Färbende Lebensmittel

Die Verwendung färbender Lebensmittel einschließlich der Auszüge aus Lebensmitteln pflanzlicher Herkunft ist üblich.

B. Bezeichnung

Speiseeis, das den allgemeinen Begriffsbestimmungen unter Abschnitt I A. entspricht, wird verkehrsüblich auch als *Eis* in Verbindung mit beschreibenden Bezeichnungen hinsichtlich geschmackgebender Zutaten in den Verkehr gebracht. Dies gilt nicht für Wassereis gemäß Abschnitt II A Nr. 8.

II. Besondere Beurteilungsmerkmale

A. Speiseeissorten

Die unter den nachfolgenden Verkehrsbezeichnungen (Kursivdruck) in den Verkehr gebrachten Speiseeissorten entsprechen mindestens den dort genannten Anforderungen.

Prozentangaben beziehen sich auf das Gewicht.

1. *Kremeis, Cremeeis, Eierkremeis, Eiercremeeis*

   Kremeis, Cremeeis, Eierkremeis, Eiercremeeis enthält mindestens 50 Prozent Milch und auf einen Liter Milch mindestens 270 g Vollei oder 90 g Eigelb. Es enthält kein zusätzliches Wasser.

2. *Rahmeis, Sahneeis, Fürst Pückler Eis*

   Rahmeis, Sahneeis, Fürst Pückler Eis enthält mindestens 18 Prozent Milchfett aus der bei der Herstellung verwendeten Sahne (Rahm).

3. *Milcheis*

   Milcheis enthält mindestens 70 Prozent Milch.

4. *Eiskrem, Eiscreme*

   Eiskrem, Eiscreme enthält mindestens 10 Prozent der Milch entstammendes Fett.

5. *Fruchteis*

   In Fruchteis beträgt der Anteil an Frucht mindestens 20 Prozent.

   Bei Fruchteis aus Zitrusfrüchten, anderen sauren Früchten mit einem titrierbaren Säuregehalt im Saft von mindestens 2,5 Prozent, berechnet als Zitronensäure, beträgt der Anteil an Frucht mindestens 10 Prozent.

6. *Fruchteiskrem, Fruchteiscreme*

   Fruchteiskrem, Fruchteiscreme enthält mindestens 8 Prozent der Milch entstammendes Fett und einen deutlich wahrnehmbaren Fruchtgeschmack.

7. *„(Frucht)-Sorbet“*

   In „(Frucht)-Sorbet“ beträgt der Anteil an Frucht mindestens 25 Prozent.

Bei Sorbets aus Zitrusfrüchten oder anderen sauren Früchten mit einem titrierbaren Säuregehalt im Saft von mindestens 2,5 Prozent, berechnet als Zitronensäure, beträgt der Anteil an Frucht mindestens 15 Prozent.

Milch oder Milchbestandteile werden nicht verwendet.

8. *Wassereis*

Speiseeis, das nicht die Anforderungen der Nr. 3, 5 oder 7 erfüllt, mit einem Fettgehalt von weniger als 3 Prozent und mit einem Trockenmassegehalt von mindestens 12 Prozent, der von süßenden und/oder weiteren geschmackgebenden Zutaten stammt.

B. Bezeichnung

Wird in der Verkehrsbezeichnung von Halberzeugnissen auf eine der in Abschnitt II beschriebenen Speiseeissorten hingewiesen, erfüllt das nach Zubereitungsanleitung hergestellte Fertigerzeugnis die Anforderungen der angegebenen Speiseeissorte.

Für Speiseeissorten gemäß Abschnitt II A Nrn. 5 und 7 können die verwendeten Früchte namengebend sein, wenn sie einzeln oder in der im Namen verwendeten Mischung den Mindestanforderungen genügen, z. B. Erdbeereis, Erdbeersorbet.

Bei Speiseeis gemäß Abschnitt II Nummer 3 kann bei überwiegender Verwendung von fermentierten Milchsorten (z. B. Sauermilch, Joghurt, Kefir) anstelle von Milch in der Verkehrsbezeichnung darauf hingewiesen werden, z. B. *Joghurteis*.

1) Verordnung (EG) Nr. 2597/97 des Rates zur Festlegung ergänzender Vorschriften für die gemeinsame Marktorganisation für Milch und Milcherzeugnisse hinsichtlich Konsummilch vom 18. Dezember 1997 (ABl. EG Nr. L 351 S. 13) in der jeweils geltenden Fassung.

2) Aromenverordnung vom 22. Dezember 1981 (BGBl. I S. 1625, 1677) in der jeweils geltenden Fassung.

Leitsätze für Speisefette und Speiseöle

Butter, Milchfett-, Margarine- und Mischfetterzeugnisse sowie Olivenöl und Kakaobutter sind keine Speisefette bzw. Speiseöle im Sinne dieser Leitsätze. Für sie gelten besondere Bestimmungen.

1 Allgemeine Beurteilungsmerkmale

1.1 Begriffsbestimmungen

1.1.1 Speisefette und Speiseöle stammen aus den Samen, Keimen oder Früchten von Pflanzen oder aus dem tauglich beurteilten Fettgewebe von Schlachttieren einschließlich Geflügel und Fischen. Speisefette und Speiseöle bestehen fast ausschließlich aus den Triglyceriden von Fettsäuren und sind praktisch wasserfrei. Sie können geringe Mengen anderer Stoffe aus dem Ausgangsmaterial wie Phosphatide, Wachse, unverseifbare Bestandteile, Mono- und Diglyceride und freie Fettsäuren enthalten.

1.1.2 Speisefette sind bei 20 °C fest oder halbfest. Speiseöle sind bei 20 °C flüssig.

1.1.3 Speisefette und Speiseöle sind von art- und sortentypischer Farbe. Speiseöle sind im Allgemeinen klar. Kalt gepresste Öle können Sediment (pflanzeneigene Bestandteile) enthalten.

1.1.4 Speisefette und -öle werden allein oder in Mischungen mit anderen Speisefetten oder Speiseölen in Verkehr gebracht.

1.1.5 Zur Verarbeitung bestimmte Fettgewebe von Rindern und Schweinen umfassen ausschließlich:

- von Rindern: das beim Schlachten gewonnene Nierenfettgewebe (Nierenstollen) und das beim Zerlegen des Schlachtkörpers nach dem Auskühlen anfallende Fettgewebe (Zerlegefett);
- von Schweinen: das beim Schlachten gewonnene Nierenfettgewebe (Flomen) sowie den beim Zerlegen des Schlachttierkörpers nach dem Auskühlen anfallenden Rückenspeck, Deckelspeck (Hinterbacken), Schwarten und weiteres Fettgewebe (Zerlegefett).

1.1.6 Prozentangaben beziehen sich auf das Gewicht.

1.2 Herstellung

1.2.1 Kalt gepresste Speiseöle werden aus geeigneten und sorgfältig behandelten Samen, Keimen oder Früchten hergestellt. Sie werden ohne Wärmezufuhr ausschließlich durch mechanische Verfahren gewonnen. Sie werden nicht entschleimt, (teil-) entsäuert, gebleicht, desodoriert und/

oder fraktioniert. Zur Entfernung der Trübstoffe sind Dekantieren, Filtrieren und/oder Zentrifugieren üblich. Die Filtration wird mit Papier- oder Stofffiltern oder anderen inerten Filterhilfsstoffen durchgeführt.

Vor- bzw. Nachbehandlungsverfahren wie Rösten der Rohware und/oder Waschen, Dämpfen des Öles sind möglich und werden durch entsprechende Hinweise angegeben.

Auf zusätzliche Vorbehandlungsverfahren wie z. B. Schälen der Saat wird ebenfalls hingewiesen.

Kaltgepresste native Speiseöle

Werden kaltgepresste Öle zusätzlich als nativ bezeichnet, so erfolgt eine Vorbehandlung der Saat ausschließlich durch mechanische Verfahren. Eine Nachbehandlung des Öles erfolgt nur durch Dekantieren, Filtrieren und/oder Zentrifugieren.

1.2.2 Raffinierte Speisefette und -öle sind entschleimt, entsäuert und desodoriert. Sie können gebleicht und/oder fraktioniert (winterisiert) sein. Als teilraffiniert werden Speisefette und -öle bezeichnet, die nur einzelnen der genannten Verarbeitungsschritten unterzogen wurden (z. B. entschleimt). Angaben, die zu einer Verwechslung mit kaltgepressten Ölen führen können, werden nicht verwendet.

1.2.3 Gehärtete Speisefette sind raffinierte Speisefette und -öle oder Mischungen, deren Fettsäuren durch Anlagerung von Wasserstoff in Gegenwart von Katalysatoren (Hydrierung) verändert werden. Dabei werden physikalische und ernährungsphysiologische Eigenschaften verändert.

1.2.4 Umgeesterte Speisefette sind raffinierte Speisefette und -öle oder Mischungen, die unter Einwirkung von Katalysatoren/Enzymen hergestellt werden. Dabei werden das Schmelzverhalten und die Anordnung der Fettsäuren in den Triglyceriden verändert.

1.2.5 Fraktionierte Speisefette und -öle werden aus raffinierten Speisefetten und -ölen durch Abkühlen und anschließendes Abtrennen der höher (Stearine) von niedriger (Oleine) schmelzenden Anteilen, auch unter Verwendung von Extraktionslösungsmitteln[1)], hergestellt.

1.2.6 Konfektionierte Speisefette und -öle werden unter Anwendung der in den Nummern 3, 4 und 5 beschriebenen Verfahren, auch in Kombination miteinander, hergestellt.

1.2.7 Kältebeständige Speiseöle werden aus raffinierten Speiseölen durch Abkühlen und anschließendes Abtrennen auskristallisierter Anteile (Winterisieren) hergestellt. Dabei wird die Fettsäurezusammensetzung in der

Regel nicht wesentlich verändert. Sie scheiden beim Aufbewahren im Kühlschrank keine festen Bestandteile ab.

1.2.8 In Formen erstarrte Speisefette können während des Erstarrens mit Stickstoff, Kohlendioxid oder Luft versetzt werden, um ein spezifisches Volumen oder bestimmte Verwendungseigenschaften zu erzielen.

1.2.9 Kaltgepresste Speiseöle enthalten keine Zusatzstoffe.

1.2.10 Bei Verwendung von Zutaten wie z. B. Gewürzen, Pflanzenteilen, Aromen usw. wird in der Verkehrsbezeichnung darauf hingewiesen.

1.2.11 Zur Gewinnung tierischer Fette wird das Fettgewebe auf 80 bis 100 °C über einen Zeitraum von 15 bis 20 Minuten erhitzt.

1.3 Beschaffenheitsmerkmale

Die Beurteilung von Qualität und Authentizität einer Probe erfolgt durch Prüfung auf die für die einzelnen Speisefette und Speiseöle angegebenen Parameter und deren sachkundige Bewertung. Letztere bleibt Experten überlassen, die anhand ihrer Erfahrung die Vielfalt der natürlich bedingten und ggf. technisch unvermeidbaren Schwankungsbreiten kennen und die Einhaltung der guten Herstellungspraxis beurteilen können.

1.3.1 Sensorische Parameter:

Geruch und Geschmack sind neutral bis arteigen. Fehlerhafte Ausprägungen wie z. B. bitter, tranig, ranzig, metallisch oder fischig kommen nicht vor. Kaltgepresste Speiseöle weisen einen deutlichen, artspezifischen Saat- oder Fruchtgeruch und -geschmack auf[2].

1.3.2 Chemische Parameter:

1.3.2.1 Die Säurezahl[3] (mg Kaliumhydroxid pro Gramm Fett oder Öl) als Maß für den Gehalt an freien Fettsäuren. Sie beträgt bei

- nativen und nicht raffinierten Speisefetten und -ölen bis zu 4,0
- raffinierten Speisefetten und -ölen bis zu 0,6

1.3.2.2 Die Peroxidzahl[4] (Milliäquivalente aktiver Sauerstoff pro Kilogramm Fett oder Öl) als Maß für die beginnenden oxidativen Fettveränderungen. Sie beträgt bei

- nativen und nicht raffinierten Speisefetten und -ölen bis zu 10,0
- raffinierten Speisefetten und -ölen bis zu 5,0

1.3.2.3 Die Totox-Zahl (Anisidinzahl[3]) + 2 × Peroxidzahl (in O2 meq/kg)[4] als Maß für den Oxidationszustand. Sie beträgt für:

- raffinierte Speisefette und -öle pflanzlicher Herkunft maximal 10
- kaltgepresste Speisefette und -öle pflanzlicher Herkunft maximal 20

1.3.2.4 Der Gehalt an polymeren (di- und oligomeren) Triglyceriden[5] zum Nachweis einer Erhitzung. Er beträgt für:

- kaltgepresste native Speisefette und -öle pflanzlicher Herkunft maximal 0,1 %

1.3.2.5 Die Summe der trans-Isomeren von C18:1, C18:2 und C18:3[6] zum Nachweis einer Erhitzung beträgt für:

- kaltgepresste native Speisefette und -öle pflanzlicher Herkunft maximal 0,2 %

1.3.2.6 Die Fettsäuren- und Sterinverteilung entspricht den in der Anlage 1 dieser Leitsätze aufgeführten Werten.

1.3.3 Für tierische Speisefette gelten besondere Kennzahlen[7] und sensorische Merkmale.

1.4 Bezeichnung und Aufmachung

1.4.1 Pflanzliche Speisefette werden in der Regel nach ihrer botanischen Herkunft bezeichnet, z. B. *Kokosfett.*

Die botanischen Bezeichnungen sind auch dann üblich, wenn das pflanzliche Speisefett technologisch bedingt maximal 2 % pflanzliche Speisefette anderer botanischer Herkunft enthält.

1.4.2 Pflanzliche Speiseöle werden in der Regel nach ihrer botanischen Herkunft bezeichnet, z. B. *Rapsöl*

Diese botanischen Bezeichnungen sind auch dann üblich, wenn das pflanzliche Speiseöl technologisch bedingt maximal 2 % pflanzliche Speiseöle anderer botanischer Herkunft enthält.

1.4.3 Mischungen aus pflanzlichen Speisefetten und/oder pflanzlichen Speiseölen unterschiedlicher botanischer Herkunft werden als *Pflanzenfett* oder *Pflanzenöl* bezeichnet. Sie können auch unter Nennung ihrer botanischen Herkünfte bzw. ihres Verwendungszweckes bezeichnet werden.

1.4.4 Tierische Speisefette werden nach der Art des Schlachttieres oder Schlachtgeflügels bezeichnet, z. B. *Schweineschmalz, Gänseschmalz, Rinderfett (Rindertalg), Hammelfett (Hammeltalg), Pferdefett.*

Diese Bezeichnungen sind auch dann üblich, wenn das tierische Speisefett technologisch bedingt maximal 2 % tierische Speisefette anderer Herkunft enthält.

Bei Mischungen aus tierischen Speisefetten wird darauf hingewiesen, welche tierischen Speisefette enthalten sind.

1.4.5 Fischöl wird als *Fischöl, Fischtran* oder durch Angabe der Fischart bezeichnet, z. B. *Lachsöl.*

Bei gehärteten Fischölen sind die vorgenannten Bezeichnungen nur üblich, wenn bei der Härtung die sinnfälligen Eigenschaften des Geruchs und Geschmacks des unbehandelten Öls erhalten geblieben sind.

1.4.6 Die Verkehrsbezeichnung kann durch die Angabe des Verwendungszwecks ergänzt werden, z. B. zum Braten, zum Frittieren.

1.4.7 Bei raffinierten Fetten und Ölen mit Anteilen an gehärteten Fetten und/oder Ölen wird darauf im Zutatenverzeichnis mit der Angabe „gehärtet" hingewiesen.

2 Besondere Beurteilungsmerkmale

2.1 Besonderheiten bei einzelnen Speisefetten und -ölen

2.1.1 Der Erukasäuregehalt für *Rapsöl* ist in der Verordnung über den Höchstgehalt an Erukasäure in Lebensmitteln festgelegt[8)].

2.1.2 Bei Mischungen von Leinöl mit anderen Speiseölen wird in Verbindung mit der Verkehrsbezeichnung auf den Gehalt an Leinöl hingewiesen, z. B. *… öl mit 20 % Leinöl.*

2.1.3 *Gänseschmalz* kann zur Konsistenzverbesserung einen gekennzeichneten Anteil von bis zu 10 % Schweineschmalz enthalten.

2.1.4 *Griebenschmalz* ist Schweineschmalz mit Grieben aus frischem Rückenspeck und/oder Flomen mit oder ohne Zusatz von Äpfeln, Zwiebeln oder Gewürzen.

2.1.5 *Premier Jus* ist Rindertalg von besonders hoher Qualität, der sorgfältig gereinigt wurde[9)].

2.2 Hinweise auf besondere Zusammensetzung

2.2.1 Wenn ein gemischtes Pflanzenfett oder Pflanzenöl als „rein" bezeichnet wird, so besteht es zu 100 % aus Speisefetten oder Speiseölen pflanzlicher Herkunft.

2.2.2 Wenn ein nach seiner botanischen Herkunft bezeichnetes pflanzliches Speisefett oder Speiseöl als „rein" oder „sortenrein" bezeichnet wird, so besteht es zu 100 % aus dem Speisefeit oder Speiseöl der bezeichneten Herkunft.

1) Verordnung über die Verwendung von Extraktionslösungsmitteln und anderen technischen Hilfsstoffen bei der Herstellung von Lebensmitteln vom 8. November 1991 (BGBl. I S. 2100) in der jeweils geltenden Fassung.

2) Bestimmung nach der DGF-Einheitsmethode C-II 1 (DGF-Einheitsmethoden, herausgegeben von der Deutschen Gesellschaft für Fettwissenschaft, Münster, Wissenschaftliche Verlagsgesellschaft Stuttgart).

3) Bestimmung nach der DGF-Einheitsmethode C-VI 6e.

4) Bestimmung nach der DGF-Einheitsmethode C-VI 6a – Teil 1.

5) Bestimmung nach der DGF-Einheitsmethode C-III 3d.

6) Bestimmung nach der DGF-Einheitsmethode C-VI 10a.

7) Verordnung (EG) Nr. 853/2004 des Europäischen Parlaments und des Rates vom 29. April 2004 mit spezifischen Hygienevorschriften für Lebensmittel tierischen Ursprungs.

8) Erukasäure-Verordnung vom 24. Mai 1977 (BGBl. I S. 782) in der jeweils geltenden Fassung.

9) Anhang III Abschnitt XII Kapitel II der Verordnung (EG) Nr. 853/2004 des Europäischen Parlaments und des Rates vom 29. April 2004 mit spezifischen Hygienevorschriften für Lebensmittel tierischen Ursprungs.

Anlage 1
zu Abschnitt I Teil C
Nr. 2.6

Fettsäurezusammensetzung wichtiger pflanzlicher und tierischer Speisefette und Speiseöle

(Gewichtsprozent, bezogen auf Gesamtfettsäuren)

Fettsäure	Kokosfett*	Palmkernfett*	Baumwollsaatöl*	Erdnussöl*[1)]	Haselnussöl	Leinöl Europa[2)]	Fettsäure
6:0	NN – 0,7	NN – 0,8	NN	NN	NN	NN	6:0
8:0	4,6 – 10,0	2,4 – 6,2	NN	NN	NN	NN	8:0
10:0	5,0 – 8,0	2,6 – 5,0	NN	NN	NN	NN	10:0
12:0	45,1 – 53,2	45,0 – 55,0	NN – 0,2	NN – 0,1	NN	NN	12:0
14:0	16,8 – 21,0	14,0 – 18,0	0,6 – 1,0	NN – 0,1	NN – 0,1	NN	14:0
16:0	7,5 – 10,2	6,5 – 10,0	21,4 – 26,4	8,0 – 14,0	5,0 – 9,0	4,0 – 6,0	16:0
16:1	NN	NN – 0,2	NN – 1,2	NN – 0,2	NN – 0,3	NN – 0,5	16:1
17:0	NN	NN	NN – 0,1	NN – 0,1	NN – 0,1	NN	17:0
17:1	NN	NN	NN – 0,1	NN – 0,1	NN	NN	17:1
18:0	2,0 – 4,0	1,0 – 3,0	2,1 – 3,3	1,0 – 4,5	1,0 – 4,0	2,0 – 3,0	18:0
18:1	5,0 – 10,0	12,0 – 19,0	14,7 – 21,7	35,0 – 69,0	66,0 – 83,0	10,0 – 22,0	18:1
18:2	1,0 – 2,5	1,0 – 3,5	46,7 – 58,2	12,0 – 43,0	8,0 – 25,0	12,0 – 18,0	18:2
18:3	NN – 0,2	NN – 0,2	NN – 0,4	NN – 0,3	NN – 0,6	56,0 – 71,0	18:3
20:0	NN – 0,2	NN – 0,2	0,2 – 0,5	1,0 – 2,0	NN – 0,3	NN – 0,5	20:0
20:1	NN – 0.2	NN – 0,2	NN – 0,1	0.7 – 1,7	NN	NN – 0,6	20:1
20:2	NN	NN	NN – 0,1	NN	NN	NN	20:2
22:0	NN	NN – 0,2	NN – 0,6	1,5 – 4,5	NN	NN	22:0

Fettsäure	Kokosfett*	Palmkernfett*	Baumwollsaatöl*	Erdnussöl*[1]	Haselnussöl	Leinöl Europa[2]	Fettsäure
22:1	NN	NN	NN – 0,3	NN – 0,3	NN	NN	22:1
22:2	NN	NN	NN – 0,1	NN	NN	NN	22:2
24:0	NN	NN	NN – 0,1	0,5 – 2,5	NN	NN	24:0
24:1	NN	NN	NN	NN – 0,3	NN	NN	24:1

* Die Werte entsprechen dem Codex Standard for Named Vegetable Oils CODEX-STAN 210-1999 (Amendments 2010)

NN = nicht nachweisbar, definiert als ≤ 0,05 %

1) Die Fettsäurezusammensetzung von Erdnussöl hängt stark von der Herkunft (Afrika, Südamerika) ab.

2) Die Fettsäurezusammensetzung von Leinöl hängt stark von der Herkunft (Europa, Kanada, Argentinien, Indien) ab.

3) Die Fettsäurezusammensetzung von Maiskeimöl hängt stark von der Herkunft (nördliche oder südliche Hemisphäre) ab.

Fett-säure	Maiskeimöl*3)	Mandelöl	Mohnöl	Palmöl*	Rapsöl, erukasäurearm*	Saflor-(Distel-)öl*	Saflor-(Distel-)öl*, ölsäurereich	Fett-säure
6:0	NN	NN	NN	NN	NN	NN	NN	6:0
8:0	NN	NN	NN	NN	NN	NN	NN	8:0
10:0	NN	NN	NN	NN	NN	NN	NN	10:0
12:0	NN – 0,3	NN	NN	NN – 0,5	NN	NN	NN – 0,2	12:0
14:0	NN – 0,3	NN	NN	0,5 – 2,0	NN – 0,2	NN – 0,2	NN – 0,2	14:0
16:0	8,6 – 16,5	6,0 – 8,0	9,0 – 11,0	39,3 – 47,5	2,5 – 7,0	5,3 – 8,0	3,6 – 6,0	16:0
16:1	NN – 0,5	NN – 1,0	NN – 0,2	NN – 0,6	NN – 0,6	NN – 0,2	NN – 0,2	16:1
17:0	NN – 0,1	NN	NN	NN – 0,2	NN – 0,3	NN – 0,1	NN – 0,1	17:0
17:1	NN – 0,1	NN	NN – 0,1	NN	NN – 0,3	NN – 0,1	NN – 0,1	17:1
18:0	NN – 3,3	1,0 – 2,0	1,0 – 2,0	3,5 – 6,0	0,8 – 3,0	1,9 – 2,9	1,5 – 2,4	18:0
18:1	20,0 – 42,2	64,0 – 82,0	13,0 – 18,0	36,0 – 44,0	51,0 – 70,0	8,4 – 21,3	70,0 – 83,7	18:1
18:2	34,0 – 65,6	8,0 – 28,0	69,0 – 77,0	9,0 – 12,0	15,0 – 30,0	67,8 – 83,2	9,0 – 19,9	18:2
18:3	NN – 2,0	NN – 0,2	NN – 3,5	NN – 0,5	5,0 – 14,0	NN – 0,1	NN – 1,2	18:3
20:0	0,3 – 1,0	NN – 0,1	NN – 0,1	NN – 1,0	0,2 – 1,2	0,2 – 0,4	0,3 – 0,6	20:0
20:1	0,2 – 0,6	NN – 0,1	NN – 0,1	NN – 0,4	0,1 – 4,3	0,1 – 0,3	0,1 – 0,5	20:1
20:2	NN – 0,1	NN	NN	NN	NN – 0,1	NN	NN	20:2
22:0	NN – 0,5	NN – 0,2	NN	NN – 0,2	NN – 0,6	NN – 1,0	NN – 0,4	22:0
22:1	NN – 0,3	NN	NN	NN	NN – 2***	NN – 1,8	NN – 0,3	22:1
22:2	NN	NN	NN	NN	NN – 0,1	NN	NN	22:2
24:0	NN – 0,5	NN	NN	NN	NN – 0,3	NN – 0,2	NN – 0,3	24:0
24:1	NN	NN	NN	NN	NN – 0,4	NN – 0,2	NN – 0,3	24:1

* Die Werte entsprechen dem Codex Standard for Named Vegetable Oils CODEX-STAN 210 (Amendments 2010)

** (entfallen)

*** Gemäß Erukasäureverordnung sind 5 % zulässig

NN = nicht nachweisbar, definiert als ≤ 0,05 %

Fettsäure	Sesamöl*	Sojaöl*	Sonnenblumenöl*	Sonnenblumenöl*, mittlerer Ölsäuregehalt	Sonnenblumenöl*, ölsäurereich	Traubenkernöl*	Walnussöl	Fettsäure
6:0	NN	NN	NN	NN	NN	NN	NN	6:0
8:0	NN	NN	NN	NN	NN	NN	NN	8:0
10:0	NN	NN	NN	NN	NN	NN	NN	10:0
12:0	NN	NN – 0,1	NN – 0,1	NN	NN	NN	NN	12:0
14:0	NN – 0,1	NN – 0,2	NN – 0,2	NN – 1,0	NN – 0,1	NN – 0,3	NN – 0,1	14:0
16:0	7,9 – 12,0	8,0 – 13,5	5,0 – 7,6	4,0 – 5,5	2,6 – 5,0	5,5 – 11,0	6,0 – 8,0	16:0
16:1	NN – 0,2	NN – 0,2	NN – 0,3	NN – 0,05	NN – 0,1	NN – 1,2	NN – 0,2	16:1
17:0	NN – 0,2	NN – 0,1	NN – 0,2	NN – 0,05	NN – 0,1	NN – 0,2	NN – 0,1	17:0
17:1	NN – 0,1	NN – 0,1	NN – 0,1	NN – 0,06	NN – 0,1	NN – 0,1	NN	17:1
18:0	4,5 – 6,7	2,0 – 5,4	2,7 – 6,5	2,1 – 5,0	2,9 – 6,2	3,0 – 6,5	1,0 – 3,0	18:0
18:1	34.4 – 42,3	17,0 – 30,0	14,0 – 39,4	43,1 – 71,8	75,0 – 90,7	12,0 – 28,0	14,0 – 21,0	18:1
18:2	36,9 – 45,5	48,0 – 59,0	48,3 – 74,0	18,7 – 45,3	2,1 – 17,0	58,0 – 78,0	54,0 – 65,0	18:2
18:3	0,2 – 1,0	4,5 – 11,0	NN – 0,3	NN – 0,5	NN – 0,3	NN – 1,0	9,0 – 15,0	18:3
20:0	0,3 – 0,7	0,1 – 0,6	0,1 – 0,5	0,2 – 0,4	0,2 – 0,5	NN – 1,0	NN – 0,3	20:0
20:1	NN – 0,3	NN – 0,5	NN – 0,3	0,2 – 0,3	0,1 – 0,5	NN – 0,3	NN – 0,3	20:1
20:2	NN	NN – 0,1	NN	NN	NN	NN	NN	20:2
22:0	NN – 1,1	NN – 0,7	0,3 – 1,5	0,6 – 1,1	0,5 – 1,6	NN – 0,5	NN – 0,2	22:0
22:1	NN	NN – 0,3	NN – 0,3	NN	NN – 0,3	NN – 0,3	NN	22:1
22:2	NN	NN	NN – 0,3	NN – 0,09	NN	NN	NN	22:2
24:0	NN – 0,3	NN – 0,5	NN – 0,5	0,3 – 0,4	NN – 0,5	NN – 0,4	NN	24:0
24:1	NN	NN	NN	NN	NN	NN	NN	24:1

* Die Werte entsprechen dem Codex Standard for Named Vegetable Oils CODEX-STAN 210 (Amendments 2010)

NN = nicht nachweisbar, definiert als ≤ 0,05 %

Fettsäure	Weizenkeimöl	Reiskleieöl*	Babassufett*	Palmolein*	Palmstearin*	Palm Superolein*	Fettsäure
6:0	NN	NN	NN	NN	NN	NN	6:0
8:0	NN	NN	2,6 – 7,3	NN	NN	NN	8:0
10:0	NN	NN	1,2 – 7,6	NN	NN	NN	10:0
12:0	NN	NN – 0,2	40,0 – 55,0	0,1 – 0,5	0,1 – 0,5	0,1 – 0,5	12:0
14:0	NN – 0,1	0,1 – 0,7	11,0 – 27,0	0,5 – 1,5	1,0 – 2,0	0,5 – 1,5	14:0
16:0	13,0 – 20,0	14,0 – 23,0	5,2 – 11,0	38,0 – 43,5	48,0 – 74,0	30,0 – 39,0	16:0
16:1	NN – 0,1	NN – 0,5	NN	NN – 0,6	NN – 0,2	NN – 0,5	16:1
17:0	NN	NN	NN	NN – 0,2	NN – 0,2	NN – 0,1	17:0
17:1	NN	NN	NN	NN – 0,1	NN – 0,1	NN	17:1
18:0	NN – 2,0	0,9 – 4,0	1,8 – 7,4	3,5 – 5,0	3,9 – 6,0	2,8 – 4,5	18:0
18:1	13,0 – 21,0	38,0 – 48,0	9,0 – 20,0	39,8 – 46,0	15,5 – 36,0	43,0 – 49,5	18:1
18:2	55,0 – 60,0	29,0 – 40,0	1,4 – 6,6	10,0 – 13,5	3,0 – 10,0	10,5 – 15,0	18:2
18:3	4,0 – 10,0	0,1 – 2,9	NN	NN – 0,6	NN – 0,5	0,2 – 1,0	18:3
20:0	NN – 0,2	NN – 0,9	NN	NN – 1,0	NN – 1,0	NN – 0.4	20:0
20:1	NN – 0,2	NN – 0,8	NN	NN – 0,4	NN – 0,4	NN – 0,2	20:1
20:2	NN – 0,1	NN	NN	NN	NN	NN	20:2
22:0	NN – 0,1	NN – 0,5	NN	NN – 0,2	NN – 0,2	NN – 0,2	22:0
22:1	NN – 0,2	NN	NN	NN	NN	NN	22:1
22:2	NN	NN	NN	NN	NN	NN	22:2
24:0	NN	NN – 0.6	NN	NN	NN	NN	24:0
24:1	NN	NN	NN	NN	NN	NN	24:1

* Die Werte entsprechen dem Codex Standard for Named Vegetable Oils CODEX-STAN 210 (Amendments)

NN = nicht nachweisbar, definiert als ≤ 0,05 %

Fettsäure	Schweineschmalz*	Rindertalg*	Gänseschmalz	Fettsäure
6:0	< 0,5 (6:0–12:0)	< 0,5 (6:0–12:0)	NN	6:0
8:0			NN	8:0
10:0			NN	10:0
12:0			NN	12:0
14:0	1,0 – 2,5	2,0 – 6,0	< 0,5	14:0
14:0 (iso)	< 0,1	< 0,3	NN	14:0 (iso)
14:1	< 0,2	0,5 – 1,5	NN	14:1
15:0	< 0,2	0,2 – 1,0	NN	15:0
15:0 (iso)	< 0,1	< 1,5 (15:0 iso + anteiso)	NN	15:0 (iso)
15:0 (anteiso)	< 0,1		NN	15:0 (anteiso)
16:0	20,0 – 30,0	20,0 – 30,0	22,0 – 25,0	16:0
16:0 (iso)	< 0,1	< 0,5	NN	16:0 (iso)
16:1	2,0 – 4.0	1,0 – 5,0	3,0 – 3,7	16:1
16:2	< 0,1	< 1,0	NN	16:2
17:0	< 1,0	0,5 – 2,0	< 0,2	17:0
17:0 (iso)	< 0,1	< 1,5 (17:0 iso + anteiso)	NN	17:0 (iso)
17:0 (anteiso)	< 0,1		NN	17:0 (anteiso)
17:1	< 1,0	< 1,0	< 0,2	17:1
18:0	8,0 – 22,0	15,0 – 30,0	6,5 – 9,5	18:0
18:1	35,0 – 55,0	30,0 – 45,0	51,0 – 57,0	18:1
18:2	4,0 – 12,0	1,0 – 6,0	9,1 – 10,0	18:2
18:3	< 1,5	< 1,5	0,3 – 0,5	18:3
20:0	< 1,0	< 0,5	NN	20:0
20:1	< 1,5	< 0,5	NN	20:1
20:2	< 1,0	< 0,1	NN	20:2
20:4	< 1,0	< 0,5	NN	20:4
22:0	< 0,1	< 0,1	NN	22:0
22:1	< 0,5	NN	NN	22:1

* Die Werte entsprechen dem Codex Standard for Named Animal Fats CODEX STAN 211-1999

NN = nicht nachweisbar, definiert als ≤ 0,05 %

Sterinzusammensetzung wichtiger pflanzlicher Rohöle

(Gewichtsprozent, bezogen auf Gesamtsteringehalt)

Die Werte entsprechen dem Codex Standard for Named Vegetable Oils CODEX-STAN 210 (Amendments 2010)

Sterine	Erdnussöl	Babassufett	Kokosnussöl	Baumwollsaatöl	Traubenkernöl	Maiskeimöl	Palmöl
Cholesterin	NN – 3,8	1,2 – 1,7	NN – 3,0	0,7 – 2,3	NN – 0,5	0,2 – 0,6	2,6 – 6,7
Brassicasterin	NN – 0,2	NN – 0,3	NN – 0,3	0,1 – 0,3	NN – 0,2	NN – 0,2	NN
Campesterin	12,0 – 19,8	17,7 – 18,7	6,0 – 11,2	6,4 – 14,5	7,5 – 14,0	16,0 – 24,1	18,7 – 27,5
Stigmasterin	5,4 – 13,2	8,7 – 9,2	11,4 – 15,6	2,1 – 6,8	7,5 – 12,0	4,3 – 8,0	8,5 – 13,9
Beta-Sitosterin	47,4 – 69,0	48,2 – 53,9	32,6 – 50,7	76,0 – 87,1	64,0 – 70,0	54,8 – 66,6	50,2 – 62,1
Delta-5-Avenasterol	5,0 – 18,8	16,9 – 20,4	20,0 – 40,7	1,8 – 7,3	1,0 – 3,5	1,5 – 8,2	NN – 2,8
Delta-7-Stigmastenol	NN – 5,1	NN	NN – 3,0	NN – 1,4	0,5 – 3,5	0,2 – 4,2	NN – 2,4
Delta-7-Avenasterol	NN – 5,5	0,4 – 1,0	NN – 3,0	0,8 – 3,3	0,5 – 1,5	0,3 – 2,7	NN – 5,1
Andere	NN – 1,4	NN	NN – 3,6	NN – 1,5	NN – 5,1	NN – 2,4	NN
Gesamtsterine (mg/kg)	900 – 2900	500 – 800	400 – 1200	2700 – 6400	2000 – 7000	7000 – 22100	300 – 700

Sterine	Palmolein	Palmkernol	Palmstearin	Palm Superolein	Rapsöl, erukasäurearm	Reiskleieöl
Cholesterin	2,6 – 7,0	0,6 – 3,7	2,5 – 5,0	2,0 – 3,5	NN – 1,3	NN – 0,5
Brassicasterin	NN	NN – 0,8	NN	NN	5,0 – 13,0	NN
Campesterin	12,5 – 39,0	8,4 – 12,7	15,0 – 26,0	22,0 – 26,0	24,7 – 38,6	11,0 – 35,0
Stigmasterin	7,0 – 18,9	12,0 – 16,6	9,0 – 15,0	18,2 – 20,0	0,2 – 1,0	6,0 – 40,0
Beta-Sitosterin	45,0 – 71,0	62,6 – 73,1	50,0 – 60,0	55,0 – 70,0	45,1 – 57,9	25,0 – 67,0
Delta-5-Avenasterol	NN – 3,0	1,4 – 9,0	NN – 3,0	0,0 – 1,0	2,5 – 6,6	NN – 9,9
Delta-7-Stigmastenol	NN – 3,0	NN – 2,1	NN – 3,0	0,0 – 0,3	NN – 1,3	NN – 14,1
Delta-7-Avenasterol	NN – 6,0	NN – 1,4	NN – 3,0	0,0 – 0,3	NN – 0,8	NN – 4,4
Andere	NN – 10,4	NN – 2,7	NN – 5,0	0,0 – 2,0	NN – 4,2	NN
Gesamtsterine (mg/kg)	270 – 800	700 – 1400	250 – 500	100	4500 – 11300	10500 – 31000

NN = nicht nachweisbar, definiert als ≤ 0,05 %

Sterine	Saflor-(Distel-)öl	Saflor-(Distel-)öl, (ölsäurereich)	Sesamöl	Sojaöl	Sonnenblumenöl	Sonnenblumenöl (ölsäurereich)	Sonnenblumenöl (mittlerer Ölsäuregehalt)
Cholesterin	NN – 0,7	NN – 0,5	0,1 – 0,5	0,2 – 1,4	NN – 0,7	NN – 0,5	0,1 – 0,2
Brassicasterin	NN – 0,4	NN – 2,2	0,1 – 0,2	NN – 0,3	NN – 0,2	NN – 0,3	NN – 0,1
Campesterin	9,2 – 13,3	8,9 – 19,9	10,1 – 20,0	15,8 – 24,2	6,5 – 13,0	5,0 – 13,0	9,1 – 9,6
Stigmasterin	4,5 – 9,6	2,9 – 8,9	3,4 – 12,0	14,9 – 19,1	6,0 – 13,0	4,5 – 13,0	9,0 – 9,3
Beta-Sitosterin	40,2 – 50,6	40,1 – 66,9	57,7 – 61,9	47,0 – 60,0	50,0 – 70,0	42,0 – 70,0	56,0 – 58,0
Delta-5-Avenasterol	0,8 – 4,8	0,2 – 8,9	6,2 – 7,8	1,5 – 3,7	NN – 6,9	1,5 – 6,9	4,8 – 5,3
Delta-7-Stigmastenol	13,7 – 24,6	3,4 – 16,4	0,5 – 7,6	1,4 – 5,2	6,5 – 24,0	6,5 – 24,0	7,7 – 7,9
Delta-7-Avenasterol	2,2 – 6,3	NN – 8,3	1,2 – 5,6	1,0 – 4,6	3,0 – 7,5	NN – 9,0	4,3 – 4,4
Andere	0,5 – 6,4	4,4 – 11,9	0,7 – 9,2	NN – 1,8	NN – 5,3	3,5 – 9,5	5,4 – 5,8
Gesamtsterine (mg/kg)	2100 – 4600	2000 – 4100	4500 – 19000	1800 – 4500	2400 – 5000	1700 – 5200	

NN = nicht nachweisbar, definiert als ≤ 0,05 %

Fettsäuren

Symbol*	Chemische Bezeichnung	Familie	Trivialname
6:0	Hexansäure		Capronsäure
8:0	Octansäure		Caprylsäure
10:0	Decansäure		Caprinsäure
12:0	Dodecansäure		Laurinsäure
14:0	Tetradecansäure		Myristinsäure
14:0 (iso)	12-Methyltridecansäure		Iso-Myristinsäure
14:1	Δ9cis - Tetradecensäure		Myristoleinsäure
15:0	Pentadecansäure		
15:0 (iso)	13-Methyltetradecansäure		
15:0 (anteiso)	12-Methyltetradecansäure		
16:0	Hexadecansäure		Palmitinsäure
16:0 (iso)	14-Methylpentadecansäure		Iso-Palmitinsäure
16:1	Δ9cis - Hexadecensäure		Palmitoleinsäure
16:2	Δ7cis,10cis - Hexadecadiensäure	ω6	
17:0	Heptadecansäure		Margarinsäure
17:0 (iso)	15-Methylhexadecansäure		15-Methyl-Palmitinsäure
17:0 (anteiso)	14-Methylhexadecansäure		14-Methyl-Palmitinsäure
17:1	Δ9cis - Heptadecensäure		
18:0	Octadecansäure		Stearinsäure
18:1	Δ9cis - Octadecensäure	ω9	Ölsäure
18:1	Δ6cis - Octadecensäure		Petroselinsäure
18:1	Δ11cis - Octadecensäure		cis-Vaccensäure
18:2	Δ9cis,12cis - Octadecadiensäure	ω6	Linolsäure
18:3	Δ9cis,12cis,15cis - Octadecatriensäure	ω3	α-Linolensäure
18:3	Δ6cis,9cis,12cis - Octadecatriensäure	ω6	γ-Linolensäure

Symbol*	Chemische Bezeichnung	Familie	Trivialname
20:0	Eicosan-/Icosansäure		Arachinsäure
20:1	Δ9cis - Eicosen-/Icosensäure		Gadoleinsäure
20:1	Δ11cis - Eicosen-/Icosensäure	ω9	Gondosäure
20:2	Δ11cis,14cis - Eicosa-/Icosadiensäure	ω6	
20:4	Δ5cis,8cis,11cis,14cis - Eicosa-/Icosatetraensäure	ω6	Arachidonsäure
22:0	Docosansäure		Behensäure
22:1	Δ11cis - Docosensäure		Cetoleinsäure
22:1	Δ13cis - Docosensäure	ω9	Erucasäure
22:2	Δ13cis,16cis - Docosadiensäure	ω6	
24:0	Tetracosansäure		Lignocerinsäure
24:1	Δ15cis - Tetracosensäure	ω9	Nervonsäure

* Zahl der C-Atome und Zahl der Doppelbindungen

Anlage 2
zu Abschnitt II

Wichtige Speisefette und Speiseöle und ihre Rohstoffe

Pflanzliche Speisefette

Babassufett	Samen der Babassupalme (Orbignya speciosa MART.)
Kokosfett	Endosperm der Steinfrüchte der Kokospalme (Cocos nucifera L.)
Palmkernfett	Samen der Ölpalme (Elaeis guineensis JACQ)
Palmöl	Fruchtfleisch (Mesokarp) der Ölpalme (Elaeis guineensis JACQ)

Pflanzliche Speiseöle

Baumwollsaatöl	Samen der Baumwollsträucher (Gossypium-Arten)
Erdnussöl	Samen der Erdnusspflanze (Arachis hypogaea L.)
Haselnussöl	Samen des Haselnussstrauchs (Corylus avellana L.)
Leinöl	Samen von Lein oder Flachs (Linum usitatissimum L.)
Maiskeimöl	Keimlinge des Mais (Zea mays L.)
Mandelöl	Samen des Mandelbaumes (Prunus amygdalus BATSCH = Amygdalus communis L.)
Mohnöl	Samen des Schlafmohns (Papaver somniferum L.)
Rapsöl	Samen von Raps oder Rübsen (Brassica napus L. oder Brassica rapa L.)
Reiskleieöl	Schalen der Reissamen (Oryza saliva L.)
Safloröl (Distelöl)	Früchte (Achänen) der Färberdistel (Carthamus tinclorius L.)
Sesamöl	Samen des Sesams (Sesamum indicum L.)
Sojaöl	Samen der Sojapflanze (Glycine max (L.) MEER.)
Sonnenblumenöl	Früchte (Achänen) der Sonnenblumenpflanze (Helianthus annuus L.)
Traubenkernöl	Samen der Weinrebe (Vilis vinifera L.)
Walnussöl	Samen (Kotyledonen) des Walnussbaums (Juglans regis L.)
Weizenkeimöl	Keimlinge des Weizens (Triticum aestivum L.)

Speisefette von Schlachttieren und Schlachtgeflügel

Rindertalg	Fettgewebe des Rindes
Schweineschmalz	Fettgewebe des Schweines
Gänseschmalz	Fettgewebe der Gans

Öle von Seetieren

Fischöl	alle Teile von Heringen, Sardinen und anderen Fischen

Leitsätze für Tee, teeähnliche Erzeugnisse, deren Extrakte und Zubereitungen*)

I. Allgemeine Beurteilungsmerkmale

A. Begriffsbestimmungen

1. Tee
stammt ausschließlich aus Blättern, Blattknospen und zarten Stielen des Teestrauches Camellia sinensis L. O. Kuntze aus der Familie der Teegewächse (Theaceen), die nach den üblichen Verfahren bearbeitet sind.

2. Aromatisierter Tee
ist Tee, dem zur Aromatisierung geruch- und/oder geschmackgebende Stoffe zugesetzt sind.

3. Teeähnliche Erzeugnisse
sind Pflanzenteile, die nicht vom Teestrauch stammen und die dazu bestimmt sind, in der Art wie Tee verwendet zu werden.
Teeähnliche Erzeugnisse sind auch Mischungen von teeähnlichen Erzeugnissen mit Tee, die nicht unter den Begriff „aromatisierter Tee“ fallen.

4. Aromatisierte teeähnliche Erzeugnisse
sind teeähnliche Erzeugnisse, denen zur Aromatisierung geruch- und/oder geschmackgebende Stoffe zugesetzt sind.

5. Tee-Extrakte[1)]
sind wäßrige Auszüge aus Tee, denen Wasser entzogen ist.

6. Aromatisierte Tee-Extrakte
sind Tee-Extrakte, denen zur Aromatisierung geruch- und/oder geschmackgebende Stoffe zugesetzt sind.

7. Extrakte aus teeähnlichen Erzeugnissen[1)]
sind wäßrige Auszüge aus teeähnlichen Erzeugnissen, denen Wasser entzogen ist.

8. Aromatisierte Extrakte aus teeähnlichen Erzeugnissen sind Extrakte aus teeähnlichen Erzeugnissen, denen zur Aromatisierung geruch- und/oder geschmackgebende Stoffe zugesetzt sind.

*) Getränke, die in Bezeichnung oder Aufmachung auf Tee hinweisen (z. B. Eistee), sind in diesen Leitsätzen nicht berücksichtigt.

9. Zubereitungen aus Lebensmitteln mit Tee-Extrakten
dienen der Herstellung von Getränken, für deren Charakter die Verwendung von Tee-Extrakten mitbestimmend ist.

10. Zubereitungen aus Lebensmitteln mit Extrakten aus teeähnlichen Erzeugnissen
dienen der Herstellung von Getränken, für deren Charakter die Verwendung von Extrakten aus teeähnlichen Erzeugnissen mitbestimmend ist.

11. Prozentangaben beziehen sich auf das Gewicht.

12. Die Trockenmasse eines Erzeugnisses ist die Differenz aus dessen Gewicht und dem Massenverlust beim Erhitzen unter definierten Analysenbedingungen[2)].

B. Herstellung

1. Bei der Herstellung von Tee ist weder die Verwendung von Zusatzstoffen noch von anderen Zutaten[3)] üblich.

2. Bei der Herstellung von teeähnlichen Erzeugnissen ist die Verwendung von Zusatzstoffen nicht üblich.

3. Bei der Herstellung von aromatisiertem Tee werden üblicherweise verwendet:

   a) Aromen[4)], ausgenommen solche, die den Geruch und/oder Geschmack nach Tee nachmachen oder verstärken,

   b) Fruchtsäfte[5)] bis zu 15 g je 100 g Tee oder entsprechende Anteile an konzentrierten oder getrockneten Fruchtsäften,

   c) aromagebende Trinkbranntweine wie Rum, Arrak, Whisky,

   d) geruch- und/oder geschmackgebende Pflanzen und Pflanzenteile bis zu 5 g je 100 g Tee.

4. Bei der Herstellung von aromatisierten teeähnlichen Erzeugnissen werden üblicherweise verwendet:

   a) Aromen[4)]. Sie werden jedoch nicht verwendet, um den Geruch und/oder Geschmack eines einzelnen teeähnlichen Erzeugnisses, das als solches in den Verkehr gebracht wird (z. B. Pfefferminztee), nachzumachen oder zu verstärken,

   b) Fruchtsäfte[5)] bis zu 15 g je 100 g teeähnliches Erzeugnis oder entsprechende Anteile an konzentrierten oder getrockneten Fruchtsäften.

5. Bei der Herstellung von Tee-Extrakten und Extrakten aus teeähnlichen Erzeugnissen werden üblicherweise verwendet:

   a) bei der Herstellung abgetrennte oder zurückgewonnene natürliche Geruch- und/oder Geschmackstoffe,

   b) Maltodextrin zur Erhaltung der Rieselfähigkeit.

   Zur Verbesserung der Kaltwasserlöslichkeit von Tee-Extrakten werden außerdem Natriumhydroxid[6] und Kaliumhydroxid[6] bis zu 10 g je 100 g Trockenmasse des Tee-Extraktes verwendet, unbeschadet der zur Neutralisation erforderlichen Stoffe (Essigsäure, Milchsäure, Weinsäure, Citronensäure oder Kohlensäure).

6. Bei der Herstellung von aromatisierten Tee-Extrakten und aromatisierten Extrakten aus teeähnlichen Erzeugnissen werden, zusätzlich zu den Zutaten zu den entsprechenden Extrakten, üblicherweise verwendet:

   a) Aromen[4], ausgenommen solche, die den Geruch und/oder Geschmack nach Tee oder nach dem betreffenden teeähnlichen Erzeugnis nachmachen oder verstärken,

   b) Fruchtsäfte[5] bis zu 15 g je 100 g Tee oder teeähnliches Erzeugnis oder entsprechende Anteile an konzentrierten oder getrockneten Fruchtsäften.

7. Bei der Herstellung von Zubereitungen aus Lebensmitteln mit Tee-Extrakten und mit Extrakten aus teeähnlichen Erzeugnissen werden üblicherweise Aromen[4] verwendet, ausgenommen solche, die den Geruch und/oder Geschmack nach Tee oder nach dem entsprechenden teeähnlichen Erzeugnis nachmachen oder verstärken.

C. Beschaffenheitsmerkmale

1. Tee, teeähnliche Erzeugnisse, deren Extrakte und Zubereitungen sind praktisch frei von vegetativen Formen von Schimmelpilzen und von anderen Verunreinigungen.

2. Der Gehalt an säureunlöslicher Asche[2] in der Trockenmasse von Tee und teeähnlichen Erzeugnissen gibt Hinweise darauf, ob die betreffenden Pflanzenteile durch mineralische Bestandteile wie Erde oder Sand über das technisch unvermeidbare Maß hinaus verunreinigt oder verfälscht sind. Die Tabelle in der Anlage nennt Zahlenwerte, die in der Regel nicht überschritten werden.

3. Der Massenverlust[2] beim Erhitzen unter definierten Analysenbedingungen ist ein Maß für die Gehalte an Wasser, ätherischem Öl und/oder anderen flüchtigen Bestandteilen. Die Tabelle in der Anlage nennt Zah-

lenwerte für Tee, aromatisierten Tee und teeähnliche Erzeugnisse, die in der Regel nicht überschritten werden.

4. Tee-Extrakte und aromatisierte Tee-Extrakte ergeben in Pulverform einen Massenverlust von höchstens 6 Prozent und höchstens 20 Prozent Asche[7)].

5. Extrakte aus teeähnlichen Erzeugnissen, aromatisierte Extrakte aus teeähnlichen Erzeugnissen sowie Zubereitungen aus Lebensmitteln mit Tee-Extrakten und mit Extrakten aus teeähnlichen Erzeugnissen ergeben einen Massenverlust von höchstens 8 Prozent.

6. Der Gehalt an ätherischem Öl in 100 g der Trockenmasse des teeähnlichen Erzeugnisses beträgt bei Fencheltee mindestens 1 ml, bei Krauseminzetee und Pfefferminztee mindestens 0,6 ml und bei Kamillentee mindestens 0,2 ml.

7. Tee und aromatisierter Tee enthalten mindestens 1,5 Prozent Coffein in der Trockenmasse.

8. Tee und aromatisierter Tee enthalten mindestens 32 Prozent wasserlösliche Teebestandteile in der Trockenmasse, Tee türkischer oder russischer Herkunft jedoch mindestens 26 Prozent.

9. Zubereitungen aus Lebensmitteln mit Tee-Extrakten zur Herstellung von Teegetränken enthalten mindestens 0,12 g Trockenmasse von Tee-Extrakten in 100 ml des nach Gebrauchsanweisung hergestellten Getränkes.

D. Bezeichnung und Aufmachung

Für Erzeugnisse, die mindestens den folgenden Beurteilungsmerkmalen entsprechen, sind die kursiv gedruckten Verkehrsbezeichnungen üblich.

1. Tee

   Tee, Schwarzer Tee ist fermentierter Tee, dessen Blätter nach den üblichen Verfahren wie Welken, Rollen, Fermentieren, Zerkleinern, Trocknen bearbeitet sind.

   Oolong Tee ist halbfermentierter Tee, dessen Blätter nach den üblichen Verfahren wie Welken, Rollen bearbeitet sind und, nachdem die Fermentation etwa nach Ablauf der Hälfte der üblichen Zeit abgebrochen wurde, getrocknet worden sind.

   Grüner Tee ist unfermentierter Tee, dessen Blätter blanchiert, gerollt und getrocknet sind und dessen natürlicher Blattfarbstoff weitgehend erhalten ist.

Die Verkehrsbezeichnung kann durch handelsübliche Bezeichnungen zur Unterscheidung der Beschaffenheit ergänzt sein. Auf eine Entcoffeinierung wird nur hingewiesen, wenn die Trockenmasse nicht mehr als 0,4 Prozent Coffein enthält.

Geographische Hinweise werden nur verwendet, wenn der Tee ausschließlich aus dem angegebenen Herkunftsgebiet stammt. Ein Hinweis auf ein Land oder eine Region ohne eigenen Teeanbau ist keine Herkunftsangabe, zum Beispiel *Ostfriesische Mischung, Englische Mischung.*

Bei Mischungen von Tees unterschiedlicher Herkunft wird die Verkehrsbezeichnung durch das Wort Mischung ergänzt. Ein geographischer Hinweis wird nur dann verwendet, wenn der Anteil aus dem bezeichneten Herkunftsgebiet mehr als die Hälfte beträgt und die Eigenart der Mischung bestimmt, zum Beispiel *Assam-Teemischung*.

2. Aromatisierter Tee

Aromatisierter Tee wird als Tee, *aromatisiert, Aromatisierter Tee, Aromatisierter Schwarzer Tee* oder *Schwarzer Tee, aromatisiert* bezeichnet. Auf die Geschmacksrichtung wird hingewiesen, zum Beispiel *Aromatisierter Tee* – Wildkirsche.

Die Verkehrsbezeichnung kann durch handelsübliche Bezeichnungen zur Unterscheidung der Beschaffenheit ergänzt sein. Auf eine Entcoffeinierung wird nur hingewiesen, wenn die Trockenmasse nicht mehr als 0,4 Prozent Coffein enthält.

Bildliche Darstellungen entsprechen dem Erzeugnis.

Werden zur Beschreibung der Geschmacksrichtung bildliche Darstellungen verwendet, aber ausschließlich oder überwiegend Aromen eingesetzt, dann wird dies in Verbindung mit der Abbildung durch eine deutlich erkennbare Angabe wie „mit ...-Geschmack“ oder „mit ...-Aroma“ kenntlich gemacht.

Bei Mischungen von aromatisierten Tees unterschiedlicher Herkunft wird die Verkehrsbezeichnung durch das Wort Mischung ergänzt, zum Beispiel *Aromatisierte Teemischung* oder *Teemischung, aromatisiert*.

3. Teeähnliche Erzeugnisse

Teeähnliche Erzeugnisse werden mit der Art der verwendeten Pflanzen oder Pflanzenteile, auch in Verbindung mit dem Wort *Tee*, bezeichnet, wenn das betreffende Erzeugnis von einer einzigen Pflanzenart stammt, zum Beispiel *Pfefferminze* oder *Pfefferminztee*, oder aus zwei Pflanzenarten hergestellt ist, zum Beispiel *Hagebutte mit Hibiskus* oder *Hagebuttentee mit Hibiskus*. Wenn teeähnliche Erzeugnisse aus mehreren Pflanzenarten hergestellt sind, werden auch Sammelbezeichnungen in Verbindung mit dem Wort Tee verwendet, zum Beispiel *Kräutertee, Früchtetee* oder *teeähnliches Erzeugnis*. Wenn darin eine Pflanzenart – ausgenommen Tee – mehr als die Hälfte des Gewichtes ausmacht und die Eigenart bestimmt, wird die Mischung nach dieser Pflanzenart in Verbindung mit dem Wort Mischung bezeichnet, zum Beispiel *Melissenmischung* oder *Melissentee-Mischung*.

Bildliche Darstellungen entsprechen dem Erzeugnis.

Wird auf die Mitverwendung von Tee hingewiesen, so wird der Gehalt an Tee in Prozent des Erzeugnisses angegeben.

4. Aromatisierte teeähnliche Erzeugnisse

Aromatisierte teeähnliche Erzeugnisse werden wie teeähnliche Erzeugnisse unter Hinweis auf die Aromatisierung bezeichnet, zum Beispiel *Kräutertee, aromatisiert* oder *Früchtetee, aromatisiert*. Auf die Geschmacksrichtung wird hingewiesen, zum Beispiel *Aromatisierter Kräutertee* – Schwarze Johannisbeere.

Bildliche Darstellungen entsprechen dem Erzeugnis.

Werden zur Beschreibung der Geschmacksrichtung bildliche Darstellungen verwendet, aber ausschließlich oder überwiegend Aromen eingesetzt, dann wird dies in Verbindung mit der Abbildung durch eine deutlich erkennbare Angabe wie „mit ...-Geschmack“ oder „mit ...-Aroma“ kenntlich gemacht.

Wird auf die Mitverwendung von Tee hingewiesen, so wird der Gehalt an Tee in Prozent des Erzeugnisses angegeben.

5. Tee-Extrakte

Tee-Extrakte werden als *Tee-Extrakt* bezeichnet. Auf eine Entcoffeinierung wird nur hingewiesen, wenn die Trockenmasse nicht mehr als 1,2 Prozent Coffein enthält.

Auf eine Verbesserung der Kaltwasserlöslichkeit kann durch die zusätzliche Angabe „kaltwasserlöslich“ hingewiesen werden.

6. Aromatisierte Tee-Extrakte

Aromatisierte Tee-Extrakte werden wie Tee-Extrakte unter Hinweis auf die Aromatisierung bezeichnet, zum Beispiel *Aromatisierter Tee-Extrakt* oder *Tee-Extrakt, aromatisiert*. Auf die Geschmacksrichtung wird hingewiesen, zum Beispiel *Aromatisierter Tee-Extrakt* – Citrone.

Auf eine Entcoffeinierung wird nur hingewiesen, wenn die Trockenmasse nicht mehr als 1,2 Prozent Coffein enthält. Auf eine Verbesserung der Kaltwasserlöslichkeit kann durch die zusätzliche Angabe „kaltwasserlöslich" hingewiesen werden.

7. Extrakte aus teeähnlichen Erzeugnissen

Extrakte aus teeähnlichen Erzeugnissen werden mit der Art der verwendeten Pflanzen oder Pflanzenteile in Verbindung mit den Worten *Extrakt aus ...* oder *...-Extrakt* bezeichnet, wenn der betreffende Extrakt von einer einzigen Pflanzenart stammt, zum Beispiel *Extrakt aus Pfefferminze* oder *Pfefferminzextrakt*, oder aus zwei Pflanzenarten hergestellt ist, zum Beispiel *Hagebutten-Hibiskus-Extrakt*.

Wenn solche Extrakte aus mehreren Pflanzenarten hergestellt sind, werden auch Sammelbezeichnungen in Verbindung mit den Worten *Extrakt aus ...* oder *... Extrakt* verwendet. Wenn darin eine Pflanzenart – ausgenommen Tee – mehr als die Hälfte ausmacht und die Eigenart bestimmt, wird der Extrakt nach dieser Pflanzenart in Verbindung mit dem Wort *Mischung* bezeichnet, zum Beispiel *Extrakt aus Melissenmischung*.

Bildliche Darstellungen entsprechen dem Erzeugnis.

Auf eine Verbesserung der Kaltwasserlöslichkeit kann durch die zusätzliche Angabe „kaltwasserlöslich" hingewiesen werden.

8. Aromatisierte Extrakte aus teeähnlichen Erzeugnissen

Aromatisierte Extrakte aus teeähnlichen Erzeugnissen werden wie Extrakte aus teeähnlichen Erzeugnissen unter Hinweis auf die Aromatisierung bezeichnet, zum Beispiel *Aromatisierter Extrakt aus Melisse* oder *Extrakt aus Melisse, aromatisiert*.

Auf die Geschmacksrichtung wird hingewiesen, zum Beispiel *Aromatisierter Extrakt aus Pfefferminze* – Citrone.

Bildliche Darstellungen entsprechen dem Erzeugnis.

Werden zur Beschreibung der Geschmacksrichtung bildliche Darstellungen verwendet, aber ausschließlich oder überwiegend Aromen eingesetzt, dann wird dies in Verbindung mit der Abbildung durch eine deutlich erkennbare Angabe wie „mit ...-Geschmack" oder „mit ...-Aroma" kenntlich gemacht.

Auf eine Verbesserung der Kaltwasserlöslichkeit kann durch die zusätzliche Angabe „kaltwasserlöslich" hingewiesen werden.

9. Zubereitungen aus Lebensmitteln mit Tee-Extrakten und mit Extrakten aus teeähnlichen Erzeugnissen

   Sie werden als *Zubereitung für Teegetränke* bzw. *Zubereitung für teeähnliche* Getränke bezeichnet. Auf die Geschmacksrichtung wird hingewiesen.

II. Besondere Beurteilungsmerkmale für übliche teeähnliche Erzeugnisse

Teeähnliche Erzeugnisse, die mit den folgenden, kursiv gedruckten Verkehrsbezeichnungen in den Verkehr gebracht werden, bestehen aus den jeweils danach genannten Pflanzenteilen.

1. *Brennesseltee, Brennessel*

   Die ganzen oder zerkleinerten, getrockneten Blätter und Teile der oberen Sproßsachse von Urtica dioica L., gelegentlich auch von Urtica urens L. aus der Familie der Brennesselgewächse (Urticaceen).

2. *Fencheltee, Fenchel*

   Die meist in die beiden Teilfrüchte zerfallenen, ganzen oder zerkleinerten, getrockneten Früchte von Foeniculum vulgare Mill. ssp. vulgare aus der Familie der Doldengewächse (Apiaceen oder Umbelliferen), oft mit Resten von Griffel, Fruchtstiel und Karpophor.

3. *Hagebuttentee, Hagebutten*

   Die ganzen oder zerkleinerten Hagebuttenschalen, die aus dem getrockneten Achsenbecher der Scheinfrucht verschiedener Arten der Gattung Rosa L. aus der Familie der Rosengewächse (Rosaceen) bestehen, weitgehend ohne Härchen des Blütenbodens und mit einem Anteil von höchstens 10 Prozent an Früchtchen.

4. *Hibiskusblütentee, Hibiskusblüten, Hibiskus*

   Die ganzen oder zerkleinerten, zur Fruchtzeit geernteten und getrockneten Kelche und Außenkelche von Hibiscus sabdariffa L. aus der Familie der Malvengewächse (Malvaceen).

5. *Kamillentee, Kamille*

   Die ganzen oder zerkleinerten, getrockneten Blütenk.pfchen von Matricaria recutita L. (Chamomilla recutita [L.] Rauschert) aus der Familie der Korbblütler (Asteraceen oder Compositen), mit technisch unvermeidbaren Anteilen an weiteren oberirdischen Pflanzenteilen.

6. *Krauseminzetee, Krauseminze*

   Die ganzen oder zerkleinerten, getrockneten oberen Sproßachsen von Varietäten von Mentha spicata L. var. crispa aus der Familie der Lippenblütler (Lamiaceen).

7. *Lemongrastee, Lemongras, Citronengrastee, Citronengras*

   Die ganzen oder zerkleinerten, getrockneten Blätter von Cymbopogon flexuosus W. Watson und anderen Cymbopogon-Arten aus der Familie der Gräser (Poaceen).

8. *Lindenblütentee, Lindenblüten*

   Die ganzen oder zerkleinerten, getrockneten Blütenst.nde (Hochblätter und Blüten) von Tilia cordata Miller, Tilia platyphyllos Scop. und/oder anderer Tilia-Arten aus der Familie der Lindengewächse (Tiliaceen).

9. *Mate, Paraguaytee*

   Die getrockneten, gerösteten oder ungerösteten, zerkleinerten Blätter und Teile von Sproßachsen des Mate-Baumes Ilex paraguariensis St. Hil. aus der Familie der Stechpalmengewächse (Aquifoliaceen).

10. *Melissentee, Melisse*

    Die ganzen oder zerkleinerten, getrockneten Blätter und Teile der oberen Sproßachse von Melissa officinalis L. aus der Familie der Lippenblütler (Lamiaceen).

11. *Orangenblättertee, Orangenblätter*

    Die ganzen oder zerkleinerten, getrockneten Blätter und Blattstiele bestimmter Varietäten von Citrus aurantium L. aus der Familie der Rautengewächse (Rutaceen).

12. *Orangenblütentee, Orangenblüten*

    Die ganzen oder zerkleinerten, getrockneten Blütenknospen und Blütenblätter bestimmter Varietäten von Citrus aurantium L. aus der Familie der Rautengewächse (Rutaceen).

13. *Pfefferminztee, Pfefferminze*

    Die ganzen oder zerkleinerten, getrockneten Blätter und Teile der oberen Sproßachse von Varietäten von Mentha[x]piperita L. aus der Familie der Lippenblütler (Lamiaceen).

14. *Verbenentee, Verbena, Citronen-Verbenatee*

Die ganzen oder zerkleinerten, getrockneten Blätter und oberen Sproßabschnitte von Aloysia triphylla (L'Herit.) Britt., syn. Lippia triphylla (L'Herit.) O. Kuntze, syn. Lippia citriodora (Lam.) H. B. K., syn. Verbena triphylla L'Hérit. aus der Familie der Eisenkrautgewächse (Verbenaceen).

Anlage

Zahlenwerte für den Gehalt an säureunlöslicher Asche in der Trockenmasse (i. T.) und für den Massenverlust, die bei Tee, aromatisiertem Tee und teeähnlichen Erzeugnissen in der Regel nicht überschritten werden.

Verkehrsbezeichnung	**Säureunlösliche Asche % i. T.**	**Massenverlust %**
Tee	1,0	8
Aromatisierter Tee	1,0	10
Teeähnliche Erzeugnisse		
Brennesseltee	5,0	14
Fencheltee	2,5	12
Hagebuttentee	1,5	14
Hibiskusblütentee	2,5	15
Kamillentee	2,5	13
Krauseminzetee	2,5	13
Lemongras	5,0	11
Lindenblütentee	2,5	13
Mate	1,0	10
Melissentee	2,5	13
Orangenblättertee	3,0	12
Orangenblütentee	2,5	12
Pfefferminztee	2,5	13
Verbenentee	3,5	12

[1] Zur Qualität des verwendeten Wassers siehe Verordnung über die Verwendung von Extraktionslösungsmitteln und anderen technischen Hilfsstoffen bei der Herstellung von Lebensmitteln vom 8. November 1991 (BGBl. I S. 2100) in der jeweils geltenden Fassung.

[2] Amtliche Sammlung von Untersuchungsverfahren nach § 64 LFGB, Herausgeber: Bundesamt für Verbraucherschutz und Lebensmittelsicherheit, Beuth Verlag GmbH, Berlin.

[3] § 5 der Lebensmittel-Kennzeichnungsverordnung in der Fassung der Bekanntmachung vom 15. Dezember 1999 (BGBl. I S. 2464) in der jeweils geltenden Fassung.

[4] Aromenverordnung in der Fassung der Bekanntmachung vom 2. Mai 2006 (BGBl. I S. 1127) in der jeweils geltenden Fassung, Verordnung (EG) Nr. 1334/2008 des Europäischen Parlaments und des Rates vom 16. Dezember 2008 über Aromen und bestimmte Lebensmittelzutaten mit Aromaeigenschaften zur Verwendung in und auf Lebensmitteln sowie zur Änderung der Verordnungen (EWG) Nr. 1601/91 des Rates, der Verordnung (EG) Nr. 2232/96 und (EG) Nr. 110/2008 und der Richtlinie 2000/13/EG (ABl. L 354 vom 31.12.2008, S. 34, ABl. 2010 L 105, S. 115) in der jeweils geltenden Fassung, soweit nach Artikel 30 anwendbar.

[5] Verordnung über Fruchtsaft, einige ähnliche Erzeugnisse, Fruchtnektar und koffeinhaltige Erfrischungsgetränke vom 24. Mai 2004 (BGBl. I S. 1016), in der jeweils geltenden Fassung.

[6] Teil E des Anhangs II der Verordnung (EG) Nr. 1333/2008 des Europäischen Parlaments und des Rates vom 16. Dezember 2008 über Lebensmittelzusatzstoffe (ABl. L 354 vom 31.12.2008, S. 16) in der jeweils geltenden Fassung.

[7] ISO 6079.

Leitsätze für Teigwaren

I. Allgemeine Beurteilungsmerkmale

A. Begriffsbestimmungen und Herstellung

1. Teigwaren im Sinne dieser Leitsätze sind beliebig geformte Erzeugnisse, die aus Getreidemahlerzeugnissen mit oder ohne Verwendung von Hühnereiern und/oder anderen Zutaten durch Einteigen, Formen und Trocknen ohne Anwendung eines Gärungs- oder Backverfahrens hergestellt werden. Sie werden zuweilen vor dem Trocknen mit heißem Wasser oder Wasserdampf behandelt.

   Dazu gehören auch Instant-Teigwaren, ausgenommen fritierte Erzeugnisse.

2. Frische Teigwaren (Frischteigwaren und Nudelteig) sind Teigwaren, die bei der Herstellung nicht getrocknet oder lediglich angetrocknet werden. Sie werden zuweilen mit heißem Wasser oder mit Wasserdampf behandelt, auch pasteurisiert und gekühlt oder tiefgefroren.

3. Ei

   a) Vollei

      Vollei im Sinne dieser Leitsätze ist die aus dem Inhalt frisch aufgeschlagener Hühnereier gewonnene Eimasse oder handelsübliches pasteurisiertes Vollei mit einem Trockenmassegehalt von mindestens 23 Prozent.

      Vollei wird auch in getrockneter Form verwendet.

   b) Eigelb

      Eigelb im Sinne dieser Leitsätze ist das aus dem Inhalt frisch aufgeschlagener Hühnereier abgetrennte Eigelb oder handelsübliches pasteurisiertes Eigelb mit einem Trockenmassegehalt von mindestens 48 Prozent.

   Eigelb wird auch in getrockneter Form verwendet.

4. Prozentangaben beziehen sich auf das Gewicht.

B. Beschaffenheitsmerkmale

1. Der Wassergehalt (Feuchte), ausgenommen bei frischen Teigwaren (Frischteigwaren und Nudelteig), beträgt höchstens 13 Prozent.
2. Der Gehalt an Speisesalz (Natriumchlorid) beträgt höchstens 1 Prozent.
3. Als Zutaten werden üblicherweise verwendet:
   a) Getreidemahlerzeugnisse aus Hartweizen, Weichweizen, Dinkel, Roggen,
   b) Mahlerzeugnisse aus Buchweizen, Gerste, Hafer, Hirse, Mais, Reis, Triticale für Mehrkorn-Teigwaren,
   c) Speisesalz, jodiertes Speisesalz, Meersalz,
   d) Vollei, Eigelb, Eiklar, auch tiefgefroren oder getrocknet,
   e) Milch, Milchpulver jeweils in verschiedenen Fettgehaltsstufen,
   f) Gemüse, Kräuter, Pilze in geeigneter Zubereitung (z. B. Mark, Saft, Pulver, Konzentrat) sowie Gewürze,
   g) färbende Lebensmittel,
   h) Weizengluten,
   i) Milcheiweißerzeugnisse,
   j) Sojaerzeugnisse,
   k) Trinkwasser.

C. Bezeichnung und Aufmachung

Für Erzeugnisse, die mindestens den folgenden Beurteilungsmerkmalen entsprechen, sind die kursiv gedruckten Verkehrsbezeichnungen üblich.

Teigwaren, die nicht mindestens den verkehrsüblichen Eigehalt aufweisen, werden als *Teigwaren, Nudeln* oder *Pasta*, auch in Wortverbindungen (z. B. *Bandnudeln*) oder je nach Form, z. B. als *Spätzle, Makkaroni, Spaghetti*, bezeichnet; gleiches gilt für *Nudelteig*. Bei frischen Teigwaren wird das Wort „frisch" in die Verkehrsbezeichnung einbezogen.

Bei Teigwaren und frischen Teigwaren, die mindestens den verkehrsüblichen Eigehalt aufweisen, wird in der Verkehrsbezeichnung das Wort „*Eier*" vorangestellt.

Bei Teigwaren und frischen Teigwaren mit besonderen Zutaten (z. B. Gemüse, Spinat), die den Charakter des Erzeugnisses bestimmen, werden diese als Bestandteil der Verkehrsbezeichnung aufgeführt.

Wenn auf „Frischei“ hingewiesen wird, werden ausschließlich Hühnereier mit Merkmalen der Güteklasse A verwendet, die im Herstellerbetrieb aufgeschlagen und in frischem Zustand verarbeitet worden sind.

Die Bezeichnung „Frischei“ kann auch für Vollei aus Hühnereiern mit Merkmalen der Güteklasse A aus nach der Eiprodukte-Verordnung*) zugelassenen Betrieben verwendet werden, wenn die Eiprodukte dort durch Pasteurisierung vorbehandelt, bei Temperaturen von höchstens 4 °C entsprechend der Eiprodukte-Verordnung gelagert und befördert, innerhalb von 24 Stunden an die Teigwarenhersteller geliefert und dort kurzfristig verarbeitet werden.

II. Besondere Beurteilungsmerkmale

1. *Eier-Teigwaren,* z. B. *Eier-Nudeln, Eier-Pasta, Eier-Spätzle*, enthalten mindestens 100 g Vollei oder die entsprechende Menge Eigelb oder die entsprechende Menge Vollei- und/oder Eigelbprodukte auf 1 kg Getreidemahlerzeugnisse.

2. *Eier-Teigwaren* mit verbalen oder bildlichen Hinweisen auf hohen Eigehalt, z. B. *Eier-Teigwaren mit 4 Eiern, Hausmacher Eier-Nudeln, Hausmacher Eier-Spätzle,* enthalten mindestens 200 g Vollei oder die entsprechende Menge Eigelb oder die entsprechende Menge Vollei- und/oder Eigelbprodukte auf 1 kg Getreidemahlerzeugnisse.

3. *Eier-Teigwaren* mit verbalen oder bildlichen Hinweisen auf besonders hohen Eigehalt, z. B. *Eier-Teigwaren mit 6 Eiern,* enthalten mindestens 300 g Vollei oder die entsprechende Menge Eigelb oder die entsprechende Menge Vollei- und/oder Eigelbprodukte auf 1 kg Getreidemahlerzeugnisse.

4. *Gemüse-Teigwaren* und *Kräuter-Teigwaren* enthalten Gemüse oder Kräuter in einer Menge, die die Farbe und den Geschmack bestimmt.

5. Bei *Vollkorn-Teigwaren* besteht der Anteil an Getreidemahlerzeugnissen ausschließlich aus Vollkornmahlerzeugnissen.

6. *Mehrkorn-Teigwaren (z. B. Dreikorn-Teigwaren, Vierkorn-Teigwaren)* werden aus mindestens einem Getreidemahlerzeugnis nach Abschnitt I B Nr. 3 Buchstabe a sowie aus mindestens einem Mahlerzeugnis nach Abschnitt I B Nr. 3 Buchstabe b, insgesamt aus mindestens drei verschiedenen Mahlerzeugnissen, hergestellt. Jedes Mahlerzeugnis ist mindestens mit 5 Prozent enthalten.

---

*) Verordnung über die hygienischen Anforderungen an Eiprodukte vom 17. Dezember 1993 (BGBl. I S. 2288) in der jeweils geltenden Fassung.

7. *Hartweizen-Teigwaren, Weichweizen-Teigwaren, Dinkel-Teigwaren, Roggen-Teigwaren* enthalten an Getreidemahlerzeugnissen ausschließlich die namengebende Getreideart.

8. *Soja-Teigwaren* enthalten mindestens 100 g Sojaerzeugnisse auf 1 kg Getreidemahlerzeugnisse.

Leitsätze für weinähnliche und schaumweinähnliche Getränke

I. Allgemeine Beurteilungsmerkmale

A. Begriffsbestimmungen

Die in diesem Leitsatz beschriebenen Erzeugnisse sind zum unmittelbaren Verzehr geeignete, alkoholhaltige Getränke, die durch teilweise oder vollständige alkoholische Gärung aus Fruchtsaft[1)] oder Fruchtmark[1)], jeweils auch in konzentrierter Form, oder aus der Maische von frischen oder mit Kälte haltbar gemachten Früchten – ausgenommen Weintrauben –, auch in Mischung untereinander, oder aus frischen oder mit Kälte haltbar gemachten Rhabarberstengeln oder aus Honig[2)] hergestellt werden[3)]. Dabei werden unterschieden:

1. Apfel-/Birnenwein sind Erzeugnisse aus Äpfeln bzw. Birnen, auch nur teilweise vergoren.
2. Most nach Landesbrauch ist ein Erzeugnis aus Äpfeln und/oder Birnen, das unter Verwendung von höchstens einem Drittel Wasser hergestellt wird.
3. Apfel-/Birnentischwein ist unter Verwendung von Zuckerarten[4)] hergestellter Apfel- bzw. Birnenwein, der mindestens 8 % vol und höchstens 11 % vol vorhandenen Alkohol enthält.
4. Apfel-/Birnendessertwein ist unter Verwendung von Zuckerarten[4)] hergestellter Apfel- bzw. Birnenwein, der mindestens 12 % vol vorhandenen Alkohol enthält.
5. Apfel-/Birnenperlwein ist Apfel- bzw. Birnenwein, auch nur teilweise vergoren, mit einem Überdruck an Kohlensäure von mindestens 1 bar und höchstens 2,5 bar.
6. Apfel-/Birnenschaumwein ist Apfel- bzw. Birnenwein, auch nur teilweise vergoren, mit einem Überdruck an Kohlensäure von mindestens 3 bar.
7. Fruchtwein ist ein Erzeugnis aus anderen Früchten als Äpfeln bzw. Birnen, das unter Verwendung von Zuckerarten[4)] und Wasser hergestellt wird. Es enthält höchstens 25 Volumenprozent Apfel- und/oder Birnenwein.
8. Fruchtdessertwein ist Fruchtwein, der mindestens 12 % vol vorhandenen Alkohol enthält.

9. Fruchtperlwein ist Fruchtwein mit einem Überdruck an Kohlensäure von mindestens 1 bar und höchstens 2,5 bar.

10. Fruchtschaumwein ist Fruchtwein mit einem Überdruck an Kohlensäure von mindestens 3 bar.

11. Rhabarberwein ist ein Erzeugnis aus Rhabarberstengeln, das unter Verwendung von Zuckerarten[4)] und Wasser hergestellt wird.

12. Honigwein ist ein Erzeugnis, das aus einem Gewichtsteil Honig mit höchstens zwei Gewichtsteilen Wasser ohne Zusatz von Zuckerarten[4)] oder anderen süßenden Zutaten hergestellt wird.

13. Honigschaumwein ist ein Erzeugnis aus Honigwein mit einem Überdruck an Kohlensäure von mindestens 3 bar.

14. Weiterverarbeitete Erzeugnisse werden aus den Erzeugnissen der Nummern 1 bis 13 unter Verwendung von Wasser und Zuckerarten[4)] sowie von Fruchtsäften und/oder Fruchtsaftkonzentraten, auch aus anderen als bei der Geschmacksangabe erwähnten Fruchtarten und ggf. anderen Getränken hergestellt.

B. Herstellung

1. Die zur Herstellung verwendeten Früchte sind in geeignetem Reifezustand geerntet, unverdorben, ungetrocknet und nicht chemisch konserviert.

2. Zur Herstellung und Haltbarmachung dienen folgende Verfahren, auch in Kombination:

   - Filtrieren mit Filterhilfsstoffen oder ohne Filterhilfsstoffe,
   - Zentrifugieren,
   - Homogenisieren,
   - Thermische Behandlung,
   - Luft- und Sauerstoffbehandlung,
   - Verwendung von Kohlendioxid, Argon, Helium oder Stickstoff, auch in Gemischen, zur Herstellung einer inerten Atmosphäre zum Schutz des Erzeugnisses.

3. Zur Herstellung aller Erzeugnisse sind üblich:

   - Fruchtsaft und/oder Fruchtmark, jeweils auch in konzentrierter Form, und/oder die Maische von frischen Früchten,

- gesunde, frische, flüssige Hefe von weinähnlichen Getränken, flüssige Reinhefe oder Trockenhefe. Sie wird nicht unter Verwendung von Traubenmost oder Wein vermehrt,
- Zuckerarten[4)],
- Ammoniumchlorid, Diammoniumphosphat oder Ammoniumsulfat jeweils bis zu 30 g/hl, Heferindenzubereitung bis zu 40 g/hl, Thiaminhydrochlorid bis zu 60 mg/hl (berechnet als Thiamin) zur Anregung und Förderung der Hefebildung und damit der alkoholischen Gärung.
- Pektin bis zu 3 g/l,
- Schwefeldioxid oder Kaliummetabisulfit bis zu 200 mg/l im fertigen Erzeugnis, berechnet als SO_2 ,
- Sorbinsäure oder Kaliumsorbat bis zu 200 mg/l, berechnet als freie Säure,
- Äpfelsäure, Milchsäure und/oder Citronensäure bis zu insgesamt 3 g/l,
- Zuckerkulör zur Farbkorrektur,
- Kohlendioxid,
- zur Klärung (Schönung) die folgenden Stoffe:
  - a) Gelatine[5)], Kasein und Kaliumkaseinate,
  - b) Bentonit[5)],
  - c) Aktivkohle[5)] zu Schönungszwecken,
  - d) Kieselsäure/Siliciumdioxid,
  - e) zugelassene Filterhilfsstoffe,
  - f) Polyvinylpolypyrrolidon (PVPP)[6)].

Der Zusatz anderer als der erwähnten Zusatzstoffe ist nicht üblich.

4. Zur Herstellung von Apfel-/Birnenwein, Apfel-/Birnenperlwein und Apfel-/Birnenschaumwein werden zusätzlich verwendet:
   - Für Apfel-/Birnenwein: außer Zuckerarten auch Iso-Glucose, insgesamt aber nur bis zur Erreichung eines Mostgewichtes von höchstens 55 Grad Oechsle, sowie Süßstoffe.
   - Für Apfelwein: ggf. Speierling (Sorbus domestica L.), Eberesche und/oder Quitte.

5. Zur Herstellung von Apfel-/Birnentischwein und Apfel-/Birnendessertwein werden zusätzlich verwendet:

   - Iso-Glucose oder Honig,
   - Wasser oder ein wässriger Auszug der Pressrückstände in der technisch erforderlichen Menge, sofern dadurch nicht mehr Wasser hinzukommt, als einem Zehntel der gesamten Flüssigkeit entspricht.

6. Zur Herstellung von Fruchtwein, Fruchtperlwein, Fruchtschaumwein, Fruchtdessertwein und Rhabarberwein werden zusätzlich verwendet:

   - Iso-Glucose oder Honig,
   - Wasser oder ein wässriger Auszug der Pressrückstände in der technisch erforderlichen Menge.

7. Zur Herstellung von Honigwein und Honigschaumwein werden zusätzlich verwendet:

   - Hopfen,
   - Gewürze.

   Abweichend von Nummer 3 wird nur Citronensäure bis zu 3 g/l verwendet.

8. Zur Herstellung von weiterverarbeiteten Erzeugnissen werden zusätzlich verwendet:

   - natürliche aromatische und würzende Stoffe wie Kräuter, Ingwer, Zimt, Nelken, Citrusfrüchte und/oder Aromen[7)],
   - andere Getränke,
   - Zusatzstoffe[8)].

C. Beschaffenheitsmerkmale

1. Ein Überschuss an Kohlensäure ist wertbestimmend für Apfel-/Birnenperlwein und Apfel-/Birnenschaumwein, auch teilvergoren, sowie für Fruchtperlwein und Fruchtschaumwein. Ihr Gehalt wird berechnet als der Überdruck in einem geschlossenen Behältnis, der bei 20 °C gemessen wird und auf gelöstes Kohlendioxid zurückgeht. Andere Erzeugnisse, bei denen der Gehalt an Kohlensäure nicht wertbestimmend ist, enhalten höchstens 1 bar Überdruck an Kohlendioxid.

2. Erzeugnisse kommen auch in alkoholreduzierter oder alkoholfreier Form in den Verkehr. Alkoholreduzierte Erzeugnisse enthalten über 0,5 % vol und höchstens 4 % vol vorhandenen Alkohol, alkoholfreie Erzeug-

nisse höchstens 0,5 % vol vorhandenen Alkohol. Die Verminderung des Alkoholgehaltes erfolgt ausschließlich mit physikalischen Verfahren (thermische Prozesse, Membranprozesse, bei deren Anwendung eine Volumenverminderung des Erzeugnisses von höchstens 25 % eintreten darf, oder Extraktion mit flüssigem Kohlendioxid). Zusätzliches Wasser wird bei der Herstellung nicht zugesetzt.

3. Der zuckerfreie Extrakt wird berechnet aus dem Gesamtextrakt in g/l minus dem Zuckergehalt plus 1. Eventuell zugesetzte Fruchtsäuren werden bei der Berechnung des maßgebenden zuckerfreien Extraktes auf die Dichte bezogen vorher substrahiert.

4. Bei Erzeugnissen gemäß Abschnitt I A Nr. 1 bis 13 werden nur Erzeugnisse aus der gleichen Fruchtart oder Honig zugefügt, die vergoren worden sind.

5. Alle Zutaten werden ggf. in jedem Stadium der Herstellung zugefügt.

D. Bezeichnung und Aufmachung

1. Volumina über 200 ml Apfel-/Birnenschaumwein, auch teilvergoren, Fruchtschaumwein und Honigschaumwein kommen in drucksicheren Flaschen mit Schaumweinstopfen in den Verkehr, die durch Schnur, Draht oder Bügel gesichert sind. Für Flaschen mit einem Volumen von 200 ml und darunter ist auch ein Schraubverschluss oder Kronenkorken üblich.

2. Die Verkehrsbezeichnung ist die in diesen Leitsätzen durch Kursivdruck hervorgehobene Bezeichnung. Sie wird sowohl als zusammengesetztes Wort als auch mit Bindestrich geschrieben, z. B. *Fruchtperlwein* oder *Frucht-Perlwein*.

3. Üblich sind folgende Bezeichnungen zur Kennzeichnung des Restzucker gehaltes:
   „brut", „herb" bei weniger als 15 g/l Restzucker,
   „trocken", „sec", „secco" bei 15 g/l – 35 g/l Restzucker,
   „halbtrocken", „demi-sec", „semi-secco" bei 33 g/l – 50 g/l Restzucker
   „mild", „doux", „sweet" bei mehr als 50 g/l Restzucker.

4. Bei Erzeugnissen aus einer Fruchtart wird ggf. die Fruchtart in Verbindung mit „...-wein", „...-perlwein" oder „...-schaumwein" anstelle der Erzeugnisgruppe angegeben. Nicht berücksichtigt wird bei der Herstellung von Apfelwein ein Anteil von höchstens 5 Volumenprozent Birnensaft oder Birnenwein sowie bei der Herstellung von Fruchtwein ein Anteil von höchstens 2 Volumenprozent eines anderen Fruchtsaftes oder Apfel-/Birnenweines oder Fruchtweines zur Geschmacks- und Farbkorrektur.

5. Bezeichnungen wie „Beerenwein", bzw. „Beeren-Schaumwein" sind üblich, soweit das Erzeugnis ausschließlich aus Beeren hergestellt ist.

6. Besteht ein Erzeugnis aus mehreren Fruchtarten und/oder Honig, werden diese ggf. in Verbindung mit „...-wein", „...-perlwein" oder „...-schaumwein" anstelle der Erzeugnisgruppe angegeben. In diesem Fall werden die Fruchtarten einschließlich Honig vollständig und in der Reihenfolge abnehmender Anteile genannt.

7. Bei alkoholreduzierten Erzeugnissen wird die Verkehrsbezeichnung je nach dem noch vorhandenen Alkoholgehalt durch die Angaben *alkoholreduziert* oder *alkoholfrei* ergänzt. Üblich sind zusätzlich auch *leicht* oder *light* für alkoholreduzierte Erzeugnisse.

8. Der zusätzliche Geschmackshinweis „Speierling" deutet auf einen gerbstoff- und säurebetonten Apfelwein hin.

9. Neben der Verkehrsbezeichnung ist die bildliche Darstellung der verwendeten Frucht bzw. Früchte üblich.

10. Weiterverarbeitete Erzeugnisse mit bildlichen Darstellungen von Zutaten, die durch Verwendung von Aromen ganz oder teilweise ersetzt wurden, tragen im Hauptsichtfeld einen Hinweis darauf, z. B. „aromatisiert" oder „mit Aroma".

II. Besondere Beurteilungsmerkmale

A. Erzeugnisse aus Äpfeln oder Birnen

1. *Apfelwein, Birnenwein* enthält
   - mindestens 5 % vol vorhandenen Alkohol,
   - mindestens 18 g/l zuckerfreien Extrakt[9)],
   - mindestens 3 g/l nichtflüchtige Säure, berechnet als Weinsäure,
   - höchstens 1,0 g/l flüchtige Säure, berechnet als Essigsäure.

2. *Schwäbischer Most, Württemberger Most, Badischer Most, Most aus ...* enthält
   - mindestens 4 % vol vorhandenen Alkohol,
   - mindestens 12 g/l zuckerfreien Extrakt[9)],
   - mindestens 3 g/l nichtflüchtige Säure, berechnet als Weinsäure,
   - höchstens 1,0 g/l flüchtige Säure, berechnet als Essigsäure.

3. *Apfelwein teilvergoren, teilvergorener Apfelwein, Apfel-Cidre, Birnenwein teilvergoren, teilvergorener Birnenwein, Birnen-Cidre* wird durch nur teilweise alkoholische Gärung hergestellt. Er enthält
   - mindestens 2 % vol bis 4,5 % vol vorhandenen Alkohol,
   - mindestens 16 g/l zuckerfreien Extrakt[9],
   - mindestens 4 g/l nichtflüchtige Säure, berechnet als Weinsäure,
   - höchstens 1,0 g/l flüchtige Säure, berechnet als Essigsäure.
4. *Apfeltischwein, Birnentischwein* enthält
   - mindestens 8 % vol und höchstens 11 % vol vorhandenen Alkohol,
   - mindestens 16 g/l zuckerfreien Extrakt[9],
   - mindestens 4 g/l nichtflüchtige Säure, berechnet als Weinsäure,
   - höchstens 1,0 g/l flüchtige Säure, berechnet als Essigsäure.
5. *Apfeldessertwein, Birnendessertwein* enthält
   - mindestens 12 % vol vorhandenen Alkohol,
   - mindestens 16 g/l zuckerfreien Extrakt[9],
   - mindestens 4 g/l nichtflüchtige Säure, berechnet als Weinsäure,
   - höchstens 1,2 g/l flüchtige Säure, berechnet als Essigsäure
6. *Apfelperlwein, Birnenperlwein* entspricht bis auf den höheren Überdruck an Kohlensäure den Anforderungen an Apfel-/Birnenwein.
7. *Apfelperlwein teilvergoren, teilvergorener Apfelperlwein, Apfel-Cidre moussierend, Apfel-Cidre perlend, Birnenperlwein teilvergoren, teilvergorener Birnenperlwein, Birnen-Cidre moussierend, Birnen-Cidre perlend* entspricht bis auf den höheren Überdruck an Kohlensäure den Anforderungen an teilvergorenen Apfel-/Birnenwein.
8. *Apfelschaumwein, Birnenschaumwein* entspricht bis auf den höheren Überdruck an Kohlensäure den Anforderungen an Apfel-/Birnenwein.
9. *Apfelschaumwein teilvergoren, teilvergorener Apfelschaumwein, Birnenschaumwein teilvergoren, teilvergorener Birnenschaumwein* enthält mindestens 16 g/l zuckerfreien Extrakt und entspricht im übrigen bis auf den höheren Überdruck an Kohlensäure den Anforderungen an teilvergorenen Apfel-/Birnenwein.

B. Erzeugnisse aus anderen Früchten und Rhabarber

1. *Fruchtwein* enthält
   - mindestens 5,5 % vol vorhandenen Alkohol,
   - mindestens 16 g/l zuckerfreien Extrakt[9],
   - mindestens 5 g/l nichtflüchtige Säure, berechnet als Weinsäure,
   - höchstens 1,2 g/l flüchtige Säure, berechnet als Essigsäure.
2. *Fruchtdessertwein* enthält
   - mindestens 12 % vol vorhandenen Alkohol,
   - mindestens 16 g/l zuckerfreien Extrakt[9],
   - mindestens 6 g/l nichtflüchtige Säure, berechnet als Weinsäure,
   - höchstens 1,2 g/l flüchtige Säure, berechnet als Essigsäure.
3. *Fruchtperlwein* entspricht bis auf den höheren Überdruck an Kohlensäure den Anforderungen an Fruchtwein.
4. *Fruchtschaumwein* entspricht bis auf den höheren Überdruck an Kohlensäure den Anforderungen an Fruchtwein.
5. *Rhabarberwein* entspricht den Anforderungen an Fruchtwein.

C. Weiterverarbeitete Erzeugnisse

1. *Apfel-/Birnenwermutwein* und *Fruchtwermutwein* werden aus Apfel-/Birnenwein bzw. Fruchtwein ohne Verwendung von Wasser hergestellt und enthalten mindestens 12 % vol vorhandenen Alkohol.
2. *Apfel-/Birnenglühwein* wird aus Apfel-/Birnenwein ohne Verwendung von Wasser hergestellt und enthält mindestens 5 % vol vorhandenen Alkohol.
3. *Fruchtglühwein, Fruchtglühwein aus ..., Fruchtweinpunsch aus ...* wird aus Fruchtwein ohne Verwendung von Wasser hergestellt und enthält mindestens 5,5 % vol vorhandenen Alkohol.
4. *Gespritzter aus ...-wein* enthält Kohlensäure und mindestens 75 Volumenprozent Apfel-/Birnenwein oder Fruchtwein.
5. *Kalte Ente aus ...-wein* enthält mindestens 75 Volumenprozent Apfel-/Birnenschaumwein bzw. Fruchtschaumwein.
6. *Bowle aus ...-wein, ...-wein-Bowle* enthält mindestens 75 Volumenprozent der Erzeugnisse aus Äpfeln oder Birnen oder anderen Früchten.

7. *Apfel-/Birnenweinapéritif, Fruchtweinapéritif, ...-wein-Apéritif* enthalten mindestens 75 Volumenprozent der Erzeugnisse aus Äpfeln bzw. Birnen oder aus anderen Früchten und mindestens 12 % vol vorhandenen Alkohol.

8. *Schorle aus ...-wein, ...-wein-Schorle, Apfel-/Birnenweinhaltiges Getränk aus ..., fruchtweinhaltiges Getränk aus ..., ...-weinhaltiger Cocktail, ...-wein-Cocktail* enthält Kohlensäure und mindestens 50 Volumenprozent der Erzeugnisse aus Äpfeln bzw. Birnen und anderen Früchten.

9. *...-wein-Mischgetränk* enthält mindestens 15 Volumenprozent Erzeugnisse aus Äpfeln bzw. Birnen und/oder anderen Früchten und/oder Honig.

D. Erzeugnisse auf der Basis von Honig

1. *Honigwein, Met* enthält
   - mindestens 5,5 % vol vorhandenen Alkohol,
   - mindestens 16 g/l zuckerfreien Extrakt[9)],
   - höchstens 1,2 g/l flüchtige Säure, berechnet als Essigsäure.

2. *Honigschaumwein* ist ein Erzeugnis aus Honigwein mit einem Überdruck an Kohlensäure von mindestens 3 bar und entspricht den Anforderungen gemäß Nummer 1.

3. *Honigfruchtwein* enthält überwiegend Honigwein sowie Fruchtwein und entspricht den Anforderungen gemäß Nummer 1.

4. *Honigfruchtschaumwein* ist ein Erzeugnis aus Honig-Fruchtwein mit einem Überdruck an Kohlensäure von mindestens 3 bar und entspricht den Anforderungen gemäß Nummer 1.

5. *Honigwein* mit Fruchtsaft enthält überwiegend Honigwein sowie Fruchtsaft und Wasser und entspricht den Anforderungen gemäß Nummer 1.

6. *Honigfruchtschaumwein* mit Fruchtsaft ist Honigwein mit Fruchtsaft mit einem Überdruck an Kohlensäure von mindestens 3 bar und entspricht den Anforderungen gemäß Nummer 1.

1) Verordnung über Fruchtsaft, einige ähnliche Erzeugnisse, Fruchtnektar und koffeinhaltige Erfrischungsgetränke vom 24. Mai 2004 (BGBl. I S. 1016) in der jeweils geltenden Fassung.

2) Honigverordnung vom 16. Januar 2004 (BGBl. I S. 92) in der jeweils geltenden Fassung.

3) Verordnung über bestimmte alkoholhaltige Getränke in der Fassung der Bekanntmachung vom 30. Juni 2003 (BGBl. I S. 1255) in der jeweils geltenden Fassung.

4) Verordnung über einige zur menschlichen Ernährung bestimmte Zuckerarten vom 23. Oktober 2003 (BGBl. I S. 2098) in der jeweils geltenden Fassung

5) Anlage 5 der Weinverordnung in der Fassung der Bekanntmachung vom 21. April 2009 (BGBl. I S. 827) in der jeweils geltenden Fassung.

6) Anhang I A der Verordnung (EG) Nr. 606/2009 der Kommission vom 10. Juli 2009 mit Durchführungsbestimmungen zur Verordnung (EG) Nr. 479/2008 des Rates hinsichtlich der Weinbauerzeugniskategorien, der önologischen Verfahren und der diesbezüglichen Einschränkungen (ABl. L Nr. 193 vom 24.7.2009, S. 1) in der jeweils geltenden Fassung.

7) Aromenverordnung in der Fassung der Bekanntmachung vom 2. Mai 2006 (BGBl. I S. 1127) in der jeweils geltenden Fassung, Verordnung (EG) Nr. 1334/2008 des Europäischen Parlaments und des Rates vom 16. Dezember 2008 über Aromen und bestimmte Lebensmittelzutaten mit Aromaeigenschaften zur Verwendung in und auf Lebensmitteln sowie zur Änderung der Verordnung (EWG) Nr. 1601/91 des Rates, der Verordnungen (EG) Nr. 2232/96 und (EG) Nr. 110/2008 und der Richtlinie 2000/13/EG (ABl. L Nr. 354 vom 31.12.2008, S. 34, ABl. L Nr. 105 vom 27.4.2010, S. 115) in der jeweils geltenden Fassung, soweit nach Artikel 30 anwendbar.

8) Soweit nach der Zusatzstoff-Zulassungsverordnung vom 29. Januar 1998 (BGBl. I S. 230, 231) in der jeweils geltenden Fassung zugelassen; vom Zeitpunkt der Geltung des Anhangs II der Verordnung (EG) Nr. 1333/2008 des Europäischen Parlaments und des Rates vom 16. Dezember 2008 über Lebensmittelzusatzstoffe (ABl. L Nr. 354 vom 31.12.2008, S. 16) in der jeweils geltenden Fassung, soweit hiernach zugelassen.

9) Eventuell zugesetzte Fruchtsäuren werden bei der Berechnung des maßgebenden zuckerfreien Extraktes auf die Dichte bezogen (siehe Würdig/Woller, Chemie des Weines, Ulmer Verlag Stuttgart 1989, S. 637) vorher substrahiert.

Fundstellennachweis

1. Leitsätze für Brot und Kleingebäck

vom 19.10.1993 (Beilage zum BAnz. Nr. 58 vom 24.3.1994, GMBl. Nr. 10 S. 346 vom 24.3.1994), geändert am 27.5.1998 (BAnz. Nr. 183a vom 30.9.1998, GMBl. Nr. 30 S. 582 vom 30.9.1998), am 2.12.1998 (BAnz. Nr. 66a vom 9.4.1999, GMBl. Nr. 11 S. 232 vom 26.4.1999), am 19.9.2005 (BAnz. Nr. 184 vom 28.9.2005, GMBl. Nr. 55 S. 1125)

2. Leitsätze für Erfrischungsgetränke

vom 27.11.2002 (BAnz. Nr. 62 vom 29.3.2003, GMBl. Nr. 18 S. 383 vom 15.4.2003, geänd. am 7.1.2015 (BAnz AT 27.01.2015 B1)

3. Leitsätze für Feine Backwaren

vom 17./18.9.1991 (Beilage Nr. 86b zum BAnz. vom 8.5.1992, GMBl. Nr. 17 S. 325 vom 8.5.1992), geändert am 17.4.1997 (BAnz. Nr. 239a vom 20.12.1997, GMBl. Nr. 45 S. 869 vom 19.12.1997), am 27.11.2002 (Beilage zum BAnz. Nr. 46b vom 7.3.2003, GMBl. Nr. 8–10 S. 220 vom 20.2.2003), am 8.1.2010 (BAnz Nr. 16 vom 29.1.2010, GMBl Nr. 5/6 S. 120 ff. vom 4.2.2010)

4. Leitsätze für Feinkostsalate

vom 2.12.1998 (BAnz. Nr. 66a vom 9.4.1999, GMBl. Nr. 11 S. 231 vom 26.4.1999)

5. Leitsätze für Fische, Krebs- und Weichtiere und Erzeugnisse daraus

Neufassung vom 27.11.2002 (Beilage Nr. 46b zum BAnz. vom 7.3.2003, GMBl. Nr. 8–10 S. 157 vom 20.2.2003), geändert am 8.1.2008 (Beilage zum BAnz. Nr. 89a vom 18.6.2008, GMBl. Nr. 23–25 S. 451 ff. vom 19.6.2008), am 30.5.2011 (Beilage zum BAnz Nr. 111a vom 27.7.2011, GMBl Nr. 24 S. 480 ff. vom 27.7.2011)

6. Leitsätze für Fleisch und Fleischerzeugnisse

vom 27./28.11.1974 (Beilage zum BAnz. Nr. 134 vom 25.7.1975, GMBl. Nr. 23 S. 489 vom 25.7.1975), geändert am 28./29.10.1981 (Beilage zum BAnz. Nr. 117 vom 1.7.1982, GMBl. Nr. 21 S. 363 vom 15.7.1982), am 29./30.11.1983 (Beilage zum BAnz. Nr. 100 vom 26.5.1984, GMBl. Nr. 14 S. 223 vom 7.6.1984), am 2./3.12.1986 (Beilage zum BAnz. Nr. 140a vom

1.8.1987, GMBl. Nr. 21 S. 376 vom 1.8.1987), am 24./25.11.1988 (Beilage zum BAnz. Nr. 93a vom 20.5.1989, GMBl. Nr. 14 S. 272 vom 20.5.1989), am 17./18.9.1991 (Beilage zum BAnz. Nr. 86b vom 8.5.1992, GMBl. Nr. 17 S. 337 vom 8.5.1992), Berichtigung vom 14.7.1992 (BAnz. Nr. 136 S. 5958, GMBl. Nr. 341 S. 827 vom 2.10.1992), geändert am 19.10.1993 (Beilage zum BAnz. Nr. 58a vom 24.3.1994, GMBl. Nr. 10 S. 350 vom 24.3.1994), Berichtigung vom 10.6.1994 (BAnz. Nr. 114 S. 6494 vom 22.6.1994) bzw. vom 2.8.1994 (GMBl. Nr. 29 S. 877 vom 25.8.1994), geändert am 9.2.1995 (BAnz. Nr. 36 S. 1687 vom 21.2.1995, GMBl. Nr. 13 S. 260 vom 24.3.1995), am 27.5.1998 (BAnz. Nr. 183a vom 30.9.1998, GMBl. Nr. 30 S. 581 vom 30.9.1998), am 2.10.2001 (BAnz. Nr. 199 vom 24.10.2001, GMBl. Nr. 38 S. 754 vom 30.10.2001), am 8.1.2008 (Beilage zum BAnz. Nr. 89a vom 18.6.2008, GMBl. Nr. 23–25 S. 453 vom 19.6.2008), am 8.1.2010 (BAnz. Nr. 16 vom 29.1.2010, GMBl Nr. 5/6 S. 120 ff. vom 4.2.2010 und am 24.9.2014 (BAnz AT 01.12.2014 B2), geändert am 25.11.2015 (BAnz AT vom 23.12.2015 B4)

7. Leitsätze für Fruchtsäfte

vom 27.11.2002 (Beilage zum BAnz. Nr. 46b vom 7.3.2003, GMBl. Nr. 8–10 S. 151 vom 20.2.2003), geändert am 7.1.2015 (BAnz AT 27.01.2015 B1)

8. Leitsätze für Gemüseerzeugnisse

vom 8.1.2008 (Beilage zum BAnz. Nr. 89a vom 18.6.2008, GMBl. Nr. 23–25 S. 451 vom 19.6.2008)

9. Leitsätze für Gemüsesaft und Gemüsenektar

vom 28./29.10.1981 (Beilage zum BAnz. Nr. 117a vom 1.7.1982, GMBl. Nr. 21 S. 366 vom 15.7.1982), geändert am 19.10.1993 (Beilage zum BAnz. Nr. 58 vom 24.3.1994, GMBl. Nr. 10 S. 354 vom 24.3.1994), am 17.4.1997 (BAnz. Nr. 239a vom 20.12.1997, GMBl. Nr. 45 S. 871 vom 19.12.1997)

10. Leitsätze für Gewürze und andere würzende Zutaten

vom 27.5.1998 (BAnz. Nr. 183a vom 30.9.1998, GMBl. Nr. 30 S. 577 vom 30.9.1998)

11. Leitsätze für Honig

vom 30.5.2011 (BAnz. Nr. 111a vom 27.7.2011, GMBl. Nr. 24 S. 480 vom 27.7.2011)

12. Leitsätze für Kartoffelerzeugnisse

vom 17.4.1997 (BAnz. Nr. 239 a vom 20.12.1997, GMBl. Nr. 45 S. 858 vom 19.12.1997, geändert am 27.11.2002 (Beilage zum BAnz. Nr. 46 b vom 7.3.2003, GMBl. Nr. 8–10 S. 222 vom 20.2.2003), am 8.1.2010 (BAnz. Nr. 16 vom 29.1.2010, GMBl Nr. 5/6 S. 120 ff. vom 4.2.2010)

13. Leitsätze für Obsterzeugnisse

vom 8.1.2008 (Beilage zum BAnz. Nr. 89a vom 18.6.2008, GMBl. Nr. 23–25 S. 451 vom 19.6.2008)

14. Leitsätze für Ölsamen und daraus hergestellte Massen und Süßwaren

vom 27.1.1965 (Beilage zum BAnz., Nr. 101 vom 2.6.1965, GMBl. Nr. 17 S. 165 vom 23.6.1965), geändert am 6./7.7.1977 (Beilage zum BAnz.Nr. 82a vom 29.4.1978, GMBl. Nr. 12 S. 206 vom 29.4.1978), am 2./3.12.1986 (Beilage zum BAnz. Nr. 140a vom 1.8.1987, GMBl. Nr. 21 S. 375 vom 1.8.1987), am 17.4.1997 (BAnz. Nr. 239a vom 20.12.1997, GMBl. Nr. 45 S. 869 vom 19.12.1997), am 8.1.2010 (BAnz. Nr. 16 vom 29.1.2010, GMBl Nr. 5/6 S. 120 ff. vom 4.2.2010)

15. Leitsätze für Pilze und Pilzerzeugnisse

vom 27.11.2002 (Beilage zum BAnz. Nr. 46 b vom 7.3.2003, GMBl. Nr. 8–10 S. 213 vom 20.2.2003), geändert am 8.1.2008 (Beilage zum BAnz. Nr. 89a vom 18.6.2008, GMBl Nr. 23–25 S. 451 ff. vom 19.6.2008)

16. Leitsätze für Puddinge, andere süße Desserts und verwandte Erzeugnisse

vom 2.12.1998 (BAnz. Nr. 66a vom 9.4.1999, GMBl. Nr. 11 S. 225 vom 26.4.1999)

17. Leitsätze für Speiseeis und Speiseeishalberzeugnisse

vom 19.10.1993 (BAnz. Nr. 101 S. 5990 vom 31.5.1995, GMBl. Nr. 19 S. 362 vom 12.6.1995), geändert am 15.9.1997 (BAnz. Nr. 179 S. 12354 vom 24.9.1997, GMBl. Nr. 35 S. 578 vom 24.11.1997), am 2.10.2001 (BAnz. Nr. 199 vom 24.10.2001, GMBl. Nr. 38 S. 755 vom 30.10.2001), am 27.11.2002 (Beilage zum BAnz. Nr. 46b vom 7.3.2003, GMBl. Nr. 8–10 S. 221 vom 20.2.2003)

18. Leitsätze für Speisefette und Speiseöle

vom 3.11.2011 (BAnz Nr. 111a vom 27.7.2011, GMBl. Nr. 24 S. 486 vom 27.7.2011), BAnz Nr. 181 S. 4256 vom 3.11.2011

19. Leitsätze für Tee, teeähnliche Erzeugnisse, deren Extrakte und Zubereitungen

vom 2.12.1998 (BAnz. Nr. 66a vom 9.4.1999, GMBl. Nr. 11 S. 228 vom 26.4.1999), geändert durch Bek. vom 8. 11. 2013 (BAnz AT 12.12.2013 B6)

20. Leitsätze für Teigwaren

vom 2.12.1998 (BAnz. Nr. 66a vom 9.4.1999, GMBl. Nr. 11 S. 231 vom 26.4.1999)

21. Leitsätze für weinähnliche und schaumweinähnliche Getränke

vom 27.11.2002 (Beilage zum BAnz. Nr. 46 b vom 7.3.2003, GMBl. Nr. 8–10 vom 20.2.2003, geändert am 8.1.2008 (Beilage zum BAnz. Nr. 89a vom 18.6.2008, GMBl. Nr. 23–25 S. 451 vom 19.6.2008 und am 7.1.2015, BAnz AT 27.01.2015 B1)

Stichwortverzeichnis der Verkehrsbezeichnungen

H

N

O

Q

R

Y

Z